한 권으로 읽는

대한민국 대통령실록

한 권으로 읽는

개정증보판

대한민국 대통령실록

박영규 지음

웅진 지식하우스

일러두기

- 기존에 사용하고 있는 역사 용어에 대해 다시 생각해보자는 의미에서 일부 용어는 공식 명칭이 아닌 저자의 의도에 따랐습니다. (예. 6·25남북전쟁 등)
- 책 제목은 겹낫표(『 』), 편명, 논문, 보고서는 홑낫표(「 」), 신문, 잡지 등의 간행물은 겹화살괄호(《 》), 영화, TV 프로그램, 음악, 사진 등은 홑화살괄호(〈 〉)로 표기했습니다.

다시 10년 뒤를
기약하며

이 책의 초판 원고를 넘겼던 2013년으로부터 9년의 세월이 흘렀다. 초판 출간 당시 출판사와 필자는 이명박 대통령 이후 2명의 대통령이 임기를 마치고 퇴임할 때마다 개정증보판을 내기로 약속했는데, 약속대로 이번에 첫 개정증보판을 출간하게 되었다.

여기에서 '2명의 대통령 임기'란 5년 단임제에 따라 10년을 상정한 것이었다. 그러나 불행히도 2명 중 1명은 임기를 다 채우지 못했고, 그로 인해 9년 만에 개정증보판 원고를 쓰게 되었다. 이번 개정증보판은 기존 원고에서 18대 대통령 박근혜와 19대 대통령 문재인에 관한 내용이 추가되어 총 12명의 대통령실록으로 구성된다.

초판 서문에서 밝혔듯이 국가의 성장 속도는 개인에 비해 3배나 느리다. 국가는 하나의 몸에 과거, 현재, 미래 세대가 공존한 채 갈등과 견제 속에서 성장하기 때문이다. 이렇게 보자면 한국은 노무현 정부가 출범한 2003년부터 성년기에 접어든 이래, 정부 수립 74주년을 맞은 2022년 현재 25세에 조금 못 미치는 청년이 되었다고 할 수 있다.

성인이 된 한국은 민주주의의 측면에서 괄목할 만한 성장을 이뤘다. 누군가는 이렇게 되물을지 모른다. 정치권이 매일같이 시끄럽게 싸움질만 하고 국민이 양쪽으로 갈라져 팽팽하게 대립하고 있는데, 이것이 무슨 민주주의의 성장이냐고 말이다.

그러나 정치는 본래 시끄러운 것이고, 정치인은 자신을 지지하는 국민의 이익을 위해 싸워야 할 의무가 있다. 단언컨대 정치인이 싸우지 않으면 국민끼리 싸워야 한다. 정치가 조용하면 그 나라는 독재국가이거나 국민의 절대 다수가 정치에 무관심하다는 걸 증명할 뿐이다. 하나의 정당만이 독주한다면 민주주의는 실종된 것이나 다름없다.

예컨대 조선시대엔 붕당이 가장 팽팽하게 대립하며 목숨을 걸고 싸웠던 숙종, 영조, 정조 시대는 정치는 시끄러웠으나 나라는 안정되었다. 그러나 외척이 권력을 독점하던 순조, 헌종, 철종, 고종 시대는 정치는 조용했으나 나라는 망국으로 치달았다. 이렇듯 하나의 세력이 권력을 독점하여 조용한 정치가 이뤄지는 것은 매우 위험한 일이다.

정당의 팽팽한 대립은 곧 작은 실수라도 용납하지 않는다는 것이며, 이는 역으로 국민의 힘이 강해졌다는 뜻이다. 어느 정치인도 어느 정당도 국민의 눈 밖에 나면 권력을 잃고 정치에서 밀려나는 것이 바로 제대로 된 민주주의인 까닭이다. 그런 의미에서 보자면 정부 수립 이래 처음으로 합법적인 절차에 따라 대통령 탄핵이 이뤄졌다는 것도 부정적으로 볼 일만은 아니다.

자고로 머리에 때가 끼면 손톱에도 때가 끼는 법이다. 손톱과 머리를 동시에 깨끗하게 만드는 최선의 방법은 자기 손으로 자기 머리를 감는 것이다. 한국 현대사를 되돌아보면 국민이 꼭 필요한 순간에 자리를 털고 일어나 자기 손으로 자기 머리를 감았다. 때로는 투표로, 때로는 거리와 광장에 나서는 것으로 말이다. 보수든 진보든 그 대상에는 예외가 없다. 국민의 이익을 해치는 권력은 용납하지 않는 것이다. 이것이 바로 "주권은 국민에게 있다"라는 헌법 정신의 실현이라 믿는다. 앞선 10명의 대통령에 대한 평가와 마찬가지로 개정증보판에 실린 2명의 대통령에 대한 평가 또한 이 헌법의 문구를 저울로 삼아 서술했다.

　10년 뒤 또 다른 2명의 대통령에 대한 평가를 덧붙일 때를 기약하며, 첫 개정증보판의 서문을 갈음한다.

2022년 10월

일산우거에서 박영규

대통령,
그들의 한국 사랑에 대한
냉정한 평가를 위해

이런 이야기가 있다.

이란성 쌍둥이로 잉태된 아이들이 있었다. 둘은 배 속에 있을 때부터 전혀 다른 성향을 가진 양부모에게서 태교를 받았다. 그들은 태어나자마자 각기 다른 부모에게 입양되었다. 두 아이는 태어난 지 돌도 채 되지 않은 유아 시절에 앞뒤 분간도 할 줄 모르는 상태에서 서로 물고 뜯고 할퀴며 피 터지게 싸웠다. 그 뒤로 그들은 서로 만나는 것조차 싫어했고, 혹여 만나기라도 하면 분노에 찬 눈으로 서로를 노려보며 으르렁거렸다. 둘은 서로 하나라고 말하면서 하나이길 거부하고, 서로 다른 둘이라고 주장하며 둘인 것도 인정하지 않고 지내왔다.

이 이야기는 그들 쌍둥이 중 한 아이의 성장에 관한 기록이다.

국가의 성장 속도는 개인의 성장 속도에 비해 느리다. 이는 국가라는 하나의 몸에 3세대가 공존하는 까닭이다. 개인의 몸은 홀로 성장할 수 있지만 국가의 몸은 다른 두 세대와 함께 성장해야 하기 때문에 국가의 성장 속도는 개인보다 최소한 3배쯤 느릴 수밖에 없다. 한 사람이 성년이 되는 데 걸리는 시간이 18년이라면 국가는 성년의 몸이 되는 데 적어도 54년을 필요로 한다는 의미다.

이런 계산법에 의존할 때 1945년 해방부터 1948년 정부 수립까지의 미군정 3년을 태아기, 이승만과 장면 시대 13년을 유년기, 박정희 시대 18년을 소년기, 전두환에서 노태우를 거쳐 김영삼과 김대중 시대에 이르는 22년을 청소년기 그리고 정부 수립 이후 54년이 지난 2003년부터 성년기에 접어들었다고 할 수 있다. 그렇다면 한국이라는 국가는 2014년 1월 현재 22살이 된 청년인 셈이다.

22살 청년 한국은 얼핏 보면 기괴하고, 다시 보면 기구하고, 자세히 보면 기묘하다. 극단으로 분열되어 수십 년을 쉬지 않고 싸우는 것을 보면 기괴하고, 그 싸움의 근원을 따져보면 기구하고, 제법 어엿한 청년으로 자란 것을 보면 기묘하다는 말이다.

사정이야 어떻든 분명한 사실은 한국이 현재 청년이라는 점이다. 비록 성장 과정이 기구하고, 외모가 다소 기괴하더라도, 기묘한 현실을 창출할 에너지가 넘치는 존재라는 뜻이다. 어쩌면 그렇듯 극단으로 분열해 싸우는 기괴함도, 기구한 사연을 그럴듯한 현실로 바꿔놓는 기묘함도 한국이 아직 혈기 왕성한 청년이라는 증거일지 모른다.

한국이 기구한 운명을 극복하고 건장한 청년으로 자라는 과정을 이야기하자면 빠뜨릴 수 없는 사람들이 있다. 그들은 성향도 다르고 성격도 다르지만, 하나의 공통점이 있다면 모두 '대통령'이라는 이름을 사용한다는 점이다.

그들은 한국이 청년으로 자라는 과정에서 그 어떤 존재보다도 큰 영향을 미쳤다. 한국은 유아 시절부터 그들만 바라보고 살아왔고, 그들에 의해 교육되었으며, 그들에 의해 기뻐하고 슬퍼했으며, 그들에 의해 희망과 좌절을 맛보았다. 그들은 허기를 달래주기도 했고 달콤한 사탕을 주기도 했으며, 때론 채찍으로 때리기도 하고 흙탕물에 밀어 넣기도 했다. 그러면서 그들은 그런 모든 행위가 한국을 사랑하기 때문이라고 말했다.

물론 한국은 어린 시절에는 그 말을 철석같이 믿었다. 하지만 언젠가부터 한국의 귀에는 그들의 사랑한다는 말이 사랑하라는 명령으로 들리기 시작했다. 청소년 시절에 접어든 뒤로, 한국은 그들 대통령의 사랑에 대해서 냉철한 평가 작업을 해야겠다고 마음먹었다. 하지만 무엇을 평가 기준으로 삼아야 할지 알 수 없었다. 그렇게 청소년기가 지나고 성년이 되었을 때, 한국은 비로소 평가 기준을 찾았다.

그들의 사랑에 대한 평가 기준은 의외로 쉬운 곳에서 발견되었다. 그곳은 너무 익숙해서 한 번도 제대로 가보지 않은, 헌법이라는 팻말을 붙인 오래된 창고였다.

대한민국은 민주공화국이다. 대한민국의 주권은 국민에게 있고, 모든 권력은 국민으로부터 나온다.

앞으로 전개될 내용은 이 문장을 기준으로 10명의 대통령이 보여준 한국에 대한 사랑을 냉정하게 평가한 이야기들이다.

2006년에 처음으로 이 작업을 시작했지만 이런저런 일에 마음을 쓰다 보니 본의 아니게 수년 동안 원고를 묵히게 되었다. 그리고 작년에 다시 원고를 꺼내 작업을 지속한 끝에 오늘에 와서야 겨우 매듭을 짓는다. 그동안 누구에게 빚이라도 진 것처럼 무겁게 남아 있던 이 일을 이렇게나마 마치고 나니 마음이 조금 가볍다.

현대사를 '대통령실록'이라는 이름으로 만들고자 한 것은 누가 뭐래도 그들 대통령을 빼놓고 현대사를 이야기할 수 없다는 판단에서다. 하지만 『조선왕조실록』이 왕의 이야기만 담고 있지 않듯이 이 책도 대통령 이야기에만 국한하지 않았다. 대통령을 한 시기를 상징하는 존재로 놓고, 그 시기의 정치·외교·국방·경제·사회·문화·인물의 면면을 살펴보는 방식을 취했다. 그 과정에서 도움을 준 여러 저자와 제작자들의 노고에 머리 숙여 감사드린다.

능력이 닿는 한 열성을 다했지만 필자가 못난 탓에 군더더기가 많은 책이다. 그래도 이 졸저가 우리 역사를 논하는 술자리에 잔받침이라도 되길 바란다.

2014년 1월

일산우거에서 박영규

1장 • 이승만 대통령실록

6장 • 노태우 대통령실록

7장 • 김영삼 대통령실록

10장 • 이명박 대통령실록

1장
·
이승만 대통령실록

이승만 李承晚
(1875 – 1965)

재임 기간:
1948년 7월 – 1960년 4월
(11년 8개월)

"새 나라를 건설하는 데 새로운 정부가 절대 필요하지마는
새 정신이 아니고는 결코 될 수 없는 일입니다.
만일 종시 깨닫지 못하고 분열을 주장해서 남의 괴뢰가
되기를 감심할진대 인심이 결코 방임치 않을 것입니다."

—제1대 대통령 취임사 中 (1948)

1 식민시대의 기린아
이승만의 도전과 성장

배재학당을 통해 세상에 눈뜨다

이승만은 1875년 3월 26일 황해도 평산에서 이경선의 3남 2녀 중 막내로 태어났다. 본관은 전주이고 태종의 장남인 양녕대군의 16대손이다. 초명은 승룡(承龍)이고, 호는 우남(雩南)이다.

이승만은 이경선이 40살에 얻은 늦둥이였다. 누나 둘과 형이 둘 있었으나 형들은 천연두에 걸려 일찍 죽었다. 이경선이 5대 독자였기에 형들을 잃은 이승만은 6대 독자로 태어난 셈이다.

이승만은 주로 서울에서 성장했다. 그가 3살 되던 해에 아버지 이경선이 식솔을 이끌고 서울 남대문 밖에 있는 염동(지금의 종로구 관철동)으로 이사 왔다. 그들 가족은 얼마 뒤 다시 낙동(지금의 중구 회현동 부근)으로 옮겼다가 남산 서쪽의 도동(지금의 남대문경찰서 뒤쪽)으로 이사해 제대로 정착했다. 도동에서 그들은 기우제를 지내던 언덕인 우수현 남쪽에 살았는데, 이승만의 호 우남은 바로 '우수현 남쪽'이라는 뜻이다.

이승만의 아버지 이경선은 왕실의 후손이었기에 가진 재산이 제법 있었다. 하지만 술과 친구를 좋아했고, 별다른 직업이 없이 풍수와 보학(譜學)에 열중했다. 물론 돈벌이와는 상관없는 일이었다. 그렇다 보니 세월이 흐를수록 집안은 기울어갔다. 그래도 이승만이 어렸을 때만 해도 약간의 재산이 있었던 모양이다. 6살에 천자문을 떼자 아버지 이경선이 이를 기뻐해 동네 사람들을 불러 큰 잔치를 베풀었다고 하니 말이다. 그러나 이미 가세는 크게 기운 상태였고, 어머니가 삯바느질을 해 가계를 꾸려가야 했다.

이승만은 청년이 되기 전까지 주로 한학을 배웠으며, 아직 세상에 눈뜨지 못했다. 하지만 학구열이 대단했고, 머리도 명석해 공부에 남다른 재능을 보였다. 1894년, 20살의 늦은 나이로 배재학당에 입학하면서 이승만의 인생은 크게 달라진다.

배재학당은 배재고등학교의 전신으로, 1885년 8월에 미국 북감리교회 선교사 헨리 아펜젤러가 설립했다. 처음에는 학생이 겨우 2명이었으나, 이듬해 16명으로 늘었고, 이 소식을 들은 고종이 배재학당이라는 교명을 직접 지어 내렸다고 한다.

배재학당의 입학 자격은 17세 이상 남자로서, 『동몽선습』을 읽고 한글을 이해할 수 있으면 되었다. 따라서 이승만이 배재학당에 입학하는 것은 그다지 어려운 일이 아니었다.

배재학당의 수업 연한은 보통과 4년, 본과 5년이었다. 교과목은 영어, 한문, 만국지지(세계지리와 세계사), 사민필지(士民必知, 기본 상식), 위생, 창가(음악), 도화(미술), 체조 등이었다. 이 중에 이승만은 영어에 매우 심취했다. 당시 이승만에게 영어는 새로운 세계로 나아가는 징검다리로 인식되었기 때문이다.

처음에 이승만은 어머니 몰래 배재학당에 다녔다. 그의 어머니 김씨는 양반 가문 출신으로 한문을 깨치고 한시까지 익힌 명민한 여성이었다. 서당을 열어 훈장 생활을 했던 아버지 김창은의 영향으로 웬만한 한문은 익힌 상태였다. 이승만에게 천자문과 한시를 가르친 사람도 바로 그의 어머니였다. 하지만 그의 어머니도 여느 여성들처럼 서양인과 서양 문화에 대해선 문외한이었다. 그래서 어머니 몰래 학교를 다녔던 것이다.

이승만은 의사이며 화학 교사였던 화이트 A 노블에게서 알파벳을 처음으로 배웠다. 얼마 지나지 않아 서툰 영어 실력으로 선교사 조지아나 화이팅에게 한국어를 가르치며 학비를 벌었다. 이듬해인 1895년 8월에 이승만은 배재학당의 영어 교사가 되었다. 영어를 배운 지 6개월 만에 학생 신분에서 교사로 탈바꿈한 셈이었다.

그러나 그의 영어 교사 생활은 불과 2달 지속되다가 끝났다. 그해 10월에 일제가 낭인들을 동원해 명성황후를 시해한 을미사변이 발생하자, 국모를 살해한 원수를 갚고 국왕을 구출한 뒤 친일정권을 타도하려는 춘생문사건이 일어났는데, 이승만도 여기에 연루되어 숨어 다니는 신세가 되었다.

그로부터 몇 달 뒤인 1896년 2월 11일 친러 세력과 러시아공사가 공모해 비밀리에 고종을 러시아공사관으로 옮기도록 한 아관파천이 일어났다. 이로써 친일정권이 무너지고 친러정권이 수립되면서 이승만은 도망자 신세를 면할 수 있었다.

독립운동의 핵심 인물로 부상하다

그 후 이승만은 본격적으로 독립운동에 가담하면서 자주독립을 향한 불꽃을 태운다. 개화당의 일원이었던 서재필이 미국에서 돌아와 1895년 5월에 협성회를 조직하자, 이승만은 여기에 가담했고, 뒤이어 7월에 결성된 독립협회에서도 활동했다.

협성회는 원래 배재학당의 학생 조직이었다. 배재학당의 교장 아펜젤러의 초청으로 서재필이 매주 1회씩 세계지리, 역사, 정치학 등의 특강을 했는데, 이 강의에 자극을 받은 13명의 학생이 중심이 되어 협성회를 조직한 것이다.

서재필은 매주 목요일에 강의를 했고, 강의가 끝나면 토론이 이어졌다. 협성회는 점차 학생 자치 조직이 아닌 사회운동 단체로 성장해갔다. 처음에는 학생들만 가입했으나 차츰 일반인도 참여하면서 1898년에는 회원 수가 무려 300명에 이르렀다.

협성회는 당시 가장 선진적인 사회운동 단체이자, 정치단체였다. 1898년 2월 협성회를 이끌던 인물은 양홍묵이었고, 이승만은 임원으로 활동하며 서기를 맡았다. 양홍묵은 협성회를 중심으로 애국계몽운동을 주도했고, 협성회 기관지이자 순 한글 신문인《매일신문》을 간행하기도 했다.《매일신문》은《협성회회보》에서 발전한 것으로 민족을 각성시키고 계몽해 자주독립 정신을 사회 전반에 확대하는 데 목적을 두었고, 실제 자주독립 정신 확산에 크게 이바지했다. 양홍묵에 이어 이익채, 유영석 등이 협성회장을 맡았고, 유영석 다음으로 이승만이 회장이 되었다.

협성회의 토론회 주제는 자주독립, 자유민권, 자강개혁 3가지로 압축되었다. 협성회의 토론 내용들은 다른 단체와 지방에도 지대한 영향을 미쳤고, 당시 사회의 토론문화가 성숙하는 데 크게 일조했다.

협성회는 서재필이 창립한 독립협회와도 긴밀하게 연계되어 있었다. 독립협회는 협성회가 조직된 시점에서 2달이 채 안 되는 1896년 7월 2일에 발족했다. 독립협회의 주된 사업은《독립신문》발행, 독립문 건설, 독립공원 조성, 독립관(독립협회 건물) 건립 등이었다.

서재필이 제안한 이 4가지 사업은 백성에게 커다란 공감을 얻어 관료들은 물론이고 왕실까지 독립협회의 일을 도왔다. 이런 사실은 당시 임원진의 면면에서도 잘 드러난다. 임원진을 살펴보면 고문 서재필, 회장 안경수, 위원장 이완용, 위원은 김가진·김종한·이상재 등 8명이었다. 그 밖에 송헌빈과 남궁억 등 10여 명의 유명 인사들이 간사로 참여했고, 1896년 말에는 회원이 무려 2000명이 넘었다.

《독립신문》 발행과 독립관 및 독립문 건립 사업은 일사천리로 진행되었다. 사대주의의 상징이었던 모화관을 개수해 독립관이라 부르고, 1897년 11월에 독립문을 완공했다. 또《독립신문》은 독립협회가 조직되기 3개월 전부터 발행되고 있었으므로 4가지 사업 중 3가지는 무난하게 성사된 셈이었다.

독립협회는 이외에도 고종에게 러시아공사관을 떠나 궁궐로 돌아올 것을 건의했고, 1897년에 고종이 경운궁(지금의 덕수궁)으로 환궁하자, 황제 즉위식을 거행해 대한제국을 선포하고 독립국가임을 만방에 알려야 한다고 주장했다. 고종이 이를 받아들여 원구단에서 황제 즉위식을 거행한 후 국호를 대한(大韓), 연호를 광무(光武)라 했다. 이로써 대한제국 시대가 열렸다.

이렇듯 독립협회의 활동은 여러 면에서 성공을 거두었지만, 독립공원을 조성하는 데는 실패했다. 공원 조성 사업에는 많은 자금과 시간이 필요했는데, 독립협회의 분열과 성격 변화로 자금을 확보하기가 어려웠기 때문이다.

독립협회의 분열은 조직의 성격 변화에서 비롯되었다. 초기에 독립협회는 고급 관료들의 사교 모임 성격이 강했다. 하지만 점차 시간이 흐르면서 구국운동 단체로 변화했고, 이 때문에 관료 출신들의 탈퇴가 이어졌다.

독립협회의 성격이 확실히 규정된 것은 1898년 2월 21일의 구국운동선언이었다. 이후 독립협회는 정치단체로 규정되었고, 정부는 서재필을 추방하는 등 독립협회를 탄압하기 시작했다.

독립협회의 성격이 점차 민중운동을 중심으로 한 정치 세력으로 변모하던 시기에 이승만은 《매일신문》과 《독립신문》의 주필을 맡고 있었다. 말하자면 협성회와 독립협회의 대변인 역할을 하며 필봉을 휘두르고 있었던 것이다. 1898년 당시 23세의 열혈 청년이었던 그가 독립협회의 혓바닥이라고 할 수 있는 《독립신문》의 주필을 맡고 있었다는 사실만으로도 그가 어떤 생각을 가졌었는지 쉽게 짐작할 수 있다.

이승만은 사설에서 부패하고 무능한 정부를 비판하고 민주적 자문기관인 중추원을 세울 것을 주장했고, 만민공동회의 핵심 역할을 하며 독립 사상 고취와 계몽운동에 앞장섰다.

이렇듯 독립협회가 입헌군주제를 기반으로 한 민주 정부를 세울 것을 주장하자 고종은 독립협회에 등을 돌렸다. 고종에게 독립협회는 곧 왕조 체제를 위협하는 가장 위험한 반역 단체로 여겨졌던 것이다.

1898년 3월 9일에 독립협회는 만민공동회를 개최하고, 정부의 친러정책을 반대하며 친러 세력을 맹렬하게 비난했다. 그러자 그해 6월 30일에 황실 세력과 친러 세력이 주도해 황국협회를 조직했고, 황태자(순종)는 1000원의 거금을 황국협회 경비로 하사했다.

그로부터 얼마 뒤인 9월 10일에 김홍륙 독다(毒茶) 사건이 발생했다. 김홍륙은 천민 출신으로 블라디보스토크를 내왕하며 러시아어를 익힌 덕에 역관으로 특채된 인물이었다. 조선 유일의 러시아어 통역관이었던 그는 고종의 총애를 믿고 권력을 행사하며 한때는 학부협판 벼슬까지 했다. 그러나 1898년 8월에 러시아와의 통상에서 거액을 착복한 사실이 드러나 흑산도로 유배될 처지에 놓였다.

김홍륙은 흑산도로 가기 전 앙심을 품고 고종을 살해하기 위해 고종이 즐겨 마시는 커피에 아편을 넣었다. 다행히 고종은 냄새가 이상하다고 하며 마시지 않았으나, 커피를 마신 태자는 토하며 쓰러졌다.

이 사건으로 김홍륙, 공홍식, 김종화 등이 사형을 당했다. 독립협회는 이 사건을 계기로 기존 내각을 몰아내고 새로운 개혁 내각을 세울 것을 요구하며, 이를 위해 만민공동회를 개최하고 6개조로 된 시국 개혁안인 「헌의 6조」를 주청하며 고종을 압박했다. 이에 황실과 친러 세력은 황국협회를 동원해 독립협회를 공격했다. 이후 황국협회와 독립협회 사이에 수차례 무력 충돌이 일어났다. 고종은 두 단체 대표들을 불러 중재를 시도했지만, 독립협회는 개혁을 주장하며 만민공동회를 다시 열었다.

이에 고종은 군대를 동원해 만민공동회를 해산하고 독립협회도 해산시켜버렸다. 이 과정에서 독립협회 핵심 인물 17명이 감옥에 갇혔는데, 이승만은 독립협회 회원들과 함께 그들의 석방을 요구하는 농성을 벌여 독립협회 요인들을 석방시키는 데 성공했다.

이승만은 개혁 세력 중에서도 급진파에 속했다. 이 때문에 황국협회는 이승만을 황국을 무너뜨리려는 불온한 자로 몰아세웠고, 이후 이승만은 박영효 세력의 고종 폐위 음모에 가담한 혐의로 체포되어 투옥되었다.

제2의 고향 미국으로 떠나다

이승만은 1899년 1월부터 5년 7개월간 감옥살이를 했는데, 이때 죽음의 공포에 시달리며 기독교도가 되었다. 그러다 1904년 8월에 민영환의 도움을 받아 특사로 석방되었고, 그해 겨울에 고종의 밀사가 되어 미국을 방문하면서 이승만은 미국이라는 새로운 터전을 개척한다.

당시 미국 대통령은 시어도어 루스벨트였다. 이승만의 임무는 루스벨트를 만나 일본의 조선 침략을 저지하는 데 협조해주도록 요청하는 것이었다. 하지만 미국은 이미 육군장관 윌리엄 태프트를 통해 일본 총리 가쓰라 다로와 밀약을 맺은 상태였다. 일본이 미국의 식민지인 필리핀을 공격하지 않는 대신 미국은 일본이 한국을 식민화하는 것을 묵인하겠다는 내용이었다. 따라서 이승만의 임무는 성사될 리 없었다.

이승만은 가까스로 루스벨트를 만났으나 소득을 얻는 데는 실패했다. 이후 미국에 머물면서 조지워싱턴대학교에 입학해 학사학위를 받고, 이어 하버드대학교에서 석사학위, 프린스턴대학교에서 국제관계에 관한 논문으로 박사학위를 받았다.

이 무렵 대한제국은 일본에 합병되었고, 소식을 들은 이승만은 귀국선에 몸을 실었다. 하지만 곧장 한국 땅으로 향하지 않고 먼저 유럽을 돌아보았다. 미국에 이어 유럽의 선진 문물을 체험하고 싶었던 모양이다. 그리고 시베리아 횡단 열차를 타고 만주를 거쳐 한국 땅으로 들어왔다. 이승만은 귀국한 후 황성기독교청년학관(YMCA) 총무로 일했다. 기독교를 기반으로 후학을 양성해 독립운동을 전개할 요량이었다.

당시 일본은 한국의 기독교단체를 곱지 않은 시선으로 감시했다. 1910년을 전후해 평안도와 황해도 등 서북지역에서 신민회와 기독교도들을 중심으로 독립운동이 전개되고 있었다. 그러다 안명근사건이 일어나자 이를 빌미로 일본 경찰은 독립운동 단체에 대한 대대적인 색출 작업에 들어갔다.

안명근은 안중근의 사촌동생으로, 북간도로 가서 독립운동을 하기 위해 군자금을 마련하다가 1910년 12월 일본 경찰에 발각되어 체포되었다. 이를 구실로 삼아 일본 경찰은 안명근을 신민회와 연계시켜

사건을 날조 확대하고 신민회에 대한 대대적인 탄압 작업을 벌였다.

신민회는 1907년에 조직된 전국적인 비밀결사 단체다. 안창호, 양기탁, 전덕기, 이동휘, 이동녕, 이갑, 유동열 등 7인이 창건위원이 되고, 노백린을 비롯해 이승훈, 안태국, 최광옥, 이시영, 이회영, 이상재, 윤치호, 이강, 조성환, 김구, 신채호, 임치정, 이종호, 주진수 등이 중심이 되어 활동했다. 이들은 그야말로 독립운동의 대들보로서 동학당 출신인 김구를 제외하고는 대부분 독립협회의 일원이었다.

1910년에 이르면 신민회는 전국적으로 회원이 800명이 넘는 거대한 조직으로 성장한다. 하지만 워낙 조심스럽게 점조직으로 움직였기 때문에 일본 경찰도 쉽사리 조직의 윤곽을 포착하지 못했다. 사실 신민회 회원들조차 서로를 제대로 알지 못했다. 기껏해야 자신과 직접 연계된 2명 정도만 알 정도였다. 이 때문에 일본 경찰은 신민회의 존재는 눈치챘지만 조직원에 대해서는 전혀 몰랐다.

그러다 안명근사건이 터지자, 안명근을 신민회와 연관시키고 본격적으로 신민회 와해 작업에 돌입했다. 안명근은 신민회 회원이 아니었음에도 일본 경찰은 아랑곳하지 않았다. 안명근을 신민회 황해도 지부 간부들의 지시를 받고 움직이는 인물로 몰아붙이고, 황해도 일대의 지식인 및 재산가 600여 명을 검거했다. 이때 붙잡힌 주요 인사는 김구, 김홍량, 최명식, 도인권 등이었다. 실제로 이들은 모두 독립지사들이었다. 이후 양기탁, 안태국, 이동휘, 이승훈 등 중앙의 간부들도 체포되었다.

그 후 일제는 105인사건을 조작했고, 이승만도 이 사건에 연루되어 쫓기는 신세가 된다. 안명근사건으로 신민회에 대한 대대적인 탄압을 가했지만, 그다지 성과를 거두지 못하자 아예 독립운동의 싹을 자르기 위한 작업에 나선 것이었다.

일제가 조작한 105인사건의 전말은 이렇다. 1910년 12월에 압록강 철교 준공 축하식이 열렸는데, 조선총독 데라우치 마사타케도 참석했다. 일본 경찰은 이 준공식 때 데라우치를 암살하려는 음모가 있었다고 주장했다. 이는 1909년에 안중근이 이토 히로부미를 사살한 사건의 영향이었다. 물론 구체적인 물증은 없었다. 하지만 일본 경찰은 1911년 9월에 윤치호, 이승훈, 양기탁, 유동열 등 전국적으로 600여 명의 지식인들을 체포해 투옥했다. 이들에게 악랄한 고문을 자행해 허위 자백을 강요했고, 고문을 받던 중 김형근을 비롯해 2명이 사망했다. 고문을 당해 불구자가 된 사람도 한두 명이 아니었다.

그렇게 해서 경찰이 가려낸 인사는 총 122명이었다. 경성지방법원은 그중에서 17명을 제외한 105명을 유죄로 판결해 징역 5년에서 10년을 선고했다. 이를 105인사건이라고 부른다.

그러나 이들은 모두 고등법원에 항소했고, 고등법원은 증거 불충분을 이유로 대구복심법원에서 다시 재판하도록 했다. 그 결과 99명이 무죄로 석방되었고, 윤치호를 비롯해 양기탁, 안태국, 이승훈, 임치정, 옥관빈 등 6명만 4년에서 10년형을 선고받았다.

이 사건이 진행되는 동안 이승만은 도피 중이었다. 그러다 1912년에 미국인 선교사들의 주선으로 세계감리교대회에 한국 대표로 참가하기 위해 미국으로 건너가면서 위기를 모면했다.

의형제 박용만과 결별하다

이승만이 하와이에 도착했을 때, 그를 마중 나온 사람은 박용만이었다. 박용만과 이승만은 의형제를 맺었는데, 이들의 인연은 깊고도 질겼다.

그들이 처음 만난 곳은 감옥 안이었다. 박용만은 강원도 철원의 부유한 집안 출신으로 박영효 등의 개화파 인사들과 교류하며 활빈당에서 활동하던 인물이었다. 그는 14살의 어린 나이에 일본으로 유학을 떠나 그곳에서 중학교를 졸업하고 게이오의숙에서 정치학을 전공했다. 이후 활빈당 활동을 하다가 체포되기도 했고, 독립협회와 만민공동회 등에서 계몽운동을 벌였다. 그리고 1904년 7월에 일제의 '황무지 개척권' 요구를 반대하는 투쟁을 벌이다가 감옥에 갇히는 신세가 되었다.

박용만이 갇힌 감옥에서는 이미 이승만이 햇수로 6년째 터줏대감 노릇을 하고 있었다. 두 사람은 만난 지 오래지 않아 의형제를 맺고 함께 독립투쟁을 벌일 것을 맹세했다. 이들과 함께 결의를 맺은 의형제가 1명 더 있는데, 정순만이라는 인물이었다. 정순만은 이승만과 함께 독립협회를 창립하는 데 참여했으며, 만민공동회 도총무부장으로 활동하다가 이승만, 안창호 등 협회 인사들과 함께 투옥된 상태였다.

이들 중 맏형은 1873년생인 정순만이었고, 다음으로 1875년생인 이승만 그리고 1881년생인 박용만이 막내였다. 세 사람은 의형제를 맺은 후 흔히 '삼만'으로 불렸다. 이름의 끝자가 모두 '만'으로 끝난다고 해서 붙여진 별칭이다.

그들은 모두 1904년에 출옥했는데, 이후 이승만은 밀사가 되어 미국에 파견되었고, 정순만은 미국으로 갔다가 만주로 망명해 이동녕, 이상설 등과 함께 서전서숙을 건립했다. 박용만은 교사로 재직하다가 1905년 2월에 미국으로 망명했다. 이때 이승만의 부탁을 받고, 이승만이 15살에 결혼한 부인 박승선에게서 얻은 아들 봉수(아명: 태산)를 대동했다(이승만은 아들 봉수를 미국으로 유학 보내 인재로 양성할 생각이었다. 그러나 아들 봉수는 1년 뒤인 1906년 2월에 디프테리아에 걸려 사망한다. 이 사건은 1912년에 박승선과 이혼하는 결정적인 이유가 된다).

박용만이 미국으로 떠날 때 정양필, 유일한, 정한경 등 10명이 함께

갔는데, 그들은 훗날 박용만이 창설한 군사학교의 핵심 인물이 된다.

박용만은 1907년에 숙부 박희병과 함께 콜로라도주 덴버에서 한인 유학생들을 위한 여관과 직업주선소를 운영했다. 그리고 이듬해 대한 애국동지대표자회의를 개최하고 군사학교 설립안을 제출해 통과시켰다. 덕분에 네브래스카주 정부의 인가를 받고 정식으로 한인소년병학교를 설립했다. 이후 《신한민보》 주필로 활동했고, 1912년 12월에는 무장투쟁을 통한 독립 쟁취라는 신념을 실현하기 위해 하와이로 갔다. 하와이를 거점으로 삼아 독립군을 양성할 계획이었다.

이렇듯 박용만은 무장투쟁을 위해 매진했는데, 이승만은 그의 의견에 동조하지 않았다. 이승만은 무장투쟁은 자금만 많이 들 뿐 현실성이 없다고 주장했다. 외교를 통해 독립을 쟁취하는 것이 가장 빠른 길이며, 특히 최강대국인 미국을 움직이는 것이 가장 현실적인 방법이라고 역설했다.

그러나 박용만은 의지를 꺾지 않았다. 그는 하와이 정부에서 특별경찰권을 승인받아 한인들을 결집하고, 1914년에 미국 군대를 모방한 대조선국민군단을 창설했다.

이때 이승만은 교육과 출판사업을 담당하고 있었는데, 아직까지는 박용만과 큰 갈등을 빚지는 않았다. 그러나 근본적으로 노선이 달랐던 그들은 시간이 흐르면서 대립하기 시작했다. 두 사람의 갈등은 곧 한인 사회 전체의 갈등으로 심화되었고, 급기야 서로 패를 갈라 무력 충돌을 일으키기까지 했다. 이 때문에 하와이 정부에서 부여받은 특별경찰권을 잃고, 결국 군사학교도 문을 닫게 되었다.

이 사건 이후 박용만은 이승만에게 엄청난 배신감을 느끼고, 이승만이 하는 일에는 거의 동참하지 않았으며, 독립투쟁에서도 철저하게 이승만을 배격하려 했다. 의형제를 맺은 지 10년 만에 그들은 완전히 등을 지고 원수처럼 지냈다. 하지만 독립이라는 목표는 동일했기 때문에 그들은 여전히 한배를 타야 했다. 그럼에도 그들은 같은 배에 탄 채 서로를 흔들어 떨어뜨리는 일에 혈안이 되었다.

특히 이승만은 박용만의 군대 양성을 집요하게 방해했다. 심지어 박용만이 군대를 키워 미국에 정박하기로 한 일본 전함을 폭파하려 한다고 고발해 박용만을 법정에 세우기까지 했다. 이승만이 박용만의 군대 양성 계획을 그토록 철저히 반대한 것은 자금 문제 때문이었다. 이승만은 한인들의 자금을 외교를 통한 독립운동에 집중해야 한다고 생각했는데, 박용만의 군대 양성 운동이 그 자금을 갉아먹고 있다고 판단했던 것이다.

이승만에 대한 박용만의 적개심은 한층 노골적으로 변했고, 그들의 앙숙관계는 임시정부 내에서의 투쟁으로 이어진다.

3·1운동과 7개의 임시정부

국권 상실 이후 독립운동에 뜻을 둔 상당수의 인사들은 하와이, 연해주, 상하이 등 해외에서 주로 활동했다. 그들이 고국을 떠나 타국을 떠돌게 된 것은 그만큼 국내 사정이 좋지 않았다는 의미다.

105인사건 이후 독립운동을 주도하던 핵심 인물들은 모두 일본 경찰의 요시찰 대상이 되었다. 또 일본은 당시 보안법을 이용해 독립운동 세력을 철저히 색출하고 있었다. 이 때문에 국내에서 활동하는 데 큰 제약을 받을 수밖에 없었다.

그러나 미국, 중국, 러시아 등에 흩어진 채 싸움을 전개하다 보니 서로 의견 교환이 제대로 이뤄질 리 없었고, 효과적인 활동도 할 수 없었다. 이런 현실을 타개해 조직적이고 효율적인 독립운동을 전개하려는 목적에서 나온 것이 1917년의 대동단결선언이다. 이 선언의 발기자는 상하이에서 활동하던 신규식이었고, 박은식, 신채호, 윤세복, 조소앙, 신석우, 한진교, 박용만 등이 참가했다.

이 선언문은 순종의 주권 포기를 국민에게 주권을 이양하는 것으로 해석하고, 국내는 이미 주권이 침탈당한 상황이므로 해외에서 주권을 행사해 임시정부를 수립하겠다는 내용이다. 말하자면 최초로 임시정부 수립에 대한 의지가 반영된 문건인 셈이다.

대동단결선언을 주도한 세력은 상하이에서 활동하던 신한혁명당 조직원들이다. 원래 이들을 이끌었던 이상설이 그해 3월에 사망함에 따라 활동의 전환이 필요한 시점이기도 했다.

국제 환경도 엄청난 전환기를 맞고 있었다. 1914년에 1차 세계대전이 발발해 강대국들이 전화에 휩싸였고, 러시아에서는 3월혁명이 일어나 새로운 시대를 예고했으며, 식민국이었던 핀란드와 폴란드가 독립을 선언하며 임시정부를 수립한 상황이었다. 신한혁명당은 이런 정세에 고무되어 순종을 옹립하고 망명정부를 수립할 계획을 세웠으나 실패로 돌아갔고, 이 일을 주도하던 이상설도 고인이 된 마당이었다. 이 때문에 뭔가 새로운 활력소가 필요했고, 그것이 대동단결선언의 형태로 귀결된 것이다.

대동단결선언은 해외 동포들에게 널리 알려졌으나, 곧바로 임시정부를 구성하는 단계로 이어지지는 못했다. 하지만 1919년에 수립된 임시정부의 모태가 되었다.

임시정부 수립의 결정적인 계기가 된 사건은 3·1운동이었다. 1918년 1월에 1차 세계대전 승전국인 미국의 우드로 윌슨 대통령은 전후 처리 원칙 14개 조항을 발표했는데, 이 조항 중에 '민족자결주의 원칙'이 들어 있었다. 패전국인 독일, 오스트리아, 튀르키예의 식민국들이 민족의 앞날을 스스로 결정하도록 하자는 내용이었다. 말하자면 패전국의 식민지에만 적용하려던 원칙인데, 이것이 확산되어 전 세계의 식민국들에 희망의 메시지가 되었던 것이다.

윌슨의 민족자결주의를 가장 먼저 한국의 독립에 이용하려고 한 쪽은 이승만이 이끌던 재미교포 사회였다. 이승만은 이를 한국 독립의 기초로 삼기 위해 발 빠르게 재미한인대표자회의를 소집했다. 공동대표로 이승만, 민찬호, 정한경 등이 선출되었다. 이후 대표자회의를 통해 파리강화회의에 한국 대표를 파견해 독립을 호소하겠다는 계획을 세웠다.

이 계획은 미국 정부가 파리행 여권을 발급해주지 않아 실패로 돌아갔지만 전혀 소득이 없는 것은 아니었다. 뜻밖에도 도쿄에서 발행되는 《재팬애드버타이즈(Japan Advertise)》와 《아사히신문》에 그들의 계획이 보도되어, 일본에서 유학 중인 한국 학생들을 자극했다.

한편 중국에서 활동하고 있던 신한청년단에서는 김규식을 파리강화회의에 파견하고, 장덕수를 일본으로, 여운형을 시베리아로, 김철과 선우혁을 한국으로 파견했다. 해외에서 활동하는 독립투사 및 국내의 사회 지도층과 접촉해 대대적인 독립운동을 전개하려는 계획이었다.

이렇듯 해외와 국내에서 동시다발적으로 독립에 대한 열망이 끓어올랐고, 그 열망의 도화선에 가장 먼저 불을 댕긴 이들은 도쿄 유학생들이었다.

1919년 1월 6일, 조선유학생학우회의 독립 청원 실행위원 11명은 조선청년독립단을 조직하고 「독립선언서」와 결의문을 작성했다. 이 일에 가담한 대표적인 인물은 백관수, 김도연, 이광수, 송계백, 최근우 등이었다. 송계백과 최근우는 국내로 잠입해 최린, 송진우, 최남선 등을 만나 국내에서도 독립운동을 벌여줄 것을 요청했으며, 필요한 운동 자금을 얻어 일본으로 돌아갔다.

그해 2월 8일 10시에 조선청년독립단이 작성한 「독립선언서」가 각 언론과 정치단체에 배포되었고, 오후 2시에 기독교청년회관에서 11명의 대표를 필두로 만세운동을 벌였다. 이른바 2·8독립선언이다.

국내에서도 거국적인 독립운동을 모색하고 있었다. 국내 독립운동을 주도한 세력은 천도교였다. 천도교의 중진이었던 권동진, 오세창, 최린 등은 학생대표 송계백을 만난 뒤 대대적인 독립운동을 일으킬 계획을 세우고 천도교 교령 손병희에게 허락을 받아냈다. 이후 천도교 측은 기독교와 불교, 유림의 대표자를 끌어들여 종교 지도자를 중심으로 독립운동을 전개하고자 했다.

민족대표를 구성하기 위해 천도교는 손병희를 앞세웠고, 유림 측은 송진우, 최남선이 교섭해 박영효와 한규설을 끌어들이려 했으나 두 사람은 찬성하지 않았다. 또 기독교 측은 평안북도 정주에 있던 이승훈을 서울로 불러들여 교섭하도록 했고, 불교 측은 최린이 교섭하도록 했다.

그러던 중 고종이 갑자기 서거했다. 고종이 일본의 음모에 의해 독살되었다는 의심이 퍼지면서 독립운동 계획은 급물살을 타기 시작했다. 손병희를 비롯한 천도교 인사 15명, 이승훈을 비롯한 기독교 인사 16명, 불교 인사 한용운과 백용성 등 33인의 민족 지도자가 구성되었다.

「독립선언서」는 최남선이 쓰고 천도교에서 경영하는 보성사에서 2만 1000매를 인쇄했다. 거사일은 고종의 장례일인 3월 3일로 내정했다. 하지만 인산일을 거사일로 삼는 것이 황제에 대한 불경이라는 의견이 있었고, 3월 2일은 일요일이라 결국 3월 1일로 확정되었다.

마침내 3월 1일, 민족대표 33인 중 지방에서 미처 올라오지 못한 4명을 제외한 29명이 서울 인사동 태화관에 모여 독립선언식을 거행했다. 이때 최린은 태화관 주인 안순환에게 조선총독부에 전화를 걸어 조선의 민족대표가 독립선언식을 거행하고 있다는 사실을 알리도록 했다. 도망치지 않고 당당히 독립을 선언할 것이니, 잡아갈 테면 잡아가라는 의도였다.

「독립선언서」 낭독에 이어 한용운이 독립의 당위성을 주장하는 연설을 하고, 한용운의 선창으로 "대한 독립 만세"를 외쳤다. 그리고 얼마 되지 않아 그들은 모두 일본 경찰에 연행되었다.

그 무렵 파고다공원에는 학생 수천 명이 몰려들었다. 정각 오후 2시가 되자 한 청년이 단상에 올라가 「독립선언서」를 낭독했다. 이어 학생들은 모자를 하늘로 날리며 "대한 독립 만세"를 외쳐대기 시작했고, 만세 물결은 삽시간에 전국으로 확산되었다.

이후 만세운동은 함경북도에서 제주도까지 번져 1달 넘게 이어졌다. 전국에서 1200회 이상 벌어졌으며, 만세운동에 참여한 국민은 100만 명을 넘었다. 시위는 평화적으로 이뤄졌으나, 일본 경찰은 무력으로 시위대를 진압했다. 곳곳에서 대량 학살이 자행되었고, 심지어 군대까지 동원했다.

이렇듯 일본이 평화적인 시위대를 무력으로 진압하자, 세계의 여론이 들끓었다. 영국과 프랑스 신문들은 한국의 독립운동을 동정 어린 시선으로 보도했고, 미국 의회에서도 지속적으로 한국 문제가 제기되었다. 그러나 미국 정부는 일본과의 관계 때문에 전혀 귀를 기울이지 않았다.

해외에서 활동하던 독립투사들은 3·1운동에 고무되어 임시정부 수립에 박차를 가했다. 그만큼 3·1운동은 독립에 대한 민족적 열망을 피부로 느끼게 한 사건이었다.

임시정부 수립은 상하이, 연해주, 미국 등 해외는 물론이고 국내에서도 시도되어 순식간에 7개의 임시정부가 만들어졌다. 그중 조선민국임시정부, 고려공화국, 간도임시정부, 신한민국정부는 전단을 통해 소식이 전해졌지만 구체적인 내용은 알려지지 않았다. 그나마 그 내막이 제대로 알려진 임시정부는 상하이정부, 한성정부, 노령정부 3개 정도다.

대한민국 임시정부의 탄생과 초대 대통령 이승만

대한민국 임시정부의 탄생은 한성정부, 상하이정부, 노령정부 3개의 개별 임시정부의 통합에서 비롯되었다. 3·1운동 이후 동시다발적으로 임시정부가 수립되자, 이를 하나로 통합하려는 노력이 이루어졌고, 그 결과 대한민국 임시정부가 탄생했다.

하지만 임시정부가 출범하는 데는 다소 진통이 있었는데, 3개의 임시정부 구성을 살펴보면 그 원인을 자연스럽게 알 수 있다.

우선 러시아령에 설치한 노령정부를 이끌고 있던 인물은 이동휘였다. 노령정부의 정식 명칭은 '대한국민의회'인데, 그 뿌리는 1909년 대한제국의 군대가 해산한 후 연해주로 망명한 의병 조직이었다. 이들은 1910년에 13도 의군을 조직하고 유인석을 도총재로 추대했다. 13도 의군 도총재 명의로 고종에게 연해주로 망명해 망명정부를 수립할 것을 상소하기도 했다.

이때 실질적으로 이 조직을 이끌고 있던 인물은 이상설과 이동휘였다. 이들은 군대를 양성하기 위해 노력했고, 1914년에 이르러 시베리아에서만 2만 명이 넘는 군대를 훈련시킬 역량을 갖추게 되었다. 이들은 일본과 러시아의 전쟁을 바랐고, 전쟁이 발발하면 러시아와 함께 연합군을 형성해 일본을 공격할 계획이었다. 그래서 대한광복군정부를 조직하고 이상설을 정통령으로 삼았다. 하지만 1차 세계대전이 발발하면서 모든 계획이 무산되었다. 러시아와 일본이 연합군에 가담해 한배를 타는 바람에 군사 활동을 전혀 할 수 없었던 것이다. 그런 가운데 이상설은 상하이로 떠났고, 이동휘가 조직을 이끌었다.

그런데 1차 세계대전 와중에 러시아의 상황이 급변했다. 1917년 11월에 볼셰비키혁명이 일어나 소비에트연방이 수립되면서 러시아는 급격히 공산화되었다. 이에 이동휘는 소련의 힘을 이용하기 위해 한인 사회당을 조직했다. 이후 흩어졌던 의병을 결집해 시베리아에서 일본 군과 전투를 벌이기도 했다.

1918년에 1차 세계대전이 종결되고, 이듬해 3·1운동이 일어나자 이 동휘는 대한국민의회를 만들어 임시정부를 자처하고 나섰다. 이때 대 한국민의회에서 발표한 행정부 인사의 면면은 다음과 같다. 대통령 손 병희, 부통령 박영효, 국민총리 이승만, 탁지총장 윤현진, 군무총장 이 동휘, 내무총장 안창호, 산업총장 남형우, 참모총장 유동열, 강화대사 김규식 등이다. 노령정부가 이런 내용을 발표한 것은 3월 17일이었다. 3개의 임시정부 중 가장 발 빠르게 움직인 셈이다.

한편 임시정부에 대한 논의는 상하이에서도 이루어졌다. 상하이정 부를 주도하던 인물은 이동녕이었다. 이동녕은 상하이 지역의 세력을 규합해 4월 11일에 임시의정원을 조직하고, 4월 13일에 내각을 발표 했다. 의정원 의장 이동녕, 국무총리 이승만, 내무총장 안창호, 외무총 장 김규식, 법무총장 이시영, 재무총장 최재형, 군무총장 이동휘, 교통 총장 문창범 등이 임명되었다.

가장 늦게 발족한 임시정부는 한성정부였다. 한성정부는 3·1운동이 진행 중인 3월 초에 이교헌, 윤이병 등이 제의해 임시정부를 수립할 것을 결의했고, 몇 번의 모임을 거친 후 4월 23일에 봉춘관에서 임시 정부 선포문을 발표했다. 이때 발표된 내각 인사의 면면을 보면 이렇 다. 집정관총재 이승만, 국무총리총재 이동휘, 외무총장 박용만, 내무 총장 이동녕, 군무총장 노백린, 재무총장 이시영, 법무총장 신규식, 학무총장 김규식, 교통총장 문창범, 노동국총판 안창호, 참모부총장 유동열 등이다.

3개의 임시정부 내각에서 핵심 인물은 이승만, 이동녕, 이동휘였음을 알 수 있다. 나이는 이동녕이 가장 많고, 다음으로 이동휘, 이승만 순이었다. 하지만 명성이나 영향력 면에서는 이승만이 단연 앞섰다.

가장 유연하고 합리적인 입장을 보인 임시정부는 상하이정부였다. 상하이정부는 우선 노령정부에 통합을 제의했고, 전체적인 내각의 구성은 한성정부의 내용을 존중하겠다는 자세였다. 대신 임시정부를 상하이에 두는 성과를 얻어냈다.

하지만 노령정부는 강력하게 반발했다. 한성정부가 유명 인사 중심으로 구성된 점에 불만이 많았다. 사실 노령정부에서는 이동휘를 제외하곤 국내에서 크게 명성을 얻은 인물이 없었다. 대신 무장투쟁을 감행할 힘이 있었기에 임시정부 통합을 반대했다.

하지만 노령정부의 대표격인 이동휘는 자신이 한성정부의 총리로 내정된 것에 만족하고 임시정부 통합에 참여했다. 덕분에 세 임시정부는 합의를 통해 통합되는 모양새를 갖추는 데 성공했다. 그러나 노령정부 쪽 인물들 대부분은 이동휘의 행동에 반발하는 상황이었다. 노령정부의 핵심으로 이동휘와 함께 내각 명단에 들어 있던 문창범과 최재형이 참여를 거부한 것이다.

이렇듯 노령정부의 불만이 팽배한 가운데 대한민국 임시정부가 어렵사리 불안한 모양을 갖춘 채 조직되었다. 처음에 임시정부는 내각책임제를 채택했다. 그러나 이승만이 대통령제를 강력하게 주장하는 바람에 그해 9월에 개헌을 단행하고, 대통령 중심제로 전환했다. 이때 각료 명단은 집정관총재 이승만을 대통령으로 바꾼 것과 교통총장에 문창범 대신 남형우를 임명한 것을 제외하곤 한성정부와 동일했다.

이승만이 대통령 중심제를 고집한 것은 미국식 사고방식의 영향이었을 것이다. 그가 추구하는 국가 모델은 미국이었고, 그가 활동하던 곳도 미국이었기에 그에게는 당연히 대통령 중심제가 익숙했고, 정치 활동을 하기에도 편했던 것이다. 그는 처음부터 자신을 집정관총재가 아닌 대통령으로 소개했다. 그렇게 해야 미국인에게 자신의 존재를 각인시키는 데 유리하다고 판단했던 모양이다.

어쨌든 이승만은 대한민국 임시정부 초대 대통령이 되었고, 훗날 이 경력이 대한민국 초대 대통령으로 발돋움하는 중요한 배경이 된다.

임시정부에서 탄핵되다

대한민국 임시정부 출범 이후 이승만의 앞길은 평탄하지 않았다. 임시정부에서 그를 수반으로 삼은 것은 그가 재정과 외교 분야에서 뛰어난 능력을 발휘할 것이라고 기대했기 때문이다. 그러나 이승만은 명성에 비해 실질적인 능력은 별로 없었다. 거기에다 임시정부 요인들은 대개 중국에서 활동하던 인물이었고, 그 때문에 미국을 주무대로 삼고 있던 이승만은 임시정부 내에서 이질적인 존재였다.

사실 임시정부가 출범할 때부터 이승만의 입지는 한계가 뚜렷했다. 상하이정부는 근본적으로 이동녕 세력이 주축이었기 때문에 이동휘와 이승만 세력은 이방인처럼 여겨졌다. 더욱이 한때 의형제를 맺었다가 등을 돌린 박용만은 이승만 체제에서는 어떤 일도 할 수 없다며 임시정부를 박차고 나가버렸다. 박용만은 미주(美洲) 세력의 핵심인물이었기에 이 일은 이승만에게 불리할 수밖에 없었다.

그런 가운데 이승만은 계속 미국에 머물렀다. 상하이에서는 하루라도 빨리 이승만이 상하이로 와서 직무를 수행할 것을 촉구했지만, 이승만은 쉽사리 미국을 떠나지 못했다.

그때 임시정부 내부에서는 이승만이 임의적으로 대통령 직위를 사용하는 것을 문제 삼고 있었다. 심지어 이승만을 '대통령병 환자'라고 부르는 사람들도 있었다.

이 문제로 이승만에 대한 비판이 거세지자, 미국 동포 사회에서 이승만의 경쟁자로 여겨지던 안창호가 중재에 나섰다. 안창호는 이승만에게 대통령이라는 칭호를 사용하지 말 것을 요청했다. 하지만 이승만은 집정관총재라는 명칭을 영어로 번역하기가 마땅하지 않아 이미 모든 국가에 보내는 문서에 대통령이라는 직함을 사용했다며, 개헌을 해서 대통령 중심제로 바꿔야 한다고 주장했다. 결국 이 주장이 관철되어 1919년 9월에 개헌이 단행되었고, 이승만이 초대 임시대통령에 올랐다.

그러나 대통령 중심제는 노령정부를 대표하는 이동휘에게는 매우 불만스러운 것이었다. 그는 내각책임제의 실질적인 수반인 총리 직책을 맡아 내심 만족하고 있었다. 그런데 대통령 중심제로 전환되면서 그의 비중은 크게 줄어들었다. 이동휘는 임시정부에 참여한 것을 후회하기 시작했다.

대통령 명칭과 더불어 이승만과 임시정부의 관계를 악화시킨 사건이 또 하나 있는데, '독립공채' 발행 문제였다. 이승만은 집정관총재로 추대되자, 곧 독립 자금을 확보하기 위해 독립공채 발행 계획을 세웠다. 그리고 이를 임시정부에 통고하고, 결정을 기다렸다. 그해 7월에 독립공채 발행 법률안이 통과되었고, 11월에 공표되었다. 그런데 마음이 급했던 이승만은 9월부터 독립공채를 발행했고, 이에 대해 임시정부는 강력하게 반발했다. 또한 재미 한인단체인 대한인국민회에서도 이승만을 비난하는 소리가 높았다.

얼마 뒤 임시정부 의정원은 대통령의 취임을 촉구하는 결의안을 통과시키며 이승만을 압박했다. 결국 이승만은 무슨 수단을 강구해서든 상하이로 가야 했다.

이승만은 일단 하와이로 가서 얼마 동안 머무른 뒤에 1920년 11월에 상하이행 배에 몸을 실었다. 이때 그에게는 일제에 의해 30만 달러의 현상금이 걸려 있어 행동이 자유롭지 못했다. 그래서 하와이에서 죽은 중국인들의 유해를 옮기는 네덜란드 배에 몸을 숨기고 밀항을 감행했다. 그리고 26일 동안 항해한 끝에 상하이에 도착해 임시정부 청사로 향했다.

이때 임시정부 각료들은 이승만에게 거는 기대가 컸다. 이승만이 자금 조달 능력과 외교 능력이 뛰어나다고 믿었던 것이다. 이승만이 조지워싱턴대학교 시절 그의 스승이었던 윌슨 대통령을 통해 미국 정부를 움직일 능력이 있을 것으로 판단했다. 이승만도 윌슨에 대한 기대가 컸고, 그래서 자신이 윌슨과 각별한 사이인 것처럼 허풍을 떨었다. 하지만 이승만은 윌슨을 만나기도 어려운 처지였고, 자금 조달 능력도 미미했다. 거기에다 임시정부의 향방을 제시할 능력도 없었다. 이는 임시정부 각료들을 크게 실망시켰다.

이런 상황에서 총리 이동휘는 대통령이 상하이에 없을 경우, 모든 행정 결재권을 총리가 대신 행사할 수 있게 해달라고 요구했다. 이동휘의 요구는 임시정부를 떠나기 위한 수순이었다. 이승만은 당연히 이동휘의 요구를 거절했다. 결국 이동휘는 총리직을 사직하고 임시정부를 떠났다. 그러자 이승만은 이동휘를 면직시키고 이동녕을 총리대리로 삼아 내각을 추슬렀다.

혼란은 그것으로 끝나지 않았다. 의정원 본회의가 열리면서 이승만의 외교 위주의 독립운동을 비판하는 목소리가 높아진 것이다.

당시 임시정부의 투쟁 노선은 크게 두 갈래로 나뉘었다. 하나는 군사를 키워 무장투쟁을 감행하자는 입장이었고, 다른 하나는 외교 중심으로 독립운동을 전개해야 한다는 주장이었다.

사실 이 2가지 노선은 임시정부가 함께 끌고 가야 할 숙제였다. 이승만은 대통령으로서 당연히 2가지 노선을 모두 받아들이는 것이 옳았다. 하지만 이승만은 무장투쟁에 회의적이었다. 너무 많은 비용과 위험 부담이 따르는 무장투쟁은 현실적인 방안이 아니라고 생각했다. 그는 국제관계학 학자답게 외교 우선주의 정책을 고수했고, 무장투쟁에 대해서는 회의론에 사로잡혀 있었다. 무장투쟁으로는 절대로 일본 군대를 이길 수 없다고 판단했던 것이다. 거기에다 무장투쟁에 비용이 집중될 경우 외교 활동을 제대로 할 수 없을 것이라고 우려했다.

하지만 이승만은 이런 견해를 노골적으로 드러내지 못했다. 상하이 정부에서는 그의 노선을 지지해줄 사람도 없었고, 외교 노선을 강하게 주장할 만한 근거도 없었다. 사실 이승만은 그동안 외교 분야에서도 별다른 성과를 거두지 못했던 것이다.

한편 외교주의 노선에 반대하는 무장투쟁파는 무장투쟁을 하지 않으면 국제적 주목을 받을 수 없다는 입장이었다. 무장투쟁보다 파급 효과가 큰 외교 활동은 없다고 본 것이다. 거기에다 그 무렵에는 김좌진, 홍범도 등의 무장투쟁이 대단한 성과를 올리고 있었다. 따라서 그들은 근본적으로 이승만의 외교주의 노선을 패배주의로 단언했다.

그 무렵 베이징에서는 이승만이 이끄는 임시정부에 반대하는 세력이 결집하고 있었다. 박용만, 신채호 등이 중심이 된 무장투쟁파가 군사통일회를 소집하고 이승만을 비판하기 시작했다. 급기야 그들은 임시정부 의정원을 해산하고 새로운 정부를 수립하기 위한 국민대표회를 열자고 제안했다. 이 사태는 큰 파장을 일으켰다. 국민대표회 소집에 찬성한 학무총장 김규식과 교통총장 남형우가 사직서를 제출했고,

안창호도 노동국총판 자리를 내놓았다.

그러자 상하이정부를 발전적으로 해체해 새로운 정부를 만들자는 세력과 상하이정부를 유지해야 한다는 세력으로 양분되었다. 이에 상하이정부 핵심 세력이었던 이동녕, 신규식, 노백린, 이시영 등을 제외한 나머지 각료들이 임시정부를 떠났다.

이런 파국사태는 이승만의 정치적 한계를 드러냈다. 이승만은 임시정부를 결속하는 데도 실패했고, 자기주장을 관철하는 데도 실패했다. 이승만이 상하이에서 할 수 있는 일은 전혀 없었다. 결국 그는 미국으로 돌아갈 방도를 모색했고, 때마침 그해 11월에 미국에서 각국 대표들이 모여 군축회의를 연다는 소식이 날아왔다. 이에 이승만은 군축회의에 참석한다는 명분으로 도망치듯이 미국으로 떠났다.

이승만은 군축회의에 한국의 입장을 대변하는 의견서를 여러 차례 제출하려 했지만 별반 성과를 거두지 못했다. 임시정부 의정원은 이승만에게 상하이로 돌아올 것을 촉구했다. 그러나 이승만은 상하이로 돌아가지 않았고, 의정원은 결국 이승만에 대한 불신임안을 통과시켰다.

이후 의정원은 대통령 사고안(대통령이 개인 사정으로 업무를 지속할 수 없다는 내용)을 통과시켜 이동녕을 대통령 직무대리로 임명할 것을 이승만에게 요구했다. 하지만 이승만은 이를 단호하게 거절했다. 이에 의정원은 1925년 3월에 대통령 탄핵안을 통과시키고 박은식을 2대 임시대통령으로 추대했다. 이로써 말도 많고 탈도 많던 임시정부의 이승만 정권은 막을 내렸다.

이승만의 암흑기와 『일본내막기』를 통한 기사회생

대통령직에서 탄핵된 후 이승만의 입지는 크게 약화되었고, 행보도 위축되었다. 정치적 활동은 거의 없었고, 기껏해야 선교 활동이나 자신이 만든 대한인동지회를 이끄는 것이 고작이었다.

그 무렵 상하이정부는 김구가 이끌고 있었다. 김구는 이승만이 탄핵된 후 국무총리대리를 맡다가 1926년에 국무령에 올랐다. 1928년에 이동녕의 지도 아래 이시영, 안창호와 함께 한국독립당(한독당)을 창당하고, 1931년에는 임시정부 주석에 올랐다.

김구는 동학당 출신답게 태생적으로 전투적이고, 카리스마 있는 인물이었다. 그는 이승만과 달리 테러를 중요한 저항 수단으로 생각했고, 그래서 벌인 대표적인 사건이 이봉창 의거와 윤봉길 의거다. 특히 윤봉길 의거는 대단한 성공으로 간주되었고, 중국의 장제스와 손을 잡는 계기가 되기도 했다. 당시 중국은 상하이사변과 만주사변을 겪으면서 일본과 대치하는 상황이었고, 김구는 이런 역학관계를 이용해 중국의 원조를 얻어내는 쾌거를 올린 것이다.

하지만 임시정부는 상하이에 더 머물지 못했다. 윤봉길 의거 이후 김구에게 거금 60만 원의 현상금이 걸리면서, 김구는 임시정부 식솔들을 이끌고 난징으로 도피했다. 이승만은 이런 김구를 못마땅하게 여겼다. 테러를 통한 저항은 결국 조선 백성만 괴롭힐 뿐이라는 것이 이승만의 논리였다.

1932년 11월에 김구에게서 반가운 임명장 하나가 날아왔다. 이승만을 한국 독립 탄원 전권대사에 임명한다는 내용이었다. 그 덕분에 이승만은 칩거 7년 만에 활동을 재개할 수 있었다.

이승만은 국제연합(UN) 본부가 있던 스위스 제네바로 가서 한국을 중립국으로 인정해달라는 탄원을 했지만, 성과를 거두지 못했다. 하지만 개인적인 성과는 있었다. 이곳에서 그의 노년기 반려자가 된 오스트리아 여성 프란체스카 도너를 만났기 때문이다.

두 사람은 2년 가까이 교제한 끝에 1934년 10월에 결혼했다. 이승만은 환갑을 앞둔 나이였고, 프란체스카는 34살이었다. 이승만과 프란체스카의 결혼을 바라보는 재미교포들의 시선은 싸늘했다. 이승만이 제네바에서 아무런 성과도 없이 돌아온 것에 대해서도 비난 일색이었다. 그야말로 이승만에게는 일생일대의 위기였다.

이승만도 이미 열정이 많이 식어 있었다. 외교주의 노선에 대해 더는 자신감도 없었고, 교포들도 그의 말에 귀 기울이지 않았다. 이승만은 결국 모든 자리에서 물러나기로 결심했다.

그로부터 6년여 세월 동안 이승만은 다시 칩거에 들어갔고, 거의 절망적인 심정으로 책을 집필하기 시작했다. 제목은 『일본내막기(Japan Inside Out)』였다. 책의 골자는 일본이 미국을 침략할 것이니, 미국은 전쟁에 대비해야 한다는 것이었다. 하지만 미국 국민은 콧방귀를 뀌었다. 이 책이 출간된 1941년 초만 하더라도 일본이 미국을 침략한다는 것은 전혀 상상할 수 없는 일이었다.

그러나 그해 12월에 일본이 하와이의 진주만을 습격하자, 미국인들은 이승만을 예언자라고 칭송했고, 『일본내막기』는 불티나게 팔려나갔다. 덕분에 이승만은 미국에서 유명 인사가 되었다. 이 책은 영국에서도 출간되어 그의 이름을 유럽에까지 알렸다. 역설적이게도 일본의 진주만 공격이 이승만을 기사회생시킨 것이었다.

태평양전쟁 기간 동안 이승만은 대단한 영화를 누렸다. 『일본내막기』가 베스트셀러가 된 덕에 당시에는 거금인 2만 달러 상당의 저택에 살게 되었고, 다시 한인 사회를 주도했으며, 임시정부 요인들과 한국인들도 그를 다시 보게 되었던 것이다.

2 해방과 함께 시작된
미군정과 분단

1945년 8월 10일, 미국의 단파방송에 일본이 무조건 항복을 선언한다는 내용이 보도되었다. 이승만은 이 방송을 듣고 충격에 휩싸인 채 소파에 멍하니 앉아 있었다. 그토록 오랫동안 애타게 기다리던 소식이었지만, 그 소원이 현실이 되었다는 사실이 도저히 믿기지 않아 아무 생각도 할 수 없었던 것이다.

수십 년 동안 독립을 갈구하며 언젠가는 반드시 독립의 그날이 오리라는 신념 하나로 버티고 있던 노회한 독립운동가 이승만조차 해방된 현실을 쉽게 받아들이지 못할 정도였으니, 그보다 훨씬 더 정보가 취약한 한국인들의 놀라움과 혼란은 한층 더할 수밖에 없었다. 그때까지 한국인들에게 해방이란 먼 미래의 꿈이거나 환상 또는 부질없는 희망에 지나지 않았던 것이다.

함석헌은 성경 구절을 인용해 "해방이 도둑같이 왔다"라고 했고, 박헌영은 "아닌 밤중에 찰시루떡 받은 격"이라고 했다. 그도 그럴 것이 당시 한국 민중에게 전해진 소식들은 한결같이 모든 전선에서 일본이 승전을 거듭하고 있다는 거짓말뿐이었기에 일본의 패망이란 생각도 할 수 없는 가상의 시나리오였다.

한국에서 일본의 항복 선언을 가장 먼저 전해들은 쪽은 당연히 조선총독부였다. 8월 10일 조선총독부는 일본의 패망을 공식 확인하고, 본국의 지시에 따라 한국에 거주하고 있던 일본인들의 무사 귀환을 위해 분주하게 움직였다. 당시 조선에 있던 일본인은 약 80만 명이었다. 물론 군인, 경찰, 민간인을 망라한 숫자였다. 조선총독 아베 노부유키는 일본인들이 분노한 조선인들의 발에 밟혀 죽을지도 모른다는 불안감에 휩싸여 있었다. 이 때문에 한국인들에게 일본의 패망 소식이 전해지기 전에 안전 조치를 취해야 한다는 급박한 심정이었다. 그래서 한국인 대표자들을 불러모아 일본인의 무사 귀환을 약속받기 위해 안간힘을 쓰고 있었다.

조선총독부가 가장 먼저 접촉한 인물은 송진우였다. 일본 유학파로 《동아일보》주필과 사장을 거친 송진우는 국내에서 가장 잘 알려진 인물 중 하나였다. 조선총독부는 송진우에게 행정위원회를 구성해 총독부의 업무를 인계받을 것을 제의했다. 그러나 송진우는 조선총독부의 요청을 단호하게 거절했다.

송진우는 연합군이 즉시 한반도에 진주하고, 충칭의 임시정부가 귀국해 정권을 맡을 것이라 판단해 굳이 따로 대표 기관을 설치할 필요가 없다고 생각했다. 한편으로는 자칫 조선총독부의 술수에 말려들어 곤란한 입장이 될지도 모른다고 두려워했다.

조선총독부는 이번에는《동아일보》편집국장을 지낸 김준연을 찾아갔다. 김준연은 손기정의 일장기 말살 사건에 연루되어 사임한 뒤 경기도 전곡에서 농장을 관리하고 있었다. 그는 송진우를 따르던 인물이었기에 송진우가 거절한 일을 맡을 리가 없었다. 그의 답변도 거절이었다.

이렇게 되자 조선총독부는 급한 마음에 여운형에게 달려갔다. 사실 여운형은 조선총독부가 꺼리던 인물이었다. 여운형도《조선중앙일보》사장을 지낸 언론인 출신이었으나 성향은 송진우와 완전히 달랐다. 송진우가 지주와 양반, 자본가 등 한국의 상층부를 대변하는 인물인 데 비해 여운형은 고려공산당에 가입한 사회주의자였다. 따라서 자신들의 안전한 귀환을 보장받으려던 조선총독부로서는 여운형보다는 송진우를 적임자로 여길 수밖에 없었다. 그럼에도 여운형에게 매달렸다는 것은 그만큼 조선총독부 사정이 급박했다는 뜻이다.

조선총독부가 경무국장을 보내 여운형과 접촉한 것은 8월 14일이다. 일본 정부는 8월 15일 오전에 히로히토 천황의 입을 통해 공식적으로 항복을 선언할 것을 확정해둔 상태였다. 조선총독부의 행보는 다급할 수밖에 없었다. 만약 여운형이 승낙하지 않은 상태에서 히로히토의 항복 선언이 나오면 한국 민중이 어떤 태도를 보일지 알 수 없는 노릇이었다.

다행히 여운형은 조선총독부의 제안을 받아들였고, 다음 날인 15일 아침 일찍 정무총감 엔도 류사쿠를 만나 행정권을 이양받겠다는 뜻을 전했다. 그 후 여운형은 송진우를 찾아가 행정위원회에 동참해줄 것을 요청했지만, 송진우는 이번에도 거절했다. 송진우는 여전히 충칭의 임시정부에 모든 것을 맡길 것을 요구했고, 자칫 경거망동하다간 걷잡을 수 없는 사태가 일어날 수 있다는 경고를 덧붙였다.

송진우가 임시정부에 집착한 것은 임시정부를 과대평가해 그 대표성을 인정했기 때문이다. 하지만 여운형은 임시정부는 해외에 설립된 여러 독립운동 단체 중 하나일 뿐이라고 일축하면서 3000만 민중이 주축이 되어 정부를 꾸려야 한다고 주장했다.

송진우의 불참으로 조선총독부에서 행정권을 이양받은 사람은 여운형 혼자였다. 당시 여운형은 좌파 세력을 대표하는 인물이었고, 송진우는 우파 세력을 대변하고 있었다. 이렇다 보니 일본의 패망에 따른 행정권 인수 작업이 좌파에 의해 이뤄질 상황이었다.

여운형은 곧 자신이 이끌던 조선건국동맹 인사들을 끌어들여 조선건국준비위원회(건준)를 꾸리기 시작했다. 건준의 면면을 살펴보면 위원장 여운형, 부위원장 안재홍, 총무부장 최근우, 재무부장 이규갑, 조직부장 정백, 선전부장 조동호, 경무부장 권태석 등이다. 이들 중 안재홍을 제외하곤 모두 좌파 세력이었다.

한편 조선총독부는 8월 15일과 16일 이틀에 걸쳐 정치범과 경제범을 석방하기 시작했고, 여운형을 비롯한 건준의 임원들이 이 과정에 참여했다. 명실공히 행정권을 처음으로 행사한 사건이었다.

건준은 대중에게 건준이 결성되었음을 알리면서 질서를 지키고 일본인들의 귀환에 협조해달라는 내용을 골자로 하는 홍보 활동을 시작했다. 여운형은 16일에 휘문중학교에서 연설을 했고, 안재홍은 경성중앙방송국을 통해 연설을 했다. 이때 건준은 방송국과 경찰서를 접수하고 경찰과 군대 편성을 위해 인력을 모집한다는 공고까지 낸 상태였다.

이렇게 건준이 발 빠르게 움직일 수 있었던 것은 1944년에 결성된 조선건국동맹 덕분이었다. 여운형은 일본의 패망을 가정하고 건준 성격의 비밀결사를 결성해 전국적인 조직망을 갖추었던 것이다.

이렇듯 건준이 활력을 띠는 상황에서 조선총독부는 돌연 행정권 이양 약속을 번복했다. 38선을 기준으로 남북이 분할되어 남쪽은 미국이, 북쪽은 소련이 점령할 것이라는 사실을 확인했기 때문이다. 따라서 행정권은 당연히 남쪽에서는 미군에, 북쪽에서는 소련군에 넘겨야 하는 상황이었다. 조선총독부는 건준에 행정권을 넘기는 것보다 미군과 소련군에게 넘기는 것이 일본인들이 안전하게 철수하는 데 유리하다고 판단한 것이다.

조선총독부는 곧 군대를 동원해 건준이 접수하고 있던 경찰서와 방송국을 다시 차지해버렸다. 하지만 건준의 조직망은 전국적으로 점점 확대되고 있었다. 건국치안대를 조직해 경찰을 대신했고, 각 기관과 조직에서 친일 세력들을 내쫓기 시작했다. 하지만 일본인들의 안전을 철저히 보장해 조선총독부와 전혀 마찰을 일으키지 않았다. 덕분에 한국인에게 목숨을 잃은 일본인은 거의 없었다. 건준의 일사불란한 질서 확립은 국제사회에서도 호평을 얻었다. 하지만 남과 북에 미군과 소련군이 진주하면서 한반도에서 희망이나 의지는 점점 무의미한 것이 되어갔다.

분단의 신호탄이 된 38선 분할 점령

건준의 활약에 힘입어 한국인들은 국제사회가 놀랄 정도로 빠르게 국가적 형태를 갖추어갔지만, 정작 한반도를 접수한 미국과 소련은 그것에 전혀 관심이 없었다. 그들의 관심사는 오로지 한반도를 잡음 없이 분할 점령하는 방도였다.

한반도를 미국과 소련이 분할 점령한다는 것은 곧 한국 땅이 분단되는 것을 의미했다. 정상대로라면 독일에 행한 조치처럼 분할되었어야 할 나라는 한국이 아니라 패전국인 일본이어야 했다. 그런데 엉뚱하게도 미국과 소련은 한국을 분할해버렸다.

한반도 분할은 시나리오에 없는 것이었다. 단적으로 말하자면 한국 분단은 각본 없이 만들어진 미국의 실책 중 하나였다. 이는 2차 세계대전 당시 한국 독립에 관한 모든 회의 결과가 증명한다.

당시 미국 대통령은 프랭클린 루스벨트였다. 루스벨트는 일본이 패망하면 당분간 한국을 신탁통치하다가 독립시킨다는 계획을 가지고 있었다. 그가 신탁통치를 구상한 것은 소련을 기반으로 팽창하던 사회주의 세력을 막아보려는 의도였다. 한국이 그 상태에서 독립하면 사회주의 국가가 될 가능성이 크다고 판단했던 것이다.

이러한 구상은 1943년 11월 22일부터 26일까지 열린 카이로회담에서 구체화되었다. 이 회담에서 루스벨트와 영국의 윈스턴 처칠, 중국의 장제스가 한자리에 앉아 한국을 해방시킨 뒤 적당한 시기에 독립시킨다는 내용을 결의했다.

그러나 루스벨트가 말한 적당한 시기란 해방 후 무려 40년이 지난 후를 의미했다. 말하자면 한국의 독립은 미국의 점령과 지배를 대체한 용어일 뿐이었다.

루스벨트는 그해 11월 28일에 테헤란에서 처칠과 이오시프 스탈린을 만나 한국인이 독립을 하는 데는 약 40년의 수습 기간이 필요하다는 말을 했고, 스탈린도 이에 동조했다. 어쩌면 이 자리에서 스탈린과 루스벨트는 한반도를 분할통치하기로 암묵적으로 합의했는지 모른다. 하지만 분할통치에 관한 공식적인 논의는 이루어지지 않았다. 이때까지만 하더라도 한국에 대한 신탁통치가 명문화되지 않았다.

루스벨트는 신탁통치에 대한 자신의 의지를 관철하기 위해 1945년 2월 8일에 당시 소련령이었던 흑해 연안의 얄타(지금은 우크라이나령) 리바디야궁전에서 처칠과 스탈린을 다시 만났다. 이 회담의 주된 목적은 소련을 연합군에 참전시키는 것이었고, 미국과 영국의 제의를 스탈린이 수용함으로써 연합군의 세력은 크게 확대되었다.

그런데 얄타에서 루스벨트는 스탈린에게 한국에 대한 신탁통치를 제안했다. 이때 루스벨트는 신탁통치 기간을 20~30년 정도로 제의했고, 스탈린은 신탁통치 기간을 되도록 짧게 하는 것이 좋겠다고 했다. 신탁통치를 놓고 두 사람의 계산은 전혀 달랐다. 스탈린은 한국이 그 상태로 독립할 경우 사회주의를 선택할 가능성이 크다고 판단했기에 신탁통치 기간이 짧아야 한다고 말했고, 루스벨트도 같은 이유로 신탁통치 기간을 길게 잡으려 했던 것이다. 하지만 루스벨트가 한국에 대해 조치를 취하는 것도 그것이 마지막이었다. 그는 그해 4월 12일에 생을 마감했다.

이후 미국 대통령직은 부통령 해리 트루먼이 승계했다. 트루먼은 그해 7월 22일에 독일 베를린의 포츠담에서 처칠과 스탈린을 만났다. 여기서 세 정상은 일본의 무조건 항복 요구와 소련의 참전 문제를 다루었다. 이 과정에서 한국을 적당한 시기에 독립시킨다는 내용도 재확인했다.

얄타회담에서 스탈린은 180일 내에 참전하겠다고 약속했고, 그 대가로 동북아시아 지역에서 몇 가지 이익을 보장받았다. 하지만 포츠담회담이 열리는 순간까지도 소련은 참전하지 않았다. 약속한 날짜에 아직미치지 않았기 때문이다. 스탈린은 얄타회담 당일로부터 정확히 180일째 되는 날인 8월 8일 자정을 기해 일본에 대해 선전포고를 했다.

이때 일본은 거의 항복 직전에 있었다. 8월 6일에 히로시마에 원자폭탄이 투하되었고, 9일에는 나가사키에도 원자폭탄이 떨어졌다. 말하자면 소련은 다 차려진 밥상을 받아먹기만 하면 되는 상황이었다.

소련군은 8월 9일에 150만 명의 병력을 앞세워 일본을 압박하기 시작했다. 소련군이 진주하자, 일본 전선은 순식간에 무너졌고, 다음 날인 8월 10일에는 일본이 항복하겠다는 내용을 미국에 통고했다. 운 좋게도 소련군은 단 하루 전쟁을 치르고 항복을 얻어낸 것이다.

물론 8월 15일에 일본의 공식적인 항복 선언이 나올 때까지 소련군과 일본군의 싸움은 계속되었다. 그렇다고 해도 소련군이 참전한 기간은 불과 6일이었다. 국제사회에서는 소련이 다 끝난 전쟁에 참전했다는 시각이 지배적이었다. 하지만 6일 동안 소련군의 전사자는 1500명, 부상자는 3200명이 넘었다. 단시일에 입은 피해치고는 적지 않은 것이었다.

소련군이 만주를 거쳐 무서운 속도로 한반도로 진주하고 있던 8월 14일, 소련은 미국에서 한반도 분할 점령안을 통지받았다. 38선을 잘라 분할 점령하자는 것이었다. 미국은 소련이 거부할까 봐 전전긍긍하는 처지였는데, 소련은 의외로 선뜻 수용했다. 미국은 38선 이남에 수도가 있다는 사실에 만족했고, 소련은 자신들이 더 큰 땅을 차지했다는 사실에 만족했던 것이다.

미국이 어떤 경로를 거쳐 북위 38도를 선택했는지는 정확하게 알 수 없다. 포츠담회담에서 이미 결정되었다는 이야기도 있고, 이 일을 담당하던 대령 2명이 30분 만에 결정했다는 설도 있다. 분명한 사실은 얄타회담 때 루스벨트와 스탈린이 이미 분할 점령에 대한 구상을 드러냈으며, 이것이 분단으로 이어졌다는 점이다.

미국은 한반도를 소련과 분할 점령할 당시만 하더라도 한반도가 분단될 것이라고 생각하지 못한 것으로 전해진다. 말하자면 계획적인 구상에서 분단된 것이 아니라 상황이 분단을 낳았다는 것이다. 이때 미국은 한국에 대해 완전히 무지한 상태인 데다 한국은 안중에도 없었다. 미국의 관심은 오로지 일본에 집중되어 있었다.

사실 미국은 한국의 분단에 신경 쓸 입장이 아니었다. 다만 소련이 만주와 한반도를 점령해 극동의 패권을 장악할까 봐 두려워했다. 미국이 한국을 분할해 남쪽 땅에 미군을 진주시키려 한 목적도 소련을 견제하기 위한 조치였을 뿐 다른 의미는 없었다.

미국이 한반도를 잘라 북쪽을 소련에 내준 것은 일본의 분할을 막기 위함이었다. 미국은 내심 소련이 일본을 독일처럼 분할통치하자고 주장할까 봐 두려워했고, 그 때문에 한국 땅을 잘라줌으로써 입막음을 하려고 했던 것이다. 이 과정에서 한국의 지정학적 중요성이나 정치적·군사적 의미는 크게 고려되지 않았다. 그런 의미에서 보면 한반도의 분단은 미국이 일본 땅을 차지하는 대가로 소련에게 내준 용병 개런티였던 셈이다.

38선 이남의 점령을 선포한 맥아더 포고령

1945년 9월 4일, 인천 앞바다에 미국의 7함대가 나타났다. 이들은 존 R. 하지 중장이 이끄는 미군 24군단이었다. 그로부터 3일 뒤인 9월 7일 미 육군 총사령관 더글러스 맥아더의 포고령이 떨어졌다.

조선 인민에게 고함.

태평양 방면 미국 육군부대 총사령관으로서 나는 이에 다음과 같이 포고함.

일본국 정부의 연합국에 대한 무조건 항복은 위 제국 군대 간에 오랫동안 속행되어 온 무력 투쟁을 끝냈다. 일본 천황의 명령에 따라 그를 대표해 일본국 정부와 일본 대본영이 조인한 항복 문서 내용에 의해 나의 지휘하에 있는 승리에 빛나는 군대는 금일 북위 38도 이남의 조선 영토를 점령한다.

조선 인민의 오랫동안의 노예상태와 적당한 시기에 조선을 해방 독립시키라는 연합국의 결심을 명심하고 조선 인민은 점령 목적이 항복 문서를 이행하고 자기들의 인간적·종교적 권리를 보호함에 있다는 것을 새로이 확신해야 한다.

조선과 조선 주민에 대해 군사적 관리를 하고자 다음과 같은 점령 조건을 발표한다.

제1조. 북위 38도 이남의 조선 영토와 조선 인민에 대한 통치의 전 권한은 당분간 나의 권한하에서 시행한다.

제2조. 정부의 전 공공 및 명예 직원과 사용인 및 공공복지와 공공위생을 포함한 전 공공사업 기관의 유급 혹은 무급 직원 및 사용인과 중요한 사업에 종사하는 기타의 모든 사람은 새로운 명령이 있을 때까지 그의 정당한 기능과 의무를 실행하고 모든 기록과 재산을 보존·보호해야 한다.

제3조. 모든 사람은 급속히 나의 모든 명령과 나의 권한하에 발한 명령에 복종해야 한다. 점령 부대에 대한 모든 반항 행위 혹은 공공안녕을 문란케 하는 모든 행위에 대해 엄중한 처벌이 있을 것이다.

제4조. 제군의 재산 소유 권리는 존중하겠다. 제군은 내가 명령할 때까지 제군의
　　　정당한 직업에 종사하라.

제5조. 군사적 관리를 하는 동안에는 모든 목적을 위해서 영어가 공식 언어다. 영
　　　어 원문과 조선어 혹은 일본어 원문 간에 해석 혹은 정의에 관해 어떤 애매
　　　한 점이 있거나 부동한 점이 있을 때는 영어 원문이 적용된다.

제6조. 새로운 포고, 포고 규정 공고, 지령 및 법령은 나 혹은 나의 권한하에서 발
　　　출될 것으로 제군에 대해 요구하는 바를 지정할 것이다.

포고령에 나타나듯이 미군은 38선 이남을 점령하고 통치하려는 목
적으로 진주했다. 이런 원칙에 따라 미군은 9월 9일에 서울로 진주해
38선 이남 지역에 대한 미군의 정치적 지배를 선포했다. 이 일은 사령
관 맥아더를 대신해 미 육군 24군단장 하지 중장이 주도했다.

이후 38도 이남에서는 2년 11개월 동안 미군정 시대가 전개된다.
길다면 길고 짧다면 짧은 3년 가까운 미군정 시대는 굴곡과 상처로 얼
룩진 채 치유하기 힘든 고질병을 안고 태어난 한국 현대사의 자궁 역
할을 수행하게 된다. 또한 맥아더 포고령은 그 자궁의 양분을 강제로
전해주는 탯줄이 되고자 했던 것이다.

인공과 한민당의 탄생

미군이 서울로 진주해올 때, 서울에는 전국 각지에서 모여든
정객들로 북적거렸다. 정객들은 정치적 성향에 따라 크게 사회주의 성
향의 좌익과 민족주의 성향의 우익으로 구분되었다.

조직화에 먼저 성공한 쪽은 좌익이었다. 좌익은 일제강점기부터 전
국적인 조직망을 갖추고 있던 터라 어렵지 않게 당을 결성했다. 좌익
(사회주의자)들의 결집체라고 할 수 있는 세력은 '조선인민공화국(인

공)'이었다. 이 단체를 이끌던 인물은 박헌영이다. 한국 공산당 세력의 가장 위대한 영도자로 불리던 그를 중심으로 남한 지역의 좌익들이 하나로 결집하고 있었던 것이다.

인공 세력에는 건준을 이끌던 여운형도 포함되어 있었다. 여운형이 박헌영과 손을 잡자, 안재홍과 같은 임시정부 추종 세력들은 건준을 떠났다. 그 뒤 건준은 해체되고 박헌영 중심의 인공만 남게 되었던 것이다. 이렇듯 건준이 해체되고 급작스럽게 인공이 조직되자, 여운형에 대한 비판이 거세게 일어났다. 건준을 떠난 사람들은 물론이고 친동생인 여운홍과 좌익 내부에서도 여운형을 강하게 질책했다. 하지만 어쨌든 박헌영이 이끌던 인공은 좌익을 대표하는 전국적인 조직으로 재빨리 자리를 잡았다.

이렇듯 좌익 세력이 결집하고 있을 때, 우익 세력도 위기를 느끼고 당을 조직하기 시작했다. 가장 먼저 나타난 우익 조직은 원세훈이 해방 3일 뒤에 결성한 고려민주당이다. 원세훈은 임시정부 수립 당시 노령정부의 한족대표를 역임하고 김규식, 박용만 등과 독립운동을 전개했던 인물이다. 민족주의 성향이 강했던 그는 고려민주당을 창당한 후 송진우와 함께 국민대회준비회를 발족하고, 얼마 뒤에는 고려민주당을 해체하고 김병로, 백관수 등과 함께 조선민족당을 창당했다.

조선민족당에 이어 나타난 또 하나의 우익 정당은 한국국민당이다. 김구가 임시정부를 이끌어갈 목적으로 1935년에 창당한 정당의 이름도 한국국민당이었는데, 김원봉이 조직한 조선민족혁명당에 대항하기 위함이었다. 이번에도 사회주의 세력인 인공에 대항하기 위해 같은 이름의 정당이 조직된 것이다. 한국국민당을 창당한 주역은 백남훈, 허정, 김도연, 윤보선, 윤치영, 장덕수 등의 해외 유학파 세력이었다.

이렇게 되자, 이른바 민족 정당의 이름을 내건 세력이 양분되는 모양새가 되었다. 이에 조선민족당과 한국국민당은 통합을 모색하게 되었고, 1945년 9월 16일 서울 천도교기념관에서 발기인 1600여 명이 모인 가운데 한국민주당(한민당)을 창당했다.

한민당에 참여한 정당을 나열하자면 고려민주당, 조선민족당, 한국국민당, 국민대회준비회, 충칭정부 및 연합군환영준비위원회 등이다. 이렇듯 여러 단체가 합쳐졌지만, 핵심 세력은 역시 한국국민당과 조선민족당이었다.

참여한 단체 명칭에서 드러나듯 한민당의 중심은 임시정부 출신의 민족 세력과 친미 세력이었다. 친미 세력에는 친일 행적이 있는 인물들도 포함되어 있었고, 한민당 내부에는 사회주의자도 소수 포함되어 있었다. 이처럼 복합적인 성향을 띠는 탓에 우익은 좌익에 비해 심한 파벌 싸움을 예고하고 있었다.

어쨌든 해방된 지 불과 1달 만에 이미 서울의 정가는 좌익과 우익이 팽팽한 세력을 형성했다.

한민당은 창당 발기문에서부터 '인공 타도'의 기치를 내걸었다. 그들의 유일한 목적은 인공 세력을 제거하는 것이었다. 한민당이 그토록 인공 세력에 적대감을 보인 것은 인공이 공산주의자들로 구성되었기 때문이다. 공산주의의 적은 지주나 자본가 또는 친일·친미 세력이었고, 한민당 세력의 상당수는 그들 공산주의 세력이 적으로 간주하는 인물들이었다. 물론 인공에는 순수한 민족주의 세력이나 진보적인 지식인도 있었지만, 소수에 불과했다. 이 때문에 그들은 인공을 제거하지 않으면 자신들이 제거될 것이라고 판단했다.

인공 제거라는 목표를 달성하기 위해 한민당은 재빨리 미군정과 손을 잡았다. 당시 한민당은 명사 중심의 허약한 정당에 불과했기 때문에 지지 기반이 약했다. 그에 비해 인공은 전국적인 조직망을 갖춘 데다 서민층의 지지를 받고 있었다. 따라서 한민당은 미군에 의존하는 것이 가장 현실적인 생존 방법이었다.

미군정도 한민당의 접근을 반겼다. 미국은 소련 세력이 한반도를 장악하는 것을 두려워했기 때문에 인공에도 적대적일 수밖에 없었다. 즉 인공은 한민당과 미국의 공적이었다.

당시 38선 이남에서 하지가 이끄는 미 육군 24군단의 힘을 능가할 세력은 없었다. 미군은 소련의 힘을 등에 업은 공산주의 세력을 극도로 경계했다. 따라서 인공의 주적은 한민당이 아니라 바로 미군이 될 수밖에 없었다. 한민당의 핵심 세력은 이런 현실을 정확하게 간파하고 미군과 두터운 친분을 쌓았던 것이다.

미군정과 한민당의 밀월관계

한민당이 미군과 가까워질 수 있었던 최대 무기는 영어였다. 당시 한반도에서 영어를 능숙하게 구사할 수 있는 사람은 많지 않았다. 하지만 한민당에는 미국 유학파가 많았고, 덕분에 한민당은 미군과 친밀한 관계를 유지할 수 있었다. 더구나 공산주의자들을 철저히 배격할 것을 명령받은 미군으로선 좌익과 대립하는 한민당을 지렛대로 삼아 서울 정가를 장악하겠다는 계산이 있었다. 이는 인공을 제거하려는 한민당의 의도와도 잘 맞아떨어졌다.

한민당은 미군정 당국에 인공을 불법 단체로 규정해줄 것을 건의했다. 이에 미군은 인공을 불법 단체로 규정하고, 동시에 정당신고제를 천명했다. 정당신고제는 이미 전국적인 조직을 거느린 인공을 와해시키려는 전략이었다. 정당신고제를 실시할 경우 전국에서 숱한 단체가 정당으로 등록할 것으로 보고, 인공도 그런 정당 중의 하나로 취급하려는 의도였다. 예상대로 전국에서 200개가 넘는 정당이 난립하자, 미군은 한국인들을 마치 정치병에 걸린 환자라도 되는 양 조롱했다.

이렇듯 미군이 노골적으로 좌익에 대해 거부 반응을 보이자, 좌익 세력은 더욱 강한 결집력을 보이며, 미군과 대립각을 세웠다. 하지만 미군은 아랑곳하지 않고 한민당 세력을 요직에 앉혀 정부 형태를 갖추기 시작했다. 이때 미군정에 의해 요직에 앉은 인물들은 대개 좌익 제거 작업의 선봉이 되었다. 경무국장 조병옥, 수도경찰청장 장택상, 검찰총장 이인, 대법원장 김용무 등이 대표적인 인물이다. 이들 외에도 농림부장 윤보선, 문교부장 유억겸, 군정청 인사처장 정일형도 모두 우익 세력이었다.

더 큰 문제는 미군정의 우익 편향의 사고관이 아니었다. 가장 큰 문제는 치안 위주의 사고방식이었다. 그들에게 1차 목표는 경찰 조직을 안정시켜 전국을 하루빨리 미군정의 통제 아래 두고 좌익을 제거하는 것이었다. 이를 위해 가장 손쉽고도 무책임한 방법을 동원했다. 그것은 바로 일본 경찰의 부활이었다.

일제강점기에 경찰이었던 한국인은 8000명 정도였다. 이들은 해방 직후 거의 와해되어 잠적한 상태였다. 그러나 미군정이 그들 중 5000명 이상을 다시 채용했고, 특히 경찰 간부의 대다수는 일제강점기의 경찰 출신으로 채웠다.

이에 대해 한민당은 눈을 감거나 동조했다. 한민당은 좌익을 제거하는 데만 눈이 멀어 친일 경찰은 물론 친일 행적이 있는 정치인에 대해서도 눈을 감았다. 이는 한민당의 태생적 한계였는지 모른다. 한민당 요인들은 대다수가 유학파 지식인이었고, 당시 지식인들 상당수가 지주나 자본가 또는 친일 인사나 언론인이었기 때문이다. 따라서 그들은 한민당 내부에서 친일 인사를 가려낼 경우, 자신의 아버지나 형제, 또는 친구나 동지 그리고 자신에게까지 칼끝을 겨누는 결과를 낳을 것이라는 사실을 알고 있었다.

사실 한민당에게 친일 세력이란 다소 눈치는 보이지만 그래도 아쉬울 때 손을 내밀면 동지가 될 수 있는, 이용 가치가 높은 존재였다. 그에 비해 좌익은 언제나 자신들의 목숨과 재산을 위협하는 적이었다. 그들이 친일 세력과 한 몸이 되어 좌익을 제거하는 작업에 혈안이 된 것은 필연적인 일이었다.

이런 처지에 놓인 한민당으로서는 좌익 세력 척결을 최우선 목표로 삼고 있던 미군정과 이해관계가 맞을 수밖에 없었다. 따라서 그들이 공동의 목표를 달성하기 위해 밀월관계를 유지하는 것은 너무나 당연한 귀결이었다.

이승만과 김구의 귀국

해방기 서울 정가는 좌익과 우익으로 명확하게 갈렸지만, 이들 양대 세력이 무시할 수 없는 또 하나의 세력이 있었다. 바로 이승만과 김구로 대변되는 해외 세력이다. 이는 인공과 한민당이 모두 이승만과 김구를 영수로 내세운 사실에서도 확인할 수 있다.

이들 해외 세력은 해방이 되었음에도 곧바로 조국으로 돌아오지 못했다. 해외 세력은 크게 중국과 미국에 나뉘어 있었는데, 중국 세력은 충칭정부를 이끌던 김구로 대변되고, 미국 세력은 이승만으로 대변되었다. 두 사람 중 한반도에 먼저 발을 디딘 사람은 이승만이었다.

이승만은 해방되고 2달이 지난 10월 16일에 김포공항에 도착했다. 이승만은 일본이 항복했다는 소식을 듣고 즉시 귀국하려 했으나 미국 정부가 허락하지 않았다. 이승만은 당시 조선 사람들에게 가장 인기 있는 명망 높은 지도자였고, 이 때문에 미국 정부는 자칫 이승만에게 정국 주도권을 빼앗길지 모른다고 판단한 것이다. 미국이 이승만을 경계한 것은 그의 민족주의 성향과 독립 의지 때문이었다. 미국 정부는 숙고 끝에 이승만의 귀국을 허락했다. 이 결정에는 이승만이 근본적으로 친미주의자라는 판단이 작용했다. 또한 한반도를 안정시키기 위해서는 이승만 같은 거물급 정치인이 필요했기 때문이다.

이승만의 귀국에 대해 미군정을 이끌고 있던 하지 중장은 매우 긍정적인 자세를 보였다. 그만큼 당시 서울은 정치적 리더십을 절실히 요구하고 있었다는 뜻이기도 하다. 이승만은 대대적인 환영을 받으며 서울에 입성했다. 그러자 좌우익을 막론하고 그를 옹립하기 위해 경쟁이 벌어졌다. 인공은 이승만이 귀국하기도 전에 그를 주석으로 추대했고, 한민당에서는 돈암장을 이승만의 숙소로 제공하고 한민당 총재가 되어줄 것을 요청했다. 그야말로 좌익과 우익에서 앞다퉈 이승만 모시기 경쟁을 벌인 것이다.

이승만에게는 돈도 몰렸다. 서울의 부자라는 부자는 어떻게 하면 이승만에게 기부를 할까 혈안이 되었다는 소문이 나돌 정도였다. 특히 정치적 야망이 있거나 친일 행적이 있는 사람들은 거금의 돈뭉치를 들고 이승만을 방문했다. 이승만은 그 돈에 대해 세세하게 따지지 않았다. 그는 앞으로 막대한 정치자금이 필요하다는 사실을 잘 알고 있었고, 그런 정치적 욕심이 앞선 나머지 돈의 성격이나 출처 따위는 개의치 않았던 것이다.

이렇듯 좌익과 우익 모두에게 환영을 받은 이승만은 곧 좌우를 아우르는 조직을 만들게 되는데, 바로 독립촉성중앙협의회(독립촉성회)다. 물론 회장은 이승만이었다.

이승만의 등장으로 서울 정가는 화해 분위기에 젖어드는 듯했다. 하지만 겉만 화해의 색채를 띠었을 뿐 속내는 전혀 달랐다. 화해를 가장한 것은 이승만을 자기 쪽으로 끌어들이려는 임시방편이었고, 여전히 좌익과 우익은 팽팽한 긴장관계를 유지했다.

이승만은 공산당의 환영을 받고 매우 호의적인 태도를 보인 적도 있지만 근본적으로 그는 반공주의자였다. 따라서 그가 한민당 세력과 손을 잡는 것은 정해진 수순이었다.

그런 가운데 독립촉성회는 2차 모임을 가지고 「4대 연합국에 보내는 선언서」를 채택할 요량이었다. 선언서의 골자는 3가지였다. 첫째, 분단 반대, 둘째, 신탁통치 반대, 셋째, 연합국의 조선에 대한 점령국 지위 반대였다. 물론 이승만이 초안을 마련했다.

하지만 공산당을 대변하던 박헌영은 네 번째 조항으로 친일파 제거에 바탕을 둔 민족 통일 원칙을 집어넣어야 한다고 주장했다. 이승만은 이를 거부했다. 이승만은 이제 분열보다는 하나로 뭉쳐야 한다고 강조했고, 박헌영은 원칙 없이 뭉치는 것은 의미가 없다고 반대했다.

이 일로 이승만과 좌익은 완전히 등을 졌다. 이승만은 박헌영을 비롯한 공산당에 대해 분열주의자들이라고 강하게 비난했고, 공산당도 이에 지지 않고 이승만을 친일 세력을 옹호하는 반민족주의자로 규정했다.

이렇듯 이승만과 좌익 사이에 결연한 긴장감이 돌고 있을 때, 충청에 있던 김구는 임시정부 요인들과 함께 귀국길에 올랐다. 1945년 11월 23일, 김구는 김규식, 이시영 등 14명의 임시정부 요인들과 함께 미군 수송기에서 내렸다. 하지만 임시정부 공식 자격이 아닌 개인 자격의 귀국이었다. 미국은 임시정부를 대한민국을 대표하는 정부로 인정하지 않았다.

그럼에도 미군정은 김구 일행을 환대했다. 그뿐 아니라 기자회견은 물론이고 임시정부의 본부까지 마련해주었다. 비록 미국 정부는 임시정부를 공식 기구로 인정하지 않았지만 미군정은 적어도 반쯤은 임시정부를 인정하려는 태도를 취했다.

미군정이 이승만과 김구에게 호의적이었던 것은 가장 강력한 결집체였던 박헌영의 인공 세력과 대적할 수 있는 정치인은 그들밖에 없다고 보았기 때문이다. 미군정은 힘으로 좌익 세력을 제압하려 했지만 한계에 부딪혔다. 우선 같은 연합국의 일원이며 38선 이북을 장악하고 있던 소련의 눈치를 봐야 했고, 스스로 독립할 수 있도록 힘을 키워주자는 연합국의 정신에도 위배되기 때문이었다. 미군정은 자신들을 대신해 공산당과 싸워줄 정치 세력이 절실히 필요했고, 그 세력을 이끌 지도자로 이승만과 김구를 지목한 것이다.

미군정의 동조 아래 김구 일행은 대대적인 환영을 받았다. 12월 1일에는 서울운동장에서 환영회가 열리기도 했다. 김구는 이런 분위기에 매우 감격해했다. 12월 3일에는 상하이에 남아 있던 김원봉, 신익희, 조소앙 등 임시정부 간부 22명이 귀국했다.

당시 임시정부를 이끌고 있던 인물은 우파를 대표하는 김구였지만, 임시정부 내부에는 김원봉을 필두로 하는 좌파 세력도 만만치 않았다. 그러나 먼저 도착한 임시정부 간부들이 모두 우파 일색이었기 때문에 뒤늦게 들어온 좌파의 입지는 상대적으로 좁았다. 어쩌면 김구가 먼저 우파들을 비행기에 태운 것도 좌파의 입지를 좁히려는 전략이었는지 모른다. 그만큼 김구는 공산당 세력을 견제했다. 김구의 임시정부와 박헌영의 인공의 연합은 애초부터 기대하기 힘든 일이었다.

그럼에도 인공은 김구와 임시정부 요인들에게 인공의 중앙위원에 취임해줄 것을 요청했다. 임시정부의 요인들을 끌어들임으로써 엄청난 정치적 명분을 얻을 수 있다는 계산이었다. 하지만 김구는 인공의 요청을 한마디로 거절해버렸다.

김구는 이미 해방 전부터 좌파 세력과 치열한 권력 다툼을 벌여온 터였다. 더구나 그는 조선혁명당원에게 저격을 당해 죽을 고비를 넘긴 적도 있기에 좌익을 호의적으로 볼 수 없었다.

하지만 임시정부는 우익의 결집체인 한민당에 대해서도 그다지 호의적이지 않았다. 한민당 내부에 친일 세력이 많았기 때문이다. 그럼에도 그들의 돈에 대해서는 관심을 드러냈다. 정치를 하자면 자금이 필요하고, 자금줄을 쥔 쪽은 한민당 계열이었다. 이 때문에 임시정부와 한민당은 엉거주춤한 관계를 유지했다.

이런 가운데 임시정부는 내분을 겪었다. 임시정부 내부에는 고질적인 병이 있었는데, 바로 파벌 다툼이었다. 김구가 이끄는 한독당과 김원봉이 이끄는 조선민족혁명당 사이의 치열한 좌우 권력 다툼이 또다시 재현된 것이다.

이렇듯 김구와 이승만은 좌파 세력과 싸우면서 우파의 대표자로 자리매김했다. 좌파를 제거하기 위해서는 서로 손을 잡아야만 한다는 의미였다. 하지만 독립운동 과정에서도 그랬듯이 그들은 정치관도 세계관도 전혀 달랐다.

김구가 민족주의의 틀 속에서 독립국가 건설을 염원한 이상주의자였다면, 이승만은 세계 권력 구도의 틀 속에서 미국과 같은 자본주의 국가를 건설하려던 철저한 현실주의자였다. 또한 김구는 독립이라는 목표를 이루기 위해서는 무력 사용이나 테러 행위도 무방하다고 생각하는 전형적인 투사형 인물인 데 비해, 이승만은 힘없는 현실에서 대화와 타협이라는 외교적 수단을 넘어서는 행동은 오히려 독립에 걸림돌이 될 뿐이라고 믿는 전형적인 정치가형 인물이었다. 거기에다 두 사람 모두 독립국가의 수반을 꿈꾸고 있었다. 말하자면 하나의 골짜기에 2마리 호랑이가 동거하는 형국이었다. 둘 중 하나가 사라질 때까지 서로 권력을 다툴 수밖에 없는 운명이었다.

반탁운동의 선봉에 선 김구와 이승만

해방 이후 좌익과 우익이 가장 극렬하게 대립한 사건은 신탁통치 문제였다. 이는 이승만과 김구에게도 운명적인 사건이었고, 한국사를 송두리째 뒤흔든 대지진이었으며, 한국 국민의 운명을 완전히 뒤바꿔버린 대재앙이었다.

한국 국민에게 신탁통치에 관한 내용을 가장 먼저 알린 언론은《동아일보》였다. 1945년 12월 27일,《동아일보》는 미국의 외신을 인용해 한국이 미국·영국·중국·소련 4개국의 신탁통치를 받게 되었다고 보도했다. 소련은 신탁통치를 주장하고, 미국은 한국의 즉각적인 독립을 주장한다는 것이다. 하지만 실상은 반대였다. 소련은 오히려 한국의 즉각적인 독립을 주장했고, 미국은 신탁통치를 원했다.

당시 한국 국민에게 신탁통치는 식민통치와 같은 의미로 받아들여졌다. 따라서 신탁통치를 주장하는 국가는 곧 한국을 집어삼키려는 적으로 간주될 수밖에 없었다. 말하자면《동아일보》는 이 오보로 소련을 한국 국민의 공적으로 만든 셈이다.

《동아일보》에 이어《조선일보》도 신탁통치에 반대하는 격렬한 사설을 실었고, 「죽음으로 신탁통치에 반대하자」는 제목의 호소문을 만들어 호외로 돌리기까지 했다.

12월 28일에 한국의 신탁통치 문제를 담은 모스크바 3상 회의의 내용이 공개되었다. 회의의 골자는 한국에 민주 임시정부를 수립하고, 이를 돕기 위해 미국과 소련이 공동위원회를 구성하며, 미국·영국·소련·중국 4개국이 5년간 한국을 신탁통치한다는 것이었다.

남한 사회에서는 좌익과 우익을 가리지 않고 전국적으로 신탁통치 반대 운동이 일어났다. 반탁운동의 선봉에 선 것은 김구였다. 그는 28일 밤에 임시정부 요인들을 모아놓고 긴급 국무회의를 열어 반탁을 결의했다. 또한 신탁 반대를 명문화해 미국·영국·소련·중국 4개국에 발송했다. 이어 김구는 전국적인 파업을 주도했고, 미군정청에서 일하는 한국인들에게도 파업에 동참할 것을 요구해 성사시켰다. 29일 밤에는 경교장에서 반탁전국대회를 열었다. 좌익과 우익을 망라한 각계 대표 200여 명이 참석했는데, 그들 대다수가 반탁을 주장했고, 심지어 임시정부는 자신들이 미군정을 접수해야 한다는 강경한 발언도 서슴지 않았다.

그때 한민당 수석총무 송진우가 임시정부 측의 감정적인 주장을 반박하며 신탁통치의 현실성을 설파했다. 그는 어쩌면 통일정부를 수립하기 위해서는 5년간의 신탁통치가 가장 현실적인 대책일지도 모른다고 주장했다. 그야말로 목숨을 내놓고 한 발언이었다.

그로부터 몇 시간 후인 새벽 6시 15분, 송진우는 6발의 총알을 맞고 죽었다. 암살범은 한현우를 비롯한 6명이었다. 그들은 송진우가 미국의 신탁통치를 찬성하는 것에 분개해 죽였다고 자백했다. 미군정은 그들의 배후를 캐내려 했으나 실패했다. 하지만 미군정은 임시정부 세력을 의심했고, 이 때문에 미군정과 김구의 관계는 극도로 악화되었다.

하지만 김구는 반탁 주장을 멈추지 않았다. 그는 한 걸음 더 나아가 포고문을 발표해 모든 국민은 임시정부의 지휘 아래 반탁운동에 참여할 것을 촉구하고, 미군정청 산하의 모든 한국인 직원들에게도 임시정부의 지휘를 받을 것을 요구했다. 이는 임시정부가 미군정을 대체하겠다는 일종의 쿠데타였다. 김구는 반탁운동을 주권 회복 운동으로 전환시키려고 했던 것이다. 실제로 이 포고문이 나가자 서울의 7개 경찰서장들이 경교장을 방문해 충성을 맹세하는 일까지 벌어졌다.

12월 31일 오후 1시, 서울운동장에 30만 명이 운집해 대규모 반탁

대회를 열었다. 이를 주도한 것은 신탁통치반대국민총동원위원회였다. 물론 그 중심에는 김구와 임시정부 세력이 있었다.

이렇게 되자, 미군정은 임시정부 요인들을 모두 체포해 중국으로 추방할 계획을 세웠다. 하지만 실행하지는 못했다. 대신 하지 중장은 임시정부 요인들을 반도호텔로 불러들여 협상을 벌였다.

하지는 협상 과정에서 김구를 죽이겠다고 협박했고, 김구는 자살하겠다며 저항했다. 협상 후, 임시정부 측은 라디오 방송을 통해 자신들은 신탁통치를 반대하는 것이지 미군정을 반대하는 것이 아니라고 밝혔다. 또한 국민에게 파업을 중단하고 일터로 돌아가라는 말을 덧붙였다. 이렇듯 김구는 일단 미군정과의 대립에서는 한발 물러섰지만, 반탁운동의 열기는 여전히 계속되었다.

반탁의 열기에 불을 지른 또 1명의 지도자는 이승만이다. 이승만은 매주 방송을 통해 신탁통치를 반대하는 연설을 했다. 심지어 6주 동안 전국을 순회하며 반탁 강연회를 개최했다. 이 과정에서 이승만은 자신이 주도하던 독립촉성회의 조직을 한층 강화하고 회원 수를 늘려나갔다. 그 결과 이승만은 100만 명이 넘는 강력한 전국 조직망을 확보하게 되었다.

좌우익의 극한 대립과 미국의 이중 행보

반탁의 열기는 1946년 벽두부터 더욱 가속화되었다. 이제 신탁통치 문제는 새로운 형태의 대립을 낳았다. 대립은 좌익 측에서 신탁통치에 찬성하는 견해를 표명하면서 시작되었다. 1946년 1월 2일, 북한의 정당과 사회단체들은 신탁통치를 받아들이겠다는 내용의 공동성명을 발표했다. 1월 3일에는 박헌영이 이끄는 조선공산당이 민족통일자주독립촉성 서울시민대회를 열었다. 이 대회는 원래 반탁을 위해 마련되었으나 막상 당일에는 찬탁운동의 시발점이 되었다.

남한의 좌익을 대표하는 박헌영도 처음에는 적극적이진 않지만 반탁을 주장했다. 그는 내막을 좀 더 자세하게 알아보기 위해 평양으로 달려갔다. 평양에서 그는 소련의 입장과 김일성의 해명을 들었다. 신탁통치가 한국의 안정적인 통일정부 수립에 가장 현실적인 대책이라는 그들의 주장에 박헌영도 동의했다.

당시 서울에서는 반탁은 곧 애국이요, 찬탁은 매국으로 통했다. 그런 상황에서 좌익의 선봉인 박헌영이 찬탁을 주장하자, 좌익은 소련의 식민화 정책에 찬성하는 매국노로 몰렸다.

여기에 샌프란시스코 방송의 박헌영 관련 보도를 《동아일보》가 확대 해석해 보도하는 바람에 박헌영은 반탁 진영의 공적이 되었다. 샌프란시스코 방송에 따르면 박헌영이 《뉴욕타임스》 특파원 리처드 존스턴에게 자신은 소련에 의한 신탁통치를 지지하며, 조선이 소비에트 연방의 하나가 되길 희망한다고 말했다는 것이다. 그런데 《동아일보》는 이 말을 왜곡해 박헌영이 조선을 소련의 속국이 되기를 희망한다고 말했다고 보도해 박헌영을 궁지로 몰았다.

《동아일보》의 보도가 나가자 우익 측은 박헌영을 타도하자며 국민대회를 열었고, 그에게 30만 엔의 현상금까지 내걸었다. 이에 대해 박헌영은 여러 경로를 통해 자신은 조선의 즉각적인 독립을 주장했다고 항변했지만, 이미 엎질러진 물이었다. 그는 존스턴과 인터뷰하는 순간 미국 측이 쳐놓은 덫에 걸렸던 것이다.

왜곡 보도를 통해 박헌영을 궁지로 몰아넣은 우익 측의 공세는 한층 가속화되었다. 1월 7일에는 반탁전국학생연맹(반탁학련)을 결성해 서울운동장에서 반탁시위대회를 열었다. 1만 명 이상의 학생들이 대회에 동원되었다. 이때 이승만은 비서실장 윤치영을 보내 반탁학련을 지지했다. 그러자 좌익 측에서는 1월 9일에 재경학생행동통일촉성회(학통)를 결성하고 찬탁 시위에 돌입했다.

이후 학생들은 좌익과 우익으로 나뉘어 거리에서 유혈 충돌을 일으켰다. 1월 18일에 일어난 유혈 충돌로 40여 명이 부상을 입었고, 경찰이 출동해 양측 학생대표들을 체포하는 사태가 벌어졌다. 이날 김구는 반탁을 주도한 반탁학련 간부들을 만나 격려의 말을 전했다.

좌우익 학생들의 충돌에 대해 경찰은 좌익 쪽에만 책임을 물었다. 경찰이 좌익 학생들의 본부를 포위하면서 학생들과 경찰 사이에 총격전이 벌어졌다. 총격전 끝에 좌익 측의 학병동맹원 3명이 죽고, 3명이 부상을 당했다. 경찰도 2명의 부상자를 냈다.

이렇듯 서울의 분위기가 급박하게 돌아가자, 소련은 미국이 고의로 사실을 왜곡해 남한 사람들이 소련을 적대시하도록 유도했다며 미국에 항의했다. 이에 미국 정부는 하지 중장에게 사람을 보내 신탁통치는 처음부터 미국의 계획이었음을 알리는 제스처를 취했다. 소련은 또 타스통신을 통해 조선의 신탁통치는 원래 미국의 제안이었으며, 소련은 조선의 조속한 독립을 주장했다는 사실을 보도했다. 미국은 신탁통치 기간을 10년으로 하자고 주장했는데, 소련이 5년으로 단축한 것이라고 덧붙이기도 했다.

하지만 타스통신의 보도는 미군정의 방해로 남한 신문에는 실리지 못했다. 말하자면 미국은 이중 행동을 했던 것이다. 미국 정부는 소련의 왜곡 보도 정정 요구를 받아들이는 제스처를 취하고, 미군정은 오히려 왜곡 보도를 사실로 굳히려는 행동을 일삼았다. 미국이 이런 이중적인 태도를 보인 것은 한반도 전체가 소련의 영향력 아래 들어갈 것을 두려워했기 때문이다.

당시 한반도는 좌익 성향의 세력이 더 강했다. 좌익은 해방 전부터 전국적인 조직망을 가지고 있었고, 농민과 노동자의 상당수를 지지 세력으로 확보하고 있었다. 반면 우익은 지주 또는 자본가 출신의 유학파 지식인들의 허술한 단체 말고는 전국적인 조직망을 갖지 못했다. 특히 우익은 농민이나 노동자로부터 지지를 받지 못했다. 한반도가 즉각적인 독립 정부를 수립할 경우 좌익이 훨씬 유리한 형편이었다.

한반도에 좌익 정부가 들어선다면 소련의 영향력 아래 놓이는 것은 기정사실이었다. 좌익을 이끌고 있던 북한의 김일성이나 남한의 박헌영 모두 소련을 추종했기 때문이다. 미국도 그 사실을 잘 알고 있었기 때문에 신탁통치를 통해 남쪽만이라도 자신의 영향력 아래에 두기를 원했다. 미국이 신탁통치에 관한 진실을 왜곡하면서까지 남한 내부에 좌익과 우익의 충돌을 유도한 목적은 바로 거기에 있었다. 미국은 좌익과 우익의 충돌을 유발하고, 그 충돌로 인해 유혈사태가 벌어지면 좌익에만 모든 책임을 물어 탄압함으로써 남한에 친미 정부를 세우려는 속셈이었다.

미국의 시나리오에 의해 좌익과 우익의 극한 대립이 지속되자, 친일 세력들은 재빨리 우익 쪽에 붙어 반탁과 반공을 외쳤다. 말하자면 좌익과 우익의 극한 대립은 친일 세력에 은신처와 새로운 생존 기반을 마련해준 셈이었다. 거기에 반소·반공을 주장하던 이승만이 정치적 목적을 실현하기 위해 친일 세력에 면죄부를 줌으로써 친일 세력 청산은 요원한 일이 되고 만다.

단독정부 수립으로 치닫는 남과 북

신탁통치를 둘러싸고 좌익과 우익이 대립한 것은 비단 남쪽에서만이 아니었다. 북쪽에서도 김일성과 조만식이 친탁과 반탁으로 대립하고 있었다. 당시 조만식은 조선민주당의 당수로서 북한의 민족 진영을 이끌고 있었고, 김일성은 소련의 힘에 의지해 조선공산당 북조선분국을 이끌고 있었다. 해방 초기 북쪽에서는 당연히 조만식의 세력이 컸다. 조만식은 오랫동안 국내에서 항일투쟁을 전개했고, 김일성은 해외에 있었기 때문에 조만식의 명망이 훨씬 더 높았다. 이에 따라 김일성은 조만식을 민족 지도자로 대접하며 화합하는 모양새를 갖춰야 했다.

하지만 소련군이 노골적으로 김일성을 후원하면서 김일성의 영향력은 날로 확대되었다. 그런 가운데 신의주사건 같은 반소·반공운동이 벌어지기도 했다. 이 일로 좌익과 우익 사이에 상당한 균열이 생겼지만, 김일성과 조만식의 협조 체제는 유지되었다. 그러나 신탁통치 문제에 이르자, 조만식은 타협의 여지를 보이지 않았다. 소련은 여러 가지 회유책으로 조만식을 설득했지만 조만식은 민족적 양심이 허락하지 않는다며 끝까지 거부했다.

이후 조만식은 연금되었고, 정치 활동이 완전히 금지되었다. 이로써 북쪽에서 좌우의 협조 체제는 종결되었고, 동시에 반탁운동도 사라졌다. 일부 우익 세력이 소련과 김일성의 독단적인 처사에 반발하며 저항했으나 큰 영향력을 행사하지 못했다.

1946년 3월 1일에는 김일성을 노린 수류탄 테러 미수 사건이 벌어지기도 했다. 김일성은 이 사건을 이승만과 김구의 지시에 의한 것으로 판단하고 그들을 맹렬하게 비난했다. 심지어 김구와 이승만을 향해 이완용 같은 조선의 매국노라고 몰아세웠다. 김일성의 비난은 전혀 근거 없는 것이 아니었다. 테러를 수행한 단체는 염동진이 이끄는 '백의사'였는데, 백의사는 임시정부와 밀접한 관계를 맺고 있었다. 또한 테러단은 임시정부의 내무부장 신익희의 명의로 발급된 신임장도 가지고 있었다.

이 일로 김일성은 북쪽의 우익뿐 아니라 남쪽의 우익과도 결별하는 수순을 밟으며, 단독정부를 수립하기 위한 기반 다지기에 나섰다.

김일성의 단독정부 수립을 위한 첫 번째 발걸음은 토지개혁이었다. 1946년 3월 5일에 북조선임시인민위원회의 이름으로 토지개혁령을 발표했다. 이에 따라 약 4만 5000명의 지주들이 땅을 몰수당했다. 이 땅은 전체 인구의 절반에게 무상으로 분배되었다. 그러자 6000여 명에 불과하던 조선공산당 북조선분국의 당원 수는 20배가 넘는 13만 5000명 정도로 늘어났다. 이후 북쪽에서는 김일성이 절대적인 영향력을 갖게 되었다.

이 무렵 미국도 단독정부 수립을 위한 수순을 밟고 있었다. 미국은 이미 모스크바 3상 회의를 갖기 전부터 남쪽의 단독정부 수립을 준비하고 있었다. 북쪽이 소련에 완전히 장악당한 상태에서 통일정부를 구성할 경우 십중팔구 공산정권이 들어설 것이라고 판단했기 때문이다. 따라서 남쪽만이라도 친미 성향의 자본주의 정권을 수립해야 한다고 판단했다.

그 첫 번째 징후는 한국 군대의 창설이었다. 1945년 10월에 미군정은 경찰을 보완한다는 명목으로 군대를 창설하기로 결정했고, 뒤이어 11월 13일에는 군사국과 국방부를 설치했으며, 12월 5일에는 장교들을 배출하기 위한 군사영어학교를 설립했다. 또 1946년 1월 15일에는 국방경비대를 창설했다.

미군정이 이렇듯 다급하게 군대 창설에 나선 것은 좌익을 대표하는 조선공산당이 1945년 12월에 조선국군준비대를 조직했기 때문이다. 미군정은 이 조직을 와해시키지 않으면 내전이 일어날 가능성이 크다고 보았다. 그래서 먼저 조선국군준비대를 불법 단체로 규정하고 1946년 1월에 미 헌병대를 동원해 조선국군준비대의 훈련학교를 습격하고 해산시켜버렸다.

이후 미군정은 국방경비대를 중심으로 한국 군대 창설에 박차를 가했다. 하지만 소련도 구경만 하지는 않았다. 소련은 미군정이 군사국, 국방부, 국방경비대 등을 설치한 것은 통일정부를 세우기로 한 양국의 협상 취지에 어긋난다며 강력하게 항의했다. 또 국방부 등의 명칭을 사용한 저의가 의심스럽다며 따지고 들었다. 말하자면 남쪽에 단독정부를 수립하겠다는 의도가 아니냐는 것이었다. 이 때문에 미군정은 국방부를 경무부로, 군사국을 경비국으로, 국방경비대를 조선경비대로 명칭을 바꾸었다. 또한 조선경비대의 수를 절반 정도로 줄이고, 역할도 경비·치안 등 경찰 임무에 국한했다. 하지만 이름과 달리 조선경비대의 조직은 군대와 다름없었다.

또한 미군정은 남쪽 지역에서 좌익을 제거하기 위해 안간힘을 썼다. 북쪽은 이미 소련이 장악해 좌익 중심으로 흘러가고 있는 만큼 남쪽은 우익 중심의 정부를 세우고자 했던 것이다. 이는 근본적으로 남쪽과 북쪽에 각각 우익과 좌익 정부가 들어설 수밖에 없다는 한계에 기초한 정책이었다.

좌익을 제거하기 위한 미군정의 움직임은 《인천신문》 급습 사건, 조선정판사 위폐 사건, 신문 발행 허가제 등으로 이어졌다. 《인천신문》 급습 사건은 1946년 5월 7일에 미군정 방첩대가 좌익 성향이 강한 《인천신문》을 급습해 직원 60여 명을 연행하고, 편집국장 등 간부 5명에게 실형을 선고한 사건을 말한다. 조선정판사 위폐 사건은 1946년 5월에 조선공산당 기관지인 《해방일보》를 인쇄하던 조선정판사가 위조지폐를 발행해 공산당에 자금을 댄 혐의로 16명의 공산당원이 체포된 사건이다. 이때 체포된 16명은 최하 징역 10년형에서 최고 무기징역까지 선고받았다. 이 사건 이후 조선공산당의 활동을 불법으로 규정했다. 이 사건 심리 기간에 공포된 신문 및 기타 정기간행물에 대한 발행 허가제는 좌익계의 간행물을 철저히 차단했다. 반면 우익계 간행물은 한층 기세를 떨쳤다.

이렇듯 일련의 좌익 제거 작업을 추진한 후 미군정은 소련 총영사관을 조선공산당의 배후 거점으로 규정하고 폐쇄시켰다. 이에 따라 1946년 7월 2일에 소련 총영사관 직원들은 모두 서울을 떠나 평양으로 갔다.

하지만 미군정은 좌익계를 모두 제거하지 않았다. 좌익계 중에서도 온건파나 중도 노선의 세력은 오히려 끌어안으려 했다. 이는 박헌영 등의 공산당 핵심 세력을 따돌리려는 전술적 차원의 정책이었다.

그런 가운데 이승만이 1946년 6월 3일에 정읍에서 남쪽의 단독정부 수립을 가시화하는 연설을 했다. 그는 통일정부를 세우는 것이 여의치 않게 되었다며 남쪽만이라도 임시정부와 같은 조직을 가져야 한다고 역설했다. 김구도 이 주장을 반대하지 않았다.

그러자 각계 단체에서 이승만을 비난하는 성명을 내놓았지만, 한민당은 이승만의 주장을 지지하고 나섰다. 이후 이승만의 단독정부 수립을 위한 행보는 더욱 가속화되었다. 김구까지 나서서 이승만의 주장을 거들었다.

이승만은 곧 단독정부 수립을 위한 조직으로 민족통일총본부를 설립해, 자신은 총재가 되고, 김구를 부총재에 임명했다. 우익과 임시정부를 대표하는 두 지도자가 공공연히 남한의 단독정부 수립을 천명한 셈이었다. 덕분에 이승만은 우익 진영의 선두 주자로 자리매김할 수 있었다.

이승만과 김구라는 임시정부 출신의 쌍두마차가 하나의 목소리를 내자, 우익 청년단체들이 일제히 그들을 지지하고 나섰다. 당시 우익

청년단체 중 가장 큰 조직은 이승만이 거느리던 대한민주청년동맹으로 회원이 무려 300만 명가량 되었다. 그 외에도 한민당 계열의 대한청년단, 한독당 계열의 광복청년회, 북쪽에서 월남한 세력이 조직한 서북청년회 등이 있었다. 이들 단체들에 소속된 회원은 20만 명 정도였다. 이들 320여만 명의 회원을 거느린 우익 청년단체들은 이승만에 겐 탄탄한 기반이었다. 경찰까지 이승만과 김구를 지지했다. 당시 이승만과 김구의 연합 세력을 당할 정치 세력은 없었다.

한편 북쪽에서는 김일성이 스탈린에 의해 최고지도자로 낙점되었다. 스탈린은 박헌영과 김일성을 모스크바로 불러 만나본 뒤, 김일성을 선택했다. 이후 소련은 내부적으로 김일성을 앞세워 단독정부 수립을 기정사실화했다.

좌우합작에 의한 과도입법의원 구성

이승만의 단독정부 수립론이 힘을 얻어갈 때, 가장 강하게 반발한 사람은 여운형이었다. 여운형은 중도 좌파 세력을 이끌며 미군정의 후원에 힘입어 중도 우파의 김규식과 함께 좌우합작을 준비하고 있었다. 그는 단독정부 수립을 반대하며 통일정부 수립은 좌우합작을 통해 이뤄질 것이라는 성명서를 발표했다. 이어 여운형은 허헌, 김규식, 원세훈 등 좌우합작 대표자들과 회동을 가졌다. 이후 좌익에서는 여운형, 허헌, 김원봉, 이강국, 정노식 등을 대표로 삼고, 우익에서는 김규식, 원세훈, 최동오, 안재홍, 김붕준 등이 대표가 되어 좌우합작회의를 개최했다.

하지만 이들의 좌우합작은 애초에 불가능한 일이었다. 우파를 대표하는 이승만과 김구, 좌파를 대표하는 박헌영이 빠진 좌우합작은 어불성설이었던 것이다. 더구나 김규식은 미군정에 의해 억지로 좌우합작을 위한 테이블에 앉아 있었다. 그것도 이승만이 자금까지 대어주며 부탁해 앉힌 자리였다. 그런데 정작 이승만 자신은 단독정부 수립을 주장하고 다녔다. 미군정은 이승만의 이런 행동을 강하게 비난하며 제지했지만 이승만은 멈추지 않았다. 이승만은 하지 중장이 좌우합작을 이끌어내려고 하는 것은 소련에 대해 대의명분을 확보하기 위한 행동일 뿐, 미국 정부의 의도는 단독정부 수립에 있다고 판단했던 것이다.

좌익에서도 미군정의 좌우합작 시도란 중도 세력을 이용해 좌익을 분열시키고 우익 정부를 세우려는 술책이라고 비판했다. 그래서 박헌영은 여운형을 비롯한 좌우합작파를 불러 미군정의 술책에 놀아나지 말라고 촉구했다. 하지만 다수결에서 박헌영은 좌우합작파에 밀렸다. 그러자 박헌영은 우익 측에서 받아들이기 힘든 5가지 조건을 내걸어 좌우합작을 방해했고, 우익 측에서는 8가지 조건을 내걸어 맞받아쳤다. 이로써 좌우합작은 완전히 무산되는 듯했다.

이후 좌익 내부에서는 여운형을 배제한 채 박헌영계의 주도로 좌익 세력을 아우르는 남조선노동당(남로당)이 창당되었다. 남로당 창당은 박헌영 계열의 강경 좌파가 민족주의 성향이 강한 여운형 계열의 중도 좌파를 장악하기 위한 포석이었다.

남로당 창당 이후 박헌영의 노선은 대단히 공격적이고 전투적으로 바뀌었고, 이는 미군정으로선 받아들일 수 없는 노선이었다. 이 때문에 남로당과 미군정은 적대관계가 되었고, 미군정은 박헌영 체포령을 내렸다. 하지만 박헌영은 이미 북으로 간 뒤였다.

그 뒤 미군정은 다시 좌우합작을 시도했다. 물론 이때 좌익 계열에서는 좌우합작에 반대했던 박헌영 계열이 빠지고 대신 여운형 세력이 그 자리를 메웠다. 이렇게 해서 1946년 10월 7일에 가까스로 좌우합작 7원칙이 마련되었다. 그 요지는 다음과 같다.

첫째, 좌우합작으로 민주주의 임시정부를 수립할 것.

둘째, 미소공동위원회 속개를 요청하는 공동성명을 발표할 것.

셋째, 토지개혁을 실시하고 중요 산업은 국유화하며, 지방자치제를 확립할 것.

넷째, 친일파와 민족 반역자 처리 조례를 만들 것.

다섯째, 남북의 정치운동가 석방 및 좌우의 테러 행위를 중단할 것.

여섯째, 입법기구 기능과 구성 방법을 합작기구에서 결정할 것.

일곱째, 언론·집회·결사·출판·교통·투표의 자유를 보장할 것.

하지만 좌우 양측 모두 7원칙을 받아들이지 않았다. 특히 세 번째 토지개혁 문제에 대해선 한민당이 강력하게 반발했다. 토지개혁의 일환으로 토지를 무상 분배하기로 결정했는데, 지주 입장을 대변하던 한민당은 이에 찬성할 수 없었던 것이다. 좌익 쪽에서도 신탁통치 문제나 친일파 척결 문제 등에 대해 불만을 품고 거세게 반대했다.

심지어 공산당 측에서는 7원칙에 서명하는 것을 막기 위해 여운형을 납치하는 일까지 벌였다. 하지만 여운형 대신 장건상이 대리 서명을 함으로써 좌우합작은 공식화되었다.

이후 좌우 양측의 반발에도 불구하고 미군정은 좌우합작을 공식적으로 승인하고 남조선과도입법의원의 설치를 골자로 한 군정법령 11호를 공포했다. 이 법령에 따라 관선과 민선으로 구성된 90명의 입법의원 중 45명의 민선의원을 뽑는 선거가 실시되었다.

이 선거는 좌우합작에 서명한 지 불과 보름 만에 급작스럽게 이뤄졌다. 이때 좌익 세력은 9월의 철도 노동자 총파업과 10월의 대구항쟁으로 인해 산속으로 숨거나 감옥에 갇힌 사람이 많았다. 그 때문에 선거 참여 자체를 거부했다. 하지만 미군정은 선거를 강행했고, 결국 우익 측 인사들이 과도입법의원을 장악했다. 이 때문에 좌우합작을 이끌었던 김규식조차 일부 지역의 재선거를 주장해 관철시켰고, 결국 재선거에서 우익의 대표자인 김성수와 장덕수가 낙선했다.

하지만 말이 좌우합작이지 과도입법의원은 우파 일색이었다. 미군정은 이런 비판을 희석시키기 위해 45명의 관선의원은 중도 세력으로 구성해 김규식에게 힘을 실어주는 모양새를 취했다. 하지만 미군정의 좌우합작은 합작의 형식을 취했을 뿐 좌익의 힘을 약화하기 위한 술책이었다. 미군정은 겉으로는 중도파 중심의 좌우합작을 추진했지만 속으로는 미국 정부의 의도대로 우파정권을 세우겠다는 목적이었다. 결국 좌우합작을 주도한 중도파는 이용만 당했을 뿐 설 자리를 잃고 말았다. 이는 한반도에 극우와 극좌의 대립만이 있을 것임을 예고하는 것이었다.

단독정부 수립을 주장하는 이승만

비록 형식적인 좌우합작에 의해 과도입법의회가 출범했지만 이미 세상은 좌우합작과는 전혀 다른 길로 가고 있었다. 미국과 소련의 관계는 점차 악화되었고, 자본주의와 공산주의 사이의 갈등도 심화되었다. 1947년 3월 12일에 미국의 트루먼 대통령은 의회에서 소련과의 협력관계가 끝났음을 선언하며, 소련의 팽창정책을 용인하지 않겠다는 트루먼독트린을 발표했다. 말하자면 냉전시대를 알리는 신호탄이 발사된 셈이었다.

소련과 미국의 대립은 곧 한반도의 분단을 의미하는 것이었다. 한반도는 미국과 소련의 의도대로 움직일 수밖에 없는 처지였기에 분단을 막으려는 민족주의자들의 몸부림도 끝내 허사가 될 수밖에 없었다.

서울의 정치 지도자 중에 이런 현실에 가장 기민하게 대처한 사람은 이승만이었다. 이승만은 해방 전부터 소련의 팽창정책을 우려하며 한반도의 공산화를 막기 위해서는 미국이 소련과 손을 잡아서는 안 된다고 주장했다. 때문에 이승만은 끊임없이 미국 정부에 반소·반공을 주문했다. 미국 정부는 처음에는 이승만의 주장에 전혀 귀를 기울이지 않았다. 하지만 상황은 이승만의 예측대로 돌아갔다. 소련은 세계의 공산주의화 정책에 박차를 가했고, 한반도도 그 영향력 아래에 놓이게 된 것이다. 결과적으로 보면 미국 정부보다 이승만의 판단이 옳았던 셈이다.

이승만은 고국에 돌아온 후 한반도를 미군과 소련군이 절반씩 점령한 현실을 냉정하게 바라보고, 남한만이라도 자본주의에 기반을 둔 단독정부를 수립해야 한다고 판단했다. 그는 미군정이 끊임없이 좌우합작과 통일정부 수립을 강조하는 행보를 이어가는 상황에서도 분단은 엄연한 현실이라고 단정했다. 이에 따라 그의 행보는 단독정부 수립을 향해 가고 있었다.

1946년 11월 5일 미국에서는 반소감정이 강한 공화당이 중간선거에서 승리했다. 그러자 이승만은 곧 미국 방문길에 나섰다. 그는 미국 정부를 상대로 자신의 신념인 반소·반공주의를 설파하고, 동시에 이를 기반으로 국내에서 입지를 다지겠다는 계산이었다. 하지만 미국 정부는 이승만을 만나주지도 않았다. 사실 미국 정부로서는 이승만을 만나야 할 이유가 없었다. 미국 정부가 이승만을 만나는 것은 이승만을 한국의 대표로 인정하는 것이 되기 때문이다.

그런 가운데 트루먼독트린이 나왔다. 이승만은 쌍수를 들고 환영했다. 김구를 비롯한 남한의 우익 세력도 트루먼에게 찬사를 보냈다.

이승만은 이런 상황에서 미국이 60일 이내에 남조선의 단독정부 수립을 인정할 것이라고 주장했다. 미국 정부는 이에 대해 이승만이 광신적인 인물이라고 비난했지만, 실상 미국은 이승만이 자신들의 속내를 너무 직설적으로 표현한 것에 대해 당황하고 있었다. 이후 한반도에서 전개된 상황이 이승만의 예측과 완전히 일치했기 때문이다.

어쨌든 이승만은 그렇게 호언장담을 쏟아낸 뒤, 4월 초에 귀국길에 올랐다. 귀국길에 잠시 도쿄에 들러 맥아더를 만났고, 다시 중국으로 날아가 장제스를 만났다. 이승만은 이미 한국의 대표자로 행세하고 있었던 것이다. 그 덕분에 이승만의 입지는 더욱 확고해졌다. 남한에서 그의 입지를 위협할 사람은 이제 없었다. 이렇듯 그의 미국 방문은 정치적으로 큰 수확을 거두었다.

하지만 미국 정부에 이승만은 여전히 뜨거운 감자였다. 이승만은 늘 미국 정부의 속내를 한발 앞서서 공개적으로 주장해버렸다. 그런 이승만을 미국은 호의적으로 대할 수 없었다. 어쨌든 당시까지만 해도 미소 양국은 공동위원회를 통해 한반도에 통일정부를 수립하려는 의지를 보여야만 했기 때문이다. 물론 그것은 외교적 쇼에 불과했다. 이미 미소 양국은 한반도의 분단을 기정사실화하고 있었기 때문이다.

미국은 트루먼독트린의 후속 조치를 국무부장관인 조지 마셜의 입을 통해 천명했다. 이른바 '마셜플랜'으로 불리는 경제정책으로 마셜은 소련의 공산주의화 정책을 경제원조를 통해 막겠다는 계획을 발표했다. 이는 역으로 공산주의 국가에 대한 경제봉쇄 정책이기도 했다.

이와 때를 같이해 서울에서는 과도입법의원과 법원을 결합해 남조선 과도정부가 들어섰다. 물론 미군정의 주도 아래 이루어진 일이었다.

그런 가운데 미국과 소련은 공동위원회를 개최해 통일정부 수립을 위한 단계를 밟는 모양새를 취했다. 그래서 신탁통치에 찬성하는 남북의 모든 단체는 미소공동위원회(미소공위)의 협의에 참여하라는 공고가 발표되었다. 이에 대해 좌익과 중도파는 환영했고, 우익은 반발했지만 대다수의 우익은 일단 협의에 참석하기로 했다. 그러나 우익의 대표자라고 할 수 있는 이승만과 김구는 오히려 반탁 시위를 시도하며 협의 자체를 거부했다.

이들 두 지도자는 미소공위 협의 등록 마감날인 6월 23일에 대대적인 반탁 시위를 주도했다. 이것이 6·23반탁시위다. 반탁 시위의 선봉에는 반탁학련이 섰다. 당시 반탁학련의 지도자는 이철승이었는데, 이승만은 그를 얼싸안고 눈물까지 글썽이며 건국공신이라고 치켜세웠다.

그러나 반탁 시위의 열기는 미적지근했다. 그 뒤로도 두 차례나 더 시도했지만 반응은 그다지 뜨겁지 않았다. 하지만 효과가 없는 것은 아니었다. 7월 10일에 열린 2차 미소공위가 결렬되자, 양쪽이 모두 결렬의 주된 이유로 반탁 시위를 거론했기 때문이다. 사실 미국과 소련은 서로 속내를 감추고 협의를 추진했지만, 그들의 목적은 분단의 책임을 상대방에게 떠넘길 구실을 모색하는 데 있었다. 따라서 미소공위의 결렬은 예정된 일이었고, 결렬의 명분을 찾던 그들에게 반탁 시위는 좋은 핑계가 되었다.

이승만은 미소공위의 결렬을 예측한 거의 유일한 인물이었다. 이승만은 이미 미국과 소련이 물과 기름 같은 관계라고 판단했던 것이다. 미소공위가 결렬된 후, 이승만은 한국민족대표자회의를 개최해 자신감에 찬 얼굴로 단독정부 수립을 역설했다.

그 무렵 미국은 이승만을 대체할 한국 지도자를 물색하고 있었다. 이승만은 세계정세에 밝아 미국의 속내를 빤히 들여다보는 인물이라 부담스러웠던 것이다. 그래서 자구책으로 이승만의 스승격인 서재필을 한국으로 들여보냈다.

하지만 서재필의 투입은 미국의 무리수였다. 서재필은 이승만보다 현실감각이 없었고, 상황 대처 능력도 떨어졌다. 무엇보다도 84세의 고령에 암환자였다. 그럼에도 미국 정부가 서재필을 내세운 것은 그만큼 이승만이 부담스러웠기 때문이다.

이승만은 단독정부 수립을 향한 행보를 더욱 가속화했다.

여운형과 장덕수 암살 사건

1947년 7월 19일, 여운형이 암살당했다. 여운형은 죽기 2달 전에 근로인민당을 결성해 정치적 재기를 노리던 터였다. 그런 그가 저격을 받고 죽은 것이다. 그는 해방 이후 무려 열 차례나 테러를 당한 터였고, 결국 11번째 테러에서 목숨을 잃었다.

여운형을 암살한 사람은 백의사 소속의 18세 소년 한지근이었다. 백의사는 염응택(염동진)이 만든 우익 테러 조직으로 당시에는 신익희가 이끌고 있었다.

여운형의 죽음은 곧 좌우합작 운동의 종결을 의미했다. 여운형은 좌우합작위원회의 좌측 대표였기 때문이다. 이후 좌익과 우익 사이에는 테러가 난무했다. 그해 12월 2일에는 장덕수가 암살되었다. 장덕수는 김성수, 송진우, 김병로 등과 한민당을 창당해, 외교부장과 정치부장을 맡았던 인물이다. 그는 신탁통치 문제에서는 미소공위에 참여할 것을 주장했고, 단독정부를 수립하자는 입장이었다. 이것은 당시 임시정부 세력을 이끌던 김구의 한독당과 등을 지는 일이었다.

이 때문에 김구를 추종하던 대한학생총연맹은 장덕수 암살을 계획했다. 장덕수 암살 용의자로 체포된 박광옥과 배희범은 대한학생총연맹의 간부였다. 화살은 이 단체의 총재였던 김구에게로 향할 수밖에 없었다.

궁지에 몰린 김구는 이승만에게 도움을 청했지만, 이승만도 김구가 장덕수 암살의 배후라고 믿고 있었다. 결국 김구는 검찰에 연행되는 수모를 겪어야 했고, 이 일로 이승만과 완전히 등을 지게 되었다.

통일정부를 꿈꾸는 김구와 김규식

1948년 2월, 미국은 이승만의 예측대로 남한만의 총선거와 단독정부 수립에 대한 포고를 발표했다. 이후 이승만의 정치적 입지는 한층 강화되었고, 이를 자축하기 위해 한민당과 함께 단독정부 수립 결정안을 환영하는 국민대회를 열었다.

하지만 이승만과 등을 진 후 김구는 남한만의 단독선거와 단독정부 수립을 격렬하게 반대했다. 김구와 함께 단독정부 수립을 반대한 인물은 김규식, 홍명희, 김창숙 등이다.

이때 북한의 주도 세력으로 자리매김한 김일성과 김두봉도 평양방송을 통해 남한의 단독선거와 단독정부 수립을 반대하는 성명을 발표하고, 자신들의 의견에 찬성하는 모든 사회단체와 정당의 대표자 연석회의를 열자고 제안했다. 이러한 북측의 제안은 김구, 김규식과 의견 조율을 거친 후에 나온 것이었다. 따라서 김구와 김규식은 북측의 제안을 받아들이고 평양으로 가서 남북회담을 하겠다고 공언했다.

이에 대해 이승만은 김구와 김규식이 소련의 공산화 계획에 이용당하고 있다고 비판했다. 미군정 당국도 남북회담은 5·10선거를 방해하려는 연막전술이라고 비하했다.

한편 정지용, 김기림, 염상섭 등의 문인들은 108명의 문화 인사 명의로 김구의 남북회담을 지지했다. 이후 김구와 김규식은 북으로 가서 김일성과 김두봉을 만났다. 이른바 '4김 회동'을 가진 것이다.

김일성과 김두봉을 만난 두 사람은 남한만의 단독정부 수립뿐 아니라, 북한의 단독정부 수립도 반대한다는 입장을 표명했다. 말하자면 통일정부 이외의 어떤 정부도 수립되어서는 안 된다는 주장이었다.

김일성과 김두봉이 김구와 김규식의 주장을 받아들여 4개안의 공동 성명서 초안이 채택되었다. 첫째 외국군의 철수, 둘째 반통일적인 무질서 상황 불허, 셋째 민주주의 임시정부 수립, 넷째 남한만의 단독선거와 단독정부 수립 반대였다.

5월 5일에 김구와 김규식은 남으로 돌아와 평양회의 참석 결과에 대한 성명을 발표했다. 하지만 그것으로 끝이었다. 5·10선거와 남한의 단독정부 수립은 두 사람의 힘만으로 막을 수 없는 상황이었다.

제주 4·3사건과 5·10총선

미국이 남한만의 단독선거를 치르기로 결정하자 전국 각지에서 반대 여론이 강하게 일어났다. 특히 제주도에서는 3·1절 기념행사장에서 격렬한 시위가 일어났는데, 이를 저지하는 과정에서 경찰이 총을 발포해 인명 피해가 발생했다. 하지만 미군정은 경찰의 발포를 정당방위라고 결론짓고, 아무런 조치도 취하지 않았다. 이에 분개한 제주도민들은 파업을 단행하며 거세게 항의했으나, 미군정은 오히려 경찰을 증원하고 서북청년단을 제주도에 파견했다. 이에 따라 경찰과 서북청년단원들이 제주도민들을 무차별로 잡아들여 유치장에 가두었고, 연행된 청년 3명이 고문으로 숨지는 사태가 일어났다.

이에 따라 남로당 제주도당은 무장투쟁을 벌이기로 결정하고, 4월 3일 350여 명의 무장대가 제주도 내의 12개 지서를 공격했다. 당시 제주도에는 24개의 경찰지서가 있었는데, 그중 절반이 공격을 받은 것이다. 이른바 4·3사건의 서막이었다.

이때 제주도에는 국방경비대 소속 9연대가 주둔하고 있었다. 이들 군대는 경찰의 지원 요청에도 불구하고 제주도민과 경찰 사이의 갈등 문제로 치부하고 관여하지 않았다. 하지만 사태가 심각해지자, 미군정에서 연대장 김익렬에게 무장대와 협상할 것을 지시했다. 이에 따라 김익렬과 무장대 총책 김달삼이 평화 협상을 벌여 합의를 이끌어냈다.

72시간 내에 전투를 중단하고, 무장해제를 점차적으로 진행하며, 이후 주모자들의 안전을 보장한다는 내용이었다.

하지만 경찰과 서북청년단은 이 합의를 받아들이지 않았고, 오히려 산에서 내려오는 무장대를 공격했다. 이 때문에 상황은 더 격화되었다. 이에 따라 미군정은 9연대장 김익렬과 경무부장 조병옥을 불러 진상을 파악하려고 했다. 이 자리에서 김익렬은 경찰의 실책으로 폭동이 확대된 증거들을 제시했다. 그러자 궁지에 몰린 조병옥은 김익렬을 공산주의자의 아들이라고 반격했다. 이후 미군정은 제주도 9연대장을 박진경으로 교체하고 제주도민에 대한 대대적인 공격에 돌입했다.

박진경이 도민들을 무자비하게 살해하자, 오히려 그의 부하들이 박진경을 죽이는 사태가 일어났다. 박진경을 살해한 군인들은 그냥 두면 제주도민이 다 죽을까 염려스러웠다고 주장했다.

그러나 박진경을 죽이는 것으로 사태는 끝나지 않았다. 이후 국방경비대의 압박이 더욱 심해지면서 그동안 싸움에 가담하지 않던 사람들까지 나서게 되었다. 이때부터 군인과 경찰은 본격적으로 민간인을 학살하기 시작했다. 제주도 해안선에서 5킬로미터 떨어진 산간 지역에 있는 사람은 무조건 사살했다. 그 결과 30여만 명의 도민 중에 3만 명 이상이 희생되었다. 그중에는 여성과 어린이도 1만 명이 넘었다.

이렇게 제주도에서 학살이 자행되는 동안, 전국에서는 5·10총선이 치러지고 있었다. 이는 곧 남한의 단독정부 수립을 예고하는 것이었고, 이승만의 승리를 의미하는 것이었다.

2개의 정부로 갈라진 남과 북

　5·10총선을 통해 헌법을 만들기 위한 제헌국회가 구성되었고, 제헌국회는 이승만을 의장, 신익희를 부의장으로 선출했다. 물론 제헌국회의 소임은 헌법 제정이었다.

　제헌국회에서 헌법 초안을 작성한 사람은 유진오였다. 헌법 초안은 의원내각제를 골자로 하는 정부 수립안을 채택했다. 하지만 이승만은 대통령제를 주장했다. 그는 상하이정부 시절부터 대통령제 신봉자였다. 그가 대통령제를 주장한 것은 실질적인 힘을 갖기 위함이었다. 당시 내각책임제 구도에서는 이승만이 대통령을 맡고, 다른 사람이 총리를 맡을 공산이 컸다. 그렇게 될 경우 이승만은 허울뿐인 명예만 얻는 것이었다. 임시정부 시절에도 그랬던 것처럼 그는 힘없는 대통령 자리는 원하지 않았다. 그래서 대통령제로 바꾸지 않으면 자신은 대통령직을 맡지 않고, 오히려 개헌운동을 벌이겠다고 버텼다. 그리고 결국 대통령제가 채택되었다.

　제헌국회는 1948년 7월 12일에 헌법을 제정하고, 7월 17일에 공포했다. 7월 20일에 간접선거로 치러진 대통령 선거에서 이승만은 압도적인 지지를 받아 대통령에 당선되었다. 부통령에는 이시영이 당선되었다. 원래 부통령으로 김구가 거론되었지만, 김구가 출마를 거부하는 바람에 이시영이 당선된 것이다.

　이승만의 초대 내각의 구성은 다음과 같다. 국무총리 겸 국방부장관 이범석, 내무부장관 윤치영, 외무부장관 장택상, 재무부장관 김도연, 법무부장관 이인, 문교부장관 안호상, 농림부장관 조봉암, 상공부장관 임영신, 사회부장관 전진한, 보건부장관 구영숙, 체신부장관 윤석구, 교통부장관 민희식, 무임소장관 이윤영·지청천, 총무처장 김병연, 공보처장 김동성, 법제처장 유진오, 기획처장 이순탁 등을 임명했다.

첫 내각이 구성되자, 가장 불만을 가진 세력은 김성수가 이끄는 한민당이었다. 이들은 이승만의 대통령 당선을 적극적으로 도왔지만, 내각에서 거의 배제되었다. 장관 중에 한민당 출신은 재무부장관인 김도연이 유일했던 것이다.

8월 15일, 드디어 중앙청 광장에서 대한민국 정부 수립 기념식이 거행되었다. 하지만 미군정에 의한 권력 이양이 이루어진 것은 아니었다. 미군정의 권력 이양은 9월 11일에 체결된 '한미 재정 및 재산에 관한 최초 협정'에 의해 실행되었다.

한편 북쪽에서는 8월 25일에 총선이 실시되었고, 9월 9일에 김일성을 수상으로 조선민주주의인민공화국이 선포되었다.

김일성 정부는 부수상 박헌영·홍명희·김책, 국가계획위원장 정준택, 민족보위상 최용건, 국가검열상(국방상) 김원봉, 내무상 박일우, 외무상 박헌영(겸임), 산업상 김책(겸임), 농업상 박문규, 상업상 장시우, 교통상 주영하, 재정상 최창익, 교육상 백남운, 체신상 김정주, 사법상 이승엽, 문화선전상 허정숙, 노동상 허성택, 보건상 이병남, 도시경영상 이용, 무임소상 이극로, 최고재판소장 김익선, 최고검찰소장 장해우 등으로 구성되었다. 이들 장관 중에 김일성이 이끄는 북조선노동당 소속이 6명으로 가장 많고, 그다음으로 박헌영이 이끄는 남로당 소속이 4명이었다. 그 외에 인민공화당의 김원봉, 민주당의 최용건, 신한민족당의 이용 등이 한자리씩 차지했다.

이렇게 한반도에는 2개의 정부가 들어서게 되었다. 하지만 그해 12월 12일에 UN에서 한국의 독립 승인안이 가결되어 남쪽의 대한민국 정부가 한반도의 유일한 정부임을 인정받았다.

3   초대 대통령 이승만의 파란 많은 정치 여정과 혼돈의 도가니 한국 사회

● 제1~3대 대통령, 재임 기간: 1948년 7월 – 1960년 4월(11년 8개월)

친일 세력을 양팔로 삼아 좌익 제거의 깃발을 들다

이승만은 자신의 의지대로 대한민국 초대 대통령에 올랐지만, 그의 앞에는 수많은 난관이 기다리고 있었다. 우선 좌와 우의 극한 대립 속에서 사상전쟁을 벌여야 했고, 다음으로는 정부 조직을 안정시키고 사회질서를 바로잡아야 했다. 또한 일제의 잔재를 청산하고, 극심한 빈곤에서도 벗어나야 했으며, 민주주의를 정착시켜야 하는 의무도 있었다. 그러나 그가 일차적으로 주력한 것은 사상전쟁에서 승리해 권력을 안정시키는 것이었다.

그는 철저한 반공주의자였고, 자본주의 신봉자였으며, 강력한 제왕적 대통령제를 추구했다. 그는 좌익을 궤멸시켜야만 권력이 안정되고, 권력이 안정되어야만 사회질서도 바로잡을 수 있다고 믿었다. 그리고 이를 실현하기 위해서는 민주주의 원칙 같은 것은 무시해도 좋다는 태도를 보였으며, 친일 청산 작업은 오히려 방해가 될 뿐이라고 믿었다. 거기에다 자신이 아니면 아무도 한국 사회를 발전시킬 수 없다는 독선적인 성향을 드러냈다.

1948년 10월에 일어난 여순사건은 이런 성향을 가진 그에게 권력을 확립하는 좋은 계기가 되었다. 이승만이 1948년 7월 20일에 대통령에 당선되고, 8월 15일에 정부 수립을 공식 선포하던 순간에도 제주도에서는 경찰과 도민의 충돌이 가속화되고 있었다. 이승만은 미국과 손을 잡고 이 문제를 돌파하기 위해 제주도 초토화 작전을 세웠다. 하지만 이에 반발한 여수의 14연대 군인들이 반란을 일으켜 전라남도 일대를 장악하는 사태가 벌어졌다. 이승만은 미군과 연합해 10일 만에 반란군을 진압한 뒤, 이를 호기로 삼아 군 내부의 좌익에 대한 대대적인 숙정(肅正)을 감행하고, 사병처럼 흩어져 있던 무장 세력들을 군부로 집결시켜 군권을 장악하는 개가를 올렸다.

이후 이승만은 산을 근거지로 유격전술을 펼치고 있던 반군 잔당을 소탕하고, 반공사상을 앞세워 좌익 탄압책을 노골적으로 실시했다. 이를 위해 그해 12월 1일에 국가보안법을 공포하고, 국민보도연맹을 창설해 좌익의 근거지를 완전히 궤멸시켰다. 이 과정에서 여러 가지 무리수를 자행해 국민의 불만과 반발을 불러일으키기도 했다. 하지만 좌익을 철저히 탄압한 덕분에 이승만은 미국의 환심을 사는 데 성공하고, 친위 세력을 확대했으며, 권력을 강화하는 소득을 올렸다.

한편 정치권에서는 친일 청산을 요구하는 목소리가 높았다. 정부가 수립된 지 채 1달도 안 된 9월 7일에 제헌국회의 압도적인 지지로 반민족행위처벌법이 통과되었고, 이어 반민족행위특별조사위원회(반민특위)가 구성되어 친일 행위자 척결에 나섰다.

그러나 이승만은 친일 행위자 척결을 자신에 대한 정치적 도전이자 정부 조직을 와해하려는 행위로 인식했다. 당시 이승만을 둘러싸고 있던 세력 중 상당수가 친일 경력이 있었고, 이승만을 지지하는 한민당의 중심 세력도 친일 인사가 다수였다. 특히 이승만의 손과 발이 된 경찰 조직은 친일 세력의 온상이라고 해도 과언이 아니었다.

이승만은 이 세력들을 지키기 위해 보복보다는 화합이 중요하며, 과거보다는 미래가 중요하다고 역설했다. 자신의 권력을 유지하기 위해 민족적 대의를 저버린 셈이었다. 이후 이승만은 경찰을 동원해 반민특위 요원들을 체포하고, 국회 프락치 사건을 조작해 친일 세력 청산을 외치는 개혁 성향의 국회의원들을 감옥으로 보냈다. 결국 반민특위는 해체되고, 친일 세력 청산은 물거품이 되었다.

그 무렵 이승만의 최대 정적이던 김구가 암살되었다. 김구는 1949년 1월부터 미군 철수와 남북 협상을 주장했다. 이에 따라 국회에 외국군 철퇴 결의안이 제출되고, 결국 6월에 미국이 군대 철수를 선언하는 상황으로 치달았다.

김구 암살 사건은 미군 철수가 진행되던 1949년 6월 26일에 일어났고, 이승만은 그의 죽음에 대해 일말의 슬픔도 표시하지 않았다. 오히려 김구 세력을 와해시키는 데 주력해 한독당을 완전히 해체시켜 버렸다.

남과 북의 극렬한 대치 그리고 전쟁

김구는 정치적으로 남북 통일정부를 주장하는 중도파였다. 중도파의 지도자가 사라짐으로써 남과 북의 대치 상황은 더욱 극단으로 치달았다.

1949년 9월부터 이승만은 북진통일론을 주장했고, 3일 안에 평양을 점령할 수 있다는 허장성세도 서슴지 않았다. 그 무렵 지리산 일대에서는 '낮에는 대한민국, 밤에는 인민공화국'이라는 말이 나돌 정도로 좌익 유격대가 활개쳤고, 이승만은 그들을 소탕하기 위한 대대적인 토벌 작전을 벌였다. 또한 국민보도연맹을 이용해 좌익 조직의 도시 활동을 봉쇄했다.

한편 38선 부근에서는 충돌이 빈번했다. 그렇게 충돌하는 횟수가 1000회에 육박할 정도였는데, 이는 결국 6·25남북전쟁으로 이어졌다. 6·25남북전쟁은 1950년 6월에 일어나 1953년 7월까지 3년여 동안 지속되었다.

전쟁의 소용돌이 속에서 이승만은 국회에 의한 간접선거 대통령제를 국민에 의한 직접선거 대통령제로 바꾸기 위해 개헌을 시도했다. 하지만 국회가 개헌안을 부결하자, 국무총리를 장면에서 장택상으로 교체하고 정치 깡패를 동원해 국회 해산을 시도했다. 이어 국회의원들을 협박해 개헌을 강행하자, 부통령 김성수가 이승만을 비난하며 사표를 던지기도 했다. 그러나 이승만은 기어코 발췌개헌에 성공하고, 1952년에 2대 대통령으로 당선되었다.

한편 미국을 위시해 UN과 중국, 소련 등은 휴전을 논의하고 있었다. 1951년 6월에 소련이 정전회담을 제의하면서 휴전 논의가 시작되었고, 이때 이승만은 중국군의 철수, 북한군의 무장해제, UN 감시하의 총선거 실시 등을 주장했으나 받아들여지지 않았다.

이에 한국 국회는 통일 없는 휴전 반대를 결의하고, 북진통일운동특별위원회를 구성하기도 했다. 또한 이승만은 한국 대표의 휴전회담 참가를 거부하고, 휴전회담에서 포로 교환에 관한 조항이 합의되자 이에 반발해 반공포로 2만 7312명을 석방하기까지 했다. 1953년 7월 27일, 판문점에서는 한국이 불참한 가운데 UN군 대표와 중국, 북한 대표가 모여 휴전협정을 맺었다.

친미 · 반공 · 반일의 외교와 국방

이승만 시대의 외교와 국방을 살펴보면 친미 · 반공 · 반북으로 요약할 수 있다. 이승만은 미국의 보호를 받기를 원했고, 이를 실현하기 위해 1952년 12월에 미국의 드와이트 아이젠하워 대통령과 한미방위협정을 체결했다. 정부 수립 직후 이승만은 잠시 미국과 대립했으나 세계대전이라고 해도 과언이 아닐 정도의 엄청난 전쟁을 경험한 뒤로는 미국의 우산 아래 들어가는 것이 가장 안전한 국방정책이라고 판단했다.

일본에 대해서는 강경책을 구사했다. 당시 미국은 일본과 한국의 국교정상화를 주문했고, 이승만은 이를 수용해 일본과 국교정상화를 위한 협상을 벌였다. 이때 한국은 6·25남북전쟁이 일본 식민통치의 유산이라는 논리를 전개해 과거 식민통치와 6·25남북전쟁으로 인한 피해 등에 대해 일본이 배상해야 한다고 주장했다. 제시한 배상액은 20억 달러였다. 그러나 일본은 한국에 배상할 이유가 없으며, 오히려 과거 일본인 소유였던 재산을 모두 돌려달라고 요구했다. 이에 이승만은 분노해 1952년 1월에 평화선(平和線)을 선포하고, 평화선 이내로 일본이나 중국 선박이 들어올 경우 모두 나포하라고 지시했다. 이승만의 결단에 국민은 열렬히 환호했고, 이는 2대 대통령 선거전에서도 이승만에게 호재로 작용했다.

이승만은 북한에 대해서는 철저히 적대적이었고, 반공과 북진통일 노선을 일관되게 고수했다. 이승만에게 김일성과 북한 세력은 민족을 배신하고 형제에게 총부리를 들이댄 조국의 배신자이자 원수였고, 북한을 비호하는 중국과 소련은 침략자이자 오랑캐일 뿐이었다. 또한 그들 적대국의 이데올로기인 공산주의와 공산주의자들은 박멸해야 할 세균에 지나지 않았다.

미국의 원조에만 기댄 경제의 한계

이러한 국방과 외교정책의 틀 속에서 이승만은 나름대로 경제적 토대를 마련하기 위해 획기적인 정책들을 구사했다. 이승만의 경제정책에서 가장 두각을 나타낸 것은 1949년에 실시한 농지개혁과 미국의 원조를 기반으로 마련한 경제부흥 계획안이었다.

해방 후 국민의 80%가 농업에 종사하고 있었고, 농민의 대다수는 소작농이었다. 말하자면 소수의 지주가 농토의 대부분을 소유하고 있던 까닭에 대다수의 농민은 그들의 머슴에 불과한 상황이었다.

이승만은 이를 해결하기 위해 좌익 출신인 조봉암을 농림부장관에 임명해 농지개혁을 이끌도록 했다. 자본가 출신 국회의원들의 반대가 극심했지만 이승만은 과감히 농지개혁을 시행했다. 비록 모든 소작농이 자기 땅을 가지게 된 것은 아니었지만, 농지개혁은 이승만 정권 말기인 1960년에 전체 농민의 90%를 넘는 수가 자작농으로 전환하는 계기가 되었다.

한편 산업 부분에서도 이승만 시대는 변화를 가속화했다. 농촌의 기반 붕괴로 농업 인구는 서서히 줄어들었고, 산업의 발달로 인력이 도시로 몰려들기 시작했다. 미국의 농산물이 밀려들면서 농촌은 피폐해졌고, 반대로 공장이 증가해 도시 노동자의 수가 늘어났던 것이다. 6·25 남북전쟁이 끝난 후 미국에서 원조 물자가 들어왔는데, 대부분 밀, 면화, 설탕 등이었다. 이에 따라 밀과 면화는 농가에서 자취를 감추었고, 쌀과 보리농사도 상당한 타격을 입었다. 가정경제가 무너진 농민들은 생존 문제를 해결하기 위해 가족을 이끌고 도시로 떠났다.

당시 도시에는 미국의 원조에 기대어 성장한 제당과 제분업체들이 많았고, 철강·기계·전기·시멘트·화학 등의 산업도 조금씩 발전하기 시작했다. 이들 산업 발전의 밑거름은 미국의 경제원조와 값싼 노동력이었다.

1952년 5월에 마이어협정(한미경제조정협정)에 의해 한미합동경제위원회가 설치되면서 미국에서 원조 물자가 들어왔다. 원조 물자 판매 대금은 한국은행에 예치되었다가 한미합동경제위원회의 통제 아래 정부 재정으로 활용되었다. 이 돈을 '대충자금'이라고 하는데, 대충자금의 35%는 국방에 충당하고, 44%는 경제부흥비로 사용했으며, 17%는 재정 융자금으로 썼다.

이를 바탕으로 이승만 정권은 경제부흥 계획을 세워 산업 시설을 지원했다. 그 덕분에 1954년 이후 공업 분야에서는 연평균 12.2%의 고도성장률을 보였고, 국민총생산(GNP)도 해마다 5%의 성장세를 보였다. 그런데 1957년을 정점으로 원조 물자가 줄어들면서 경제성장률은 곤두박질쳤다. 1957년 7.7%였던 경제성장률은 1958년 5.2%, 1959년 3.9%, 1960년 1.9%에 그쳤다. 그동안의 성장이 대부분 미국의 원조에만 의존한 결과였다.

경제성장률과 별개로 국민의 삶은 그다지 나아지지 않았다. 도시 노동자의 삶은 극도의 빈곤 그 자체였다. 농촌에서 삶의 터전을 잃은 수많은 농민들이 고향을 버리고 도시로 몰려들었지만, 일자리 구하기는 하늘의 별 따기였다. 그런 까닭에 하루 임금으로 한 끼도 해결하지 못하는 일자리가 허다했고, 그조차도 구하지 못하는 실업자가 넘쳐났다. 실업률은 20%에 육박했고, 실업자와 잠재 실업자는 200만 명을 넘어섰다.

그럼에도 기업은 점진적으로 성장했다. 넘쳐나는 값싼 노동력과 정부의 지원 덕에 삼성물산의 이병철과 락희화학의 구인회, 현대건설의 정주영 등을 필두로 여러 개의 기업을 거느린 대자본가들이 형성되기 시작했다. 이른바 한국형 거부인 재벌이 태동한 것인데, 이승만은 이들 자본가들을 지원해 일자리를 창출하고 산업 구조를 변화시키고자 했다.

양키문화의 범람 속에서 자라난 자생력

미국 중심의 경제 구조는 아무런 여과 장치 없이 미국 문화를 수입하는 계기가 되었다. 대중문화의 꽃이라고 할 수 있는 유행가에서는 팝이 판을 쳤고, 일부 가수들은 재즈를 부르기에 여념이 없었다. 가요 제목도 〈기타 부기〉, 〈나의 탱고〉, 〈맘보 타령〉, 〈슈샤인 보이〉, 〈아리조나 카우보이〉 등의 외래어가 많았고, 음반회사들도 '유니버살', '킹스타', '도미노', '오아시스' 등의 간판을 내걸었다. 실력 좀 있는 가수들은 미8군 캠프촌에서 노래를 불렀다.

새로운 대중문화를 이끌고 있던 영화판에서도 미국의 영향력은 대단했다. 한국에 수입된 외국 영화 중 80%가 미국 영화였다. 국내 방송매체가 발달하지 않은 당시에는 할리우드 영화의 영향력이 막강했다. 이는 한국 영화계를 자극해 영화산업이 확장되는 계기가 되었으며, 은막의 스타들이 탄생했다.

패션에서도 군용 패션이나 미군 캠프에서 몸을 팔던 여자들의 양공주 패션이 유행하기도 했다.

미국 문화의 수입은 아이들의 입맛까지 바꿔놓았다. 기껏해야 엿이나 떡, 고구마 말랭이 등을 주전부리로 삼던 아이들은 미군이 나눠 준 초콜릿, 비스킷, 껌, 캔디 등에 열광했다. 양과점과 양식점은 고급문화의 상징이 되었고, 커피가 일상생활에 파고들어 다방이 우후죽순으로 생겨났다.

미국 문화의 영향력은 종교계라고 예외가 아니었다. 해방 때만 해도 불과 50만 명에 불과하던 기독교인이 기하급수적으로 늘어난 반면, 280만 명을 자랑하던 천도교의 교세는 날로 줄어들었다. 전통 종교로 인식되던 불교계에서도 이승만이 왜색에 젖은 승려들을 몰아내라는 정화유시를 발표한 후 깡패를 동원해 서로 절을 빼앗는 폭력사태가 이어졌다. 조선 시대를 지탱했던 유교는 낡은 이념으로 전락해 점점 종교적인 면모를 잃고 사회적인 위상도 약해졌다. 그나마 결혼과 제사 풍습에서는 여전히 유교의 영향력이 강하게 남아 있는 정도였다.

이런 까닭에 학생들은 입신양명을 위해 미국 유학을 꿈꾸었고, '아메리카'는 꿈의 나라로 인식되었으며, 미국 박사는 전공에 상관없이 만인이 존경하는 존재가 되었다. 심지어 이승만을 대통령이라고 칭하는 것보다 '이 박사'로 부르는 것이 존경의 표시가 될 정도였다. 해방 전까지 대다수 지식인들이 일본 유학파였다면 해방 후에는 미국 유학파가 최고의 대접을 받았고, 영어는 출세하는 데 무엇보다 유용한 도구가 되었다.

이런 상황에서도 교육과 문학, 언론은 발전을 거듭했다. 높은 실업률에도 불구하고 교육열은 날로 강해졌고, 동시에 학교의 규모도 커지고 수도 점진적으로 늘어났다.

문학계에서는 반공사상과 전쟁문화에서 벗어나려는 시도의 결과로 전후문학인협회가 창설되었고, 탄압과 통제 속에서도 비판을 멈추지 않고 노력을 지속한 덕에 언론의 영향력이 크게 강화되었다.《사상계》를 비롯한 정론지가 등장해 이승만 정부를 정면 비판했으며,《경향신문》은 폐간을 당하면서까지 이승만 정부에 항거했고,《동아일보》는 김주열의 처참한 주검 사진을 실어 시민봉기를 재촉했다.

종신 대통령을 꿈꾸다 역사의 죄인이 되다

휴전협정이 진행되는 와중에 이승만은 자유당을 창당해 당수가 되었다. 그는 이제 자유당을 기반으로 종신 대통령을 꿈꾸기 시작했다. 이를 위해 1954년 사사오입을 이용한 불법 개헌을 시도해 성공했다. 이에 반발한 야당과 탈당한 자유당 인사들이 모여 민주당을 출범시켰다.

이승만은 1956년에 불법 개헌을 기반으로 팔순이 넘은 나이로 3대 정·부통령 선거에 출마했다. 이 선거에 출마했던 민주당의 신익희 후보가 선거전 중에 사망한 덕에 그는 대통령에 당선되었지만, 부통령에는 민주당의 장면 후보가 자유당의 이기붕을 누르고 당선됨으로써 불안한 내각을 구성했다.

당시 헌법에 따르면 대통령 유고 시에는 부통령이 자동으로 대통령직을 승계하기에 고령의 이승만은 매우 불안한 상황이었다. 거기에다 대선 과정에서 신익희의 죽음으로 야당 단독 대통령 후보가 된 조봉암이 선전하자, 이를 불안하게 여긴 이승만은 진보당사건을 조작하고, 사법살인을 통해 조봉암을 제거하는 무리수를 감행했다.

그렇게 3대 재임 기간을 무사히 넘긴 이승만은 노익장을 과시하며 80대 중반을 넘긴 나이로 4대 대통령 선거에도 출마했다. 이번에도 민주당의 조병옥 후보가 선거전 중에 사망해 이승만이 당선되었다. 자유당은 지난번처럼 부통령 자리를 빼앗기지 않기 위해 온갖 부정과 악행, 조작을 저질렀고, 결국 이기붕을 부통령에 당선시켰다.

하지만 부정선거에 분노한 시민들이 봉기해 혁명을 일으켰다. 그럼에도 이승만은 대통령직을 유지하려 안간힘을 썼으나, 시민의 압박과 미국의 압력에 밀려 하야했다. 이로써 12년 동안 지속된 대통령 생활에 종지부를 찍었다.

인생의 절반은 독립투사로 보냈고, 한때 건국의 아버지로 칭송받던 이승만은 노욕과 독선의 덫에 갇혀 독재자라는 오명을 쓰고 역사의 뒤편으로 사라져갔다. 이승만은 대통령직에서 물러난 후 하와이로 망명해 그곳에서 5년여 동안 여생을 보내다가 1965년 7월 19일, 91세를 일기로 생을 마감했다.

이승만의 부인은 오스트리아 빈 출신의 프란체스카로, 자녀는 얻지 못했다. 프란체스카는 1900년에 오스트리아의 사업가 루돌프 도너의 셋째 딸로 태어났다. 1933년에 어머니와 함께 유럽을 여행하던 중 이승만을 만나 이듬해 10월에 뉴욕에서 결혼식을 올렸다. 해방 후 이승만과 함께 한국으로 와서 영부인이 되었다. 1960년에 이승만이 하야한 후에는 하와이로 함께 건너갔다. 이승만과 사별한 뒤인 1970년 5월에 한국으로 돌아와 서울 종로구 이화장에서 양아들 이인수의 가족과 함께 지내다 1992년 3월 19일에 생을 마감했다.

혼란과 변혁의 도가니, 이승만 시대

이승만 시대는 대립과 갈등, 음모와 권모술수, 반칙과 불법이 판친 카오스의 세월이었다. 그런 까닭에 민중의 삶은 피폐하고, 빈부의 격차는 극심했으며, 나라 경제는 빈곤에 허덕였다. 하지만 혼란 속에서도 대한민국은 국가의 기반을 빠르게 다지며 서구의 옷을 입은 현대화의 대열에 합류하기 위해 안간힘을 쓰고 있었다.

비록 사상적 혼란과 무질서, 전쟁과 독재, 양키문화와 가혹한 굶주림의 연속이었지만 빈민은 허기진 배를 졸라매고 가난에서 벗어나기 위해 자식을 가르쳤고, 정계와 언론은 탄압과 통제 속에서도 민주주의를 부르짖으며 시민 혁명을 성공시켰으며, 기업은 생존에 몸부림치는 민초들의 생명력에 힘입어 성장의 기반을 다졌다. 그야말로 이승만 시대는 한국 역사에서 왕조시대와 식민시대의 틀을 벗고 분단의 상처와 사상적 대립을 고스란히 안은 채 현대 사회로 나아가기 위해 발버둥 친 혼란과 변혁의 도가니였다.

4 이승만 시대의
주요 사건

여순사건과 무소불위의 국가보안법 제정

대한민국 정부가 수립된 후에도 제주도에서는 여전히 주민학살이 계속되고 있었다. 이에 따라 제주도민의 저항도 수그러들지 않았다. 미군과 이승만 정부는 군대와 경찰을 동원해 제주도에 대한 초토화 작전에 돌입했다. 1948년 10월 15일, 여수 신월리에 주둔하고 있던 국방경비대 14연대에도 제주도로 1개 대대를 출동시키라는 명령이 떨어졌다. 하지만 남로당 소속 중위 김지회, 상사 지창수 등은 출동 명령을 거부하고 군인들을 선동해 반란을 일으켰다. 김지회 등은 동족을 죽이는 제주도 출동에 반대한다는 명분을 내걸었고, 수천 명의 군인들이 그에게 동조함으로써 군사반란이 일어났다.

반란군은 불과 4시간 만에 여수를 장악하고, 이어 순천까지 수중에 넣었다. 이후 반란군의 기세는 파죽지세였다. 10월 20일에는 수만 명의 여수 시민들이 참석한 가운데 인민대회를 열어 인민의용군과 인민위원회를 조직하고, 인근의 벌교, 보성, 고흥, 광양, 구례 등을 접수해나갔다. 반란군은 이승만 정권 타도와 민족 반역자 처벌, 토지의 무상 몰수와 무상 분배 등의 내용을 담은 전단을 뿌리며 동조자를 확대해나갔다.

하지만 반란군의 기세는 거기까지였다. 미군과 정부군은 반란군을 진압하기 위해 광주에 작전지도부를 설치하고 대대적인 공세를 감행했다. 반란군은 맹렬히 저항하며 버텼지만 미군의 함포 사격과 밀려드는 탱크의 공세를 당해낼 수 없었다. 결국 10월 23일 순천이 정부군의 손에 들어갔고, 이어 이틀 만에 여수 외의 모든 지역을 잃었다. 마침내 26일에 여수 진압 작전이 시작되었다. 미군과 정부군은 여수를 공략하기 위해 비행기 10대와 육군 5개 연대, 해군 함정 7척을 동원했다.

정부군의 위세에 눌린 반란군은 이미 여수를 떠난 뒤였다. 순천이 함락되었을 때 반란군은 여수를 빠져나가 지리산과 백운산 일대로 숨어들었고, 이후 빨치산투쟁을 감행하고 장기적인 유격전술을 펼치며 버텼다.

이렇듯 여순사건은 10여 일 만에 소강상태에 접어들었지만, 그 후 유증은 매우 컸다. 사망자가 무려 2600여 명에 달했고, 불에 탄 가옥이 3400여 채, 이재민이 2만여 명이나 발생했다. 또 시민 1만 7000여 명이 반란 가담 혐의로 군사재판에 회부되어, 그중 866명이 사형을 선고받았다.

이승만 정권은 여순사건을 김구와 연관시키고자 했다. 국무총리 겸 국방부장관 이범석은 김구를 정권욕에 눈이 어두운 몰락한 극우 정객이라고 표현하며 김구를 몰아세웠다. 하지만 김구와의 관련성은 입증하지 못했다. 김구 또한 여순사건의 주모자를 향해 비난을 쏟아내며 결백을 주장했다.

이승만이 이범석을 앞세워 김구를 몰아세운 데는 나름의 포석이 있었다. 이승만은 이 사건을 지렛대로 삼아 군대를 정비하고, 나아가 공산주의자를 포함한 정적들을 제거할 계획을 세웠다. 먼저, 군대 내부의 남로당 세력을 모두 색출하라고 지시했고, 군 내부의 반공 교육을 강화했다. 그 결과 숙청된 군인이 4749명에 달했고, 그중 절반가량이 총살형에 처해졌다. 총살당한 군인 중에는 광복군 출신자도 다수 포함되어 있었다.

이후 이승만은 공산주의를 불법으로 간주하는 국가보안법을 마련해 국회에 상정했다. 국가보안법은 내용이 모호하고 포괄적인 까닭에 정적을 제거하는 수단으로 쉽게 이용될 수 있었다. 야당 의원들의 강력한 반발에도 불구하고, 이승만과 한민당의 연합 세력은 국가보안법을 통과시켜 1948년 12월 1일에 공포했다.

이승만이 의도한 대로 국가보안법은 무소불위의 힘을 발휘했다. 국가보안법 공포 이후 1년 동안 체포된 사람이 무려 11만 명에 달했고, 반면에 경찰은 2만 명이 증강되고, 군인은 4배로 강화되었다. 언론에 대한 검열도 강화되어 정권을 비판하는 신문은 폐간되었으며, 수많은 기자들이 체포되고, 방송국은 국영화되었다. 이에 따라 이승만의 통치 권력은 더욱 막강해졌다.

국가보안법을 앞세운 이승만은 '국민보도연맹'이라는 단체를 만들었다. 국민보도연맹의 결성 목적은 개선의 여지가 있는 좌익 세력에게 전향의 기회를 준다는 것이었다. 과거 좌익에 가담한 적이 있는 사람은 강제적으로 이 단체에 가입하게 했다. 이 과정에서 이른바 좌익도 우익도 아닌 중도 세력까지 모조리 가입해야 했다. 가입을 거부하면 폭력을 일삼았고, 그래도 안 되면 국가보안법에 따라 처벌하겠다고 협박했다.

1950년대 초에 국민보도연맹 회원은 무려 50만 명에 육박했다. 이 중에는 좌익과 우익을 구별하지도 못하는 문맹자도 숱하게 섞여 있었다. 또 가입하면 식량이나 돈을 주기도 했기에 굶주린 도시 빈민들은 아무것도 모른 채 가입한 경우가 부지기수였다. 대한청년단이 정부에서 할당한 머릿수를 채우기 위해 혈안이 되었기 때문이다.

그렇게 가입한 국민보도연맹 회원들은 6·25남북전쟁 때 빨갱이로 몰려 대부분 처참하게 학살되었다.

반민특위와 친일 세력의 반발
대통령에 당선된 이승만은 정부를 수립하긴 했지만, 대한민국은 여전히 무정부상태나 다름없었다. 정부의 정체성도 뚜렷하지 않았고, 행정 조직도 제대로 갖추지 못한 상황이었다. 국가 기강의 근본이 되는 국방 조직도 확립되지 못했고, 치안의 중심이 되어야 할 경찰 조직도 허술했다. 그런 까닭에 이승만에겐 무엇보다도 국가 조직을 확립하는 것이 급선무였다. 그는 이를 위해서는 과거의 잘잘못을 따질 상황이 아니라고 판단했다.

하지만 대한민국 정부 수립 후 가장 첨예한 문제로 등장한 것은 과거사 청산, 즉 친일 행위자 문제였다. 이승만은 일제강점기는 친일 행위를 하지 않고는 살 수 없는 시대였다고 생각했고, 그 때문에 친일 행위에 대해 너그러운 입장을 견지했다. 이는 그를 지지하는 세력의 상당수가 친일 경력이 있었기 때문이다. 말하자면 이승만의 권력을 지탱하는 세력의 한 축이 곧 친일분자들이었던 것이다. 그를 지지하며 대통령으로 만드는 데 지대한 역할을 한 한민당과 그의 권력의 지팡이 노릇을 해줄 경찰 세력 중 상당수가 친일분자였다. 따라서 친일 세력의 척결은 곧 이승만의 권력을 약화하는 결과를 낳을 수 있었다.

친일분자 척결 문제는 해방 직후부터 거론되었지만, 미군정은 이를 철저히 외면했다. 그 결과 해방 후 3년 동안 친일 세력은 사회 곳곳에서 거대한 권력을 형성했다. 그러나 미군정이 끝나고 제헌국회가 성립되자마자, 친일파 처단 문제가 본격적으로 논의되었고, 이는 1948년 9월 7일의 '반민족행위처벌법' 제정으로 이어졌다.

이 법안은 재석의원 141명 중 103명 찬성이라는 압도적인 지지로 국회에서 통과되었고, 이어 반민특위가 구성되었다. 그리고 1949년 1월 8일에 반민특위가 본격적인 가동에 들어갔다.

하지만 반민특위 활동이 본격화되자, 이승만은 위기를 느꼈다. 반민특위의 조사 대상자 중 상당수가 이승만을 위해 일하는 자들이었기에 자신의 입지가 약해질 것을 우려했다. 특히 친일 경찰로 악명이 높은 노덕술을 비롯한 경찰 간부들이 체포되자, 노골적으로 반민특위 활동을 방해하기 시작했다. 이승만은 국무회의에서 노덕술을 체포한 반민특위 조사관과 그 지휘자를 체포하라는 명령을 내릴 만큼 노덕술에 대한 각별한 감정을 드러냈다. 노덕술은 친일 악질 경찰의 대명사라고 해도 과언이 아니었지만, 이승만에게는 충직한 권력의 지팡이였다. 이승만은 친일 세력의 척결이 곧 자신의 힘을 약화하는 결과를 가져온다고 판단하고, 노덕술의 체포를 그 신호탄으로 보았던 것이다.

반민특위 활동에 대한 친일 세력의 반발도 만만치 않았다. 심지어 백민태라는 인물을 사주해 반민특위 간부 전원을 살해하려고 했다. 하지만 백민태가 자수해 폭로하면서 계획은 실패로 돌아갔다.

이후 반민특위가 서울시경찰국 사찰과장 최운하를 체포하자, 김태선 서울시경국장은 윤기병 중부경찰서장에게 반민특위 사무실을 습격하게 해 반민특위 요원 35명을 체포하고, 각 지역에서도 경찰이 반민특위 사무실을 습격하도록 했다.

한편 정치권에서는 국회 프락치 사건이 터졌다. 김약수, 노일환을 비롯한 국회의원 14명이 남로당과 연계해 프락치 활동을 했다는 혐의로 검거된 사건이다. 당시 노일환 등 국회의원 46명이 외국군 철수 긴급동의안을 내놓았는데, 이것이 남로당의 지시를 받은 행동이라고 주장했던 것이다. 그들의 혐의에 대해 어떤 증거도 제시하지 못했음에도 체포된 의원들에게 3년에서 10년의 실형이 선고되었다.

이러한 과정에서 한민당이 주축이 되어 제기한 반민법의 공소시효를 1949년 8월 31일로 한정시키는 개정안이 국회에서 통과되었고, 1949년 7월 7일에는 반민특위 소속자 전원이 사임함으로써 반민특위 활동은 중단되었다. 그해 8월 22일에 국회에서 반민특위 폐지안이 통과되어 반민특위는 완전히 사라졌다.

김구 암살과 한독당의 몰락

국회 프락치 사건으로 정국이 뒤숭숭할 무렵, 또 하나의 대형 사건이 터졌다. 1949년 6월 26일, 이승만에게는 최대의 정치적 라이벌이었고, 국민에게는 독립운동의 상징이었던 김구가 육군 소위 안두희가 쏜 총탄을 맞고 74세를 일기로 사망한 것이다. 송진우, 여운형, 장덕수에 이어 김구마저 정치적 암살의 희생자가 되고 말았다.

김구는 1876년 황해도 해주에서 태어났다. 아명은 창암이고 본명은 창수였으나 구로 개명했다. 서당에서 한문과 한글을 익혔고, 한때 과거에 응시하기도 했으며, 서당에서 훈장 생활을 했다. 1893년에 동학에 가입하고, 이듬해 동학혁명에 가담해 해주성 공격에 선봉장으로 나서기도 했다. 1895년에 만주로 건너가 김이언의 의병부대 일원이 되어 일본군과 싸웠으나 패전했다. 그해 을미사변이 일어나자 귀국길에 올랐고, 도중에 안악에서 일본군 중위 쓰치다 조스케를 을미사변의 공범으로 판단해 살해하고 체포되어 사형선고를 받았다. 다행히 고종의 특사로 사형 집행 직전에 목숨을 구했고, 이듬해 탈옥해 도망자 신세가 되었으며, 피신 중에 출가해 승려 생활을 하기도 했다.

1900년에 강화도로 숨어들어 개화파 인사들과 교류하고, 기독교로 개종했으며, 황해도 장연에 봉양학교를 세워 교육자가 되었다.

1905년에 을사조약이 체결되자, 을사조약 반대 운동에 참여했다. 이후 교육운동과 독립운동을 병행하다 1909년에 안중근의 이토 저격 사건에 연루되어 해주감옥에 투옥되었다 풀려나기도 했다. 1911년에는 안명근사건에 연루되어 3년간 옥살이를 했고, 출소 후 교육자로 활동하다 3·1운동 후 중국으로 망명해 상하이정부에 가담했다.

임시정부에서 초대 경무국장을 지낸 김구는 내무총장과 국무총리 대리 등을 거쳐 1926년에 국무령이 되었고, 다시 주석이 되어 임시정부의 중심인물로 부상했다. 이후 이봉창과 윤봉길의 의거를 배후에서 지휘했고, 이로 인해 일본군의 추적을 피해 임시정부 본부를 옮겨 다녀야 했다.

1941년에 태평양전쟁이 발발하자, 일본에 대해 선전포고문을 발표하고 광복군을 연합군의 일원으로 투입하기도 했다.

1945년에 해방을 맞이해 귀국을 서둘렀으나 미군정의 반대로 뜻을 이루지 못하다가 그해 11월에 임시정부 국무위원들을 대동하고 귀국했다. 귀국 후 이승만과 함께 반탁운동을 주도했으며, 1948년 5·10총선이 남한 단독으로 치러지는 것을 반대하고 남북 통일정부 설립을 주장했다. 이를 위해 김규식과 함께 평양에 가서 김일성과 김두봉을 만나 4자 회담을 가졌으며, 미군과 소련군이 동시에 한반도에서 철수해야 한다는 주장을 펼쳐 관철시켰다.

하지만 남한은 단독으로 5·10총선을 치렀고, 그해 8월 15일에 대한민국이 수립되었다. 북한도 그해 9월 9일에 정부 수립을 선포함으로써 한반도에는 2개의 정부가 들어섰다. 그럼에도 김구는 자주적 통일정부 수립에 대한 의지를 꺾지 않았으며, 이로 인해 이승만과 갈등을 겪다가 결국 안두희에게 암살되었다.

김구가 총탄을 맞은 곳은 그의 거처였던 경교장 2층 거실이었다. 그 무렵, 김구를 암살하려는 음모가 있다는 소문이 자자했지만 김구는 크게 신경 쓰지 않았다. 안두희가 그를 찾아왔을 때도 암살에 대한 방비를 하지 않았다. 왜인들도 죽이지 못한 자신을 동포가 죽일 리 있겠느냐는 생각 때문이었다.

안두희는 체포된 후에도 당당했으며, 전혀 죄책감이 없었다. 안두희는 자신을 김구가 이끄는 한독당의 당원이라고 했으며, 반공단체였던 서북청년단 단원이라고도 했다. 안두희는 김구를 사살한 것은 애국적 차원의 행위라고 항변했다. 그 근거로 김구가 여순사건을 배후에서 조종해 정부를 전복하려 했고, 김구의 한독당이 소련의 주장에 따라 미군 철수를 추진하고 있으니, 이러한 일련의 반국가적인 행동을 저지하기 위해 애국심의 발로에서 단독으로 범행했다고 주장했다.

이후 엉뚱하게도 한독당 간부 7명에게 살인교사죄로 구속영장이 발부되었다. 영장을 발부한 사람은 검찰총장 김익진이었다. 김익진은 이승만의 명령을 받아 서울지방검찰청장을 거치지 않고 직접 이 일을 집행했다. 이승만은 김구의 죽음을 한독당 내부의 권력 다툼으로 몰아가려 한 것이다.

김구가 죽은 후 한독당은 이승만 정권에 강한 탄압을 받았다. 심지어 김구에 관련된 책을 읽는 것조차 반국가적 행위로 간주되었고, 한독당과 관련된 기업들은 은행 대출조차 받을 수 없는 처지가 되었다. 결국 한독당은 정계에서 영원히 사라졌다.

한편 군사재판에 회부된 안두희는 사형을 면하고 무기징역을 언도받았다가 결국 15년형으로 감형되었다. 이후 6·25남북전쟁이 터지자, 집행정지 처분으로 석방되어 육군 소위로 복직했다. 불과 6개월 만에 소령까지 진급했으나 야당의 항의에 밀려 예편하게 된다. 예편한 후에도 군납업자가 되어 많은 재산을 모았다. 그가 김구를 살해하고 감옥살이를 한 것은 불과 1년 남짓이었고, 집행정지로 풀려난 후에는 출세길을 달렸던 것이다.

이런 까닭에 세간에서는 안두희의 총격이 미국의 지시에 의한 것이라는 설이 돌았고, 이승만의 지시라는 분석도 있다. 하지만 안두희는 끝까지 진실을 밝히지 않고 1996년에 사망했다.

한반도를 피로 물들인 6·25남북전쟁

1950년 6월 25일 새벽 4시 40분, 북한의 선제공격으로 한반도는 포화에 휩싸였다. 전쟁은 이날 발발했지만, 전쟁의 징후는 이미 오래전부터 나타났다. 여순사건 이후 남한 곳곳에서는 좌익에 대한 대대적인 공세가 이어졌고, 지리산과 주변 산악 지역에서는 빨치산 유격대와 토벌대의 싸움이 지속되었다. 거기에다 1949년 이후 38선 부근에서는 남한군과 북한군 사이에 수십 차례 무력 충돌이 벌어졌다. 1949년 8월에 벌어진 충돌에서는 남북 도합 300명이 넘는 사망자와 400명이 넘는 부상자가 발생했다. 공식적으로 전쟁 선언을 하지 않았을 뿐 이미 한반도는 전쟁 중이었다. 당시 북쪽은 남쪽 군대가 1000회 이상 경계선을 넘어 불법 침범을 했다고 주장했고, 남쪽에서는 북쪽 군대가 900회나 월경했다고 반박했다.

당시 이승만은 남쪽 군대가 38선을 넘는 것을 전혀 문제 삼지 않았다. 오히려 북진통일을 주장하며 분쟁의 불씨를 키웠다. 심지어 이승만은 3일 안에 북한을 점령할 수 있다는 호전적인 발언도 서슴지 않았다. 그러면서 빨치산에 대한 대대적인 토벌전을 벌였고, 수천 명의 빨치산 유격대를 궤멸시켰다.

그 무렵 북한의 김일성은 치밀한 남침 준비에 들어갔다. 김일성은 중국 내전에 군대를 보내 마오쩌둥의 공산정권을 지원하고 있었는데, 1948년부터 마오쩌둥의 부대가 승전을 거듭하며 세력 우위를 확보하자 지원군을 귀환시켰다. 그리고 1949년 10월에 중국에 마오쩌둥의 공산정권이 들어서자, 중국 인민해방군에 속해 있던 수만 명의 조선인 부대를 귀국시켜 전쟁 준비에 들어갔다. 그런 가운데 소련을 앞세워 미군 철수를 성사시켰고, 한편으론 남북 총선거를 실시하자는 평화 제스처를 보이며 연막전술을 구사했다.

당시 북한군의 규모는 약 14만 명이었고, 이들 중 4만 명가량이 중국에서 실전을 경험한 노련한 병사들이었다. 여기에 가공할 위력을 가진 소련제 탱크부대까지 있었다. 이에 비해 남한은 병력 6만 5000명에 경찰 8만 명을 보유하고 있었다. 물론 탱크부대도 없었고, 탱크를 궤멸시킬 무기도 소유하지 못했다.

이런 상황에서 북한이 침공을 감행하자, 남한은 거의 속수무책으로 밀렸다. 전쟁이 시작되고 불과 3일 만에 수도 서울을 포기하고 달아났고, 시간을 벌기 위해 한강 다리마저 폭파해 수천 명의 희생자를 낳기까지 했다.

북한군은 파죽지세로 몰아붙였고, 남한군은 전쟁 발발 불과 2달 만에 낙동강 밑으로 후퇴했다. 그나마 7월 들어 UN군이 부산에 상륙해 낙동강을 버팀목으로 삼아 반격의 기회를 엿볼 수 있게 되었다.

하지만 북한의 공세는 거기까지였다. 9월 15일에 미군의 인천상륙작전이 성공하면서 북한은 후퇴를 거듭했다. 9월 28일에는 서울을 수복했으며, 10월 19일에는 평양이 함락되었다. 10월 26일에는 남한군이 압록강까지 밀고 올라갔다.

상황이 이렇게 되자 중국군이 개입했다. 수십만 명의 중국군이 인해전술로 밀고 내려오자, 미군과 남한군은 다시 서울을 내주고 남쪽으로 후퇴해야 했다. 양쪽 군대는 일진일퇴를 반복했고, 전쟁은 교착상태에 빠졌다. 남한군이 가까스로 서울을 되찾은 후 양쪽은 38선을 중심으로 지루한 영토 싸움을 계속했다. 한편 막후에서는 휴전회담이 이어졌다. 휴전회담은 무려 2년 넘게 지속되었다. 그 바람에 국민은 전쟁이 일상이 되어버렸고, 남북 가릴 것 없이 한반도는 초토화되었다.

1953년 7월 27일에 지리멸렬한 휴전회담이 종지부를 찍었을 때, 전쟁으로 인한 물질과 인명의 손실은 통계를 내기조차 힘들 정도로 엄청났다. 남북 총인구 3000만 명 중 250만 명이 죽거나 실종되었고, 280만 명이 부상을 입었다. 전체 국민의 20%가 전쟁 사상자였다.

외국 군대의 희생도 컸다. UN군 측 사망자 및 실종자는 4만 3000여 명, 부상자가 11만 5000여 명이었고, 중국군 측 사망자 및 실종자는 20만 6000여 명, 부상자는 72만 명에 육박했다.

물적 피해도 인적 피해에 뒤지지 않았다. 북한은 산업 시설의 80%가 파괴되었고, 남한도 60% 정도의 국가 기반 시설이 사라졌다.

단일 국가의 내전에서 이토록 많은 희생을 치른 전쟁은 없었다. 참전한 국가가 20개국에 이르고, 물품 조달 등의 간접 참전국까지 포함하면 단순한 내전이 아니라 세계전쟁이라고 해도 과언이 아니었다.

6·25남북전쟁은 단순한 통계 수치만으로는 계산할 수 없는 아픔과 갈등도 가속화시켰다. 전쟁 중에 형제가 각각 남북의 군대에서 싸우기도 했고, 마을이 좌와 우로 갈라져 서로 죽였으며, 사상이 뭔지도 모르는 사람들이 이유도 모른 채 목숨을 잃었다. 이 때문에 어제의 이웃이 불구대천의 원수로 돌변했고, 혈육이 남북으로 갈라져 소식조차 모르고 지내야 했다.

부산 정치파동과 이승만의 재선

전쟁이 지속되는 동안에도 정치권은 권력 다툼에 혈안이 되었다. 북한군의 급습으로 수도를 잃은 정치권은 임시수도 부산에서 차기 정권을 차지하기 위한 대결을 벌였고, 이 과정에서 이승만은 동원 가능한 모든 힘과 술수를 이용했다.

당시 대통령은 국회에서 간접선거로 뽑는 방식이었다. 간접선거를 치를 경우 이승만의 당선 가능성은 희박했다. 처음 대통령에 오를 때는 국회 최대 세력인 한민당의 지원을 받았지만, 정부가 수립된 후 한민당과 결별했기 때문이다. 초대 내각 구성에서 이승만은 자신을 지지했던 한민당을 홀대했다. 김도연에게 재무부장관 자리를 하나 내준 것이 전부였고, 이 때문에 한민당은 이승만을 배신자로 몰아세웠다.

이후 한민당은 신익희 세력과 지청천의 대동청년단을 끌어들여 통합하고, 1949년 2월에 민주국민당(민국당)을 출범시켰다. 신익희와 지청천 세력은 모두 임시정부 계열이었기에 한민당은 그들 세력과 연합해 친일파 집단이라는 비판에서 벗어나려 했다.

하지만 이승만도 그대로 지켜보지만은 않았다. 이승만의 대한독립촉성국민회(촉성회)를 비롯한 지지 세력과 무소속을 결집해 대한국민당(국민당)을 창당했다. 그 결과 여당인 국민당은 71석, 야당인 민국당은 70석이 되어 팽팽한 세력 균형을 이루었다.

국민당과 민국당은 여당과 야당으로 대립했지만 반민특위를 반대하는 활동에서는 밀월관계를 형성했다. 이승만이 정권을 지키기 위해서는 친일 세력이 대거 포진한 경찰 조직을 유지하는 것이 급선무였고, 민국당도 친일파 출신이 많은 까닭에 반민특위에 공동으로 대응할 수밖에 없었다. 이승만은 민국당의 지지를 얻기 위해 민국당 인물들을 대거 기용하는 내각 개편을 단행했고, 민국당은 이에 호응해 이승만의 반민특위 해체를 비호했다.

그러나 밀월관계는 거기까지였다. 반민특위가 해체되고, 이승만의 최대 정적인 김구마저 암살되자, 이승만은 이번에는 민국당 장관들을 해임하기 시작했다. 이에 민국당은 내각책임제 개헌을 골자로 한 헌법 개정을 시도했다. 1950년 3월 14일에 개헌안이 표결에 부쳐졌으나 부결되었다. 개헌 반대 33표, 찬성 79표였다. 나머지 67표 중 66표는 기권, 1표는 무효였다. 국회는 이미 이승만의 손에서 벗어나 있었던 것이다.

그런 가운데 1950년 5월 30일, 2대 국회의원을 뽑는 총선이 실시되었다. 5·30총선은 여당인 국민당과 제1야당인 민국당 모두에게 참담한 결과를 안겨주었다. 총 210석 중에 국민당은 겨우 24석, 민국당도 24석밖에 얻지 못했다. 무소속이 가장 많은 의석을 차지했는데, 전체의 60%가 넘는 126석이나 되었다. 그리고 이 무소속이 모두 이승만을 반대하는 세력이었다. 이승만 지지 의석은 국민당 24석과 범여권에 해당하는 촉성회 같은 단체를 모두 합쳐도 55석에 불과했다. 말하자면 개헌 저지선을 확보하지 못했던 것이다.

이렇게 이승만에게 최대의 정치적 위기가 닥쳤을 때, 전쟁이 발발했다. 이승만은 북한을 이길 수 있다고 큰소리를 쳤지만, 정작 전쟁이 일어나자 남쪽으로 달아나기에 바빴다. 하지만 6·25남북전쟁은 이승만에게 정치적 만회의 기회를 안겼다. 전시 상황에서는 국회보다 군대와 경찰의 힘이 강했고, 이승만은 그 힘을 최대한 이용해 권력을 유지했다.

전쟁을 기회로 이승만은 정권 연임을 위한 승부수를 던졌다. 1951년 11월 말, 이승만은 국민 직선제를 골자로 하는 개헌안을 국회에 제출했다. 그리고 이를 관철시키기 위해 3일 뒤에 부산과 대구를 제외한 전국에 비상계엄령을 선포했다. 물론 국회는 이승만의 개헌안을 부결시켰다. 찬성 19표, 반대 143표, 기권 1표였다. 1952년 4월 17일에 123명의 의원들은 도리어 내각제 개헌안을 제출했다. 국회의원 수가 절대 부족했던 이승만으로서는 내각제 개헌안을 합법적으로 막을 방법이 없었다. 결국 그가 사용한 것은 무력이었다.

이승만은 1952년 5월 25일 부산에도 비상계엄령을 선포하고, 다음날 헌병대를 동원해 국회 통근버스를 끌고 갔으며, 버스에 타고 있던 국회의원 10명을 국제공산당과 관련된 혐의를 씌워 감옥에 가둬버렸다. 개헌을 위한 표결을 못 하게 하려는 의도였다. 이에 부통령인 민국당의 김성수는 사퇴서를 던지며 항의했다. 국회 또한 구속된 의원에 대한 석방 결의안을 채택해 이승만을 압박했다.

하지만 이승만은 요지부동이었다. 그는 대통령 직선제와 국회 양원제 2가지만을 발췌해 마련한 발췌개헌안을 통과시키지 않으면 국회를 해산하겠다고 협박했다. 이후 야당 의원들은 경찰에 붙잡혀 국회로 끌려왔다. 그리고 그해 7월 4일에 야간 국회를 열어 발췌개헌안을 통과시켰다. 비밀투표도 아닌 기립투표였다. 투표 결과는 출석 의원 166명 가운데 찬성 163표, 기권 3표였다. 반대는 아예 없었다.

이승만의 정권 유지를 위한 불법적인 일련의 행동을 가리켜 부산 정치파동이라 명명한다. 부산 정치파동에 군대와 경찰, 깡패가 동원되었고, 정치 깡패들은 백골단이니 땃벌떼니, 민중자결단이니 하는 무시무시한 용어들을 사용했다. 이들은 국회 해산을 요구하거나 국회의원들을 개별적으로 협박했으며, 국회를 포위하고 시위를 벌이며 공포 분위기를 조성했다.

덕분에 이승만은 1952년 8월 5일에 실시된 2대 대통령 선거에서 당선되었다. 이승만에 대항해 야당에서 출마한 대통령 후보는 이시영, 조봉암, 신흥우 3명이었다. 개표 결과 이승만은 74.6%라는 압도적 지지로 당선되었다. 이후 선거는 붙이는 자가 이긴다는 통설이 생겨났다.

자유당의 탄생

이승만이 주어라면 서술어처럼 따라붙는 단어가 자유당이다. 이 때문에 마치 자유당은 이승만 정권 초기부터 있었던 것으로 여겨진다. 하지만 이승만이 초대 대통령이 될 때, 자유당이라는 정당은 없었다.

처음에 이승만은 자신이 직접 당을 만들 경우 세력을 키우는 데 한계가 있다고 판단했다. 당이 생기면 정당 싸움에 휘말리기 십상이고,

그로 인해 자칫 자신의 가치가 떨어질 수 있다고 보았다. 그런 까닭에 그는 특정한 당의 당수가 되지 않고, 자신을 추종하는 여러 단체를 거느리는 방식으로 세력을 관리했다. 하지만 정부 수립 후 정당정치가 지속되면서 정당의 영향력은 점점 강화되었고, 이승만도 독자적인 정당이 필요하다는 것을 절감했다. 자유당은 그 결정체였다.

자유당이라는 이름에서 이미 반공주의의 뉘앙스가 묻어난다. 그도 그럴 것이 자유당은 6·25남북전쟁 중에 탄생했기 때문이다. 당시 이승만을 추종하던 세력은 여러 정당과 사회단체로 나뉘어 있었다. 그런 까닭에 일사불란한 행동 강령이 없었고, 이는 이승만을 정치적으로 불안하게 했다. 특히 2대 대통령 선거일이 다가오면서 이승만의 불안감은 가중되었다. 자유당은 그 불안감을 해소하고, 장기 집권을 노리는 포석 차원에서 만들어진 정당이다.

이승만이 단일 대오의 자기 추종 세력을 만들겠다고 공식 선언한 것은 1951년 8월 15일이다. 광복절 경축사에서 그는 전국적인 정당의 필요성을 역설했다. 이어 8월 25일에 신당 조직에 대한 담화문을 발표했다. 이때 이승만은 2대 대통령이 되기 위해서는 반드시 헌법을 개정해야 한다고 판단했다. 제헌헌법에 따르면 대통령은 국회의원들의 간접선거로 뽑게 되어 있었는데, 당시 국회의 판도로 볼 때 이승만은 대통령이 될 가능성이 없었다. 이승만은 국민 직선제만이 자신이 연임할 수 있는 유일한 길이라고 생각했다. 비록 이승만은 국회에서는 인정받지 못했지만, 국민에게는 여전히 가장 유명한 정치인이었다. 이승만은 그 점을 확신하고 11월 말에 대통령 직선제를 위한 개헌안을 국회에 제출했다.

그런데 이승만을 추종하던 공화민정회조차 개헌에 반대했고, 결국 이승만의 개헌안은 부결되었다. 하지만 이승만은 개헌을 포기하지 않고 오히려 자신의 추종 세력을 결집하려는 노력을 가속화했다.

이후 이승만 추종 세력의 정당 이름은 자유당으로 정해졌다. 처음에는 노동당을 생각했으나 공산당 냄새가 풍긴다는 이유로 반공의 뉘앙스가 짙은 자유당으로 결정하게 되었다.

자유당 창당에 앞장선 인물은 이범석이었다. 이범석은 광복군 대장 출신으로 초대 국무총리와 국방부장관을 겸임했던 인물이었고, 무엇보다도 탄탄한 전국 조직망을 갖춘 조선민족청년단의 지도자였다. 이승만은 이범석의 그런 입지를 이용하고자 그를 창당 작업의 선봉에 세웠다.

이승만의 자유당 창당에 동조한 세력으로는 95명의 의원이 소속된 공화민정회, 이범석의 조선민족청년단, 대한청년단, 국민회, 대한노동조합총연맹, 농민조합연맹, 대한부인회의 등의 단체들이 있다. 이후 창당 발기인 모임을 가졌는데, 원내에서는 공화민정회 의원 95명이 참석하고, 원외에서는 각종 단체에서 역시 95명의 대표자가 선출되어 참여했다. 그리고 원내와 원외 합동준비위원회를 구성하기로 했다.

그러나 자유당이라는 당명과 대통령 직선제에 대한 의견 차이로 합동준비위원회는 무산되었다. 공화민정회의 상당수 의원들이 개헌에 반대했기 때문이다. 이렇게 되자 자유당이 원내와 원외에 2개가 생기는 사태가 벌어졌다. 이른바 원내 자유당과 원외 자유당이다.

원외 자유당은 이범석이 주도해 1951년 12월 17일 부산 동아극장에서 발기인대회를 개최했고, 원내 자유당은 12월 23일 이갑성과 김동성을 부의장으로 선출한 뒤, 국회의사당에서 결당대회를 열고 자유당을 발족시켰다.

이렇게 자유당은 같은 지도자 아래 같은 이름으로 2개의 정당을 결성하는 웃지 못할 일이 벌어졌다. 이승만은 원내 자유당에 대해 불편한 심기를 감추지 않았다. 원내 자유당은 개헌에 반대했고, 원외 자유당은 개헌에 찬성했기 때문이다. 이승만은 원내 자유당 결당식에는 참석조차 하지 않았다.

이후 이승만은 발췌개헌안을 관철시켰고, 2대 대통령에 올랐다. 그리고 자유당은 1953년 3월에 하나로 통합되었다. 통합된 자유당의 당수는 당연히 이승만이었고, 부당수는 이범석이었다. 원외와 원내 자유당의 싸움이 원외의 승리로 끝난 것이다.

하지만 대권을 잡고 자유당을 완성시킨 이승만은 이범석을 자유당에서 내쫓았다. 자유당에서 핵심 역할을 했던 세력은 이범석이 이끄는 조선민족청년단 계통(족청계)이었다. 이범석의 족청계가 자유당 요직을 장악하자 이에 위협을 느낀 이승만은 이범석을 자유당 부당수직에서 쫓아내고, 족청계를 모두 숙청해버렸다. 이로써 이승만은 자유당을 완전히 장악하게 되었다.

사사오입에 의한 3선 개헌

이승만을 2대 대통령에 당선시킨 발췌개헌안의 내용은 대통령과 부통령의 임기를 4년으로 하고, 재선에 의해 1차 중임할 수 있다는 것이다. 말하자면 3선을 금지한 것인데, 이승만은 이 3선 금지 조항을 없애고 종신 대통령이 되고자 했다.

이승만은 대통령에 재임한 직후부터 개헌을 염두에 두었고, 1954년 5월 20일에 실시된 민의원 선거에서 이를 노골적으로 드러내기 시작했다. 민의원 후보자 공천 과정에서 3선 개헌에 찬성한다는 서명을 받아놓기까지 했다.

이승만은 5·20선거에 사활을 걸었다. 3선을 위해서는 개헌이 필수적이었고, 개헌을 위해서는 반드시 개헌에 필요한 의원 수를 확보해야 했다. 그래서 경찰을 동원해서 각 지역의 주민들을 선동하고 야당을 찍으면 공산당이라고 협박해 자유당을 찍게 했다. 심지어 경찰의 물리력을 동원해 곤봉을 휘두르기까지 했다. 이 과정에서 다른 후보의 등록을 노골적으로 방해했다.

예컨대 조봉암은 10일의 후보 등록 기간 동안 번번이 등록 서류를 탈취당해 후보 등록 자체를 하지 못했다. 조봉암은 인천, 부산, 서울에서 모두 후보 등록에 실패했다. 가까스로 후보 등록에 성공한 야당 후보들도 선거운동을 제대로 할 수 없었다. 경찰이 야당의 선거운동원들에게 갖가지 죄목을 붙여 유치장에 가두거나 협박을 일삼았던 것이다. 이 때문에 5·20선거를 '곤봉선거'라고 불렀다.

이승만과 자유당은 온갖 악행을 동원해 선거를 치른 덕에 과반이 훨씬 넘는 결과를 얻었다. 자유당은 전국 203개 선거구에서 114석을 확보했다. 자유당에 이어 무소속이 67석을 얻었고, 민국당이 15석, 국민당이 3석, 국민회가 3석, 제헌국회의원 동지회가 1석을 차지했다.

하지만 자유당의 114석만으로는 개헌이 불가능했다. 군소 정당 중에 이승만을 추종하는 의원들을 모두 영입한다고 해도 개헌에 필요한 136석에 미치지 못했다. 결국 무소속 의원을 영입하는 것이 가장 현실적인 방법이라고 판단한 자유당은 무소속 의원 매수 작전을 펼쳤다.

매수 과정에서 의원들을 협박하는 것도 서슴지 않았다. 시시콜콜한 문제까지 죄다 선거법 위반으로 몰아세우며 고발하겠다고 위협하는 것은 기본이었다. 이런 갖은 수단을 동원한 끝에 무소속 의원 23명을 영입하는 데 성공했다. 말하자면 개헌에 필요한 136석을 넘긴 것이다.

자유당은 1954년 9월 7일에 개헌안을 제출했다. 골자는 물론 중임 제한 철폐였다. 그렇게 될 경우 대통령의 3선 이상이 가능했다. 그 외에도 대통령 유고 시 부통령의 자동 승계제와 국무총리제 폐지 등의 내용이 포함되었다.

이승만은 개헌안을 내놓으며, 개헌 반대자들은 반역 행위자로 간주한다는 성명을 발표했다. 하지만 개헌안에 대한 민심은 싸늘했다. 개헌안의 각 조항에 대한 여론조사 결과 국민의 70% 이상이 개헌에 반대하는 것으로 나타났다. 이 때문에 개헌안은 쉽게 국회에 상정되지 못했다.

하지만 이승만은 여론 같은 것은 안중에 없었다. 5·20선거에서 이미 확인되었듯 여론이란 얼마든지 힘으로 바꿀 수 있다고 생각했다. 결국 이승만의 의중에 따라 개헌안은 11월 20일에 본회의에 상정되었고, 11월 27일 토요일에 비밀투표로 이루어졌다. 하지만 결과는 자유당의 바람과 달랐다. 표결 결과는 재적 인원 203명 중에서 재석 의원 202명, 찬성 135명, 반대 60명, 기권 7명이었다. 의결 정족수 136명에서 1명 모자라는 결과였다. 이에 따라 사회자인 국회부의장 최순주는 공식적으로 부결을 선언했다.

개헌안은 그렇게 부결로 끝나는 듯했다. 하지만 이틀 뒤인 29일에 최순주 국회부의장은 27일의 부결 선포는 계산 착오에 의한 것이므로 부결 선언을 취소하고, 개헌안이 가결되었다고 선포했다. 계산해보면 재적의원 203명에서 의결 정족수인 3분의 2는 135명이지 136명이 아니라는 주장이었다. 203의 3분의 2는 135.3333…이 되는데, 이런 경우 사사오입(반올림)의 계산법에 따라 소수점 이하를 생략해야 한다는 것이었다. 이 논리를 뒷받침한 사람은 서울대학교의 최윤식과 이원식 교수였다. 그들은 이른바 자유당이 내세우는 대한민국 최고의 수학 권위자들이었다.

이렇게 해서 개헌안은 부결에서 가결로 뒤바뀌었다. 야당 의원들은 이에 반발해 모두 본회의장에서 퇴장해버렸다. 그러자 자유당은 이것을 기회로 삼아 자유당 의원들만 참석한 가운데 가결동의안을 상정해 통과시켰다. 또한 그날로 개정 헌법을 정부로 이송했고, 정부는 당일에 이를 공포했다. 이른바 사사오입 개헌이 성립된 것이다.

사실 개헌 정족수에 사사오입 개념을 갖다 붙인다는 발상 자체가 코미디였다. 그러나 이승만은 이 코미디를 발판 삼아 팔순을 넘긴 고령으로 1956년에 실시된 대통령 선거에 버젓이 출마해 노추(老醜)의 극단에 발을 들여놓았다.

민주당 출범과 3대 대선의 희비

사사오입 개헌에 대해 민국당과 무소속 의원뿐 아니라 자유당 의원들조차 강도 높게 비난했다. 그리고 민국당 의원과 무소속 의원 60명이 모여 호헌동지회를 구성했고, 자유당 의원 33명은 탈당하거나 제명되는 형식으로 당을 떠났다. 이에 따라 자연스럽게 범야권 신당 창당 움직임이 활발히 전개되었다. 신당촉진위원회가 구성되고, 신당의 기본 이념이 마련되었다.

신당의 기본 이념은 크게 4가지였다. 첫째, 반공·반독재, 둘째, 대의 정치 및 책임정치 확립, 셋째, 사회정의에 의한 국민경제 체제 확립, 넷째, 평화적 국제 질서 수립이었다.

그런데 6개항으로 이뤄진 조직 요강에, 좌익 전향자와 부패 행위가 현저해 규탄을 받는 자는 신당 발기에 참여할 수 없음을 명기해 보수성을 명확히 했다. 이 때문에 혁신적인 세력이나 이승만을 위해 일했던 족청계들은 신당에 가입할 수 없었다. 이는 결국 신당이 자유민주파(보수파)와 민주대동파(혁신파)로 갈라지는 결과를 낳았다.

이런 갈등 때문에 신당을 창당하기까지는 상당한 시간이 걸렸다. 그러나 보수파와 혁신파의 통합은 이뤄지지 않았고, 보수파 단독으로

1955년 9월 18일에 9개월간의 창당 작업을 마무리하고 민주당이라는 간판을 내걸었다. 구성원은 민국당계, 무소속계, 자유당 탈당계로 이뤄졌다. 민주당에 속한 원내 의원은 총 33명이었다. 핵심 인물을 살펴보면, 대표최고위원 신익희, 최고위원 조병옥·장면·곽상훈·백남훈 등이었고, 중앙상무위원회 의장 성원경이었다.

민주당의 성격을 규정하는 정강을 대략 살펴보면, 독재 배격과 민주주의 발전 기약, 공정한 자유선거에 의한 내각책임제 구현, 건전한 국민경제의 발전과 근로대중의 복지 향상, 민족문화 육성과 문화 교류를 통한 세계문화 공헌, 민주 우방과의 제휴를 통한 국토 통일과 국제주의 확립 등이었다. 이 정강의 핵심 내용은 내각책임제 실현이었다. 이승만에 대한 공개적인 반대운동을 표방한 셈이었다.

창당에 성공한 민주당은 5월 15일에 실시되는 3대 정·부통령 선거전에 돌입해, 대통령 후보에 신익희, 부통령 후보에 장면을 확정했다. 민주당 대통령 후보로 뽑힌 신익희는 1894년에 경기도 광주에서 태어났다. 호는 해공(海公)이다. 한성외국어학교 영어과에 다녔고, 일본 와세다대학교 정경학부를 졸업했다. 이후 서울 중동학교에서 교사 생활을 했으며, 3·1운동 당시에는 해외 연락 업무를 맡았다. 임시정부 수립 시에는 내무차장을 맡았으며, 법무총장과 외무총장, 문교부장 등을 지냈다.

해방 후에는 김구와 노선을 달리해 정치공작대를 조직하고, 이승만을 지지하던 촉성회 부위원장을 지냈다. 1947년에는 남조선과도입법의원의 의장이 되었으며, 1948년에 제헌국회의원에 당선되어 부의장이 되었다. 정부 수립 후에는 이승만과 결별하고 한민당의 김성수와 뜻을 같이하며 민국당을 결성하고 당위원장이 되었다. 1950년에는 2대 민의원에 당선되어 국회의장에 선출되었으며, 1955년에는 민주당 창당을 이끌며 대표최고위원이 되었고, 1956년에 대통령 후보에 올랐다. 이때 자유당은 대통령 후보에 이승만, 부통령 후보에 이기붕을 확정한 상태였다.

한편 야권 보수파가 민주당을 창당하자, 혁신파도 신당 작업에 박차를 가했다. 혁신파는 서상일과 조봉암이 가장 큰 세력을 형성하고 있었고, 정화암, 조헌식, 김창숙, 김홍식, 장건상, 이동화 등이 각각의 세력을 이루고 있었다. 이들 혁신 세력은 대동단결운동을 통해 진보당 결성을 도모하고, 1955년 9월에 광릉에서 첫 연합 모임을 가졌다. 이어 12월 22일에 진보당추진위원회를 결성해 12명의 지도부를 결성했다. 물론 조봉암과 서상일이 중심이었다.

혁신 세력은 창당 준비 과정에서 3대 정·부통령 선거에 직면했고, 표결을 거쳐 대통령 후보에 조봉암, 부통령 후보에 서상일을 확정했다. 하지만 서상일은 부통령 후보직을 받아들이지 않았다. 그는 조봉암을 대통령병 환자라고 비난했고, 결국 혁신 세력의 부통령 후보는 부산의 의사 출신 박기출로 확정되었다.

민주당과 혁신파는 이승만 정권을 무너뜨린다는 공동의 목표를 실현하기 위해 후보단일화를 시도한다. 이 과정에서 조봉암은 필요하다면 자신이 사퇴할 수도 있다고 말했다. 조봉암은 이 말을 실행하기 위해 혁신파의 정·부통령 후보가 사퇴하는 자리를 마련하기로 했다. 이때 사퇴에 합의하는 조건은 민주당 측이 수탈 없는 경제정책 확립과 평화통일이라는 조봉암의 정책을 수용하는 것이었다.

물밑 협상이 끝나면 1956년 5월 6일에 만나 최종 합의를 확정하기로 했다. 그런데 바로 전날 민주당 대통령 후보였던 신익희 후보가 유세를 위해 호남선을 타고 내려가는 열차에서 급서하는 사태가 발생했다. 그 결과 조봉암이 야권 단일 대통령 후보가 되는 모양새가 되었고,

부통령 후보는 민주당의 장면이었다. 장면을 위해 박기출은 후보를 사퇴했다.

하지만 민주당은 조봉암을 대통령 후보로 인정하지 않았다. 오히려 이승만 편에 섰다. 민주당은 《동아일보》를 앞세워 조봉암의 평화통일론은 현실을 무시하는 패배주의라고 비난했다. 당시 이승만의 정책은 무력에 의한 북진통일이었고, 이는 마치 국시처럼 여겨졌다. 따라서 대통령 선거전에서는 민주당과 자유당이 연합한 꼴이었다.

그럼에도 조봉암은 여전히 민주당과 연합 전선을 모색했다. 그러자 민주당은 조봉암을 용공분자라고 비난하며 신익희를 지지하는 사람이라면 조봉암을 찍어서는 안 된다고 역설했다. 심지어 민주당의 핵심 인물인 조병옥과 김준연은 조봉암에게 표를 주느니 차라리 이승만을 찍으라는 발언까지 했다. 급기야 민주당은 정권 교체는 포기하고 부통령 선거에만 주력하겠다고 선언했다. 당 차원에서 이승만 지지를 공언한 셈이었다.

하지만 조봉암을 지지하는 국민의 열기는 쉽게 사그라지지 않았다. 비록 조봉암은 대통령에 당선되지 못했지만 216만 3000여 표를 획득해 23.8%라는 놀라운 결과를 얻어냈다. 물론 3대 대통령 선거는 504만 6000여 표로 52%의 지지를 받은 이승만의 승리였다. 신익희에 대한 추모표도 185만 표에 이르렀다. 한편 부통령에는 자유당 후보 이기붕을 제치고 장면이 당선되었다.

부통령에 장면이 당선된 것은 자유당으로선 매우 불안한 일이었다. 이승만이 이미 팔순이 넘은 고령이었기 때문에 자유당은 부통령 자리를 확보하는 것이 매우 중요했다. 혹 이승만이 급서하거나 업무를 수행할 수 없게 된다면 민주당으로 정권이 넘어갈 수도 있었다. 거기에다 국회의원 하나 제대로 없고, 아직 창당하지도 않은 혁신파의 조봉암이 국민에게 많은 지지를 받고 있다는 사실도 자유당을 불안하게 하는 요인이었다.

진보당사건과 사법살인

자유당의 우려대로 조봉암은 대선 직후 바로 창당 작업에 들어갔고, 그해 11월 10일에 창당대회를 열었다. 진보당 창당대회장은 사람들로 넘쳐났다. 진보당은 이렇듯 대단한 인기를 얻으며 창당에 성공했고, 조봉암을 위원장으로 선출하고, 박기출을 부위원장, 윤길중을 간사장으로 선출했다.

진보당의 3대 정강은, 첫째, 책임 있는 혁신 정치, 둘째, 수탈 없는 계획경제, 셋째, 민주적 평화통일이었다. 또한 평화통일론을 구체화하기 위해 통일연구위원회를 두고 김기철을 위원장에 선임했다.

진보당의 1차 목표는 1958년 5월에 실시될 국회의원 총선에서 원내 교섭단체를 구성할 수 있는 20석 이상을 확보하는 것이었다. 당시 여론의 추이로 보면, 이는 실현 가능한 목표였다.

하지만 이승만은 진보당을 그대로 지켜보지만은 않았다. 이승만은 경찰을 동원해 1958년 1월 13일에 진보당 간부 전원을 체포하게 했다. 죄목은 간첩죄 및 국가보안법 위반이었다.

이승만이 조봉암을 사상범으로 몰고 간 것은 과거 조봉암의 이력과 무관하지 않았다. 조봉암은 강화도 출신으로 3·1운동에 참가해 1년간 감옥살이를 했으며, 일본 주오대학교에서 정치학을 전공하고 사회주의 사상에 매료되었다. 이후 조선공산당에 가입하고 모스크바 동방노력자공산대학에서 2년간 수학했다. 코민테른 극동부 조선 대표 등을 지냈으며, 일제에 체포되어 신의주형무소에서 7년간 옥살이를 했다.

해방 후에는 조선공산당에서 간부로 활동했으나 남로당 당수 박헌영과 노선이 달라 공산당에서 탈당했다. 그 뒤로 사회주의와 자본주의의 중도 노선을 견지하며 제헌의회의원이 되었고, 이승만에 의해 초대 농림부장관으로 임명되어 농지개혁을 주도했다. 또한 2대 민의원에 당선되고, 국회부의장을 역임했으며, 1952년과 1956년에 대통령 선거에 출마했다.

이승만은 그의 이력 중 좌익에 종사한 부분을 문제 삼으며 진보당의 정강과 연계시켰다. 3대 대통령 선거 후에 조봉암과 진보당에 대한 국민의 지지도가 올라가자, 조봉암을 자신에게 위협적인 인물로 간주하고 간첩으로 몰아갔던 것이다.

간첩으로 내몰린 조봉암은 일단 피신해 붙잡히지는 않았으나 진보당 간부들이 모두 체포되자, 자진출두해 재판정에 섰다. 이때 검찰이 기소장에서 첫 번째로 문제 삼은 것은 그의 평화통일론이었다. 평화통일론이 북한에 의한 남한의 적화통일을 위한 방편이고, 이는 곧 대한민국의 존립을 부정하는 행위라는 것이었다. 두 번째로, 수탈 없는 계획경제를 담고 있는 진보당의 정강이 북한 노동당의 정책과 상통한다는 것이었다.

당시 조봉암은 경제정책에 대해 사회주의와 자본주의를 융합한 중도 정책을 추구했다. 조봉암은 자본주의나 사회주의 모두 한계가 있고, 이 때문에 자본주의에서는 사회주의 구조를 차용하고, 사회주의에서는 자본주의 정책을 빌려 쓸 때 좀 더 나은 경제 구조를 갖출 수 있다고 주장했다. 당시에는 매우 혁신적이고 미래 지향적인 시각이었다. 그러나 검찰은 이런 조봉암의 탁견을 북한의 정책을 지지하는 사상이며, 결과적으로 대한민국 헌법을 위반하는 것이라고 주장했다.

검찰이 조봉암을 기소한 것은 비단 이런 정강에 국한되지 않았다. 조봉암이 북한에서 남파되었다가 검거된 간첩 박정호와 접선했다고 주장하며, 간첩죄를 추가했다. 박정호의 남파 목적도 진보당을 지원하기 위한 것이라고 덧붙였다. 말하자면 진보당 창당 자체가 내란 행위라는 주장이었다. 그리고 진보당에서 북한의 조국통일구국위원회 김약수에게 밀사를 보내 평화통일 추진을 협의했다며, 국가보안법 위반죄를 추가했다.

거기에다 결정적으로 양명산(본명 양리섭)사건을 조작해 조봉암을 엮어 넣었다. 검찰은 양명산이 대북첩보기관인 HID의 요원으로 남북교역을 하며 북한을 왕래하던 인물이었는데, 북한에 포섭되어 이중간첩으로 활동했다고 주장했다. 그리고 조봉암은 양명산을 통해 북한에서 비밀 공작금을 받았다는 것이다. 사실 양명산은 일제강점기부터 김동호라는 이름을 사용하며 조봉암과 친분을 쌓은 인물이었고, 곧잘 조봉암에게 독립운동 자금을 대주곤 했다. 이승만의 특별 지시로 움직이던 군 방첩 부대인 특무대는 그런 양명산을 이용해 조봉암을 간첩으로 몰고자 했던 것이다.

1차 재판 과정에서 양명산은 자신이 이중간첩임을 시인했으나 조봉암은 검찰의 주장을 전면 부인했다. 이에 검찰은 양명산의 자백을 근거로 조봉암에게 간첩죄를 적용하고 사형을 구형했다. 그러나 재판부는 양명산과 조봉암에게 국가보안법을 적용해 징역 5년을 선고했다. 재판부는 평화통일론을 헌법 위반으로 볼 수 없다고 판시하고 이 부분에 대해서는 무죄로 판단한 것이다.

이에 대해 검찰은 강하게 반발했다. 심지어 이승만 지지 세력은 1심 재판부를 용공 판사로 규정하고 항의 시위를 벌였고, 그 바람에 1심 담당 판사들이 피신하는 사태까지 발생했다.

2심에서 양명산은 진술을 번복했다. 자신이 간첩 행위를 했다고 자백한 것은 조봉암을 제거하기로 한 국가 방침에 협조해야만 살아남을 수 있다는 특무대의 회유와 협박 때문이었다고 진술한 것이다. 그는 자신의 간첩 혐의는 모두 특무대의 각본에 의해 조작된 것이라고 주장했다. 그러나 2심 재판부는 양명산의 번복 진술을 무시하고 오히려 원심을 파기하면서 양명산과 조봉암에게 사형을 선고했다.

진보당사건의 최종 판결은 1959년 2월 27일에 대법원에서 열렸다. 대법원에서는 2심 판결과 같이 양명산과 조봉암에게 사형을 선고했다. 다만 2심에서 진보당 간부들에게 내린 유죄선고는 모두 1심 판결대로 무죄를 선고했다.

대법원은 진보당의 평화통일론이나 계획경제정책 등은 모두 위헌이 아니라고 확정했으나 조봉암에게만은 간첩죄를 적용했다. 또한 진보당은 조봉암이 북한과 내통해 만든 조직이므로 불법 단체라고 규정했다. 결국 대법원 판결의 골자는, 진보당은 북한의 사주에 의해 만들어진 단체이므로 불법 조직이고, 조봉암은 간첩 행위를 했으므로 사형을 언도받아 마땅하다는 것이었다. 이는 진보당을 해체하고 조봉암을 제거하려는 이승만의 의도와 정확하게 부합한다. 말하자면 이승만은 사법부를 이용해 자신의 목적을 관철한 셈이다. 이른바 사법살인이었다.

조봉암은 마지막 진술에서 이 사건은 정치적 음모에 의한 것이라고 주장하며 재심을 청구했지만 그해 7월 30일에 기각되었다. 다음 날인 7월 31일에 조봉암은 형장의 이슬로 사라지고 말았다.

3·15부정선거와 4·19시민혁명

1960년 3월 15일, 4대 정·부통령 선거가 실시되었다. 물론 자유당의 후보는 이승만이었다. 이승만은 80대 중반을 넘긴 초고령 노인이었지만, 이미 대통령에 당선된 것이나 다름없는 상황이었다. 민주당 후보 조병옥이 선거를 1달 앞두고 지병으로 쓰러져, 미국 월터리드육군병원에서 수술을 받았으나 67세의 나이로 사망한 까닭이다.

조병옥은 1894년 충청남도 천안에서 태어났으며, 컬럼비아대학교 경제학과를 졸업하고 「한국의 토지제도」라는 논문으로 박사학위를 받은 미국 유학파였다. 그는 유학 시절에 흥사단에 가입해 독립운동에 투신했고, 귀국 후에는 신간회 창립에도 관여했으나 주로 국내에서 활동하며 두 차례에 걸쳐 5년간 옥살이를 했다.

해방 후에는 미군정 경무부장을 지내며 해방 정국의 치안을 담당했고, 6·25남북전쟁 때에는 이승만 휘하에서 내무부장관을 지냈다. 그러나 이승만이 3선 개헌을 하며 독재 성향을 보이자 그와 결별하고 민주당 창당에 참여했으며, 1956년에 대표최고위원이 되었고, 1960년에는 민주당 대통령 후보에 선출되었다. 그러나 지병이 악화되어 수술을 받고 치료 중에 사망했다. 민주당은 신익희에 이어 두 차례나 대통령 후보가 죽는 불행을 맞은 셈이었다.

조병옥의 사망으로 3·15선거는 부통령을 뽑는 것으로 축소되었다. 하지만 이승만이 워낙 고령이었기에 그의 유고 시 대통령직을 대행할 부통령 자리는 매우 중요하게 여겨졌다. 그런 까닭에 현직 부통령인 장면과 부통령에 도전한 이기붕의 재대결은 그 어느 때보다 치열한 대립 양상을 보였다. 이기붕은 무슨 짓을 해서라도 부통령 자리를 차지하려 했고, 이는 곧 부정선거로 이어졌다.

자유당은 경찰과 공무원, 반공청년단, 정치 깡패 등 동원할 수 있는 세력은 모두 움직여 민주당의 선거운동을 방해했고, 심지어 학교 등교일까지 조정하며 민주당의 유세를 방해했다. 2월 27일 자유당의 대구 유세 때에는 이발소, 목욕탕, 음식점을 모두 문 닫게 하고 차를 동원해 시민들을 유세장에 데려오는가 하면, 장면의 유세가 있는 2월 28일에는 일요일임에도 불구하고 각 학교에 지시해 학생들을 등교시키는 촌극이 벌어졌다. 이에 반발해 전국 각지의 고등학생들까지 들고일어났다.

자유당의 부정은 여기서 그치지 않았다. 투표함을 열기도 전에 경찰과 내무부가 연합해 투표 결과를 조작함으로써, 이승만은 당선에 필요한 3분의 1선의 2배도 넘는 963만 3376표를 얻었고, 이기붕은 833만 7059표를 얻어 184만 3758표를 얻은 장면에게 압도적인 승리를 거두었다.

하지만 성난 민심은 더는 이승만 정권의 부정을 용납하지 않았다. 선거 직후 민주당 의원들이 국회에서 선거 무효를 주장했지만, 시간이 흐를수록 전국 각지에서 국민이 일어나 부정선거를 규탄하기 시작했다. 4월 초부터 규탄 시위는 더욱 격렬해졌다.

부정선거에 대한 격렬한 국민 저항이 지속되던 4월 11일에 마산 앞바다에서 교복 차림의 시신 하나가 떠올랐다. 마산상업고등학교 1학년 김주열의 시신이었다. 김주열은 3월 15일에 부정선거를 규탄하는 시위에 참가했다가 실종된 상태였고, 김주열의 어머니는 아들을 찾아 백방으로 뛰어다니던 중이었다.

김주열의 뒤통수에는 경찰의 시위 진압용 최루탄이 박혀 있었다. 이 사진이 언론에 게재되자, 분노한 시민들이 이승만 정권 타도를 외치며 관공서와 경찰서를 습격했다. 시위 행렬에 시민과 학생, 심지어 초등학생까지 합류했다. 그야말로 국민적 봉기였다.

그럼에도 이승만은 4월 15일에 담화문을 발표하고 공산분자들이 시위대를 조종하고 있다고 매도했다. 경찰은 시위대를 더욱 폭력적으로 진압했고, 반공청년단의 폭력배들이 대학교에 난입해 무차별 폭력을 행사했다.

그러자 4월 19일 서울의 시민과 대학생 및 고등학생 10만여 명이 거리로 쏟아져 나왔고, 그중 수천 명은 경무대로 향했다. 이에 경찰은 실탄을 발포하며 시위대를 저지했지만, 오히려 국민의 분노를 증폭시켜 전국 각지에서 더 많은 시위대가 형성되어 극렬하게 저항했다.

4월 19일, 경찰의 발포로 인한 인명 피해는 계엄사 공식 발표에서만 민간인 111명, 경찰 4명이 사망하고 민간인 558명, 경찰 169명이 부상을 입었다. 이윽고 전국 주요 도시에 계엄령이 선포되었다. 그러나 시위는 더욱 격렬해졌고, 시민들의 참여도 더욱 늘어났다. 그나마 다행이라면 군대가 직접 시위대 진압에 나서지는 않았다는 점이다. 송요찬 서울지구 계엄사령관은 유혈사태와 재산 파괴 방지에만 주력하고 더는 개입하지 않았다.

마침내 사태의 심각성을 인식한 이승만은 4월 21일에 내각 총사퇴를 지시하고, 변영태와 허정을 경무대로 불러들여 도움을 청했다. 두 사람은 사태가 이미 해결할 수 없는 지경이라고 솔직하게 말했다. 이후 이승만은 이기붕의 정치 활동을 중단시키고, 자신은 자유당을 비롯한 모든 사회단체와 결별하겠다고 선언했다. 그리고 경찰과 정부 관리들이 정치에 관여하지 않도록 하겠다고 덧붙였다.

하지만 시위대는 물러서지 않았다. 이미 지난 역사를 통해 이승만의 술수와 거짓말에 익숙한 시민들이었다. 시위대는 반공청년단과 자유당 간부의 집을 습격해 불을 지르기 시작했고, 대학 교수 258명이 이승만의 사임을 요구하는 학생들을 지지하며 거리 행진에 나섰다.

이에 새롭게 지명한 외무부장관 허정, 계엄사령관 송요찬, 주한미국 대사 월터 매카너기까지 나서서 이승만에게 물러날 것을 권고하자, 그제야 이승만은 더 이상 자신의 설득과 회유가 국민에게 먹히지 않는 것을 깨닫고 4월 26일에 사임을 발표했다.

그의 사임 이틀 전에 외무부장관에 임명된 허정이 과도정부를 수립하고, 이승만은 하야한 뒤 이화장에 거주하다가, 5월에 미국 하와이로 망명했다.

한편 3·15부정선거를 주도했던 이기붕은 부인 박마리아, 이기붕의 장남이자 이승만의 양자로 불리던 이강석, 차남 이강욱과 함께 모두 자살했다. 이기붕과 박마리아, 이강욱은 미리 수면제를 먹고 자살했고, 이강석은 이들을 권총으로 쏜 뒤 자신의 복부와 머리에 총을 쏘아 죽었다고 전한다.

이렇듯 4·19시민혁명은 자유당과 이승만 정권을 몰락시키며 한국사의 새로운 장을 열었다.

2장

•

윤보선 대통령실록

윤보선 尹潽善
(1897 – 1990)

재임 기간:
1960년 8월 – 1962년 3월
(1년 7개월)

"4월 혁명으로부터 정치적 자유와 유산을 물려받은
제2공화국 정부는 이제 국민이 잘 먹고 잘살 수 있는
경제적 자유를 마련하지 않으면 안 되겠습니다."

―제4대 대통령 취임사 中 (1960)

1 허정 과도정부와
    민주당의 집권

이승만은 물러나면서 정권을 외무부장관 허정에게 맡겼다. 허정은 미국 유학 시절부터 이승만과 친분이 깊었으며, 해방 후에는 한민당 결성에 참여한 인물이었다. 이승만 정권에서는 교통부장관, 사회부장관 등을 거쳐 1951년에는 국무총리 서리를 겸직했다. 이후 서울시장, 한일회담 수석대표 등을 지낸 뒤 시민혁명이 한창이던 1960년 4월에 이승만의 부름을 받고 외무부장관이 되었다.

이승만이 물러난 뒤, 허정이 과도내각 수반을 맡은 것은 부통령이었던 장면이 사임했기 때문이다. 만약 장면이 부통령직을 사임하지 않았다면 이승만의 대통령직을 자동 승계할 수 있었으나 장면은 민주당 구파 중진들과 상의도 없이 독자적으로 사임해버렸다. 이에 따라 장관 서열 1위였던 외무부장관 허정이 행정권을 이양받았다.

장면이 독자적인 결정에 따라 부통령직을 사임하자 민주당 구파는 맹렬하게 비난했다. 이에 대해 장면은 이승만의 하야를 확실히 이끌어내기 위해 자신이 먼저 부통령직에서 물러났다고 주장했다. 하지만 윤보선을 위시한 민주당 구파는 장면의 부통령직 사임을 내각제 이후 총리직을 차지하기 위한 정략적인 행위라고 몰아붙였다.

이렇듯 민주당이 내분을 겪는 동안 자유당은 공중분해되었다. 126명의 자유당 국회의원들이 대부분 탈당해 무소속이 되면서, 자유당은 저절로 와해된 것이었다. 이에 따라 국회는 민주당이 여당 노릇을 하며 3가지 중요 사안을 결정했다. 첫째, 3·15선거를 무효로 한다. 둘째, 내각책임제로 개헌한다. 셋째, 개헌 후 국회의원 선거를 즉각 실시한다.

허정은 이런 상황에서 새로운 행정부를 구성했다. 허정은 어차피 과도정부의 수반이었기 때문에 혼란을 수습하고 총선을 무사히 치른 후, 정권을 새 정부에 넘겨주는 것을 목표로 삼았다. 이 때문에 급격한 개혁이나 혁명적인 조치는 전혀 하지 않았다. 허정 과도정부의 목표는 당시 발표한 5대 방침에 잘 나타나 있다.

과도정부 5대 방침을 살펴보면, 첫째, 반공정책을 더 진전시킬 것, 둘째, 부정선거의 처벌 대상자를 고위 책임자와 잔학 행위자로 한정할 것, 셋째, 혁명적 정치개혁을 비혁명적으로 단행할 것, 넷째, 4월 시민 혁명에서 미국의 역할을 내정간섭으로 간주하는 것을 이적 행위로 간주할 것, 다섯째, 한일관계의 정상화를 위해 노력하고 기자의 입국을 허용할 것이었다.

한마디로 과감한 혁신이나 혁명적인 조치는 행하지 않겠다는 내용이다. 이에 따라 3·15부정선거와 관련한 인물들에 대한 조치도 미온적으로 이뤄졌고, 시민에게 총기를 사용한 경찰에 대한 처벌도 몇몇 고위 인사를 구속하거나 해임하는 선에서 끝났으며, 혼란을 방조한 군대에 대해서도 송요찬 계엄사령관을 해임하는 것으로 매듭지었다.

한편 국회에서는 개헌 작업이 무난히 이뤄져 1960년 6월 10일에 새 헌법이 상정되었고, 6월 15일에 본회의를 통과해 6월 23일에 국회를 해산했다. 그리고 7월 29일에 5대 국회의원 총선거를 실시하기로 했다.

당시 개헌안의 핵심 내용을 보면, 우선 국회는 양원제로서 민의원과 참의원으로 구성하기로 했다. 민의원은 미국의 하원에 해당하고, 참의원은 미국의 상원에 해당하는데, 민의원은 233명, 참의원은 58명으로 구성되었다. 민의원의 주요 권한은 예산 심의, 법률안 심의, 국무위원 불신임권 등이며, 참의원은 민의원에서 올라오는 법안을 심의하고 대법관을 비롯한 공무원의 임명에 대한 인준권을 가졌다.

다음으로 대통령 선출은 양원 합동회의에서 하고, 재적 의원 3분의 2 이상의 지지로 당선되며, 임기는 5년으로 1차에 한해 중임을 허용했다. 그리고 대통령은 국가원수로서 국가를 대표하며 국군통수권과 국무회의 의결에 따른 계엄선포권을 가진다고 했다.

내각책임제의 내각 수반인 국무총리는 대통령이 지명해 민의원의 동의를 얻어 결정되며, 민의원이 대통령의 지명을 받아들이지 않을 경우 민의원에서 선거로 뽑기로 했다. 또한 국무총리는 국무위원을 임명하고, 대통령은 이를 확인하는 데 그치도록 했다.

7·29총선에서 민주당은 압승을 거두었다. 민의원 선거에서 민주당은 233석 중 175석을, 참의원 선거에서는 58석 중 31석을 얻었다. 민의원 선거에서 무소속은 49석, 사회대중당 4석, 자유당 2석, 한국사회당 1석, 통일당 1석, 기타 1석을 얻었고, 참의원에서는 무소속 20석, 자유당 4석, 사회대중당 1석, 한국사회당 1석, 기타 1석이었다. 무소속으로 당선된 의원들 대다수는 민주당 공천에서 탈락한 인사들임을 감안할 때, 7·29총선은 민주당의 완승이나 다름없었다.

그러나 민주당은 신파와 구파로 나뉘어 내분을 일으켰다. 민주당 구파를 이루던 핵심 세력은 민주당 창당을 주도했던 민국당 출신들이었고, 신파는 민주당 창당 때 합류한 신진 세력이었다. 민국당은 원래 한민당 출신의 김성수, 조병옥, 윤보선 등의 지주 세력과 임시정부 출신으로 김구의 노선에 반대했던 신익희, 지청천 등이 결합해 만든 당이었는데, 이들이 곧 민주당 구파를 이루었으며, 구파를 대표하는 인물은 윤보선과 김도연이었다. 그리고 신파는 민국당 출신이 아닌 사람들로 구성되었는데, 신파의 대표자는 장면이었다.

신파와 구파가 노리던 자리는 역시 내각 행정권을 가진 국무총리였는데, 그런 까닭에 대통령 자리는 구파의 수장인 윤보선에게 쉽게 돌아갔다. 8월 12일 국회에서 열린 양원 합동투표에서 윤보선은 208표를 얻어 대통령에 당선되었다.

대통령에 오른 윤보선은 국무총리 후보로 구파의 김도연을 지명했다. 그러나 과반수를 얻어야 하는 인준투표에서 2표가 모자라 부결되고 말았다. 그러자 윤보선은 2차 국무총리 후보로 장면을 지명했고, 장면은 과반수보다 4표를 더 얻어 총리가 되었다. 이로써 신파와 구파의 정권투쟁은 신파의 승리로 종결되었는데, 신파에게 승리를 안긴 것은 20명의 무소속 의원들이었다.

1960년 8월 19일, 장면이 국무총리에 인준되어 행정부를 구성했고, 허정은 소임을 다하고 장면 내각에 권력을 이양했다. 이로써 과도정부는 막을 내렸다.

2   대통령 윤보선의 삶과 굴곡진 정치 여정

◐ 제4대 대통령, 재임 기간: 1960년 8월 – 1962년 3월(1년 7개월)

외국을 전전하며 보낸 암흑기

1960년 8월 12일 양원 합동투표에서 4대 대통령에 당선된 윤보선은 1897년 8월 26일 충청남도 아산에서 윤치소와 이범숙(중추원 의관을 지낸 전주 이씨 이재룡의 장녀)의 장남으로 태어났다. 본관은 해평이고, 호는 해위(海葦)다. 해위라는 호는 상하이에서 유럽으로 유학을 떠날 때 신규식이 지어준 것으로, '바닷가의 갈대는 바람에 휘날릴지언정 꺾이지 않는다'는 뜻이라고 한다.

해평 윤씨 집안의 인물 중에 고위 관직을 지낸 대표적인 인물은 조선 선조 때 영의정을 지낸 윤두수이며, 윤보선은 윤두수의 10대손이다. 윤보선의 집안은 5대조 시절에 가세가 기울어 어려움을 겪다가 증조부 윤취동 대에 이르러 다시 벼슬길을 열었다.

윤취동은 웅렬과 영렬, 두 아들을 두었고, 영렬이 곧 윤보선의 조부다. 윤보선의 종조부 윤웅렬은 무과에 급제하고 대한제국 시절 국방부 장관에 해당하는 군부대신을 지냈으며, 조부 윤영렬은 연안부사를 거쳐 삼남 토포사를 지냈다. 이후 윤웅렬과 윤영렬의 집안에서는 많은 고관대작이 배출되었다. 윤웅렬의 장남 윤치호는 학부현판, 외부현판(지금의 차관)을 지냈고, 차남 윤치왕은 초대 의무감, 3남 윤치장은 영국공사와 튀르키예대사를 지냈다. 윤영렬의 장남 윤치오는 대한제국의 학무국장, 차남 윤치소는 중추원 의관을 지냈고, 3남 윤치성은 일본 육군사관학교를 졸업하고 군무국 교육과장을, 4남 윤치병은 육군 장교, 5남 윤치영은 해방 후 초대 내무부장관을 지냈다. 윤보선은 중추원

의관을 지낸 윤치소의 장남이다.

이렇듯 윤보선은 부유한 집안에서 태어나 99칸의 대저택에 살 정도로 경제적으로 부족함 없이 자랐고, 11살에 서울 교동보통학교에 입학해 신학문을 배웠으며, 14살 때인 1910년에 4년제 보통학교를 졸업하고 일본인 거류민이 충무로에 설립한 일출소학교에 5학년으로 편입했다. 1912년 16살에 일출소학교를 졸업하고 일본으로 유학해 도쿄의 게이오의숙 의학부에 입학해 두 학기를 다녔다.

하지만 2년 만에 공부를 포기하고 귀국한 뒤, 여운형을 따라 상하이로 가서 독립운동에 투신했다. 이때 윤보선은 아버지에게 상하이를 경유해 미국으로 가서 신학을 공부하겠다고 거짓말을 했다고 한다. 상하이로 간 그는 임시정부의 이시영, 이동녕, 신규식 등을 만났고, 1919년 4월에는 23살의 젊은 나이로 의정원의 최연소 의원이 되었다.

하지만 그의 상하이 생활은 오래 가지 못했다. 1921년에 영국으로 유학해 우드블록대학에서 영문학을 공부했으며, 이후 옥스퍼드대학교를 거쳐 에든버러대학교에 정착했다. 에든버러대학교에서는 고고학을 전공했는데, 입학한 지 6년 만인 1930년에 졸업했다.

그의 졸업 소식을 들은 아버지 윤치소는 그에게 귀국할 것을 종용했으나, 그는 즉시 귀국하지 않고 유럽 여행을 다니며 지내다가 생활비가 떨어지자 1932년에 귀국했다.

귀국 후에 윤보선은 거의 집 안에 틀어박혀 지냈다. 그가 하는 일이라곤 기껏해야 집에 찾아오는 친구들을 만나거나 때때로 《동아일보》를 비롯한 몇몇 언론에 기고문을 발표하는 것이 전부였다.

태평양전쟁 이후 일제가 창씨개명을 강요했을 때 윤보선의 집안은 전체 결의로 창씨개명에 찬성했지만, 그는 끝내 거부했다. 그리고 집안이나 별장에 칩거하며 사회 활동을 거의 하지 않았다. 그가 바깥나들이를 하는 것은 기독교 선교 활동이나 문중의 종친회 행사가 있을 때 정도였다.

야당 지도자로 성장하다

해방이 되자, 윤보선은 우파 정당인 한민당에 참여했고, 미군정 치하에서 농상국 고문으로 활동했다. 이후 1946년에 《민중일보》 사장을 맡았고, 미군정청에서 경기도지사 고문직에 선출되었다. 그리고 1948년 고향인 충청남도 아산에서 한민당 후보로 5·10총선에 출마했으나, 7명의 후보 가운데 4위에 머물며 낙선의 고배를 마셨다.

정부 수립 후 윤보선은 이승만에 의해 서울시장으로 임명되었다. 미군정청 농상국 고문으로 있을 때 윤보선은 이승만과 친분을 맺었고, 한때 이승만기념사업회장을 맡은 적도 있었다. 그런 인연으로 이승만은 그를 적극적으로 기용했다.

이승만은 처음에는 윤보선에게 중국대사직을 제안했다가 그가 거절하자, 일본공사 자리를 맡아달라고 했으나 고사했다. 이승만이 미국대사직을 제의했지만 그마저도 거절했다. 윤보선은 《민중일보》 경영에 전념하고 싶다고 둘러대며 이승만의 관직 제의를 계속 거절했다.

그러자 이승만은 윤보선을 서울시장에 임명하겠다고 신문에 발표해버렸다. 윤보선은 이번에도 경험 부족과 숙부 윤치영이 내무부장관이라는 이유로 친척이 같은 공직에 있는 것은 옳지 않다며 거절했다. 하지만 이승만도 더는 물러서지 않았고, 그는 별수 없이 1948년 12월에 서울시장에 취임했다.

서울시장에 취임한 후 윤보선은 청소 업무를 서울시로 일원화하는 사업을 성공시켜 '청소시장'이라는 별칭을 얻었고, 이어 신생활운동을 전개했다. 신생활운동은 의식주 전반에서 재래식 가정생활 방식을 없애고 모든 것을 신식으로 바꾸자는 것이었다. 이에 따라 한복 개량과 주택 개량을 역점 사업으로 설정하고 추진하려 했다. 하지만 그가 이 사업을 제대로 실시하기도 전인 1949년에 이승만은 그를 상공부장관에 임명했다.

윤보선은 상공부로 자리를 옮긴 뒤 매우 힘들어했다. 서울시는 그의 지시로 웬만한 일은 다 시행할 수 있었지만, 상공부는 독자적인 힘을 발휘할 수 없는 부서였다. 각 지방의 상공국장은 모두 내무부 소속이라 업무를 원활하게 지시할 수 없었고, 재정적으로도 상공부의 권한은 아주 제한적이었다.

상공부장관 시절 윤보선은 이승만과 몇 차례 갈등을 빚었다. 이 때문에 이승만은 그를 해임하려 했고, 윤보선은 결국 1950년 5월에 상공부장관직을 사임했다.

그 후 윤보선은 한민당과 국민당이 합당해 만든 민국당의 원내총무로 활동했는데, 1952년에 부산 정치파동이 일어나자 이승만과 완전히 결별했다.

6·25남북전쟁 후인 1954년 5월 10일에 치러진 3대 민의원 선거에서 윤보선은 정치 1번지인 서울 종로 갑구에 출마해 당선되면서 정치적 명성을 쌓았다. 1955년 9월 18일에 민주당이 창당되면서 중앙위원이 되었고, 1957년에는 민주당 중앙위원회 의장이 되었다. 1958년 민의원 선거에서도 종로 갑구에 출마해 당선되었고, 1959년에는 조병옥, 장면, 곽상훈 등과 함께 민주당 최고위원에 선출되면서 야당 지도자의 한 축으로 부상했다.

대통령에 선출되다

1960년 대통령 선거 기간 중에 민주당 구파의 지도자였던 조병옥이 사망하자, 윤보선은 자연스레 구파의 차기 지도자로 부상했다. 4월 시민혁명으로 이승만이 물러나고 자유당 정권이 붕괴했을 때, 내각책임제로 개헌한 선거에서 민주당은 압도적인 승리를 거두었다. 하지만 민주당은 신파와 구파로 갈려 파벌 싸움을 벌였다. 구파의 핵심 인물은 윤보선과 김도연이었고, 신파의 핵심 인물은 부통령을 지낸 장면이었다. 당시 구파에서는 윤보선을 대통령에 당선시킨 뒤, 김도연을 총리로 지목해 정권을 차지한다는 계획을 세웠다.

계획대로 윤보선은 무난히 대통령에 당선되었다. 당시 윤보선은 김창숙과 겨뤘는데, 208 대 29라는 압도적인 표 차이로 당선되어 대한민국 4대 대통령에 취임했다. 취임 후 윤보선은 김도연을 국무총리에 지목했으나, 인준투표에서 부결되어 장면을 지목했고, 장면은 인준에 성공해 총리에 올랐다.

내각책임제 구도에서 대통령은 명목상으로 국가원수였으나 권한으로 따지면 총리가 모든 권력을 쥐고 있었다. 여기에 불만이 많았던 윤보선은 툭하면 장면의 정치에 대해 비판을 쏟아놓으며, 장면에게 끊임없이 신파·구파 합동의 거국적인 내각 구성을 요구했다. 이런 윤보선의 행동은 신파와 구파 사이에 치열한 파벌 싸움을 유발했다. 구파는 대통령 관저인 청와대에 모여 신파 공략 회의를 가졌고, 신파는 총리 관저가 있는 반도호텔에 모여 대응책을 모색했다.

신파와 구파의 대립은 결국 분당사태로 이어졌다. 1960년 9월 22일, 민주당 구파는 신당 발족을 선언했다. 장면 내각이 출범한 지 불과 1달 만이었다. 다음 날 신파는 민주당이라는 명칭으로 별도의 교섭단체를 등록해버렸다. 이로써 민주당은 신파와 구파로 완전히 갈려 딴 집

살림을 차리게 되었다.

민주당 구파가 정식으로 창당한 것은 1961년 2월 20일이었다. 당명은 신민당이었고, 위원장은 총리 인준에 도전했던 김도연, 간사장은 유진산이었다.

신민당 초대 위원장을 맡은 김도연은 윤보선보다 3살 많은 1894년생으로, 미국 유학파 경제학 박사 출신이다. 조선어학회사건으로 옥고를 치른 적이 있고, 해방 후 한민당 총무, 미군정 노동위원, 무역협회장, 초대 재무부장관 등을 지냈다. 그 뒤 민국당 부위원장, 3~6대 국회의원, 민주당 최고위원 등을 역임했다.

간사장 유진산은 1905년생으로 경성고등보통학교(경성고보) 시절에 3·1운동에 가담했다. 와세다대학교 정경학부에서 공부하다 중국으로 건너가 충칭정부의 연락원으로 활동했으며, 해방 후에는 김두한이 감찰부장으로 있던 우익계 대한민주청년동맹 회장을 맡았다. 이후 이승만의 지시를 받아 우익계 통합 청년단인 대한청년단 최고지도자가 되었으며, 1956년에 민주당 중앙선거대책위원장, 1960년에 5대 민의원에 당선된 인물이었다.

신민당은 창당의 명분으로 장면 내각이 4월 시민혁명 정신을 제대로 받들지 못했으며, 하나의 정당이 국회에서 3분의 2 이상의 의석을 차지하면 1당 독재의 함정에 빠질 우려가 있다는 점을 내세웠다. 하지만 신파와 구파의 분당사태는 쿠데타 세력에 빌미를 제공하고 말았다. 1961년 5월 16일에 박정희가 쿠데타를 일으킨 것이다.

당시 헌법에 따르면 국군통수권은 대통령 윤보선에게 있었다. 하지만 윤보선은 이 통수권을 적극적으로 사용하지 않았다.

1961년 5월 16일 새벽 3시, 윤보선은 육군참모총장 장도영에게서 쿠데타가 일어났으니 피신하라는 연락을 받았다. 이후 UN군사령관

카터 매그루더와 주한미국대사대리 마셜 그린이 방문해 반란군을 진압할 테니 병력 동원을 허락해달라고 요청했다. 장면이 수녀원에 몸을 숨겨 연락이 안 되자 윤보선을 찾아온 것이었다. 하지만 윤보선은 병력을 출동시키면 내부 혼란을 틈타 북한이 침략할 수 있다며 끝까지 병력 동원을 허락하지 않았다. 그린 대사대리는 윤보선에게 병력 동원을 허락하지 않는 것은 국가원수의 의무를 포기하는 것이라고 몰아붙였으나 윤보선은 요지부동이었다. 이는 결과적으로 쿠데타를 추인한 꼴이 되었다.

윤보선은 3일 후인 5월 19일에 갑자기 하야를 선언했다. 그의 하야 성명은 이러했다.

"금번 군사혁명이 발생하면서 나는 무엇보다도 귀중한 인명의 희생이 없기를 바랐으며, 순조롭게 수습되기를 희망하였습니다. 다행히 하늘은 우리를 도와서 무사하게 이 나라의 일을 군사혁명위원회의 사람들이 맡아서 보게 하였으며, 국민 여론이 또한 커다란 기대를 가지고 있다는 것을 알게 된 나는 지금 안심하고 이 자리를 물러나겠습니다. 아무쪼록 군사혁명위원회의 사람들은 그 소신과 충성을 다하여 이 나라를 발전시키고 이 국민을 하루속히 궁핍에서 건져내주기를 바라며 나의 친애하는 국민 여러분이 적극적으로 이에 협조해주실 것을 간곡히 부탁하는 바입니다."

이 사퇴 성명을 분석해보면 윤보선은 군사반란을 혁명으로 인식했음을 알 수 있다. 거기에다 반란 세력의 소신과 충성을 운운하며 국민에게 협조해줄 것을 당부하는 내용을 담은 것을 보면 민주당 신파가 정권을 장악하는 것보다는 차라리 군사정권이 들어서는 것이 낫다고 생각한 듯하다.

하지만 이튿날 윤보선은 하야 성명을 번복했다. 그날 오후 6시에 고

별 기자회견을 열기로 했으나, 오히려 하야를 번복하는 회견을 했다. 그는 번복하는 이유를 국가재건최고회의에서 자신의 하야가 국내외적으로 나랏일을 해치는 일이라고 만류했기 때문이라고 밝혔다. 그러나 이는 궁색한 변명으로 들렸다. 모양새로 보면 반란을 일으킨 군부에 협조하는 것으로 비치기 십상이었던 것이다.

윤보선의 하야를 만류한 사람은 육군참모총장이자 국가재건최고회의 의장을 맡은 장도영과 외무부차관 김용식이었다. 반란을 주도한 박정희는 내심 대통령의 하야를 원했으나 그럴 경우 자신의 행동이 반란으로 비칠까 봐 마지못해 하야를 만류하는 모양새를 취했다.

이후 윤보선은 국가재건최고회의를 내각으로 삼아 자신의 정책을 추진하려다 번번이 박정희와 충돌했다. 박정희의 입장에서 보면 윤보선은 허수아비나 다름없었으니, 박정희가 윤보선의 말을 들어줄 리 만무했다.

결국 윤보선은 5·16쿠데타가 일어난 지 10개월 만인 1962년 3월에 하야했다. 박정희 군사정부 상황에서 그가 할 수 있는 일이 없다는 판단에 따른 결정이었다. 1960년 8월부터 1962년 3월까지 1년 7개월의 대통령 생활은 그렇게 끝이 나고 말았다.

하야 후의 야당 생활과 두 차례에 걸친 대권 도전

윤보선은 대통령직에서 물러난 뒤 안국동 사저에서 칩거했으나 1963년 3월 16일에 박정희가 군정 연장 성명을 발표하자, 정치 활동을 재개했다.

박정희는 군정을 연장한다는 성명을 발표한 직후 윤보선, 장택상, 김도연, 이범석 등을 초대해 면담 자리를 마련했다. 이 자리에서 박정희는 측근들의 입을 빌려 군정 연장은 나라와 국민을 위한 일이라고 강조했고, 윤보선은 박정희에게 자신이 아니면 안 된다는 사고는 이승만의 사고방식과 같다며 군인들은 군으로 돌아가야 한다고 주장하며 박정희와 설전을 벌였다.

그로부터 나흘 뒤 윤보선은 과도정부 수반이었던 허정과 연합해 측근들을 이끌고 서울시청과 을지로, 미국대사관 앞을 걸으며 군정 연장을 반대하는 시위를 주도했다. 이른바 '산책 시위'였다. 이후 세 차례에 걸친 조야 영수회담을 진행한 끝에 군정 연장을 철회시키는 개가를 올렸다.

군정 연장이 철회된 뒤, 윤보선은 1963년 범야권 후보로 추대되어 5대 대통령 선거에 출마했으나 10월 15일 선거에서 박정희에게 15만여 표의 근소한 차이로 패배했다.

이후 윤보선과 박정희는 모든 분야에서 대립했다. 한일협정에서도 장준하, 함석헌 등의 재야 세력과 힘을 합쳐 굴욕외교 반대를 외쳤고, 베트남 파병에 대해서도 한국 젊은이들의 피를 팔아먹는 매국 행위라고 비난하며 반대했다.

윤보선은 1966년 3월에 신한당을 창당해 총재에 취임했다. 1967년 2월에 민중당과 합당한 신민당의 후보로 6대 대통령 후보에 출마했지만 5월 3일에 실시된 선거에서 116만여 표 차이로 박정희에게 패배했다.

대통령에 대한 그의 의지는 지속되었다. 1971년에 김대중이 신민당의 대통령 후보가 되자, 탈당해 국민당을 창당하고 대통령 후보로 나섰다. 하지만 야권 후보단일화에 대한 압박이 있자, 박기출에게 후보 자리를 양보하고 대통령의 꿈을 접었다.

박정희 정권과의 사활을 건 투쟁

박정희는 7대 대통령에 당선된 후, 1972년 10월에 유신헌법을 선포했다. 이에 윤보선은 유신이 장기 집권을 위한 음모라며 규탄 성명을 발표하고 반정부투쟁을 시작했다. 1973년 3월에는 정구영, 지학순 등과 「민주구국헌장」을 발표했고, 1974년에는 전국민주청년학생총연맹(민청학련)사건과 관련해 기소되기도 했다. 1974년 7월에는 인민혁명당(인혁당)사건과 관련해 탄원서에 서명했고, 그해에 민청학련사건 배후로 지목되어 징역 3년에 집행유예 5년을 선고받았다.

그 후에도 윤보선은 《동아일보》 기자 해고 사태와 김상진 할복 사건 등에서 박정희 정권의 언론 탄압과 반민주적 행위를 비판했고, 1976년에는 명동성당에서 열린 '3·1민주구국선언'에 동참했다. 이 일로 징역 8년을 선고받았으나 전직 대통령이라는 이유로 집행유예로 석방되었다. 하지만 김대중이 구속되자, 김대중의 석방을 요구하는 농성을 벌여 1978년에 김대중이 석방되는 데 큰 도움이 되었다. 1978년 10월에 야당 및 재야인사들과 '10·17민주구국선언'을 함께했고, 1979년 3월 1일에 결성된 '민주주의와 민족 통일을 위한 국민연합'에 김대중, 함석헌과 함께 공동의장으로 선출되었다.

1979년 10월 박정희가 김재규에게 피살되자, 인과응보라며 박정희를 비판하고, 이후 10대 대통령이 된 최규하에게 서신을 보내 유신헌법을 폐지하고 민주적인 선거를 실시하라고 요구했다.

이때 윤보선은 이미 83세의 고령이었다. 그럼에도 1979년 11월에는 통일주체국민회의와 정부를 비판하기 위해 꾸민 YMCA 위장결혼식 사건과 관련해 재판정에 섰으며, 징역 2년을 선고받았으나 집행유예로 풀려났다. 1980년 서울의 봄 시절에는 김영삼과 김대중을 불러 화합을 요구했으나 결실을 얻지 못하자, 정계 은퇴를 선언했다.

아쉬운 만년의 돌발 행동

1979년 12월, 신군부가 들어선 뒤로 윤보선은 전두환 정권에 협조하며 제5공화국 국정자문회의의 일원이 되었다. 이 일로 부인 공덕귀와 언쟁을 벌이기도 했고, 야당과 학생들에게 맹렬한 비난을 받았다. 심지어 그의 자녀들조차 그에게 제발 나서지 말라고 만류할 정도였다.

하지만 윤보선은 국정자문회의에 계속 참여했다. 전두환에게 민청학련 관련자들의 사면복권을 요청해 1984년에 민청학련 관련자들의 특별 사면복권 조치를 얻어내기도 했다. 이것이 그나마 그가 전두환에게 협력해 얻은 소기의 성과라 하겠다.

윤보선은 1987년 대통령 선거에서 민정당의 노태우 후보를 지지해 야당과 학생들에게 또다시 비난을 받았고, 노태우 정권에서도 여러 차례 정부를 지지하는 발언을 해 빈축을 샀다.

그런 그에게도 죽음이 찾아왔다. 1988년 5월에 지병으로 잠시 입원한 뒤, 1989년 5월에 당뇨와 고혈압, 폐렴 등으로 또다시 입원했다. 이후 2년 동안 안국동 자택에서 요양하다가 1990년 7월 18일 향년 94세로 타계했다.

윤보선은 2명의 부인에게서 2남 2녀를 얻었다. 첫째 부인은 민영철의 딸인 3살 연상의 여흥 민씨로 완구와 완희 두 딸을 낳았다. 1937년에 민씨와 사별한 뒤, 윤보선은 오랫동안 독신으로 지냈다. 그러다 서울시장 재직 중인 1949년 1월에 공도빈의 딸 공덕귀와 결혼했다. 공덕귀는 신학자이자 여성운동가였다. 공덕귀는 윤보선보다 14살 어렸으며, 상구와 동구 두 아들을 낳았다. 공덕귀는 1997년 11월 24일 향년 87세로 생을 마감했다.

윤보선의 장녀 윤완구는 남흥우와 결혼해 2남 2녀를 두었으며, 차녀 윤완희는 독립운동가이자 윤보선의 스승인 신규식의 아들 신준호와 결혼해 2남 2녀를 낳았다. 장남 윤상구는 양은선과 결혼해 1남 1녀를 두었으며, 차남 윤동구는 최영선과 결혼했다.

3 제2공화국의 내각 수반 장면과 도전받는 민주주의

● 내각 수반 장면, 재임 기간: 1960년 8월 - 1961년 5월(9개월)

장면의 성장 시절

제2공화국의 내각 수반인 총리에 선출된 장면은 1899년 8월 28일 서울 종로구 적선동 외가에서 장기빈과 황루시아의 7남매 중 장남으로 태어났다. 본관은 옥산이고, 호는 운석(雲石)이다.

장면은 조광조의 문하생이었던 죽정(竹亭) 장잠의 후손이다. 장잠은 중종 대에 예부낭중 벼슬에 있었으나 기묘사화로 조광조가 죽자, 낙향해 벼슬길에 나가지 않았다. 장잠의 손자 장사진은 임진왜란 때 경상북도 군위에서 의병장으로 활약하다 전사한 기록이 있다. 장면의 선조는 주로 경상북도 인동 지역에서 살다가 영조 15년(1739) 8대조 장익붕에 이르러서는 노광석 노래 가사 사건에 연루되어 처가가 있던 평안북도 성천군으로 정배되었다.

이후 장익붕의 후손은 성천에 터전을 잡고 살다가 장면의 고조부 장인각에 이르러 평안남도 중화군으로 이주해 새로운 정착지를 닦았다. 장면의 아버지 장기빈은 16세에 평안도를 떠나 인천으로 이주해 터전을 마련했다. 대한제국 시절 세무 관료였던 장기빈은 탁지부에서 근무하다가 인천해관으로 발령이 나서 그곳에서 지냈고, 장수 황씨 성집의 차녀 황루시아와 결혼해 7남매를 낳았다. 그중 장남이 장면이다. 장면의 어머니 황루시아는 천주교 집안 출신으로, 장면도 태어나면서부터 천주교 신자가 되었다.

장면은 아명이 지태였는데, 열심히 공부하라는 의미로 이름을 면(勉)으로 바꿨다고 한다. 운석이라는 호는 아버지 장기빈이 지어준 것인데, 장기빈의 호가 태암(太岩)이었으므로 자식들의 호에 모두 석(石) 자를 넣고, 장면에게는 구름 운(雲)을 붙였다고 한다.

장면은 성장기를 인천에서 보냈으며, 1906년 7살에 인천성당 부설 박문학교(지금의 박문초등학교)에 입학하면서 공부를 시작했다. 박문학교 보통과와 고등과를 졸업한 뒤, 1912년에 인천공립심상소학교 6학년에 편입했으며, 이듬해 고등과로 진학해 1년 과정을 수료했다. 이후 서울대학교 농과대학의 전신인 수원고등농림학교에 진학했고, 2학년으로 재학 중이던 1916년 6월에 얼굴도 보지 못한 채 김상집의 딸 김옥윤(당시 17세)과 결혼했다. 1917년에는 YMCA 영어학과에 진학했다. 그해부터 용산신학교 강사로 활동했고, 1918년에는 용산성심신학교 강사로도 활동했다. 이때 3살 아래인 노기남을 가르쳤는데, 노기남은 훗날 한국인 최초의 천주교 주교가 되는 인물로, 장면이 정계에 발을 들여놓는 데 큰 역할을 한다.

미국 유학에서 돌아와 교육자로 활동하다

장면은 1920년에 미국으로 유학을 떠났다. 가정 형편이 어려워 갈 수 없는 처지였으나 메리놀선교회의 후원을 받고 한국천주교청년회 대표 자격으로 동생 장발과 함께 미국으로 갈 수 있었다고 한다.

미국에 도착한 그는 6개월 동안 메리놀신학원에서 영어 실력을 쌓고, 1921년 1월 4일에 비정규 고등학교 과정인 버나드스쿨에 입학했다.

그해 9월에 마침내 가톨릭 계열의 맨해튼대학 영문학과에 정식으로 진학했으며, 부전공으로 교육학을 이수하고, 1925년 6월에 졸업했다.

장면은 졸업 후 귀국해 평안남도의 메리놀센터하우스의 어학교수로 부임했고, 1928년에 평양천주교청년회장에 선출되었으며, 그해에 맨해튼대학에서 명예법학 박사학위를 받았다.

1931년 서울 동성상업학교 교사로 근무하다가 1936년에 교장이 되었고, 해방이 될 때까지 그곳에 몸담았다. 교장을 지내면서 계성초등학교장을 겸하기도 했다.

동성상업학교 교사 시절에 그는 가톨릭단체를 중심으로 많은 활동을 했다. 동생 장발과 함께 서울교구에서 발행하던 《가톨릭청년보》 편집위원으로 일했고, 친일단체인 국민정신총동원조선연맹 간사로 활동하기도 했다. 1939년에는 천주교청년연합회장으로 선출되었고, 1941년 이후에는 창씨개명을 해 다마오카 쓰토무라는 이름을 쓰기도 했다(장면의 친일 행적은 훗날 그를 반대하는 세력에게 비판의 불씨로 작용하게 된다).

정치인으로 변모하다

해방이 된 뒤, 장면은 정치계에 발을 들여놓게 된다. 한때 장면의 제자였고, 한국 최초로 대주교 서품을 받은 노기남은 미군사령관의 정치고문이었던 나이스터 준장에게 미군정청에서 함께 일할 한국인을 추천해달라는 부탁을 받고 장면을 소개했다.

노기남 주교에게 정계 진출을 권유받았을 때, 장면은 교육계에 그대로 남겠다며 거절했으나, 천주교를 대변하는 인물이 정계에도 있어야 한다는 설득에 결국 입법의원으로 나서겠다는 뜻을 내비쳤다.

당시 장면은 정치에 나서면 먼저 조국의 완전 독립을 이루고, 경제

자립을 확립하며, 문화와 교육의 틀을 재편성하는 데 투신하겠다는 포부를 가졌다.

장면은 정계에 투신하자마자 왕성하게 활동했다. 그의 첫 정치 행보는 이승만과 김구가 주도하던 반탁운동에 참여한 일이었다. 이승만은 그를 참신한 인물로 생각해 매우 반겼고, 그에 힘입어 1946년 2월 14일에 비상국민회의 최고정무위원 28인 중 1명으로 선출되었다. 또 같은 시기에 미군정 자문기관인 남조선대한국민대표민주의원에도 선출되었다. 그는 뛰어난 영어 실력으로 미군정과의 연락책과 통역을 맡았고, 그 덕분에 미군정청과 호의적인 관계를 형성할 수 있었다. 그해 10월에는 남조선과도입법의원에 출마해 선출되었고, 서울시 교육위원에 선출되기도 했다.

이렇듯 정치적 역할이 커지자, 장면은 1947년 말에 동성상업학교장 직을 사임하고 본격적으로 정치 활동에 주력했다. 그가 발의한 서울대학교 설립안이 통과되면서 경성제국대학이 서울대학교로 개편되었고, 성매매업소인 사창 폐지안을 건의해 역시 통과시켰다.

1948년 3월에는 5·10선거 중앙선거위원회 위원이 되었고, 제헌국회의원 선거에 무소속으로 출마해 종로 을구에서 당선되었다. 이로써 그는 마침내 정치인으로 발돋움하게 되었다.

외교관 활동의 공적에 힘입어 국무총리에 발탁되다

정부 수립 후 장면은 프랑스 파리에서 열린 3차 UN총회에 한국 대표단 수석대표로 참석했다. 그의 임무는 남한의 정부가 유일한 한국 정부임을 승인받는 것이었다. 이를 위해 그는 먼저 대학 은사인 패트릭 번 신부를 만났다. 당시 번 신부는 바티칸의 교황 사절로 한국에 파견되어 있었다. 번 신부는 교황 비오 12세에게 장면을 도와달

라는 편지를 보내고, 유럽과 중남미의 가톨릭 대표들에게 보내는 소개
장을 써주었다. 그 덕분에 UN총회에서 대한민국 정부가 유일한 합법
정부임을 인정받았다. UN총회에서 대한민국 정부의 합법화 안건은
찬성 48표, 반대 6표, 기권 1표라는 절대적인 지지로 통과되었다. UN
총회가 끝나자 장면은 맨해튼대학에서 명예법학 박사학위를 받기 위
해 미국으로 갔다.

　이듬해인 1949년 1월 5일, 이승만은 장면을 미국대사에 임명했다.
대한민국 정부의 초대 주미대사로 부임하게 된 것이다. 장면은 그로부
터 2년 동안 주미대사로 근무했다. 그에게 부여된 첫 임무는 미국과의
군사원조 교섭을 성사시키는 것이었다. 이승만은 미국 유학파인 조병
옥을 특사로 파견해 이 일에 매진하도록 독려했다. 당시 트루먼 미국
대통령은 공산주의 국가들에 대해 유화책을 구사하고 있었기에 한국
에 대한 군사원조를 이끌어내기는 쉽지 않았다. 하지만 조병옥과 장면
이 미국의 주요 인사들을 만나 설득하는 작업을 계속하면서, 트루먼의
공산국가에 대한 유화책을 비판하는 기사가 신문에 실리기 시작했다.

　그 무렵 미군이 한국에서 철수하기 시작했고, 1949년 6월에는 군사
고문단만 남기고 미군 철수가 완료되었다. 또 1950년 1월에는 '애치
슨라인'이 발표되어 한국은 미국의 방위선에서 제외되었다. 당시 미국
국무부장관이었던 딘 애치슨은 스탈린과 마오쩌둥의 영토 확장을 저
지하기 위해 미국의 극동 방위선을 설정했는데, 그 한계선이 알류샨열
도와 일본 그리고 오키나와와 필리핀을 잇는 선으로 국한되었다. 이에
따라 한국, 타이완, 인도네시아 등은 방위선에서 제외되었다.

　이 극동 방위선을 언급한 애치슨의 연설에 대해 한국과 관련한 2가
지 주장이 있다. 하나는 애치슨의 말이 곧 북한에 남침을 해도 좋다는
뜻으로 해석되었으며, 이것이 6·25남북전쟁의 원인이 되었다는 주장

이다. 다른 하나는 애치슨이 고의로 한국을 방위선 바깥에 설정해 북한의 남침을 유도했다는, 말하자면 애치슨라인은 고도의 음모가 담긴 술책이라는 주장이다.

어쨌든 애치슨라인이 설정된 뒤로 한반도는 몹시 혼란스러웠고, 남북이 서로 막말을 주고받으며 험악한 분위기를 띠었다. 그러다 결국 전쟁이 발발하고 말았다.

남북 간에 전쟁이 일어나자 장면은 동분서주하며 미국과 UN에 도움을 요청하기에 여념이 없었다. 장면은 미국의 극동 담당자 딘 러스크를 설득해 한국의 사태를 UN안전보장이사회(안보리)에 회부하게 했고, 트루먼 대통령과 애치슨 국무부장관이 이를 승인했다.

장면은 6월 25일 당일에 안보리 긴급이사회를 열어달라고 주문했고, 그날 오후 2시에 이사회가 열렸다. 이 자리에서 장면은 북한을 맹비난하며 도움을 요청했고, 안보리는 북한을 침략국으로 규정하고 즉각 38선 이북으로 철수할 것과 UN 회원국은 북한에 대해 일체의 원조를 하지 않을 것을 결의했다. 소련과 중국이 안보리에 불참한 덕분이었다.

6월 26일에 장면은 트루먼을 만나 미군의 파병을 요청했다. 다음 날 미국은 북한에 대해 선전포고를 하고 UN에 대한민국을 지지해줄 것을 호소했다. 그날 트루먼은 미국의 해군과 공군을 한국에 파병한다고 발표했고, 30일에는 미 육군이 한반도를 향해 출발했다. 전쟁 발발 3일 만에 미군과 UN군이 한국으로 출동하게 된 것이다.

하지만 한국의 상황은 급박했다. 3일 만에 서울이 함락되었고, 1달 만에 국군은 낙동강 아래로 밀려났다. 다행히 미군과 UN군이 한반도에 당도해 반격의 기회를 노리게 되었다.

그 무렵인 8월 1일, 안보리 의장국인 소련 대표 야코프 말리크가 6·25

남북전쟁은 북한의 남침 때문이 아니라 남한의 북침 때문이라고 주장하고 나섰다. 그리고 지난번 안보리 의결은 상임이사국인 중국과 소련이 불참한 상태에서 이뤄졌으므로 무효라고 선언한 동시에, 이번 전쟁은 미국이 배후에서 조종한 결과라며 미국을 몰아붙였다. 이때 장면은 전쟁 중에 노획한 소련제 소총을 미국 대표 워런 오스틴에게 제출하며 소련이 북한을 도와 전쟁을 일으켰다고 주장했다. 이에 말리크는 소련은 1947년 북한에서 철수한 뒤로 북한에 무기를 지원한 일이 없다고 반박했다. 하지만 장면이 제시한 총에는 1950년에 소련이 제작했다는 명문이 찍혀 있었고, 이로 인해 말리크의 말은 무색해지고 말았다.

9월에 영국이 안보리 의장국이 되면서 장면은 발언권을 얻어 안보리에서 연설했다. 이 자리에서 장면은 북한의 침략이 명백하며, 6·25 남북전쟁은 단순한 내전이 아니라고 하면서 소련을 맹렬히 비난했다. 이 장면이 세계에 생방송으로 중계되어, 한국의 입지는 크게 강화되었다.

그로부터 3개월 뒤 이승만은 장면에게 귀국해 국무총리에 취임해달라고 요청했다. 당시 무임소장관이던 오위영의 천거로 이승만은 그를 국무총리에 임명했고, 곧 국회에서 찬성 148표, 반대 6표의 압도적인 지지로 인준되었다. 하지만 장면은 중국군의 개입으로 미국에서 할 일이 남아 있으니 귀국을 미루어달라고 이승만에게 양해를 구했다. 그리고 이듬해인 1951년 2월에 귀국해 국무총리에 취임했다.

장면이 국무총리에 재임하는 동안 이승만과 국회는 심한 갈등을 겪었다. 갈등의 원인은 국민방위군 사건과 거창 양민학살 사건이었다.

국민방위군이란 1·4후퇴 이후 양성한 보충병을 일컫는다. 이승만은 50만 명의 국민방위군을 육성하기 위해 3개월간의 육성 비용으로 209억 원을 책정해 국회의 승인을 받았다. 그런데 이 돈을 간부들이 횡령하는 바람에 식량과 침구를 지급받지 못한 보충병 5만 명이 굶어 죽거나 얼어 죽는 사태가 발생했다. 이승만 정부는 미봉책으로 형식적인 조사만 실시해 사건을 무마하려 했으나 국회에서 엄상섭 의원의 폭로로 사령관 김윤근을 비롯한 간부들이 10억 원을 착복한 사실이 밝혀졌다. 또한 수천만 원의 정치자금이 이승만의 사조직으로 흘러들어간 사실도 드러났다. 이에 부통령 이시영과 국방부장관 신성모가 물러나고, 사령관 김윤근, 부사령관 윤익헌, 재무실장 강석한, 조달과장 박창언, 보급과장 박기환 등이 총살형에 처해졌다. 이를 국민방위군 사건이라고 하는데, 사건 처리 과정에서 정치자금을 받은 이승만의 사조직은 어떤 처벌도 받지 않아 국회와 이승만 사이에 갈등이 증폭되었고, 장면은 국회와 이승만의 갈등을 완화하는 역할을 수행해야 했다.

거창 양민학살 사건은 장면이 부임하던 1951년 2월에 경상남도 거창군 신원면에서 한국군이 민간인을 대량 학살한 사건이다. 지리산에 출몰하는 공비를 섬멸한다는 명목으로 11사단 9연대장 오익경과 3대대장 한동석이 자행한 사건으로, 희생자가 500명이 넘었다. 당시 한동석은 지리산 공비(共匪)들과 내통한 자 187명을 학살했다고 보고했는데, 국회 조사 결과 양민 500여 명이 학살된 전모가 밝혀졌다. 이 사건으로 국방부장관, 내무부장관, 법무부장관이 사임하고, 경남지구 계엄 민사부장 김종원 대령, 9연대장 오익경 대령, 3대대장 한동석 소령 등 사건 주모자들에게 실형이 선고되었다. 하지만 이들은 얼마 후 특사로 풀려났다.

이 두 사건으로 국회와 이승만의 사이는 극도로 악화되었고, 장면은 중간에서 양쪽을 융화시키고 중재하는 역할에 충실했다. 덕분에 장면은 국회의 신뢰를 얻게 되었고, 급기야 이승만의 임기가 끝나는 대로 그를 대통령으로 추대할 움직임까지 보였다.

이때 이승만은 위기를 직감하고 대통령 직선제 개헌안을 발의했으나 국회에서 부결되었다. 국회는 오히려 내각제 개헌을 주장하며 장면을 대통령으로 선출하려 했다. 이 일로 장면은 이승만의 미움을 받게 된다. 입장이 난처해진 장면은 1952년 4월에 국무총리직에서 물러나고, 1951년 8월에 가입했던 자유당에서도 탈당했다.

이승만과 결별하고 정치 지도자로 성장하다

장면이 총리에서 물러난 후 이승만은 발췌개헌안을 통과시켜 대통령 직선제 개헌을 관철시켰다. 이때 장면은 간염이 재발해 병원에 입원해 있었다. 이후 장면은 정치에는 일체 간여하지 않고 3년 5개월 동안《경향신문》고문으로만 활동했다.

장면이 정계에 다시 발을 들인 것은 1955년 9월이었다. 이때 신익희의 주도로 민주당이 창당되었는데, 장면은 곽상훈과 함께 민주당 신파의 지도급 인물로 부상했다. 이어 1956년에는 조병옥, 곽상훈, 백남훈 등과 함께 민주당 최고위원으로 뽑혔고, 그해 정·부통령 선거에서 신익희와 러닝메이트로 부통령 후보에 출마해 당선되었다. 신익희가 갑자기 죽는 바람에 이승만이 대통령으로 당선되었으나, 장면과 이기붕의 대결에서는 장면이 승리한 것이다. 이로써 장면은 일약 정계의 거물이 되었다.

부통령 자리는 당시 헌법으론 참의원 의장과 헌법위원회 위원장, 탄핵재판소 재판장 등 3개 국가기관의 장을 겸한 직위였다. 하지만 부통령이 된 장면에게는 제약이 많았다. 먼저 이승만의 핍박이 심했고, 민주당 구파의 견제도 받았다. 부통령이란 자리가 원래 대통령 유고 시에 대통령 역할을 대신하는 것이기 때문에 이승만이 건재한 상황에서는 별다른 역할을 할 수 없었던 것이다. 이승만은 팔순을 넘긴 고령에도 여전히 건강한 편이었고 정치적 야욕도 강했다.

이승만은 장면이 참의원 의장이 되는 것을 막기 위해 참의원 선거를 아예 실시하지 않았다. 정·부통령이 취임하는 자리에서도 장면을 소개하지 않았고, 국회의사당 기공식 자리에도 장면의 자리는 마련하지 않았다. 또 베트남의 대통령이 한국을 방문했을 때도 장면에게는 알리지 않았다.

장면은 목숨을 위협받기도 했다. 1956년 9월 28일, 명동 시공관에서 열린 민주당 전당대회에서 격려 연설을 마치고 내려오다가 총격을 당한 것이다. 다행히 총알은 장면의 왼손을 관통하고 지나가는 데 그쳤다. 범인 김상붕은 장면을 저격하면서 "조병옥 박사 만세"라고 외쳤는데, 민주당 내부 싸움으로 조작하려는 행위였다. 당시 세간에서는 치안국장과 내무부장관이 배후이며, 그 뿌리는 이기붕이라는 추측이 떠돌았다. 하지만 배후 조종자로 체포된 인물은 최훈이었다.

장면은 김상붕 일당도 시대의 피해자라고 생각하고, 오히려 그들을 구명하려고 했다. 심지어 이승만에게 그들을 선처해줄 것을 요청했다. 감옥까지 찾아가 그들에게 스웨터와 물품을 전하기도 했다. 그의 노력으로 저격범 김상붕과 배후 조종자 최훈 등은 사형을 면했다.

이렇듯 이름뿐인 부통령이었지만, 장면은 1960년 3월 15일에 실시된 정·부통령 선거에 다시 한번 민주당 부통령 후보로 출마했다. 그런데 이번에도 그의 러닝메이트였던 조병옥이 선거 유세 기간 중에 죽는 바람에 지난번 선거처럼 부통령 선거에 그치고 말았다. 지난번의 패배를 설욕하기 위해 자유당의 이기붕은 온갖 부정을 저질렀고, 이 때문에 장면은 무려 700여만 표 차이로 패배했다.

하지만 3·15부정선거를 규탄하는 시위가 확산되고, 이는 결국 시민혁명으로 이어져 3·15선거도 무효화되었다. 장면은 시민혁명의 열기가 고조되고 이승만의 하야를 요구하는 목소리가 커지던 때인 1960년 4월 23일에 전격적으로 부통령직을 사임했다.

그의 사퇴는 이승만의 하야를 촉진하기 위함이었다. 만약 장면이 부통령으로 있을 때 이승만이 하야한다면 장면이 대통령에 오를 것이고, 그렇게 되면 이승만의 안전은 보장할 수 없는 일이었다. 장면은 이승만이 그런 생각으로 하야를 결심하지 못한다고 판단하고 스스로 먼저 사퇴한 것이다.

장면의 예견대로 이승만은 곧 하야했다. 이후 허정의 과도정부 아래서 실시된 7·29총선에서 민주당은 압도적인 지지를 받아 제1당이 되었다. 그리고 장면은 의원내각제로 바뀐 제2공화국의 수반인 국무총리에 선출되었다.

제2공화국 내각 수반에 오르다

1960년 8월 19일 장면은 전체 유효 득표수 225표 중 찬성 117표, 반대 107표, 기권 1표로 국무총리에 선출되었다. 당시 대통령이었던 윤보선은 민주당 구파의 김도연을 국무총리로 지목했으나 부결되자 신파인 장면을 국무총리 후보로 지명했다. 그리고 장면이 인준을 받음에 따라 정권은 민주당 신파에게 돌아갔다.

장면은 국무총리에 오른 다음 날부터 내각을 짜기 시작해, 8월 23일 내각 명단을 발표했다. 내각은 신파 일색이었다. 13명 중 10명이 신파였고, 구파는 교통부장관 정헌주 1명뿐이었다. 농림부장관 박제환은 무소속이었고, 문교부장관 오천석은 원외 인사였다.

이러한 조각에 대해 구파는 강하게 반발했다. 구파는 적어도 각료의 50%는 구파의 몫이 되어야 한다고 주장했고, 이는 분당사태로 이어졌다. 구파는 결국 9월에 별도의 교섭단체 등록을 했고, 10월 13일 신민당 창당을 선언하고 탈당했다.

이렇듯 장면 정권은 출범 초부터 구파와 대립하며 난관에 봉착했다. 또한 윤보선 대통령은 그에게 사퇴를 권고하는가 하면 국군통수권자는 대통령이라면서 통수권을 행사하려는 등 여러 면에서 그를 곤경에 빠뜨렸다.

하지만 장면은 흔들리지 않고 자신의 의지대로 국정을 수행해나갔다. 먼저 과거사 청산 작업을 추진해 이승만 정권에서 일하던 고위 공직자 5000여 명을 해임했다. 또한 경찰관 4500명을 해고하고, 경찰관 대다수의 직위를 바꾸고 전출시킴으로써 지역민들과의 관계에서 발생하는 고질적인 부정부패를 척결하려 했다. 시민혁명 과정에서 피해를 입은 상점들도 찾아 보상하게 하고, 부상자들에게는 보상을 실시하게 했다. 하지만 시민혁명 때 피해를 입은 사람들은 장면의 조치가 너무 미약하다고 반발했고, 부상자 50여 명이 국회에 난입하기도 했다. 이때 비서관이 국회에 난입한 사람들을 진압하라고 건의했으나 장면은 단호하게 거절했다.

장면은 모든 분야에서 민주주의 원리와 법치를 기반으로 삼아 국민이 스스로 민주주의를 몸으로 익힐 때까지 기다리는 자세로 순차적이고 온건한 태도를 견지하면서 민주주의가 정착하도록 노력했다.

정치적으로는 지방자치제를 실시해 민주주의의 저변 확대를 꾀하는 한편, 사회주의 정당을 합법화했다. 정치인을 풍자하는 행위도 허용하고, 예술 작품의 소재로 사용하는 것도 받아들였다. 김일성이나 북한에 대한 찬양 행위만 아니라면 모든 정치적 표현을 허용하겠다고 선언할 정도였다. 또한 시민들이 시위를 해도 보호 조치 이상의 억압 행위를 전혀 하지 않았다. 이 때문에 사회가 마치 혼란스러운 것처럼 과장하는 위기론이 확산되기도 했으나, 장면은 혼란이나 갈등도 민주주의의 성장 과정이라며 강력한 조치를 취하지 않았다. 그는 국민 스스로 혼란의 부작용을 깨달을 때까지 기다리는 자세를 취했다. 그 덕분에 시간이 지날수록 혼란은 조금씩 잦아들었다.

경제정책에서는 경제 제일주의를 선언하며, 경제개발 5개년 계획을 수립하고, 실행 가능한 정책은 가급적 빨리 실시했다. 그가 가장 먼저 실시한 경제정책은 건설사업의 육성이었다. 그는 국토건설사업을 직접 기획하고 발의해 국토건설단을 설립했다. 이를 위해 건축과 토목 관련 인재들을 뽑아 교육한 뒤 국토건설 요원으로 투입했다. 국토건설사업에는 건축, 도로 공사뿐 아니라 댐, 발전소 등도 포함되었다. 그는 경제성장만이 사회 혼란과 갈등을 멈추게 하는 유일한 방법이라고 믿었던 것이다.

하지만 재정이 부족했다. 장면은 재정 부족을 해결할 방법은 미국의 원조뿐이라고 생각하고 1961년 2월 8일, 한미경제원조협정을 체결했다. 이렇게 장면이 경제성장과 정치 안정을 위해 동분서주하는 사이 쿠데타 정보가 입수되었다.

1960년 12월에 신민당 당수 김도연이 윤보선에게 쿠데타 음모가 있다는 정보를 알렸다. 윤보선은 이 말을 장면에게 전했고 장면은 육군참모총장 장도영에게 쿠데타 음모에 대해 조사하라고 지시했다. 하지만 장도영은 조사하겠다는 말만 하고 지시대로 움직이지 않았다.

그 무렵 세간에는 4월 19일에 폭동이 일어날 것이라는 소문이 파다했다. 장면 내각은 이에 대비해 군에 폭동 진압 훈련을 지시했다. 이때 쿠데타를 준비하고 있던 박정희는 폭동이 일어나면 진압하는 척하면서 반란을 일으킬 계획이었다. 하지만 폭동은 일어나지 않았다.

1961년 5월 초에 장면은 매우 구체적인 쿠데타 정보를 입수하고, 장도영에게 군부에서 쿠데타를 꾸미고 있다는 정보가 있으니 조사해

보라고 했다. 하지만 장도영은 절대 그런 일은 없을 거라고 장담하며 조사조차 하지 않았다. 장면도 군대가 미군의 지배 아래 있기 때문에 쉽사리 반란을 획책하지 못할 것으로 굳게 믿었다. 거기에다 장도영까지 장담하는 바람에 이번에도 강력한 조치를 취하지 못했다.

하지만 그것이 화근이었다. 5월 16일 새벽, 박정희가 쿠데타를 일으켰다. 박정희는 장면 정권 이전부터 여러 차례에 걸쳐 호시탐탐 기회를 엿보다가 이때에 이르러 쿠데타를 결행했던 것이다.

국무총리 공관에서 군사반란 사실을 접한 장면은 미국대사관으로 피해 신변보호를 요청하려 했으나, 불행히도 대사관 직원이 자리를 비운 바람에 안으로 들어가지 못했다. 그러자 장면은 가족들을 피신시킨 뒤, 가르멜수녀원에 몸을 숨겼다. 수녀원에서 장면은 여러 차례 미국대사관에 연락해 도움을 청했다. 하지만 미국은 개입하지 않겠다는 의사만 피력할 뿐 끝까지 방관자 입장을 취했다. 결국 장면은 5월 18일에 스스로 가르멜수녀원에서 나왔다. 그가 나왔을 때, 윤보선 대통령이 이미 박정희 세력을 인정했다는 소식이 들려왔다. 장면은 중앙청에서 국무회의를 주재하고 내각 총사퇴를 발표했다.

퇴임 후 그는 자택에 칩거했으며, 국가재건최고회의에 의해 정치정화법 대상자로 지정되어 정치 활동 금지 조치를 당했다. 이후 군사혁명재판소 군사재판에서 연금 처분을 받았고, 1961년 11월 10일 연금에서 해제되었다. 하지만 곧 공산주의 혐의와 반혁명 음모로 사형을 구형받았으나 징역 10년형을 선고받고 복역하다가 보석으로 풀려났다. 그러나 군사혁명재판위원회가 항소해 징역 3년에 집행유예 5년을 선고받았다.

이후 민주당 재건을 위해 활동하며 정치적 재기를 꿈꾸던 장면은 1966년 6월 4일에 서울 종로구 명륜동 자택에서 간염 등의 합병증으로 죽음을 맞이했다. 향년 68세였다.

장면은 김옥윤과 결혼해 6남 3녀를 얻었다. 부인 김옥윤은 1901년에 태어나서 1990년에 세상을 떠났다. 장면 부부는 첫딸을 돌이 채 되기 전에 잃었고, 첫아들은 3살 때 잃었다. 5년 뒤에 둘째 아들 진을 얻었다. 장진은 김종숙과 결혼했고, 생물학을 전공해 대학 교수가 되었다. 둘째 딸 장의숙은 종교에 귀의해 수녀가 되었다. 셋째 아들 장건은 한광희와 결혼해 미국에 거주했다. 넷째 아들 장익은 신부가 되어 가톨릭 주교가 되었고, 한국천주교주교회 의장을 지내기도 했다. 다섯째 아들 장순은 독일 여성 아나리사 페르스트와 결혼했고, 정치학을 전공해 교수가 되었다. 여섯째 아들 장흥은 마리 오딜 오베르와 결혼했고, 철학을 전공해 교수가 되었다. 막내인 셋째 딸 장명자는 공영길과 결혼했고, 미국에서 도서관학 석사학위를 받았다.

3장

·

박정희 대통령실록

박정희 朴正熙
(1917 – 1979)

재임 기간:
1963년 12월 – 1979년 10월
(15년 10개월)

"이 세대 이 나라 국민으로 태어나서 평생의 소원이 있다면
우리 세대에 우리의 조국을 근대화해서 선진 열강과 같이
잘사는 나라를 한번 만들어보는 것입니다.
개발도상국에서의 정치 초점은 경제건설이며,
민주주의도 경제건설의 토양 위에서만 자랄 수 있습니다."

―국방대학원 졸업식 유시 中 (1964)

1 우여곡절 끝에
쿠데타에 성공한 박정희

나폴레옹을 꿈꾸던 소년, 일본군 장교가 되다

박정희는 1917년 11월 14일 박성빈과 백남의의 5남 2녀 중 막내아들로 태어났다. 본관은 고령이고, 출생지는 경상북도 선산군 구미면 상모리(지금의 경상북도 구미시 상모동)다.

박정희가 태어날 당시 큰형 동희는 23살이었고, 둘째 형 무희는 20살로, 이미 결혼해 자녀가 있었다. 시집간 큰누나 귀희는 15살로 임신을 한 상태였고, 그 아래로 12살이던 셋째 형 상희, 8살이던 넷째 형 한희(한생)가 있었고, 5살이던 둘째 누나 재희가 있었다.

박정희가 태어날 때 아버지 박성빈은 47세의 중년이었고, 어머니 백남의도 46세였다. 박성빈은 신라 경명왕의 왕자 고양대군 박언성의 혈통을 이었으며, 암행어사로 유명한 박문수는 그의 7대 방조(傍祖)다. 양반 가문에서 태어난 박성빈은 젊은 시절에 관직을 얻기도 했지만 점차 가세가 기울어 외가의 선산에 붙은 1600평 정도의 밭을 소작하는 것을 호구책으로 삼았다.

이렇듯 가난한 데다 자식도 많아 어려움을 겪고 있는데, 또다시 임신을 하게 되자, 백남의는 아이를 낙태시키기 위해 온갖 민간요법을 동원했다. 섬돌에서 뛰어내리기, 장작더미에서 곤두박질치기, 물레방아에 깔리기 등의 행동요법을 비롯해 사발째 간장 마시기, 독초 달인 물 마시기 등의 약물요법까지 별의별 수단을 동원해 낙태를 시도했지만 결국 실패해 아이를 낳을 수밖에 없었다. 아이를 낳은 후에도 솜이 불에 싸서 아궁이에 던져버릴 생각까지 했다고 하니, 박정희는 태어날 때부터 결코 환영받는 식구는 아니었다.

백남의는 그렇게 태어난 아이를 차마 죽이지 못하고 키웠는데, 노산이라 젖이 잘 나오지 않아 밥물에 곶감을 넣어 끓인 죽을 먹여 키웠고, 때때로 큰누나 귀희의 젖을 조카와 나눠 먹이기도 했다고 한다.

박정희는 어린 시절에는 서당에 다니며 한학을 익혔고, 보통학교에 입학해 신학문을 접했다. 그가 구미공립보통학교에 입학한 것은 10살 때인 1926년 4월 1일이었다. 성적이 좋아 3학년 때부터 급장을 맡았으며, 산수·역사·지리 등에 뛰어났다.

어린 시절 박정희의 영웅은 쿠데타로 정권을 획득한 나폴레옹이었다. 그래서 군인을 꿈꾸며 소년기를 보냈는데, 정작 진학한 곳은 교사를 양성하는 대구사범학교(경북대학교의 전신)였다. 1932년 대구사범학교 4기생으로 입학한 그는 1937년 3월 25일에 졸업한 뒤, 그해 4월 1일에 문경공립보통학교 교사로 부임해 4학년 담임을 맡았다. 이때 그는 이미 결혼한 상태였다. 대구사범학교에 재학 중이던 1936년 4월 1일에 20살의 나이로 17살의 김호남과 결혼해 1937년에 장녀 재옥을 얻었다.

박정희의 교사 생활은 1940년 2월까지 3년간 이어졌다. 하지만 그는 어린 시절 꿈꿨던 나폴레옹에 대한 열망을 버리지 못하고 당시 일본이 지배하던 만주국의 군관에 지원했으나 연령 초과로 탈락했다. 그러나 포기하지 않고, 혈서와 채용을 호소하는 편지를 첨부해 다시 한번 만주군에 지원했다. 그 덕분에 1940년 4월에 만주국 신경군관학교 2기생으로 뽑혀 그토록 바라던 군인의 길을 걷게 되었다.

2년간의 군관학교 생활을 마친 박정희는 일본 육군사관학교 편입을 시도해 성공했다. 1942년 10월 일본 육군사관학교 57기 3학년에 편입해 1944년 4월에 졸업했다. 졸업 성적은 300명 가운데 3등이었다.

졸업 후 박정희는 견습사관 시절을 거쳐 1944년 7월에 만주 열하성 주둔 만주군 보병 8사단에 배속되었고, 그해 12월 23일에 정식으로 만주군 소위에 임관되었다. 임관 이후 그의 주된 업무는 중국 인민해방군의 전신인 팔로군을 토벌하는 일이었다. 이때 박정희는 창씨개명을 해 다카키 마사오로 불렸다.

불행으로 닥친 해방

박정희의 일본군 장교 생활은 오래 가지 못했다. 그가 소위에 임관된 지 불과 8개월도 되지 않아 일본은 패전국이 되었고, 박정희는 오갈 데 없는 처량한 신세가 되고 말았다.

혈서까지 쓰고, 충성 맹세까지 하며 조선인으로서는 결코 쉽지 않은 일본 육군사관학교를 3등으로 졸업해 출세가도를 달릴 꿈에 부풀어 있던 그에게 해방은 청천벽력 같은 재앙이 아닐 수 없었다.

박정희는 결국 베이징으로 달아나 광복군에 가담하는 것으로 전화위복의 기회를 엿보았다. 박정희는 장교 경험자를 찾고 있던 광복군에 자원해 광복군 중대장으로 변신했다. 그의 직책은 베이징에 있던 김학규 부대 휘하의 3지대 1대대 2중대장이었다.

일본군 장교에서 광복군 지휘관으로 옷을 바꿔 입은 박정희는 1946년

5월 8일에 한국으로 돌아왔으나 그의 자리는 없었다. 결국 고향에서 4개월 동안 실업자 신세로 지냈고, 가족들에게 적잖이 눈총도 받았다. 형 박상희는 선생질이나 계속하지 왜 쓸데없는 고집을 부려 거지 신세가 되었냐고 면박을 주기까지 했다.

결국 박정희는 다시 군인의 길로 나섰다. 1946년 9월, 조선경비사관학교에 입학해 3개월 과정을 마치고 30살의 늦은 나이에 한국 군대의 육군 소위로 새 출발을 했다.

그의 첫 발령지는 춘천의 8연대였다. 이후 그에게는 몇 가지 행운이 따랐다. 연대 단위 기동훈련을 초안한 공로를 인정받아 대위로 진급하는 행운을 누렸고, 이어 소령으로 진급하고 육군본부 작전정보국에 근무하게 되었다. 한국군에 몸담은 지 불과 1년여 만에 소위에서 소령으로 진급했으니, 엄청나게 빠른 진급이었다. 거기에다 동료 결혼식에 갔다가 젊은 애인도 얻었다. 상대는 이화여자대학교 1학년에 재학 중인 이현란이었다. 그는 곧 이현란과 약혼한 후 용산의 관사에서 꿀맛 같은 동거 생활까지 했다. 아내가 있는 몸이었지만, 전혀 개의치 않았다. 그는 이미 이혼하기로 결심을 굳힌 터였다.

하지만 박정희의 행운은 거기까지였다. 1948년 박정희는 여순사건에 연루되어 체포되었다. 여순사건 이후 군대 내부의 남로당원들을 색출하는 과정에서 남로당 프락치 활동의 핵심 인물로 지목된 것이다.

박정희가 남로당에 가입한 시기는 정확하지 않지만 재판 문건에 따르면 1946년 7월쯤으로 보인다. 1946년 7월이면 박정희가 광복군으로 입국해 고향에서 쉬고 있을 때였다. 그렇다면 형 박상희의 영향으로 남로당에 가입한 것으로 판단된다. 박상희는 사회주의 계열 조직의 간부였는데, 1946년 10월 대구항쟁 과정에서 선산 지역의 군중을 이끌다 경찰의 총에 맞고 죽었다.

박정희가 왜 남로당에 가입했는지는 분명하게 밝혀져 있지 않다. 그러나 해방 직후의 상황을 감안할 때 그의 남로당 가입은 일종의 보신책으로 판단된다.

당시 한반도는 비록 해방되었지만, 남쪽은 미국이 차지하고 북쪽은 소련이 차지한 상황이었다. 한반도의 중심이자 수도인 서울은 미국이 장악해 자본주의 세력의 차지가 되었지만, 사회주의 세력 또한 남로당이라는 전국적인 조직을 갖추어 무시할 수 없는 힘을 행사하며 정치의 한 축을 맡고 있었다. 그런 까닭에 한반도는 소련과 미국 세력 중 어느 쪽이 차지할지 알 수 없었다. 박정희가 남로당에 가입하면서 한국 군대의 장교로 입대해 양다리를 걸친 것은 힘이 어느 쪽으로 기울건 간에 반드시 살아남겠다는 생존 전략이 아니었을까 싶다. 말하자면 양쪽모두에 들어둔 보험증서 같은 것으로 해석할 수 있을 것이다.

하지만 그것은 박정희의 오판이었다. 한국군 장교 신분이면서 동시에 남로당 간부가 된 것은 양쪽에서 모두 살아남을 수 있는 보험증서가 아니라 죽음의 문턱에 들어가는 살생부였다. 박정희 나름으로는 현명한 생존 전략이라고 판단했던 것이 사실은 자기 목에 2개의 밧줄을 동시에 거는 결과를 낳았던 것이다. 그는 그 살생부에서 자기 이름을 지우기 위해 배신자라는 오명을 뒤집어쓴 채 군 내부의 남로당원들을 색출하는 일에 앞장섰다.

박정희와 함께 남로당 프락치 활동과 관련해 재판정에 선 군인은 모두 69명이었다. 그중 3명은 무죄, 나머지 66명은 유죄였다. 66명 중 소령 이상의 영관급은 박정희 소령, 오일균 소령, 최남근 중령 3명이었다. 이들 중 박정희만 무기징역을 선고받았고, 오일균과 최남근은 사형되었다. 이후 박정희는 징역 15년으로 감형되었다가 집행정지로 풀려났다.

박정희가 풀려난 것은 군 내부의 남로당원을 색출하는 데 적극적으로 협조한 공로를 인정받은 데다 백선엽 등 만주군 선배들이 구명운동을 벌인 덕분이었다. 비록 풀려나긴 했지만 그는 잃은 것이 많았다. 우선 군대에서 강제 예편되었고, 애인 이현란과도 헤어졌으며, 불행히도 이현란과의 사이에서 낳은 아이마저 죽고 말았다. 그나마 불행 중 다행으로 박정희는 백선엽의 선처 덕분에 정보국 문관으로 근무할 수 있었고, 이는 나중에 재기의 발판이 되었다.

6·25남북전쟁이 가져다준 행운으로 장군에 오르다

불행에 불행을 이어가던 박정희에게 행운으로 다가온 것은 다름 아닌 6·25남북전쟁이었다. 전쟁이 일어난 지 불과 5일 만인 1950년 6월 30일에 박정희는 육군본부 작전정보국 1과장이자 현역 소령으로 군에 복귀했다. 비록 화려한 복귀는 아니었지만 전쟁 상황은 그에게 지난날의 불행을 만회할 절호의 기회를 제공했다. 전쟁 발발 후 불과 3개월도 안 된 9월에 중령으로 진급하고, 10월에는 만주군 선배 장도영의 추천으로 9사단 참모장이 되었다.

11월에는 개인사적인 측면에서 또 하나의 전환점을 맞았다. 거의 별거 상태에 있던 김호남과 이혼하고 바로 다음 달에 육종관의 딸 육영수와 결혼해 새로운 가정을 꾸린 것이다. 이후 박정희는 탄탄대로를 걸었다. 6·25남북전쟁 종결 직후인 1953년 11월에는 꿈에도 그리던 별을 달았다. 육군 준장으로 승진해 장군이 된 것이다. 30살에 간신히 소위 계급장을 달았던 그가 불과 7년 만에 장군이 되었으니, 그야말로 난세가 아니라면 있을 수 없는 일이었다. 소위 임관 7년 만에 별을 단 것은 빠른 진급도 아니었으나 남로당사건으로 죽음의 문턱까지 갔다온 그로서는 감회가 남달랐을 것이다.

쿠데타를 감행하다

준장으로 진급한 후 박정희는 육군대학에 진학하고 1957년에 소장 진급심사 대상자가 되었다. 당시에는 별 3개를 단 중장이 한국군 참모총장직을 맡던 시절이었으니, 소장은 그야말로 야전 사령관이 될 수 있는 계급이었다. 그만큼 준장 진급보다는 훨씬 까다로운 심사 과정을 거쳐야 했다.

박정희의 소장 진급심사에서 22명의 심사위원 중 18명이 찬성해 진급은 무난해 보였다. 하지만 복병이 기다리고 있었다. 그의 과거 전력이 발목을 잡은 것이다. 박정희의 소장 진급심사가 끝난 직후 청와대 행정관 곽영주가 박정희의 사상 문제와 결혼 이력을 문제 삼은 것이다. 결국 그의 소장 진급은 보류되고 말았는데, 다행히 일본 육군사관학교 선배인 김정렬의 도움으로 무사히 소장으로 진급했다. 진급 후 박정희는 6군단 부군단장, 7사단장, 6관구사령관 등을 지내고, 1960년 1월에는 부산 군수기지사령관이 되었다.

그 무렵 3·15부정선거로 전국이 혼란에 빠지고 시민들의 봉기가 이어지자 박정희는 측근들과 반란을 모의했으나 4·19시민혁명의 성공으로 실행에 옮기지 못했다. 하지만 반란 계획은 지속되었고, 이듬해인 1961년 5월 16일 새벽에 마침내 쿠데타를 감행해 성공했다.

2 5·16쿠데타의 전말

5·16쿠데타는 1961년 5월 16일 새벽에 일어났다. 주모자는 당시 2군사령부 부사령관인 박정희 소장이었고, 예비역 중령 김종필 등 육

군사관학교 8기, 박치옥 대령 등 육군사관학교 5기, 해병대 출신 예비역 소장 김동하와 그를 추종하는 일부 군인들이 핵심 동조 세력이었다.

박정희가 동원한 병력은 2군 예하 6군단 포병대와 해병대, 1공수특전단이었다. 총병력은 장교 250여 명과 부사관 및 사병 3500여 명이었다. 이들은 당일 새벽을 기해 한강 인도교를 건넌 후, 순식간에 서울의 주요 기관을 점령함으로써 쿠데타에 성공했다.

쿠데타를 주도한 박정희는 모두 세 차례에 걸쳐 쿠데타를 모의했다. 첫 번째는 6·25남북전쟁 중인 1952년에 이승만의 발췌개헌에 반발해 피난지인 부산에서 이용문 준장과 함께 모의했으나 동조 세력을 얻지 못해 미수로 끝났다. 두 번째는 1960년 3·15부정선거 이후 이승만 정권에 대한 국민의 비난 여론이 비등하자 그해 5월 8일을 거사일로 잡고 쿠데타를 계획했으나 4·19시민혁명의 성공으로 실행에 옮기지 못했다. 그리고 1961년 5월 16일에 마침내 그간의 계획을 실행해 성공했다.

박정희의 쿠데타 모의는 장면 내각이 출범한 지 채 1달도 안 된 1960년 9월 중순에 본격화되었다. 물론 1960년 5월의 쿠데타 계획의 연장선에서 이루어진 모의였다. 말하자면 박정희의 계획은 이미 장면 정부가 들어서기 전부터 구상된 것이었다. 다만 쿠데타를 실행하기 위해서는 적절한 조건이 필요했는데, 1960년에는 시민혁명이 성공하고 이승만이 하야해 명분이 사라지면서 쿠데타 계획도 유보되었다. 이후 장면 내각이 출범하자 각계각층의 목소리가 높아졌고, 민주당은 신파와 구파로 나뉘어 분당의 길로 치달았으며, 거리에서는 크고 작은 시위가 이어졌다. 하지만 장면은 시위대를 강하게 진압하지 않았고, 덕분에 극렬한 대치 상황은 일어나지 않았다. 그런 가운데 4·19시민혁명 1주년인 1961년 4월 19일에 대대적인 폭동이 일어날 것이라는 소문이 돌았다. 장면 정부는 폭동에 대비해 진압 훈련을 강화했고, 박정희는 그 폭동을 명분으로 쿠데타를 일으키고자 했다.

하지만 소문과 달리 폭동은 일어나지 않았다. 그런 가운데 여러 차례 반란에 대한 흉흉한 첩보들이 정가를 뒤흔들었다. 첩보 속에는 박정희의 이름이 노골적으로 거론되었다. 장면은 육군참모총장 장도영에게 진상을 조사하도록 지시했으나 장도영은 명령을 제대로 수행하지 않았다. 장도영은 이미 박정희에게 쿠데타 계획을 듣고 동조 여부를 고민하던 차였기에 조사를 추진할 수 없었던 것이다.

하지만 좌익 전력을 가진 박정희에 대한 감시의 눈은 곳곳에 있었다. 육군 방첩대는 요원들에게 군고구마 장수로 위장해 박정희의 집을 지켜보게 했다. 이렇듯 계획이 탄로 날 위기에 처하자, 박정희는 6군단 포병대를 선봉에 세우고 해병대와 1공수특전단으로 위용을 키운 채 한강 인도교로 향했다. 뒤늦게 반란 소식을 들은 장도영이 헌병대 100여 명에게 소총으로 저지선을 형성하게 했지만, 저항 한번 제대로 하지 못하고 2명의 희생자만 낸 채 길을 열어주었다. 그야말로 눈 가리고 아웅하는 식으로 막는 시늉만 했을 뿐 실제로 막을 의지는 전혀 없는 조치였다.

인도교를 건넌 박정희는 곧장 중앙청을 들이치고, 동시에 육군본부와 서울중앙방송국(KBS), 발전소를 장악했다. 이어 방송으로 '혁명'을 알리고, 그 취지를 담은 전단 35만여 장을 뿌렸다. 그리고 장도영의 이름으로 비상계엄을 선포했다.

그 무렵 윤보선 대통령은 쿠데타를 현실로 받아들이고 '올 것이 왔다'는 식으로 체념하는 자세를 보였고, 심지어 각 군대의 책임자들에게 친서를 보내 반란군을 진압하지 말 것을 당부했다. 거기에다 민주당 구파로 이루어진 신민당은 거국 내각 구상에만 몰두한 채 정권을 차지하겠다는 헛된 꿈에 부풀어 있었다.

한편 군권을 쥐고 있던 육군참모총장 장도영 중장은 두려움 반 기대 반으로 박정희 세력에 동조했으며, 상당수 장군들도 박정희 편에 섰다. 강압이든 자의든 장도영의 합류는 박정희에겐 천군만마였다. 군부 전체가 쿠데타에 동조하는 모양새를 취했을 뿐 아니라, 다른 군대의 반발을 막는 방어벽 구실까지 했기 때문이다.

미국도 이중적인 태도를 취했다. 우선 미국대사관은 장면이 도움을 요청하는데도 응하지 않았고, 미국 국무부는 불개입 원칙을 고수했다. 그러면서도 군사작전권을 쥐고 있던 주한미군사령관과 주한미국대사는 장면 총리를 지지한다는 성명을 발표하고, 박정희를 압박하는 모양새를 취했다. 하지만 그것은 요식행위일 뿐이었다. 그들은 다만 책임을 회피하기 위해 윤보선 대통령에게 그가 동의하면 군대를 움직이겠다는 말만 반복했을 뿐 실제로는 반란군을 진압할 의도가 없었다. 윤보선과 신민당은 군사반란을 장면 정권을 몰아낼 호기로만 판단했고, 그런 대사대리나 주한미군사령관 매그루더도 그 점을 간파하고 있었기 때문이다. 심지어 미국대사관은 장면과 계속 전화 통화를 하면서도 그의 도움 요청을 이런저런 말로 회피했고, 장면에게 책임을 전가할 방도만 모색했다.

사실 미국은 1952년에도 야당과 군부를 이용해 쿠데타를 일으킬 계획을 세운 적이 있었다. 이승만과 자주 갈등을 빚던 미국은 이승만을 제거하고 장면을 그 자리에 앉히려 했다. 그런 첩보를 접한 한국 군부는 쿠데타를 일으켜 장면을 총리로 앉히려는 시도를 했다. 박정희가 처음으로 쿠데타 계획에 가담한 것도 바로 이때였다. 당시 쿠데타 계획의 중심은 이용문 준장이었고, 박정희는 이용문의 수하로서 계획에 동조했다. 이때 이용문은 장면의 비서를 지낸 선우종원과 접촉해 장면에게 자신들의 계획을 알릴 것을 요청했으나 선우종원은 수단과 절차가 민주적이지 못하다며 동조하지 않았다. 결국 쿠데타 계획은 장면에게 전달되지 않았고, 미국의 이승만 제거 계획도 무산되었다.

미국의 쿠데타 계획은 더 있었다. 미국이 장면 정권을 전복하고 장도영을 앞세워 쿠데타를 계획한 크레퍼사건도 그중 하나다. 미국 정보기관의 대령 크레퍼가 미국 정부를 대신해 장도영에게 쿠데타 계획을 종용한 사건이다. 비록 실현되지는 않았지만 크레퍼사건은 박정희 쿠데타 이전에 계획되었다가 철회된 음모였다. 이는 미국이 민주적 절차보다는 한국을 손아귀에 쥐는 것에 더 집착했음을 보여주는 중요한 사례다. 말하자면 미국은 한국의 정부가 민주적이든 독재든 상관없이 자국의 이익을 관철하는 것을 더 중시했다는 뜻이다.

박정희의 반란에 대해 미국 국무부가 불개입 지시를 내린 것도 군부가 정권을 장악하는 것이 미국에 훨씬 더 유리한 국면을 조성할 수 있다고 판단했기 때문일 것이다. 심지어 국무부는 쿠데타 이후 박정희가 취한 일련의 반공 조치에 대해 고무적인 처사라며 칭송했다. 이렇게 볼 때, 미국은 박정희의 반란 음모를 인지하고도 암묵적으로 지지하고 후원했던 것으로 보인다.

이렇듯 5·16쿠데타가 성공할 수 있었던 배경에는 윤보선의 동조, 장도영과 군부의 방조 또는 협력 그리고 미국의 암묵적 지지와 후원 등 3가지 핵심 요인이 있었다.

3 쿠데타 선봉에 선 인물과
박정희의 정권 장악

5·16쿠데타의 주역들

5·16쿠데타의 주역은 크게 세 그룹으로 나눌 수 있다. 첫째는 박정희를 비롯한 만주군 출신의 장군들, 둘째는 문재준·박치옥 등의 육군사관학교 5기 세력, 셋째는 김종필을 위시한 육군사관학교 8기 세력이다.

박정희와 뜻을 같이한 만주군 출신 장성들은 김동하, 이주일, 김윤근 등이었다. 이들 장군들은 모두 신경군관학교 출신이었고, 해방 후에 조선경비사관학교에 들어가 한국군 장교가 된 인물들이었다.

김동하는 함경북도 무산군 출신으로 신경군관학교 1기다. 박정희보다 1기 선배이나 나이는 박정희보다 3살 아래였다. 그는 1946년에 해병 소위로 임관해 미국 육군참모대학교를 졸업하고 1949년에 한국 해병대 창설 요원으로 참여했다. 이후 6·25남북전쟁이 일어나자 서울 탈환에 앞장섰으며, 도솔산전투, 대우산전투, 펀치볼전투 등에 참가해 많은 전공을 세웠다. 그 덕분에 전쟁 후인 1958년에 해병 1상륙사단장이 되었다. 그러나 1960년 4·19시민혁명 후 해병대사령관 김대식 중장이 3·15부정선거 당시 해병대의 투표를 조작하고 부정부패를 일삼아왔다며 공개적으로 그의 해임을 주장하고 나섰다. 이 일로 그는 군법회의에 회부될 위기에 처했으나 군복을 벗고 소장으로 예편하는 선에서 무마되었다. 이후 해병대와 군부에 강한 불만을 품고 5·16쿠데타에 동참했다.

이주일도 신경군관학교 출신으로 김동하와 동기이고, 박정희보다 1기 선배다. 하지만 나이는 박정희보다 1살 어렸다. 함경북도 출신으로 박정희처럼 일본 육군사관학교를 거쳐 만주군 장교가 되었고, 박정희와 함께 만주군 8사단에서 근무했다. 해방 후에는 육군사관학교의 전신인 조선경비사관학교에서 교육받고 소위로 임관했다. 박정희의 권유로 남로당에 가담한 죄로 체포되어 무기징역을 구형받았으나 다행히 무죄 석방되었다. 이렇듯 그는 박정희와 친분이 두터웠고, 그 인연으로 5·16쿠데타에 가담했다.

김윤근은 신경군관학교 6기 출신으로 김동하와 박정희의 후배다. 반란 당시 그는 해병대 1여단장이었다. 때문에 김동하와 각별한 사이였고, 김동하가 김대식 중장을 공격한 일로 예편한 것에 대해 불편한 마음을 가지고 있었다. 김윤근도 김대식 중장에게 반감을 가졌고, 군대와 정부를 혁신해야 한다고 여겼다. 그래서 박정희와 김동하의 거사 계획에 동조하고, 1300여 명의 해병대원을 이끌고 반란에 가담했다.

두 번째 그룹인 육군사관학교 5기 세력을 대표하는 인물은 문재준, 박치옥, 채명신, 박춘식, 김재춘 등이다. 반란 당시 박춘식과 채명신은 장군으로 진급해 준장 계급장을 달고 있었고, 나머지는 모두 대령이었다. 이들 육군사관학교 5기들은 일본 군인 출신이 아닌 순수 민간인 출신들로 채워진 최초의 기수였다. 또한 이들은 반란 당시 직접 군대를 지휘해 거사를 성공시키는 데 결정적인 역할을 했으며, 스스로 '혁명의 주체'임을 자처했다.

문재준은 반군의 선봉에 섰던 6군단 포병대를 이끌었고, 박치옥은 1공수특전단을 지휘했다. 채명신은 5사단장으로서 휘하 야전병을 이끌고 가담했으며, 박춘식은 12사단장으로 휘하 군대를 이끌고 참여했다. 김재춘은 수도군단의 전신인 6관구사령부 참모장으로, 장교들의 거사 참여를 독려하고 장도영에게 거사 사실을 알리는 역할을 했다.

세 번째 그룹인 육군사관학교 8기 세력은 김종필, 김형욱, 길재호,

오치성 등으로 대표된다. 이 8기생들은 조선경비사관학교 출신이 아닌 육군사관학교 출신이라는 자부심이 강한 기수였다. 조선경비사관학교가 육군사관학교로 이름이 바뀐 뒤에 처음으로 배출된 장교들이 8기생이기 때문이다.

8기생을 대표하는 김종필은 스스로 '8기생들이 혁명의 주체 세력'이었다고 하는데, 주된 근거로 드는 것이 이른바 '충무장 결의'다. 1960년 9월 10일 저녁에 육군사관학교 8기생 11명이 충무장이라는 음식점에 모여 쿠데타를 결의했는데, 그의 표현에 따르면 이것이 '혁명의 시작'이었다. 이때 8기들은 쿠데타 성공 이후의 역할 분담까지 미리 계획했는데, 총무 김종필, 정보 김형욱, 인사 오치성, 작전 옥창호, 경제 김동환, 사법 길재호 등이었다고 한다. 이들 8기 세력들은 대부분 국방부의 정보 계통에서 근무하고 있었기 때문에 군대를 직접 동원할 능력은 없었다. 그러나 군부의 동향에 밝았고, 쿠데타 이후의 행동지침에 대해 매우 치밀한 계획을 가지고 있었다.

이 때문에 쿠데타 실행 과정에서는 병력을 동원할 수 있는 5기들의 역할이 컸지만, 쿠데타에 성공한 후에는 정보를 장악하고 있던 8기들의 영향력이 더 컸다. 이는 후에 5기들이 8기들과의 싸움에서 밀려나는 결정적인 이유가 된다.

어쨌든 박정희는 이들 5기와 8기를 점조직으로 관리하면서 쿠데타를 계획하고, 결국 성공하게 된다. 박정희가 5기와 8기를 동원해 반란을 꾸미게 된 배경에는 군대의 인사 적체 문제가 도사리고 있었다. 5기는 앞 기수들에 비해 진급이 매우 느린 편이었다. 1기생 절반 정도가 소위로 임관한 지 5년 만에 별을 달았지만, 5기생들은 7~8년씩 대령에 머무르는 경우도 있었다. 반란에 가담한 박치옥만 하더라도 1953년에 대령이 된 뒤 1961년 거사 당일까지도 대령을 달고 있을 정도였다.

당시 인사 적체는 당연한 현상이었다. 해방 직후에는 장교가 부족해 4개월만 교육받으면 소위로 임관했고, 진급 속도도 매우 빨랐으며, 6·25남북전쟁 기간에 전공을 세워 특진하는 경우도 많았다. 그러다 보니 장군들은 대부분 30대였고, 많아야 40대 초반이었다. 이들이 물러나지 않는 한 장군으로 진급할 자리가 없었던 것이다. 당시 육군사관학교의 교육 기간이 불과 4개월이었기에 1기와 5기의 임관 기간도 2년밖에 차이가 나지 않았다. 게다가 5기 중에는 1기보다 나이가 많은 사람도 꽤 있었다. 그런 까닭에 선배 기수에 대한 존경심 같은 것은 찾아보기 힘들었다. 오히려 선배 기수들은 진급을 가로막는 장애물로 인식되었고, 이는 결국 군 수뇌부와 정부에 대한 불만으로 이어졌다.

인사 적체에 대한 불만은 8기들에게 더욱 팽배했다. 8기들은 5기보다 더 승진이 안 되었던 것이다. 8기들은 1948년에 임관해 1961년에도 대부분 중령 계급이었다. 임관한 지 13년이나 되었는데도 장군은커녕 대령에도 미치지 못했던 것이다. 8기들은 이에 대한 불만을 정군(整軍)운동이라는 이름으로 표출했다. 4·19시민혁명 이후 군부에서도 부정부패에 연루된 장성들은 물러나야 한다는 주장을 펼치고 이를 공론화하려는 움직임이 있었는데, 8기생들이 앞장선 것이다.

이를 위해 8기생 중령 8명이 1960년 5월 8일 김종필의 집에 모였다. 그들은 연판장을 돌려 군내 동조 세력을 확보하려 했다. 하지만 여론을 형성하기도 전에 발각되어 김종필, 최준명, 김형욱, 옥창호, 석창희 등 5명이 구속되었다. 다행히 육군참모총장 송요찬이 이들을 석방하고 자신이 대신 물러나는 것으로 일이 매듭지어졌다. 하지만 8기생을 대표하던 김종필은 군복을 벗어야 했다.

이렇듯 반란에 가담한 5기생과 8기생은 모두 진급 문제로 군부에 불만이 쌓인 상태였다. 그런데 6기와 7기는 별로 없고, 5기와 8기가 쿠데타 세력의 중심이 된 것은 단순히 인사 적체 문제 때문만은 아니었다. 쿠데타 주역들의 면면을 살펴보면 공통점이 있다. 바로 박정희와 친분이 깊다는 점이다. 5기생인 문재준, 박치옥, 채명신, 박춘식 등은 박정희가 조선경비사관학교 중대장으로 있을 때 생도들이었으며, 8기인 김종필, 길재호 등은 박정희가 육군본부 정보국에 있을 때 그의 수하였다. 김동하, 이주일, 김윤근 등의 장군들도 신경군관학교 선후배 사이였다. 5·16쿠데타의 핵심 인물들은 모두 박정희라는 공통분모를 가지고 있었던 것이다.

이렇게 볼 때, 5·16쿠데타는 박정희라는 존재 없이는 일어날 수 없는 일이었으며, 쿠데타의 주체도 5기나 8기가 아닌 박정희였음을 알 수 있다.

세상을 뒤집은 3일

박정희는 5·16쿠데타를 "목숨을 걸고 행한 구국의 결단"이라고 표현했다. 그리고 반란을 함께 도모한 자들을 '혁명 동지'라고 불렀다. 이 혁명 동지들은 반란 직후에는 대단한 결속력을 보이며 권력을 장악해나갔다. 권력 장악 과정에서 박정희는 탁월한 협상력과 리더십을 발휘했고, 권력 획득을 위한 전술에서도 능수능란했다.

한강 인도교를 통과해 진압군을 간단하게 제압하고 서울 입성에 성공한 박정희는 발 빠르게 다음 계획을 추진했다. 6군단 포병대는 육군본부를 장악하고, 해병대는 중앙청에 들이쳤으며, 1공수특전단은 KBS를 점령했다. 그리고 박정희는 자신들의 혁명 공약을 육군참모총장 장도영의 이름으로 내보냈다. 혁명 공약을 읽은 사람은 아나운서 박종세였다. 그 내용은 다음과 같다.

친애하는 애국 동포 여러분! 은인자중하던 군부는 드디어 금조 미명을 기해 일제히 행동을 개시하여 국가의 행정, 입법, 사법의 3권을 완전히 장악하고 군사혁명위원회를 조직하였습니다.

군부가 궐기한 것은 부패하고 무능한 현 정권과 기성 정치인들에게 더 이상 국가와 민족의 운명을 맡겨둘 수 없다고 단정하고 백척간두에서 방황하는 조국의 위기를 극복하기 위한 것입니다. 본 군사혁명위원회는,

첫째, 반공을 국시의 제일의로 삼고 지금까지 형식적이고 구호에만 그친 반공 체제를 재정비 및 강화할 것입니다.

둘째, UN헌장을 준수하고 국제협약을 충실히 이행할 것이며, 미국을 위시한 자유 우방과의 유대를 더욱 공고히 할 것입니다.

셋째, 이 나라 사회의 모든 부패와 구악을 일소하고 퇴폐한 국민 도의와 민족 정기를 바로잡기 위하여 청신한 기풍을 진작할 것입니다.

넷째, 절망과 기아선상에서 허덕이는 민생고를 시급히 해결하고 국가 자주경제 재건에 집중할 것입니다.

다섯째, 민족적 숙원인 국토 통일을 위하여 공산주의와 대결할 수 있는 실력의 배양에 전력을 집중할 것입니다.

여섯째, 이와 같은 우리의 과업이 성취되면 참신하고도 양심적인 정치인들에게 언제든 정권을 이양하고 우리 본연의 임무에 복귀할 준비를 갖추겠습니다.

애국 동포 여러분, 여러분은 본 군사혁명위원회를 전폭적으로 신뢰하고 동요 없이 각자의 직장과 생업을 평상과 다름없이 유지하시기 바랍니다.

우리들의 조국은 이 순간부터 우리들의 희망에 의한 새롭고 힘찬 역사가 창조되어 가고 있습니다. 우리들의 조국은 우리들의 단결과 인내와 용기와 전진을 요구하고 있습니다.

대한민국 만세! 궐기군 만세!

군사혁명위원회 의장 육군 중장 장도영.

비록 장도영의 이름으로 발표되었지만, 장도영의 동의를 얻은 것은 아니었다. 그러나 장도영은 자신의 이름으로 혁명 공약이 나가자, 박정희 세력을 두둔했다. 미8군사령관이 즉각 반란군을 진압하라고 했지만 장도영은 동족끼리 피를 흘려서는 안 된다고 대답했다. 박정희가 장도영을 군사혁명위원회 의장으로 내세운 의도가 적중했던 것이다.

이후 박정희는 장도영에게 편지를 보내 그를 설득했다. 다음 날 아침 박정희는 장도영과 만났다. 장도영은 참모들을 대동하고 반란 세력과 합동회의를 열었고, 이 회의에서 박정희는 자신들의 궐기가 구국을 위한 것임을 역설하고 군부 전체가 동참할 것을 요구했다. 반란군은 이미 국방부를 장악한 마당이었고, 장도영을 포함한 참모부는 박정희에게 끌려가는 양상이었다.

박정희는 계엄령을 선포해줄 것을 요구했고, 아침 9시에 계엄령이 선포되었다. 계엄령은 장도영의 이름으로 발표되었다. 하지만 장도영이 끝내 계엄령 선포에 동의하지 않으려 하자, 박정희는 장도영을 대동하고 청와대로 가서 윤보선을 만났다. 박정희는 윤보선에게 자신들의 결행을 지지해줄 것을 요구했고, 윤보선은 군인들끼리 피를 흘리지 말라며 애매한 태도를 취했다.

잠시 뒤, 미국대사관과 미8군에서는 쿠데타에 반대한다는 성명을 내보냈다. 그러자 윤보선은 미국대사와 미8군사령관을 불러들였고, 그들은 윤보선에게 반란군을 진압할 테니 허락해달라고 했다. 하지만 윤보선은 국군끼리 전투를 벌이면 북한군이 남침할 수 있다며 반대했다. 그러면서 매그루더에게 차라리 미군을 동원해 반란군을 진압하는 것이 어떻겠느냐고 역제의를 했다. 그러자 매그루더는 UN군은 다른 나라의 내전에 개입할 수 없다며 발을 뺐다. 윤보선과 매그루더 모두 반란 세력을 진압하겠다는 의지 없이 책임을 서로에게 떠넘기는 데 힘을 쏟고 있었던 것이다.

이후 윤보선은 장도영에게 박정희의 요구대로 계엄사령관 자리를 수락하라고 요청하고, 특별담화를 통해 장면 국무총리 이하 전 국무위원에게 반란군에 대해 합법적인 대응을 할 것을 요구했다. 불법적인 반란 행위를 합법적으로 대응하라는 모순된 요구였다.

그렇게 5월 16일이 가고, 5월 17일이 되었다. 윤보선은 각 군의 군단장에게 친서를 보내 불상사나 희생자가 발생하지 않도록 해달라고 당부했다. 말하자면 반란군을 응징하는 행동을 취하지 말라는 것이었는데, 이는 곧 반란군을 인정하라는 요구였다.

한편 민주당 구파로 이루어진 신민당은 마치 정권 교체라도 이룬 양 만세를 부르며 거국 내각에 대한 계획을 짜기도 했다. 윤보선과 신민당은 자신들이 정권을 차지할 것으로 착각하고 있었던 게 틀림없다.

그 무렵 장면은 가르멜수녀원에서 다급하게 미국대사관에 전화를 걸어 도움을 요청하고, 인편으로 자신이 안전함을 알렸다. 이에 미국 대사대리 그린은 본국에 관련 사실을 보고하고 국무부의 지시를 기다렸다. 미국 국무부에서는 정보국의 전략에 따라 그린과 매그루더에게 중립적인 입장을 취하라고 지시했고, 이 때문에 장면의 도움 요청은 무시되었다. 미국은 겉으로는 장면 정부를 지지하는 척하면서 뒤로는 박정희 세력을 밀고 있었던 것이다.

한편 박정희는 수하들을 시켜 군부 내의 반대 세력을 제거했다. 박정희에게 가장 위협적인 사람은 1군사령관 이한림이었다. 하지만 이한림은 이미 윤보선의 친서를 받고 반란을 묵인한 상태였다. 그럼에도 박정희는 수하들을 시켜 그를 체포하고 감금했다.

이한림이 감금되던 그때, 5월 18일의 새벽이 밝아오고 있었다. 반란 이틀 만에 군부와 정치권 그리고 미국 정부까지 모두 반란군의 지지자로 변하고 있었다. 하지만 5월 18일 오전 9시, 육군사관학교 생도들이 반란군을 지지하는 가두 행진을 벌이기 전까지 국민은 상황을 제대로 알지 못했다.

육군사관학교 생도들을 거리로 나오게 한 장본인은 학군단(ROTC) 교관이었던 대위 전두환이었다. 전두환은 육군사관학교 11기 동기 4명과 함께 육군사관학교 생도들에게 쿠데타가 구국의 혁명임을 역설했고, 이에 따라 육군사관학교 생도 800여 명이 거리 행진을 벌였다. 이 대열에는 졸업생 장교 200명도 가담했다. 그들은 서울 시가지 중심을 행진한 뒤, 시청 앞 광장에서 '혁명 축하식'을 거행했다. 이 자리에는 장도영과 박정희도 참석해 사열을 받았고, 장도영은 혁명을 찬양하는 연설까지 했다.

연설을 마친 장도영은 장면이 가르멜수녀원에 있다는 소리를 듣고 급히 그곳으로 달려갔다. 장도영을 만난 장면은 이미 돌이킬 수 없는 상황에 이르렀다는 것을 통감하고 오후 12시 30분에 중앙청에서 국무회의를 주재하고 내각 총사퇴를 발표했다.

장면 내각이 총사퇴한 후 반란 세력은 국회의사당에 국가재건최고회의를 설치했다. 의장은 장도영, 부의장은 박정희였다. 이후 국가재건최고회의는 입법, 사법, 행정 3권을 장악하고 무소불위의 권력을 휘둘렀다. 반란을 일으킨 지 불과 3일 만의 일이었다. 3일 만에 세상이 완전히 뒤집힌 것이다.

따지고 보면 박정희의 계획은 엉성하기 짝이 없었다. 거사를 실행하기 전에 공공연히 쿠데타설이 나돌았고, 주모자로 박정희가 지목되었으며, 미국을 비롯한 행정부, 군부, 민주당과 신민당, 장면 국무총리까지 모두 그 사실을 인지하고 있었다. 거기에다 반란 예정 시각 5시간 전에 이미 계획이 탄로 난 상황이었고, 그 때문에 가담하기로 했던 병력 절반이 참여하지 못했다. 또한 반란에 가담한 병력은 불과 3500명에도 미치지 못했다. 50만 명이 넘는 군대에 비하면 한 주먹거리도 안 되는 수였다. 그럼에도 반란은 성공했다.

이를 두고 일부 정치학자들은 성공할 수 없는 쿠데타가 성공했다고 말한다. 하지만 내막을 자세히 들여다보면 당시 누구라도 쿠데타를 일으켰다면 성공할 가능성이 매우 컸다. 우선 한국을 손아귀에 쥐고 있던 미국이 쿠데타에 대해 긍정적인 입장이었고, 다음으로 대통령과 야당이 장면 정권의 붕괴를 반겼으며, 장도영을 위시한 상당수 군부 세력도 쿠데타를 옹호하는 입장이었기 때문이다. 이 권력의 세 축은 누구라도 불만 붙여주면 불놀이를 즐길 준비가 되어 있었다.

권력을 장악한 중앙정보부

장면 내각이 물러나자, 5월 19일에는 윤보선도 대통령직 사퇴를 발표했다. 그는 사퇴 성명에서 국민에게 국가재건최고회의에 협조해줄 것을 간곡히 부탁했다. 그러나 장도영과 박정희는 그의 사퇴를 만류했다. 윤보선은 어차피 내각책임제의 힘없는 대통령이었다. 실권은 없고 명예만 있을 뿐이었다. 장도영과 박정희는 그를 허수아비 국가 수반으로 앉혀놓는 것이 향후 자신들의 행동 반경을 넓히는 데 도움이 된다고 판단했던 모양이다. 거기에다 외무부차관 김용식이 대통령의 하야가 국제법상 새 정부의 승인을 복잡하게 만들 우려가 있다며 윤보선의 사퇴를 만류했다.

결국 윤보선은 20일 오후 6시에 예정되어 있던 고별 기자회견을 취소하고 사퇴를 번복했다. 그리고 국가재건최고회의는 윤보선의 승인 아래 군인 일색의 이른바 '혁명 내각'을 구성했다. 내각 수반 겸 국방부장관은 장도영이었지만 박정희는 국가재건최고회의 부의장 이외의 직책은 맡지 않았다. 그러나 실질적 권력은 박정희 세력이 장악하고 있었다.

이후 국가재건최고회의는 국민의 인기를 얻기 위해 이벤트성 정책을 쏟아냈다. 이정재를 비롯한 정치 깡패들을 체포해 조리돌림을 시키는가 하면, 수입 사치품들을 불태우고, 5000명에 가까운 매춘부들을 귀가시켰으며, 커피 판매를 금지하고, 공무원들에게 술집 출입 금지령을 내렸다. 또 교사들에게 국민복을 입혔으며, 학생들에게 머리를 삭발하게 하고 강제로 교복을 입게 했다.

한편으로는 자신들의 반란을 혁명으로 둔갑시켜 정당화하는 작업을 지속했다. 학생들에게 혁명 공약을 외우게 하고, 혁명을 찬양하는 노래를 만들어 부르게 했으며, 각 학교에 장교들을 파견해 교사들을 지휘하고 감독했다. 거기에다 의회와 지방의회를 해산하고, 도지사와 시장을 모두 군인으로 채웠으며, 자신들에게 협조하지 않는 정치인과 언론인, 지식인들은 용공 혐의를 씌워 감옥으로 보냈다. 또한 언론 기관을 정화한다는 명분으로 자신들에게 비판적인 언론사는 모두 폐쇄해버렸는데, 그 결과 916개의 전국 언론사 중에 살아남은 곳은 채 10%도 되지 않았다.

이쯤 되자 살아남은 언론사는 반란을 혁명으로 추어올리고 박정희를 찬양하고 칭송하는 데 열을 올리기 시작했다. 지식인들도 앞다퉈 혁명을 찬양하며 국가재건최고회의 고문이나 위원으로 활동했다.

이렇게 박정희가 순식간에 권력을 장악한 배경에는 중앙정보부가 있었다. 중앙정보부는 반공과 국가 안보를 빌미로 이른바 혁명에 도전하는 사람은 누구라도 체포해 테러, 감금, 고문, 협박을 일삼았으며, 심지어 군인들로 채워진 내각을 감시하고 지배하는 역할까지 했다. 그야말로 정부 위의 정부로 군림했던 것이다.

중앙정보부는 중앙정보부장 김종필을 위시한 육군사관학교 8기생들이 장악했는데, 그 아래 수만 명의 요원들이 국민 전체를 대상으로 공작과 테러, 사찰과 감시를 일삼는 초법적인 국민 감시 조직이었다.

이렇듯 중앙정보부가 권력을 독차지하자, 쿠데타의 한 축이던 장도영과 그를 따르던 육군사관학교 5기 세력이 반발했다. 이에 중앙정보부는 장도영의 측근들을 구속하고, 이어서 박정희는 국가재건최고회의 의장의 겸직을 제한하는 국가재건비상조치법을 발의해 장도영의 힘을 약화시켰다. 당시 장도영은 국가재건최고회의 의장 외에도 내각 수반, 국방부장관, 육군참모총장, 계엄사령관 등을 겸하고 있었는데, 내각 수반 이외의 자리는 모두 내놓게 되었다. 이후 장도영이 맡던 직책은 박정희 측근들이 차지했다. 박정희는 실질적인 최고 권좌라고 할 수 있는 국가재건최고회의 상임위원회 의장직을 꿰찼다. 쿠데타가 일어난 지 불과 18일 만에 장도영은 권력 다툼의 패자로 전락한 것이다.

그러자 장도영을 따르던 육군사관학교 5기생들은 박정희와 육군사관학교 8기생들이 권력을 독차지할 것을 염려해 8기생들의 수장인 김종필을 제거하려 했다. 그들은 1961년 7월 3일 새벽 2시를 기해 헌병대를 동원해 김종필을 체포할 계획이었다. 하지만 이 계획은 내부 인사에 의해 누출되어 도리어 5기생들이 중앙정보부 요원들에게 체포되는 상황이 되고 만다.

이 일로 장도영은 7월 3일 오후에 사임 성명을 발표하고 물러났으며, 박정희가 국가재건최고회의 의장과 내각 수반 자리를 차지했다. 장도영과 육군사관학교 5기, 그들의 측근 수십 명은 정부 전복 음모와 혁명 주체 세력 암살 모의 등의 죄목으로 체포되었다. 반란 당시 선봉에 나섰던 문재준, 박치옥 등의 5기 핵심 인물들이 토사구팽당하고, 박정희와 육군사관학교 8기생들이 권력을 오로지하는 순간이었다.

청와대 주인이 된 박정희

박정희는 국가재건최고회의 의장이자 내각 수반이 되었지만 만족하지 않았다. 그는 상대하기 껄끄러운 군부 인사들을 대사에 임명하거나 유학의 명분을 앞세워 외국으로 밀어냈다. 그리고 재력가들과 결탁해 정치자금을 확보하고 본격적인 정치권력자로 거듭나기 위한 준비 작업에 들어갔다. 이를 위해 중앙정보부는 정당 창립을 위한 물밑 작업을 진행하고, 박정희 자신은 대통령이 되기 위한 준비 작업에 몰두하기 시작했다.

박정희는 이를 위해 먼저 미국 방문을 서둘렀다. 한국에서 권력을 유지하기 위해서는 무엇보다 미국의 인정을 받는 것이 중요했기 때문이다. 그는 미국 방문에 앞서 자신의 계급을 대장으로 높였다.

미국으로 가는 길에 박정희는 일본에 들러 이케다 하야토 총리와 회담하고 신경군관학교 시절의 스승 나구모 주이치를 만났다. 그리고 미국으로 가서 1961년 11월 14일에 존 F. 케네디 대통령을 만났다. 박정희는 그 자리에서 베트남전쟁에 한국 군대를 파병하겠다는 파격적인 제의를 했다. 하지만 케네디는 그 제의를 받아들이지 않았다.

박정희에게 케네디의 반응은 중요하지 않았다. 케네디와 만남을 가진 것만으로도 그의 위상을 높이는 데 큰 도움이 되었던 까닭이다. 명실상부 한국 정부를 대표하는 인물로서 우뚝 서게 된 것이다. 거기에다 한국의 언론들은 박정희 띄우기에 여념이 없었다. 박정희가 미국에 가서 엄청난 성과라도 거둔 양 연일 대서특필했다.

미국 방문으로 이미지 상승 효과를 톡톡히 거둔 박정희는 정치활동정화법을 만들었다. 정치 활동을 하려면 먼저 국가재건최고회의에서 적격심사를 받으라는 내용이었다. 말하자면 정치인을 선별해서 뽑겠다는 것이었다.

윤보선은 정치활동정화법에 강력하게 반발했다. 대다수의 민주당 구파 세력이 이 법에 의해 정치를 할 수 없게 되었기 때문이다. 윤보선의 반대에도 불구하고 박정희가 이 법을 강행하자, 윤보선은 정치활동정화법에 서명한 뒤 1962년 3월 22일에 대통령직을 사임했다. 이후 윤보선은 군사정권에 대한 반대투쟁에 나섰고, 박정희는 대통령 권한 대행이 되었다.

최고통수권자가 된 박정희는 1962년 6월 10일 자정을 기해 전격적으로 화폐개혁을 단행했다. 화폐개혁은 한국은행 총재조차도 모를 만큼 극비리에 진행되었다. 물론 미국도 몰랐고, 국가재건최고회의 재경위원장이었던 김동하도 몰랐다. 군사정권이 겉으로 내세운 화폐개혁의 목적은 장롱 속에 잠자고 있는 현금을 꺼내 경제성장에 쓰자는 것이었다. 하지만 미국을 비롯한 반발 세력이 많은 데다 실제로 서민들의 장롱 속에서는 나올 돈도 없었기 때문에 개혁은 제대로 실현되지 못했다. 그러나 박정희 세력에게 소득이 없는 것은 아니었다. 군사정권에 반대하는 정치 세력의 돈줄을 끊어놓는 데는 성공했던 것이다.

이렇듯 정치적 기반을 강화하던 박정희는 노골적으로 대통령이 되기위한 수순을 밟기 시작했다. 10월 31일에 국가재건최고회의에서 4년중임의 대통령 중심제로 헌법을 고치고 국민투표를 거쳐 12월 26일에 공포함으로써 제3공화국을 출범시켰다. 군정을 끝내고 스스로 군복을 벗은 다음 대통령에 출마해 청와대의 진정한 주인이 되기 위한 포석이었다. 그리고 다음 날인 12월 27일에 공식적으로 대통령 출마 의사를 밝혔다.

이후 박정희는 정치활동정화법을 해제하고 정당 창당 작업에 박차를 가했다. 이를 위해 중앙정보부를 앞세워 정치인 포섭에 매진하는한편, 군부 내부에서 박정희의 출마에 반대하는 세력들을 척결하기 시작했다. 그리고 마침내 1963년 2월 26일에 민주공화당(공화당)이 창당되었다.

그 무렵 박정희는 그의 대통령 출마에 반대하는 여론의 압박에 시달렸다. 그래서 공화당 창당 다음 날인 2월 27일에 눈물을 흘려가며 대통령 불출마 선언을 했다. 이때 창당 작업을 주도했던 김종필도 4대 의혹 사건에 대한 비판을 이기지 못하고 외유길에 오른 상태였다.

그로부터 보름 뒤, 중앙정보부는 그동안 박정희의 불출마를 강력하게 주장하던 김동하를 쿠데타를 모의한 죄로 체포했다. 그 후 수도방위사령부 장교 80여 명이 박정희의 불출마 선언 철회를 요구하는 시위를 벌였다. 그러자 박정희는 군정을 4년 연장하겠다는 제의를 하면서 이를 국민투표에 부치겠다고 발표했으며, '비상사태 수습을 위한 임시조치법'을 만들어 언론과 출판을 제한하고 정치 활동을 금지했다.

이에 윤보선을 위시한 정치인들이 이른바 '산책 시위'와 '민주구국 선언대회' 등을 통해 군정 연장 반대 시위를 벌였고, 박정희는 군 장성들의 군정 연장 지지 결의로 맞받아쳤다. 116명의 장성들은 별판을 단 군용 지프를 타고 청와대로 가서 「군정 연장 지지 결의서」를 박정희에게 전달하기까지 했다. 하지만 서울대학교 학생들이 군정 연장을 반대하는 궐기대회를 열고, 미국도 군정 연장에 찬성하지 않자, 박정희는 국민투표를 9월로 연기하겠다며 한발 물러섰다. 또한 비상사태 수습을 위한 임시조치법도 폐지했다. 그러는 사이 불출마 선언은 유야무야되고 말았다.

박정희는 결국 자신의 의도대로 10월 15일에 치러진 5대 대통령 선거에 공화당 후보로 출마했다. 이 선거에서 박정희는 유효 득표수 가운데 46.65%를 획득해 야당 후보 윤보선을 15만 6000여 표라는 근소한 차이로 이기면서 꿈에도 그리던 청와대의 주인이 되었다.

대통령 선거에 이어 11월 26일에는 6대 국회의원 선거가 실시되었는데, 이 선거에서 공화당은 전체 의석 175석 중 110석을 차지함으로써 거대 여당이 되었다. 이로써 박정희 세력은 행정부와 의회, 군부를 동시에 장악해 권력을 완전히 손아귀에 넣었다.

4 박정희의 가혹한 독재정치와 한강의 기적

● 제5~9대 대통령, 재임 기간: 1963년 12월 – 1979년 10월(15년 10개월)

경제성장에 힘입어 재선에 성공하다

제3공화국의 대통령이 된 박정희는 그 어떤 정치적 발전보다도 경제성장이 먼저라는 판단 아래 군사정권기에 계획한 경제개발 계획에 박차를 가하고자 했다. 하지만 재정상태가 너무 열악해서 용이하게 진행할 수 있는 일이 거의 없었다. 아무리 수를 내도 내부에서 재정을 확보할 방도가 보이지 않았다. 박정희는 일본과 미국의 자본을 이용해서 경제를 일으키는 것이 유일한 방도라고 판단하고, 2가지 업무에 주력했다. 첫째는 일본과 국교정상화를 이루어 보상금과 차관을 확보하는 것이었고, 둘째는 베트남전쟁에 참전해 미국에게 대가를 받아내는 것이었다.

이 2가지 일을 성사시키기 위해 박정희는 중앙정보부장 김종필에게 은밀히 한일협정을 추진하도록 지시했고, 결국 1965년에 한일 국교정상화를 성사시켰다. 이 과정에서 국민적인 저항이 일어나고, 이른바 6·3사태라는 상황에 맞닥뜨리기도 했다. 하지만 박정희는 계엄령을 내리고 김종필을 공화당 당의장에서 사퇴시키는 강온 양면 전략을 통해 자신의 의지를 관철시켰다.

이렇듯 한일협정을 밀어붙이는 한편 베트남 파병도 추진했다. 박정희는 베트남 파병은 미국과의 안보 협력을 강화하는 동시에 엄청난 경제적 수익도 올릴 수 있는 일석이조의 정책이라고 판단했다.

사실 베트남 파병은 그가 대통령 권한대행이던 1963년 9월에 130명 규모의 의무부대와 태권도 교관을 파견함으로써 이미 현실화된 상태였다. 하지만 전투부대를 파병하기 위해서는 넘어야 할 산이 몇 개 있었다. 전투부대 파병을 성사시키기 위해 박정희는 1964년 7월에 베트남 지원을 위한 국군의 파병동의안을 국회에 제출해 동의를 얻어냈고, 1965년 8월에는 야당이 불참한 가운데 전투부대의 파병동의안을 관철시켰다.

베트남에 전투부대가 파견되자, 한국 경제는 '월남 특수'를 누렸다. 연간 5만 5000명 규모의 전투 요원과 1만 6000명 규모의 민간인 기술자가 벌어들인 달러는 경제개발 5개년 계획 1차와 2차에 투입되었고, 그 성과는 눈부신 경제성장으로 나타났다.

덕분에 박정희는 1967년 6대 대통령 선거에 출마해 유효 득표수의 51.4%를 획득하며 재선에 성공했다. 1968년 6월에 실시된 총선에서는 공화당이 총 175석 중 129석을 차지하는 압승을 거두었다. 이는 개헌에 필요한 의석 수를 넘는 것이었고, 박정희는 이를 바탕으로 3선 개헌을 시도하게 된다.

3선 개헌과 야당의 바람몰이

박정희의 3선 개헌 시도에 대해 차기 대권을 노리던 김종필은 크게 반발했지만, 박정희는 오히려 김종필계를 공화당에서 몰아내고 의회 권력을 독차지해버렸다. 그리고 1969년 9월에 여당 단독 날치기를 통해 개헌안을 통과시키고, 10월에 국민투표를 실시해 3선 개헌을 성사시켰다.

이 과정에서 3선 개헌에 반대하며 농성하던 신민당 총재 유진오가 뇌동맥경련증으로 쓰러졌고, 이후 원내총무 김영삼이 '40대 기수론'을 내세워 신민당의 정치 지형을 바꿔놓았다. 신민당의 대통령 후보 경쟁은 40대 기수론의 돌풍에 힘입어 김영삼, 김대중, 이철승 등 40대의 삼파전이 형성되었고, 경선 끝에 김대중이 대통령 후보가 되었다.

김대중이 야당의 대통령 후보가 되자, 전국에 야당 바람이 불기 시작했다. 김대중은 향토예비군 제도를 폐지하고, 대통령 3선 개헌 조항을 없애며, 대중경제를 구현하겠다는 공약을 내걸었다. 또한 미국·일본·중국·소련 등 4대 강국에 전쟁 억제 보장을 요구하겠다는, 평화정책 실현을 위한 외교 노선도 덧붙였다. 이러한 김대중의 정책 중심의 대선운동은 국민에게 큰 호응을 얻었고, 이는 전국적으로 바람몰이를 형성했다.

이에 불안감을 느낀 박정희는 관권과 금권을 총동원해 불법과 탈법을 자행했고, 그 덕분에 1971년 4월 27일에 실시된 7대 대통령 선거에서 김대중을 95만여 표 차이로 누르고 당선되었다. 비록 승리하긴 했지만 관권과 금권을 동원한 결과라는 점에서 패배한 선거나 마찬가지였다. 더구나 정치의 중심이라고 할 수 있는 서울에서는 불과 39% 밖에 득표하지 못한 상황이었다.

대선 1달 뒤에 실시된 총선에서는 신민당에 전체 의석의 43.6%인 89석을 내주면서 공화당은 개헌선인 3분의 2에 훨씬 못 미치는 113석을 얻었다. 대선과 총선에서 국민은 박정희와 공화당을 불신하고 김대중과 신민당에 격려와 박수를 보냈던 것이다. 이는 합법적으론 박정희가 대통령을 연임하기 어렵다는 뜻이었다.

이에 박정희는 김종필을 불러들여 국무총리에 임명하고 민심을 달래는 모양새를 취했다. 이런 상황에서 그해 7월에 검찰과 판사가 충돌해 지방판사의 3분의 1에 해당하는 153명의 판사가 사표를 제출하는 사법파동이 일어났고, 8월에는 북파 훈련병들이 난동을 부리는 실미도사건이 발생해 사회에 엄청난 파장을 일으켰다. 또 9월에는 전국적으로 교련 반대 시위가 벌어져 위수령을 발동하기에 이르렀고, 10월에는 공화당 국회의원들이 노골적으로 박정희에게 저항하는 이른바 10·2항명파동을 일으켰다. 실미도사건 이후 야당은, 박정희의 의중대로 행정기관장과 경찰에 대한 인사를 단행했던 오치성 내무부장관의 해임건의안을 국회에 상정했는데, 뜻밖에도 여당 의원 중 상당수가 이에 동조해 오치성의 해임건의안을 통과시켜버린 것이다. 당시 공화당을 장악하고 있던 김성곤, 길재호, 백남억, 김진만 등 중진의원 4인방이 이 일을 주도했다.

이쯤 되자 박정희는 다시 강경책의 칼날을 뽑아 들었다. 이에 따라 중앙정보부장 이후락이 항명 책임자들을 색출하고, 그들을 중앙정보부로 끌고 가 모진 고문을 가하고 탈당시켜버렸다. 공화당은 다시 박정희의 1인 지배 체제로 되돌아갔다.

영구 집권 음모와 유신시대

박정희는 그해 12월에 느닷없이 국가 비상사태를 선포했다. 명계는 북한의 동향이었다. 하지만 목표는 따로 있었다. 바로 영구 집권 음모의 실현이었다. 이후 박정희는 비서실과 중앙정보부에 유신헌법의 초안을 만들도록 했다. 이 비밀 사업의 암호는 '풍년사업'이었다. 이 일을 이끌고 있던 인물은 김정렴 대통령 비서실장과 이후락 중앙정보부장이었다. 풍년사업은 6개월 동안 은밀히 진행되었고, 1972년

10월 17일 10월 유신이 선포되면서 그 흑막이 드러났다.

곳곳에서 유신헌법을 반대하는 목소리가 터져 나왔다. 미국에 머물던 김대중이 먼저 유신헌법 반대 성명서를 내놓았다. 그러자 박정희는 중앙정보부에 지시해 김대중을 일본에서 납치해 죽이려다 미국의 개입으로 실패하면서 국제적인 망신을 당했다. 1973년부터는 대학생들을 중심으로 유신 반대 운동이 꿈틀대기 시작했고, 급기야 언론과 종교계, 학계, 정계까지 나서서 유신 체제를 비판했다. 1974년 1월에는 공화당 총재였던 정구영과 사무총장을 지낸 예춘호가 공화당을 탈당하고 유신정권을 비판하는 행렬에 동참하는 상황이 되었다.

그러자 박정희는 '긴급조치'라는 무소불위의 수단으로 국민의 정당한 비판과 저항을 짓눌렀다. 1호부터 9호까지 이어진 긴급조치는 국민의 입에 재갈을 물리고 귀를 막도록 했으며, 행동과 말투까지 간섭하는 악법의 대명사였다. 박정희의 정치와 정책은 물론이고 정부기관의 모든 조치에 대해 조금이라도 반항하거나 비판하면 영장 없이 체포해 구금하고 폭행할 수 있는 천인공노할 폭력들이 모두 긴급조치라는 이름으로 실행되었다.

유신정권에 저항하는 국민을 억압하는 수단으로 가장 많이 사용된 수법은 '용공조작'이었다. 정부에 대한 비판과 인간 존엄에 대한 모든 주장은 북한을 찬양하고 북한에 동조하는 행위로 몰아가는 것이 용공조작의 전형적인 수법이었다. 그런 가운데 유신정권은 민청학련사건과 인혁당 재건위 사건 등을 조작하고, 정권에 저항하는 최종길 교수나 장준하 같은 지식인을 살해하는 일도 서슴지 않았다.

박정희 정권은 이런 행위를 모두 민족을 위한 것이라고 포장하고, 경제성장만 이루면 그 어떤 독재와 탈법도 용인될 수 있다는 가치관을 드러냈다.

한강의 기적과 고도성장의 그늘

박정희는 가난에서 벗어나는 것이 민주주의를 실현하는 것보다 우선이라는 논리로 자신의 독재를 정당화했다. 실제 박정희는 단기간에 눈부신 경제성장을 일궈낸다.

박정희는 한일 국교정상화를 통해 얻어낸 일본 자금과 베트남전쟁을 통해 벌어들인 미국 자금을 기반으로 '한강의 기적'이라고 불리는 빠른 경제성장을 이루었다.

1962년에서 1966년까지 실시된 1차 경제개발 5개년 계획 기간의 평균 경제성장률은 7.8%였고, 해마다 1인당 GNP도 7%씩 증가했다. 거기에다 농업국이었던 한국은 매년 15%씩 2차 산업 비율이 늘었다.

1967년에서 1971년까지 실시된 2차 경제개발 5개년 계획 기간에는 더 빠른 발전을 일궈냈다. 연평균 9.7%의 고도성장을 구가하며 비료, 시멘트, 정유, 화학, 철강 등의 2차 산업이 연평균 18%가량 성장하는 기적적인 상황이 연출되었다.

이 같은 10년 동안의 성과로 한국 국민의 생활수준은 양적으로 크게 개선되었으며, 실업률도 4%대로 낮아졌다. GNP는 1962년 23억 달러에서, 1971년 95억 달러로 껑충 뛰었고, 1인당 GNP는 1962년에 87달러에서 1971년에는 289달러가 되었다. 수출액도 1962년에는 5480만 달러에 불과했지만, 1971년에는 11억 3200만 달러를 달성했다. 또 실업률은 1962년 9%대에 육박했으나 1971년에는 4.5%로 떨어졌다.

박정희의 경제정책은 3차 경제개발 5개년 계획에 이르러 더 빛을 냈다. 유신정권의 등장으로 이른바 개발독재의 역량이 집중된 시기였기 때문이다. 이 기간 중 연평균 경제성장률은 10.1%였고, 3차 경제개발 5개년 계획이 끝나던 1976년의 수출액은 78억 달러를 넘어섰다.

수출 다변화 정책으로 미국과 일본 시장에 대한 의존도도 크게 개선됐다. 1973년 미국과 일본에 대한 의존도는 70%에 육박했으나, 1976년에는 50% 수준으로 낮아졌다. 거기에다 새마을운동을 실시해 농촌 환경이 다소 개선되고 경지 정리율도 대폭 상승했다.

그러나 3차 경제개발 5개년 계획 기간에는 고도성장의 검은 그림자가 한국 경제 전반을 덮치기 시작했다. 우선 경상수지 적자 폭이 20억 달러를 넘어서는 문제점이 노출되었고, 식량 자급률이 더 떨어졌다.

이런 상황에서 1977년부터 4차 경제개발 5개년 계획이 시작되었다. 4차 기간의 연평균 경제성장률도 9.2%로 여전히 성장세를 이어갔다. 이런 성장세의 기반은 1977년부터 불어온 중동 바람이었다. 중동의 건설 경기가 호황을 누리면서 경상수지가 크게 개선되어 1977년에는 잠시나마 흑자를 기록했고, 100억 달러 수출 목표를 조기 달성했다. 그러나 1979년에 이르러 악재가 닥쳤다. 2차 오일쇼크로 한국 경제에는 먹구름이 드리웠고, 이에 따라 물가가 상승하고 경상수지에서 적자 폭이 크게 늘어났다.

반복되는 외교적 악수

외교 상황 또한 박정희에게 악재로 다가왔다. 박정희의 외교 정책은 반북·반공, 친미·근일, 즉 북한과 공산주의는 적으로 간주한다는 원칙 아래 미국과는 군사동맹을 기반으로 정치적 친밀관계를 유지하고 일본과는 경제 교류를 중심으로 일정한 거리를 유지하며 우방의 범주에 둔다는 전략이었다. 적어도 1960년대까지 박정희의 이런 외교 전략은 성공을 거두었다.

우선 북한을 주적으로 간주하는 한편 소련과 중국 등을 적성국으로 삼아 국가보안법을 앞세워 철저하게 공산국가와 대결하는 정책을 폈다. 박정희 정권 초기 북한은 박정희의 친형 박상희와 친분이 있었던 황태성을 밀사로 파견해 박정희 정권의 성격을 파악하려 했다. 하지만 박정희 정권은 황태성을 간첩으로 간주했고, 이후 남북관계는 서로 무장간첩을 보내 상대 진영을 공격하는 대치 상황이 지속되었다. 박정희 정권은 이런 대치 상황을 국내 정치에서 국면 전환용으로 악용해 용공 조작 사건을 일삼으며 정치적 기반을 강화하기도 했다.

하지만 1970년대에 접어들면서 상황이 달라졌다. 1970년 2월에 발표된 닉슨독트린에 따라 미국은 아시아 국가들의 내란이나 침략 그리고 베트남전쟁과 같은 일에 군사적 개입을 하지 않겠다고 선언하면서, 핑퐁외교를 통해 중국에 다가가는 전략을 취했다. 이 핑퐁외교에는 일본까지 동참했는데, 이는 아시아에서 중국의 영향력이 확대되는 것을 의미했다. 그리고 닉슨독트린은 주한미군의 철수로 이어질 수 있는 여러 가지 요소를 담고 있었기 때문에 한국의 안보 전략도 매우 복잡한 양상을 띨 수밖에 없었다. 더구나 박정희는 대통령에 오르기 전에 닉슨을 홀대한 적이 있어 닉슨 정부와 다소 껄끄러운 관계였다.

이 때문에 박정희는 북한과 화해를 시도해 7·4남북공동성명을 이끌어내기도 했다. 핑퐁외교에 따라 냉전시대가 종식되어가고 있음을 깨달은 박정희는 북한과의 관계를 새롭게 형성함으로써 외교적으로 고립되는 상황을 피하고자 했던 것이다.

하지만 이는 외견상의 제스처일 뿐이었다. 오히려 내부적으로는 유신헌법을 강행해 독재 권력을 강화하고 반공정책을 더욱 극단으로 끌고 갔다.

그런 가운데 박정희 정권은 김대중을 납치하는 악수를 두었다. 김대중 납치 사건으로 인해 미국과 일본 양국과의 외교관계가 급속도로 악화되었고, 서방 세계에서 박정희는 독재자로 낙인찍히는 결과를 낳았다. 입지가 약화된 박정희는 이를 수습하기 위해 한동안 미국과 일본 양국에 저자세 외교를 할 수밖에 없었다.

하지만 박정희에 대한 미국의 시선은 점점 나빠졌다. 이를 만회하기 위해 박정희는 다시 한번 무리수를 감행했다. 이른바 '코리아 게이트' 사건을 일으킨 것이다. 박정희는 중앙정보부를 이용해 미국 의회에 돈을 뿌렸다. 박정희에 대한 반대 여론을 무마하기 위해 미국 국회의원과 공직자들에게 뇌물을 준 것이다. 이 내용을 보도한 《워싱턴포스트》는 1976년 10월 15일 자 기사에서 코리아 게이트의 핵심 인물로 박동선을 지목했다. 이 일로 미국 의회는 박동선을 소환해 청문회를 열었고, 이 과정에서 박정희와 미국의 관계는 더욱 악화되었다.

1977년에 이르러서는 39대 미국 대통령이 된 지미 카터가 주한미군 철수를 선언하고, 1982년까지 3단계에 걸쳐 이 계획을 실행하겠다고 발표했다. 박정희는 주한미군이 철수하면 북한의 공격을 막기 위해서 한국은 핵무장을 할 수밖에 없다며 강력하게 반대 의사를 표명했고, 이 때문에 미국과 갈등을 빚었다.

카터는 박정희 정권의 인권 문제에 대해서도 강하게 비판하며 국민에 대한 인권 탄압을 중지할 것을 요구했고, 박정희는 이를 내정간섭이라며 반발했다. 미국과의 이런 불편한 관계는 1979년까지 지속되다가, 그해 6월에 카터가 한국을 방문해 박정희와 정상회담을 개최하면서 상황은 다소 개선되는 모양새를 취했다.

도시의 성장과 피폐해진 농촌

18년간의 박정희 시대는 정치적으로는 암흑의 시대였지만 급속한 경제성장에 힘입어 사회적·문화적 변화와 발전을 구가했다.

우선 공업화가 빠르게 진척되면서 농촌 인구가 급격히 줄어들고 도시화가 가속화되었다. 이에 따라 서울의 인구는 120만 명에서 300만 명으로 불어났고, 도시 노동자의 수도 기하급수적으로 늘어났다. 하지만 도시 노동자들의 삶은 가난과 고통에서 헤어나지 못했다. 이는 결국 전태일의 "근로기준법을 준수하라"라는 목숨을 건 외침으로 터져 나왔고, 노동자의 노동조건이 사회적인 문제로 부상하기에 이르렀다. 1972년 인천 동일방직에서 최초로 민주화를 내건 노동조합이 탄생한 후 생존권투쟁 중심의 조합운동이 끈질기게 전개되었다. 하지만 박정희 정권은 노조를 철저히 탄압하며 재벌 대기업 위주의 정책으로 일관했다.

인구의 도시 집중화 현상이 심화됨에 따라 일자리를 찾지 못한 도시 빈민의 수가 급속도로 늘어났다. 도시 빈민들은 '달동네'로 불리는 산꼭대기 동네나 청계천, 중랑천과 같은 천변에 무허가 판잣집을 짓고 살았다. 당국에서는 도시재개발 사업을 추진해 이들 판자촌을 철거하고 시영아파트를 지어 강제로 이주시키기도 했다. 이 과정에서 부실 시공이 잦았다. 심지어 시영아파트로 지어진 와우아파트는 입주한 지 불과 1달도 안 된 상태에서 건물이 통째로 무너져 입주자 33명이 사망하는 사태가 벌어졌다. 또 무작정 이주만 시켜놓고 사후 대책을 전혀 마련하지 않아 폭동사태로 이어진 경기도 광주 대단지 사건도 일어났다.

한편 농촌에서는 인구가 급속도로 줄어들어 도시 못지않게 피폐해졌다. 정부는 식량의 자급자족을 외치며 농가를 독려했지만 현실은 점점 식량 자급률이 떨어지는 양상을 보였다. 이런 상황은 농민들에게 모든 정부정책에서 농업이 소외되고 있다는 박탈감을 안겨주었지만 박정희는 새마을운동을 전개해 농촌의 발전을 도모하고 이농 현상을 막으려 했다. 하지만 새마을운동은 전시적 차원에서만 성공했을 뿐 실질적으론 농촌의 발전에 큰 도움이 되지 못했다. 세월이 갈수록 농가 인구는 급격히 빠져나갔고, 농가 부채는 늘어만 갔다. 이런 탓에 농민들은 생존권을 지키기 위해 농민단체를 조직하고 함평 고구마 사건 같은 운동적 차원의 저항을 하기도 했다.

교육과 언론매체의 변화

급속한 경제성장은 교육에도 막대한 변화를 일으켰다. 초등학교의 의무교육제가 도입되어 문맹률이 크게 줄었고, 정권 초기에 무즙파동을 일으킬 정도로 입시 경쟁이 치열했던 중학교에도 무시험제도가 도입되었다. 교육받지 못한 도시 노동자들을 위한 야학교실이 늘어났으며, 고등학교 진학률과 대학 진학률이 대폭 상승했다.

하지만 학교 교육은 극단적인 반공정책과 국가주의의 그늘에 머물러 있었고, 교육 전반에서 획일적인 지식 전달 체계가 지속되었다. 그럼에도 교육 수혜자의 증가는 박정희의 의도와는 반대로 민주주의와 자유로운 삶에 대한 열망을 키웠다. 이러한 열망은 총과 탱크로 민주화를 막으려는 박정희 정권에 가장 강력한 도전 요소가 아닐 수 없었다.

경제성장은 언론매체의 성장을 동반했다. 1960년대 초반에 신문 판매 부수는 전국적으로 80만 부에 불과했지만 1973년에 이르면 300만 부를 넘어서게 된다.《중앙일보》와 같은 중앙일간지가 창간되고《경기일보》같은 지방지도 상당수 늘어났다. 또《신동아》나《사상계》정도가 전부였던 월간지도《월간조선》,《월간중앙》등이 경쟁자로 나섰고,《창작과비평》같은 계간지도 생겨 언론의 다양화가 지속되었다. 거기에다 분야도 다양해져서《일간스포츠》,《선데이서울》등 스포츠와 오락, 연예 정보를 전달하는 매체도 생겨났다. 이들은 때로 말초신경만 자극하는 황색신문이라는 소리를 듣기도 했지만 대중은 오히려 이런 분야에 열광했다.

신문과 함께 언론의 양대 산맥을 이루던 방송국도 많이 늘어났다. 1950년대까지 방송국이라고 해봐야 국영방송인 KBS와 민영방송인 기독교방송국, 극동방송국 등이 고작이었다. 하지만 1961년 이후 한국문화방송국(MBC), 동양방송국, 동아방송국 등이 개국하면서 채널이 2배 이상 늘었다. 1964년에는 동양방송을 시작으로 텔레비전 시대가 열렸다.

대중문화의 성장과 참여문학의 발달

텔레비전의 등장은 영화에만 의존하던 영상문화에 일대 혁명을 일으켰다. 이 때문에 영화시장은 새로운 활로를 모색해야 했고, 결국 영화인들은 텔레비전과 영화를 병행하는 방법으로 인기를 유지했다. 또한 영화 특유의 현장감과 작품성으로 고비를 이겨나가려 했으나 검열과 표현의 한계에 밀려 고전을 면치 못했다.

텔레비전은 대중가요가 전파되는 데도 큰 역할을 했다. 단순히 귀로만 듣던 가요를 눈으로 보면서 즐기게 된 것이다. 덕분에 노래와 함께 춤이 새로운 연예 분야로 발달했고, 단순히 노래를 들려주는 차원의 프로그램이 밀려나고 춤과 노래, 만담이 뒤섞인 쇼 프로그램이 인기를 끌었다.

하지만 언론매체의 발달은 한편에서는 검열 열풍을 일으켰다. 신문이든 잡지든 방송이든 정부를 비판하거나 사회의 어두운 면을 묘사하거나 지나치게 비탄하는 내용을 담은 것은 모두 금지되었다. 심지어 가수 이미자가 부른 〈동백아가씨〉는 왜색이 강하다는 이유로 금지곡이 되기도 했다.

문학 분야에서는 참여문학이 새롭게 조명되었다. 참여문학은 소설보다 시에서 먼저 나타났다. 1960년대 김수영을 필두로 제기된 참여문학은 1970년대에 이르러 유신정권과 싸우면서 더욱 발전했다. 특히 김지하와 신경림은 이 분야에서 돋보이는 존재였다. 김지하는 「오적」 등의 작품으로 시대를 통렬하게 비판하며 저항문학의 일대 혁신을 일으켰고, 신경림은 시집 『농무』를 통해 도시화에 따른 농촌의 피폐한 모습을 비판적으로 그렸다.

이들 외에도 정희성, 양성우, 김광규 등이 시대정신을 일깨우는 저항시들을 발표해 참여시의 방향을 선도했다. 또한 정호승, 강은교, 문정희 등의 뛰어난 서정시인들도 대거 출현했다.

소설 분야에서는 황석영, 윤흥길, 이문구, 조세희 등의 활동이 돋보였다. 황석영은 『삼포 가는 길』에서 하층민의 삶을 사실주의 기법으로 그려내는 데 성공했으며, 윤흥길은 『완장』 같은 작품에서 사상의 허상과 시대적 한계에 대한 비판적 시선을 잘 드러냈다. 또한 이문구는 『관촌수필』을 통해 걸쭉한 입담을 과시하며 농가의 삶과 인간애를 소설 세계로 옮겨놓았고, 조세희는 『난장이가 쏘아올린 작은 공』에서 도시 빈민의 한계적 상황을 잘 그려냈다.

이들 외에도 박정희 시대는 조정래, 박경리, 이문열, 한승원, 김원일, 전상국, 박영한, 오정희, 박완서 등 문학 거장들이 대거 출현해 소설의 황금시대를 예고했다.

유신독재의 비극적 종말

박정희 집권 마지막 해인 1979년에는 이미 경제와 외교뿐 아니라 국내 정치 상황도 악화일로를 걷고 있었다. 1974년에 문세광의 저격 사건으로 부인 육영수를 잃은 박정희는 도덕적으로 점점 타락하는 양상을 보였고, 이에 따른 밀실정치가 더욱 심화되었다. 거기에다 유신 체제에 대한 국민의 저항이 점점 거세졌고, 1979년에 이르면 모든 분야에서 민주화를 요구하는 시위가 이어졌다. 특히 김영삼과 김대중의 연합 전선이 확대되면서 야당의 결집력이 강화되고 있었다.

김영삼은 1974년에 역대 최연소로 야당 총재가 되어 신민당을 결집시키며 유신 체제에 저항했다. 박정희는 정보력을 이용해 김영삼을 정계에서 몰아내기에 혈안이 되었고, 결국 1976년에 김영삼을 신민당 총재 자리에서 밀어내는 데 성공했다. 하지만 김영삼은 1979년에 재기해 다시 총재가 되었다. 이때 김영삼은 김대중과의 연합을 통해서 라이벌 이철승을 누르고 화려하게 재기했다.

총재에 오른 김영삼은 남북의 긴장 완화를 위해 김일성과 면담할 용의가 있다고 발언했고, 이 발언을 문제 삼은 반공단체가 마포에 있는 신민당사에 난입해 난동을 일으키는 사태가 벌어졌다. 거기에다 박정희는 김영삼을 국회의원에서 제명해버렸다.

하지만 이는 부마항쟁을 유발하고 말았다. 김영삼 제명에 항의해 부산과 마산에서 시민들이 시위에 나섰고, 정부는 경찰력을 동원해 이를 저지하려 했지만 실패했다. 이에 박정희는 비상계엄령에 이어 위수령을 선포하고 군대를 투입했다. 하지만 시민들의 저항은 수그러들지 않았다. 오히려 대학생들을 중심으로 시위가 전국으로 확대되었다.

이런 상황에서 박정희가 10월 26일 밤 궁정동의 중앙정보부 안전가옥(안가)에서 중앙정보부장 김재규의 총탄에 목숨을 잃음으로써, 군정 시대부터 9대 대통령까지 지속된 18년 통치의 막이 내렸다.

박정희는 2명의 부인에게서 1남 3녀를 얻었다. 첫 부인 김호남은 1920년에 태어나 1990년까지 살았으며, 장녀 재옥을 낳았다. 둘째 부인 육영수는 1925년에 태어나 1974년에 죽었으며, 딸 근혜와 근령, 아들 지만을 낳았다.

육영수는 충청북도 옥천의 유지 육종관과 이경령의 차녀로 태어나 배화고등여학교를 졸업하고 옥천공립여자농업전수학교 가사 교사가 되었다. 1950년에 박정희와 결혼했으며, 1963년에 박정희가 대통령이 됨에 따라 영부인이 되었다. 1969년에는 육영재단을 설립해 어린이대공원과 어린이회관 건립을 주도했고, 1973년에는 직업훈련기관인 정수직업훈련원을 설립했다. 1974년 8월 15일 오전 10시 장충동 국립중앙극장 대극장에서 열린 광복절 기념식장에서 일어난 박정희 암살 기도 사건 때 총탄에 맞아 사망했다.

박정희의 장녀 재옥은 한병기와 결혼했고, 차녀 근혜는 결혼하지 않고 정치인으로 지내다 18대 대통령이 되었다. 3녀 근령은 신동욱과 결혼했으며, 장남 지만은 서향희와 결혼했다.

군홧발 아래서 생존과 자유를 위해 몸부림친 박정희 시대

박정희 시대는 군홧발에 짓눌린 어둠 속에서 가난을 벗어나기 위해 발이 부르트는 줄도 모르고 무작정 달리기만 했던 광기 어린 질주의 세월이었다. 정치적으로는 총과 군복에 짓눌린 암흑기였고, 경제적으로는 상처를 돌보지 않는 성장 제일주의의 개발독재기였으며, 사회적으로는 군사문화의 지배 아래 농촌의 붕괴와 도시의 과대 팽창이 동시다발적으로 진행된 불협화음의 세월이었고, 문화적으로는 검열과 획일적인 사고의 강요라는 창살에 갇힌 시간이었다.

하지만 민주화와 자유로운 삶에 대한 열망이 자라 어둠 속에서 한 줄기 빛이 되었고, 검열과 억압 속에서도 순수성과 저항 정신을 길러 예술과 인간 본성의 꽃을 피워냈다. 비록 총과 군홧발에 짓눌려 살았지만 한국인들은 오히려 총구 앞에서 민주주의의 가치를 배우고 군홧발 아래서 휴머니즘을 깨달았던 것이다.

5 박정희 시대의
주요 사건

군사정권기의 4대 의혹 사건

군정시대의 4대 의혹 사건이란 증권파동, 워커힐사건, 새나라 자동차사건, 회전당구기(일명 파친코)사건을 일컫는데, 이 사건들은 모두 공화당 창당 및 정치자금을 마련하기 위한 부정 행위의 결과였다.

4대 의혹 사건 중 증권파동은 김종필이 중앙정보부 조직을 이용해 저지른 주가조작 사건으로 '5월 증권파동'이라고도 한다.

정권을 장악한 군정 세력은 증권시장 육성책을 강력하게 추진했는데, 이 과정에서 중앙정보부 행정처장 이영근, 관리실장 정지원 등이 농협중앙회를 협박해 농협이 보유하고 있던 한국전력 주식 12만 8000주를 시가보다 싸게 교부받았다. 여기서 얻은 이익금 8억 6000여만 원을 영화증권 사장 윤응상에게 자본금으로 대주고 통일, 일흥, 동명 등 3개의 증권회사를 설립하도록 했다.

이후 윤응상의 측근 서재식을 증권거래소 이사장으로 내세워 엄청난 주식 매입을 지시했다. 그러자 윤응상이 대표로 있던 3개 증권회사의 주식 가격이 연일 폭등하고, 더불어 주식시장도 후끈 달아올랐다. 덕분에 증권거래소는 액면가 부풀리기를 통해 수십 배의 부당 이득을 취했다.

하지만 정작 주식시장을 달군 3개 증권회사는 1962년 5월 말에 예정되어 있던 수도결제를 이행하지 않았다. 수도결제란 거래소 시장에서 매매 거래된 주식 또는 채권에 대해 증권거래소에서 지정한 금융회사를 통해 매수자와 매도자가 증권과 대금을 교환하는 것을 말한다. 그런데 3개 증권회사는 주식 거래 대금을 결제하지 않은 것이다.

그 바람에 주가가 폭락해 5340명에 달하는 개미 투자자들이 138억 6000만 환을 손해 보는 사태로 이어졌고, 투자자들이 자살하는 소동까지 벌어졌다. 하지만 군정은 이영근, 윤응상, 서재식 등을 특별법 2조 위반 및 업무상 배임과 횡령죄를 적용해 입건하는 것으로 사건을 덮어버렸다. 정작 이 일을 주도한 김종필은 아무런 처벌도 받지 않았고, 부당 이득으로 얻은 자금의 행방도 밝혀지지 않았다.

워커힐사건도 중앙정보부가 주도했는데, 정부 자금으로 종합 위락 시설인 워커힐을 건설하면서 수억 원의 자금을 횡령한 사건이다.

군사정권은 1961년 8월에 서울 성동구 광장동 부지 18만 평을 수용해 미8군을 위한 휴양 시설을 짓기로 했고, 미8군사령관 월튼 H. 워커의 이름을 따서 워커힐이라고 했다. 워커힐의 건설 명분은 휴가를 즐기러 일본으로 빠져나가는 미군들이 한국에서 달러를 소비하도록 한다는 것이었다. 이를 위해 미8군 전용의 호텔, 수영장, 카지노 등의 시설을 설계했는데, 이와 관련해 일본과 미국에서 비난이 빗발쳤다. 미국 언론은 워커힐을 매춘굴, 카지노, 미인 호스티스 등을 갖춘 저급한 시설이라고 비판했고, 일본 언론도 군사정권이 미군 장병을 끌어들이기 위해 술과 여자와 도박판 위주의 위락 시설을 짓고 있다고 비난했다. 미국 부인단체가 UN군사령부와 한국 정부에 항의하는 소동까지 벌어졌다.

그럼에도 군사정부는 1962년 1월에 공사에 착공해 그해 12월에 완공했으며, 1963년 4월 8일에 개관했다. 하지만 본래 목적인 미군 장병을 유치하는 데 실패해 적자 경영에 시달려야 했다. 이렇듯 비난을 감수하고 미군 유치에 실패할 것이 뻔한데도 군사정부가 워커힐 건설을 무모하게 밀어붙인 것은 바로 공사 자금을 횡령하고, 공사 과정에서 얻을 비밀스러운 수익을 차지하기 위해서였다.

4대 의혹 사건의 세 번째는 새나라자동차사건인데, 이 또한 중앙정보부가 주도했다. 일본에서 2000여 대의 자동차를 불법으로 반입한 뒤, 시중가보다 2배 이상 높은 가격으로 국내 시장에 판매해 2억 5000만 원의 폭리를 취한 것이다.

새나라자동차는 일본에서 수입한 부품을 조립해 파는 자동차회사였다. 그래서 국가재건최고회의는 '자동차공업보호법'을 마련해 일본에서 수입하는 자동차 부품에 대해서는 관세를 붙이지 않았다. 그런데 중앙정보부는 이 법을 악용해 부품이 아닌 닛산 자동차 완성품 2000여 대를 무관세로 들여와 시중에 판매해 엄청난 폭리를 챙겼다. 물론 여기서 얻은 자금은 공화당 창당 자금으로 흘러들어 갔다.

의혹 사건의 마지막은 일명 '파친코'라고 부르는 회전당구기와 관련된 사건이다. 중앙정보부는 당시 법적으로 금지되어 있던 도박기계인 회전당구기를 세관을 속이고 국내에 반입해, 영업 허가를 내주고 돈을 받는 수법으로 자금을 모았다. 이 때문에 서울에는 한동안 파친코 열풍이 불었다.

이렇듯 군정시대의 4대 의혹 사건은 모두 군사반란 세력이 중앙정보부를 앞세워 공화당 창당 및 정치자금을 마련하기 위해 저지른 불법 행위였다. 이 4대 사건을 두고 세간에서는 구악(舊惡)을 없애겠다며 등장한 혁명 세력이 신악(新惡)을 만들어내고 있다고 조소했다.

결국 이 사건들이 드러나자 군정의 2인자였던 김종필은 일시적으로 정계에서 은퇴해 외국으로 떠났고, 중앙정보부의 일부 간부와 관련자들은 군법회의에 회부되어 구속되었다. 하지만 4대 의혹 사건으로 조성된 자금의 행방은 끝내 밝혀지지 않았다. 이 사건들이 모두 공화당 창당과 박정희의 대통령 출마 시기에 걸쳐 있다는 점에서 그 엄청난 돈이 창당과 대선에 쓰였을 것이라는 의혹만 남겨놓았다.

한일 국교정상화

한일 국교정상화는 1965년 6월 22일 도쿄에서 조인한 한일 기본조약에 근거해 이루어졌다. 한일기본조약은 4개 협정과 25개 문서로 되어 있는데, 정식 명칭은 '대한민국과 일본국 간의 기본 관계에 관한 조약'이다.

이 조약을 구체적으로 살펴보면, 4개 협정은 첫째, 어업에 관한 협정, 둘째, 재일교포의 법적 지위 및 대우에 관한 협정, 셋째, 재산 및 청구권에 관한 문제의 해결과 경제 협력에 관한 협정, 넷째, 문화재 및 문화 협력에 관한 협정 등이다. 25개의 문서는 협정 부속서 2건, 교환 공문 9건, 의정서 2건, 구술서 4건, 합의 의사록 4건, 토의 기록 2건, 계약서 2건, 왕복 서간 1건 등이다.

한일 국교정상화 작업은 6·25남북전쟁 중인 1951년 10월에 처음 시작되었으며, 이후 여러 차례에 걸쳐 회담을 가진 끝에 약 14년 만에 한일기본조약을 체결하기에 이르렀다. 하지만 이 과정은 결코 순탄치 않았다.

한일협정은 처음부터 미국의 강력한 압력을 배경으로 이루어졌다. 미국은 1951년 9월에 일본과 샌프란시스코강화조약을 체결하고 미일 동맹관계의 기반을 닦았다. 이는 미국이 소련을 비롯한 공산주의 세력을 견제하기 위한 전략적 요충지 확보 계획의 일환이었다. 그리고 일본은 미국과 동맹해 서방 세계에 편입하려는 의지를 가지고 있었다. 그러나 일본에게 피해를 입은 한국을 포함한 아시아 국가들이 샌프란시스코강화조약을 반대하자, 일본은 미얀마, 인도네시아, 필리핀, 남베트남 등에 피해 보상을 하는 것으로 반발을 무마했다. 그런 가운데 미국은 미일안전보장조약을 체결해 한·미·일 동맹 체제를 구축했는데, 한국과 일본의 국교가 수립되지 않아 동맹관계의 한계를 드러냈다. 이에 미국은 이승만 정부에 압력을 행사해 일본과 국교를 정상화할 것을 요구했다. 그러나 이승만 정부의 반일주의적 성향으로 뜻을 이루지 못했다.

이후 군사정부가 들어서자 미국은 다시 박정희에게 한일관계를 정상화할 것을 강권했다. 이에 박정희는 1961년 11월에 일본을 방문해 이케다 총리에게 경제원조를 의미하는 "도와달라"라는 발언을 했고, 1962년에는 중앙정보부장 김종필을 일본에 파견해 오히라 마사요시 외무부장관과 한일협정의 개략을 합의했다.

이때 김종필은 오히라에게 3가지 핵심 사항을 요구했다. 첫째, 과거 피해에 대한 청구권은 무상 공여를 포함해 3억 달러로 하고 6년 분할로 지불할 것, 둘째, 장기 저리 차관 3억 달러를 제공할 것, 셋째, 한국의 대일 무역 청산 계정 4600만 달러는 청구권 3억 달러와 별도로 취급할 것 등이었다.

이러한 김종필의 메모를 분석해보면, 모든 청구권에 대해 3억 달러를 받는 것으로 청산하되 일본에 무역으로 진 빚 4600만 달러는 이 3억 달러에서 상쇄하지 않으며, 3억 달러의 차관을 장기 저리로 빌려달라는 내용이다. 말하자면 모든 청구권을 3억 4600만 달러로 대체하고, 경제원조 차원에서 3억 달러를 빌려달라는 것이었다.

이에 대해 오히라는 청구권 3억 달러는 받아들이되, 지불 기한을 12년으로 정하고, 한일 무역 계정에서 대일 부채로 남은 4600만 달러는 3억 달러에서 상쇄하고 지불하겠다고 했다. 또한 차관은 청구권과 별개의 문제로 추진할 것을 주장했다.

이러한 의견 차이에 대해 서로 양보하고 합의한 사항은 다음과 같다.

① 무상 공여로 3억 달러를 10년에 나누어 제공하되, 그 기한을 단축할 수 있다.

내용은 용역과 물품 한일 청산 계정에서 대일 부채로 남은 4573만 달러는 3억

달러에서 상쇄한다.

② 대외 협력 기금 차관으로 2억 달러를 10년에 나누어 제공하되, 그 기간은 단축

할 수 있다. 7년 거치 20년 분할 상환, 연리 3.5%(정부 차관).

③ 수출입은행 조건 차관으로 1억 달러 이상을 제공한다. 조건은 케이스에 따라

달리한다. 이것은 국교정상화 이전이라도 실시할 수 있다(민간 차관).

합의 내용을 간단히 요약하면 대일 청구권을 포기하는 대신 무상 공여 3억 달러, 유상 공여 2억 달러, 상업 차관 1억 달러를 10년에 나눠서 제공하겠다는 것이다.

이렇듯 한국과 일본 사이에 비밀 합의가 이뤄지는 동안 미국의 압력은 한층 거세졌다. 미국 국무부는 1962년 7월에 주한미국대사관에 훈령을 전달해 일본이 한국에 경제원조를 하는 방식으로 과거사를 정리하고, 만약 한국이 이를 받아들이지 않으면 미국의 경제원조를 다시 검토하겠다는 협박을 하라고 지시했다. 이 때문에 박정희 군사정부는 미국의 압박을 이기지 못하고 저자세로 일본과 국교정상화 작업을 서둘렀다.

1963년 8월에 박정희는 대표적인 친일 기업가 박흥식을 비밀 특사로 삼아 기시 노부스케 총리에게 편지를 보내 국교정상화 추진을 논의했다. 한편 미국은 1964년 1월에 로버트 케네디 법무부장관을 한국에 보내 빨리 한일회담을 개최해 국교를 정상화할 것을 주문했고, 이어 러스크 국무부장관이 방한해 조속한 타결을 요구했다.

미국은 소련과 중국이 아시아에 대한 영향력을 확대하기 전에 일본 중심의 군사·경제 방어 체제를 구축하기 위해 혈안이 되어 있었다. 그렇게 되면 미국이 일본을 손아귀에 쥐고 아시아 지역의 군사권과 경

제권을 장악할 수 있다고 판단했다. 미국은 이러한 계획을 조속히 실천하기 위해 한국과 일본의 국교정상화가 절실했고, 이 때문에 박정희 군사정권을 압박해 터무니없이 낮은 보상액을 제시하는 일본의 제안을 받아들이도록 했다.

하지만 한국 국민의 감정은 김종필과 오히라의 합의와는 전혀 달랐다. 국민은 이 합의를 굴욕외교로 규정했다. 합의 내용에는 일본의 반성도, 자금 제공의 명목도 전혀 명시되지 않았기 때문이다. 더구나 이승만이 설정한 평화선도 포기함으로써 어업권까지 일방적으로 양보하는 내용이었다.

국민은 김종필의 합의 내용에 대해 강력하게 반발했다. 한일협정 반대 시위가 잇따랐고, 이 과정에서 박정희는 최두선 내각을 모두 사퇴시키고 정일권을 국무총리로 임명해 새로운 내각을 조직했다. 하지만 시위는 더욱 과격해졌고, 정권 퇴진 요구로 번지기 시작했다. 1964년 6월 3일, 전국에서 10만 명이 넘는 학생과 시민이 시위를 벌이며 박정희 정권 퇴진을 외쳤고, 서울에서는 시위대가 청와대 근처까지 밀려들었다.

그러자 박정희는 비상계엄령을 선포하고 대대적인 검거 작업에 돌입했다. 그 결과 540명이 군사재판에 회부되고, 86명이 민간재판에 넘겨졌다. 이후 박정희는 한일협정에 반대하는 국민의 목소리를 외면하고 회담을 지속해 1965년 2월에 한일기본조약을 조인하고, 4월에 한일어업협정을 맺었다. 그리고 1965년 6월 22일에 한일기본조약이 정식으로 조인되었다. 그해 8월 14일에는 여당 단독으로 국회를 열어 한일기본조약을 비준하고, 12월 18일에 두 나라의 비준서를 교환함으로써 한일 국교정상화 작업을 마무리 지었다.

이때 비준된 4가지 협정 내용을 살펴보면 다음과 같다.

우선 한일어업협정에서는 이승만 시대에 마련한 평화선이 일본 측의 강력한 요구에 따라 무력화됨으로써 독도 인근을 한일 공동어로 구역으로 설정하게 되었다. 이는 독도를 둘러싼 갈등의 빌미가 되었고, 한일기본조약이 굴욕외교의 결과라는 비판의 근거가 되었다.

두 번째, '재일교포의 법적 지위 및 대우 협정'은 일본에 거주하는 조선 국적자 중에서 한국 국적을 선택한 사람에 대해 영주권을 허락하는 것을 골자로 한다. 이 협정 이전까지 일본에 거주하던 동포들은 조선 국적을 가지고 있었으나 협정 이후 한국 국적과 조선 국적으로 나뉘게 된다. 당시 조선 국적은 북한을 의미하는 것이 아니라 한반도 전체를 의미하는 것이었다.

세 번째, '재산 및 청구권에 관한 문제의 해결 및 경제 협력에 관한 협정'이 조인되었다. 이에 따라 일본은 조선에 투자한 자본과 일본인의 개별 재산을 모두 포기하고, 3억 달러의 무상 자금과 2억 달러의 차관을 지원하고, 대신 한국은 대일 청구권을 포기하는 것을 골자로 한다. 이 때문에 일본은 지금도 일본군 위안부와 같은 개인적 피해에 대한 배상을 거부하고 있다.

네 번째, '대한민국과 일본국 간의 문화재 및 문화 협력에 관한 협정'은 일본이 반출한 한국의 문화재를 한국으로 인도한다는 내용이다. 여기서 반환이 아닌 '인도'라는 용어를 사용함으로써 모호하게 해석할 수 있는 여지를 남겼다. 또한 실제로 반환된 문화재는 강릉 한송사지 석불상을 비롯한 몇 점에 지나지 않았다.

이렇듯 한일기본조약은 대부분 일본에 유리하게 되어 있어 굴욕외교라는 비판을 받았다.

베트남전쟁 파병

정권을 안정시키려면 경제성장이 필수적이라고 판단한 박정희는 재정을 확보하기 위해 미국과 일본의 원조에 사활을 걸었다. 이 때문에 한일 국교정상화와 베트남전쟁 참전이라는 2마리 토끼를 잡으려 했다. 한일 국교정상화는 일본에서 돈을 끌어올 수 있는 유일한 방법이었고, 베트남전쟁 참전은 미국에서 돈을 끌어내고 한국군의 힘을 증강시키면서 미국과의 안보 협력을 강화하는 일석삼조의 방책이라 판단했던 것이다.

베트남 파병은 미국의 요청을 받기 전부터 박정희의 요망 사항이기도 했다. 박정희는 군사정권을 수립하고 6개월이 채 안 된 1961년 11월에 미국을 방문해 케네디 대통령을 만났다. 이 자리에서 박정희는 한국 군대를 베트남전쟁에 참전시킬 용의가 있다는 발언을 했다. 1962년 5월 12일에는 군사고문단을 베트남에 파견하고, 극비리에 파병 계획을 수립했다. 이때까지 케네디는 한국의 참전을 고려하지 않고 있었다.

하지만 1963년 11월 22일, 케네디가 암살되고, 린든 존슨이 미국 대통령이 되었다. 이어 1964년 5월 2일 호찌민에 정박해 있던 미국 수송선이 베트콩에 의해 격침되었다. 그러자 존슨 대통령은 한국을 비롯한 여러 국가에 지원을 호소했다. 또 8월 2일과 4일에는 연달아 통킹만사건이 발생했다(통킹만사건은 북베트남이 미국의 구축함을 두 차례 공격했다는 내용으로, 미국의 조작이라는 설이 유력하다).

미국이 통킹만사건을 조작한 것은 참전 명분을 얻기 위함이었다. 베트남은 2차 세계대전 이전에 프랑스의 식민지였다가 일본의 팽창으로 일본의 지배를 받았다. 그러다 2차 세계대전이 연합군의 승리로 막을 내리자, 승전국인 미국은 베트남을 다시 프랑스의 지배 아래 두려 했다.

하지만 베트남 독립 세력은 프랑스의 지배를 거부했고, 호찌민이 이끌던 공산주의자들은 북베트남을 근거지로 삼아 독립을 선언했다. 이에 프랑스가 하이퐁 지역을 폭격하면서 북베트남과 프랑스 사이에 전쟁이 발발했다. 하지만 프랑스는 막강한 화력에도 불구하고 전술의 실패와 지역적 한계를 극복하지 못하고 패전했다. 1954년 7월 21일 제네바협정에서 북위 17도선을 휴전선으로 설정함으로써 베트남은 남북으로 분단되었다. 당시 제네바협정에서는 1956년에 남북 통합선거를 실시해 베트남을 통일하려 했으나 남베트남의 허수아비 황제 바오다이가 총선거 이행을 거부함으로써 분단상태가 이어졌다.

당시 미국은 프랑스와 북베트남의 전쟁 과정에 깊숙이 개입해 프랑스를 지원하고 있었고, 프랑스가 남베트남에서 물러난 뒤에는 프랑스를 대신해 남베트남의 배후 세력이 되었다. 이런 상황에서 남베트남은 부정과 부패가 넘쳐났고, 급기야 미국의 후원 아래 쿠데타가 일어나 군부정권이 들어섰다. 이에 '베트콩'이라고 불리는 남베트남해방민족전선이 조직되어 남베트남을 공산화하려 하자, 미국은 베트남의 공산화가 인도차이나반도 전체로 확산될 것을 우려해 전쟁을 계획하게 된 것이다. 통킹만사건을 빌미로 미국은 2척의 항공모함을 급파해 베트남의 유류 저장고를 집중적으로 공격함으로써 전쟁을 일으켰다.

한편 미국의 요청을 받은 박정희는 1964년 7월 30일에 국회에서 파병동의안을 이끌어냈고, 그해 9월 11일 베트남에 군대를 파견했다. 이때 파견된 군대는 외과병원 인력 및 태권도 교관 등 140명에 불과했지만 그 후에도 한국군의 파병이 계속되었다. 1965년 3월에는 1개 공병대대, 1개 경비대대, 1개 수송중대, 1개 해병·공병중대 등으로 구성된 비둘기부대가 파견되었고, 이후 미국의 요청에 따라 전투부대인 맹호부대와 백마부대가 참전했다. 또 군수지원사령부인 십자성부대, 해군으로 구성된 백구부대와 청룡부대가 베트남으로 떠났다.

이렇게 해서 한국은 1년 동안 병력 5만 5000여 명을 베트남에 파병하고, 민간인 1만 6000여 명을 파견했다. 이후 1973년 3월, 베트남에서 철수할 때까지 약 32만 명이 파병되었고, 그중 5000여 명의 전사자와 1만 2000여 명의 부상자, 1만 8000여 명에 이르는 고엽제 피해자가 발생했다. 또 이들은 전투 중에 북베트남군 4만 1000여 명을 사살한 것으로 기록되어 있다(미군 전사자는 5만 6000여 명, 부상자 20만여 명이며, 남베트남군은 전사자 20만여 명, 부상자 50만여 명이다. 북베트남군의 전사자는 90만여 명, 민간인 사망자 150만여 명, 부상자 300만여 명 등이다).

베트남 파병의 대가로 한국 경제는 10억 달러 이상의 외화를 벌어들였는데, 파월 장병의 참전 보수와 베트남에 파견된 민간인 기술자들의 수입에 의한 것이었다. 이 때문에 당시 한국군은 미국의 용병으로 불렸다.

이렇듯 목숨의 대가로 벌어들인 돈으로 한국 경제는 연평균 12%라는 경이로운 고도성장을 지속했다. 수출 10억 달러를 달성했으며, 경부고속도로를 닦고, 중화학공업의 기반을 다졌다. 그야말로 피의 대가로 일군 경제성장이었다.

삼성의 사카린 밀수와 김두한의 국회 오물 투척

1966년 4월, 부산세관을 통해 엄청난 물량의 사카린 원료가 밀반입되었다. 사카린은 값비싼 설탕 대신 식품의 단맛을 내는 데 쓰였다. 이때 밀반입된 사카린 원료 OTSA의 양은 무려 60톤에 가까운 2259포대 분량이었다. 밀반입의 주체는 삼성그룹의 계열사인 한국비료공업이었고, 이 일을 주도한 사람은 이병철의 아들 이맹희였다. 이맹희의 저서에 따르면 삼성과 박정희 정권이 짜고 행한 일이라고 한다.

당시 삼성은 울산에 한국비료공업 공장을 짓고 있었는데, 공장 설립 비용은 정부의 보증으로 일본 미쓰이에서 상업 차관 4200만 달러를 조달해 해결하기로 했다. 이때 미쓰이가 차관 4200만 달러 대신 기계류를 공급하고, 기계류 공급 리베이트로 100만 달러를 삼성에 주겠다고 했다. 삼성의 이병철은 이 사실을 박정희에게 알렸고, 박정희와 이병철은 100만 달러를 현금 대신 밀수품으로 대체해 들여오기로 합의했다는 것이다.

박정희의 묵인 아래 밀수를 감행하기로 한 삼성 측은 평소에 정식 절차를 통해 들여오기 힘든 공작기계와 건설기계도 함께 반입하기로 하고, 변기·냉장고·에어컨·전화·스테인리스판 등을 추가하고, 사카린 원료도 끼워 넣었다. 시장에 내놓으면 몇 배의 수익이 보장된 물품이었다.

박정희 정권의 도움을 받아 은밀히 진행된 밀반입 작전은 초기에는 성공한 듯 보였다. 그래서 삼성은 사카린 원료를 금북화학에 매각하는 데도 성공했다. 하지만 부산세관에서 뒤늦게 사카린 원료가 밀수입된 정황을 포착하고, 1966년 5월 24일에 삼성의 밀수 사실을 적발했다. 이어 6월에는 사카린 원료 1059포대를 압수하고 벌금 2000여만 원을 부과했다.

하지만 사건은 이것으로 마무리되지 않았다. 그해 9월 15일에 《경향신문》이 이 사실을 특종으로 보도하자, 삼성 소유의 언론을 제외한 모든 언론이 일제히 비난의 글을 쏟아냈다. 삼성은 《중앙일보》와 동양방송을 동원해 밀수가 아니라 합법적인 방법으로 사카린을 들여왔다고 항변했다.

하지만 여론은 삼성에 대한 비난 일색이었다. 그뿐 아니라 삼성 소유의 언론사에 대한 여론도 악화되었다. 이쯤 되자 위기의식을 느낀 박정희는 재벌과 언론기관의 분리를 위한 법적 조치를 연구하라는 지시를 내렸다. 그러자 동양방송은 사과 방송을 내보냈고, 삼성을 두둔하던 출연자들에 대해서도 1달간 출연정지 조치를 취했다.

그 무렵 국회에서도 사카린 밀수를 비난하는 여론이 비등했다. 9월 22일 열린 국회에서 공화당 의원 이만섭은 이병철과 부산세관장을 구속해야 한다고 주장했다. 또 민주당의 김대중 의원도 이병철의 즉각 구속을 요구했다.

이어 등장한 김두한 의원은 하얀 보자기에 싼 2개의 통을 들고 연단에 올랐다. 그는 자신의 항일투쟁, 반공투쟁 등을 서설로 늘어놓더니, 박정희 정권을 부정부패를 합리화한 피고로 지목하면서 보자기를 풀고 "이것은 재벌이 도둑질해 먹는 것을 합리화시켜주는 내각을 규탄하는 국민의 사카린이올시다" 하며 통에 든 내용물을 국무위원석을 향해 뿌렸다. 그것은 다름 아닌 똥물이었다. 똥물을 뿌리면서 김두한은 소리쳤다.

"똥이나 처먹어 이 새끼들아! 고루고루 맛을 봐야 알지!"

그 똥물은 파고다공원 화장실에서 퍼온 것이라 했다. 똥물이 뿌려지자, 국무총리 정일권을 비롯해 경제기획원장관 장기영, 재무부장관 김정렴, 법무부장관 민복기, 상공부장관 박충훈 등이 뒤집어썼다.

김두한의 똥물 세례에 국민은 박수를 쳤다. 그 일로 김두한은 중앙정보부에 끌려가 모진 고문을 당하고, 국회에서 제명되었다. 그러나 국무위원들도 무사하지 못했다. 정일권은 내각의 일괄 사표를 제출했고, 법무부장관 민복기와 재무부장관 김정렴이 해임되었다. 궁지에 몰린 이병철은 급히 기자회견을 열고 천금 같은 한국비료공업을 국가에 헌납하고, 자신은 경제계에서 은퇴하겠다고 선언했다.

이후 이병철의 차남인 한국비료공업 상무 이창희가 구속되었고, 한국비료공업 직원들이 중앙정보부에 끌려가 고문을 당했으며, 한국비료공업의 주식 51%를 국가에서 몰수했다.

이맹희의 주장대로 삼성의 밀수 행위가 박정희의 후원 아래 이루어진 일이라면 이병철은 철저히 이용당하고 엄청난 손해만 본 채 쫓겨난 것이었다.

이 사건과 관련해《사상계》대표 장준하는 대구 수성 천변에서 열린 '특정재벌 밀수진상 폭로 및 규탄 국민대회'에서 "박정희야말로 우리나라 밀수 왕초다"라고 비판했다가 구속되기도 했다.

날치기로 통과된 3선 개헌

1969년 박정희는 헌법을 뜯어고쳐 대통령의 3선 연임이 가능하도록 했다. 1962년에 만든 제3공화국 헌법에 따르면 대통령의 임기는 4년이고, 1차에 한해 중임할 수 있는데, 박정희는 이를 고쳐 정권을 연장했던 것이다.

3선 개헌에 대한 논의는 박정희가 6대 대통령 선거에서 당선된 직후부터 공화당 내부에서 은밀히 시작되었다. 박정희는 1967년 5월 3일 실시된 대선에서 유효 득표수의 51.4%를 얻으면서 5대 대선에 이어 다시 붙은 윤보선을 물리치고 116만여 표의 차이로 승리했다. 1963년의 선거에서 15만 6000여 표 차이로 이긴 것에 비하면 엄청난 성과였다. 거기에다 1968년 6월 9일에 실시된 총선에서 공화당은 총 175석 중 129석을 얻었다. 단독으로 개헌을 단행할 수 있는 의석을 차지한 것이다. 이에 공화당은 마침내 3선 개헌을 공론화하기 시작했다.

개헌의 선두에 선 사람은 윤치영 공화당 의장 서리였다. 1968년 12월 경남도당 개편대회에 참석하기 위해 부산을 방문한 윤치영은 국민이

원한다면 헌법 개정을 단행하겠다고 말하면서 여론조사를 통해 국민의 의사를 묻겠다고 했다. 개헌 논의를 공식적으로 선포한 셈이었다. 윤치영의 논리는 조국 근대화와 조국 중흥이라는 민족 과업을 완수하기 위해서는 강력한 리더십이 필요하기 때문에 헌법의 문제점을 고쳐야 한다는 식이었다.

공화당이 개헌을 선언하자 야당인 신민당은 강력하게 반발했다. 공화당 내부에서도 반발이 만만치 않았다. 이에 박정희는 경제건설이 급선무라며 당분간 개헌을 거론하지 말라는 지시를 내렸다. 먼저 공화당 결속을 다질 요량이었다.

당시 공화당 내부에서 박정희의 재집권에 대해 가장 강력하게 반발하던 세력은 김종필계였다. 김종필은 박정희 이후를 노리는 거의 유일한 인물이었다. 1968년 5월에는 김종필계의 핵심 인사였던 김용태 의원이 김종필을 박정희의 후계자로 세우려다 제명되기도 했다. 김용태는 김종필 세력을 전국화하기 위해 만든 사조직 한국국민복지회의 회장이었는데, 1971년에 실시되는 7대 대선에 김종필 당의장이 출마해야 한다는 주장을 펼치며 3선 개헌 작업을 저지하자고 역설했다. 이 사안을 접한 박정희는 노발대발하며 김형욱 중앙정보부장에게 내막을 샅샅이 조사하라고 지시했다. 그 결과 김종필은 당의장에서 물러나야 했고, 한국국민복지회 간부들은 중앙정보부에 끌려가 혹독한 취조를 받고 당에서 제명되었다.

하지만 공화당 내부에서 3선 개헌을 반대하는 세력이 그것으로 자취를 감춘 것은 아니었다. 1969년 4월에 신민당은 권오병 문교부장관에 대한 해임 권고안을 제출했는데, 예상치 못한 결과가 나왔다. 해임 권고안이 통과된 것이다. 말하자면 공화당 내부에서 최대 48표 정도의 반란표가 나온 것이다. 이른바 '4·8항명파동'이라고 명명된 이 사건은 박정희를 바짝 긴장하게 했다. 박정희는 이 일을 공화당 총재이자 대통령인 자신에 대한 도전으로 간주하고, 개헌 추진 세력은 김종필 세력의 반란으로 규정했다. 분개한 박정희는 국회의원 5명과 중앙위원 11명 등 무려 93명의 당원을 제명 처분하는 강수로 응수했다.

그러자 김종필은 정계 은퇴를 선언했다. 하지만 박정희는 김종필을 불러 달랜 뒤, 그에게 3선 개헌의 총대를 맡겼다. 1969년 8월 14일 신민당의 성낙현, 조흥만, 연주흠 3명과 공화당 의원 108명, 정우회 11명, 도합 122명이 서명한 개헌안이 국회에 제출되었다.

신민당은 당명을 신민회로 바꾸는 편법까지 동원하며 개헌에 동의한 3명의 의원을 제명한 뒤, 개헌 반대 투쟁에 돌입했지만, 역부족이었다. 그해 9월 13일에 개헌안이 국회 본회의에 회부되었고, 야당은 이에 맞서 '개헌안 철회동의안'을 제출했으나 44명이 찬성표를 던지는 데 그쳐 성과를 얻지 못했다.

그날 오후 3시 50분쯤, 국회의장 이효상은 세 번째 정회를 선언했다. 이를 신호로 개헌을 찬성하는 공화당 및 무소속 의원 122명은 본회의장을 빠져나가 상임위 단위로 주변 호텔에 투숙했다. 야당 의원들은 단상을 점거하고 농성을 지속했다. 이튿날 새벽 2시에 그들은 국회 제3별관으로 모여들었고, 새벽 2시 50분에 3층의 특별위원회실에 집결해 개헌안을 날치기 통과시켰다. 이때 국회 의사봉이 준비되지 않아 국회 직원이 가져다준 주전자 뚜껑으로 책상을 세 차례 내리치는 것으로 대신했다고 한다.

이때 개정된 헌법 내용은 다음과 같다.

32조 2항 "국회의원의 수는 150인 이상 200인 이하의 범위 안에서 법률로 정한다"를 "국회의원 수는 150인 이상 250인 이하의 범위 안에서 법률로 정한다"로 한다.

39조 "국회의원은 대통령, 국무위원, 지방의회의원, 기타 법률이 정하는 공사의

직을 겸할 수 없다"를 "국회의원은 법률이 정하는 공사의 직을 겸할 수 없

다"로 한다.

61조 2항 단서 조항 "대통령에 대한 탄핵소추는 국회의원 50인 이상의 발의와 재

적 의원 3분의 2 이상의 찬성이 있어야 한다"를 추가한다.

69조 3항 "대통령은 1차에 한하여 중임할 수 있다"를 "대통령의 계속 재임은 3기

에 한한다"로 한다.

부칙에 "이 헌법은 공포한 날로부터 시행한다."

개정된 내용의 골자를 정리하면 대통령은 3선까지 가능하고, 국회
의원은 250명까지 늘리며, 국회의원은 공직을 겸임할 수 있으며, 대통
령의 탄핵소추는 어렵게 만든다는 것이었다.

따라서 단순히 대통령의 3선만 가능한 것이 아니라 장관이나 경호
실장, 중앙정보부장 등도 국회의원을 겸직해 국회를 감시할 수 있는
체제를 만들고, 동시에 대통령 탄핵소추는 거의 불가능하도록 만든 법
이었다.

이 개헌안이 날치기 통과된 후 야당은 학생, 시민과 연대해 강력한
저지투쟁을 펼쳤으나 돌이키기에는 너무 늦은 일이었다. 박정희는 중
앙정보부와 경찰을 동원해 언론을 협박하고, 시민과 학생단체의 간부
들을 잡아들여 매질을 가했다.

그런 가운데 국민투표일은 10월 17일로 정해졌고, 개헌안을 관철시
키기 위해 박정희는 유권자들에게 돈과 밀가루를 뿌렸다. 이 때문에
'밀가루 대통령', '밀가루 헌법' 같은 말이 떠돌았다. 개헌안은 77.1%의
투표율에 65.1%의 찬성으로 통과되었다.

전태일의 분신

1970년 11월 13일, 서울 동대문 청계6가 구름다리 앞에서 23살의 청년이 몸에 석유를 끼얹고 분신했다. 그는 근로기준법 책을 손에 든 채 이렇게 외쳐댔다.

"우리는 기계가 아니다."

"근로기준법을 준수하라!"

"내 죽음을 헛되이 말라!"

그 청년은 청계천 평화시장 피복공장 재단사이자 노동운동가 전태일이었다. 온몸이 새까맣게 그을린 채 명동 성모병원으로 이송된 전태일은 어머니 이소선에게 마지막 말을 남겼다.

"어머니, 내가 못 다 이룬 일, 어머니가 꼭 이루어주세요."

그리고 배가 고프다는 말을 마지막으로 세상을 떠났다.

전태일은 1948년 대구에서 태어났다. 가난한 집에서 자란 그는 초등학교 때 서울로 이사 와서 16살의 어린 나이에 평화시장 안에 있던 삼일사에 견습공으로 취직했다. 이때 그가 받은 일당은 겨우 50원이었다. 14시간의 모진 노동의 대가는 고작 커피 한 잔 값에 불과했다.

어느 날 전태일은 근로기준법이라는 것이 있다는 사실을 알게 되었다. 그는 근로기준법 해설서를 찾아 읽고서는 비로소 자신을 포함한 주변의 노동자들이 전혀 법의 보호를 받지 못하고 있다는 것을 깨달았다. 이후 그는 '바보회'를 결성하고, 스스로 바보 신세를 면할 수 있는 길을 모색했다. 바보회를 중심으로 그는 청계천 노동자들이 처한 노동 실태를 조사하고, 업주들에게 노동조건을 개선해줄 것을 요구하기도 했다.

전태일의 조사에 따르면 평화시장에 근무하는 노동자의 평균 근무 시간은 14시간이었고, 사흘씩 밤잠도 자지 못하고 일하는 경우도 있었다. 업주들은 어린 노동자들이 잠을 자는 것을 막기 위해 약을 먹이거나 주사를 놓는 경우도 허다했다.

미싱사와 어린 시다들이 일하는 공간은 똑바로 일어설 수도 없는 다락방이었다. 물론 창문도 없었다. 그들은 대부분 만성 위장병, 신경통, 폐병 등에 시달렸고, 그곳에서 5년 이상 근무한 자 중에 환자가 아닌 사람은 거의 없었다.

전태일은 이런 열악한 노동조건을 개선하기 위해 업주들에게 노동자의 가장 기본적인 권리를 법으로 규정한 근로기준법을 설명하면서 노동환경을 개선해달라고 요구했다. 하지만 업주들은 환경을 개선하기는커녕 그를 해고해버렸다.

전태일이 바보회를 조직한 것이 1969년 6월이었고, 회사에서 내쫓긴 것은 그로부터 몇 달 뒤였다. 청계천에서 쫓겨난 그는 막노동판을 전전하다 1970년 9월에 다시 평화시장으로 돌아왔다. 동료들을 규합해 노동조건을 개선하기 위한 운동에 나선 것이었다.

그러나 노동조건 개선은 그리 쉬운 일이 아니었다. 당장 업주의 방해와 압력이 계속되었고, 관계 기관에서 압력과 협박을 받았다. 그런 가운데 전태일은 바보회 회원들과 함께 동양방송의 〈시민의 소리〉를 찾아가 평화시장 노동자들의 참혹한 현실을 방송으로 알리고 싶다고 했다. 그러나 언론은 냉정했다. 좀 더 구체적이고 명확한 자료가 있어야 방송에 내보낼 수 있다는 말로 거절했다.

전태일은 이번에는 노동청장 앞으로 진정서를 제출했다. 평화시장 피복제품상 종업원들의 노동조건을 개선해달라는 내용이었다. 그 내용은 눈 밝은 기자에 의해 신문기사로 실렸다. 《경향신문》 사회면의 톱 기사였다. '골방서 하루 16시간 노동'이라는 컷을 달았고, 부제로 '소녀 등 2만 명 혹사' 등의 내용이 실렸다. 전태일은 신문 300부를 사서 평화시장에 돌렸다. 기사를 본 평화시장의 시다와 미싱사들은 오랜만에 환호성을 지르며 노동조건 개선에 대한 원대한 희망을 가지기도 했다. 언론의 힘 덕분인지 업주와 노동청에서도 긍정적인 신호를 보냈다. 그러나 그뿐이었다. 업주와 노동청은 오히려 더 강하게 노동자들을 통제하기 시작했다. 설상가상으로 경찰까지 나서서 전태일과 바보회 회원들을 협박했다.

이에 저항하기 위해 그해 10월 24일에 노동자들이 모이는 대대적인 집회를 계획했으나, 사전에 알아챈 경찰의 방해와 협박으로 무산되고 말았다.

이렇게 되자 전태일은 마지막 저항 방법으로 분신을 택했다. 자신이 매일 다니던 그 길에서 몸에 석유를 붓고 스스로 자신의 몸을 불살랐다. 그렇게 해서라도 억압받는 노동자의 현실을 알리고자 했다.

전태일의 분신 소식을 듣고 서울대학교 법대생 100여 명이 학생장으로 거행하겠다며 그의 시신을 넘겨달라고 외쳤다. 서울대학교 상대생 400여 명은 무기한 단식 농성에 들어갔고, 이러한 항의 집회는 각 대학으로 번져갔다.

결국 11월 20일에 서울대학교 휴교령이 떨어졌다. 그러나 서울대학교 학생들은 농성을 계속했다. 다음 날에는 신민당 대통령 후보 김대중이 성명을 발표하고 전태일의 분신을 정치 쟁점으로 삼았다. 이어 전태일 정신을 구현하겠다는 내용을 선거 공약에 넣었다.

종교계에서도 기독교 신·구교가 합동으로 추모예배 형태로 항의운동을 벌였고, 동시에 각성운동을 지속하며 '도시 빈민 선교를 위한 수도권 특수지역 선교위원회' 같은 조직을 결성했다.

전태일의 죽음은 노동운동의 전환점을 마련했다. 억압과 공포에 질려 두려움으로 일관하던 노동계는 본격적인 저항운동을 시작했다. 전태일의 분신 소식이 알려진 후 그해 11월 25일에는 조선호텔에서 이상찬이 분신을 시도했고, 이듬해 2월에는 한국회관에서 김차호가 분신을 기도했다. 노동자들은 더는 참고만 있지 않았다. 곳곳에서 임금 체불과 노동력 착취에 항의하며 대규모 파업을 벌였고, 심지어 기물을 부수고 방화까지 하며 밀린 임금을 받아내기도 했다.

1971년 한 해 동안 발생한 노동투쟁 사건은 무려 1600건이 넘었고, 이는 1970년에 일어난 분규사건의 10배가 넘는 수치였다.

전태일의 죽음은 이렇듯 한국 노동운동에 새로운 씨를 뿌리는 계기가 되었다. 대학생들은 노동자들의 비참한 현실을 생각하며 노동운동에 뛰어들어야 한다는 사명감을 가지게 되었고, 종교인은 열악한 도시 노동자들의 노동환경을 개선하기 위해 새로운 길을 모색했으며, 정치인들은 노동 문제를 새로운 화두로 삼았다. 그리고 노동자들은 스스로 자신들의 문제를 해결하기 위해 노조 결성 운동에 박차를 가했다.

유신헌법 공포

1969년의 3선 개헌을 기반으로 박정희는 1971년에 7대 대통령 선거에 출마했다. 이때 야당인 신민당은 원내총무 김영삼의 '40대 기수론'에 힘입어 새로운 바람을 불러일으키고 있었다. 김영삼의 40대 기수론에 따라 김영삼을 비롯해 김대중과 이철승, 40대 3인이 후보로 나섰다. 이들 중 후보 당선이 유력한 인물은 김영삼이었다. 그러나 김영삼은 1차 투표에서 1위에 올랐지만 과반수를 넘지 못했다. 이어 2차 투표가 실시되었는데, 1차에서 2위에 그쳤던 김대중이 후보로 당선되는 파란이 일어났다.

40대의 젊은 기수 김대중은 곧 전국을 돌며 지지세를 늘려갔고, 박정희는 야당의 바람몰이에 당혹감을 감추지 못했다. 이후 박정희는 관권을 동원해 지역감정을 부추기는 흑색선전물을 뿌리고, 선거 정국을 지역 대결로 몰아갔다. 그 결과 4월 27일에 치러진 선거에서 박정희가 95만여 표 차이로 김대중을 누르고 7대 대통령에 당선되었다.

비록 당선되기는 했지만 정치의 중심지인 서울에서는 김대중에게 20%가량 뒤진 결과였다. 박정희의 승리는 주로 농촌, 그것도 경상도 지역에서 몰표가 나온 덕분이었는데, 이러한 배경에는 관권 개입과 금권 살포가 있었다. 이 때문에 국민의 불만이 컸는데, 이는 곧 5월에 실시된 국회의원 총선거에 반영되었다. 5월 25일에 치러진 총선에서 신민당은 의석의 43.6%를 확보해 개헌 저지선을 훨씬 상회하는 표를 얻었다. 말하자면 박정희가 합법적으로 더는 대통령 자리에 머물 수 있는 길은 사라진 셈이었다.

하지만 박정희는 영구 집권의 야욕을 버리지 않았다. 1972년 10월 17일, 박정희는 느닷없이 비상계엄령을 내리고 국회를 해산한 후, 정당 활동을 금지해버렸다. 그리고 이른바 '10월 유신'을 선언함으로써 헌법을 정지시키고 독재자의 길로 들어섰다.

박정희가 10월 유신을 선언하던 그때 남북관계는 7·4남북공동성명으로 화해 분위기를 연출하고 있었고, 덕분에 한반도는 통일의 열기로 달아올랐다. 국회에서는 국정감사가 한창 진행되고 있었다.

국정감사를 진행하던 의원 중에 악질로 분류된 정치인들은 중앙정보부와 육군보안사령부로 끌려가 물고문 등의 잔인한 고문에 시달렸다. 실미도사건을 폭로했던 이세규 의원은 고문의 고통을 이기지 못해 자살 시도까지 했다. 그리고 거물급 정치인들은 대부분 가택연금되었다.

그런 가운데 대통령 종신제를 골자로 하는 헌법 개정안이 제출되었고, 11월 21일 공포 분위기 속에서 진행된 국민투표에서 91.5%라는 압도적인 찬성으로 새로운 헌법이 탄생되었으니, 이것이 곧 유신헌법이다.

유신헌법은 거수기 조직이라 할 수 있는 통일주체국민회의를 통해 대통령을 간접선거로 선출하도록 했고, 대통령은 국회를 해산할 수 있으나 국회는 대통령을 탄핵할 수 없도록 했다. 또 국회의원 3분의 1에 해당하는 전국구 의원 73명을 통일주체국민회의에서 선출할 수 있었는데, 이 의원들의 집단을 '유신정우회(유정회)'라 지칭했다. 박정희는 유정회 의원들과 공화당 의원들을 바탕으로 항상 3분의 2 이상의 국회의원을 확보해 언제든지 개헌을 실시하고자 했던 것이다.

박정희는 이 새로운 헌법에 따라 단독으로 8대 대통령에 출마했고, 11월 30일에 실시된 선거에서 99.99%의 지지율로 당선되었다.

하지만 유신 체제는 국민의 강력한 저항에 부딪혔다. 각계각층에서 반유신운동이 전개되었던 것이다. 이에 대응하기 위해 박정희는 툭하면 긴급조치권을 발동했다. 긴급조치 1호는 유신헌법을 부정하거나 반대 또는 왜곡, 비방하는 행위를 금지했고, 2호는 긴급조치 위반자들을 비상군법회의에 넘겼다. 긴급조치는 9호까지 이어지면서 갈수록 악랄해지고 폭력화되었다. 이 때문에 수많은 정치범과 양심수가 양산되었지만 반유신투쟁은 중단되지 않았다.

김대중 납치 사건

박정희가 유신 체제를 선언할 무렵, 1971년 대선에서 박정희의 간담을 서늘하게 했던 김대중은 일본에 머물고 있었다. 박정희가 유신 체제를 거론하며 비상계엄령을 선포하자, 김대중은 즉각 항의 성명을 발표했다. 김대중은 박정희가 영구 집권을 목표로 개헌을 시도하는 것이라고 비판하며 반유신투쟁을 전개하겠다고 밝혔다. 김대중은 곧 미국으로 건너가 '한국민주회복통일촉진국민회의(한민통)'를 조직했다. 이후 김대중은 도쿄에도 한민통 본부를 창설하려 했고, 이를 위해 1973년 7월 10일에 일본에 입국했다. 하지만 8월 8일에 김대중은 도쿄의 그랜드팔레스호텔에서 납치되고 말았다.

김대중의 납치를 주도한 인물은 이후락 중앙정보부장이었다. 김대중은 중앙정보부 요원들에게 납치된 뒤 바다로 끌려갔는데, 용금호라는 배에서 죽을 고비를 넘기기도 했다. 납치범들은 김대중의 팔과 다리를 묶고, 몸에 추를 매달아 바다에 빠뜨리려 했으나 때마침 비행기가 나타난 덕분에 간신히 살아남았다. 김대중을 납치한 것을 눈치챈 미국의 조치였다.

가까스로 목숨을 부지한 김대중은 8월 11일 밤 부산에 도착해 하룻밤을 넘기고, 12일 오후 서울에 있는 중앙정보부 안가에 끌려가 연금 조치되었다. 그리고 이튿날인 13일에 풀려나 동교동 자택으로 돌아왔다.

그러나 사건은 그것으로 끝나지 않았다. 일본에서 한국 정부에 의한 납치극이 벌어졌으니 일본은 당연히 주권 침해라고 보았고, 이는 심각한 외교 문제로 비화될 수 있었다. 거기에다 일본이 중앙정보부의 납치극에 일조했다는 의혹까지 일어 일본 정부도 난처한 입장이 되었다. 그도 그럴 것이 일본에서 출발한 배가 공해를 통해 빠져나갔으니, 일본 정부가 방조하지 않고는 일어날 수 없는 일이었던 것이다.

한편 북한의 남북조절위원장 김영주는 김대중 납치 사건의 주범으로 지목된 이후락을 즉각 남북조절위원회에서 해임하라고 요구했다. 김영주는 사람을 납치하는 '불한당'과는 어떠한 대화도 할 수 없다는 말을 덧붙였다. 미국도 박정희 정권을 곱게 보지 않았다.

이런 상황에서 대학생들은 김대중 납치 사건의 해명을 요구하며 중앙정보부를 해체하고 파쇼정치를 중단하라는 목소리를 높였다. 재야에서는 '민주수호국민협의회'를 결성해 반유신투쟁에 나섰고, 동시에 헌법개정청원운동본부를 결성해 100만인 서명운동에 나서기도 했다. 거기에다 《동아일보》 기자들은 김대중 납치 사건에 대한 보도통제에 항의하며 「언론수호 선언문」을 발표했다.

이렇듯 김대중 납치 사건은 외교가는 물론이고 국내 정세에도 엄청난 파란을 불러일으켰다. 죽을 고비를 넘긴 김대중은 이 사건을 계기로 한국 민주주의의 상징 같은 존재로 부상하며 세계적인 정치 거물로 성장했고, 역으로 박정희는 파렴치한 짓을 서슴지 않는 독재자로 낙인찍히게 되었다.

민청학련과 인혁당 재건위

1973년 3월, 종로경찰서 정보과 형사가 이화여자대학교 학생을 붙잡아 경찰서로 끌고 왔다. 운이 나쁘게도 그 여학생은 치마 속에 한 뭉치의 전단을 숨기고 있다가 전단을 떨어뜨리는 바람에 붙잡힌 상태였다. 전단은 4월 3일에 전국적으로 대학생이 총궐기를 단행한다는 내용이었다.

이때부터 경찰과 중앙정보부는 비상 상황에 돌입해 4·3궐기대회를 막으려고 안간힘을 썼다. 하지만 4월 3일 결국 서울대학교를 비롯한 서울 지역 7~8개 대학에서 시위가 벌어졌다. 선언문은 민청학련의 이름으로 발표되었다.

선언문을 요약하면 유신 체제를 폐기하고, 중앙정보부 해체와 노동악법의 철폐, 대외 의존 경제 청산 등을 요구하는 내용이었다.

박정희 정권은 이에 대해 긴급조치 4호를 발표하고, 학원에 대한 대대적인 공포정치를 실시했다. 심지어 학생들의 결석이나 시험 거부 행위까지도 징역형을 살게 하겠다는 내용을 담았다. 민청학련을 주도한 학생들에게는 현상금까지 붙여 지명수배를 내렸다. 수배된 학생들은 이철, 유인태, 강구철 등이었는데, 현상금은 최고 300만 원이었다. 당시 간첩 신고 포상금이 30만 원인 것을 감안하면 엄청난 액수였다. 거기에다 수배 대학생들을 숨겨주거나 보고도 신고하지 않으면 최고 징역형에서 사형까지 당할 수 있다는 엄포를 수배전단에 덧붙였다.

결국 위장과 변장으로 몸을 숨기고 다니던 이철 등은 붙잡혔고, 이후 중앙정보부는 민청학련을 정부 전복을 노린 불순 집단으로 몰아갔다. 그 결과 군법회의에 회부된 학생과 교수 및 정치인은 총 180명이었고, 그중 14명은 사형, 13명은 무기징역, 28명은 15년 이상을 구형받았다. 당시 형을 받은 대표적인 인물은 이철, 유인태 등 학생들과 윤보선 전 대통령, 박형규 목사, 김동길 교수, 김찬국 교수 등이었다.

재판 중 변호사 강신옥은 학생들을 변론하는 과정에서 사법살인을 거론하다 끌려 나가 구속되는 어처구니없는 일이 벌어지기도 했다. 이 사건에 기소된 사람들에게 내려진 선고 형량을 다 합하면 무려 1650년이나 되었는데, 이는 세계사에서 찾아보기 힘든 기네스북에 오를 만한 형량이었다.

박정희 정권은 그것으로 만족하지 않았다. 중앙정보부는 민청학련의 배후에 인혁당 재건위원회가 있다고 발표했다. 이른바 인혁당 재건위 사건이다.

인혁당 재건위는 1964년에 일어난 인혁당사건과 관련이 있었다. 1964년 김형욱 중앙정보부장은 한일회담을 반대하는 학생들의 배후에 인혁당이라는 정부 전복 세력이 있다고 발표했다. 물론 고문에 의해 조작된 사건이었다. 하지만 이 사건의 연루자 47명 중 13명이 유죄를 받았다.

인혁당 재건위는 1964년의 인혁당 세력이 민청학련을 조종하고 정부를 전복하기 위해 다시 뭉친 조직이라는 것이 중앙정보부의 발표 내용이었다. 중앙정보부는 발표하기 전에 인혁당 관련자들을 모두 잡아들여 연일 고문을 가했고, 허위 자백을 받아낸 뒤 인혁당 재건위 사건을 조작한 상태였다.

1975년 4월 8일, 인혁당 재건위 관련자 8명의 사형이 확정되었고, 그로부터 채 하루도 지나지 않은 4월 9일 새벽 6시에 김용원, 도예종, 서도원, 송상진, 여정남, 우홍선, 이수병, 하재완 등이 형장의 이슬로 사라졌다. 한마디로 사법살인이었다.

6 박정희 시대를 지탱한 인물들

박정희 시대의 국무총리들

박정희 시대는 8대부터 12대까지 모두 5명의 국무총리가 재직했다.

박정희 시대 첫 번째 국무총리를 지낸 인물은 최두선이다. 최두선은 1894년 태생으로 와세다대학교 철학과를 나왔으며, 독일 예나, 베를린 등지의 대학교에서 철학을 공부했다. 일제강점기에 중앙중학교장을 역임했다. 이후 해방될 무렵에는 경성방직 사장을 지내다가 1947년부터 1962년까지 《동아일보》 사장을 역임했다. 동시에 대한적십자사 총재와 UN총회 한국 대표 등을 겸직했으며, 박정희 정권이 들어서자 1963년 12월 17일에 8대 국무총리에 임명되었다. 하지만 1964년 5월 9일에 국무총리에서 물러나 경성방직 회장으로 돌아갔으며, 이후 대통령특사 등을 지내고 국민훈장 무궁화장을 받았다.

최두선에 이어 9대 국무총리가 된 인물은 정일권으로, 역대 국무총리 중에 가장 오랫동안 자리를 지켰다. 정일권은 1917년 함경북도 경원에서 태어났으며, 1940년에 일본 육군사관학교를 졸업하고 해방 후에는 한국군에 투신해 6·25남북전쟁 당시에는 30대 초반의 나이로 3군사령관을 지냈다. 1954년 육군참모총장에 올랐으며, 1956년에 연합참모회의 의장이 되는 등 군의 요직을 두루 거쳤다. 1957년에 예편한 뒤로는 튀르키예대사, 미국대사 등 외교관 활동을 했고, 5·16쿠데타 이후인 1963년에 외무부장관을 거쳐 1964년 5월 10일에 국무총리에 임명되었고, 1970년까지 무려 6년 동안이나 국무총리직을 수행했다. 국무총리 재임 말기에 정인숙사건에 휘말려 곤욕을 치르고 도덕성을 의심받기도 했다. 1970년 12월 20일에 국무총리에서 퇴임한 이후에는 공화당 상임고문을 맡았으며, 1971년에는 공화당 전국구 의원이 되었다. 1973년부터 1979년 사이에는 국회의장을 맡았으며, 만년에는 한국자유총연맹 총재로 활동했다.

10대 국무총리에 임명된 인물은 백두진이다. 백두진은 1908년 황해도 신천에서 태어났으며, 도쿄상과대학(지금의 히토쓰바시대학교)을 졸업했다. 이후 조흥은행에 들어가 은행원으로 지내며 식산은행장을 거쳐 재무부장관이 되었고, 1952년에는 국무총리 서리에 임명되었다가 1953년 4월부터 국무총리에 올라 1954년 6월까지 재임했다. 박정희 정권이 들어서자 공화당 국회의원을 지냈으며, 1970년 12월 21일에 다시 국무총리에 기용되어 1971년 6월 3일까지 재직했다. 국무총리에서 물러난 후에는 유정회 의원이 되어 의장을 맡았으며, 10대 국회에서는 국회의장이 되었다.

백두진에 이어 국무총리 자리를 물려받은 사람은 김종필이다. 김종필은 1971년 6월 4일에 국무총리에 올라 1975년 12월 18일까지 재임했으며, 유신 체제를 유지하는 데 지대한 역할을 했다.

김종필 후임으로 국무총리가 된 인물은 박정희 시대의 마지막 국무총리 최규하다. 최규하는 1975년 12월 19일에 국무총리 서리에 임명되었고, 이듬해 3월 13일에 국무총리가 되었다. 1979년 박정희가 피살되자 국무총리로서 대통령 권한대행이 되었다. 12월 6일에 10대 대통령에 당선되어 대통령직을 수행했으나 1980년 8월 16일에 사임했다(최규하에 대한 자세한 내용은 「4장 최규하 대통령실록」 참조).

경제기획원의 수장들

경제기획원은 1961년 7월 22일에 처음 출범했으며, 1994년 12월 23일 재무부와 통합해 재정경제원으로 개편될 때까지 33년간 한국 경제정책의 중심 역할을 한 정부 조직이다.

박정희는 쿠데타를 일으킨 지 불과 2달여 만에 경제개발 계획을 추진하기 위한 목적으로 경제기획원을 신설했다. 경제개발 계획의 이론적 토대는 월트 로스토의 경제성장 단계론이었다. 로스토는 미국의 경제학자로서 케네디 정권의 국가안보 담당 부보좌관을 지낸 인물이었다. 그는 한 국가가 후진국에서 벗어나는 가장 빠른 방법은 단계적 계획에 따른 경제성장이며, 이를 위해 국가는 강력한 힘을 가질 필요가 있다고 역설했다. 또한 그는 미국의 대척점에 있는 소련 중심의 공산주의 세력을 능가하는 가장 빠른 방법도 경제성장이라고 주장했다.

로스토의 경제이론에 경도된 박정희는 초대 경제기획원장관에 김유택을 임명했다. 김유택은 황해도 재령에서 태어났으며 서울대학교와 일본 규슈대학교 출신으로 한국은행과 재무부 등에서 근무했고, 재일한국대표부 대사를 지내는 등 일본의 경제에 밝은 인물이었다. 박정희는 그를 통해 미국의 원조와 일본의 자본을 기반으로 한국 경제를 일으키려 했고, 김유택은 박정희의 뜻을 충실히 받아들여 경제기획원의 토대를 닦는 일을 했다.

김유택은 경제기획원 초대 장관 자리에 1962년 3월 2일까지 있다가 군인 출신인 송요찬에게 물려주었고, 송요찬에 이어 미국 린치버그대학교 출신인 김현철이 잠시 맡았다. 송요찬의 경제기획원장관 재임 기간은 3개월 남짓이었고, 김현철의 재임 기간은 불과 22일이었다. 1962년 7월 10일에 다시 김유택이 4대 경제기획원장관에 올라 1963년 2월 8일까지 재직하며 경제기획원의 체제를 확립했다.

김유택이 잠시 자리를 비운 사이 상공부장관 출신인 유창순이 2달 남짓 경제기획원장관을 지냈고, 이어 농림부장관 출신인 원용석이 8개월가량 머물렀다.

그렇게 군사정권 시절이 흘러가고 박정희가 민선으로 대통령에 오르자, 김유택은 다시 경제기획원장관에 임명되었다. 1963년 12월 17일에 취임해 1964년 5월 11일까지 6개월 남짓 머물며 경제기획원을 안착시켰다.

김유택에 이어 경제기획원장관에 오른 인물은 장기영이었다. 김유택이 경제기획원을 입안하고 정착시킨 인물이라면 장기영은 경제기획원 중심의 경제정책을 강력하게 밀고 나간 인물이었다.

장기영은 상업고등학교 출신으로 체신부장관 등을 지내며 행정력을 두루 갖춘 관료였다. 그가 맡은 임무는 일본의 차관을 끌어들여 대기업에 적절히 분배하는 것이었다. 박정희의 경제정책은 처음부터 대기업 중심의 수출 주도형 경제였다. 이에 따라 일본에서 끌어들인 자본을 대기업에 나눠 주고, 그들 대기업을 앞세워 고속성장을 견인하려 했다. 하지만 이 과정에서 정경유착이 일어나고, 정치자금 문제도 불거졌다. 설상가상으로 한국비료공업의 사카린 밀수 사건까지 터졌다. 이런 상황에서도 장기영은 1964년 5월부터 1967년 10월까지 3년 5개월 동안 경제기획원장 자리를 지켰다.

장기영에 이어 경제기획원장관이 된 인물은 박충훈이었다. 박충훈은 일본 도시샤대학교 출신으로 상공부장관을 지냈다. 그가 경제기획원장관에 오른 1967년 당시 경제개발 5개년 계획은 1차를 끝내고 2차로 접어들었다.

1차 경제개발 5개년 계획은 경제기획원이 출범하던 1961년 7월에 시안이 발표되었는데, 이는 장면 정권이 이미 세워놓은 초안에 기초한 것이었다. 1차 계획은 1962년 초부터 1966년 말에 걸쳐 시행되었다. 이 기간의 목표는 경제의 후진성 극복과 국민경제의 자립적 성장이었다. 경제성장률 목표치는 평균 7.1%였지만 결과적으로 7.8%를 기록하면서 목표를 초과 달성하는 성과를 거두었다.

이어 1967년부터 실행된 2차 경제개발 5개년 계획은 장기영 시절에 시작되어 박충훈이 바통을 이었다. 2차 계획의 중점 목표는 고용의 확대, 중화학공업의 건설, 과학기술의 진흥이었다. 여기에 식량의 자급자족이 추가되었다. 2차 계획의 경제성장률 목표치는 평균 7%였다. 하지만 1967년 첫해, 농업 부문의 심대한 타격으로 오히려 마이너스 성장을 하고 말았다. 박충훈은 이에 대한 비난을 다 받아내야 했다.

그런 가운데 박충훈은 1969년 6월까지 경제기획원장관 자리를 고수하고 있었다. 다행히 그가 물러나던 1969년에는 경기가 하늘을 찌를 정도로 좋았다. 그런 운 좋은 상황에서 경제기획원장관 자리를 이은 사람은 김학렬이었다. 일본 주오대학교를 졸업한 그는 경제 관료로 잔뼈가 굵은 인물이었다. 경제기획원 출신으로 차관까지 지냈고, 재무부장관을 거쳐 경제정책의 수장인 경제기획원장관에 오른 것이다.

김학렬은 박정희의 경제정책 가정교사로 불릴 정도로 박정희와 죽이 잘 맞았다. 덕분에 김학렬 시대에는 한국 경제가 날개를 단 듯 상승일로를 걸었다. 김학렬은 2차 계획에서 성장률을 초과 달성해 평균 9.7%의 고성장을 이루었다. 1969년에는 성장률이 13.8%에 이르기까지 했다. 김학렬은 이렇듯 성장 중심의 경제 토대를 닦아놓고 1972년 1월 4일에 물러났다.

김학렬에 이어 경제기획원을 책임진 인물은 태완선이었다. 상공부 장관과 건설부장관을 거친 그는 이른바 제4공화국으로 불리는 유신 정권의 경제를 이끌었다. 태완선은 1974년 9월 18일까지 재임했는데, 이 시기에는 굵직굵직한 성과들이 많았다. 우선 1972년부터 3차 경제개발 5개년 계획이 시작되었다. 3차 계획의 목표 성장률은 8.6%였다. 결론부터 말하자면 3차 또한 연평균 성장률 10.1%를 기록했으니 계획을 초과 달성한 셈이었다.

3차 계획을 주도한 인물은 태완선과 그를 이어 경제기획원장관이 된 남덕우였다. 이 두 사람의 시대에는 그야말로 재벌 대기업 중심의 성장 신화가 이루어졌다. 특히 수출의 증가와 중화학공업의 약진은 대단했다. 3차 경제개발 5개년 계획 기간 동안 수출은 연평균 48.5%라는 엄청난 성장세를 이어갔고, 그 가운데 중화학공업이 차지하는 비율이 최고 33%까지 치솟았다. 1973년 5월에 중화학공업추진위원회가 조직되고 중화학공업을 전략 종목으로 채택해 집중 투자한 결과였다.

1974년 9월에 태완선에게서 경제 수장 자리를 이은 남덕우는 또 다른 영광을 맛보았다. 4차 경제개발 5개년 계획이 시작된 1977년에 수출 100억 달러를 달성하고 1인당 국민소득 1000달러를 달성한 것이다.

남덕우는 4차 계획의 기초를 다진 후 1978년 12월 22일에 물러났다. 그를 이어 경제를 이끈 수장은 신현확으로, 박정희 시대의 마지막 경제 수장이다. 그는 다소 불행했다. 대통령 박정희가 김재규의 총탄에 피살되어 정치적으로 불안정했고, 2차 오일쇼크까지 닥쳤기 때문이다. 거기에다 대기업 중심의 경제성장은 문제점을 노출하기 시작했고, 물가는 상승일로였으며, 그 결과 성장률은 떨어지고 있었다. 신현확은 그런 상황에서 2년 동안 경제 수장으로 있다가 1979년 12월 13일에 물러났다.

박정희 시대는 재벌 대기업 중심의 수출 주도형 경제성장을 추구했고, 경제 수장들은 그러한 박정희의 이념에 순응하며 한국을 고도성장 국가로 만들어놓았다. 이른바 '한강의 기적'을 일궈낸 것이다.

하지만 박정희 시대의 경제성장에는 밝은 면만 있는 것은 아니었다. 국가의 투자가 재벌에만 집중되다 보니, 재벌이 경제 전체를 지배하는 양상이 되었다. 1979년에 이르면 30대 재벌의 총매출액이 한국 경제 전체의 30%를 차지할 정도였다. 재벌은 분야마다 독과점을 형성하고 시장을 독점하다시피 했다. 그럼에도 재벌의 재무 구조는 매우 허술했다. 재벌 자산 증가분의 약 80%가 부채에 의존하고 있었던 것이다. 반대로 중소기업은 재벌의 하청업체로 전락하고 있었다. 말하자면 경제의 균형이 무너진 상황이었다. 이는 재벌 하나의 파산이 도미노 파산으로 이어져 결국 금융위기로 치달을 위험을 안고 있다는 의미였다.

수출 주도형 경제성장도 문제였다. 수출이 성장의 요체이다 보니, 모든 경제력이 수출에만 집중되었고, 이는 결과적으로 내수 기반을 약화시켰다. 말하자면 경제 자립성이 약해 외부 환경의 변화에 따라 경제가 크게 요동칠 수밖에 없는 구조적 한계를 만들어낸 것이었다. 1979년의 2차 오일쇼크가 이를 증명했다.

성장 중심의 경제는 노동환경과 국민의 복지도 등한시했다. 재벌 대기업은 수출로 벌어들인 외화와 정부 지원에 힘입어 몸집 불리기 경쟁에 열을 올렸고, 이는 결과적으로 부동산 가격이 치솟게 하고 물가를 가파르게 상승시켰다. 이 때문에 대다수 서민은 가난의 고통에서 벗어날 수 없었고, 노동자의 환경은 열악함을 면치 못했다.

이러한 어두운 면에도 불구하고 박정희 시대의 경제는 기적에 가까운 성장을 지속했고, 수많은 일자리를 창출해냈다. 또한 농업국가에서 중공업국가로 탈바꿈했고, 국민의 전체 소득을 향상시켜 절대적인 가난에서 벗어나는 계기를 마련했다.

중앙정보부의 부장들

온갖 정치공작과 민주 인사에 대한 고문을 자행한 중앙정보부는 박정희 정권의 가장 든든한 권력 기반이었다. 그래서 중앙정보부장은 권력의 2인자로 인식되었는데, 총 8명이 중앙정보부장 자리를 이었다.

1대 중앙정보부장은 중앙정보부를 창설한 김종필이었다. 그는 자칭 군사혁명의 핵심 인물이었고, 박정희 시대의 2인자였다. 그가 중앙정보부를 창설한 것은 1961년 6월 10일이었다. 쿠데타를 일으킨 지 채 1달도 안 된 상황에서 중앙정보부가 창설된 것은 박정희 정권의 권력 기반이 바로 중앙정보부였음을 시사한다. 중앙정보부를 창설한 목적은 정보 및 보안 업무의 조정과 감독에 관한 사무를 맡기 위함이었다. 하지만 실제 목적은 정권 유지를 위한 정치 테러 및 사건조작과 공작 등이었다. 이러한 목적을 실현하기 위해 중앙정보부는 국내외를 막론한 정보 수집 권한을 가졌고, 내란과 외환의 죄를 관리할 수 있었으며, 반란죄와 이적죄 및 군사기밀 누설죄에 관련한 조치와 군사기밀보호법이나 국가보안법 및 반공법 관련 범죄에 대한 수사권을 쥐었다. 한 마디로 무소불위의 권력을 휘두르는 기관이었다.

김종필은 이 기관을 통해 자신들이 세운 군사정권을 철저히 비호하고, 권력의 영구적인 존속을 위해서는 무슨 일이든 거침없이 진행했다. 그가 중점적으로 매달린 일은 한일 국교정상화였다. 그러나 한일회담의 내용과 결과에 대한 국민의 저항이 거셌고, 그는 중앙정보부장 자리에 더는 머물 수 없게 되었다. 또한 김종필은 정치적 야심이 컸다. 때문에 권력의 지팡이라고 할 수 있는 중앙정보부장에 만족하지 않았다. 그는 1963년 1월 6일에 김용순에게 자리를 넘기고 중앙정보부를 떠났다. 김용순은 1달 보름 동안 중앙정보부장 자리를 지키다 김재춘에게 자리를 내주고 물러났다.

　김재춘은 육군사관학교 5기 출신으로 쿠데타 당시 핵심적인 역할을 했던 인물인데, 그가 중앙정보부를 맡자 육군사관학교 8기들의 경계가 만만치 않았다. 결국 김재춘은 부장에 오른 지 불과 5개월 만에 육군사관학교 8기 김형욱에게 자리를 넘기고 밀려났다.

　김형욱이 중앙정보부장이 된 것은 1963년 7월 12일이었다. 이때는 박정희가 대통령 후보로 출마해 대선전이 한창이었다. 김형욱은 중앙정보부를 이용해 박정희의 대선 승리에 결정적인 공을 세운다. 불과 15만 표 차이로 대선에서 이긴 것은 어쩌면 중앙정보부의 승리라고 해도 과언이 아닐 것이다.

　이후 김형욱은 중앙정보부를 권력 유지를 위한 일이라면 무슨 짓이라도 하는 괴물로 만들어버린다. 덕분에 김형욱은 중앙정보부장 자리에 무려 6년 3개월 동안 머무르면서 권력의 2인자 행세를 했다. 그가 중앙정보부장으로 있는 동안 인혁당사건, 동베를린 간첩단 사건 등이 조작되었고, 3선 개헌 때는 야당 인사들을 분열시키고 개헌을 성사시키는 데 막중한 역할을 했다. 하지만 1969년 3선 개헌에 성공한 박정희는 김형욱을 중앙정보부장 자리에서 밀어냈다. 그동안의 공작정치를 모두 김형욱 탓으로 돌린 것이다. 이후 김형욱은 공화당 의원이 되어 정치인으로 활동했으나 유신 체제 이후 국회의원직을 잃고 1974년 4월 미국으로 망명해 박정희 대통령을 비난하는 증언과 회고록 집필로 유신정권에 심각한 타격을 주고자 했다. 이에 박정희는 중앙정보부 요원들을 파견해 김형욱을 죽이려 했고, 김형욱은 1979년에 프랑스의 한 농가에서 처참하게 살해된 것으로 알려져 있다.

김형욱에 이어 5대 중앙정보부장 자리에 오른 사람은 김계원이었다. 김계원은 1969년 10월 21일에 취임해 1970년 12월 20일까지 재직했으며, 이 기간 동안 박정희의 공작정치는 다소 소강상태를 보였다. 김계원은 김형욱에 비해 매우 온순한 성격이었고, 권력욕도 강하지 않은 인물이었기 때문이다.

하지만 박정희 앞에는 다시 대선이 기다리고 있었다. 대선 과정에서 중앙정보부의 공작정치가 없다면 자칫 패할 수도 있었다. 그런 탓에 박정희는 술수와 음모에 능한 인물이 필요했고, 그래서 선택한 인물이 이후락이다.

이후락은 당시 대통령 비서실장을 맡고 있었기에 누구보다도 박정희의 의도를 잘 꿰뚫었다. 박정희는 대선의 승리와 영구 집권을 노렸고, 이후락은 이를 성공시켜야 할 임무를 띠고 있었다.

이후락은 중앙정보부장이 된 뒤로 박정희의 대선 승리를 이끌었고, 7·4남북공동성명과 유신헌법 등을 성사시켰다. 하지만 박정희 이후 대통령은 이후락의 몫이라는 내용의 윤필용 필화 사건에 휘말린 뒤, 이를 만회하기 위해 김대중 납치 사건을 일으켰다가 결국 1973년 12월에 약 3년의 중앙정보부장 시절을 접고 물러나야 했다.

이후락에 이어 중앙정보부를 차지한 인물은 군법무관을 거쳐 중앙정보부 차장, 검찰총장, 법무부장관을 역임한 신직수였다. 신직수는 유신시대의 안정기에 해당하는 1973년 12월에서 1976년 12월까지 중앙정보부장을 지냈다. 신직수가 중앙정보부장으로 재직할 당시 일어난 대표적인 일이 인혁당 재건위 사건이었다.

8대 중앙정보부장은 김재규였다. 그는 박정희 시대 마지막 중앙정보부장이었으며, 박정희 시대의 막을 내린 장본인이기도 했다.

김재규는 중앙정보부장으로 발령 날 당시 유정회 소속 국회의원이었으며, 중앙정보부 차장을 거쳐 건설부장관을 지냈다. 그는 중앙정보부장에 임명되자 국회의원직을 사퇴했다.

그가 중앙정보부장에 오를 당시 유신정권의 입지는 공고한 편이었다. 하지만 1979년에 접어들면서 정국은 혼란에 빠졌다. 특히 그해 8월의 YH무역 여성 노동자 농성 사건과 김영삼 신민당 총재 국회의원 제명 사건 그리고 부마항쟁으로 이어진 혼미한 정국을 헤쳐나가며 김재규는 유신정권에 대한 회의감에 시달렸다. 거기에다 부마항쟁을 수습하는 과정에서 경호실장 차지철과 심각한 마찰을 빚었다. 김재규는 부마항쟁을 원만히 해결하기 위해 국민의 마음을 받아들이는 온건책을 써야 한다고 주장했으나 차지철은 강경 일변도였고, 심지어 국민 100만 명 정도는 죽여도 상관없다는 식의 발언까지 했다. 그럼에도 박정희는 차지철의 주장을 받아들이는 일이 많았다. 이에 반감을 느낀 김재규는 결국 중앙정보부의 궁정동 안가에서 연회가 열리던 중에 차지철과 박정희를 권총으로 사살했다. 이것이 이른바 10·26사태다. 이후 김재규는 체포되어 군사재판에 회부되었고, 1980년 1월 28일 사형을 선고받았다. 그리고 그해 5월 24일에 서울구치소에서 사형이 집행되어 생을 마감했다.

김재규는 박정희를 암살한 동기에 대해 1심 재판의 최후 변론에서 다음과 같은 말을 남겼다.

"저의 10월 26일 혁명의 목적을 말씀드리자면 5가지입니다. 첫 번째가 자유민주주의를 회복하는 것이요, 두 번째는 이 나라 국민들의 보다 많은 희생을 막는 것입니다. 또 세 번째는 우리나라를 적화로부터 방지하는 것입니다. 네 번째는 혈맹의 우방인 미국과의 관계가 건국 이래 가장 나쁜 상태이므로 이 관계를 완전히 회복해서 돈독한 관계를 가지고 국방을 위시해서 외교와 경제까지, 보다 적극적인 협력을 통해서 국익을 도모하자는 데 있었던 것입니다. 마지막 다섯 번째로, 국제적으로 우리가 독재국가로서 나쁜 이미지를 가지고 있습니다. 이것을 씻고 이 나라 국민과 국가가 국제사회에서 명예를 회복하는 것입니다. 이 5가지가 저의 혁명의 목적이었습니다."

이렇듯 김재규는 "야수의 심정으로 유신의 심장을 쏘았다"라고 말했지만 10·26사태의 원인에 대해서는 우발적으로 저지른 것이라는 설도 있고, 미국의 지령에 의한 것이라는 설도 있다. 우발적 범죄설은 대개 차지철과의 갈등 때문에 일어난 것으로 해석하고 있고, 미국의 지령설은 김재규가 박정희를 암살하기 전에 미국 중앙정보국(CIA)과 미국대사를 만난 사실에 근거한다.

4장

최규하 대통령실록

최규하崔圭夏
(1919 − 2006)
재임 기간:
1979년 12월 − 1980년 8월
(8개월)

"본인이 이끄는 현 정부는 국난 타개를 위한
위기 관리 정부라 하지 않을 수 없습니다.
지금이야말로 우리 국민 모두에게
애국심과 단합이 절실히 요구되는 때입니다."

—제10대 대통령 취임사 中 (1979)

1 30여 년을 공무원으로 살다
과도정부 대통령이 된 최규하

최규하는 일제강점기인 1919년 7월 16일 강원도 원주시 봉산동에
서 아버지 최양오와 어머니 이응선 사이에서 태어났다. 어린 시절 할
아버지에게 한학을 배웠는데, 『동몽선습』이나 『소학』 등의 기초 과정
과 『논어』, 『맹자』, 『대학』, 『중용』 등의 사서, 『자치통감』 같은 역사책
을 익혔다. 그렇게 조부에게 한학을 배우던 중인 1928년에 원주보통
학교에 2학년으로 편입했으며, 1932년에 졸업했다. 조부의 한학 교육
은 그가 보통학교를 졸업할 때까지도 지속되었다고 한다.

보통학교를 졸업한 후 최규하는 1932년 3월에 경기고등학교의 전
신인 경성고보에 입학했다. 경성고보 4학년 때인 1935년에 17세의 나
이로 홍병순의 3녀 홍기와 중매결혼했다.

최규하는 1937년에 경성고보를 졸업하고 일본 유학길에 올랐다. 그
가 선택한 학교는 도쿄고등사범학교였다. 전공은 영어영문학이었다.
1941년에 졸업한 뒤 만주로 건너가 국립대동학원에 입학해 정치행정
을 전공하고, 2년 뒤인 1943년에 졸업했다.

이렇듯 최규하는 중학교 이후 줄곧 엘리트 코스를 밟으며 학업을 이어갔고, 1945년에 해방이 되자 서울대학교 사범대학 교수에 취임했다. 하지만 교수직에 오래 머물지 않았다. 1946년에 미군정청 중앙식량행정처 기획과장으로 발탁되면서 공무원이 되었고, 이후 줄곧 공무원 생활을 하게 된다.

1948년 정부 수립 이후 농림부로 자리를 옮긴 최규하는 양정과장이 되었으며, 6·25남북전쟁 중인 1951년에는 농지관리국장 서리로 진급했다. 이 과정에서 최규하는 농림부차관 정구흥과 함께 싱가포르에서 열린 UN식량농업기구(FAO) 아시아 지역 미곡위원회 회의에 참석하게 된다. 이때 그는 뛰어난 외국어 구사 능력을 인정받았고, 이것이 인연이 되어 외무부장관 변영태에 의해 외무부 통상국장으로 발탁되었다.

이후 최규하는 외교관의 길을 걷게 되는데, 1952년 7월에는 주일대표부 총영사에 임명되었고, 1957년 5월에 주일대표부 참사관이 되었다. 1959년에는 주일대표부 공사로 승진했으며, 그해에 귀국해 외무부차관에 발탁되었다. 하지만 1960년 4월 시민혁명이 일어나자 5월에 공직을 사임했다.

최규하는 한동안 야인으로 지내다가 박정희의 군사정권이 들어서자 1962년에 외무부장관 고문이 되면서 다시 공직에 나섰다. 1963년 외무부대사를 거쳐 국가재건최고회의 의장 외교 담당 고문이 되었다. 말하자면 박정희의 외교 관련 업무를 조언하는 위치에 있었던 셈인데, 이때 박정희의 신임을 받았던 듯하다. 이후 1964년 11월부터 2년 8개월 동안 말레이시아대사로 근무하다가 1967년 6월에 외무부장관에 발탁되었다.

그는 과묵하고 조용한 성격을 가졌는데, 외교 스타일도 비슷했다.

외교부장관 재임 시 '조용한 외교'를 표방하면서 실무에서는 외교 행정 조직을 강화하고 통상외교에 주력하는 현실적인 모습을 보였다. 이런 그의 업무 스타일을 인정한 박정희는 1971년에 그를 청와대로 불러 외교 담당 특별보좌관에 임명했다. 1972년에 남북조절위원회 위원 자격으로 평양에 다녀오기도 했고, 대통령특사 자격으로 일곱 차례나 서남아시아와 아프리카 지역을 친선 방문했다. 이때 최규하가 방문한 나라는 무려 24개국이었는데, 대부분 박정희가 새로운 무역 대상국으로 삼은 곳이었다.

1975년에 국무총리 서리가 되었고, 1976년 3월에 정식으로 국무총리에 기용되었다. 1948년 농림부 양정과장으로 발탁된 이래 28년 만에 공무원으로선 최고의 자리라고 할 수 있는 국무총리가 된 것이다. 국무총리 시절 그의 활동은 비교적 좋은 평가를 받았다. 그는 공식 회의석상에서 '부인 조심, 비서 조심, 자녀 조심'을 강조하며 공직자들의 청렴성을 강조하기도 했다. 당시 공무원들이나 그들 주변 사람들에 대한 뇌물 공세가 심각한 상태였고, 최규하는 이에 대한 경각심을 일깨우기 위해 그런 말을 했던 것이다. 또한 스스로도 검소하고 청렴한 삶을 유지하기 위해 애썼다. 고위 공직자라면 으레 즐기던 골프도 그는 치지 않았다.

최규하는 주위 사람들의 승진이나 발령 등 인사 문제에는 철저하게 무관심으로 일관했다. 또한 공사의 구분이 분명했다.

덕분에 1979년 3월에는 국무총리에 재임명되는 영광을 누리기도 했다. 하지만 이해 10월 26일에 박정희가 김재규의 총탄에 살해되자, 헌법에 따라 10월 27일 새벽에 대통령 권한대행이 되었다. 이승만이 하야한 후 허정이 과도정부의 수반이 된 것처럼 그도 과도정부를 이끌게 된 셈이었다.

대통령 권한대행이 된 그는 우선 제주도를 제외한 전국에 비상계엄령을 내리고, 박정희 피살 사건을 조속히 수사할 것을 지시했다. 당시 계엄사령관은 육군참모총장 정승화였고, 박정희 피살 사건 조사 책임자는 계엄사령부 합동수사본부장을 맡은 육군 소장 전두환이었다.

한편 박정희를 암살한 김재규는 중앙정보부장에서 해임되었으며, 피의자 신분으로 합동수사본부의 조사를 받고 주범으로 지목되어 군사재판에 회부되었다.

그해 12월에 최규하는 통일주체국민회의 의장에 선출되었고, 통일주체국민회의에서 12월 6일에 실시된 대통령 선거에 단독 출마해 10대 대통령으로 선출되었다.

최규하가 대통령으로 선출된 배경에 대해 당시 공화당 의장이었던 박준규는《월간조선》과의 인터뷰에서 이렇게 밝혔다.

"박 대통령이 사망했을 당시, 나는 집권 여당인 공화당 의장이었기 때문에 정계에 조금의 영향력은 갖고 있었습니다. 그때 나는 고 박 대통령의 뒤를 이을 대통령은 생활화된 민주주의자여야 하고, 절대 권력에 관심이 없는 사람, 국제적 배경이 있는 사람, 비경상도 출신이어야 된다고 생각했습니다."

2   최규하의 대통령 생활 8개월

● 제10대 대통령, 재임 기간: 1979년 12월 – 1980년 8월(8개월)

대통령이 된 최규하의 임무는 유신헌법의 철폐와 민주적 선거의 관리였다. 말하자면 과도정부의 수반으로서 새로운 민주 정부가 출범할 때까지 정부를 안정적으로 관리하는 것이 그가 해야 할 일이었다. 최규하는 대통령에 취임하자마자 전직 대통령 윤보선에게 이러한 요구를 담은 편지를 받았다. 최규하도 그것이 자신의 소임임을 알았기에 비상조치를 해제하고 민주적 선거 절차에 따라 새 정부를 출범시키겠다고 국민에게 약속했다.

하지만 정국은 다른 방향으로 흘러갔다. 군 내부의 사조직인 '하나회'를 이끌던 전두환 소장이 전혀 다른 구상을 하고 있었던 것이다. 그는 우선 군부를 장악한 뒤, 정치권력을 쥐고 청와대에 입성하려는 야심을 가지고 있었다.

전두환의 야심은 최규하가 대통령에 취임한 지 불과 6일 만인 12월 12일에 군사반란의 형태로 드러났다. 군 내부의 하나회 회원들을 주축으로 반란을 일으킨 전두환은 육군참모총장 정승화를 공격해 체포하고 이희승을 육군참모총장에 앉혀 군권을 장악했다. 이후 최규하는 전두환의 꼭두각시로 전락하고 말았다. 당시 최규하가 사용하는 전화는 물론이고 비서관들의 집 전화와 심지어 그들의 처갓집 전화까지 모두 도청되고 있었다. 신군부 세력에 철저히 감시받고 있었던 것이다.

전두환은 1980년 2월 18일에 각계 원로와 중진 23명으로 국정자문회의를 구성하도록 했다. 의장에는 전직 대통령 윤보선이 선출되었다. 이후 최규하는 윤보선, 김대중 등 재야인사 687명을 복권해 정치를 재개할 수 있도록 용인했다.

하지만 2달 뒤인 4월에 군권을 장악한 전두환을 권력의 핵이라고 할 수 있는 중앙정보부장 서리로 임명했다. 말하자면 재야인사의 복권은 전두환을 핵심으로 구성된 신군부 세력의 당근책이었던 것이다. 이에 대해 대학생들이 시위에 나서며 신군부의 퇴진과 민주적인 선거를 요구했다. 이에 전두환은 시국 수습책으로 계엄령을 전국으로 확대하고 국가보위비상기구를 설치할 것을 최규하에게 강요했다.

최규하는 신군부의 요구를 받아들이지 않았다. 그는 헌정 질서가 뒤바뀌는 사태는 5·16쿠데타만으로 족하다며 모든 일은 법의 테두리 안에서 이뤄져야 한다고 주장했다. 그러나 총을 앞세운 전두환 세력의 강요에 못 이겨 5월 17일에 비상계엄을 확대하는 방안을 받아들였다. 이미 권력은 최규하의 손을 벗어난 상태였던 것이다.

그러자 전두환은 국회를 해산하고 김대중을 구속했으며, 김영삼을 비롯한 주요 정치인을 가택연금하거나 체포해 중앙정보부로 끌고 갔다.

김대중이 구속되자 5월 18일에 광주 시민들이 항의 시위를 벌였고, 전두환은 광주에 공수부대를 투입해 광주 시민들을 무참히 학살했다. 이에 총기를 탈취해 저항하던 시민들은 8일 만에 진압되었고, 김대중은 내란죄로 군사재판에 회부되어 사형선고를 받았다.

이후 최규하는 완전히 식물 대통령이 되고 말았고, 결국 1980년 8월 16일에 전두환 세력의 압력에 밀려 대통령직과 모든 공직에서 물러남으로써 8개월의 짧은 청와대 생활을 마감했다.

퇴임 후 최규하는 일종의 당연직인 국정자문회의 의장직을 맡긴 했으나 공식적인 활동은 거의 하지 않았다. 민족사바로찾기국민회의 의장 같은 명예직과 백범기념관건립위원회 고문에 추대된 것이 고작이었다.

1995년에 신군부 반란 사건과 관련해 여러 차례 증언을 요청받았으나, 최규하는 끝까지 증언대에 서지 않았다. 그리고 2006년 10월 22일 오전 6시쯤 서교동 자택에서 의식을 잃고 서울대학교병원으로 옮겨진 후 7시 37분경 향년 88세를 일기로 생을 마감했다.

최규하는 검소하고 청렴한 공무원이었다. 국무총리 시절에 강원도 장성광업소에 평생 연탄을 때며 살겠다고 약속한 적이 있는데, 이후 사망할 때까지 연탄을 때며 살았다고 한다. 또 그는 고무신을 즐겨 신었는데, 고무신이 닳아 밑창이 떨어지면 고무타이어 조각을 붙여 신기도 했고, 달력 뒷면을 이면지로 활용했으며, 고등학교 시절에 쓰던 안경테를 외무부차관 시절에도 착용했다. 장관 시절에 먹던 반찬도 콩자반이나 꽁치, 김치, 라면 같은 서민적인 음식이었다. 심지어 플라스틱 이쑤시개를 씻어서 다시 사용하고, 1953년에 구입한 선풍기를 2006년 사망할 때까지 무려 53년이나 사용한 것으로도 유명하다.

이렇듯 공무원으로서의 그는 모범적인 인물이었으나 대통령으로서의 그에 대한 평가는 부정적이다. 세간에서는 그를 우유부단하고 강단 없는 대통령이라고 평가했다. 이름만 대통령일 뿐 수하 1명 제대로 없는 대통령 자리에서 그가 무기력하게 보였던 것은 당연한 일일지도 모른다. 하지만 그는 개인적으론 매우 고집스러운 원칙주의자였다고 한다. 그럼에도 무기력한 대통령으로 인식된 것은 지나치게 권력욕이 없었기 때문일 것이다.

오랫동안 박정희식 통치에 길들여져 있던 행정 관료 출신인 그에게 신군부의 총부리 앞에서 혼란기의 대통령 임무를 맡긴 것 자체가 무리수였던 것이다.

최규하는 부인 홍기에게서 장남 윤홍, 차남 종석, 장녀 종혜 등 2남 1녀를 얻었다. 홍기는 1916년 충주에서 태어나 2004년에 89세로 생을 마감했다. 본관은 남양이며, 남편보다 3살 연상이었다. 홍기는 남편이 국무총리에 재직할 때도 손수 빨래를 하고 다림질을 하는 등 소박하고 서민적인 풍모를 잃지 않았다.

장남 최윤홍은 한국전시산업진흥회 부회장을 지냈으며, 차남 최종석은 하나알리안츠투자신탁 사장을 지냈다. 장녀 최종혜는 서대원과 결혼했다. 서대원은 외교통상부 본부대사와 국가정보원(국정원) 해외 담당 1차장을 지낸 바 있다.

5장

·

전두환 대통령실록

전두환全斗煥
(1931 – 2021))

재임 기간:
1980년 9월 – 1988년 2월
(7년 5개월)

"이 나라는 우리 모두가 피로써 지켰고
땀 흘려 이룩한 국민의 것입니다.
따라서 80년대에는 구시대의 잔재를 추방하고
참다운 민주복지국가를 건설해야 하겠습니다.
정의로운 사회를 구현하기 위해서는
서로 믿고 살 수 있는 사회가 되어야 합니다."

—제11대 대통령 취임사 中 (1980)

1 군인의 길을 걷다
반란을 통해 권력을 쥔 전두환

| **10남매의 넷째 아들, 가난 때문에 군인의 길을 가다**

전두환은 1931년 1월 18일에 경상남도 합천군 율곡면 내천리에서 완산 전씨 상우와 광산 김씨 점문의 6남 4녀 중 넷째 아들로 태어났다. 전두환이 태어났을 때 위로 3명의 형과 3명의 누나가 있었고, 아래로 2명의 남동생과 1명의 여동생이 더 태어났다.

전상우는 10남매 중 장남 열환과 차남 규곤을 사고로 잃었고, 전두환의 바로 아래 동생인 석환은 병으로 잃었다. 이 때문에 전두환은 유일하게 남은 형 기환과 홍렬·명렬·선학 등의 누나와 남동생 경환, 여동생 점학과 함께 자랐다.

아버지 전상우는 농부였지만, 제법 언변이 좋고 약간의 학식도 갖춘 인물이었다. 그래서 마을 구장을 맡기도 했고, 의학 지식도 조금 있어 마을에서 민간요법을 행하는 의원 행세를 하기도 했다.

전두환이 5살 때 전상우는 가족을 데리고 고향 합천을 떠나 대구로 이사했다. 전두환은 유년 시절에 한학을 배우다가 8살 때 대구 호란보

통소학교에 입학했고, 공부도 곧잘 했다. 그런데 그가 4학년 때 아버지가 일본 순사와 시비가 붙어 싸우다가 그만 상대를 살해하고 말았고, 이 때문에 그의 가족은 만주 지린성으로 도피했다. 이후 지린성 판시현에서 1년 3개월 동안 숨어 살다가 귀국했다.

전상우는 지린성에 머무는 동안 한의술을 배웠는데, 귀국 후 이를 기반으로 한의원을 차렸다. 한의원은 썩 잘되지는 않았지만 생계를 유지할 정도는 되었다.

지린성에 피신해 있는 동안 전두환은 학업을 지속하지 못하다가 귀국 후에 또래보다 2년 늦게 보통학교에 복학해 졸업하고, 1947년에야 대구공업중학교에 입학할 수 있었다. 중학교를 졸업한 후 대구공업고등학교에 진학했으며, 1951년에 우수한 성적으로 졸업했으나 대학에 다닐 형편이 안 되어 학비가 들지 않는 육군종합학교 갑종장교 모집에 응시해 합격했다. 그런데 이때 형 전기환이 군에 입대했고, 전쟁 중이라 그의 부모는 자칫 두 아들을 모두 전쟁터에 보낼 것을 두려워해 전두환의 장교 입대를 반대했다. 그래서 전두환이 차선으로 선택한 곳이 후방에서 국비로 공부한 뒤 장교로 임관할 수 있는 육군사관학교였다.

당시 육군사관학교는 정규 4년제 학교로 전환해 1기 신입생을 뽑았고, 전두환은 시험에 합격해 육군사관학교 기수로는 11기, 정규 4년제 기수로는 1기로 입학했다.

육군사관학교를 졸업하고 박정희에게 충성하며 탄탄대로를 걷다

육군사관학교에서 전두환은 축구 선수로 활동했다. 그는 중학교 때부터 축구를 했는데, 포지션은 골키퍼였다. 전두환이 골키퍼로 활약한 덕분에 육군사관학교는 전국대학축구대회에서 준결승에 오르기도 했다. 이런 경력 때문인지 전두환은 훗날 대통령이 되었을 때 유난히 스포츠에 대한 지원을 아끼지 않았다. 또한 축구 국가대표 감독에게 작전을 지시하거나 선수 기용에도 관여했다.

육군사관학교 생도 시절에 육군사관학교 참모장이었던 대령 이규동의 관사를 드나들다가 그의 딸 이순자를 알게 되었고, 결혼하기에 이르렀다. 결혼 당시 이순자는 이화여자대학교에 다니고 있었는데, 결혼 때문에 학교를 중퇴해야 했다고 한다.

1955년에 육군사관학교를 졸업한 전두환은 소위로 임관해 25사단 소대장이 되었다. 1959년에 미국으로 유학해 미국 육군특수전학교에 입교했으며, 5개월간의 교육을 마친 뒤에는 육군본부 특전감실 기획과에 배속되었다. 이후 특전감실 기획과장 직무대리, 서울대학교 문리대 학군단 등을 지냈는데, 이때 박정희가 쿠데타를 일으켰다.

쿠데타 소식을 듣고, 전두환은 이를 군사혁명으로 인식해 육군사관학교 생도들에게 지지 시위를 하게 했다. 당시 박정희는 육군사관학교를 장악하기 위해 육군사관학교에 무장 병력을 보냈는데, 병력을 지휘하던 오치성 대령 등은 육군사관학교 생도들에게 혁명 지지 시가 행진을 하라고 요구했다. 하지만 생도들은 당시 육군사관학교장이던 강영훈의 지시로 시가 행진을 거부했다. 전두환은 이 사실을 박정희 일당에게 보고했고, 이로 인해 강영훈은 구금되었다. 이때 전두환은 생도들을 설득해 시가 행진을 하도록 유도했는데, 이 일로 박정희의 눈에 들어 국가재건최고회의 의장실 비서관으로 임명되었다.

박정희는 전두환에게 호감을 보이며, 함께 정치를 해보자고 여러 차례 설득했지만, 전두환은 군대에서 각하의 충성스러운 부하로 남겠다는 말로 완곡하게 거절했다. 대신 전두환은 군 내부의 박정희 사조직이라고 할 수 있는 하나회의 중심인물로 성장했다.

이후 전두환은 요직을 두루 거치며 성장했다. 1963년에 중령으로서 중앙정보부 인사과장을 지냈고, 1965년에 육군대학을 졸업한 후에는 수도경비사령부 30대대장을 거쳐 1969년에는 동기들 중 최초로 대령으로 진급했다. 1970년에는 연대장 신분으로 베트남전쟁에 참전했고, 1971년에는 1공수특전여단장이 되었다.

하나회의 우두머리가 되다

그렇듯 탄탄대로를 달리던 전두환에게도 위기가 있었다. 1973년 윤필용사건으로 하나회의 실체가 드러나면서 육군보안사령부에서 조사를 받는 사태가 벌어졌다. 당시 윤필용이 술자리에서 박정희가 늙고 노망기가 있어 이제 물러나야 한다는 요지의 발언을 했다는 것이 윤필용사건의 핵심 내용이다. 이 이야기를 접한 박정희는 육군보안사령관 강창성에게 윤필용의 비리를 조사하라는 지시를 내렸다. 그리고 윤필용과 그의 인맥을 조사하던 강창성은 윤필용이 관리하던 하나회를 적발하게 되었고, 전두환이 하나회의 실질적 리더라는 사실도 밝혀냈다.

하나회는 1964년에 결성된 군 내부 사조직으로, 육군사관학교 동창회의 일종인 북극성회와 관련이 있었다. 전두환은 정규 육군사관학교 동창회인 북극성회의 주도권을 잡으려 했는데, 이 과정에서 전두환을 밀어주기 위해 조직한 단체가 하나회였다. 하나회는 '태양을 위하고 조국을 위하는 하나같은 마음'을 가지겠다는 의미에서 만들어진 이름인데, 여기서 말하는 태양은 바로 박정희다.

북극성회를 장악하려는 또 다른 조직이 있었는데, 청죽회였다. 청죽회 회원은 대개 육군사관학교 우등생 출신이었고, 지역적으로는 주로 서울과 이북 출신이었다. 이들은 대개 육군사관학교 교수로 재직하거나 국방부 등에서 근무했고, 야전 장교는 기피하는 경향이 있었다. 이에 비해 하나회 회원들은 대개 야전 장교로, 운동을 좋아하는 인물들이었다. 성적도 중위권을 형성했고, 지역적으로는 경상도 인맥이 주류였다.

두 조직의 세력 다툼에서 수적으로 우세하고 박정희의 지원을 받은 하나회가 결국 승리했다. 이후 하나회는 군 내부의 사조직으로 더욱 탄탄한 기반을 만들기 위해 점조직으로 유지하는 방식을 택했다. 육군사관학교 출신 각 기수마다 일정 수의 회원을 받아들였고, 핵심 회원은 영남 출신들로 채워졌으며, 이들을 관리하는 대부격은 육군사관학교 8기 출신인 윤필용이었다. 하지만 실질적인 리더는 정규 육군사관학교의 동창회장격인 전두환이었다.

박정희는 하나회의 존재를 처음부터 알고 있었던 듯하다. 박정희는 하나회를 통해 군부의 동향을 파악하고, 쿠데타를 방지하려는 의도를 가진 것으로 판단된다. 따라서 박정희가 하나회의 해체를 원하지 않는 것은 당연했다. 이런 깊숙한 내막을 알 리 없는 육군보안사령관 강창성은 하나회를 파고들어 전두환을 제거하려는 시도를 했다. 하지만 강창성은 이 일로 되려 육군보안사령관에서 밀려나 좌천되고 말았다. 또한 윤필용사건은 단순히 군 내부의 비리사건으로 종결되었고, 연관된 장교 31명이 군복을 벗어야 했다. 하지만 판결문 어디에도 '하나회'라는 이름은 거론되지 않았다. 물론 윤필용이 박정희를 제거하려는 시도를 했다는 내용도 찾아볼 수 없었다.

12·12군사반란과 5·17내란으로 권력을 독차지하다

윤필용사건 이후 전두환은 오히려 승승장구했다. 1974년에는 꿈에도 그리던 별을 달았고, 1976년에는 대통령경호실 차장보에 임명되어 청와대에 입성했다. 1978년에는 1사단장에 올랐으며, 1979년에는 군 내부의 정보를 장악할 수 있는 국군보안사령관(보안사령관)이 되었다. 그의 보안사령관 임명은 전두환 개인뿐 아니라 한국사의 흐름을 바꾸는 인사가 되었다.

1979년 10월 26일, 박정희가 김재규에게 피살된 후 정국은 안갯속에 갇혔다. 그야말로 '안개 정국'이었다. 누가 정권을 장악할지, 권력의 지형이 어떻게 변할지 쉽게 예측할 수 없었다. 하지만 군 내부 권력 동향에 밝은 사람들은 차기 권력자는 전두환이 될 것이라고 예측했다.

전두환은 박정희 피살 사건 조사를 맡은 합동수사본부의 책임자였고, 김재규의 범죄로 완전히 기반이 무너진 중앙정보부를 대신해 막강한 정보력과 권력을 쥔 보안사의 사령관이었다. 게다가 사조직 하나회를 움직여 군 내부의 동향을 세세하게 파악할 수 있었다. 그는 마음만 먹으면 누구든 잡아들일 수 있었고, 어떤 공작이든 벌일 수 있는 위치였다.

하지만 그의 지위는 위협받고 있었다. 육군참모총장이자 계엄사령관인 정승화가 하나회를 해체하기 위한 계획을 세웠고, 이 계획은 1980년 3월에 실행될 예정이었다. 또한 정승화는 국방부장관 노재현에게 합동수사본부장을 교체해달라고 건의해둔 상태였다. 만약 계획이 실현된다면 하나회 소속 장교들은 궁지에 몰릴 수밖에 없었다.

전두환은 이 정보를 입수하고 하나회 회원들과 모의해 정승화 제거 작전을 감행했다. 명분은 박정희 피살 사건의 공범을 잡는다는 것이었다. 박정희 피살 당시 정승화는 피살 장소인 궁정동 안가의 본관 식당에 있었는데, 이 사실을 이용해 그를 공범으로 몰면 대의명분을 확보할 수 있다고 계산했다.

작전은 12월 12일 밤 7시에 이뤄졌다. 작전명은 '생일집 잔치'였다. 하나회 세력은 만약의 사태에 대비해 수도경비사령부 30경비단에 지휘부를 꾸렸다. 계엄사 쪽 병력이 움직일 경우 전투를 감행하기 위한 것이었다.

작전의 1단계는 정승화 육군참모총장을 납치하는 것이었다. 이 임무는 보안사 인사처장 허삼수 대령과 육군본부 범죄수사단장 우경윤 대령이 맡았다. 그 두 사람은 보안사 수사관 8명과 합동수사부 헌병 1개 중대 60명을 이끌고 한남동에 있는 육군참모총장 공관에 들이닥쳤다. 총격전을 벌인 끝에 납치에 성공한 이들은 정승화를 보안사 서빙고 분실로 데려갔다.

이 소식을 들은 계엄사 측 장군들은 반란군을 진압할 계획을 세웠다. 특수전사령부(특전사) 정병주 사령관과 장태완 수도경비사령관은 무력을 동원해서라도 반란 세력을 응징하려 했다. 하지만 육군본부의 허락이 떨어지지 않아 머뭇거렸고, 그사이 반란군은 발 빠르게 움직이고 있었다. 9사단장 노태우 소장은 전방 병력인 29연대를 서울로 이끌고 왔고, 이상규 준장은 2기갑여단을 동원해 중앙청을 장악했다. 송응섭 대령은 30사단 90연대를 고려대학교로 이동시켰으며, 박희도 준장은 김포의 1공수특전여단으로 국방부와 육군본부를 공략했다. 장기오 준장은 5공수특전여단을 이끌고 효창운동장으로 진군하고, 최세창 준장은 3공수특전여단을 움직여 특전사를 공격했다.

반란군의 이 같은 기민한 병력 이동에 밀려 정병주와 장태완은 반란군에게 체포되고 말았고, 결국 하나회 세력에 군권이 넘어갔다.

그 무렵 전두환은 최규하 대통령에게 정승화 육군참모총장에 대한 체포 명령을 내려달라고 압박하고 있었다. 하지만 최규하는 노재현 국방부장관에게 의견을 물어야 한다며 체포 명령을 내리지 않았다. 그 시각 노재현은 국방부 지하 벙커에 숨어 있었는데, 반란군이 계엄사를 완전히 진압하고 난 뒤에야 나타났다. 그때는 이미 하나회 세력의 작전이 완결된 상태였고, 최규하는 더 버티지 못하고 정승화 총장의 체포 문제에 대해 사후 재가를 내려야 했다. 이렇게 군권을 장악한 전두환 세력은 대대적인 군 인사를 단행했다. 이를 위해 6인 특별위원회를 구성했는데, 전두환을 비롯해 노태우, 차규헌, 유학성, 황영시, 김윤호 등 소장과 중장급 위주로 구성되었다. 이들은 선배 기수 중 최소 인원만 남기고 모두 예편시킨다는 계획 아래 이른바 살생부를 작성해 대대적인 물갈이를 단행했다. 물갈이는 거사 이틀 후인 12월 14일에 시작되어 1980년 12월까지 약 1년 동안 지속된다.

군대의 인사 개편을 통해 군권을 완전히 손아귀에 넣은 하나회 세력은 이번에는 정권을 장악할 계획을 세웠다. 1980년 4월에 전두환이 중앙정보부장 서리에 임명된 것은 바로 정권 장악의 신호탄이었다. 보안사령관과 중앙정보부장 서리를 겸하게 된 전두환은 군대와 국가의 정보와 자금을 한손에 쥐게 되었다. 전두환이 중앙정보부장에 정식으로 취임하지 못하고 서리를 단 것은 중앙정보부법 때문이었다. 중앙정보부의 부장, 차장, 기획조정관은 다른 공직을 겸할 수 없었는데, 이 법을 어기지 않으면서도 중앙정보부를 차지하기 위한 묘안이 바로 서리를 붙이는 것이었다. 말하자면 보안사령관으로서 군을 장악하고 동시에 중앙정보부를 장악하려는 의도였다.

전두환 세력이 중앙정보부를 장악하려 한 것은 무엇보다도 새로운 정권을 창출하는 데 필요한 자금을 얻기 위함이었다. 중앙정보부는 박정희 시절부터 정치자금을 조달하는 역할을 하고 있었을 뿐 아니라 정치, 외교, 경제, 언론 등 손대지 않는 곳이 없고 원하는 것은 다 이룰 수 있는 도깨비방망이 같은 조직이었다.

중앙정보부를 손에 넣은 전두환은 이제 거칠 것이 없었다. 남은 시나리오는 하나였다. 국민에게 위기감을 조성해 계엄령을 확대하고, 계엄령을 기반으로 정권을 찬탈하는 것이었다.

하지만 전두환 세력의 권력 찬탈 시나리오를 전혀 눈치채지 못한 정치권은 3김(김대중, 김영삼, 김종필)을 주축으로 새 정치판을 짜기에 주력했다. 3김은 다들 자신의 입지 다지기에만 몰두했고, 이 때문에 서로 세력 다툼을 벌이며 권력 창출에만 집중했다. 특히 김영삼은 신민당과 자신의 집권을 당연한 수순으로 여기고 전국적인 세력을 결집하는 데 몰입했고, 이에 대해 김대중은 섭섭함을 토로했으며, 김종필은 자신도 차기 대권 주자임을 역설했다. 이후 김영삼과 김대중은 신민당과 재야 통합 협상을 벌였지만 서로 입장 차이만 확인하고 적대감을 키웠을 뿐이다.

두 사람은 전두환의 중앙정보부 장악을 바라보는 시각도 달랐다. 김대중은 전두환의 중앙정보부 장악을 군 권력 장악의 신호탄으로 인식한 반면, 김영삼은 민주화 일정은 예정대로 진행될 것이라는 낙관론을 펼쳤다. 김종필도 전두환의 존재에 크게 신경 쓰지 않았다. 정작 전두환의 중앙정보부장 서리 임명에 대해 최규하 대통령에게 항의한 것은 미국대사관이었다. 미국은 이미 전두환이 권력을 차지할 것으로 내다보고 있었다.

이후 김대중과 김영삼은 세력 불리기에만 더욱 집중했다. 박정희의 죽음으로 어렵게 찾아온 '서울의 봄'은 이렇듯 반목과 대립, 환상과 착각 속에서 다시 '겨울 공화국'을 향해 치닫고 있었다.

1980년 5월 17일, 전두환은 전군주요지휘관회의를 열고 계엄을 확대하는 방안을 관철시켰다. 이후 최규하 대통령을 압박해 계엄령 확대를 공식화하고, 김대중·김영삼·김종필 등 정계를 대표하는 3김을 체포하거나 가택연금하고, 이른바 저항 세력이란 세력은 모두 체포하기 시작했다. 12·12군사반란으로 시작된 반란 계획을 5·17내란을 통해 완성하고 있었던 것이다.

2   광주 5·18시민봉기와
공수부대의 무차별적인 학살

계엄이 확대되고 김대중 등의 정치인이 체포되자, 광주에서 학생과 시민들이 대대적인 시위를 벌이며 저항하기 시작했다. 이에 계엄군이 무자비한 폭력으로 진압하자 시민들의 항의는 더욱 거세졌고, 결국 시민봉기로 치달았다.

광주 시민봉기는 5월 18일에 시작되어 5월 27일까지 지속되었다. 5월 18일부터 학생들을 중심으로 항의 시위가 일어났는데, 전두환 세력은 이들을 진압하기 위해 광주에 공수부대를 투입하고 시민들에게 무차별적인 폭력을 가했다. 이에 반발한 시민들은 더욱 거세게 저항하며 치열한 항쟁을 벌였고, 시위는 광주 전역으로 확산되었다.

시위가 확산되자 불안감을 느낀 신군부는 시위대가 점점 폭도화되고 있다며 11공수특전여단을 추가로 투입해 더욱 강하게 진압했다. 결국 장갑차와 총기로 중무장한 계엄군과 수만 명의 시민들이 대치하는 가운데, 19일 오후 5시 광주고등학교 부근에서 11공수특전여단 63대대에서 최초로 총기가 발포되었다.

하지만 분노한 시민들은 총소리에도 두려워하지 않고 20일에는 10만 명이 넘는 시민들이 다시 시위대를 형성했다. 시위대는 시내 전역으로 진출해 계엄군에 저항했고, 이를 진압하던 공수부대는 실탄을 장전해 시위대를 향해 사격하기 시작했다. 이로 인해 시위 현장에는 유혈이 낭자했고 희생자가 속출했다. 시민들은 공수부대의 총기에 대항하기 위해 무장을 결심하고, 21일에 영광, 함평, 나주, 화순, 영암 등으로 진출해 경찰서에서 무기를 확보한 뒤 시민군을 형성했다. 이후 시민군과 공수부대 사이에 격전이 벌어졌고, 시민군은 광주 전역의 공공건물을 모두 장악했다.

이렇듯 광주의 상황이 심각하게 진행되자, 5월 22일에 군부는 김대중이 배후에서 폭동을 조종하고 있다고 발표하고 그에게 내란 혐의를 씌웠다. 이 무렵 광주에서는 도청 앞에서 시민들의 궐기대회가 열렸고, 계엄군은 광주에서 철수했다. 그러자 시민군은 스스로 무기를 회수하며 무력 저항을 중단하려 했다. 그러나 이때 계엄군은 전열을 정비해 광주 외곽부터 포위망을 구축하고 있었다.

항쟁이 지속되는 동안 광주 외곽 곳곳에서는 양민학살이 일어났다. 희생된 사람 중에는 동네에서 놀던 어린아이들도 있었고, 들판에서 일하던 농부들도 있었다. 시민들의 희생이 단순히 시가전 중에만 일어나지는 않았던 것이다.

21일 송암동에서 벌어진 양민학살 사건은 무차별적인 살육전이나 다름없었다. 송암동 도로를 지나가는 버스를 향해 공수부대원들이 총을 난사해 수많은 희생자가 발생했다. 이때 정확하게 몇 명이 희생되었는지조차 알 수 없는 사건이다. 23일에 주남마을에서도 비슷한 학살이 일어났다. 사망자들을 안치할 관이 모자라자 시민군 진영에서 관을 구하기 위해 소형 버스에 사람들을 실어 보냈는데, 공수부대원들이 이 버스에 총질을 가해 탑승자 11명 중 10명이 사망하고 1명만 부상을 입고 살아남은 사건이다.

24일에는 진월동 근처에서 멱을 감고 있던 아이들에게 총질을 가해 중학교 1학년 방광범이 머리에 총을 맞고 즉사했으며, 근처 동산에서 놀고 있던 초등학생 아이들에게 총을 난사해 4학년생 전재수 군이 즉사하는 사건도 있었다. 송암동 주택가에서는 청년 4명과 주부 1명을 이유 없이 학살하고, 논에서 피를 뽑는 농민에게 총격을 가해 중상을 입히기도 했다. 또한 공수부대는 외곽 봉쇄 업무를 수행하고 있던 광주보병학교 교도대 21명을 시민군으로 오인해 모두 사살하는 사태도 일으켰다.

이 무렵 존 위컴 한미연합사령관이 연합사 소속 부대를 광주 진압에 동원하는 것에 동의했고, 군부대가 광주에 다시 투입될 것이라는 소문이 돌았다. 이 때문에 시민군 중 일부는 재무장해 싸울 채비를 했다.

25일에는 군대가 광주에 재진입하는 작전 계획이 세워졌고, 27일 새벽에 진압 작전을 개시하기로 결정했다. 이 소식을 들은 시민군은 끝까지 항전할 것을 주장하는 사람들만 전남도청에 남고 나머지 시위대는 해산했다.

27일 새벽 1시, 마침내 계엄사는 작전을 감행해 3공수특전여단, 7공수특전여단, 11공수특전여단을 시민군이 머물고 있던 전남도청에 투입해 오전 5시 10분에 진압 작전을 종결했다.

그 과정에서 공수부대는 시민군을 무차별적으로 사살하고, 수류탄까지 사용하며 섬멸전을 감행했다. 심지어 포로가 된 시민군을 짓밟은 채 사살했다는 증언뿐 아니라, 손을 들고 투항하는 시민군을 사살했다는 증언도 있다.

공수부대는 작전 과정에서 민간인 17명, 군인 2명이 사망했으며, 295명을 체포했다고 발표했다. 하지만 당시 시민군 상황실 관계자는 도청에 남아 있던 시민군은 500명 이상이었다고 전한다. 그리고 계엄군에게 체포된 사람이 200명가량이었다고 하니, 나머지는 모두 사망자로 보아도 무방할 것이다. 당시 진압 작전을 수행했던 지휘관이 도청에 남아 있던 사람들의 수가 360명이었다고 말한 것을 근거로 해도 160명이 사망했다는 얘기다.

5월 31일에 계엄사는 광주 사태로 민간인 144명, 군인 22명, 경찰 4명이 사망하고 민간인 127명, 군인 109명, 경찰 144명 등 380명이 부상을 당했다고 공식 발표했다.

사실 이 숫자는 터무니없이 축소된 것이다. 이후 계엄사 스스로 공식 집계를 매번 다르게 발표했다. 마지막 공식 집계는 사망자 247명, 행방불명자 47명, 부상자 2627명이다. 하지만 군 내부에서 흘러나온 말을 토대로 사망자가 800명이 넘는다는 설도 있고, 김대중은 1000명이상, 재야에서는 2000명 이상이 사망했다고 주장했다. 말하자면 아직까지 사망자 수를 정확하게 확인할 수 없다. 또한 최초 발포자도 확인되지 않았으며, 발포 명령 책임자도 처벌되지 않았다. 오히려 시민을 무차별 살인한 공로로 66명에게 훈장이 수여되었다.

이러한 학살의 참상을 목격한 서강대학교 학생 김의기는 진실을 알리고자 5월 30일 오후 5시 30분 서울 종로5가 기독교회관에서 「동포에게 드리는 글」을 남기고 투신자살했다. 하지만 광주의 진실은 쉽게 알려지지 않았다. 계엄사는 철저히 보도를 통제했고, 언론은 광주 시민들을 국가 전복을 기도한 폭도로 내몰았으며, 배후에는 남파된 북괴 간첩들과 불순분자들이 있다고 보도했다. 광주의 진실에 대해 말했다간 유언비어 유포죄로 체포되었다. 그런 까닭에 전라도 외의 다른 지방 사람들은 광주에서 무슨 일이 일어났는지조차 제대로 알지 못한 채 전라도 사람들을 폭도로 내몰기 일쑤였다.

3   내각을 무력화하고
대통령 자리를 빼앗은 전두환

광주에서 시민들의 항쟁이 계속되던 5월 21일, 신현확 국무총리를 비롯한 국무위원 전원이 사직서를 제출했다. 광주 사태에 대한 책임을 지겠다는 의미였다. 이에 최규하는 개각을 단행했는데, 전두환은 이 상황을 이용해 국가보위비상대책위원회(국보위) 구성을 재가해줄 것을 요청했다. 이미 허수아비로 전락한 최규하는 강압을 이겨내지 못하고 전두환의 말을 따랐다.

국보위 설치 후 상임위원장에 오른 전두환은 각 장관실에 군 장성들을 파견해 감시함으로써 내각을 장악했다. 이후 최규하는 얼굴마담으로 전락하고, 국무회의는 요식행위가 되었으며, 모든 기관은 국보위의 시녀가 되고 말았다.

국보위는 8877명의 공직자를 쫓아냈으며, 그중 장관 및 차관급 인사는 38명이었다. 고위 공직자 중에 호남 인사는 거의 대부분 밀려났다. 그리고 김대중을 비롯한 재야인사 37명에겐 내란음모죄를 씌웠다. 전두환 세력에 협조한 언론들은 김대중 죽이기에 몰입했다. 언론은 김대중을 '빨갱이', '공산주의자'로 내몰며 정치술수의 화신이니 선동의 명수니 하면서 대통령병 환자로 몰아세웠다. 국보위는 여기에 동참하지 않는 언론과 언론인은 가차 없이 탄압했다. 이때 해직된 기자만 하더라도 전체 기자의 30%나 되었고, 사라진 언론매체 중 정기간행물은 172종이었는데, 이는 전체 정기간행물의 12%에 이르는 수치였다. 국보위는 전두환 세력에 호의적이지 않은 언론은 무조건 '손을 본' 것이다. 살아남은 대다수의 언론사는 '전두환 찬가'를 부르며 알아서 비위를 맞추었다. 그런 까닭에 텔레비전 뉴스는 틀기만 하면 '전두환'이라는 이름 석 자부터 등장하는 '땡전뉴스'로 전락할 수밖에 없었다.

그 무렵 전두환은 자신에게 비판적인 세력들을 '손볼' 새로운 구상을 했는데, 그 결과물로 나온 것이 삼청교육대다.

국보위는 사회악을 일소한다는 명분으로 1980년 8월 4일부터 무려 약 6만 명의 시민을 연행해 3만 9742명을 삼청교육대로 보냈다. 삼청

교육대는 군부대에 마련되었으며, 이곳에 끌려간 사람들은 폭력배, 전과자 그리고 이른바 불순 세력이었다. 불순 세력에 대한 정의도 '개전(改悛)의 정 없이 주민의 지탄을 받는 자'라는 아주 애매한 문구로 규정되었다. 그리고 경찰서별로 이에 해당하는 사람들을 잡아들일 것을 명령했기 때문에 경찰서장들은 자리를 보전하기 위해서라도 머릿수를 채워 할당량을 맞춰야 했다. 이 때문에 술을 많이 먹었다거나 동네 평판이 좋지 않다거나 하는 터무니없는 구실에 걸려 삼청교육대에 끌려간 사람이 부지기수였다. 노동운동에 관여했거나 군부에 비판적인 행동을 하는 사람들은 여지없이 끌려가야 했다. 끌려간 사람들 중에는 총격으로 사망하거나 구타로 불구가 된 사람도 허다했다. 거기에다 끌려간 사람들의 주민등록등초본에는 '삼청교육 순화 교육 이수자'라는 꼬리표가 붙었다. 이 때문에 취업도 잘 안 되고, 이사도 마음대로 다닐 수 없었으며, 가는 곳마다 동사무소의 조사를 받아야 하는 처지가 되었다.

이때 전두환은 삼청교육대로 끌려가는 사람들을 지켜보면서 8월 6일에 스스로 중장에서 대장으로 진급하고 전역 준비를 서둘렀다. 대통령이 되기 위한 수순이었다. 이미 압박감을 느끼고 있던 최규하는 전두환 세력의 강압을 이기지 못하고 하야할 준비를 했고, 8월 16일에 결국 하야 선언을 했다. 전두환은 기다렸다는 듯 대통령 출마 선언을 하고, 8월 27일에 단독으로 대통령 후보로 출마해 장충체육관에서 열린 통일주체국민회의 대의원의 간접선거로 11대 대통령에 당선되었다. 그리고 9월 1일에 대통령에 취임함으로써 12·12군사반란으로 시작된 반란 계획을 완성하고 최고의 권좌에 앉았다.

4 전두환의 폭압적인 통치와 국민의 저항

● 제11~12대 대통령, 재임 기간: 1980년 9월 - 1988년 2월(7년 5개월)

개헌 작업과 정계 개편

대통령에 취임한 전두환은 마무리 단계에 있던 헌법 개정 작업을 서두르는 동시에 정계 개편을 진행했다. 개헌 작업은 전두환이 대통령에 오르기 전인 1980년 6월부터 진행되었으며, 핵심 요소인 대통령의 임기는 7년 단임제였다. 당시 개헌에 참여했던 인사들은 유신 헌법처럼 대통령 임기를 6년으로 결정했으나 전두환은 프랑스의 예를 들며 "대통령 임기는 7년은 되어야 한다. 숫자는 럭키 세븐이다"라고 주장해 7년이 되었다는 후문이 있다.

이렇게 해서 마련된 제5공화국 헌법 개정안은 1980년 9월 9일에 정부개헌심의위원회에서 의결되었고, 9월 29일에 공고되었으며, 10월 22일에 국민투표를 실시해 확정되자 27일에 공포되기에 이르렀다.

한편 전두환은 소송이 진행 중이던 이른바 '김대중 내란음모 사건'을 시급히 종결할 것을 지시했다. 이 사건과 관련해 계엄사는 1980년 7월 31일에 이미 김대중을 비롯한 24명을 군법회의에 기소한 상태였다. 죄목은 내란음모죄와 국가보안법 위반이었다. 이에 따라 김대중은 1981년 1월 23일에 대법원에서 사형선고를 받았고, 그날 무기로 감형되어 청주교도소에 수감되었다.

김대중과 더불어 야권의 대표적인 거두인 김영삼은 가택연금하고, 정계에서 물러나도록 조치했다.

전두환 정권은 김대중과 김영삼으로 대표되는 야당 인사들을 정계에서 제거하면서 정치인 800여 명을 정치 규제 대상자로 발표하고, 이들 중 정권에 협조하는 인사 268명을 뽑아냈다. 이후 1981년 1월 15일에 민주정의당(민정당)을 창당해 전두환이 총재가 되었고, 이어 야당 세력 중 협조한 인사들이 중심이 되어 민주한국당(민한당)과 한국국민당(국민당)이라는 이름으로 2개의 야당을 창당했다. 두 야당의 당수는 유치송과 김종철이었다. 권력을 잡은 세력이 야당까지 창당하는 웃지 못할 사건이 발생한 것이다. 이를 두고 세간에서는 "1대대(민정당) 2중대(민한당) 3소대(국민당)"라고 비아냥거렸다. 민정당은 보안사가 조직하고, 민한당과 국민당은 중앙정보부가 주도해 만들었으며, 운영비도 모두 보안사와 중앙정보부가 거둬들인 돈이었으니 그런 말이 나오는 것이 당연했다. 말이 정계 개편이지, 사실상 정치 조직의 개편이라고 해야 옳았다.

제5공화국 출범과 일당독재

여당과 야당 창당이 완료되자, 전두환은 서둘러 미국으로 날아가 로널드 레이건 대통령을 만났다. 미국으로 가기 전에 우선 1년 3개월 동안 지속되던 계엄령을 해제했다. 계엄령상태에서 국제 무대에 첫선을 보이는 것은 모양새가 좋지 않다는 청와대 참모들의 건의를 수용한 결과였다.

전두환의 미국 방문 일정은 1981년 1월 28일부터 2월 7일까지였다. 그리고 2월 25일은 대통령 선거일이었다. 대통령 선거 전에 미국의 정계에 눈도장을 찍고 명실공히 한국의 대통령이 자신임을 각인시키겠다는 것이 미국 방문의 주된 목표였다. 이때 전두환은 자신이 레이건이 취임한 뒤에 처음으로 정상회담을 하는 국가원수라는 점을 대서특필하도록 지시했다. 레이건이 1월 21일에 대통령에 취임하고 22일에 백악관과 청와대가 동시에 전두환의 미국 국빈 방문을 발표했으니, 전두환이 미국 방문에 얼마나 공을 들였는지 알 만한 일이었다.

미국을 다녀온 전두환은 2월 25일에 유치송, 김종철, 김의택 등과 함께 대통령에 출마했다. 5271명의 대통령 선거인단이 전국 77곳의 투표장에서 선거를 마친 결과 전두환은 90.2%인 4755표를 획득함으로써 이른바 '체육관 선거'를 통해 12대 대통령에 당선되었다.

1달 뒤인 3월 25일에는 11대 국회의원 선거가 실시되었다. 이 선거에서 민정당은 총 276석 가운데 151석을 차지해 과반을 확보하고, 민한당 81석, 국민당 25석 등으로 배분되었다. 나머지는 군소 정당과 무소속 차지가 되었다. 민한당과 국민당이 관제 야당임을 감안한다면 일당독재나 다름없는 결과였다.

실제로 전두환은 민한당과 국민당에 대해 야당이라는 표현을 쓰지 않았고, 두 총재를 야당 총재라고 부르지도 못하게 했다. 그저 세 정당을 묶어 1·2·3당이라 불렀다고 전하는데, 스스로 민정당 일당독재임을 자인한 셈이었다.

3S정책과 86·88

이렇듯 폭력과 불법으로 행정부와 입법부는 물론이고 사법부와 언론까지 완전히 장악한 전두환은 자신의 이미지를 개선하고 국민의 눈을 정치가 아닌 딴 곳으로 돌리기 위해 '국풍81'이라는 대형 이벤트를 개최했다. 국풍81은 1981년 5월 28일부터 6월 1일까지 진행되었는데, 무려 1000만 명이나 되는 관객을 끌어모았다. '전국 대학생 민속·국악 큰잔치'라는 부제를 단 이 행사는 민속제, 전통예술제, 젊은이 가요제, 씨름판, 팔도굿판, 사당패 놀이판 등 놀이라는 놀이는 모두 동원한 '놀자 판' 행사였다. 거기에다 행사장에는 '팔도 명물장'을 열어 사람들을 끌어들였으니, 곳곳이 쓰레기로 몸살을 앓았다. 이 행사를 주관한 인물은 제5공화국 초기에 실세로 불린 허화평, 허삼수와 더불어 '3허'로 불리던 허문도 정무비서관이었다.

국풍81을 성공적인 행사라고 자평한 전두환 세력은 이런 식의 국민 눈가림 작업에 더욱 박차를 가했다. 이런 작업을 통틀어 흔히 '3S정책'이라고 불렀다.

3S란 스포츠, 섹스, 스크린을 통칭한 표현인데, 전두환 정권의 정치 무관심 유도책을 힐난하는 용어다. 3S정책의 혜택 아닌 혜택을 본 대표적인 스포츠가 야구였다. 스포츠광이었던 전두환의 스포츠 육성책에 따라 프로야구가 출범해 국민의 사랑을 받기 시작했던 것이다. 스크린에서는 섹스 심벌로 대표되는 프랑스 영화 〈엠마뉘엘 부인〉에 이어 한국 영화 〈애마부인〉 시리즈가 공전의 히트를 쳤다. 때마침 1945년 미군정에 의해 실시된 야간 통행금지가 해제되면서 심야극장이 생겨나기 시작했고, 더불어 숙박업소와 술집은 성적 욕망의 배출구 역할을 하며 활황의 즐거움을 만끽하고 있었다.

거기에다 1981년 9월에 일본 나고야를 물리치고 88서울올림픽을 기적적으로 유치하고, 그해 11월에는 86아시안게임도 유치했다. 덕분에 1981년 연말은 온통 축제 분위기였다. 정치, 경제, 사회, 언론 모든 분야에서 86아시안게임과 88서울올림픽은 마법의 지팡이 노릇을 했다. 두 행사를 위해서라면 국민은 어떤 불편이나 불법도 감수해야 했고, 무엇이든 만들어내야만 했다.

역설적으로 이 두 행사는 전두환의 폭압정치를 막는 역할도 했다. 당시 청와대 인물들의 말을 빌리면 전두환의 강경 노선을 누그러뜨리는 데 가장 좋은 도구가 바로 86아시안게임과 88서울올림픽이었다고 한다. 전두환은 강경 진압, 계엄령, 비상 정국 등을 운운하다가도 "각하, 88서울올림픽을 위해서는 강경 이미지를 줄여야 합니다"라는 말에는 한발 물러섰다고 전한다. 그만큼 전두환은 두 행사의 성공에 집착했음을 알 수 있다.

잇따른 대형 사건과 철권통치의 균열

하지만 정권에 비판적인 정치인은 감금되거나 연금상태였고, 광주의 죽음과 고통의 진실은 여전히 암흑 속에 파묻혀 있었으며, 민주화의 산실인 대학가는 강제징집과 녹화사업에 시달리고 있었다. 광주의 진상을 알리기 위한 1980년 12월의 광주 미국문화원 방화 사건은 누전에 의한 화재로 왜곡 보도되었고, 교수들은 학생들을 선도한다는 명목으로 정권에 저항하지 말 것을 종용하는 처지였다. 대학 총장실에는 정보 요원들이 득실댔고, 수업은 정보 요원들의 감시 속에서 진행되었다. 그야말로 학원의 병영화라고 할 수 있었다.

전두환의 철권통치도 제5공화국 출범 1년 뒤에는 여기저기 금이 가기 시작했다. 1982년 3월에 대학생들이 부산 미국문화원에 인화 물질을 뿌리고 불을 질렀다. 이와 관련해 사건의 배후로 지목된 광주 시민 봉기 관련 수배자 김현장을 숨겨주었다는 이유로 최기식 신부가 연행되었다. 이 때문에 천주교 측의 반발이 거세게 일었고, 결국 전두환 정권과 천주교의 전면전 양상이 전개되었다. 거기에다 개신교 세력인 한국교회사회선교협의회가 부산 미국문화원 방화는 광주 사태에 책임이 있는 미국에 대한 항거의 일환이라고 발표하면서 전두환 정권과 기독교 진보 세력의 대립 양상으로 치달았다.

그런 가운데 1982년 4월에 일어난 의령의 우순경사건은 사회정화와 정의를 강조하던 전두환 정권의 허술한 행정력과 치안정책에 큰 타격을 안겼다. 경상남도 의령의 우범곤이라는 순경이 동거녀와 말다툼한 뒤 분풀이 차원에서 총을 난사하고 수류탄을 터뜨려 무려 주민

56명이 사망하고 34명이 부상당하는 대형 참사를 벌인 것이다. 이 일로 의령경찰서장이 구속되고, 내무부장관이 물러났다.

우순경사건이 채 수습되기 전인 그해 5월에는 또 다른 대형 사건이 터졌으니, 바로 '장영자·이철희 어음 사기 사건'이다. 사기 액수는 6400억 원이 넘는 천문학적 규모의 돈이었다. 거기에다 장영자의 형부이자 영부인 이순자의 삼촌인 이규광이 관련되어 있다는 소문이 퍼져 전두환 정권은 도덕성에 치명타를 입었다.

이 사건으로 전두환은 함께 거사를 도모하고 제5공화국을 출범시켰던 핵심 3인방 허화평, 허삼수, 유학성 등과 갈등을 빚었다. 허화평과 허삼수는 대통령이라 하더라도 잘못이 있다면 책임을 져야 한다는 강성 발언을 했고, 이 때문에 결국 실세 3인방은 청와대와 안기부에서 밀려나는 처지가 되었다. 덕분에 내무부장관 노태우가 2인자로 부상하는 혜택을 누렸으니, 장영자사건은 정권에 엄청난 지각변동을 초래한 셈이었다.

야당의 재기와 타오르는 민심

그 무렵 가택연금에서 풀려난 김영삼은 민주산악회를 조직해 암암리에 정치적 재기를 꿈꾸고 있었는데, 이 때문에 전두환은 다시 그를 연금시켰다. 하지만 김영삼의 행보는 계속되었다. 김영삼 세력은 산악회를 중심으로 조직을 다져나갔고, 이에 대해 안기부와 보안사의 탄압과 압력이 계속 이어졌다.

그런 가운데 청주교도소에 갇혀 있던 김대중을 석방하라는 미국과 일본의 압력이 지속되고 있었다. 결국 전두환은 1982년 12월에 김대중을 서울대학교병원으로 이송하고 일주일 뒤인 12월 23일에 김대중과 그의 가족들을 미국으로 출국시켜야 했다. 사형에서 무기징역 그리고 다시 20년형으로 감형된 김대중은 미국으로 출국하는 조건으로 감옥에서 풀려난 것이다.

김대중은 미국에서 '한국인권문제연구소'를 개설하고 한국의 민주화와 인권 문제를 국제사회에 알리는 데 주력했다.

한편 연금상태에 놓여 있던 김영삼도 가만있지 않았다. 그는 1983년 5월 18일에 성명을 발표하고 죽음을 각오한 단식을 벌이기 시작했다. 단식은 무려 23일 동안이나 지속되었고, 이 과정에서 민주 세력들이 결집했다. 김영삼의 단식이 지속되는 가운데, 정치 활동을 금지당한 정치인들이 시국 선언문을 발표했고, 세계 언론이 그를 조명하기 시작했다.

김영삼의 단식으로 한때 등을 돌렸던 김대중은 그에게 다시 손을 내밀었고, 양 김씨는 '8·15공동선언'을 통해 야권의 단결을 이끌어냈다. 이후 야권은 1년 동안 조직을 정비해 1984년 8월 15일에 '민주화추진협의회(민추협)'를 결성하고, 이를 기반으로 1985년 1월에 '신한민주당(신민당)'을 창당했다. 그해 2월에 김대중이 미국에서 귀국했고, 1985년 2월 12일에 실시된 총선에서 신민당은 지역구와 전국구를 합쳐 67석을 얻어 제1야당이 되었다. 이전까지 어용 야당이었던 민한당은 35석을 차지했고, 민정당은 148석을 차지해 과반수를 넘겼다. 철저한 통제와 감시 속에서 진행된 선거였음에도 신민당이 제1야당이 되자 전두환 정권은 흔들리기 시작했다.

총선 기간 중에 신민당은 '직선제 개헌'을 슬로건으로 내걸었고, 학생과 교수, 농민, 종교계, 예술계가 이와 뜻을 같이했다. 하지만 정부와 여당은 직선제 개헌에 대해서 아예 논의조차 못하게 했다. 그러자 신민당은 결국 국회를 박차고 나와 1986년 2월 12일부터 직선제 개헌을 위한 1000만 명 서명운동을 벌이기 시작했다. 야당의 개헌운동은 전국에서 순차적으로 이루어졌고, 기독교와 가톨릭, 재야 세력까지 합세해 개헌투쟁을 전개했다.

야당과 재야의 개헌운동에 대한 국민의 지지세가 확장되자, 전두환은 신민당 총재 이민우와 여야 영수회담을 열고 국회에서 여야가 합의하면 재임 기간 중에라도 개헌할 용의가 있다는 의견을 내놓았다. 야당과 재야의 강력한 공세에 밀려 어쩔 수 없이 나온 말이었다.

이후 국회에서는 여당과 야당 사이에 개헌 논쟁이 가속화되었다. 여당과 야당이 모두 개헌에는 동의하는 모양새였지만, 여당은 의원내각제를, 야당은 직선제 개헌안을 주장했다. 민정당의 의원내각제는 직선제 개헌안에 대한 방어 차원의 대응책이기도 했지만, 한편으로는 전두환의 정권 연장을 위한 계획의 일환이었다.

천인공노할 만행과 사기 행각

국회가 대통령 직선제 개헌안과 의원내각제로 팽팽하게 대립하는 가운데, 부천경찰서 성고문 사건이 터졌다. 경찰관이 여대생에게 성고문을 가한 천인공노할 사건이었다. 이어 월간《말》은 9월 호에 언론통제를 위한 정부의 보도지침에 대해 폭로했다. 이에 대해 정부는 《말》의 발행인과 보도지침을 제공한《한국일보》김주언 기자를 국가보안법 위반과 국가모독죄로 구속했다.

그 무렵 기독교를 중심으로 시청료 거부운동이 전국적으로 일어나고 있었다. 정권을 찬양하고 민주 세력을 비방하며 진실을 왜곡 보도하는 KBS에 시청료를 낼 수 없다는 것이었다. 천주교의 김수환 추기경이 기독교계의 이런 흐름에 동조하면서 시청료 거부운동은 더욱 확산되었다.

그런 와중에 86아시안게임이 9월 20일부터 10월 5일까지 열렸다.

전두환은 아시안게임이 매우 성공적으로 치러졌다고 자평했다. 그 며칠 뒤에 국회의원 유성환이 통일이 반공보다 상위 개념의 국시가 되어야 한다는 주장을 펼치자, 전두환은 이를 빌미로 신민당을 해체하려 했지만 성공하지는 못했다.

전두환은 어떻게 해서든 강경책으로 대통령 직선제 요구를 받아들이지 않으려고 애를 썼는데, 1986년 10월 28일에 건국대학교에서 일어난 사태는 그런 속내를 잘 보여준 사건이었다. 전국 29개 대학교 학생 2000여 명이 건국대학교에 모여 '전국 반외세 · 반독재 애국학생 투쟁연합'을 결성했는데, 이들 학생들을 모두 '친북 · 공산 · 혁명분자'로 규정하고, 무려 1525명의 학생을 연행해 그중 1288명을 구속한 것이다. 그야말로 단일 사건 구속자로는 세계 최대 규모로 기네스북에 오를 일이었다.

전두환 정권은 이렇듯 전국을 공포 분위기로 몰고 가는 한편, '평화의 댐' 사건을 획책했다. 북한이 금강산에 댐을 조성해 일거에 파괴함으로써 서울을 물바다로 만들 계획이라고 전제하고, 이를 막기 위해 평화의 댐을 조성해 적의 수공을 막아야 한다는 내용이었다. 이를 위해 모든 언론을 동원해 성금을 거두었는데, 무려 661억 원이 넘는 돈을 조성했다. 이 모금행사는 6개월이나 지속되었다. 하지만 나중에 밝혀진 일이지만, 이는 대통령 직선제를 요구하는 여론을 무마하기 위한 사기 행각이었다.

이런 상황에서도 대통령 직선제에 대한 국민의 열망은 쉽게 사그라지지 않았다.

정상회담까지 거론된 남북관계

전두환의 외교는 겉으로는 철저한 친미정책에 기반한 냉전체제 중심의 국제관계를 지향했다. 그 결과 미국에 대해서는 종속적 성향이 강화되고, 사회주의 국가와는 적대관계가 지속되었다. 특히 미국에서 레이건으로 대표되는 공화당 보수정권이 수립되면서 전두환의 외교는 더욱 보수화되는 경향을 띠었다. 이 시기 일본과는 역사 교과서 문제, 재일한국인 지문날인 제도 등으로 자주 갈등을 빚었다. 그러나 대북관계에서는 극과 극을 오가는 상황이 반복되었다.

전두환은 1983년 8월에는 소련의 미사일에 의해 대한항공 여객기가 격추되는 사건을 겪었고, 같은 해 10월에는 버마(지금의 미얀마) 순방 중에 아웅산 장군의 묘소에서 폭발이 일어나 죽을 고비를 넘기기도 했다. 영공을 침입했다는 이유로 소련의 미사일에 격추된 앵커리지발 대한항공 여객기에는 한국인 105명을 비롯해 15개국 국민 269명이 타고 있었으며, 전원 사망했다. 이 때문에 소련은 한국, 미국, 일본 국민의 공적이 되었다. 또한 아웅산 폭발 사건에서는 대통령을 수행하던 서석준 부총리 등 17명이 사망하고, 15명이 중경상을 입었다. 이 사건의 배후로 북한이 지목되어 한때 남북전쟁설이 돌기도 했다.

이 두 사건은 전두환의 대북정책에 일대 전환을 가져왔다. 사실 아웅산 폭발 사건이 일어나기 얼마 전에 북한은 남한과 북한 그리고 미국이 한자리에 앉아 한반도 평화정책을 논의하자며 3자 회담을 제의한 바 있었다. 이는 그동안 남한을 배제하고 미국하고만 대화하려던 북한이 자세를 크게 바꾼 사건으로 기록되었다. 그러나 3자 회담을 제의한 지 채 1달도 안 되어 전두환을 암살하려는 폭탄 테러를 시도한 것이다.

전두환은 북한의 행위에 대해 매우 격분했지만 한편으론 북한과 정상회담을 하려는 시도를 병행했다. 북한 내부에도 강경파와 온건파가 있다는 인식 아래 김일성과 남북 대화를 추진해 자신의 정권 안정에 이용하겠다는 계산이었다.

북한과의 정상회담 시도는 아웅산 폭발 사건이 일어나기 전부터 있었다. 전두환은 집권 초기부터 UN대표부를 통해 북한 측에 회담을 타진했고, 그런 가운데 아웅산 폭발 사건이 발생했다. 아웅산 폭발 사건 이후 남북은 무력 충돌 직전까지 갔고, 자칫 전쟁으로 확대될 상황으로 치달았다. 하지만 남북대화 기조는 아웅산 폭발 사건 이후 오히려 급물살을 탔다. 전쟁은 모두 공멸하는 결과를 가져올 뿐이라는 것을 남과 북은 잘 알고 있었다. 그런 인식 아래 북한이 먼저 남북체육회담을 제의했고, 남쪽이 이를 수용하면서 전격적으로 1984년 4월에 회담이 개최되었다.

이후 남북관계는 화해 기류를 타기 시작했고, 1984년 9월에 남쪽에서 홍수로 20만 명의 수재민이 발생하자 북쪽이 구호물자를 보내오면서 6·25남북전쟁 후 최초로 북한의 물품이 남한에 들어오는 진풍경이 연출되었다. 1985년에는 양자 합의 아래 남북 이산가족이 남쪽과 북쪽에서 재회하는 감격적인 자리가 마련되기도 했다. 남북체육회담을 통해서는 올림픽 공동개최를 논의하는 수준까지 이르렀고, 막후에서는 전두환과 김일성의 정상회담이 거론되었다. 정상회담을 위해 남북이 서로 밀사를 보내는 상황에 이르렀고, 김일성은 이미 정상회담을 수용한 단계까지 진행되었다. 전두환도 정상회담에 거는 기대가 컸다. 심지어 김일성의 과거 행적을 과하게 높이 평가하는 친서까지 쓸 정도로 열성을 보였다. 하지만 정상회담 추진 과정에서 소외된 미국이 강력하게 반대하면서 안타깝게도 회담은 성사되지 못했다.

부정부패 속에서 성장하는 재벌과 고통받는 노동자와 농민

전두환 시대의 경제정책은 강제 합병과 거대 재벌 양성으로 압축할 수 있다. 박정희 정권은 유신 시절에 중화학공업에 대해 지나치게 중복 투자를 했는데, 전두환은 이 문제를 해결하기 위해 수많은 기업에 '부실'이라는 딱지를 붙여 강제 퇴출하고 재벌에 합병시켰다. 이 과정에서 정치자금을 내놓지 않는 기업들은 괘씸죄에 걸려 공중분해되기도 했고, 정권에 협조하는 업체는 엄청나게 몸집을 불려 거대재벌로 성장하기도 했다. 이때 부실기업 정리와 재벌 특혜에 사용된 자금은 무려 19조 원이었다. 이 때문에 정권 초기의 슬로건이었던 '경제의 균형 있는 성장'은 선전문구로 전락했고, 재벌의 비중만 강화되는 불균형 경제 구조와 정경유착만 가중시켰다. 특히 특혜나 세무조사 면제 등의 정경유착으로 전두환 세력은 무려 1조 원에 육박하는 비자금을 형성해 부를 축적하고 권력을 유지하는 수단으로 사용했다.

상황이 이렇다 보니 권력과 관련된 대형 경제사건이 터질 수밖에 없었다. 이른바 제5공화국 3대 대형 금융사건으로 불리는 장영자사건이나 명성사건, 영동개발사건 등은 모두 대통령의 친인척이나 권력자들과 관계된 일이었다. 또한 전두환의 동생 전경환이 이끌던 새마을운동 중앙본부, 전두환의 장인 이규동의 대한노인회, 전두환의 부인 이순자가 이끌던 새세대육성회와 심장재단 등도 모두 비리와 연관되어 구설수에 오르내렸다.

이런 악조건 속에서도 경제의 양적 성장은 빠르게 진행되었다. 1981년부터 1985년까지 평균 8%대의 고도성장을 지속했으며, 1986년에는 달러, 국제금리, 유가가 모두 떨어지는 3저 현상 덕분에 전례 없는 호황을 누렸다. 석유를 전량 수입해야 하는 처지였고, 만만치 않은 외채이자를 갚아야 했던 한국 경제로서는 천우신조가 아닐 수 없었다. 3저

현상에 힘입어 늘 적자에 시달리던 경상수지가 1986년에는 46억 달러 흑자로 돌아섰고, 1987년에는 99억 달러 흑자를 기록했다. 덕분에 400억 달러에 육박하던 순외채 증가로 인한 위기에서 가까스로 벗어나게 되었다.

하지만 경제성장에 비해 노동자의 현실은 여전히 비참했다. 노동법은 철저히 노동자에게 불리한 쪽으로 개악되었고, 노동운동에 대한 탄압은 더욱 강화되었다. 이 때문에 노동자들의 불만은 해를 더할수록 증폭되어 급기야 1987년 6월 항쟁 이후에는 2달 동안 무려 3000건 이상의 노동쟁의가 발생했다. 이후 노동조합 결성이 급속히 진행되어 1987년 말에는 전국적으로 4000개가 넘는 노조가 생겨났다.

도시 노동자들만 불만을 표출한 것은 아니었다. 지속적인 도시화와 중공업 위주의 경제정책으로 소외된 농촌의 농민들도 함평·무안의 농민대회를 시작으로 농민회를 조직하고, 1985년 '소몰이투쟁'과 같은 조직적인 서항을 벌였다. 1983년부터 미국에서 쇠고기를 수입하지 소 값이 폭락해 송아지 값이 개 값도 안 된다는 불만이 쏟아졌고, 충청북도 청원의 농부 서형석이 소 값 폭락을 비관해 농약을 먹고 자살하는 사태가 벌어졌다. 소몰이투쟁에 나선 사람들은 소 값 폭락에 대해 정부가 책임을 지고 소 값을 보상하라고 요구했다. 농민회는 미국대사관 앞에서 농축산물 수입 개방 압력을 철회하라며 미국 정부에 항의하기도 했다. 이는 전두환 정권의 농업정책 실패와 미국의 농축산물 수입 개방 압력에 대한 비판과 항거였다.

대통령 직선제를 쟁취한 6월 항쟁

전두환은 대통령 직선제를 요구하는 국민의 열망을 꺾기 위해 1987년 4월 13일에 제5공화국 헌법을 그대로 수호하겠다는 의지를 담은 '4·13호헌조치'를 감행했다.

한편 야당은 이민우의 판단 착오로 신민당이 분열되자, 김대중과 김영삼이 손을 잡고 통일민주당(민주당)을 결성하고 호헌조치 철폐와 직선제 개헌을 위한 투쟁을 전개했다. 그리고 그해 5월 18일, 천주교정의구현전국사제단(정의구현사제단)이 박종철 고문치사 사건이 조작되었음을 폭로하자, 야당과 학생, 시민들의 반정부투쟁은 더욱 가열되었고, 정국은 6월 항쟁의 거대한 역사적 소용돌이 속으로 빨려들었다.

그 무렵 전두환은 차기 대통령 후보로 노태우를 지명했고, 민정당은 6월 10일 오전 10시에 열린 전당대회에서 노태우를 후보로 선출할 계획을 발표했다. 그러자 야당 인사와 재야가 총집결해 결성한 '민주헌법쟁취국민운동본부'는 6월 10일에 민주헌법 쟁취를 위한 전국적인 범국민대회를 개최할 것을 선언했다. 이에 정부는 범국민대회를 원천봉쇄할 것을 천명하며 갑호 비상령을 내리고 서울에만 6만 명의 경찰을 투입해 대대적인 진압을 감행했다.

그런데 6월 9일에 연세대학교 학생 이한열이 최루탄 뇌관이 뇌에 박혀 혼수상태에 빠졌다는 소식이 알려지면서 야권과 시민사회 그리고 대학생과 시민들이 직선제 쟁취 운동에 거국적으로 동참하기 시작했다. 비록 6월 10일에 예정된 범국민대회는 경찰의 원천 봉쇄로 인해 제대로 열리지 못했지만 전국 대학에서 시위대가 물밀듯이 쏟아져 나왔고, 시민들은 학생들을 격려하며 그들과 함께 "호헌 철폐"와 "독재 타도"를 외쳤다. 심지어 중산층을 대변하는 이른바 '넥타이 부대'로 명명된 사무직 회사원들이 동참하고, 택시 기사와 상인들까지 나서서 시위대를 향해 박수를 치며 격려했다. 이에 당황한 전두환 정권은 수천 명의 학생과 시민들을 연행하며 강력한 진압을 펼쳤지만, 이미 노도처럼 일어난 6월 항쟁의 거대한 해일을 막기에는 역부족이었다. 이 과정에서 전두환은 여러 차례 군 병력을 투입하려 했지만, 미국의 강력한 반대에 밀려 뜻을 이루지 못했다.

결국 전두환은 직선제를 수용하기로 마음먹고, 민정당 대통령 후보로 뽑힌 노태우를 설득했다. 김대중과 김영삼으로 분열된 야권의 헤게모니 싸움을 잘 이용하면 직선제에서도 이길 수 있다는 계산이었다. 이는 이미 보안사에서 충분히 검토해서 내린 결론이었고, 노태우도 이 방법밖에 없다고 판단해 받아들였다.

이후 전두환은 군 병력을 투입할 것처럼 공포 분위기를 조성했고, 경찰에 더욱 강력하게 시위대를 진압하도록 명령했다. 한편 노태우는 시위대와 경찰이 가장 극단적으로 대치하는 상황을 노려 전격적으로 대통령 직선제 수용 방침을 밝힐 계획이었다.

시위대는 날이 갈수록 불어났고, 경찰의 진압은 더욱 거칠어졌으며, 전두환은 여러 경로로 군대를 투입하겠다는 의지를 표명했다. 이 때문에 이만섭 같은 여권의 정치인들은 전두환과 노태우를 번갈아 찾아가서 직선제 수용을 건의하는 모양새를 취했고, 전두환은 여전히 완강한 태도를 보였다. 전두환은 임기가 하루만 남아 있어도 마음만 먹으면 언제든지 군대를 동원해 자신의 권력을 유지할 수 있다고 호언하기까지 했다. 이렇게 전두환과 시위대가 극과 극의 대치를 하고 있을 때, 노태우의 '6·29선언'이 나왔다.

노태우는 이 선언을 통해 국민의 요구를 수용하겠다는 뜻을 발표했고, 이 내용을 전두환에게 건의하는 상황을 연출했다. 전두환은 노태우의 제의를 전폭 수용하겠다는 입장을 밝힘으로써 노태우를 한껏 띄워주었다. 이를 두고 세간에서는 '전두환 감독에 노태우 주연의 쇼'라고 표현했다.

어쨌든 6·29선언 이후 정국은 제6공화국 헌법 마련과 대통령 선거 열기로 가득했고, 자연스럽게 전두환은 정치 무대에서 서서히 사라져 갔다. 이제 그의 역할은 막후에서 무슨 짓을 해서든 노태우를 당선시키는 것이 최선이었고, 특히 천문학적인 대선 자금을 지원하는 것이 그에게 주어진 가장 큰 임무였다.

전두환의 예측대로 대선 정국이 되자 야권은 분열했고, 김대중과 김영삼은 서로 상대방에게 양보를 강요하며 대립과 반목을 일삼았다. 거기에다 김종필까지 가세해 야권은 3김의 분열 양상으로 치달았다. 이런 상황에서 대한항공기가 공중에서 폭발하고, 그 배후로 북한이 지목되는 사건이 터졌다. 이 사건의 범인으로 지목된 김현희는 선거일 하루 전에 서울로 압송되었고, 이 사건은 여당에 큰 호재로 작용했다. 결국 대선에서 승리한 사람은 노태우였다.

전두환은 1988년 2월에 노태우에게 무사히 권력을 이양하고, 자의든 타의든 한국 역사상 최초로 헌법상의 임기를 지키고 청와대를 떠난 첫 번째 대통령으로 남게 되었다.

퇴임 후 전두환은 국가원로자문회의 의장으로 활동하다가 1988년 총선에서 여소야대 정국이 형성되면서 제5공화국 청문회에 불려 나갔고, 이 자리에서 광주학살과 5공 비리 문제에 대해 추궁을 당했다. 또한 그의 형제들의 각종 비리가 밝혀지면서 전두환은 백담사로 유배되는 지경에 처했다. 이어 김영삼의 문민정부 시절인 1996년 1월에 내란 및 반란죄로 수감되었다가 1997년 12월에 특별사면으로 풀려났다. 전두환은 포괄적 뇌물죄로 추징금 2205억 원을 선고받았으나 그중 532억 원만 납부하고 1672억 원을 내지 않고 있다가 2013년이 되어서야 국회와 국세청, 검찰의 전방위 압박에 밀려 완납 의사를 밝혔다. 그는 2017년에 회고록을 출간했는데, 회고록 내용 중 일부가 5·18 광주시민학살 당시 헬기 사격 사실을 증언한 고 조비오 신부의 명예를 훼손했다는 혐의를 받아 검찰에 기소되었다. 이후 몇 년에 걸쳐 재판을 받다가 2021년 11월 23일에 연희동 자택에서 91세를 일기로 사망했다. 추징금 956억 원은 미납상태로 남았다.

전두환은 부인 이순자와의 사이에 재국, 재용, 재만 세 형제와 딸 효선 등 3남 1녀를 두었다.

조폭통치 속에서 민주주의를 꽃피운 전두환 시대

전두환 시대는 한마디로 '조폭통치'라고 해야 할 것이다. 정계는 함께 살육을 저지른 동기와 선후배가 각종 이권을 나눠 먹는 식으로 권력을 농단했고, 경제계는 사리사욕과 부정부패가 만연한 가운데 부당한 정권에 아부하는 기업은 밀어주고, 협조하지 않는 기업은 '손봐주는' 식의 뒷거래 시장으로 전락했으며, 사회는 3S정책에 매몰되어 갑작스럽게 밀려닥친 밤문화와 86아시안게임과 88서울올림픽의 화려함 속에 흥청거렸으니, 조직폭력배의 뒷골목 지배 체제와 다를 바 없는 구조였다.

하지만 조폭통치에 대항한 정치인과 시민 대중은 그런 암흑 속에서 6월 항쟁을 일으켜 대통령 직선제를 쟁취했고, 그 열기는 노동계로 이어져 노동환경의 변화와 삶의 질을 개선하기 위한 노동조합 결성을 촉발했으며, 농민은 밀려드는 외국 농산물의 해일을 헤쳐나갈 활로 개척을 위해 조직적인 저항에 나섰다.

5 전두환 시대의 주요 사건

녹화사업과 학원 프락치 양성 공작

정권을 탈취한 전두환 세력은 1981년 말부터 1983년 말까지 2년여 동안 대학생들의 저항을 막기 위해 블랙리스트를 작성해 그들을 강제로 군대에 보냈다. 블랙리스트는 대학 내에 상주하고 있던 정보 요원들에 의해 작성되었다. 정보 요원이 문제 학생을 지목해 보고하면 그 학생은 병역법상의 법적 권리도 전혀 보장받지 못한 채 군대로 끌려갔다. 때론 시위 현장에서 붙잡힌 학생들도 블랙리스트에 올라 징집되었고, 심지어 병역 면제 조건을 가진 학생들도 끌려갔다. 이들 강제징집자들의 신상카드에는 '특수학적 변동자'라는 붉은색 꼬리표가 붙었다. 이런 과정을 거쳐 강제징집된 대학생은 공식적으론 447명으로 밝혀졌다. 그러나 일부에서는 1000명에서 5000명에 이른다는 주장도 있다. 강제징집자 중 절반 이상이 이른바 '녹화사업'에 투입되었다. 녹화사업은 좌경 용공의 빨간 물을 빼고 푸른 물을 들이는 순화 작업이라는 뜻이다.

녹화사업을 위해 보안사에 대좌경의식화과를 신설해, 경기도 과천과 서울 퇴계로에 분실을 두었다. 이 분실은 강제징집된 대학생 군인들의 사상을 세탁하는 곳이었다. 심사라는 이름으로 자행된 사상 세탁 기간은 개별적으로 약 일주일 정도 지속되었고, 이 과정에서 협박과 구타가 자행되었다. 세탁 기간 동안 대상자들은 50장이 넘는 진술서를 작성해야 했으며, 이 과정이 끝나면 2달 가까이 '역의식화' 교육을 받았다. 이후에는 교육 성과를 검증한다는 명목으로 그들을 대학에 투입해 대학가의 동향을 파악해 보고하게 했다. 대학생들을 강제징집해 비인간적인 군대 생활을 견디게 한 것도 모자라서 학원의 프락치로 만들어 친구들을 고발하게 한 것이다.

군대와 정보기관의 학원 프락치 양성 공작은 전두환 정권 내내 지속되었고, 노태우 정권까지도 이어졌다. 이 일로 때론 대학 내에서 프락치로 지목된 학생을 친구들이 고발하는 글이 게시되는 상황이 벌어졌고, '서울대학교 프락치 사건' 같은 가짜 대학생의 대학 침투 행위를 학생들이 밝혀내 세상에 알리고 정권에 항의하는 소동이 일어나기도 했다. 또 한국외국어대학교에서는 시위 도중 경찰에 체포된 학생이 경찰의 회유와 강압을 이기지 못하고 프락치 제의를 받아들여 운동권 학생으로 활동하며 학생들의 동향을 보고하다가 친구들에게 발각되어 학교 게시판에 폭로 문건이 붙는 사태도 있었다.

이런 녹화사업과 학원 프락치 양성 공작 과정에서 여러 명의 사망자가 발생했다. 하지만 희생자들은 사고사나 자살로 처리되었고, 아직까지 진상 규명이 이루어지지 않은 채 의문사로 남아 있다.

미국문화원 방화와 점거

5·18광주시민학살 이후 대학생들의 미국에 대한 인식은 크게 바뀌었다. 광주 시민에 대한 전두환 세력의 살육 행위는 미국의 동조 아래 이뤄졌다는 것이 당시 대학생과 시민사회의 판단이었다. 이들은 주한미군사령관 위컴이 광주의 시민봉기를 진압하는 데 동의한 것이 그 증거라고 여겼다.

미국과 독재정권이 한통속이라는 인식은 광주 미국문화원 방화 사건으로 나타났다. 1980년 12월 9일, 전남대학교 3학년 임종수를 비롯한 5명의 대학생들이 광주 미국문화원에 불을 지른 것이다. 하지만 전두환 정권은 이 사건을 단순 누전에 의한 것이라며 덮어버렸다. 자칫

이 사건이 사회적 이슈가 되면 자신들의 처지가 곤란해질 것을 염려한 조치였다.

하지만 1982년 3월 18일에 일어난 부산 미국문화원 방화 사건은 은폐하지 못했다. 광주에서 벌어진 학살의 참상을 알게 된 부산 고신대학(지금의 고신대학교) 제적생 문부식과 남녀 대학생들이 부산의 미국문화원을 점거하고 불을 질렀다. 그리고 "미국은 더는 한국을 속국으로 만들지 말고 이 땅에서 물러가라"라는 내용의 성명서를 발표했다. 수백 장 뿌려진 이 성명서에서 학생들은 미국이 우방을 가장하고 한국에서 경제 수탈과 민족 분단 정책을 지속해왔다고 고발하며 반미투쟁의 횃불을 들어 민족의 자각을 호소했다.

하지만 국내의 어느 언론도 이 사건을 광주와 연관짓지 않았다. 언론은 일제히 반공과 친미를 강조하며 전 국민적인 범인 색출 작전이 필요하다고 역설했다. 심지어 각 지역마다 반상회를 열어 범인을 잡자며 시민들 스스로 결의를 다지고 있다고 보도했다. 방화범들에게 걸린 현상금은 당시 이층집 한 채 값인 3000만 원이나 되었다.

문부식을 비롯한 관련자들이 체포된 것은 미국문화원 방화 사건이 일어난 지 14일 만이었다. 그들은 방화와 전단지 살포 혐의로 구속되었지만, 그들을 기소한 검사의 공소장에서 광주라는 단어는 찾아볼 수 없었다.

그럼에도 이 사건 이후 광주시민학살의 진상은 입소문을 타고 전국적으로 번져갔으며, 광주에서 일어난 살육 행위에 미국도 책임이 있음을 알리는 계기가 되었다. 이에 대해 《뉴욕타임스》는 광주시민학살 당시 미국이 전두환 세력을 비호하고 군대를 동원한 사실을 보도했고, 이러한 행위가 결국 미국에 큰 손실을 안겨다 줄 것이라고 경고했다. 《뉴욕타임스》의 경고는 결코 헛말이 아니었다. 대학생들과 민주화 세력은 독재 타도와 함께 "양키 고 홈(Yankee Go Home)"을 외치기 시작했던 것이다.

부산 미국문화원 방화 사건이 발생한 지 3년이 지난 1985년 3월, 민주화 세력이 결집해 전국적인 조직으로 발족한 민주통일민중운동연합(민통련)이 광주시민학살 관련 성명서를 내고 농성에 들어갔고, 전두환이 내란을 일으킨 날짜인 5월 17일에는 전국 대학생 4만여 명이 광주의 진상 조사를 요구하며 격렬한 시위를 벌였다.

시위가 일어난 지 7일째인 5월 23일, 전국학생총연합 소속 대학생 73명이 서울 미국문화원을 점거하는 사태가 벌어졌다. 광주시민학살에 대한 미국의 책임을 묻는 항거의 일환이었다. 미국문화원 도서관 점거는 4일 동안 지속되었고, 이 과정에서 대학생들은 "미국은 광주시민학살에 대한 책임을 지고 공개적으로 사과하라"라고 요구했다.

서울 미국문화원 점거 사건은 광주와 부산에서 일어난 미국문화원 방화 사건과 달리 언론에 대대적으로 보도되었고, 마침내 국민은 어렴풋이 광주의 진상을 깨닫기 시작했다. 광주시민학살과 미국의 동조 사실이 마침내 만천하에 드러나기 시작했던 것이다. 때를 맞춰 야당인 신민당은 국회의원 103명의 이름으로 「광주사태 진상 조사를 위한 국정조사 결의안」을 국회에 제출했다. 그러자 수세에 밀린 전두환 정권은 비록 터무니없이 축소되고 왜곡된 내용이지만 국방부장관의 이름으로 광주의 피해 상황에 대해 공식적인 발표를 내놓기에 이르렀다.

이렇듯 세 차례에 걸친 미국문화원 방화 및 점거 농성은 광주의 진실을 알리는 중요한 계기가 되었으며, 국익을 위해 독재정권을 비호해 왔던 미국에 대한 인식 전환의 단초로 작용했다.

장영자·이철희가 벌인 희대의 어음 사기

1982년 5월 4일, 대검찰청 중앙수사부는 이철희와 장영자 부부를 구속하고, 이어서 영부인 이순자의 삼촌 이규광을 구속했다. 또한 조흥은행장과 상업은행장 등 관련 인사 17명을 구속 조치했다. 이뿐 아니라 청와대와 민정당, 국가안전기획부(안기부) 등 권력층의 일대 지각변동이 이어졌다.

이 사건을 접한 언론은 연일 '단군 이래 최대의 사기사건'이 터졌다고 보도했다. 거기에다 전두환의 처삼촌 이규광이 연관되었다는 사실 때문에 이 사건은 단순한 사기사건이 아니라는 의혹이 제기되면서 전두환은 도덕성에 치명타를 입었다. 정의 사회 구현을 기치로 내건 청와대가 사기사건의 배후라는 의혹이 세간에 퍼지면서 정권마저 흔들렸다.

사건의 핵심 인물인 장영자는 광업진흥공사 사장이던 이규광의 처제였다. 장영자의 남편 이철희는 육군사관학교 2기 출신으로 중앙정보부 차장을 지냈으며, 유정회 국회의원까지 지낸 인물이었다. 장영자와 이철희는 이런 배경을 바탕으로 어음 사기 행각을 벌였다. 그 수법은 이런 식이었다. 먼저 은행에서 무담보대출을 받은 뒤, 자기자본율이 약한 기업에 접근해 돈을 빌려주고 대신 어음을 담보로 받았다. 이때 받은 어음은 빌려준 돈의 2배에서 9배에 이르는 금액으로 설정되었고, 이 어음을 다시 사채시장에 팔거나 다른 기업에 팔아서 자금을 형성했다. 이렇게 해서 조성된 총액은 무려 6404억 원이었다. 이들이 기업들에서 담보로 받은 어음의 총액이 7111억 원이었으니 어음 총액의 90%를 현금으로 전환한 셈이었다. 이 때문에 어음을 발행한 기업은 약속된 기일을 지키지 못해 부도를 낼 수밖에 없었고, 어음을 산 쪽은 자금을 회수할 수 없는 상황이 벌어졌다.

이 일로 건설회사 도급 순위 8위였던 공영토건과 철강업계 2인자였던 일신제강이 도산했다. 또 돈을 빌려준 은행과 어음을 끊어준 기업과 사채업자도 막대한 손실을 입었다. 어음을 끊어준 기업 중에는 현금을 한 푼도 받지 않은 업체도 있었다. 그런 까닭에 장영자 배후에 청와대가 있다는 의심은 당연한 일이었다. 물론 장영자와 청와대 사이에 이규광이 끼어 있어 의혹은 더욱 커졌다.

장영자를 구속하기 이틀 전인 5월 2일, 청와대는 이 사건과 관련해 비상회의를 소집했다. 회의는 전두환의 주재 아래 청와대 서재에서 진행되었다. 재무부에서는 나웅배 장관과 이규성 1차관보, 검찰에서는 정치근 총장과 이종남 중앙수사부장, 대통령 비서실에서는 이범석 비서실장과 허화평 정무1수석, 이학봉 민정수석, 김재익 경제수석, 박철언 정무비서관 등이 참석했다.

이 자리에서 전두환은 이철희와 장영자를 외환관리법 위반 혐의로 구속하고 기업들에 대해서는 가급적 은행의 지원을 통해 무너지지 않도록 하라고 지시했다. 또 공영토건은 법정관리로 넘기고, 일신제강은 부도 처리되는 것으로 결론지었으며, 사채업자들은 보호할 필요가 없다고 했다.

그러나 검찰의 수사 발표에 대해서 언론부터 받아들이지 않았고, 국민의 의혹은 해소되기는커녕 더 커져만 갔다. 결국 전두환은 5월 11일에 다시 비상회의를 소집하고 격론 끝에 이규광을 광업진흥공사 사장에서 물러나게 했다.

하지만 이규광에 대한 처리를 놓고 전두환과 검찰 그리고 비서진의 입장은 달랐다. 검찰총장 정치근은 이규광을 조사해야 한다고 했고, 허화평과 허삼수는 세간에서 이 사건의 배후로 청와대를 의심하고 있다며 전두환을 압박했다. 이에 밀린 전두환은 결국 성역 없는 수사를 지시했다. 그럼에도 이규광을 구속하는 것은 반대했다. 전두환은 이철희가 단독으로 저지른 범행으로 몰아세웠다. 그러나 이규광을 구속하지 않고는 청와대에 대한 비판 여론이 누그러지지 않을 기세였다. 결국 전두환은 이규광을 구속시키라는 지시를 내렸고, 다음 날 이규광은 장영자에게 1억 원을 받은 혐의로 구속되었다.

이규광이 구속된 후 전두환은 자신을 궁지로 몰아넣은 허화평과 허삼수에 대한 적개심을 드러냈다. 이른바 청와대의 실세였던 그들을 청와대 대책회의에서 제외했으며, 결국 청와대에서도 밀어냈다. 그들 두사람은 전두환 이후 차기 대권을 넘볼 정도의 실세였으나 장영자사건으로 몰락의 길을 걷게 된 것이다. 또 그들과 함께 실세로 불리던 유학성 안기부장을 해임했으며, 민정당 사무총장 권정달도 물러나게 했다. 그리고 법무부장관 이종원과 검찰총장 정치근도 옷을 벗겼다.

이렇게 세상을 떠들썩하게 하며 전두환 정권의 기반마저 흔들었던 이 사건의 주범 장영자는 10년의 옥살이를 마치고 나온 뒤에도 1000억 원대의 재산가가 되어 있었다. 감옥에 가기 전에 사둔 땅이 폭등해 가치가 엄청나게 올랐던 것이다. 장영자는 자신이 정치적 희생양이라 주장했다. 모든 것이 전두환 정권에 대한 국민의 비난과 대통령 친인척의 비리를 무마하기 위해, 멀쩡하게 사업 잘하고 있는 자신을 범죄자로 몰았다는 항변이었던 것이다. 하지만 이후에도 각종 사기 행각을 벌여 세 차례 더 실형을 선고받았다.

6 전두환 시대의 국무총리들

전두환 시대의 국무총리는 14대에서 19대까지 남덕우, 유창순, 김상협, 진의종, 노신영, 김정렬 등 모두 6명이 재직했다.

14대 국무총리는 남덕우로서, 1980년 9월 22일에 임명되어 1982년 1월 3일까지 1년 3개월 남짓 재직했다. 그는 박정희 시대 마지막 경제 수장이었으며, 수출 중심의 성장 지향적 경제정책을 펼친 인물이었다. '한강의 기적'의 주역, '서강학파의 태두' 등으로 불린다. 박정희는 그를 경제 수장 자리에 앉히며 "남 교수, 그동안 정부가 하는 일을 많이 비판하던데 이제 맛 좀 봐라"라고 했다고 전한다. 하지만 남덕우는 수출 100억 달러와 국민소득 1000달러 돌파라는 성과를 남겼다. 또한 부가가치세를 도입해 세수를 안정시키기도 했다.

남덕우는 1924년 경기도 광주에서 태어나 국민대학교 정치학과를 졸업했으며, 서울대학교와 미국 오클라호마주립대학교에서 경제학 석사·박사학위를 취득했다. 국민대학교, 서강대학교, 미국 스탠퍼드 대학교 등의 교수로 있다가 1969년 재무부장관으로 발탁되면서 관료의 길을 걸었다. 국무총리 퇴임 후에는 한국무역협회장, 동아시아경제연구원 회장, 산학합동재단 이사장 등을 지냈다. 2013년 5월에 90세로 생을 마감했다.

남덕우에 이어 15대 국무총리가 된 유창순도 박정희 시대 경제기획원장관 출신이다. 1982년 1월 4일 국무총리 서리로 임명된 뒤 23일 정식 국무총리로 임명되었다. 6월 24일까지 5개월 남짓 재직했다.

유창순은 1918년 평안남도 안주에서 태어났으며, 평양고등상업고등학교와 경희대학교를 졸업하고 미국 헤이스팅스대학교 경제학과를 졸업했다. 이후 상공부장관, 경제부총리 등을 거쳐 국무총리가 되었다.

퇴임 후에는 전국경제인연합회장을 지내는 등 재계에 몸담았다. 2010년 6월에 93세를 일기로 생을 마감했다.

16대 국무총리는 김상협이다. 1982년 9월 21일에 취임해 1983년 10월 14일까지 1년 1개월 재직했다. 김상협은 이전의 두 총리가 경제 관료 출신인 것과 달리 문교부장관 출신에다 고려대학교 총장을 역임한 인물이었다. 또한 삼양그룹을 창업한 수당(秀堂) 김연수의 아들이며, 인촌(仁村) 김성수의 조카였다. 더구나 제5공화국 고위 관직에서는 찾아보기 힘든 호남 출신이다.

김상협은 1920년 전라북도 부안에서 태어났으며, 일본 야마구치고등학교를 졸업하고 도쿄대학교 정치학과를 졸업했다. 해방 후에는 고려대학교 교수가 되었으며, 1962년 박정희 시대에 문교부장관이 되었다. 이후 대학에 복귀해 교수로 지내다 1970년부터 1975년까지(6대), 1977년부터 1982년까지(8대) 두 차례 고려대학교 총장을 지냈다. 교수로 재직하면서 그는 집안 언론사인 《동아일보》 이사로도 활동했다. 고려대학교 총장으로 재직할 당시 전두환이 등장하자, 국가보위입법회의 의원이 되었고, 그 인연으로 국무총리에 임명되었다. 국무총리 퇴임 후에는 대한적십자사 총재로 6년 동안 재직했으며, 1995년 2월에 76세를 일기로 생을 마감했다.

17대 국무총리는 진의종으로, 1983년 10월 17일에 취임해 1985년 2월 18일까지 1년 4개월 동안 재직했다. 1984년 11월에 집무실에서 뇌일혈로 쓰러지는 바람에 3개월 동안 신병현 경제부총리가 국무총리직을 대행했다. 이 때문에 실제 재직 기간은 1년 1개월이다. 그도 김상협처럼 몇 안 되는 호남 출신의 고위 관료로, 8대와 9대, 11대와 12대 국회의원을 지냈다.

진의종은 1921년 전라북도 고창에서 태어났으며, 경성제국대학을 졸업하고, 1943년에는 고등문관 시험에 합격해 일본 북해도청 농무과장을 지낸 바 있다. 1971년에 고창에서 8대 국회의원으로 출마해 당선된 뒤 정치인으로 지내다 민정당 대표위원을 지냈으며, 전두환 정권의 호남 인사 배려 차원에서 국무총리로 발탁되었다. 1995년 5월에 75세를 일기로 생을 마감했다.

18대 국무총리는 노신영으로, 1985년 5월 16일부터 1987년 5월 25일까지 2년 동안 재직해, 전두환 정권에서 가장 오래 국무총리에 머문 인물이다. 국무총리로는 드물게 외무부장관 출신이다. 외무부에서 공직 생활을 시작해 무려 27년 동안 외무부에서만 근무했으며, 전두환 정권 출범 후 외무부장관에 발탁되어 88서울올림픽을 유치하는 성과를 거두었다. 전두환은 그를 매우 신뢰했는데, 장영자사건 이후 제5공화국 출범 실세들과 등을 돌릴 때 유학성의 후임으로 그를 정치권력의 핵심인 안기부장에 임명했다. 일설에 노신영은 끝까지 외무부에 남고 싶다며 안기부장이 되길 싫어했지만, 전두환의 신임으로 하는 수 없이 안기부로 갔다고 전한다. 제5공화국에서 군 출신이 아닌 인물이 안기부장으로 임명된 것은 그가 유일하다. 노신영이 안기부장으로 있는 동안 전두환은 매우 흡족해했으며, 1985년 총선에서 신민당의 약진에도 불구하고 그를 경질하지 않았다. 이때 노신영은 그 책임을 지고 물러나려 했으나 전두환은 오히려 그를 국무총리에 기용하는 파격적인 조치를 취했다. 이후 전두환은 민간인 출신의 후계자를 모색하며 노신영을 권력 후계자로 내정하기까지 했다. 하지만 군 출신들의 강한 반대로 무산되었다.

노신영은 1930년 평안남도 강서에서 태어났으며, 평양고등보통학교와 서울대학교를 졸업한 후에 외무부에서 공직 생활을 시작했다. 이후 참사관, 영사, 대사, 차관 등을 거쳐 제5공화국 출범과 함께 외무부 장관에 올랐으며, 전두환의 눈에 들어 관료 출신으로 제5공화국을 대표하는 인물로 부각되었다. 국무총리 재직 시 박종철 고문치사 사건이 발생하자, 이에 대한 책임을 지고 국무총리직에서 스스로 물러났다. 국무총리 퇴임 후에는 고려대학교 석좌교수, 롯데복지재단 이사장, 안중근의사숭모회 이사장 등을 맡았다.

노신영이 국무총리에서 물러난 뒤에 이한기가 국무총리 서리로서 1987년 5월부터 7월까지 2달 동안 재직했다. 하지만 이한기는 정식 국무총리에 임명되지 못했다.

19대 국무총리는 김정렬이며, 1987년 8월 7일부터 1988년 2월 24일까지 대통령 선거 기간과 전두환의 퇴임 준비 기간 동안 재직했다. 김정렬은 군인 출신으로 국회의원과 주미대사, 국방부장관, 공화당 의장 등을 지낸 인물이었다.

김정렬은 1917년 서울에서 태어났으며 경성고보를 졸업하고 일본 육군예과사관학교를 거쳐 일본 육군항공사관학교를 졸업하고, 일본 제국육군항공대 소속 조종사로 2차 세계대전에 참전했다. 광복 후에는 육군사관학교 3기로 졸업하고, 공군 창설에 참여해 공군참모총장을 지냈으며, 1957년에 국방부장관이 되었다. 박정희가 장군으로 있을 때 소장 진급에 어려움을 겪은 적이 있는데, 이때 김정렬이 그를 도와주었다. 박정희는 이 일에 대한 감사의 표시로 정권을 잡은 후 그를 공화당 초대 의장으로 앉혔다. 이후 김정렬은 정치인으로서 국가의 요직을 두루 거쳤으며, 전두환이 권력을 잡자 최규하 대통령에게 하야를 권고하기도 했다. 그 덕분에 평화통일자문회의 수석부의장 등을 거쳐 전두환 정권의 마지막 국무총리에 오르게 되었다. 1992년 9월에 76세를 일기로 생을 마감했다.

6장

·

노태우 대통령실록

노태우盧泰愚
(1932 – 2021)

재임 기간:
1988년 2월 – 1993년 2월
(5년)

“국민의 뜻을 담은 새 헌법의 발효와 함께
바로 이 시각에 탄생하는 새 정부는
바로 국민이 주인이 된 국민의 정부임을 선언합니다.
민주개혁과 국민 화합으로 이제 우리는
위대한 보통 사람들의 시대를 열어야 하는 것입니다.”

―제13대 대통령 취임사 中 (1988)

1 퉁소 부는 산골 소년에서 직선제 대통령이 된 노태우

퉁소 부는 소년, 전쟁의 와중에 군인이 되다

노태우는 1932년 12월 4일 경상북도 달성군 공산면 신용리 (지금의 대구광역시 동구 신용동)에서 교하 노씨 병수와 김태향의 장남으로 태어났다. 그의 조상으로는 조선 세조에서 성종 시절 인물로 영의정을 지낸 노사신이 유명하며, 노태우는 노사신의 15대손이다.

김태향은 결혼 후 수년 동안 아이를 잉태하지 못하다가 결혼 8년 만에야 임신했다. 그때 태몽을 꾸었는데, 콩밭에서 김을 매다가 큰 구렁이를 보고 놀라서 집으로 도망쳤다고 한다. 그런데 구렁이가 계속 따라와서 부엌에 숨어 있던 김태향의 발뒤꿈치를 물고 온몸을 휘감아서, 놀란 채 깨어났다. 김태향의 말을 듣고 시아버지 노영수가 구렁이는 곧 용이니, 아이 이름을 태룡이라 지으려 했으나 일제강점기 시절이라 꿈을 숨기기 위해 '용(龍)' 자 대신 어리석을 '우(遇)'를 넣어 '태우'라고 지었다.

첫아들 태우에 이어 동생 재우가 태어남으로써 노병수는 슬하에 아들 형제를 두게 되었다. 노병수는 비록 소학교만 졸업했으나 한문을 잘한 덕분에 공산면 면서기를 지냈다. 노병수는 키가 190센티미터나 되는 거구였고, 인물이 좋았다. 또한 음악을 좋아해 자주 태우와 재우 형제에게 유성기로 음악을 들려주었다. 덕분에 노태우는 어려서부터 노래를 잘했다.

그러나 노병수는 수명이 길지 못했다. 1939년에 동생 노병삼의 중학교 졸업식에 참석하러 가는 길에 교통사고로 사망하고 말았다. 당시 노태우의 나이는 불과 8살이었다. 그런 까닭에 노태우는 가난하게 살아야 했으며, 숙부 노병삼의 도움으로 학업을 이어갈 수 있었다.

노태우는 아버지의 유품인 퉁소를 즐겨 불었는데, 친구들과 어울려 놀 때도 퉁소로 분위기를 띄웠다고 한다. 그만큼 음악에 대한 열정이 깊었지만, 집안이 어려운 탓에 음악가의 길을 택하지는 못했다.

팔공산 아래에 살던 노태우는 1939년 3월에 대구 공산심상소학교에 입학했다. 집에서 무려 6킬로미터나 떨어진 학교까지 걸어서 다녔으며, 때론 신발이 없어 맨발로 다녔다. 그런데도 항상 싱글벙글 웃고 다녀 그의 학생 시절 별명은 '스마일'이었다. 공산심상소학교를 졸업한 후 숙부의 도움으로 대구공업중학교에 진학했고, 그곳을 마친 뒤에는 경북고등학교에 진학해 의사의 꿈을 키웠다. 그러나 고등학교 3학년 때 6·25남북전쟁이 발발해 학도병으로 참전하면서 의사의 꿈을 접어야 했다. 그리고 헌병학교에 입학했다가 고등학교를 졸업하면서 육군사관학교에 편입해 정규 육군사관학교 1기생이 되었다.

사관생도 시절에 전두환, 정호용, 김복동 등과 친분을 맺었으며, 럭비부에서 선수로 활동했다. 또한 문학과 음악을 좋아해 헤르만 헤세와 톨스토이의 소설을 즐겨 읽었으며, 차이콥스키, 베토벤, 드뷔시 등의 음악을 즐겨 들었다.

박정희와 인연을 맺다

노태우는 1955년 육군사관학교를 졸업하고, 소대장으로 임관한 뒤 이듬해 봄에 5보병사단 소대장으로 발령받았다. 이때 5보병사단장이 박정희였다. 박정희는 정규 육군사관학교 출신인 노태우를 각별히 대했고, 하루는 점심에 초대하기도 했다고 한다. 사단장이 일개 소대장을 점심에 초대하는 것은 매우 파격적인 일이었다. 한번은 점심 식사 후 노태우에게 오리사냥을 함께 가자고 제의했다. 하지만 노태우는 업무가 바빠 갈 수 없다며 사양했다. 박정희가 사단장의 제의를 거절하면서까지 해야 할 업무가 무엇이냐고 묻자, 노태우는 "제가 사격장 평탄 작업을 하다 왔습니다"라고 대답했다.

중위 시절에 노태우는 부인 김옥숙을 만났다. 김옥숙은 육군사관학교 동기 김복동의 여동생이었다. 김복동에겐 옥숙과 정숙, 두 여동생이 있었는데, 김복동의 집을 방문했다가 김옥숙을 마음에 두게 된 노태우 중위는 두 자매에게 영어를 가르친다는 핑계로 김복동의 집을 들락거렸다. 1959년 노태우는 김옥숙과 결혼식을 올리고 부부의 연을 맺었다.

그로부터 2년 뒤, 노태우가 대위로 있을 때 박정희가 반란을 일으켰고, 노태우는 전두환과 함께 '5 · 16군사혁명을 지지하는 퍼레이드'를 이끌었다. 당시 노태우는 미국 유학에서 돌아와 군사정보대학 영어 번역 담당 장교를 거쳐 서울대학교 학군단 교관으로 재직하고 있었다. 박정희는 그를 불러 국가재건최고회의 의장 비서실 정보과에 배속시켰다. 박정희는 그에게 농촌 실정을 은밀히 조사해 보고하도록 지시했는데, 노태우는 농민들의 비참한 현실을 이렇게 보고했다.

"제가 강원도 화전민 마을에 갔을 때, 겨울 동안 주민들이 사실상 동면상태에서 감자 1~2개만 먹고 온종일 잠만 자고 있었습니다."

박정희는 사람이 식량이 없어 동면을 한다는 사실에 몹시 놀란 표정을 지었다고 한다.

베트남전쟁을 거쳐 별을 달고 반란에 가담하다

국가재건최고회의 정보과에서 전보된 노태우는 방첩부대 정보참모를 거쳐 1966년에는 방첩과장이 되었고, 이후 육군본부에서 정보과장과 방첩과장을 지냈다. 1967년에는 중령으로 진급해 베트남전쟁에 대대장으로 파견되었다. 노태우는 꾸이년전투에서 북베트남 군대를 전멸시킨 공로로 을지무공훈장을 받았다.

1968년에 귀국한 뒤에는 육군대학을 수료하고 수도경비사단 대대장으로 복무했으며, 1970년에 대령으로 진급해 육군참모총장 수석부관이 되었다. 1971년에 보병연대장을 거쳐 1974년 1월 꿈에도 그리던, '하늘의 별 따기'라는 별을 달았다.

장군이 된 노태우의 첫 보직은 공수특전여단장이었다. 그의 준장 시절은 이후 4년 동안 지속되었고, 1978년에 소장으로 진급했다. 그리고 다시 박정희를 보필하게 되었다. 대통령경호실 작전차장보로 발탁된 것이다. 동기이자 친구인 전두환이 추천한 덕이었다.

당시 노태우는 전두환을 중심으로 조직된 군 내부의 사조직인 하나회의 핵심 멤버였다. 하나회의 모태가 된 육군사관학교 11기 모임인 북극성회에서 노태우는 1962년에 회장을 역임한 적도 있었다. 하나회 핵심 세력이 된 그는 윤필용사건으로 위기를 겪기도 했으나 박정희의 배려로 무사히 넘겼다.

1979년 3월, 노태우는 청와대 근무를 마치고 9보병사단장이 되어 전방으로 발령이 났다. 그해 10·26사태로 박정희 대통령이 암살당하는 사태가 발생하자, 12월 12일에 전두환과 함께 반란을 도모해 육군참모총장 정승화를 군부에서 제거했다. 12·12군사반란 당시 노태우는 자신이 혹 실패할 것에 대비해 김옥숙의 사촌동생 박철언에게 가족을 부탁하기도 했다.

12·12군사반란에 성공한 후 노태우는 수도경비사령관이 되었으며, 이듬해 1980년에는 5·17비상계엄 전국 확대 조치에 동조해 핵심 세력으로 활동했다.

이후 국가보위입법회의 상임위원이 되어 권력의 핵심으로 부상했고, 1980년 8월에 중장으로 진급해 전두환의 후임으로 보안사령관이 되었다. 이후 1981년 7월에 대장으로 진급한 후 예편했다.

전두환을 등에 업고 13대 대통령에 당선되다

대장으로 예편한 노태우는 정계에 입문해 전두환의 후원에 힘입어 민정당 대표최고위원이 되었다. 이어 정무 제2장관에 임명되었으며, 이때 88서울올림픽을 유치했다. 1981년 11월에는 대통령특사가 되어 유럽과 아프리카를 순방했다. 이때 가톨릭 교황 요한 바오로 2세를 만나 간청한 끝에 교황의 한국 방문을 성사시키기도 했다. 1982년에는 남북 고위급회담 수석대표로 활동했다.

1982년 3월에 체육부장관에 임명되었고, 이어 올림픽조직위원장이 되었으며, 대한체육회장에 선출되었다. 1986년에는 아시안게임조직위원장이 되어 86아시안게임을 주관했다.

1985년 2월에는 12대 국회의원 선거에서 전국구로 당선되었으며, 다시 민정당 대표최고위원에 임명되었다. 당시 국회의원 선거에서 전두환은 노태우에게 지역구 출마를 권했으나, 그는 전국구를 원했다. 전두환의 속내를 확인하고자 했던 것인데, 전국구 번호가 앞 번호이면 그를 후계자로 생각하는 것으로 판단할 수 있었다. 노태우는 전국구

순번 3번을 받아 국회의원이 되었다.

민정당 대표 시절 노태우는 비교적 유연한 태도로 야당을 국회로 끌어들였고, 이후 민정당 대통령 후보가 되었다. 1987년 대통령 후보로 선출될 당시 대통령 직선제를 요구하는 6월 항쟁에 직면하자 6·29선언을 통해 직선제를 받아들였다. 그리고 그해 12월 대통령 선거에서 자신이 '보통 사람'임을 강조하며 "이 사람 믿어주세요"라는 말로 김대중과 김영삼의 틈새를 공략했고, 결국 36.6%의 득표율로 어렵게 당선되어 대한민국 13대 대통령이 되었다.

2 노태우의 5.5공화국과 급변하는 세계정세

● 제13대 대통령, 재임 기간: 1988년 2월 – 1993년 2월(5년)

노태우의 홀로서기와 5공 청산 작업

1988년 2월 25일, 노태우는 13대 대통령에 취임했다. 대통령이 되긴 했으나 권한 행사에는 한계가 있었다. 당선자 시절에 새로운 내각을 구성할 때 장관과 요직을 선정하는 과정에서 일일이 전두환의 허락을 받아 인선 작업을 했기 때문이다. 노태우는 장관은 가급적 군 출신을 배제하려 했으나 전두환에 의해 5명의 군 출신 장관이 기용되었고, 5공 시절 장관을 했던 사람이 8명이나 포진해 있었다. 거기에다 군의 요직도 모두 전두환 세력이 차지했다. 전두환은 그것도 모자라 계속 국정에 간섭하기 위해 국가원로자문회의를 만들어 의장이 되었다. 전두환의 '상왕정치' 상황이라고 해도 과언이 아니었다. 이 때문에 야당은 새로운 내각에 대해 '조각(組閣)'이 아니라 '개각(改閣)'이라고 힐난했고, 6공화국이 아니라 5.5공화국이라고 비아냥거렸다.

노태우는 취임한 뒤에 전두환의 그림자를 걷어내려고 안간힘을 썼다. 우선 국가원로자문회의의 규모를 축소하고, 그해 예정된 4·26총선 공천에서 전두환의 핵심 세력을 배제했다. 5공 실세인 권익현, 권정달 등이 공천에서 탈락한 것이다. 권익현은 육군사관학교 동기에다 노태우에 앞서 민정당 대표를 지낸 인물이었고, 권정달은 5공 핵심 인물로서 민정당 초대 사무총장을 지낸 인사였다. 그 밖에 전두환의 동서이자 하나회 회원인 김상구, 한때 전두환의 후계자 소리를 듣던 노신영 전 국무총리도 배제되었다. 대신 노태우의 최측근이자 인척인 박철언이 이끄는 월계수회 회원들이 대거 공천되었다.

노태우는 선거 정국에서 전두환의 동생 전경환을 비리 혐의로 구속하고, 전두환을 모든 공직에서 물러나게 했다. 그리고 전두환에 의해 단행된 군 인사를 모두 자신의 사람으로 바꿔놓았다.

이러한 일련의 홀로서기 행보는 노태우의 의지였으며, 그의 의지를 가장 강하게 지지한 인물은 정무수석 최병렬이었다. 그는 '5·6공 단절론'을 내세우며 이것만이 4·26총선에서 민심을 잡을 수 있는 가장 획기적인 전략이라고 주장했고, 노태우는 그의 주장을 전적으로 받아들였다.

노태우는 참모들에게 늘 '새 얼굴'을 강조하며, 5공 인사를 멀리하는 정책으로 일관했는데, 이는 전두환의 그림자를 지우고 홀로서기를 위한 몸부림이었다.

이런 노력에도 불구하고 민심은 노태우 정권에 호의적이지 않았다. 1988년 4·26총선 결과 민정당은 299석 중에 절반에도 훨씬 못 미치는 125석을 얻는 데 그쳤고, 야당은 174석을 차지했다. 정당별 득표율에서 민정당은 34%를 획득했고, 민주당은 23.8%, 평화민주당(평민당)은 19.3%, 신민주공화당(공화당)은 15.4%를 차지했다. 그러나 의석 수는 득표율과 다소 차이가 있었다. 민정당은 전체 의석의 41.8%에 해당하는 125석, 평민당이 23.4%에 해당하는 70석, 민주당이 19.7%에 해당하는 59석, 공화당이 12%에 해당하는 35석이었다. 나머지 10석 중 무소속이 9석, 한겨레민주당이 1석이었다. 결과는 어쨌든 여소야대 정국이었다.

여소야대 상황은 5공 청산 정국으로 이어졌다. 첫 번째 대상은 전두환 일가였다. 이미 구속된 전경환에 이어 전두환의 친형 전기환과 사촌동생 전우환이 구속되고, 처남 이창석도 구속되었다.

하지만 여론은 여기서 그치지 않았다. 국민은 5·18광주시민학살의 책임자 처벌과 12·12군사반란과 5·17내란의 진상을 밝힐 것을 요구했고, 학생들은 전두환 체포조를 만들어 연일 그의 사저가 있는 연희동에서 시위를 벌였다.

그런 가운데 국회에서 '광주민주화운동진상조사특위(광주특위)'와 '제5공화국에 있어서의 정치권력형 비리조사 특별위원회(5공특위)'가 구성되어 청문회가 열렸다. 전두환은 대국민 사과문을 발표하고 백담사로 유배길에 올랐으며, 부정 축재로 얻은 139억 원도 내놓았다. 이런 일련의 5공 청산 작업은 비록 오랜 벗이었던 전두환과 등을 지는 결과를 초래했지만 노태우의 홀로서기에는 도움이 되는 일이었다.

노태우는 여소야대 정국을 역이용해 홀로서기에 성공했지만 여소야대 상황에서 정국의 주도권은 제1야당의 당수 김대중이 쥐고 있었다. 김대중은 여론과 야3당 공조 체제를 등에 업고 5·18광주시민학살의 책임자 처벌을 강력하게 요구했으며, 이는 구체적으로 전두환의 청문회 증언과 학살에 가담한 정호용 의원의 사퇴 요구로 이어졌다.

결국 정호용은 국회의원직을 사퇴했고, 전두환은 청문회 증언대에서야 했다. 하지만 정호용의 사퇴와 전두환의 청문회 증언은 5공과의 단절을 원했던 노태우에겐 남의 손으로 코 푼 일이나 다름없었다.

민자당의 권력 다툼

이후 노태우는 보수연합론을 앞세워 야권 공조를 무너뜨리고 거대 여당을 만들려는 계획을 세웠다. 다른 한편으론 공안 정국을 조성했다. 황석영, 문익환, 임수경 등의 방북사건이 이어졌고, 거기에다 서경원 의원의 밀입북사건까지 터져 공안 정국을 형성하기에는 좋은 분위기였다. 평민당 현역 의원인 서경원의 밀입북으로 김대중이 궁지에 몰렸고, 민주당의 후보 매수 사건마저 터져 김영삼도 곤란한 처지가 되었다.

노태우는 이 기회를 놓치지 않고 김영삼을 압박해 보수연합론을 현실화했다. 1990년 1월에 민정당, 민주당, 공화당이 합당해 무려 216석을 가진 거대 여당 민주자유당(민자당)이 출범한 것이다.

하지만 민자당은 출범 초기부터 삐걱거렸다. 이른바 6공의 황태자로 불리던 정무장관 박철언과 김영삼의 주도권 다툼 때문이었다. 두 사람의 갈등은 1990년 3월에 소련 방문을 계기로 본격화되었다. 당시 김영삼은 소련의 공산당 서기장 미하일 고르바초프와 짧게 면담했는데, 이를 부풀려 소련과의 외교에 자신이 크게 공헌한 것처럼 인터뷰했다. 박철언이 이를 못마땅하게 여기고 김영삼을 깎아내리는 말을 하면서 두 사람은 첨예하게 대립했다.

두 사람의 대립이 극단으로 치닫자, 최고위원인 김종필과 박태준이 나서서 박철언을 정무장관에서 물러나도록 권유했고, 노태우가 이를 받아들였다. 새 정무장관에는 김영삼과 친한 김윤환이 임명되었다.

그로부터 6개월 뒤,《중앙일보》에 김영삼이 내각제에 합의한 각서가 공개되었다. 이른바 '내각제 각서 파동'이다. 이에 대해 김영삼은 자신을 음해하려는 공작정치라며 노태우를 몰아세웠고, 노태우는 공작정치가 아니라 분실 사고라며 둘러댔다. 화가 난 김영삼은 마산으로 내려가버렸다. 여차하면 3당 합당을 깨고 야당으로 돌아가 김대중과 손을 잡겠다는 말도 서슴지 않았다. 노태우는 김영삼을 달래 다시 서울로 불러들여 당권을 내주었다. 어쩔 수 없는 선택이었다. 그 후 민자당은 김영삼의 손아귀에 들어갔다. 거기에다 합의한 내각제도 물거품이 되었다. 모든 것이 노태우의 계획대로만 되지 않았던 것이다.

5.5공화국의 한계와 분신 정국

그 무렵 또 다른 악재가 터졌다. 보안사 소속 윤석양 이병이 한국기독교회협의회 인권위 사무실에서 양심선언을 하고 보안사의 민간인 사찰 기록을 공개했다. 그 속에는 정치인을 포함한 민간인 1600여 명에 대한 불법 사찰 실태가 들어 있었다.

이 일로 야당과 재야단체는 노태우 대통령이 관련되었는지를 조사하고, 만약 관련이 있다면 대통령직을 사퇴해야 한다고 주장했다. 전국대학생대표자협의회(전대협)에서도 노태우 정권 퇴진을 요구했다.

결국 국방부장관과 보안사령관이 해임되고, 보안사는 국군기무사령부(기무사)로 개편되었다. 전두환 정권 이후 막후에서 사찰과 음모를 통해 권력을 휘두르던 보안사가 정치적 영향력을 잃게 된 것이다.

하지만 그 후에도 불법 사찰에 대한 비판이 끊이지 않자, 여론을 다른 곳으로 돌리기 위해 노태우는 '범죄와 폭력에 대한 전쟁'을 선포했다. 그러자 언론들이 이 기사로 지면을 가득 채우며 이 정책에 대한 여론조사에 열을 올렸다.

이어 정부는 '범죄와의 전쟁'의 일환으로 '새 질서 새 생활 운동'을 벌였다. 이 일에 거의 모든 공무원과 학생이 동원되다시피 했고, 아르바이트 대학생까지 썼다. 동원된 연인원이 무려 300만 명이나 될 정도였다. 하지만 범죄는 줄어들지 않았고, 새 질서 새 생활이 정착된 것도 아니었다. 다만 보안사의 불법 사찰에 대한 비난 여론을 잠재우는 데는 성공했다.

그리고 국무총리 노재봉을 김영삼에 대한 대항마로 세워 민자당 내에서의 김영삼 독주 현상을 막아보려 했으나 성공하지 못했다. 또한 민자당 단독으로 내각제 개헌을 시도했지만 민자당 내 민주계의 반대로 무산되었다.

1991년 3월에는 논란 끝에 지방자치제가 실시되어 기초의회의원을 선출했다. 기초의회의원 선출은 당적이 없는 상태로 치러져 정치적 논란거리는 되지 않았다. 그러나 6월에 실시될 광역의회의원 선거는 당적을 유지할 수 있었다. 이 때문에 각 당이 분주히 움직이고 있을 때, 강경대 치사 사건이 발생했다. 학원 자주화 시위에 참여했던 명지대학교 학생 강경대가 사복 경찰들이 휘두른 쇠파이프에 맞아 사망한 것이다.

이후 강경대의 사망에 항의하는 시위가 연일 이어졌고, 이는 대학생들의 분신으로 이어졌다. 4월에는 전남대학교 학생 박승희가 강경대 치사 사건 규탄과 공안정치 분쇄를 주장하며 분신했고, 5월에는 안동대학교 학생 김영균과 경원대학교 학생 천세용, 전국민족민주운동연합(전민련) 사회부장 김기설 등 모두 11명이 분신으로 목숨을 잃었다.

이에 대해 정부는 분신 배후설을 유포했고, 시인 김지하는 「죽음의 굿판을 당장 걷어 치워라」는 글로 대학생들의 분신을 비난했다.

박홍 서강대학교 총장은 정부의 분신 배후설을 더욱 확산시켰다. 전민련 김기설의 분신자살에 대해 죽음의 블랙리스트에 의한 것이라고 주장했던 것이다. 때를 맞춰 검찰은 전민련 총무부장 강기훈이 김기설의 유서를 대필했다며 강기훈을 붙잡아 구속했다. 날조 혐의가 짙었으나 정국은 여권에 유리한 상황으로 치달았다. 거기에다 6월 3일에는 노재봉에 이어 국무총리로 기용된 정원식이 한국외국어대학교에서 학생들에게 달걀 세례를 맞고 밀가루를 뒤집어쓰는 봉변을 당했다. 이른바 '정원식 총리 밀가루 투척 사건'이다.

강기훈사건과 정원식사건은 순식간에 여론을 들끓게 했고, 대학생과 재야 세력은 도덕성에 치명적인 타격을 입었다. 그리고 광역의회의원 선거가 실시되었다. 이 선거에서 민자당이 전체 의석의 65%를 차지하며 압승했다. 이때 평민당은 재야 세력과 통합해 신민주연합당(신민당)으로 개편해 선거를 치렀으나 전체 의석의 19%를 차지하는 데 그쳤다. 그리고 민주당에서 3당 합당에 참여하지 않은 이른바 '꼬마민주당'이 2.4%의 의석을 확보했다.

이후 정국은 총선과 대선의 열기에 빠져들었다.

북방외교와 남북의 화해 분위기

노태우를 세간에서는 '물태우'라고 불렀는데, 이는 그가 성격이 물렁하고 주관이 뚜렷하지 못한 것을 비꼬는 별칭이었다. 정무장관이었던 박철언의 책에는 이런 내용이 있다.

"노태우 대통령은 딱 부러지게 뭘 지시하거나 추진하는 스타일이 아니었다. 그래서 노심(盧心)을 읽기 어렵다고들 한다. 노심을 읽고 일을 추진하려다가는 눈치만 보다가 세월을 허송하기 십상이었다."

'물태우'라는 별칭은 박철언의 말에서처럼 뭔가 딱 부러지게 주장하지 않는 성품에서 비롯되었다. 이는 매우 강한 어조로 자신의 의사를 피력하는 전두환과는 대조적이었다.

부정적 시각으로 보면 그는 대세 순응적인 인물로, 물에 물 탄 듯 주관 없이 시대의 흐름만 좇는 성향이라 할 수 있다. 그러나 긍정적으로 보자면 속을 드러내지 않으면서 상대를 자극하지 않고, 유화적인 자세로 시대의 흐름을 받아들이는 것으로 볼 수 있다.

물 같은 성품 덕분인지 그는 정치인들과 별로 부딪치지 않았다. 국가 간에 매우 민감한 사안을 다루는 외교 분야에서도 그의 이런 성향은 나름대로 빛을 발했다고 볼 수 있다.

노태우의 외교는 북방외교로 대변되는데, 이 정책은 시대의 흐름에 맞는 매우 적절한 선택이었다고 할 수 있다. 북방외교란 소련을 중심으로 형성된 사회주의 국가와의 관계 개선을 통해 북한의 개혁과 개방을 이끌어낸다는 목적에서 추진된 일련의 사회주의 국가에 대한 외교정책을 통칭하는 표현이다.

북방외교의 핵심 내용은 1988년 7월 7일에 발표된 '7·7선언'에 잘 드러나 있다. 7·7선언은 6가지로 요약할 수 있다.

첫째, 남북 동포 간의 상호 교류와 해외 동포들의 자유로운 남북 왕래.

둘째, 이산가족 서신 왕래 및 상호 교류.

셋째, 남북 간의 교역.

넷째, 비군사적 물자에 대한 우리 우방과 북한의 교역 지지.

다섯째, 남북 간의 소모적인 경쟁과 대결외교의 종식.

여섯째, 북한의 미·일관계 개선과 한국의 중·소 사회주의권 관계 개선 협조.

당시 소련을 비롯한 사회주의 국가들이 개혁과 개방을 외치며 자본주의로 전환하고 있던 세계정세를 감안할 때, 7·7선언은 매우 적절한 조치였다. 또한 노태우 정부는 박정희나 전두환 정권과 달리 단지 구호에만 그치지 않고 충실히 실천에 옮겼다. 1988년 6억 달러의 차관을 앞세워 헝가리와 수교를 맺은 것을 시작으로 폴란드, 체코, 루마니아, 불가리아 등의 동유럽 국가들과 발 빠르게 외교관계를 맺었고, 이후 소련에 30억 달러의 차관을 제공하고 국교를 수립했다. 몽골과도 국교를 맺었으며, 1992년에는 북한에 가장 큰 영향력을 행사하던 중국과도 수교를 맺으며 북방외교의 틀을 완성했다.

이렇듯 노태우 정부의 북방외교가 순조롭게 진행되는 과정에서 베를린장벽이 무너져 독일이 통일되었고, 소련은 붕괴되어 15개 국가로 나뉘었으며, 중국은 개방을 가속화해 시장경제 정책을 확대했다.

이런 기류는 남북관계에도 큰 영향을 미쳤다. 남북이 합의해 1991년 9월에 남북이 UN에 동시 가입하고, 그해 12월에 「남북 사이의 화해와 불가침 및 교류·협력에 관한 합의서」에 서명했다.

또한 남북 양측은 한반도 비핵화 공동선언을 통해 남북이 국제원자력기구(IAEA)의 사찰을 수용하는 단계에까지 이르렀다. 하지만 미국의 조지 H. W. 부시 정권이 북한의 핵무기에 대해 매우 강경한 태도를 취하면서 남북관계는 다시 냉전으로 돌아설 위기에 봉착했다.

3저 호황 뒤에 찾아온 총체적 경제 난국

노태우 정부의 외교 활동은 화려했지만, 경제는 고전을 면치 못했다. 집권 초기 경제 상황은 3저 호황의 끝 무렵이었다. 1986년 경상수지 흑자가 340억 달러, 1987년 98억 5000만 달러였는데, 노태우 정권 1년 차인 1988년에 흑자 규모는 142억 달러였다. 1986년에 비하면 크게 떨어졌지만, 1987년에 비하면 많이 좋아진 수치였다. 해방 이후 한국의 무역수지는 항상 적자였는데, 1986년부터 1988년까지 3년 동안 전례 없는 흑자 행진을 이었던 것이다.

하지만 1989년에 이르면 흑자 규모가 50억 5000만 달러로 떨어진다. 3저 효과가 사라진 데다 원화 가치가 높아지고, 임금이 상승해 수출 원가가 올랐으며, 시장 개방의 가속화로 수입이 크게 증가했기 때문이다.

그 결과 1990년에는 약 21억 8000만 달러의 적자를 기록했으며, 이런 기조는 1991년에는 더욱 심화되어 96억 3000만 달러의 적자를 보았다. 집권 마지막 해인 1992년의 경상수지도 약 45억 3000만 달러 적자였다. 이런 탓에 노태우 정부의 경제정책을 바라보는 국민의 시선이 따가웠다. 더군다나 3저 호황의 장밋빛 경제와 88서울올림픽의 환희를 맛본 뒤라 질타의 강도는 더욱 높았다.

노태우 집권기의 경제성장률은 경상수지 추이와 다소 차이를 보였다. 1988년에는 11.7%의 호황으로 출발했지만, 1989년에는 6.8%로 떨어졌다가 1990년 다시 9.3%로 회복했고, 1991년 9.4%, 1992년 5.9%로 평균 8.36%의 고도성장세를 기록했다. 교역량도 크게 상승해 세계 12위의 무역국가가 되었으며, 1인당 국민소득은 6000달러를 넘어 1만 달러 시대로 가자고 외치고 있었다.

하지만 물가와 전세 가격이 폭등하고, 부동산 투기가 과열되는 등 경제의 총체적 난국이라는 지적을 받기도 했다. 또한 시장 개방 정책으로 외국 농산물이 밀려들면서 농촌이 파탄지경에 이르렀다. 이 때문에 농가 빚이 급격히 증가하고, 농민들이 자살하는 사태가 이어졌다. 거기에다 기업은 3저 호황 시절에 벌어들인 수입을 산업 시설이 아닌 부동산이나 증권에 투기 형태로 투자함으로써 기술과 생산성이 선진국에 비해 현격히 떨어지는 현상을 낳았다.

또한 정부가 재벌과 유착해 뇌물을 받고 이익을 챙겨주는 부정부패의 사슬이 여전히 이어졌고, 그 중심에는 노태우 대통령이 있었다. 이런 탓에 재벌이 경제뿐 아니라 정치까지 손아귀에 쥐고 흔드는 현상이 일어났고, 결국 한국 경제에 엄청난 부담으로 다가올 재벌 편중 현상은 '재벌개혁'을 하겠다는 말이 무색할 정도로 더욱 심화되었다.

과도기 현상에 시달리는 사회적·문화적 기류

전 세계가 개방의 열기에 휩싸인 만큼 한국 사회도 억압의 상징인 군대문화를 청산하고, 자유분방한 사회적 기류를 형성하기 시작했다.

단색과 청바지 위주였던 대학생들의 차림새는 88서울올림픽을 기점으로 다채롭고 화려하게 변신했으며, TV 코미디 프로그램에서는 정치인에 대한 풍자가 자유롭게 이루어졌다. 또한 '땡전뉴스'로 대변되는, 권력의 시녀 노릇을 하던 언론도 독립성이 강화되고 언론 본연의 모습을 찾기 위해 애썼다. 특히 정부의 대변인 노릇을 하며 '앵무새'라는 비아냥거림을 받던 KBS는 노조의 힘이 강화되면서 국민의 방송으로 거듭나기 위한 노력을 가속화했다.

노태우 시절의 언론문화에서 가장 획기적인 사건은 역시《한겨레신문》의 탄생이었다. 6월 항쟁의 분위기를 타고 1988년 5월에 창간된《한겨레신문》은 국민주 방식으로 만들어진 최초의 신문사였고, 창간 자체만으로 한국 언론사에 한 획을 그었다.《한겨레신문》의 창간은 언론 민주화에도 큰 영향을 끼쳤고, 노조연맹의 결성에도 큰 힘이 되었다.《한겨레신문》창간으로부터 6개월 만인 11월에 전국 41개 언론 노조가 결성해 1만 3000명의 조합원을 거느린 '전국언론노동조합연맹(언노련)'이 출범한 것이다.

출판계도 일반 출판물에 대한 규제가 풀리면서 양적으로 크게 팽창했다. 1987년에 이미 세계 8위의 출판 대국이었던 한국은 노태우 시대를 거치면서 2배 이상 성장했다. 그러나 대다수의 출판사는 영세성을 벗어나지 못했고, 유통 구조가 낙후된 상태였다. 또한 사상의 자유에는 여전히 한계가 있었다. 비록 소련이 붕괴되고, 사회주의 국가가 모두 몰락했지만, 사회주의 서적이나 노조 관련 책들에 대한 탄압은 여전히 지속되었다. 또한 북한과 UN에 동시 가입하고, 이산가족 상봉 등이 활성화되었지만, 여전히 북한 체제를 객관적으로 볼 수 있는 책은 찾아보기 어려웠다.

개방의 열기는 영화계를 강타하기도 했다. 전 세계 영화시장을 거의 독점하고 있던 미국의 영화가 무차별적으로 수입되었다. 한국 영화의 상영 일수를 보장했던 스크린쿼터제가 약화되고 미국의 다국적 영화 배급사인 UIP가 직접 배급하는 영화가 상영되었다. 이 때문에 영화인들이 스크린쿼터제 수호를 외치며 연일 시위를 벌이기도 했다. 하지만 미국의 압력에서 벗어날 수는 없었다.

한편 대중음악계에서는 음반에 대한 사전심의제가 폐지되는 획기적인 사건이 일어났다. 1933년에 조선총독부가 만든 이 제도를 폐지하는 데는 작곡가이자 가수인 정태춘의 역할이 컸다. 그는 아내 박은옥과 함께 검열제도인 사전심의제를 타파하기 위해 앨범을 낼 때마다 심의를 거부하고, 위헌심판을 청구하기도 했다.

이렇듯 개방의 물결과 더불어 한국 사회가 급격한 변모를 거듭하는 가운데, 시장에는 외국 물품들이 밀물처럼 밀려들었다. 값싼 동남아시아 국가들의 제품에서 미국과 일본의 값비싼 생활용품에 이르기까지 외국 제품들이 시장의 진열대를 점령했다. 이런 현상의 기폭제가 된 것은 88서울올림픽이었다. 올림픽은 외국 사람뿐 아니라 외국 상품에까지 호의적인 자세를 갖게 했던 것이다.

이런 탓에 올림픽 이후 소비문화에는 사치 풍조가 만연했고, 퇴폐와 향락만을 좇는 저질 대중문화도 크게 일어났다. 부잣집 자제들의 과소

비문화와 타락한 도덕성을 상징하는 '오렌지족', '야타족' 등의 신조어
는 그런 저질문화의 한 단면이었다. 또한 청소년 사이에서는 폭주족이
심심찮게 위태로운 질주 장면을 연출했고, 사회 전반적으로 마약이 확
산되기도 했다.

하지만 이러한 모든 현상은 지나치게 폐쇄되어 있던 과거에서 정상
적인 미래로 이행하는 과정에서 일어난 과도기 현상이라고 할 수 있을
것이다.

총선과 대선에서의 명암

1992년이 밝았다. 노태우에게는 고통스러운 해였다. 새해 벽
두부터 정국은 3·24총선으로 시선이 쏠렸다. 선거 준비 과정에서 신
민당과 민주당이 1991년 9월에 합당해 민주당으로 다시 태어났고, 정
주영 현대그룹 회장이 통일국민당(국민당)을 창당했다. 3·24총선에서
민주당은 약진하고 국민당은 돌풍을 일으켰으며, 민자당은 패배한 셈
이 되었다. 216석의 거대 여당이었던 민자당은 149석으로 과반에도
미치지 못했고, 민주당은 97석을 얻었다. 신생 정당인 국민당은 31석
이나 얻었다. 그 외에 무소속이 21석, 신정치개혁당(신정당)이 1석을
차지했다.

총선 이후 정국은 다시 대선의 소용돌이 속으로 빠져들었다. 1992년
5월, 민자당에서는 김영삼, 민주당에서는 김대중, 국민당에서는 정주
영이 대통령 후보에 선출되었다. 이후 대선의 소용돌이 속에서 노태우
는 민자당을 탈당하고 현승종을 국무총리로 임명해 중립을 선언했다.

하지만 중립 선언 후에도 김영삼 대선 캠프에는 노태우의 정치자금
이 흘러 들어갔다. 이 때문에 김대중은 노태우의 중립 선언이 기만이
라고 강력하게 비난했다. 그리고 선거를 며칠 앞둔 12월에 초원복집

사건이 터졌다.

12월 11일, 복어 요리 전문점인 초원복국에서 부산의 기관장들이 은밀히 모여 김영삼의 당선을 위한 선거대책을 논의했는데, 15일에 국민당이 기자회견을 열어 이들의 대화 내용을 녹음한 테이프와 녹취 기록, 그들이 초원복국에서 나오는 모습을 찍은 사진을 공개했다.

이 일로 참석자 대부분이 직위해제되고, 김영삼이 궁지로 몰렸지만, 한편으론 불법 도청이 더 크게 부각되어 본질이 왜곡되고 부산 민심을 자극하면서 김영삼에게 유리하게 작용했다. 그리고 12월 18일에 치러 진 대선에서 김영삼이 당선되었다.

김영삼이 당선되자 김대중은 정계 은퇴를 선언하고 민주당사를 떠 났으며, 노태우는 김영삼에게 대통령 자리를 넘기고 1993년 2월 24일 청와대를 떠났다.

퇴임 후 노태우는 서울 연희동 자택으로 돌아갔으나 1995년에 비 자금 문제가 불거져 검찰의 조사를 받고 구속되었으며, 끝내 뇌물 수수 혐의로 무기징역을 선고받았다. 여기에 12·12군사반란과 5·17내란에 대한 재수사 여론이 일어나 반란과 내란죄가 추가되었다. 결국 1997년 4월, 노태우는 대법원에서 징역 17년에 추징금 2628억 9600만 원을 확정 판결받았고, 그해 6월에 추징금 중 2397억 원을 납부했다. 그 뒤 로 일부 금액을 더 납부하고, 2013년에 완납했다. 그의 징역에 대해선 1997년 12월에 사면되었고, 1998년 김대중 정부 시절에 복권되었다.

노태우는 2000년대 초반부터 전립선암, 소뇌위축증 등 여러 병을 앓으며 병원 신세를 지곤 했다. 그러다 2021년 초에 병세가 악화되어 그해 10월 26일에 90세를 일기로 생을 마감했다.

노태우는 김옥숙과 결혼해 슬하에 1남 1녀를 두었다. 김옥숙은 김 영한과 홍무경의 1남 2녀 중 장녀다. 아들 노재헌은 신정화와 결혼하고, 딸 노소영은 최태원과 결혼했다. 최태원은 SK그룹 회장이다.

지구촌시대로 향하는, 진통 속의 혼란기

노태우 시대는 한마디로 고삐 풀린 과도기라고 할 수 있다. 정치적으로는 군부독재에서 벗어나 문민의 민주화 시대로 이행하는 과정에 있었고, 경제적으로는 사상전쟁에서 비롯된 동서 냉전 체제를 청산하고 세계가 하나의 시장경제로 묶이는 지구촌시대를 준비하는 과정에 있었다. 외교적인 면에서도 사상보다는 국익 우선 시대로 이행했고, 남북관계는 극단적인 대결과 전쟁 구도에서 벗어나 화해와 협력의 시대로 나아갔다. 이는 사회 전반에 개방과 자유의 물결을 몰고 왔으며, 그 여파는 언론과 출판, 대중문화와 소비문화를 크게 바꿔놓았다.

하지만 노태우 정부는 한계를 드러냈다. 정계는 여전히 군부정치 시대에서 완전히 자유롭지 못해 5.5공화국이라는 비아냥거림에 시달려야 했고, 정치자금이라는 연결 고리로 이루어진 정계와 재계의 부패 사슬은 여전히 공고했다. 외교와 국방 또한 미국의 영향력에서 벗어날 수 없었으며, 문화와 학문적으로도 서구에 대한 사대주의를 탈피하지 못했다.

그럼에도 노태우 시대는 한국 사회가 획기적으로 변모하는 계기를 마련했다. 소련의 몰락과 독일의 통일, 남한과 북한의 UN 동시 가입, 88서울올림픽 개최, 지방자치제 실시 등은 한국인에게 미래에 대한 새로운 희망과 자부심을 심어주었으며, 화해 국면에 접어든 남북관계의 변화는 통일에 대한 열망을 한층 가열시켰다.

3 노태우 시대의
   주요 사건

5공 청문회와 전두환의 백담사행

전두환은 퇴임 후 자신의 안전을 위해 1987년 12월에 군대의 요직을 모두 자기 사람으로 채웠다. 그리고 전임 대통령을 의장으로 하는 국가원로자문회의를 만들어 국정에 관여할 수 있는 장치를 마련하고, 노태우 정권의 장관들을 자기 입맛에 따라 골랐다. 말하자면 상왕 노릇을 할 의도였다.

그러나 1988년 3월에 전두환의 동생 전경환이 구속되면서 그의 계획은 물거품이 되기 시작했다. 전경환은 새마을운동본부 회장을 맡으면서 각종 비리와 부정 축재를 했는데, 이 때문에 몰래 외국으로 출국했다가 소환되어 검찰의 조사를 받고 구속되었다.

전두환은 이에 대해 강력하게 반발했지만 노태우 정권은 5공 세력과 차별화할 것을 결심한 뒤였다. 전경환에 이어 전두환의 형 전기환과 사촌동생 전우환, 이순자의 동생 이창석까지 줄줄이 구속되었다.

이쯤 되자 전두환은 사과 성명을 발표하고, 모든 공직에서 물러나겠다고 천명했다. 하지만 그것으로 끝이 아니었다. 5·18광주시민학살 당시 시민들에게 발포한 책임자 처벌과 12·12군사반란과 5·17내란 그리고 5공 비리의 책임자인 전두환을 처벌해야 한다는 여론이 들끓었다. 심지어 대학생들은 전두환 체포조까지 만들어 그의 사저에서 경찰과 대치하며 연일 시위에 나섰다.

이러한 여론은 4월 26일 실시된 총선의 결과로 나타났다. 4·26총선에서 민정당은 총 299석 중에 과반수에 훨씬 못 미치는 125석을 얻음으로써 여소야대 정국이 되었다. 이후 국회에서 광주특위와 5공특위가 발족하고, 마침내 관련자들이 청문회에 불려 나오기에 이르렀다.

청문회 자리에 앉은 증인들은 모르겠다는 말만 반복하고, 대부분의 사안에 대해 오리발을 내밀며 뻔뻔한 태도로 일관했다. 이 때문에 여론은 점점 악화되었고, 노태우는 전두환에게 낙향할 것을 종용했다.

전두환은 이 말을 듣고는 격앙된 어조로 대항했다.

"재산 헌납, 낙향 이야기가 민정당 고위층에서 나온다는 것은 어불성설이다. 나를 지나치게 매도하는 처사다. 그것은 나보고 죽어달라고 하는 것보다 더한 짓이다. 차라리 암살범을 시켜 후임자가 선임자를 죽이는 것이 깨끗하다."

이어 전두환은 측근들의 입을 통해 폭탄선언을 하겠다며 배수진을 쳤다. 그러나 이미 대세는 굳어지고 있었고, 전두환은 별수 없이 유배지를 택해야만 했다. 그는 사재와 정치자금으로 받은 돈 중에서 남은 자금을 합쳐 139억 원을 국가에 헌납하겠다는 말을 남기고 백담사로 떠났다.

전두환이 유배지로 떠나자, 노태우는 검찰에 '5공비리특별수사부'를 설치하도록 해 47명을 구속했다. 이때 5공 청산 작업의 실무 주역은 김기춘 검찰총장이었다. 김기춘은 허화평 등의 5공 실세들에 의해 좌천되어 절치부심하다가 결국 5공 청산의 책임자로 돌아온 상태였다. 하지만 47명이나 구속했음에도 정작 5공의 핵심 인사들은 모두 빠져 있었다. 노태우 자신이 5공의 핵심 인사였으니, 이는 노태우 정권의 한계일 수밖에 없었다.

1989년 12월 31일, 마침내 전두환이 국회의 5공 청문회 자리에 앉았다. 청문회는 무려 14시간이나 진행되었지만 전두환의 증언 시간은 기껏 2시간 정도였다. 대부분의 시간은 야당 위원들의 전두환에 대한 규탄과 여당 위원들의 맞대응으로 채워졌다. 이 자리에서 전두환은 광주에서의 발포는 군대의 자위권 행사였다고 주장하며, 과거 저지른 폭압적인 행위들에 대해 해명성 답변만 늘어놓았다. 그 바람에 청문회장은 마치 전두환을 위한 해명의 장이 된 듯했다. 그렇게 5공 청문회는 흐지부지 막을 내렸다.

통일의 열망에 따른 방북 행렬과 공안 정국

1989년 3월 18일, 소설 『장길산』의 작가 황석영은 일본에서 북한을 방문하겠다는 성명을 발표하고 중국 베이징을 경유해 3월 20일 북한으로 들어갔다. 황석영보다 2달 앞서 현대그룹의 정주영 회장이 북한을 다녀온 바 있었다. 하지만 정주영의 방북은 정부의 승인 아래 이루어진 반면, 황석영의 방북은 정부의 허가 없이 단독으로 결행한 일이었다. 황석영은 북한 방문의 이유를 "분단시대 작가의 한 사람으로서 통일을 절실하게 바라며 실천할 의무가 있다"라는 말로 대신했다.

황석영의 북한 방문은 사회적으로 많은 논란을 불러일으켰고, 대다수의 국민은 이를 매우 충격적으로 받아들였다. 북한 방문을 마친 황석영은 귀국하면 보안 당국에 붙잡힐 것을 염려해 돌아오지 못하고 일본, 미국, 독일 등을 전전해야 했다.

그로부터 불과 5일 후인 3월 25일, 재야 세력을 대표하는 문익환 목사가 북한으로 들어갔다. 문익환은 평양에서 김일성과 대담하고, 북한 당국과 공동성명을 발표했다. 성명에서 문익환은 통일 방식으로는 연방제안을 택하고, 정치와 군사 문제 및 교류와 협력 문제를 추진할 것을 결의했다. 북한 방문을 마친 문익환은 베이징을 경유해 4월 13일에 귀국했으며, 그날 공항에서 체포되어 구속되었다.

문익환이 구속된 후, 《한겨레신문》 논설 고문 리영희도 방북 문제와 관련해 구속되었다. 《한겨레신문》이 그해 1월에 창간 1주년 기념사업으로 방북 취재를 구상했다가 포기한 적이 있는데, 이를 문제 삼아 논설 고문을 구속한 것이다. 당시 리영희는 북한의 초청이나 입국 허가 등에 관한 사항을 알아보기 위해 일본 측에 여러 경로를 타진했고, 이에 대해 당국은 반국가단체로의 탈출을 예비 음모했다는 혐의를 적용했다.

이렇듯 통일운동의 일환으로 방북사건이 이어지고 있을 때, 전대협은 북한에서 평양세계청년학생축전(평양축전) 초청서를 받고 정부의 승인을 기다리고 있었다. 정부는 처음에는 방북을 승인하려는 태도를 취했다가 갑자기 태도를 바꿨다. 평양축전이 북한의 정치 선전장이라는 이유에서였다. 하지만 전대협은 정부의 불허 방침을 받아들이지 않았다.

전대협은 한국외국어대학교에 재학 중이던 임수경을 전대협 대표 자격으로 평양에 보냈다. 1989년 6월 30일, 전대협 의장 임종석과 평양축전 준비위원장 전문환은 전대협의 공식 대표로 임수경을 평양축전에 보내기 위해 평양에 파견했다고 발표했다.

전대협의 말대로 임수경은 그날 도쿄와 베를린을 경유해 평양에 도착했다. 이후 임수경은 47일 동안 평양에 머무르면서 북측 학생대표 김창룡과 「남북청년학생 공동선언문」을 발표하고, 이후 기자회견을 통해 귀국할 때는 반드시 판문점을 통과하겠다고 천명했다.

하지만 정부는 임수경의 판문점 귀환을 허용하지 않았다. 이에 정의구현사제단에서는 문규현 신부를 북한에 파견해 임수경을 데려오도록 조치했다. 문규현은 북한으로 가서 7월 27일, 판문점을 통해 돌아올 예정이었지만, 한국 정부의 반대로 무산되었다. 그러자 문규현과 임수경은 판문점 통과를 허가할 때까지 단식을 하겠다고 선언하고 6일간 단식을 이어갔다. 하지만 허가가 떨어지지 않았고, 두 사람은 건강상태가 악화되어 단식을 중단한 뒤 광복절인 8월 15일에 다시 판문점을 통해 귀환할 것을 선언했다. 그리고 군사정전위원회 회담이 열린 끝에 8월 15일에 판문점을 통해 남한으로 귀환했다. 귀환하자마자 두 사람은 체포되어 국가보안법 위반으로 구속되었다. 구체적인 죄목은 특수 탈출·잠입, 회합, 고무·찬양, 금품수수죄였다.

황석영, 문익환, 임수경의 방북사건 외에도 평민당의 서경원 의원이 밀입북한 사건이 드러나 정계를 발칵 뒤집기도 했다. 1988년 8월 19일 서경원은 비밀리에 북한을 방문하고 돌아왔는데, 1989년 6월 27일 안기부에 의해 구속되었다. 서경원은 농민대표로서 평민당 국회의원이 된 인물이었다. 그는 정부정책에서 농민을 희생시키는 것은 분단으로 인한 과도한 국방비 지출 때문이므로 분단 상황을 종식시키는 것이 농민을 희생양으로 삼지 않게 하는 방법이라고 판단했으며, 이를 위해서는 김일성을 만나는 것이 해결의 지름길이라고 생각했다고 말했다.

그러나 서경원의 밀입북은 황석영이나 문익환, 임수경 등의 방북과는 차원이 다른 문제였다. 그는 공당(公黨)의 당원이었고, 현직 국회의원이었다. 그런 까닭에 평민당은 궁지에 몰릴 수밖에 없었고, 정부의 공안몰이 전개에 빌미를 주었다. 정부와 보수 언론은 서경원과 평민당을 대대적으로 공격하고, 보수단체는 연일 규탄대회를 열었다.

서경원의 밀입북은 공안 정국을 조성하려 했던 당국에는 호재였다. 서경원이 구속되고, 그의 비서들과 친인척들도 불고지죄로 구속되었다. 평민당과 천주교단에까지 불똥이 튀었다. 평민당 원내총무 김원기, 부총재 문동환, 총재 김대중에게 소환장이 발부되었고, 서경원의 방북 사실을 알고 있던 김수환 추기경, 함세웅 신부, 문정현 신부 등이 불고지죄로 조사를 받았다. 거기에다 서경원을 취재한 《한겨레신문》의 윤재걸 기자가 구속되었고, 《한겨레신문》 편집국은 강제 수색을 당하기도 했다.

서경원의 방북사건으로 가장 궁지에 몰린 사람은 평민당 총재 김대중이었다. 안기부는 서경원이 김대중의 지령을 받아 밀입북한 것으로 몰아갔고, 심지어 서경원이 북한에서 돈을 받아 김대중에게 전달했다는 주장을 폈다. 결국 김대중은 강제 구인되어 중부경찰서에서 14시간 동안 심야 조사를 받아야 했다. 그리고 검찰은 김대중을 불구속 기소했다. 하지만 서경원이 법정에서 모든 것이 고문으로 인한 허위 자백이었다고 밝히면서, 김대중은 가까스로 구속될 위기에서 벗어났다.

보수연합과 민자당의 탄생

　노태우는 여소야대 정국을 해소하기 위한 방책으로 보수대연합을 추진했다. 비록 야3당이 공조했지만, 동상이몽이라는 한계가 있었다. 노태우는 그 틈을 비집고 들어가 야3당의 공조를 무너뜨릴 생각이었다. 말하자면 합종책(合從策)을 구사하고 있는 야당을 연횡책(連橫策)으로 무너뜨릴 요량이었다.

　노태우는 박철언을 밀사로 삼아 각 당의 당수들에게 보수연합을 제의하게 했다. 반응이 가장 빨리 온 곳은 짐작대로 공화당의 김종필이었다. 김종필은 애초에 5·18광주시민학살의 책임자 처벌 등에 소극적이었지만, 야권 공조라는 틀에 갇혀 동조하는 모양새를 취할 수밖에 없었다. 대통령제에서는 세력의 한계로 1인자가 될 수 없다고 판단한 김종필은 의원내각제를 원했고, 노태우도 퇴임 후에 영향력을 행사하려면 의원내각제가 낫다고 판단했다. 더구나 김종필은 노태우가 대통령이 되기 전에 같은 2인자로서 동병상련을 나눈 적이 있는 사이였다. 두 사람은 1989년 3월에 청와대에서 만났고, 이 자리에서 사실상 합당에 합의했다.

　이후 야권 공조는 삐걱거렸다. 이제 남은 것은 김대중과 김영삼 중한 사람을 선택하는 일이었다. 김대중은 제1야당의 당수이자, 대통령제에 대한 신념이 강한 인물이라 설득하기 쉽지 않은 상대였다. 김영삼도 대통령이 되겠다는 의지가 강해 내각제를 연결 고리로 연합에 합류할 가능성이 크지 않았다. 거기에다 김영삼과 공조할 경우 전라도 세력만 소외시켜 지역 갈등을 조장한다는 비난을 듣기 십상이었다.

어쨌든 김대중과 김영삼의 관계는 원만하지 않았다. 두 사람은 처음부터 라이벌 의식이 매우 강했고, 노선도 맞지 않았다. 거기에다 1980년의 반목과 1987년 대선 때 분열에 대한 앙금도 남아 있었다. 이런 상황에서 1989년 3월에 김대중은 노태우와의 회담에서 대통령의 중간 평가와 신임을 연계하지 않기로 합의했다. 노태우는 대통령 선거에서 당선된 후에 반드시 중간 평가를 받겠다고 공약한 바 있고, 이에 대해 야3당의 총재는 중간 평가를 받도록 하자는 데 합의한 바 있었다. 그런데 김대중은 김영삼과 김종필의 의향을 물어보지 않고 노태우의 중간 평가 공약을 번복하는 데 동의해버린 것이다. 김영삼으로서는 매우 자존심 상하는 일이었고, 이로 인해 두 사람 사이의 틈이 더 크게 벌어졌다. 노태우는 그 반목의 틈을 비집고 들어가 공조 체제를 와해하려 했다.

밀사로 다녀온 박철언은 합당에 대해 김영삼이 훨씬 호의적이라는 보고를 했다. 하지만 김영삼은 쉽게 보수연합론에 동조하지 않았다. 우선 의원내각제를 마땅하게 여기지 않는 데다 나름 민주 세력인 자신이 군부 세력과 결합하는 것이 꺼림칙했던 것이다.

그런데 1989년 4월에 실시된 강원도 동해 보궐선거에서 후보 매수 사건이 터졌다. 민주당의 서석재 사무총장이 후보를 매수했는데, 그 자금이 김영삼에게서 나왔다는 내용이었다. 노태우에게는 호재가 아닐 수 없었다.

거기에다 서경원의 방북사건이 터져 김대중도 곤경에 처했다. 서경원의 밀입북 사실은 이미 오래전에 파악하고 있었지만 적절한 시기를 노리다 그때 터뜨린 것이었다. 황석영의 방북을 시발점으로 문익환, 임수경 등의 방북사건이 이어졌고, 이로 인해 정부와 재야단체가 대치하는 상황이 지속되었는데, 그 와중에 현역 국회의원인 서경원의 방북사건이 터졌으니, 자연스레 공안 정국이 조성되었다.

김대중과 김영삼이 모두 궁지에 몰리자, 노태우는 기회를 놓치지 않고 보수연합론을 더욱 강하게 밀어붙였다. 마침내 김영삼이 합류함으로써 3당이 전격적으로 합당했다.

1990년 1월 22일, 민정당 총재이자 대통령인 노태우, 공화당 총재 김종필, 민주당 총재 김영삼이 한자리에 모였다. 세 사람은 민정당과 민주당, 공화당을 통합한다는 공동발표문을 내놓았다. 민정당과 공화당의 합당이야 놀라운 일이 아니었지만, 그 자리에 김영삼이 함께 서 있는 것을 본 국민은 눈을 의심했다. 김영삼은 자신의 합당에 대해 "신사고에 의한 구국의 결단"이라고 자평했다. 그리고 "호랑이를 잡으려면 호랑이 굴로 들어가야 한다"라는 말로 자신의 행동을 정당화했다.

김영삼의 3당 합당 배경에 대해서는 여러 가지 설이 있다. 당시 평민당에 이어 제2야당이라는 현실을 견디지 못해서라는 분석도 있고, 동해 보궐선거 후보 매수 사건에서 벗어나기 위한 고육책이었다는 말도 있다. 배경이야 어찌 되었든 김영삼의 3당 합당은 권력에 집착한 야합으로 치부되었고, 이 때문에 민주당 내부에서도 갈등이 불거졌다.

합당을 위한 공동발표문이 나왔을 때만 해도 민주당 내에서는 반대 여론이 비등했다. 심지어 김영삼과 호형호제하며 오랜 동지관계를 유지해온 원내총무 최형우마저 합당에 반대했다. 그러나 시간이 지나면서 대다수는 김영삼의 합당론으로 돌아섰고, 이기택, 김상현, 노무현 등 몇 명만 남아 민주당을 지켰다.

3당 합당으로 탄생한 민자당은 개헌까지 가능한 216석을 가진 초 거대 여당이 되었다. 그리고 그들은 내각제를 연결 고리로 뭉쳤다. 세 사람은 내각제에 합의한다는 각서까지 주고받았다. 하지만 합당의 핵심 인물이었던 김영삼은 내심 내각제를 원하지 않았다. 김영삼은 민자당의 대통령 후보가 되는 것이 목표였고, 이 때문에 민자당은 '한 지붕 세 가족'을 이루며 처절한 권력투쟁을 전개하게 된다.

냉전 체제의 붕괴와 노태우의 북방정책

노태우 시대에 세계사적으로 가장 거대한 변화는 냉전 체제의 붕괴였다. 냉전 체제의 붕괴는 소비에트연방, 즉 소련의 개혁·개방 정책에서 비롯되었다. 1985년부터 소련의 서기장 고르바초프는 사회주의 경제의 한계를 극복하기 위해 페레스트로이카(개혁)와 글라스노스트(개방)를 주창했고, 이는 결국 사회주의 체제를 무너뜨리는 결과를 낳았다. 소련의 사회주의 체제 붕괴가 동구권 전체로 확대되면서 옛 사회주의 국가들은 자본주의로 전환하려는 시도를 했다.

이런 상황에서 1989년 11월 9일에 동서 냉전의 상징인 높이 5미터, 길이 45킬로미터의 베를린장벽이 무너졌다. 이날 동독 정부는 모든 국가에 국경을 개방한다고 선언했다. 그러자 동독과 서독에서 몰려든 수십만 명의 인파가 베를린장벽을 기어올랐고, 정과 망치로 장벽을 부수는 사람들도 있었다. 베를린장벽이 붕괴된 후 동독 정부도 함께 붕괴되었고, 결국 1990년 10월 3일에 동독은 지구상에서 완전히 자취를 감췄다. 독일이 1945년 2차 세계대전 종식과 함께 분단된 후 45년 만에 하나로 통일된 것이다.

독일이 통일되던 그때, 소련도 해체되고 있었다. 이에 따라 소비에

트연방의 구심체였던 러시아는 순식간에 3등 국가로 전락했다. 소련에 속해 있던 15개 국가들은 각자 독립해 자본주의로 전환해 살길을 모색하기에 바빴다. 폴란드, 루마니아, 체코 등의 동구권 국가들도 자본주의로 전환하기에 여념 없었다.

한편 동아시아 공산국가의 맹주인 중국은 이미 1980년대 초부터 덩샤오핑에 의해 개방정책이 실시된 덕에 소련처럼 급격히 붕괴되는 사태를 막았다.

이렇듯 사회주의 체제의 붕괴는 한반도의 외교정책에도 거대한 변화를 일으켰다. 노태우 정권은 집권 초부터 '북방정책'이라는 이름으로 소련을 비롯한 동구권 국가와 국교를 맺기 시작했고, 이는 남북관계에도 지대한 영향을 끼쳤다. 1991년 9월 17일, 남과 북은 각각 독립된 국가로서 UN에 동시 가입했다. 남북의 UN 동시 가입은 서로를 대등한 국가로 인정한다는 의미였다. 하지만 북한은 여전히 개방의 물결에 합류하지 않은 상황이었다. 그럼에도 시대의 대세를 거스를 수 없던 북한은 남북 UN 동시 가입에 동의하고, 그해 12월 13일에는 「남북 사이의 화해와 불가침 및 교류 · 협력에 관한 합의서」에 서명했다. 한반도에도 훈풍이 불기 시작한 것이었다.

그러나 북한은 정권의 붕괴를 두려워했고, 정권을 지키기 위해서는 반드시 핵무기가 필요하다고 판단했다. 이에 남한은 북한을 설득해 남북 사이에 비핵화 선언을 이끌어냈고, 북한이 IAEA의 사찰을 받아들이게 하는 데 성공했다. 그야말로 노태우의 북방정책이 정점에 이르렀던 것이다.

하지만 미국은 평안북도 영변에 있는 2개의 시설이 핵시설로 의심된다며 이 두 곳도 IAEA의 사찰을 받아야 한다고 주장했고, 북한은 강력하게 반발했다. 또한 미국은 핵문제 해결이 남북관계 개선에 앞서

야 한다고 주장해 남북 화해 기류에 찬물을 끼얹었다. 미국은 남한과 함께 북한의 핵시설에 대해 특별 사찰을 해야 한다고 주장했고, 북한은 이를 강력하게 반대했다. 결국 남북관계는 다시 꼬이고 말았다. 이 때문에 남북 문제에서 노태우 정권의 최대 성과라고 할 수 있는「남북합의서」는 휴지 조각으로 전락해가고 있었다.

4 노태우 시대의 국무총리들

노태우 시대에는 20대부터 24대까지 5명의 국무총리가 재직했다.

노태우 정부의 첫 국무총리는 이현재다. 이현재는 충청남도 홍성 출신으로 1929년에 태어났다. 서울대학교 경제학과를 졸업하고 같은 대학에서 경제학 박사학위를 받았다. 부산대학교에서 전임강사 생활을 시작해 부산대학교, 서울대학교에서 교수로 재직했으며, 1983년부터 1985년까지 서울대학교 총장을 지냈다. 이후 노태우 정부가 출범하면서 1988년 2월 25일에 국무총리 서리에 기용되었고, 3월 2일에 정식 국무총리가 되어 12월 4일까지 9개월 동안 재직했다. 노태우는 전두환의 승인을 받아 그를 국무총리로 임명했기 때문에 그에 대한 신임은 두텁지 않았다.

21대 국무총리는 강영훈이다. 1922년 평안북도 창성에서 태어났으며, 영변고등농림학교를 졸업하고, 일본 히로시마고등사범학교를 거쳐 만주 건국대학교 경제학과를 졸업했다. 해방을 맞이한 뒤 군사영어학교 1기생으로 장교가 되었다. 6·25남북전쟁을 거치면서 영관급으로 진급했고, 장군이 되어 중장 시절에는 육군사관학교장을 역임했다.

이때 5·16쿠데타가 일어나자 전두환 등의 교관들이 육군사관학교 생도들에게 지지 시가 행진을 벌이도록 권유했는데, 강영훈은 이에 반대했다. 이 일로 예편되어 미국으로 유학을 떠났다. 미국에서 정치학 박사학위를 받고 1978년에 외교안보연구원장이 되었으며, 주로 마교황청 대사 등을 지내다가 노태우 정부 출범 후 13대 국회의원이 되었다. 1988년 12월에 국무총리에 기용되었다. 그를 국무총리로 천거한 사람은 외무부 국장 출신으로 정무팀에서 근무하던 강근택 비서관이었으며, 그를 면담한 인물은 노태우 정부의 황태자로 불리던 박철언이었다. 이후 강영훈은 1990년 12월 26일까지 2년 동안 국무총리로 재직했다.

강영훈에 이어 22대 국무총리에 오른 인물은 노재봉이다. 노재봉은 1936년 경상남도 마산에서 태어났으며, 마산고등학교를 거쳐 서울대학교 정치학과를 졸업했다. 미국에 유학해 브리검영대학교에서 수학했으며, 뉴욕대학교에서 정치학 박사학위를 받았다. 이후 서울대학교 외교학과 교수를 거쳐 노태우 정부 출범기인 1988년에 대통령 정치보좌역으로 정치에 입문했다. 1990년에 대통령 비서실장을 거쳐 같은 해 12월 27일에 국무총리 서리로 임명되었고, 1991년 1월 23일에 국무총리에 취임했다. 1991년 5월 23일, 시국에 대한 책임을 지고 불과 4개월 만에 국무총리직에서 퇴임했다. 퇴임 후 노재봉은 민자당 전국구 의원이 되어 14대 국회에 진출했다. 그러나 1995년 김영삼과 불화를 빚어 민자당에서 탈당했다.

23대 국무총리는 정원식이다. 정원식은 1928년 황해도 재령에서 태어났으며, 해주동중학교를 거쳐 서울대학교 사범대학을 졸업했다. 이후 미국으로 유학해 조지피바디대학교에서 심리학 석사학위를 받고 귀국했다. 귀국 후 문교부장관 비서관으로 재직했고, 장학관 등을 거쳐 서울대학교 교육학과 조교수가 되었다. 부교수 시절인 1964년에 다시 미국으로 유학해 조지피바디대학교에서 교육심리학 박사학위를 받았으며, 귀국한 뒤 서울대학교 교육학과 교수, 사범대 학장 등을 지냈다.

이후 정원식은 노태우 정부 출범 시절인 1988년 2월에 한국방송심의위원장에 선임되어 정부와 인연을 맺었고, 그해 12월 5일에 문교부장관으로 기용되었다. 장관 시절 그는 전국교직원노동조합(전교조) 설립에 반대했고, 학생운동에 대해서도 매우 강경하게 단속했다. 이 때문에 전교조 및 학생운동권과 자주 충돌했으며, 문교부장관 시절 부산대학교와 세종대학교를 방문했을 때는 강의 중에 학생들에게 감금되기도 했고, 승용차가 돌을 맞기도 하는 등 봉변을 당했다.

정원식은 1990년 12월에 문교부장관직에서 물러났다. 사랑의전화복지재단 이사장, 덕성여자대학교와 한국외국어대학교 겸임교수를 지냈고, 민자당 정책평가위원으로 선출되기도 했다. 1991년 5월 24일에 국무총리 서리에 임명되었으며, 7월 8일에 정식 국무총리가 되었다. 이때 취임을 앞두고 한국외국어대학교에서 마지막 강의를 하고 나오다 학생들에게 밀가루와 달걀 세례를 받았다. 이것이 유명한 정원식 총리 밀가루 투척 사건이다.

정원식은 국무총리에 오른 후 남북 고위급회담의 한국 측 수석대표로 평양을 방문하고, 김일성과 면담하기도 했다. 그리고 1992년 10월 7일 국무총리직에서 물러났다. 퇴임 후 민자당 대통령선거대책위원장에 임명되었으며, 김영삼이 당선되자 대통령직인수위원장을 맡았다. 1993년에는 세종연구소 이사장이 되었으며, 1995년에는 민자당 서울시장 후보로 확정되어 이명박과 벌인 경선에서 승리했다. 하지만 민주당의 조순 후보에게 패배해 시장에 당선되지는 못했다.

24대 국무총리는 현승종이며, 노태우 정부의 마지막 국무총리다. 현승종은 1919년에 평안남도 개천군에서 태어났으며, 평양고등보통학교를 거쳐 경성제국대학을 졸업했다. 이후 일본군에 입대해 장교 생활을 하다 해방을 맞이했으며, 1951년부터 1974년까지 고려대학교 교수로 재직했다. 1974년에 성균관대학교 총장이 되어 1989년까지 재직했으며, 1989년부터 1992년까지 한림대학교 총장을 지냈다. 1992년 10월 8일 정원식의 후임으로 국무총리에 취임했다. 이때 노태우가 대통령 선거를 위한 중립 내각을 선언했으므로 선거 관리 내각의 국무총리로 기용된 셈이었다. 현승종이 국무총리에 오를 당시 나이가 74세였는데, 이는 역대 국무총리 중에 최고령이다. 1993년 2월, 노태우 정부의 퇴각과 함께 퇴임했다. 퇴임 후 한림과학원장이 되었으며, 1994년에는 유니세프한국위원회장이 되었다.

7장

·

김영삼 대통령실록

김영삼金泳三
(1927 – 2015)

재임 기간:
1993년 2월 – 1998년 2월
(5년)

"그렇게도 애타게 바라던 문민 민주주의를 위해
30년을 기다렸습니다. 이제 우리에게 새로운 결단,
새로운 출발을 요구하고 있습니다.
저는 신한국 창조의 꿈을 가슴 깊이 품고 있습니다."

—제14대 대통령 취임사 中 (1993)

1 일본 아이들과 싸우던 섬 소년, 대통령이 되다

거제도 큰달섬의 반항아, 대통령을 꿈꾸다

김영삼은 1927년 음력 12월 4일(호적에는 12월 20일) 경상남도 통영군 장목면 외포리(지금의 거제시 장목면 외포리)의 큰달섬에서 김녕 김씨 홍조와 박부련의 3남 5녀 중 장남으로 태어났다. 김홍조는 2명의 아들을 더 얻었으나 어릴 때 잃었기 때문에 김영삼은 외아들로 자랐다.

김영삼의 직계 선조는 사육신사건 때 화를 당한 백촌(白村) 김문기의 후손으로 알려져 있는데, 임진왜란 때 계림에서 거제도로 터전을 옮겼다고 한다. 거제도에 딸린 섬 중에 큰달섬과 작은달섬이 있는데, 둘 다 계림에서 옮겨온 김영삼의 11대 선조와 관련된 이름이라 한다. 큰달섬은 한자로 대계도(大鷄島), 작은달섬은 소계도(小鷄島)인데, 이는 계림에서 옮겨온 큰집이 살던 곳과 작은집이 살던 곳을 지칭하는 명칭이었던 셈이다. 김영삼의 11대 선조는 큰집이었으며, 그들이 살던 곳을 대계도라 부르고, 11대 방조가 살던 곳을 소계도라 했던 것이다.

소계도에 정착한 방조 집안은 대대로 자손이 번성했으나, 대계도에 살던 김영삼의 직계 선조는 자손이 번창하지 못했는데, 11대 선조에서 김영삼에 이르기까지 계속 독자로 대가 이어져왔다. 김영삼의 조부 김동옥에 이르러 2남 5녀를 두었으나 형제 중 1명은 요절해 독자로 대를 이었고, 김홍조도 3명의 아들을 두었으나 김영삼만 남고 모두 요절해 독자로 대를 이었다. 김영삼 집안은 거제도에 멸치 어장을 소유한 향토 부자였는데, 이는 조부 김동옥이 일군 것이었다.

김영삼의 어머니 박부련은 밀양 박씨 침배의 2남 1녀 중 외동딸로, 큰달섬의 같은 마을에 살다가 김홍조에게 시집왔다. 3남 5녀를 낳았으나 두 아들은 어릴 때 죽었다. 박부련은 1960년 거제도에 침입한 무장공비에게 살해되었다.

박부련이 사망한 후 김홍조는 최남순과 재혼했으나 최남순도 일찍 세상을 떠났다. 이후 김홍조는 오랫동안 독신으로 지내다가 1985년에 이르러 20살가량 젊은 이수남과 재혼했다.

김영삼의 조부 김동옥은 일찍부터 기독교를 받아들였다. 그는 동네 사람들의 반발을 무릅쓰고 자신의 땅을 기부해 교회를 지었으며, 마을 사람들에게 신문물과 기독교를 전파하는 데 매우 열성적이었다. 그 결과 큰달섬의 주민 상당수가 기독교도가 되었다고 한다.

그런 환경 속에서 자란 김영삼은 8살에 장목보통학교에 입학했고, 졸업 후에는 뭍으로 가서 통영중학교를 다녔다. 중학교 시절 김영삼은 일본 학생들과 자주 다툼을 벌였다. 일본인들이 거제도를 거지도라고 모욕하는 것을 참지 못한 데다 일제의 강제적 식민통치에 반발했던 것이다. 일본 학생들과 싸운 일로 정학을 당하고, 일본인 교장에게 혹독한 처벌을 받기도 했다. 중학교 3학년 때는 사천비행장 건설에 강제로 동원되었다가 일본인 학생들과 시비가 붙어 싸우는 바람에 또다시 정학을 당했다.

그 무렵 해방이 되었고, 1945년 11월에 김영삼은 경남중학교로 전학했다. 이때 그는 장래 희망을 대한민국 대통령으로 정하고, 자신의 책상에도 '미래의 대통령 김영삼'이라는 글귀를 새겨놓았다고 한다.

최연소 국회의원이 되어 정치인의 길을 걷다

김영삼은 경남중학교에서 안용백 교장의 강의를 듣고 철학을 전공하기로 결심했다. 안용백은 경성제국대학 철학과를 나온 인물로 교장 시절에도 윤리 과목을 맡아 직접 가르쳤고, 김영삼은 그의 강의에 감화되어 철학에 관심을 갖게 되었다.

김영삼은 경남중학교를 졸업한 후 경남고등학교를 거쳐 1948년 9월에 서울대학교 철학과에 진학했다. 대학에서 그는 정치에 관계된 과목을 많이 수강했으며, 전공 외에는 주로 헌법, 정치학 개론, 현대정부 형태론, 유럽정치사, 유럽외교사, 국가론, 의회제도 등을 배웠다. 하지만 성적은 좋은 편이 아니었다.

대학 2학년 때에는 정부 수립 기념 웅변대회에 참가해 2등 외무부장관상을 받았는데, 이를 인연으로 당시 외무부장관이던 장택상을 알게 되었다. 김영삼을 눈여겨본 장택상은 이듬해인 1950년 5월에 실시된 2대 민의원 선거에 출마하면서 김영삼에게 선거운동을 도와줄 것을 요청했다. 이에 김영삼은 대학 친구 20여 명과 함께 경상북도 칠곡으로 내려가 40여 일 동안 장택상과 함께 지내며 선거운동을 했다.

6·25남북전쟁이 발발하자 미처 피란하지 못한 김영삼은 서울에서 숨어 지냈고, 이듬해 1·4후퇴 때 서둘러 남하해 학도의용군에 입대했다. 학도병이 된 그는 서울대학교 사학과 교수였던 이선근 정훈국장의 추천으로 국방부 정훈국 대북방송 담당원이 되어 8개월 동안 정훈병

으로 활동했다. 이후 국회부의장이 된 장택상에게 국회에서 일을 도와달라는 부탁을 받았지만 군에서 대북방송의 중책을 수행하고 있다며 거절했다. 하지만 장택상은 물러서지 않고 정훈국장 이선근에게 김영삼을 보내달라고 부탁했고, 이선근은 결국 그를 장택상 부의장에게 보냈다.

김영삼은 국회부의장의 인사 담당 비서관으로 일했고, 1952년 5월에 장택상이 국무총리가 되자 국무총리실 인사 담당 비서관으로 자리를 옮겼다.

그러던 와중에 조부 김동옥이 위급하다는 급전을 받고 고향으로 내려가게 되었다. 하지만 조부가 위독하다는 것은 거짓말이었고, 대신 김영삼은 3명의 처녀와 맞선을 봐야 했다. 김영삼이 결혼에 관심을 보이지 않자 선을 보게 하려고 거짓 급전을 보냈던 것이다. 맞선을 본 세 여성 중에 그는 경향고무라는 회사를 경영하던 손상호의 딸 손명순을 선택하고 서울로 올라왔다. 그리고 1951년 2월에 서울대학교를 졸업하고, 3월에 손명순과 결혼했다.

1953년에 전쟁이 끝나고 1954년 5월에 3대 국회의원 선거가 예정되자, 김영삼은 국회의원 선거에 출마했다. 그는 이기붕의 권유에 따라 자유당 소속으로 경상남도 거제군의 지역구에 출마해 당선되었다. 당시 그의 나이 28세(만 26세)였으니, 한국 정치사에서 최연소 국회의원이었다.

자유당을 탈당하고 민주당 결성에 참여하다

김영삼이 국회의원에 당선된 뒤, 이승만 대통령은 3선 개헌을 통해 장기 집권을 계획했다. 이 소식을 전해 들은 김영삼은 동료 의원들과 함께 이승만을 방문해 3선 개헌은 안 된다고 건의했으나 그 자리에서 묵살되었다.

당시 김영삼은 이승만에게 이렇게 말했다고 한다.

"박사님, 개헌하시면 안 됩니다. 국부로 남으셔야 합니다."

그러자 이승만은 화난 얼굴로 손을 떨며 말없이 뒷문으로 나가버렸다고 한다. 이 때문에 이기붕이 김영삼을 불러 왜 쓸데없는 말을 해서 노인을 화나게 하느냐고 나무랐지만, 김영삼은 동료들과 함께 계속 3선 개헌 반대 운동을 했다.

그 뒤 3선 개헌안이 사사오입이라는 부정적인 방법으로 통과되자, 김영삼은 뜻을 같이하는 자유당 인사 10명과 함께 탈당했다. 그리고 1955년 4월에 민주당 창당발기준비위원회 33인 중 한 사람으로 참여해 민주당에 입당했다.

민주당에 입당한 김영삼은 청년부장 겸 경남도당 부위원장에 임명되었고, 조병옥과 유진산이 이끌던 민주당 구파에 소속되어 활동했다. 당시 민주당 구파를 이끌던 조병옥은 김영삼이 장택상이 발탁한 인물이란 것을 알고 매우 호의적으로 대했다고 한다.

1958년 5월에 김영삼은 4대 총선에 도전했는데, 이번에는 거제도를 떠나 부산 서구에서 출마했다. 좀 더 큰 정치인이 되고자 부산으로 지역구를 옮긴 것인데, 결과는 낙선이었다. 상대는 경남도지사와 내무부 차관을 지낸 자유당의 이상용이었다. 선거 후 김영삼은 개표조작이 의심된다며 법원에 제소하기도 했다. 23개의 투표함 중 16개 투표함에서 압도적인 지지를 받았음에도, 나머지 7개 투표함이 거의 자유당 표 일색으로 나오자 개표조작을 의심했던 것이다. 당시 부정선거가 비일비재했고, 개표조작도 흔한 일이었으니 그가 의심한 것은 당연한 일이었다. 하지만 법원은 그의 제소를 받아들이지 않았다.

낙선한 뒤에도 김영삼은 정치 활동을 계속했으며, 특히 조병옥을 민주당 대통령 후보로 추대하기 위해 '유석청년동지회'를 조직했다. 이 활동이 성공을 거두어 조병옥은 민주당의 대통령 후보가 되었지만 선거 직전에 지병으로 사망했다. 1960년 3·15부정선거 이후 시민혁명이 일어나고, 1960년 5월에 실시된 총선에서 김영삼은 다시 출마해 당선되었다.

하지만 당선의 기쁨도 잠시였다. 1960년 9월 25일, 거제도의 김영삼 본가에 무장간첩이 침입해, 그의 어머니 박부련이 복부에 3발의 총을 맞고 사망하는 일이 일어났다.

이렇듯 김영삼이 개인적인 아픔을 겪고 그 고통을 채 씻어내기도 전인 1961년 5월 16일, 박정희가 반란을 일으켜 정권을 장악했다. 이후 김영삼은 야당 국회의원으로서 박정희의 독재에 저항하며 처절한 정치투쟁을 전개한다.

40대 기수론으로 대통령 후보 경선에 나서다

5·16쿠데타가 일어났을 때, 김영삼은 거제도에 있었다. 그는 군사반란이 일어났다는 소식을 접하자마자 바로 상경했다. 다른 정치인들은 군인들을 피해 달아나기 바빴는데, 김영삼은 오히려 국회를 추스르는 일에 열중했다.

5·16쿠데타 직후 국가재건최고회의가 공화당 창당에 참여할 것을 권유했지만, 그는 단호하게 거절했다. 공화당에서는 그에게 부산시 지구당위원장을 제안하기도 했고, 군정에 참여할 것을 권하기도 했지만 완강하게 거부했다. 오히려 그는 1963년 3월에 박정희의 군정 연장 반대 시위에 참여해 서대문형무소에 수감되기도 했다.

1963년 11월, 김영삼은 사분오열된 야당 가운데 비교적 세력이 컸던 민정당 소속으로 6대 국회의원 선거에 출마해 부산 서구에서 당선되었다. 이듬해인 1964년 6월, 미국 국무부 초청으로 미국과 유럽 10여 개국을 시찰하고 돌아온 뒤에 그는『우리가 기댈 언덕은 없다』라는 책을 출간하며 민주화투쟁의 의지를 드러냈다.

1964년에 민정당과 민주당이 한일회담 반대 투쟁을 전개하는 과정에서 민중당으로 통합되었는데, 김영삼은 38세의 젊은 나이로 민중당 원내총무에 선출되었다. 이후 야당은 지속적으로 세력을 연합하다가 1967년에 신민당을 창당했으며, 김영삼은 신민당 원내총무가 되었다. 이후 정국은 박정희가 3선 개헌을 주도하는 상황이 되었다. 김영삼은 3선 개헌을 강도 높게 비판하며 박정희가 장기 독재를 꿈꾸고 있다고 공격했다. 이 때문에 1969년 6월 집 근처에서 괴한들에게 습격당하고, 승용차 창문에 초산이 뿌려지는 일을 겪었다. 이른바 '김영삼 초산 테러 사건'이다. 김영삼은 이에 대해 박정희 정권이 저지른 정권 차원의 테러라고 주장했다.

공화당이 단독으로 3선 개헌안을 통과시키자, 김영삼은 40대 기수론을 주장하며 젊은 지도자가 야당 대통령 후보로 나설 것을 촉구했다. 김영삼의 40대 기수론은 호응을 얻는 데 성공했고, 김영삼을 비롯한 김대중, 이철승 등의 40대 정치인들이 대통령 후보 경쟁을 벌이게 되었다.

당시 김영삼은 이철승과 함께 민주당 구파의 지지를 받고 있었고, 민주당 구파를 이끌던 유진산은 김영삼을 지원하고 있었다. 원래 신민당의 대통령 후보에는 당수였던 유진산의 선출이 유력했으나 40대 기수론과 여론에 밀려 후보로 나서지 못했다. 유진산은 이때 자신이 후보로 나서지 않는 대신 후보 지명권을 달라고 요구했는데, 비주류로 후보 경선에 나선 김대중의 반대로 무산되었다.

그리고 1970년 9월 29일 서울시민회관에서 김영삼, 김대중, 이철승

세 사람이 대통령 후보 경선을 벌였는데, 1차 투표에서 김영삼이 1위를 차지했다. 하지만 과반수를 획득하지 못해 2차 투표가 진행되었다. 투표에 참여한 대부분의 사람들이 김영삼이 2차 투표에서도 승리할 것으로 생각했으나 결과는 의외였다. 김대중이 김영삼을 제치고 대통령 후보에 선출되었다. 이철승계 대의원들이 유진산의 노골적인 김영삼 지원에 반발해 김대중을 지지한 결과였다.

이렇듯 대통령 후보 경선에서는 패배했지만, 김영삼은 패배를 받아들이고 대통령 선거에서 김대중의 지원 유세를 다녔다. 당시 김영삼의 지지 세력이었던 민주당 구파 일부가 신민당을 탈당해 국민당을 창당했으나 김영삼은 신민당을 탈당하지 않았다. 오히려 유세 과정에서 "김대중의 승리는 곧 자신의 승리"라고 역설했다.

하지만 1971년 4월 27일에 치러진 대통령 선거에서 김대중은 95만 여 표의 차이로 박정희에게 패했다.

유신독재와 싸우며 야당 지도자로 우뚝 서다

김대중에게 가까스로 승리해 대통령직을 유지하게 된 박정희는 영구 집권을 획책했다. 1972년 10월에 긴급 성명을 발표해 비상계엄을 선포하고 국회를 해산했으며, 모든 정치 활동을 금지했다. 이른바 유신시대의 시작이었다.

당시 야당을 이끌던 두 지도자 김영삼과 김대중은 외국에 있었다. 김대중은 다리 치료 때문에 일본 게이오대학교병원에 입원 중이었고, 김영삼은 하버드대학교 동아시아연구소 초청으로 미국을 방문 중이었다. 말하자면 야당의 두 지도자가 나라를 비운 사이에 박정희는 군사작전을 펴듯이 유신을 강행한 셈이다.

박정희의 유신 선포 소식을 듣고 김영삼은 바로 귀국했다. 가족과 미국의 지인들이 귀국을 만류했으나 그는 죽어도 한국에서 죽어야 한다며 비행기에 올랐다.

김포공항에 도착하자마자 김영삼은 가택연금되었다. 이때 김대중은 일본과 미국을 활동 무대로 삼아 유신 반대 운동을 전개하고 있었다. 가택연금으로 정치 활동이 금지되자 김영삼은 1973년부터 장택상 추모 사업을 전개했다. 그리고 그해 김대중 납치 사건이 일어나자 본격적으로 정권을 비판하기 시작했고, 이어 정치 활동을 재개해 1974년에 신민당 전당대회에서 당 총재로 선출되었다. 이후 김영삼은 김대중의 정치 활동 보장을 요구하고, 유신헌법 폐지를 주장했다. 이 때문에 개헌을 거론하지 말 것을 명시한 긴급조치 9호 위반으로 입건되기도 했다.

이렇듯 강력하게 박정희 정권에 도전하던 김영삼은 1975년 5월에 박정희와 영수회담을 하게 되는데, 이 자리에서 그동안 지속해오던 박정희 정권에 대한 투쟁적인 모습을 보이지 못하고 갑자기 온건론으로 선회하는 바람에 엄청난 비판 여론에 부딪힌다. 그 여파와 중앙정보부의 방해 공작으로 1976년에 당 총재 경선에서 이철승에게 패했다.

이후 정치권에서 김영삼의 영향력은 많이 약화되었다. 하지만 김영삼은 1979년 5월에 총재 경선에 재도전했고, 이번에는 2차 투표까지 가는 어려움 속에서 가까스로 이철승을 누르고 총재가 되었다. 그가 이철승에게 승리한 가장 결정적인 요인은 김대중 세력의 도움이었다. 당시 김대중은 감옥에서 풀려나 연금상태에 있었는데, 민주주의의 발전을 위해서는 김영삼이 신민당 총재에 복귀하는 것이 옳다고 판단해 김영삼을 지지했고, 덕분에 김영삼은 총재로 선출될 수 있었다.

다시 신민당 총재가 된 김영삼은 외신 기자들과 가진 회견에서 야당 총재로서 통일을 위해서는 시기와 장소를 가리지 않고 책임 있는 사람과 만날 용의가 있다고 발언했다. 이에 기자들은 책임 있는 사람에 김일성도 포함되는지 물었다. 김영삼은 그렇다고 답변했다. 그러자 북한의 부주석 김일이 환영담화를 발표하고 신민당과 노동당의 대표자 예비 접촉을 제의했다. 이후 반공단체들이 신민당 중앙당사로 쳐들어와 김영삼에게 발언 취소를 요구하며 당원들을 폭행하고 기물을 파괴했다. 그들은 김영삼의 상도동 집으로 몰려가 난동을 부리기도 했다.

그로부터 얼마 뒤인 8월, YH무역사건이 일어났다. 가발회사인 YH무역의 여성 노동자들이 경영난을 이유로 폐업한 회사에 항의하기 위해 신민당사에 몰려와 농성을 벌였는데, 경찰 병력 2000여 명이 신민당사에 투입되어 그들을 모두 연행했다. 이 과정에서 건물 옥상에 올라간 노동자 김경숙이 추락해 사망했다. 그리고 김영삼은 자택으로 강제로 이송되었다. 김영삼은 곧 이 사건의 진상을 밝히는 백서를 발표하고, 살인정치를 감행하는 박정희 정권은 무참히 쓰러질 것이라고 경고했다.

한편 법원은 김영삼에게 신민당 총재직 정지가처분 결정을 내렸다. 총재 선출 과정에서 편법이 동원되었다는 것이 이유였지만, 실제로는 중앙정보부가 주도한 일이었다. 하지만 김영삼은 물러서지 않고 《뉴욕타임스》를 통해 미국이 박정희 정권에 대한 지지를 철회할 것을 요구했다. 이에 대해 공화당과 유정회는 김영삼이 헌정(憲政)을 부정하고 사대주의 발언을 했다며 비판했는데, 김영삼은 한 걸음 더 나아가서 미국은 한국에 대한 원조 제공을 중단하고 한국 정부가 민주화 조치를 취하도록 압력을 가하라고 촉구했다.

이런 김영삼의 태도에 대해 사대주의적 발상이라는 비판이 나오자, 김영삼은 미국은 한국에 압력을 가할 수 있는 위치에 있는 나라라고 응수했다. 이쯤 되자 박정희는 유정회와 공화당을 동원해 김영삼의 국회의원직 제명을 추진하고, 국회에서 여당 단독으로 의결해 김영삼을 제명했다. 이에 김영삼은 "닭 모가지를 비틀어도 새벽은 온다"라고 말하면서, "나를 제명하면 박정희가 죽는다"라고 단언했다. 이 말을 놓고 공화당에서는 김영삼이 외세를 등에 업고 내란을 조장하고 있다고 공격했다.

김영삼이 의원직에서 제명되자 야당 의원들이 집단으로 사퇴서를 제출하며 반발했다. 이어 부산대학교 학생들이 「민주선언문」을 발표하며 항의했으며, 부산과 마산에서 대학생과 시민들이 "독재 타도"를 외치며 대규모 시위에 나섰다. 이른바 '부마항쟁'이 일어난 것이다.

부마항쟁은 1979년 10월 15일 부산대 학생들의 「민주선언문」으로 촉발되었고, 이어 부산의 시민과 학생들이 시위에 가담해 "독재 타도"를 외치면서 사태가 확산되었다. 이에 박정희는 부산에 계엄령을 내리고 시민들의 통행을 제한했지만, 항의 시위는 마산과 창원으로 확대되었다. 분노한 시민들이 방송국, 구청, 세무서까지 공격하는 등 사태가 점점 심각해지자, 김재규 중앙정보부장이 박정희를 암살하는 10·26 사태가 일어나 박정희 정권은 막을 내렸다.

신군부와 싸우며 6·10항쟁을 이끌다

박정희 정권은 몰락했지만, 권력은 여전히 군부가 쥐고 있었다. 전두환을 위시한 하나회 회원들로 구성된 신군부 세력은 반란을 일으켜 군부를 장악하고, 이어 5·17내란으로 정권을 장악했다. 이들은 김대중, 김영삼, 김종필 3김으로 대표되는 정계의 거두들을 감옥에 가두거나 가택연금했다. 또한 상당수의 야당 인사와 재야인사가 중앙정보부에 끌려가 심한 매질과 고문을 당했고, 정치인들의 정치 활동은 완전히 금지되었다. 이때 김영삼은 가택연금되었다. 광주 시민들이 이에 반발해 봉기를 일으켰지만 전두환 세력은 군대를 동원해 광주 시민 수백 명을 학살하고 권력을 장악했다. 이어 1980년 9월에 전두환 정권이 출범했다.

이런 상황에서 김영삼은 전두환 정권의 강요로 그해 10월에 정계 은퇴를 선언했다. 그리고 이듬해 5월에 가택연금이 풀리자 주변 야당 동지들과 함께 민주산악회를 조직했다. 민주산악회는 겉으론 등산 모임이었지만, 실질적으론 정치단체였다. 김영삼은 이 단체의 고문으로 추대되었다. 민주산악회는 주요 정치적 사안에 대해서는 성명서를 발표하는 형식으로 목소리를 내며 영향력을 확대했다. 민주산악회에 김영삼 계열의 정치인들만 참여한 것은 아니었다. 김대중 계열의 정치인들도 함께 참여해 야권 통합의 가능성을 열었다.

하지만 두 세력 외에도 더 많은 재야인사를 끌어들이기 위해서는 재야와 야권을 망라한 통합 합의체가 필요했고, 그래서 탄생한 것이 민추협이었다. 민추협이 결성된 것은 1983년이다.

그해 5월 18일, 김영삼은 목숨을 건 싸움을 시작했다. 23일간 단식투쟁을 하며 야당 인사 석방과 민주화 5개항 수용을 촉구했다. 김영삼의 단식은 세계 언론의 주목을 받았고, 6월 10일에 23일간의 단식투쟁이 끝났을 때, 전두환 정권은 김영삼의 요구 사항을 상당 부분 수용했다. 그러자 김영삼은 김대중과 연합해 1984년에 정식으로 민추협을 발족하고, 이를 기반으로 그해에 신민당을 창당했다.

신민당의 총재는 이민우였다. 하지만 실질적인 힘은 고문을 맡은 김영삼과 김대중이 행사했다. 두 사람의 결합은 1985년에 실시된 12대 국회의원 선거에서 야당 돌풍을 불러일으켰다. 전두환이 조직한 관제야당을 제치고 제1야당으로 거듭난 것이다. 이후 야권에서는 여론을 등에 업고 대통령 직선제 개헌을 주장했다. 이 과정에서 김대중은 전두환 정권이 직선제안을 수용할 경우 자신은 대선에 출마하지 않겠다는 선언을 했고, 김영삼은 직선제 개헌만 된다면 김대중을 지지할 의사가 있다는 말로 화답했다.

그런데 당시 신민당 총재였던 이민우는 내각책임제 개헌도 받아들일 수 있다고 했고, 이에 반대한 김영삼은 뜻을 같이했던 김대중과 함께 탈당해 민주당을 창당했다. 민주당 창당에는 신민당을 탈당한 66명의 국회의원도 동참했다. 그리고 김영삼은 총재가 되고, 김대중은 고문이 되었다.

당시 전두환은 개헌을 하지 않겠다는 '호헌 성명'을 발표한 상태였고, 민주당은 재야 시민 세력과 연합해 민주헌법쟁취국민운동본부를 결성하고 직선제 개헌을 위한 장외투쟁에 돌입했다. 6·10항쟁으로 명명된 이 투쟁 과정에서 연세대학교 학생 이한열이 목숨을 잃었고, 숱한 대학생과 시민, 재야 지도자와 정치인들이 투옥되었다. 하지만 결국 직선제 개헌은 6·29선언을 통해 관철되었다.

대선에서 패배하고 3당 합당 후 대통령에 오르다

직선제 개헌이 성사되자 김영삼은 13대 대통령 선거의 후보 경선에 출마했다. 그는 군정 종식과 문민통치 확립을 기치로 내걸었다. 하지만 라이벌인 김대중과 쉽게 의견 일치를 보지 못했다. 김영삼은 민주당에서 경선해 후보를 선출할 것을 주장했으나 김대중은 반대했다. 민주당의 중심은 김영삼 계열이 장악한 상태였기에 경선에 나서면 자신이 패배할 수밖에 없다고 판단했기 때문이다. 결국 두 사람의 후보단일화는 결렬되었고, 김대중은 민주당을 탈당해 평민당을 창당했다.

이후 두 사람은 각각 민주당과 평민당의 대통령 후보가 되어 13대 대통령 선거전에 돌입했다. 민정당에서는 노태우가 출마하고, 공화당에서는 김종필이 출마했다. 이른바 '1노 3김'의 대결이었다.

유세 과정에서 김영삼은 광주를 방문했다가 시민들이 돌과 화염병을 던지는 바람에 수난을 당하기도 했다. 이 사건으로 지역 대결의 양상은 더욱 짙어졌고, 야권의 분열은 노태우에게 어부지리를 안기고 말았다.

대선에서 패배한 김영삼의 민주당은 1988년 4월에 실시된 국회의원 총선에서 평민당에 이어 제2야당으로 전락하면서 입지가 크게 축소되었다. 득표 수는 평민당보다 많았으나 승리한 의원 수는 평민당에 뒤지는 결과를 낳았던 것이다.

하지만 정국은 여소야대 상황이 되었다. 김영삼의 민주당과 김대중의 평민당, 김종필의 공화당 등 3김의 야당 의석 수의 합이 노태우의 민정당 의석 수를 크게 앞질렀던 것이다. 이렇게 되자 노태우는 정무장관 박철언을 밀사로 삼아 야당과 합당을 시도했다. 이른바 '보수대연합론'으로 김대중을 고립시키고, 나머지 세 당을 합당하려는 계획이었다.

3김 중 보수연합론에 가장 호의적인 인물은 김종필이었다. 김영삼은 쉽게 동조하지 않다가 보궐선거 과정에서 상대 후보 매수 사건으로 오른팔인 서석재가 구속되면서 궁지에 몰리자, 전격적으로 3당 합당에 합의했다.

3당 합당은 당 차원의 결정이 아니라, 총재의 단독 결정에 따른 것이었다. 당연히 당원과 소속 국회의원들의 반발이 심했다. 심지어 김영삼의 좌장이라고 할 수 있는 최형우조차 합당에 반대했다. 하지만 김영삼은 몇몇 소수 의원을 제외하고 대부분의 민주당 의원들을 설득해 새로운 보수대연합당인 민자당으로 들어갔다.

1990년 벽두에 일어난 3당 합당 사태를 두고 지식인들은 '야합'이라며 김영삼을 맹렬하게 비난했지만, 김영삼은 자신이 대통령이 되어 군부 세력을 척결하고 문민정부의 기틀을 확립하면 역사의 평가는 달라질 것이라고 판단했다.

1990년 1월에 민자당이 창당되자 김영삼은 당대표를 맡았다. 그러나 민자당 내부의 권력 다툼 과정에서 김영삼은 세 차례의 위기를 맞이했다. 첫 번째 위기는 내각제 합의문 파동이었다. 1990년 10월 25일, 노태우, 김영삼, 김종필이 서명한 내각제 합의문 사본이 《중앙일보》에 공개된 것이다. 김영삼은 이는 자신을 음해하는 모략이라며 마산으로 낙향해버렸다. 김영삼이 낙향해 대통령 선거에 출마하지 않고 평민당의 김대중을 지원할 경우, 민자당이 패배할 가능성이 컸다. 이런 판단을 한 노태우는 김영삼을 달래기 위해 내각제를 포기하겠다고 약속했고, 그제야 김영삼은 여의도로 복귀했다.

김영삼에게 닥친 두 번째 위기는 1992년 3월에 실시된 총선에서 야기되었다. 14대 총선에서 민자당은 과반수를 확보하는 데 실패했다. 3당 통합 당시 개헌선을 훨씬 넘는 의석 수를 얻은 것에 비하면 초라하기 짝이 없는 결과였다. 더구나 김영삼의 민주계는 부산 이외의 지역에서 거의 참패했다. 이 때문에 민정계는 김영삼에게 선거 패배의 책임을 지우며 거세게 몰아붙였다. 그러자 김영삼은 탈당을 거론하며 자신이 아니면 민자당의 정권 재창출은 불가능하다고 반격했다. 그의 말대로 김영삼 이외에 김대중을 상대할 인물이 없는 것은 사실이었다. 민정계인 이종찬과 박태준이 있긴 했으나 그들의 정치적 역량은 김대중을 상대하기에는 역부족이었다. 그런 현실을 받아들인 노태우는 김영삼을 선택할 수밖에 없었다. 결국 김영삼은 민자당의 대통령 후보가 되었다. 그가 호언했던 대로 호랑이 굴에 들어가서 호랑이를 잡은 셈이었다.

　김영삼의 세 번째 위기는 대선 과정에서 나왔다. 경제계의 '왕회장'
으로 불리던 현대그룹의 총수 정주영이 국민당을 창당하고 대통령 후
보로 출마하면서 보수 세력의 지지표가 분산되었던 것이다. 정주영의
국민당은 국회의원 총선 때부터 돌풍을 일으켜 제2야당이 되었고, 대
선 때는 '반값 아파트 건설'을 공약으로 내세우면서 서민들의 지지를
이끌어냈다. 거기에다 선거일을 불과 3일 남기고 부산의 기관장들이
모여 김영삼을 지원하자고 결의한 일이 폭로되는 초원복집사건까지
터졌다. 이 사건으로 김영삼은 한때 곤경에 처했으나 오히려 이것이
부산 민심을 자극해 김영삼의 지지 세력이 더욱 결집하는 결과를 가져
옴으로써 간신히 위기에서 벗어났다.

　그해 12월 18일 대통령 선거에서 김영삼은 42%를 득표해 김대중을
약 194만 표 차이로 누르고 대통령에 당선되었고, 이듬해 2월 25일 여
의도 국회의사당 앞에서 취임식을 열고 대한민국 14대 대통령에 올
랐다.

2　김영삼의 강력한 개혁정책과
　　나락으로 떨어지는 한국 경제

　● 제14대 대통령, 재임 기간: 1993년 2월 - 1998년 2월(5년)

과감한 개혁으로 지지율 90%를 넘다

　김영삼은 청와대에 입성하자마자 바로 정치개혁에 착수했다.
그는 자신의 정부를 '문민정부'로 명명하고, 한국병을 치유하고 신한
국을 건설하는 것을 문민정부의 목표로 삼았다. 그의 신한국은 '정의

가 강물처럼 흐르고 인간의 품위가 존중되는 모범적인 민주 공동체'로 정의되었다.

김영삼의 첫 번째 개혁은 안가의 철거와 청와대 앞길의 개방이었다. 그의 말에 따르면 안가는 "독재자들이 여자들과 술 먹고 놀던 곳"이었다. 김영삼은 9개나 되는 안가 중 두 곳을 돌아본 뒤, 그 화려함과 은밀함에 놀라 당장 철거하도록 지시했다고 한다. 또한 출입 금지 구역으로 인식되던 청와대 앞길을 개방해 시민들에게 가까이 다가가고자 했다.

이후 김영삼은 본격적인 개혁 작업에 돌입했다. 취임 이틀 후에 그는 과감하게 공직자 재산 공개를 추진했다. 먼저 자신의 재산부터 공개했는데, 그와 부인 그리고 가족이 가진 재산은 모두 17억 7822만 원이라고 밝혔다. 그의 뒤를 이어 국무총리, 부총리, 감사원장, 민자당 대표, 사무총장, 정책위원장, 원내총무 등 공직자들이 재산을 공개했다. 이를 두고 김영삼은 "역사를 바꾸는 명예혁명"이라고 규정했다.

고위 공직자의 재산 공개 후, 장관급과 수석비서관급, 민자당 당무위원과 소속 의원 전원의 재산이 공개되었고, 민주당도 재산 공개에 합류했다.

재산 공개 과정에서 투기를 통한 축재 의혹이 있는 공직자나 부도덕한 재산 증식 혐의가 있는 인사는 여론의 비판을 견디지 못하고 물러나야 했다. 그중에는 박준규 국회의장 같은 거물급들도 있었다. 또 대검찰청 중앙수사부장이나 강력부장 등의 사정기관에서도 옷을 벗는 인사들이 나왔고, 철도청장이나 농림부차관 등 차관급에서도 퇴출되는 인사들이 속출했다.

이런 일련의 재산 공개는 법적 근거 없이 대통령이 나서서 분위기를 조성한 것에서 비롯된 일이었다. 그해 5월 20일 국회가 '공직자윤리

법'을 개정함에 따라 4급 이상 공직자의 재산 등록과 1급 이상 공직자의 재산 공개를 의무화했다. 허위 등록에 대해서는 강력한 징계와 후속 조치가 뒤따랐다.

김영삼은 두 번째 개혁 조치로 정치자금을 일절 받지 않겠다고 선언했다. 정경유착의 고리를 끊는 것이 목표였다.

돈과 관련된 이 2가지 조치는 사회 전체에 엄청난 사정 바람을 일으켰다. 검찰과 경찰, 감사원 그리고 언론이 나서서 비리 적발에 나섰고, 그 여파로 정치인과 고위 공직자들이 하루아침에 죄인으로 전락했다. 심지어 김영삼의 돌격대장으로 불린 최형우는 입시 비리와 관련해 민자당 사무총장 자리를 내놓아야 했고, 한때 김영삼과 권력을 다투던 박철언은 슬롯머신 비리와 관련해 구속되었다. 또 병무 비리가 불거져 엄삼탁 병무청장이 옷을 벗었다.

하지만 김영삼의 개혁은 멈추지 않았다. 그동안 아무도 감히 손대지 못했던 군대개혁을 시작했다. 군대개혁의 1차 목표인 하나회를 해체하고, 그 중심 세력을 모두 요직에서 밀어내거나 전역시켰다. 또한 군 인사 비리와 무기 납품 비리에 사정의 칼날을 들이댔다. 그 결과 수많은 장성과 영관급 인사들이 구속되거나 징계 또는 인사에서 불이익을 받았다.

이어 경제개혁 조치가 단행되었다. 금융실명제 실시가 대표적이다. 1993년 8월 12일 오후 8시를 기해 단행된 이 조치는 긴급재정경제명령에 의해 이루어졌다. 국회에서 법안으로 만들면 제대로 이뤄질 수 없다는 판단 아래 군사작전을 펴듯이 이루어진 조치였다.

취임한 지 불과 6개월 만에 이루어진 일련의 개혁 조치들로 김영삼의 인기는 하늘을 찔렀다. 심지어 당시 가장 잘나가던 연예인 스타 최진실보다 김영삼의 인기가 더 높을 정도였다. 그에 대한 국민의 지지율은 90%가 넘었고, 10대 청소년들이 가장 좋아하는 인물로 부상하기도 했다. 덕분에 그를 호의적으로 그린 책들이 쏟아져 나왔는데, 그중에 『YS는 못 말려』는 출간한 지 1달도 안 되어 30만 부가 팔려나갔다.

한편에서는 개혁 조치들이 너무 급작스럽게 이루어진다고 해서 '깜짝쇼'라고 비아냥대는 여론도 있었다. 특히 금융실명제는 깜짝쇼의 극치라고들 했다. 그러나 대다수의 국민은 김영삼의 개혁을 절대적으로 지지했다.

지독하게 이어지는 대형 참사

그러나 김영삼의 인기는 이어지는 대형 참사로 인해 점점 빛을 잃기 시작했다. 김영삼 집권기는 대형 참사의 전시 기간이라고 해도 과언이 아닐 정도로 사고가 많이 발생했다. 사고는 강과 바다, 하늘과 육지를 가리지 않고 도미노처럼 끈질기게 이어졌다.

김영삼 정부 출범 후 첫 번째 대형 참사는 철도에서 일어났다. 1993년 3월 28일 오후 5시 30분경 경부선 구포역(부산 북구 덕천동 소재) 북쪽 2.5킬로미터 지점에서 무궁화호 열차가 전복되었다. 열차에 타고 있던 승객은 600명이 넘었는데, 그중 78명이 목숨을 잃고, 중상자 51명, 경상자 105명이 발생했다. 한국 역사상 가장 큰 철도 참사였다. 원인은 선로 지반의 붕괴였다. 지반이 붕괴된 것은 한진건설의 전력구 공사로 인한 토사 유출 때문이었다. 한진건설이 철로 밑 34미터를 뚫고 지나가는 전력구 공사를 하면서, 이 사실을 철도청에 통보조차 하지 않은 사실이 드러났다.

그로부터 4개월쯤 지났을 때 이번에는 하늘에서 대형 사고가 터졌다. 7월 26일 김포에서 출발해 목포로 가던 아시아나 항공기가 전라남도 해남의 야산에 추락했다. 이 사고로 탑승객과 승무원 66명이 목숨을 잃고, 44명이 부상을 입었다.

10월 10일, 이번에는 바다에서 참사가 일어났다. 전라북도 부안군 위도면 임수도 앞바다에서 서해훼리호가 침몰한 것이다. 이 사고로 승선 인원 362명 중 무려 292명이 목숨을 잃었다. 배가 침몰한 원인은 정원 초과와 과적이었다.

이렇듯 육지와 하늘 그리고 바다에서 대형 참사가 이어졌고, 이에 대한 경각심이 강조되었지만 참사는 멈추지 않았다.

1994년 10월 21일 아침 7시 40분경, 한강의 성수대교가 붕괴되었다. 이때 성수대교를 지나던 승용차 2대와 봉고차 1대, 버스 1대가 추락했다. 이 사고로 무려 32명이 사망했다. 철도, 항공기, 배에 이어 이번에는 자동차 참사였다. 김영삼은 특별담화까지 하면서 다시 한번 안전불감증에 대한 경각심을 일깨웠지만, 불과 3일 뒤인 10월 24일에는 충주호 유람선에서 불이 나 25명이 사망하는 대형 참사가 일어났다. 하늘과 바다, 육지와 강도 모자라 호수에서도 사고가 터졌으니, 이제 남은 것은 지하밖에 없다는 말이 세간에 떠돌았다.

말이 씨가 된 것일까. 1995년 4월 28일 오전 7시 50분경, 대구 달서구 상인동 영남고등학교 앞 지하철 1호선 1~2구간 공사장에서 도시가스관이 폭발했다. 학생과 시민 101명이 사망하고, 117명이 부상당한 대형 참사였다. 파손된 건물이 무려 119동이었고, 차량 133대가 추락하거나 불탔다는 기록은 당시 참혹했던 현장을 짐작하게 해준다.

이렇듯 대형 사고가 이어지자 세간에서는 김영삼에 대해 '무면허 운전사'라고 비아냥거렸고, 문민정부를 '사고정권'이라고 비난하며 정권 퇴진 시위가 벌어지기도 했다.

그러나 대형 참사의 결정판이 남아 있었다. 대구 지하철 공사장 도시가스관 폭발 사고가 일어난 지 불과 2달 뒤인 6월 29일 오후 5시 55분,

서울 서초구에 있는 삼풍백화점이 붕괴되었다. 백화점 규모로는 소공동 롯데백화점 본점 다음으로 전국 2위였다. 백화점 부지는 4600여 평이었고, 건물은 지상 5층, 지하 4층의 구조였다. 이 거대한 백화점의 붕괴로 502명이 사망하고, 937명이 부상을 입었다. 그동안 지속되던 대형 참사 중에 가장 큰 사고였다. 붕괴 원인은 첨단 시공법의 무리한 적용과 부실시공 그리고 원칙 없는 보수 공사였다.

이 사건 후 김영삼은 또다시 대국민 사과문을 발표했다. 대통령의 잦은 사과를 빗대어 세간에서는 김영삼 정권을 '사고 정부' 또는 '사과 정권'이라고 힐난했다. 문민정부를 자임하는 김영삼 정부에서 이토록 많은 사고가 일어난 것은 30년 동안 지속되어온 관치 중심의 사회 관리 체계의 한계가 도덕적 해이와 결합해 총체적 부실로 이어진 결과라 할 것이다.

두 차례의 정치적 반전 기회

이렇듯 대형 사고가 연달아 터지는 와중에도 김영삼은 두 차례에 걸쳐 분위기를 반전시킬 수 있는 기회를 얻었다.

첫 번째 기회는 북한 문제에서 나왔다. 1992년부터 핵시설 문제로 첨예하게 대립하던 미국과 북한은 1994년에 이르러 서로에 대한 불신이 극에 달했고, 급기야 미국이 북한을 공격하려는 상황으로 치달았다. 빌 클린턴 정부는 당장이라도 북한을 공격할 듯한 태도를 보였고, 북한 또한 "서울 불바다"를 운운하며 전쟁도 불사하겠다는 자세였다. 김영삼은 한반도에서 절대 전쟁이 일어나서는 안 된다며 클린턴 대통령을 뜯어말렸고, 미국 측에서는 카터 전 대통령이 중재자로 나서서 화해 분위기를 조성했다. 그 덕분에 김영삼과 김일성의 남북 정상회담까지 합의되었다. 김영삼으로선 바닥으로 떨어진 인기를 다시 한번 끌어울릴 절호의 기회를 맞이한 셈이었다.

하지만 불행하게도 회담을 17일 앞둔 1994년 7월 8일에 김일성이 지병으로 사망하고 말았다. 이후 조문파동이 일어나 북한과의 관계는 극도로 악화되었다. 거기에다 재임 말기인 1997년 12월에 북한 노동 당 비서 출신인 황장엽의 남한 망명을 추진하는 바람에 남북관계는 더욱 경색되었다.

김영삼의 두 번째 반전 기회는 신군부의 12·12군사반란과 5·18광 주시민학살에 대한 단죄였다. 김영삼은 정권 출범 초기부터 두 사건 에 대한 단죄를 바랐지만 기득권 세력의 반발로 뜻을 이루지 못했다. 1993년 5월에 김영삼은 12·12군사반란에 대해 '하극상에 의한 쿠데 타적 사건'으로 규정짓고 검찰이 수사에 착수하도록 했지만, 검찰은 불필요한 국력을 소모할 우려가 있다는 이유로 기소유예 처분을 내렸 다. 또 5·18광주시민학살에 대해서도 성공한 쿠데타는 처벌할 수 없 다는 논리를 앞세워 '공소권 없음' 결정을 내렸다.

그러나 1995년 10월에 노태우 비자금 사건이 불거지면서 전두환 과 노태우 두 전직 대통령에 대한 여론이 악화되었다. 이 기회를 이용 해 김영삼은 '역사 바로 세우기'를 명분으로 12·12군사반란과 5·18광 주시민학살에 대한 단죄를 감행했다. 그해 6월 27일에 실시된 지방선 거에서 참패한 김영삼으로선 이듬해 4월에 예정된 총선에서 승리하기 위해서라도 두 사건을 반드시 단죄할 필요가 있었다.

김영삼은 민자당에 '5·18민주화운동 등에 관한 특별법(5·18특별법)' 제정을 지시했고, 법에 따라 전두환과 노태우를 비롯한 12·12군사반란 과 5·18광주시민학살의 범죄자들이 단죄되었다. 덕분에 1996년 4·11 총선에서 김영삼의 신한국당은 승리에 가까운 선전을 펼칠 수 있었다. 두 번의 반전 기회 중 한 번의 기회는 제대로 활용한 셈이었다.

역사와 문화의 대중화 그리고
사소하고 소소한 것들에 대한 새로운 인식

　엄청난 정치적 사건과 대형 참사가 이어졌음에도 문화적인 면에서는 일상의 재발견과 자기탐색에 주력하는 차분한 양상이 전개되었다. 수십 년 동안 지속되던 민주화를 위한 정치투쟁의 열기가 사그라지면서 사람들은 무겁고 남성적인 거대 담론에 쏠려 있던 시선을 가볍고 여성적인 개인의 삶으로 돌렸다. 이는 문화와 역사를 탐닉하며 개인의 일상을 좀 더 풍성하게 만드는 데 주력하는 경향을 낳았고, 결과적으로 문화와 역사의 대중화를 이끌어냈다.

　문화의 대중화에 불을 붙인 것은 1993년 4월에 개봉한 임권택의 영화 〈서편제〉였다. 이청준의 동명 소설을 영화로 만든 이 작품은 해방 이후 해일처럼 밀려든 서구 음악에 밀려 제대로 조명받지 못하고 저잣거리로 내몰렸던 판소리의 진면목을 일깨우는 계기를 마련했다. 〈서편제〉를 보기 위해 서울 단성사에만 100만 명의 관객이 들었고, 촬영지인 남도 끝자락의 섬 청산도에는 관광객이 몰려드는 진풍경이 연출되었다.

　영상매체에서 〈서편제〉가 한국 문화의 대중화 붐을 조성했다면, 출판물에서는 단연 유홍준의 『나의 문화유산 답사기』가 그 바통을 이어받았다고 해야 할 것이다. 유홍준의 책은 1993년에 문예잡지 《창작과 비평》에 연재될 때부터 독자들에게 대단한 호응을 받았으며, 책으로 출간된 후에는 폭발적인 인기를 얻어 밀리언셀러 반열에 올랐다. '아는 만큼 보인다'는 기치를 내건 유홍준의 문화 해설서인 이 책은 전국적인 답사 신드롬을 불러일으켰으며, 학자들의 전유물이었던 문화유적을 대중의 기호품으로 변화시키는 기적을 일으켰다.

　문화에 이어 대중은 다시 역사에 탐닉하기 시작했는데, 그 단초를 제공한 것은 대중역사서 『한 권으로 읽는 조선왕조실록』과 TV 대하 드라마 〈용의 눈물〉이었다. 1996년 3월에 출간된 박영규의 『한 권으로 읽는 조선왕조실록』은 출간 2년 만에 밀리언셀러 반열에 오르는 기염을 토했고, 1997년 KBS에서 방영한 〈용의 눈물〉도 사극 열풍을 일으키며 국민을 열광시켰다. 이후 출판사마다 역사팀이 꾸려져 1년에 몇십 권에 불과하던 역사서가 매달 수십 권씩 출간되었고, 방송가에는 사극 제작 열풍이 불었다.

역사와 문화에 대한 관심은 단순히 한국적인 것에만 머물지 않았다. 시오노 나나미의 『로마인 이야기』 시리즈가 공전의 베스트셀러가 되는가 하면, 프랑스 작가 크리스티앙 자크의 소설 『람세스』 또한 대단한 판매량을 기록했다. 이렇듯 역사와 문화에 대한 관심이 증폭되는 상황에서 김진명의 『무궁화꽃이 피었습니다』, 전여옥의 『일본은 없다』 등의 민족감정을 건드리는 책들이 베스트셀러가 되었고, 『성공하는 사람들의 일곱 가지 습관』이나 『신화는 없다』, 『공부가 가장 쉬웠어요』 등의 성공담들도 대중의 인기를 끌었으며, 『마음을 열어주는 101가지 이야기』, 『20대에 하지 않으면 안 될 50가지』 등과 같이 삶의 방향을 제시해주는 책들도 사랑을 받았다.

한편 문단에서는 이른바 1980년대 운동권에 투신했던 사람들의 이야기를 다룬 '후일담 문학'이 유행했는데, 이런 작품들은 대개 이념의 시대가 현실이 아닌 지나간 과거임을 일깨우는 역할을 했다. 하지만 후일담 문학은 스토리와 깊이의 한계성 때문에 오래 지속되지 못했고, 신경숙, 공지영 등 젊은 여성 작가들을 중심으로 발표된 개인의 존재와 삶을 조명하는 작품들이 독자들을 매료시켰다. 거대 담론은 사라지고 개인의 소소한 삶과 사소한 것들에 대한 새로운 관심이 시작된 것이다.

대중가요에서도 거대한 변화의 소용돌이가 일어났는데, 바로 '서태지와 아이들'의 등장이다. 보컬과 작사, 작곡을 맡은 서태지와 코러스 및 백보컬, 안무를 맡은 이주노, 양현석 3명으로 구성된 이 그룹은 힙합과 랩록 음악을 구사했다. 1992년 3월, 처음으로 방송에 등장한 서태지와 아이들은 그해 가요계에서 주는 상을 모두 휩쓸었다. 〈난 알아요〉가 수록된 1집 앨범은 데뷔 음반으로선 최대 판매량인 180만 장의 판매고를 기록했다. 1993년에 발매된 〈하여가〉가 실린 2집은 220만 장, 1993년에 나온 〈발해를 꿈꾸며〉가 실린 3집은 160만 장이 팔릴 정도로 서태지와 아이들의 인기는 식을 줄 몰랐다. 1995년에 발매된 〈컴백홈〉이 실린 4집은 240만 장 이상 팔리며 엄청난 붐을 일으켰다. 하지만 그해 연말 서태지와 아이들은 "새로움에 대한 부담과 이에 따른 창작의 고통이 컸으며 화려할 때 미련 없이 떠난다"라는 말을 남기고 그룹을 해체하고 은퇴를 선언했다.

이렇듯 혜성처럼 등장해 4년 동안 대한민국 10대들에게 홍역을 앓게 하고 홀연히 사라진 서태지와 아이들 이후 한국 대중음악은 엄청난 변화를 겪어야 했다. 발라드나 트로트 위주의 대중음악에 랩, 힙합, 랩록, 브레이크댄스 등이 가미되면서 한층 다양해졌다. 또한 과거의 정적인 가사에서 사회 비판적이고 도발적인 내용이 많아졌고, 다소 거칠고 직설적인 표현도 늘어났다. 좋아하는 노래 취향에 따라 세대가 확실히 구분되는 현상이 생겼으며, '서태지 세대'라는 독특한 문화를 낳기도 했다.

신한국당 창당과 4·11총선

김영삼은 추락한 인기를 극복하고 정치개혁을 이루기 위해 3당 야합의 결과물로 인식되던 민자당을 발전적으로 해체하고 그야말로 '김영삼당'을 만들고자 했다. 민자당은 신군부와 TK(대구·경상북도) 세력으로 이루어진 민정계와 김영삼의 민주계, 김종필의 공화계로 구성되었는데, 김영삼은 민정계와 공화계를 밀어내고 민주계 중심의 새로운 정당을 구상했다.

민자당 해체의 첫 번째 걸림돌은 민정계였다. 특히 민정당을 창당한 신군부 세력이었다. 김영삼은 이들 민정계 핵심 세력을 대선과 하나회 척결, 군부개혁 과정을 통해 거의 민자당에서 밀어냈다. 그리고 흔히 TK세력으로 불리는 인사들 중에서도 김영삼계를 제외한 나머지는 공직자 재산 공개 과정에서 거의 퇴출시켰다.

두 번째 걸림돌은 3당 합당의 주역 중 하나인 김종필이었다. 김영삼은 김종필을 세계화에 걸맞지 않은 5·16쿠데타 세력으로 몰아붙이면서 당내 입지를 크게 좁혔고, 이를 견디지 못한 김종필은 결국 민자당을 탈당해 자유민주연합(자민련)을 창당했다.

한편 대선 패배 후 정계에서 은퇴해 영국에 머물던 김대중은 아시아태평양평화재단을 꾸리고 정치적 재기를 노리고 있었다.

민자당 내부에서 TK세력이 밀려나고 김종필의 공화계마저 탈당한 상태에서 이른바 김영삼당의 첫 번째 시험 무대가 닥쳐왔다. 바로 6·27지방선거였다. 지방자치제는 노태우 정부 시절에 일부 실시되었으나 지방의회만 구성되고 단체장 선거는 무기한 연기된 상태였다. 1992년 6월 30일에 단체장 선거가 법으로 명문화되었지만 당시 노태우 정부가 시행을 연기했던 것이다. 하지만 김영삼 정부에 이르러 단체장 선거를 전면 실시함으로써 지방자치제가 이뤄지게 되었는데, 그 첫 선거가 바로 1995년의 6·27지방선거였다.

6·27지방선거는 광역단체장과 기초자치단체장, 광역의회의원과 기초의회의원 등 4대 지방선거를 동시에 치르는 진정한 의미의 지방자

치제 선거였다.

하지만 이 선거에서 김영삼 세력 중심의 민자당은 참패하고 말았다. 광역단체 15개 가운데 민자당이 승리한 곳은 부산, 인천, 경기도, 경상남도, 경상북도 5개 지역에 불과했다. 통합민주당(민주당)이 서울, 전라남도, 전라북도, 광주 4개 지역에서 이기고, 자민련이 대전, 충청남도, 충청북도, 강원도 4개 지역에서 승리했다. 나머지 대구와 제주도는 무소속 몫이었다. 특히 정치 1번지인 서울을 민주당에 내줌으로써 정치적 패배가 명확해진 상태였다. 기초단체장 선거에서도 민자당은 완전히 참패했다. 민심의 가늠자라고 할 수 있는 서울의 25개 기초단체 중에 무려 23개 구를 민주당이 차지한 것이다. 심지어 텃밭이라고 자임하던 경상남도에서조차 21곳 중 11곳을 무소속에게 내주었다.

6·27지방선거에서 민주당이 승리하자, 김대중은 정계 복귀를 선언하고 새정치국민회의(국민회의)를 창당했다. 그 바람에 민주당은 이기택이 이끄는 이른바 '꼬마민주당'과 김대중의 국민회의로 나뉘었다. 결국 정계는 김영삼과 김대중, 김종필의 신3김 구도가 되었다.

지방선거에서 참패한 후 김영삼은 아예 민자당 간판을 내려버렸다. 1996년 2월 김영삼은 마침내 자신의 당인 신한국당을 창당했다. 그리고 1996년 4월로 예정된 국회의원 총선에 대비해 대대적인 인사 영입을 시도했다. 영입된 인사들의 면면은 다양했다. 감사원장과 국무총리를 지내며 한때 김영삼과 대립했던 이회창을 필두로, 서울시장에 무소속으로 출마했던 박찬종, 민중당을 이끌었던 이재오와 이우재, 노동운동의 대부라 불리던 김문수, 〈모래시계〉 검사로 유명했던 홍준표, 방송국 앵커 출신의 맹형규 등 인기 있는 인사들이 대거 신한국당으로 들어가 총선에 출마했다.

1996년 4월 11일에 치러진 15대 국회의원 선거에서 신한국당은

139석을 차지했다. 서울에서는 야당을 제치고 과반수 의석을 확보하기까지 했다. 비록 과반수 의석 확보에는 실패했지만, 이어지는 대형 사고로 김영삼의 인기가 바닥에 떨어진 데다 민정계와 공화계를 퇴출하고 민주계 중심으로 선거전에 뛰어든 신한국당의 상황을 생각하면 대단한 성공이었다. 더구나 정치적 라이벌인 김대중이 정계에 복귀해 총력전을 펼친 선거에서 이긴 터라 김영삼의 기쁨은 한층 더 컸다.

이후 김영삼은 자민련과 꼬마민주당, 무소속 의원들 중 일부를 영입해 과반수 의석을 확보하는 데 성공했다.

나락으로 떨어지는 한국 경제와 궁지에 몰린 김영삼

총선에서의 선전과 과반수 의석 확보로 김영삼의 정치적 입지는 다소 강화되는 듯했고, 이를 기반으로 신한국당은 그해 12월 새벽에 안기부법과 노동법을 날치기로 통과시켰다. 이에 대해 김영삼은 1997년 연두 기자회견에서 날치기로 통과된 노동법을 선진국형이라고 표현했다가 노동계와 야당의 거센 반발을 샀다.

그런 가운데 한보그룹사건이 터졌다. 재계 14위의 한보그룹에서도 핵심 기업인 한보철강이 부도를 냈던 것이다. 이 사건으로 정태수 한보그룹 총회장이 구속되고, 정치인과 은행장들이 줄줄이 감옥으로 갔다. 그중에는 김영삼의 최측근인 홍인길과 황병태도 포함되었고, 내무부장관을 지낸 김우석, 국민회의 당수 김대중의 오른팔이라 할 수 있는 권노갑도 있었다.

하지만 언론은 한보그룹 비리의 중심에 김영삼의 둘째 아들 김현철이 있다는 보도를 했고, 김현철은 한보그룹 청문회에 증인으로 출두하기에 이르렀다. 당시 세간에는 김현철이 '소통령'으로 불리면서 핵심 국가기관을 손아귀에 넣고 주무른다는 소문이 파다했다. 심지어 군 장성에게 충성 맹세까지 받았다는 소문도 있었다. 그런 가운데 진행된 청문회에서 김현철이 언론사의 사장 인선에 개입한 의혹이 담긴 비디오테이프가 공개되기도 했다. 비디오테이프를 공개한 사람은 김현철이 다니던 병원의 원장 박경식이었다. 박경식은 김현철에게 국무총리 등 국가기관의 임명 사실을 미리 듣고 알았다는 내용도 폭로했다. 결국 김현철은 구속되었다. 죄목은 알선 수재 및 조세 포탈 혐의였다.

김현철의 구속은 김영삼의 도덕성에 큰 상처를 입혔고, 정치적 입지를 크게 좁혀놓았다. 하지만 사태는 여기서 그치지 않았다. 한보에 이어 삼미, 한신공영 등이 법정관리 신청을 했고, 급기야 재계 8위의 기아까지 부도를 냈다. 기아의 부도는 한국 경제 전체를 휘청거리게 만들었다. 뒤이어 쌍방울, 바로크가구, 뉴코아, 한라, 청구 등이 부도를 냈다.

기업들의 부도는 금융업체들의 부실로 이어졌고, 결국 정부는 1997년 11월 21일에 국제통화기금(IMF)에 구제금융을 요청하기에 이르렀다. 이후 숱한 기업과 은행이 무너졌고, 수많은 직장인들이 거리로 쫓겨났으며, 한국의 신용도는 투자 부적격 단계로 하락했다. 이와 함께 김영삼의 처지도 나락으로 떨어졌다. 무려 94%에 이르던 집권 초기의 지지도는 거의 10%에도 미치지 못했고, 자신이 세운 신한국당에서 퇴출되었으며, 김영삼당으로 불리던 신한국당이 사라지는 광경도 보아야 했다. 세간에서는 "임기 말만 아니면 탄핵을 당해도 싸다", "무슨 염치로 자살하지 않고 고개를 들고 사느냐"라는 말까지 떠돌았다.

그런 가운데 김대중이 대통령에 당선되었다. 김대중은 김종필과 손을 잡고 이른바 'DJP연합'을 구사해 한나라당의 이회창 후보를 39만여 표 차이로 따돌리고 가까스로 승리했다.

김대중이 대선에서 승리한 후 김영삼의 존재감은 완전히 사라졌다.

김영삼은 이듬해 2월 25일까지 가시방석 같은 청와대 생활을 이어가다 5년의 대통령 임기를 마치고 상도동 자택으로 돌아갔다.

퇴임 후 김영삼은 김대중 정부와 노무현 정부, 이명박 정부를 거치면서 여러 차례 정치적 발언과 행동을 하기도 했다. 김대중 정부에 대해선 매우 날선 비판을 하며, 퇴임 후 1년 6개월 동안이나 김대중 정부가 자신을 뒷조사했다고 주장했다. 노무현 대통령이 탄핵되었을 때는 자신의 충고를 소홀히 한 탓이라고 공격했다. 또 노무현의 장례식에 대해선 국민장이 아니라 가족장으로 충분했다는 인터뷰 기사가 물의를 빚자 뒤늦게 해명하기도 했다.

2010년부터 김영삼은 뇌졸중, 협심증, 폐렴 등으로 여러 차례 병원 신세를 졌는데, 2013년에는 중증 뇌졸중으로 반신불수가 되기도 했다. 이후 지속적으로 병마에 시달리다가 2015년 11월 22일에 89세를 일기로 숨을 거두었다.

김영삼은 손명순과 결혼해 아들 은철, 현철 2남과 딸 혜영, 혜경, 혜숙 3녀를 두었다. 이들 외에도 이경선의 딸 가네코 사오리가 김영삼이 자신의 아버지라고 주장하고 있으며, 김모 씨가 자신이 김영삼의 아들이라며 법원에 유전자 감식을 의뢰해 사생아 논쟁이 일기도 했다.

민주주의의 성장통을 온몸으로 겪은 김영삼 시대

김영삼 시대는 시대의 요구와 세계의 변화에 적응하기 위한 국가 차원의 성장통을 앓은 시기라 할 수 있다.

정치에서는 군부 정치를 종식시키고 과감한 개혁을 실시해 민주주의를 성장시켰으며, 독재 세력과 민주 세력이라는 과도기적 구도를 보수와 진보라는 한층 발전된 구도로 변화하는 기반이 형성되었다. 하지만 이 과정에서 인물 중심의 세력 다툼과 지역감정에 기대는 구태가 재현되기도 했다.

경제 면에서는 사회주의의 붕괴로 강대국의 이익에 충실한 자유시장 경제의 세계화 태풍이 몰아치는 가운데, 일부 국가에만 의존한 성장주의와 속도주의에만 매달려온 한계와 병폐가 한꺼번에 드러나 국가 부도에 직면하는 위기를 겪어야 했다. 이 위기는 '세계화'라는 것이 단순한 구호가 아닌 피할 수 없는 생존 전략이어야 한다는 사실을 깨닫게 했다.

사회 면에서는 30년 동안 지속된 관치 중심의 사회관리 시스템의 한계가 총체적 부실로 드러나면서 각종 대형 참사가 일어나는 고통을 겪어야 했다. 하지만 문화 면에서는 전문가의 영역에만 머물던 역사와 문화가 대중화되면서 개인이 스스로 역사와 문화를 즐기는 분위기가 형성되었다.

3   김영삼 시대의
      주요 사건

하나회 척결과 군대개혁

김영삼은 취임한 지 2주도 지나지 않은 시점에서 대담하고 신속한 군대 인사 조치를 단행했다. 1993년 3월 8일, 한국 군대의 최고 권력자라고 할 수 있는 육군참모총장에 김동진 대장이 임명되었다. 또한 군부를 넘어 안기부와 더불어 한국 정보기관의 쌍두마차라 할 수 있는 기무사령관에 김도윤 소장이 임명되었다. 두 사람 모두 하나회 회원이 아니었다.

이 인사 조치에 대해 김영삼은 훗날 이렇게 회고했다.

"그때까지 우리 군대 안에는 하나회라는 사조직이 있었습니다. 국방장관이 명령하는 것보다 하나회 명령이 더 중요하게 돼 있었습니다. 놀랐습니다. 이 다음 참모총장이 누군가 하는 것도 자기들끼리 정합니다. 우수한 사람도 소용없습니다. 그 당시 육군참모총장, 2군사령관, 1군사령관, 수도경비사령관이 전부 하나회 출신 실력자들이었습니다. 이 조직을 와해하기 전에는 대통령 임무를 수행할 수 없다고 생각한 겁니다. 그때 일본 신문, 미국 신문, 유럽 신문들이 '김영삼 대통령이 이제 독재를 물리치고 대통령에 당선됐지만 군을 개혁하기는 어려울 것이다' 이렇게 썼습니다. 그게 말이 됩니까. 그럴 바에야 내가 대통령 안 하죠."

이 인사 조치가 있기 2달 전에 육군사관학교 동기회장 선출을 앞두고 육군사관학교 31기생들 사이에 다툼이 일어났다. 그들은 하나회와 비하나회로 양분되어 맥주병까지 휘두르며 난투극을 벌였다. 그리고 1993년 4월 2일, 서울 용산의 동빙고 군인아파트에 하나회 회원 명단이 뿌려졌다. 중령부터 중장에 이르는 영관급과 장성급 인사 142명의 이름이 적힌 인쇄물이었다.

김영삼은 바로 다음 날 수도경비사령관과 특전사령관을 교체했다. 또한 4월 8일에는 2군사령관, 3군사령관, 육군참모차장, 합참전략기획본부장 등을 교체했다. 모두 하나회 회원들이 장악하고 있던 요직이었다. 곧 군 인사 비리 척결 작업이 시작되었고 이와 함께 군납 비리와 무기 구입 비리에 대한 감사 작업이 병행되었다. 이러한 조치는 모두 김영삼 정부 출범 100일 안에 이루어진 일이었다. 그야말로 과거 어느 대통령도 해내지 못한 일을 순식간에 해치웠던 것이다.

군대개혁 조치로 대장 계급 7명, 중장 이하 장성급 12명이 옷을 벗었고, 이들 중에는 감옥으로 향한 장군들도 있었다. 또한 영관급 장교

수십 명이 인사 조치되거나 징계를 받았다. 그 후에도 하나회 명단에 오른 장성급은 대부분 강제로 예편되었고, 영관급 인물들은 거의 주요 보직에서 밀려났다. 문민정부 출범 후 채 반년도 안 되어 하나회는 완전히 궤멸되었다. 당시 한꺼번에 너무 많은 장성들이 예편되는 바람에 새로운 장성들에게 달아줄 별 계급장이 미처 준비되지 못할 지경이었다고 한다. 이에 대해 김영삼은 이렇게 회고했다.

"대장, 중장은 청와대에서 대통령이 직접 계급장을 붙여줍니다. 그런데 시간이 다 됐는데, 준비된 계급장을 안 가져옵니다. 어떻게 됐느냐고 했더니 계급장이 없다는 겁니다. 정기 인사 때 필요한 것이라고 생각하고 준비를 안 해놨다는 겁니다. 그래서 내가 현재 국방장관이나 국방부의 간부들이 차고 있는 것이 있으니까 그 사람들이 가지고 있는 것을 가져오라 했습니다. 그래서 그걸 가지고 다 달아줬습니다."

이렇듯 김영삼은 하나회 척결과 군대개혁을 반격할 틈도 없이 전광석화처럼 해치웠던 것이다. 이런 김영삼의 행동 방식을 두고 세간에서는 '깜짝쇼'라고 했다.

금융실명제 실시

김영삼의 대표적인 깜짝쇼는 역시 금융실명제였다. 1993년 8월 12일, 김영삼은 긴급재정경제명령 16호를 발동했다. 그날 오후 8시를 기해 '금융실명거래 및 비밀보장에 관한 긴급재정경제명령'을 전격 실시한다는 내용이었다. 이 명령은 헌법 73조 1항에 의거한 것이었다. 김영삼의 이 조치는 8월 18일에 국회 재무위원회에서 만장일치로 승인되었고, 다음 날 본회의에서 긴급재정경제명령안이 통과되었다. 이 조치로 시행된 법률의 내용은 3가지였다.

첫째, 비실명 계좌와 실명 확인 없는 현금 인출 금지.

둘째, 순 인출 3000만 원 이상의 경우 국세청에 통보하며, 자금 출처를 조사할 수
있음.

셋째, 8월 12일 오후 8시를 기해 위 사항을 실시하고, 13일은 오후 2시부터 금융
기관의 업무를 시작할 것.

시행안은 매우 단순하면서도 폭발적인 내용이었다. 이 조치를 가장
두려워하는 이들은 부정적인 돈을 감추고 있는 사람들이었다. 특히 다
른 사람의 이름으로 은행에 돈을 숨겨놓은 경우 불안감이 클 수밖에
없었다. 이 때문에 금융실명제가 위헌이라는 헌법소원이 제출되었지
만, 헌법재판소는 합헌 결정을 내려 김영삼의 손을 들어주었다.

금융실명제 실시 과정에 대해 김영삼은 이렇게 말했다.

"그 당시에 이경식 부총리 그리고 홍재형 재무장관, 두 사람을 불렀
습니다. 그리고 '이건 극비다. 비서실장한테도 얘기하면 안 된다. 금융
실명제를 해야 된다'고 지시했습니다. 두 분은 '비밀을 지키고 하겠습
니다'고 했고, 그래서 돌려보냈는데 그때 이후로 보고를 받는데, 전부
구두로 받았죠. 문서로 하면 남으니까 구두로 보고를 받았습니다."

말하자면 김영삼은 금융실명제를 첩보 활동처럼 했다는 것이다.

그렇다면 왜 이 제도를 법률로 정하지 않고 긴급명령권으로 했는지
에 대해 김영삼은 이렇게 말한다.

"법률로 정하려고 하면 국회에서 떠들어 가지고 결과적으로 안 된
다, 그래서 법과 마찬가지 효력이 발생할 수 있는 대통령 긴급명령권
을 발동했습니다. 대통령 긴급명령권을 발동하면 국회에서 통과시키
지 않더라도 시행이 가능하도록 헌법에 되어 있습니다."

김영삼은 이 조치를 단행하는 과정에서 가급적 법안을 짧고 간단하

게 만들어야 한다고 생각하고, 그 소임을 당시 법제처장이었던 황길수에게 맡겼다. 하지만 김영삼은 황길수에게조차 구체적인 내용은 알리지 않았다고 한다. 그만큼 비밀리에 단행한 일이었다.

금융실명제는 지하경제의 규모를 줄이고 부정부패 자금을 차단하는 데 큰 효과를 발휘했다. 또한 금융자산의 흐름을 투명하게 파악할 수 있어 종합소득세를 실시할 수 있는 기반을 마련했다. 이는 세수의 증가로 이어지고, 국가 재정을 강화하는 기반이 된다.

반면 금융실명제 실시가 준 충격도 적지 않았다. 주가가 폭락하고, 자본이 해외로 유출되었으며, 부동산 가격이 뛰었다. 또한 사금융시장을 활용하던 중소기업의 부도가 증가하는 현상이 일어났다. 하지만 우려했던 만큼 통화량이 과다하게 늘어나지는 않았다.

금융실명제는 김영삼의 힘이 위축되고 레임덕 현상이 만연하던 1997년에 이르러 변질된 형태로 대체 입법됨으로써 효력이 크게 약화되었다. 1997년 12월 30일 금융실명제는 '금융실명거래 및 비밀보장에 관한 법률'로 대체되었다. 이 법률에 따라 외화예금 및 외화 표시 채권 구입 등의 경우에는 1년간 실명 확인 절차를 생략할 수 있게 되었고, 자금 출처를 묻지 않는 무기명 장기 채권을 인정하는 것으로 변질되었다.

1998년 말에 외환위기가 발생하자 전국경제인연합회에서는 금융실명제가 외환위기의 원인이라고 하면서 폐지를 주장하기도 했다. 하지만 IMF는 이 주장을 받아들이지 않았고, 덕분에 금융실명제라는 명맥을 유지할 수 있게 되었다.

김일성의 죽음과 남북 정상회담의 불발

1994년 7월 9일 12시, 북한 중앙방송은 비통한 음성으로 놀라운 뉴스를 내보냈다. 김일성이 사망했다는 내용이었다. 그리고 모든 신문은 '김일성 사망'이라는 머리기사를 실은 호외를 뿌렸다. 1986년 11월 18일에 '김일성 사망'이라는 오보를 접한 경험이 있던 국민은 이번에도 오보가 아닌지 의심했지만 사실이었다. 북한 중앙방송이 공식 보도하기 하루 전인 8일 새벽 2시에 심근경색으로 사망한 것이다.

김일성의 사망 소식에 가장 큰 충격을 받은 인물은 김영삼 대통령이었다. 7월 25일에 역사적인 남북 정상회담이 예정되어 있던 까닭이다. 김영삼과 김일성의 남북 정상회담 합의는 우여곡절을 거쳐 절체절명의 순간에 이루어진 역사적 사건이었다.

김영삼은 출범 초기부터 대북관계를 원만하게 풀기 위해 전향적인 태도를 보였다. 취임사에서 정상회담을 제의했고, 통일부총리에 진보적인 성향을 가진 한완상을 기용했으며, 비전향 장기수 이인모를 조건 없이 북으로 돌려보냈다. 이인모는 사상 전향 제도 때문에 무려 34년 3개월이나 감옥에 갇혀 있던 인물이다.

그러나 김영삼이 내민 화해의 손짓과 달리 미국과 북한의 관계는 극단으로 치닫고 있었다. 문제는 북한의 핵 개발이었다. 북한은 핵 개발 문제로 미국과 대립하다가 김영삼 정부 출범 보름 만인 1993년 3월 12일에 핵확산금지조약(NPT)을 탈퇴한다고 선언했다. 이는 1991년 12월에 남북이 합의한 한반도 비핵화 공동선언을 깨는 것이었다. 이 때문에 미국과 북한의 관계는 전쟁을 운운할 정도로 냉각되었다. 미국 국방부는 전면전의 가능성을 검토했고, 북한도 전쟁을 불사하겠다고 버텼다. 이른바 '벼랑 끝 전술'이었다. 이런 상황에서 김영삼은 미국을 뜯어말리며 전쟁은 안 된다는 의사를 강하게 피력했다.

당시의 급박한 상황에 대해 김영삼은 이렇게 회고했다.

"또 하나 우리 국민들이 늘 잊어버리는 일인데, 전쟁의 위기가 있었습니다. 클린턴 대통령하고 나하고 친한 사이인데 싸우다시피 했습니다. 제일 오래 통화할 때는 31분을 했습니다. 그때 클린턴 대통령은 전쟁까지도 불사한다, 이유는 북한의 버릇을 고쳐놓아야지 이대로는 안 된다는 것이었습니다. 내가 전화로 싸운 것은 '당신이 우리나라를 무대로 전쟁을 해서 당신의 목표를 달성하려고 그러는데, 내가 대통령으로 있는 한 우리 70만 군대 한 사람도 동원하지 않겠다. 내가 국군통수권자다. 내가 지시해야 움직인다. 그런데 당신이 우리 땅을 빌려 가지고 폭격하려고 하는데 그것은 절대 안 된다'고 했습니다. 그때 항공모함이 동해에 와 있는데, 3분 20초 만에 평양을 폭격할 수 있는 거리에 있었습니다. 몇백만이 죽을지, 몇천만이 죽을지 모르는 상황이었습니다."

이렇듯 위기가 고조되는 가운데, 카터 전 미국 대통령이 해결사로 나섰다. 카터는 남한을 거쳐 북한을 방문해 김일성과 회담하고 미국이 북한에 대해 핵 공격 위협을 하지 않는다는 보장을 전제한다면 북한도 핵 개발 계획을 중단하겠다는 약속을 얻어냈다. 대신 미국은 북한의 경수로 건설을 지원하는 조건이었다. 미국은 김일성과 카터의 합의를 받아들였다. 그렇게 해서 전쟁 분위기는 잦아들었다.

카터는 북한에서 돌아오는 길에 김영삼에게 들러 김일성이 만나기를 원한다는 말을 전했고, 김영삼은 남북 정상회담을 흔쾌히 수락했다. 이후 고위급회담 끝에 7월 25일에 평양에서 정상회담을 개최하기로 했던 것이다. 하지만 김일성의 죽음으로 회담은 성사되지 못했고, 김영삼은 몹시 안타까워했다.

김일성이 사망한 후 남북관계는 극도로 악화되었다. 이른바 '조문파동' 때문이었다. 이부영 민주당 의원이 국회 외무통일위원회에서 정부가 북한에 조문 사절을 보낼 용의가 있는지 물었는데, 이를 두고 보수 언론에서 6·25남북전쟁을 일으킨 전쟁 범죄자에게 조문 운운하는 것은 말이 안 된다며 날선 공격을 퍼부었다. 거기에다 박홍 서강대학교 총장이 "주사파 뒤에 김정일이 있으며, 주사파가 최소 1만 5000명은 있다"라는 발언을 하는 바람에 순식간에 공안 정국이 조성되었고, 온건 기류가 흘렀던 남북관계는 다시 냉각되고 말았다.

하지만 미국과 북한은 제네바합의를 통해 미국이 북한의 체제를 보장하는 대신 북한은 핵을 동결하고 NPT에 복귀함으로써, 한때 전쟁설까지 나돌았던 위기 상황은 종결되었다.

전두환과 노태우의 구속 수감

1995년 11월 16일, 노태우 전 대통령이 거액 수뢰(受賂) 혐의로 구속되었다. 그리고 12월 3일, 전두환도 12·12군사반란과 5·17내란 주도 혐의로 구속되었다.

두 사람의 구속은 노태우의 비자금에서 촉발되었다. 1995년 8월, 김영삼의 오른팔이라 불리던 서석재 총무처장관이 기자들과 저녁을 먹으면서 전직 대통령 중 한 사람이 가명과 차명으로 4000억 원을 보유하고 있다는 말을 했다. 이에 대해 노태우는 해괴하고 황당한 말이라며 서석재의 발언을 납득할 수 없다고 대응했다. 그러나 10월 19일에 민주당의 박계동 의원이 노태우의 비자금을 폭로했다. 박계동은 신한은행 서소문 지점에 예치된 100억 원의 입금조회표를 들고 있었다. 노태우는 일단 박계동의 폭로에 대해 명예훼손 운운하며 고소하겠다고 대응했지만, 그의 경호실장이었던 이현우와 은행 관계자들이 조사를 받으면서 박계동의 폭로는 사실로 확인되었다. 노태우는 별수 없이 대국민 사과문을 발표해야 했다.

이후 노태우의 동서 금진호와 경제수석을 지낸 김종인 등이 검찰에 소환되어 조사받았고, 노태우는 검찰에 소환된 뒤 4600억 원의 천문학적인 비자금을 조성했다는 혐의로 구속·수감되었다. 비자금은 모두 36개 재벌 총수들에게 특혜를 준 대가로 30억 원에서 250억 원까지 받은 돈의 총액이었다.

노태우가 궁지에 몰리자, 12·12군사반란과 5·18광주시민학살에 대한 역사적 심판을 해야 한다는 여론이 비등했고, 김영삼은 이러한 상황을 놓치지 않고 11월 24일에 '역사 바로 세우기'라는 이름으로 '5·18특별법' 제정을 지시했다. 12·12군사반란에 대해 이미 김영삼은 "쿠데타적 사건"이라고 말한 바 있었지만, 검찰은 기소하지 않았다. 5·18광주시민학살에 대해서도 불과 4개월 전인 7월 18일에 '공소권 없음' 결정으로 불기소 처분한 바 있었다.

5·18특별법 제정 소식을 듣고 전두환은 소급입법에 의한 정치 보복이라며 강력하게 반발했다. 전두환은 이미 지난 청문회를 통해 모든 것이 규명되었고, 정치적으로도 완전히 종결된 사안이라고 항변했다.

그러나 검찰은 11월 30일에 '12·12 및 5·18사건 특별수사본부'를 설치하고 고향인 합천 생가에 머물고 있던 전두환을 검거해 12월 3일에 구속했다.

전두환과 노태우는 손을 잡은 채 나란히 법정에 섰다. 1996년 8월 26일에 열린 1심 공판에서 전두환은 사형, 노태우는 22년 6월형을 선고받았다. 그리고 1997년 4월 17일 대법원 최종 판결에서 전두환은 무기징역, 노태우는 17년형을 선고받았다. 또한 재벌 총수들에게 뇌물로 거둬들인 돈의 추징도 선고되었는데, 전두환의 추징액은 2205억 원, 노태우의 추징액은 2628억 9600만 원이었다. 당시 대법원이 내린 판결문의 죄목은 이렇다.

반란 수괴, 반란 모의 참여, 반란 중요 임무 종사, 불법 진퇴, 지휘관 계엄 지역 숙

소 이탈, 상관 살해, 상관 살해 미수, 초병 살해, 내란 수괴, 내란 모의 참여, 내란

중요 임무 종사, 내란 목적 살인, 특정 범죄 가중 처벌 등에 관한 법률 위반(뇌물).

전두환과 노태우 외에도 반란과 내란에 가담했던 황영시, 차규헌, 최세창, 장세동, 유학성, 허화평, 허삼수, 이학봉, 박종규, 신윤희, 이희성, 주영복, 정호용 등도 모두 처벌되었다.

하지만 이들은 1997년 15대 대통령 선거가 끝나고 김영삼 대통령과 김대중 당선자의 합의에 따라 그해 12월에 모두 사면되어 석방되었다. 이를 두고 반란과 학살을 자행한 신군부에 대해 면죄부를 준 것이라는 비판이 제기되기도 했다.

외환위기와 IMF 구제금융 요청

김영삼 정부 들어 세계의 경제 환경은 급변했다. '제2의 개항'이라고 할 수 있는 우루과이라운드가 타결되고, 자유시장 경제의 활성화를 목표로 설립된 세계무역기구(WTO)가 출범했다. 이런 상황에서 김영삼 정부는 '세계화'의 기치를 내걸고 새롭게 조성된 경제 환경에 적응하기 위해 허둥댔다. 그 일환으로 선진국들의 사교장이라고 할 수 있는 경제협력개발기구(OECD)에 성급하게 가입하기도 했다. 하지만 이 모든 조건과 선택은 한국 경제를 나락으로 떨어뜨렸다.

1997년 12월 3일 한국 정부는 IMF와 자금 지원 양해 각서를 체결했다. 이후 한국 경제는 IMF에서 요청하는 조건을 모두 수용해야 했다. 요구 사항의 골자는 다음과 같았다.

경제성장률을 6.5%에서 3% 수준으로 낮추고, 경상수지 적자를 국내총생산

(GDP)의 1%(약 50억 달러) 이내로 억제하고, 물가상승률도 4.5% 수준으로 억제한다. 또한 정부 재정을 축소하고 부가가치세율을 인상해야 하며, 재벌의 투명화를 위해 결합재무제표를 도입하고, 회계감사를 해외에 의뢰하며, 계열사 간 지급보증을 금지한다. 그리고 부실은행을 정리하고, 노동시장을 유연하게 만든다.

간단하게 표현하자면 전체 경제 규모를 줄이는 긴축재정과 부실한 금융기관의 정리, 재벌의 영향력 축소와 기업의 구조조정, 즉 수많은 노동자를 정리해고하라는 것이었다.

IMF는 이런 요구 사항을 실행하기 위해서는 은행 이자를 대폭 높이는 고금리정책과 원화의 가치를 대폭 떨어뜨리는 고환율정책을 실시해야 한다고 압박했다. 그 결과 통화량은 대폭 줄었고, 신용 등급도 크게 떨어졌다. 이 밖에도 IMF는 납득할 수 없는 몇 가지 조항을 더 요구했다. 우선 한국은행법을 개정하고, 수입선을 다변화하고, 무역 관련 보조금을 폐지하고, 수입 증명 절차를 간소화하라는 것이었다. 또한 고용관계법을 개정할 것을 요구했는데, 노동자를 쉽게 해고하고 파견근로제나 계약근로제를 확대하기 위한 것이었다. 이 모든 것은 선진국과 해외 투기자본이 한국 경제를 장악하는 데 유리한 조건이었다. 그야말로 주권 침해나 다름없는 조치였다. 특히 고금리정책은 완전히 실패한 것이었음에도 IMF는 미국을 비롯한 투자국들의 이익을 위해 이 정책을 밀어붙였다. 그 결과 외국계 은행들과 그 은행의 투자자들만 엄청난 수익을 올렸다.

하지만 한국 정부는 IMF의 무리한 요구를 모두 수용할 수밖에 없었다. 김영삼 대통령이 서명한 것도 모자라, 이회창, 김대중, 이인제 등 유력한 대통령 후보들까지 협정 준수를 보증하라는 요구를 모두 수용했다. 그 대가로 한국은 IMF와 세계은행, 아시아개발은행 그리고 선진국들에서 총 580억 달러를 빌리기로 한 것이다. 그중 140억 달러는 12월 24일까지 긴급 지원받는 조건이었다.

한국 경제가 IMF의 이런 굴욕적인 조치까지 수용해야 하는 위기 상황을 맞은 원인에 대해서는 의견이 분분하다. 대개 정치인들의 무능력을 탓하고, 그 죄를 모두 김영삼 정부 탓으로 돌리는 경향이 있지만, 사실을 분석해보면 반드시 그런 것만은 아니었다.

한국이 IMF에 구제금융을 요청하게 된 요인은 크게 외부 요인과 내부 요인으로 나눌 수 있다. 외부 요인은 먼저 동남아시아 지역의 외환위기 도미노 현상을 들 수 있다. 당시 한국의 금융기업들은 외환위기를 겪고 있던 태국, 홍콩, 말레이시아, 필리핀, 인도네시아 등에 돈을 빌려주고 이자 수익을 얻는 돈놀이에 빠져 있었다. 그런데 이 동남아시아 국가들에게 빌려준 돈은 일본이나 미국 등 선진국에서 빌린 것이었다. 말하자면 선진국의 돈을 싼 이자로 빌려와 동남아시아 국가들에게 빌려주고 3% 가까운 이자 차익을 얻었던 것이다. 그런데 선진국에서 빌릴 때는 단기채로 빌리고 동남아시아 국가들에게 빌려줄 때는 장기채로 빌려주었다. 이런 상황에서 동남아시아 국가들이 동시에 외환위기를 겪자, 선진국들은 단기채의 만기를 연장해주지 않았고, 결국 한국은 외환보유고가 바닥날 지경이 되고 말았다. 그대로 두면 국가 부도가 일어날 상황이었기에 구제금융을 신청할 수밖에 없었던 것이다.

아시아 국가들이 이렇게 외환위기 도미노 현상을 겪게 된 원인은 사실 서방 금융 세력들의 공격 때문이었다. 아시아 국가들의 금융기관은 국가가 관리하는 체제였는데, 우루과이라운드와 WTO 출범으로 개방경제 체제가 되면서 국가가 금융기관을 효율적으로 관리할 수 있는 능력을 상실하게 되었다. 개방경제 체제에서 금융기관들이 살아남기 위해서는 외환관리 능력을 바탕으로 외부 충격을 방어할 수 있는 최소한의 외환보유량이 필요했다. 하지만 동남아시아 국가들은 현실적으로 외환관리 능력과 외환보유량을 갖출 시간적 여유가 없었다. 선진국의 금융 세력들은 그 틈을 노려 아시아 금융기관들을 무차별로 공격했다. 공격의 선봉에 선 금융 세력은 조지 소로스가 운용하던 퀀텀펀드와 같은 헤지펀드(투기자본)들이었다. 이들 투기자본들은 아시아 국가들에 대해 단기 투자금을 회수하는 수법으로 각국의 외환보유량을 고갈시키고, 그 뒤에 이 나라들이 IMF 등에 구제금융을 신청하면 헐값으로 기업들을 인수해 엄청난 이득을 취했다. 한국도 그 먹잇감 중 하나였다. 말하자면 한국을 포함한 아시아의 개발도상국들은 국제 투기꾼들의 좋은 먹잇감이었고, IMF는 그 먹잇감을 더 먹기 좋게 만드는 요리사 역할을 했던 것이다.

하지만 구제금융 사태는 국제 투기꾼들의 탐욕 때문만은 아니었다. 세계경제가 선진국들의 이권 확대를 위한 WTO 체제로 바뀌었고, 거기에다 한국은 계산 없이 선진국들의 사교 클럽이라고 할 수 있는 OECD에 가입했다. OECD 회원국들은 무역 거래 자유화를 위해 은행과 금융 서비스에 대한 규제를 대부분 철폐해야 했다. 말하자면 시장의 개방 폭이 엄청나게 확대될 수밖에 없었던 것이다. OECD에 가입하면 국제 투기꾼들의 표적이 되는 건 당연했다. 하지만 한국 정부는 이에 대한 방어 전략을 제대로 갖추지 않은 상태에서 성급하게 '부자들의 사교 클럽'에 발을 들인 것이었다. 그리고 발을 들여놓자마자, 엄청난 먹성을 자랑하는 국제 투기꾼들의 배를 채워주어야 했다.

이런 외부 요인에다 내부 요인까지 악재로 겹쳤다. 당시 한국에는 부실기업들이 넘쳐났다. 대다수의 기업은 자본에 비해 부채 비율이 너무 높았다. 특히 재벌들의 방만한 경영은 도를 넘은 상태였다. 30대 재벌의 평균 부채 비율이 자기자본의 500%를 넘었다. 건실한 기업이라면 자본 대비 부채 비율이 100% 이하여야 한다.

금융기관의 부실도 심각했다. 1990년대 중반으로 접어들면서 투자금융회사들이 종합금융회사로 전환했고, 이는 부실을 키우는 원인이 되었다. 이들은 외채를 끌어다 어음 장사를 했는데, 어음을 발행한 회사들이 부도를 내면서 금융회사들은 외채를 갚을 수 없는 상황으로 치달았다. 특히 한보와 기아의 부도는 종합금융회사들이 무더기로 무너지는 현상을 불러일으켰다. 한보와 기아의 부도 액수는 무려 15조 원이나 되었고, 이들의 어음을 가지고 있던 금융회사들은 가차 없이 넘어졌던 것이다. 대동은행, 동남은행, 동화은행, 경기은행, 충청은행 등 소규모 은행들이 먼저 무너지면서, 국민은행, 신한은행 등 대형 은행으로 인수·합병되었다. 또 고려, 국제, 태양, BYC 등의 생명보험사도 알리안츠생명, 삼성생명, 대한생명, 교보생명 등에 넘어갔다.

그리고 이런 금융회사들이 한보나 기아에 대출할 때 정치인과 권력자들이 개입한 사실이 드러났다. 김영삼 대통령의 아들 김현철은 한보철강에서 뇌물을 받은 죄로 수감되었고, 이 때문에 김영삼은 정치적으로 궁지에 몰렸다.

이렇듯 IMF 구제금융 사태는 우루과이라운드의 출범과 WTO 체제 그리고 해외 투기자본의 공격에 따른 동남아시아 국가들의 잇따른 외환위기라는 외부 요인에다, 금융권의 부실경영과 지나친 해외 투자, 대기업의 차입금 중심 경영, 경제 관료들의 무능과 정치권의 부패 등의 내부 요인이 결합한 결과였다.

4 김영삼 시대의
국무총리들

김영삼의 문민정부에서는 25대부터 30대까지 6명의 국무총리가 재임했다. 김영삼은 재임 기간 동안 무려 25회나 되는 개각을 했기 때문에 국무총리의 평균 재임 기간은 채 1년이 되지 않았다. 황인성, 이회창, 이영덕, 이홍구, 이수성, 고건 등 6명의 국무총리 중에 가장 오래 재임한 인물은 이수성인데, 재임 기간은 불과 1년 3개월이 안 되었다. 황인성은 10개월, 이회창은 4개월, 이영덕은 8개월, 이홍구와 고건은 각각 1년 재임했다.

문민정부의 초대 국무총리인 25대 황인성은 1926년 전라북도 무주에서 태어났으며, 육군사관학교(4기)를 졸업하고 군인으로 지내다가 5·16쿠데타 이후 정계에 진출했다. 이후 조달청장, 무임소장관 특보, 국무총리 비서실장, 전라북도지사, 교통부장관 등을 거쳐 제5공화국 때 민정당 국회의원이 되었다. 11대, 12대, 14대 국회의원을 지냈으며, 문민정부에서 국무총리로 발탁되었다. 하지만 재임 중 쌀시장 개방 파문이 일어나 1993년 12월에 물러났다.

황인성에 이어 26대 국무총리에 임용된 인물은 이회창이다. 이회창은 1935년 황해도 서흥군에서 태어났으며, 서울대학교 법대를 나와 판사로 지내다 1986년 4월에 대법관에서 물러났다. 판사 시절 소신껏 판결을 내린다고 해서 '대쪽판사'라는 별명을 얻었고, 박정희와 전두환 정권 시절에는 정권에 협조하지 않는 인물로 낙인찍혀, 결국 1986년에 법관직에서 물러나는 상황이 되었다. 노태우 정권 출범 후 1988년에 대법관으로 복귀해 중앙선거관리위원장을 겸임했다. 이때 여당과 야당에 모두 부정선거와 관련한 경고장을 보냈는데, 이와 관련해

1989년 11월에 스스로 물러났다.

이회창은 문민정부 출범 후 감사원장에 임명되었고, '대쪽'이라는 별명에 걸맞게 청와대와 국방부, 안기부 등을 가리지 않고 성역 없이 감사의 칼날을 휘둘렀다. 그러다가 1993년 12월에 국무총리에 임명되었다. 하지만 헌법에 명시된 국무총리의 권한을 행사하려다 김영삼과 자주 충돌했고, 결국 그는 허수아비 총리는 될 수 없다며 재임 4개월 만인 이듬해 4월에 사임했다.

국무총리에서 물러난 뒤 정계에 입문해 신한국당 대표최고위원이 되었으며, 1997년에 한나라당의 대통령 후보로 출마했으나 김대중에게 패배했다. 5년 뒤에 다시 한나라당의 대통령 후보가 되어 출마했으나 노무현에게 패배했다. 2007년에는 무소속으로 대통령 선거에 나섰지만 역시 낙선했다.

이후 자유선진당을 창당해 선영이 있는 충청도를 기반으로 활동하다가 2010년 재보궐선거에서 패하자 대표직에서 물러났다. 2012년 자유선진당을 탈당하고 새누리당 박근혜 후보를 지지하며 새누리당에 입당했다. 이후 정치 활동은 거의 없었다.

27대 국무총리 이영덕은 1926년 평안남도 강서군에서 태어났으며, 서울대학교 사범대를 졸업하고 서울대학교 교수와 대한적십자사 부총재, 남북적십자회담 대표 등을 거쳐 문민정부에서 부총리 겸 통일원 장관이 되었다. 그리고 1994년 4월에 27대 국무총리에 임명되어 그해 12월까지 8개월 동안 재임했다. 퇴임 후 한동대학교 이사장, 한국정신문화원장 등을 지내다 2010년에 폐렴으로 84세에 생을 마감했다.

28대 국무총리 이홍구는 1934년 경기도 고양에서 태어났으며, 서울대학교 법대에 다니다 미국으로 유학해 에모리대학교에서 정치학을 전공했다. 예일대학교에서 정치학 박사학위를 받고 에모리대학교 교수로 있다가 서울대학교 정치학과 교수로 부임했다. 1988년에 국토통일원장관이 되어 관계에 진출했으며, 대통령 특별보좌관과 주영대사를 지냈다. 이홍구는 원만하고 후덕한 성격으로 김영삼 대통령에게 좋은 인상을 주었으며, 덕분에 통일부총리를 거쳐 1994년 12월 국무총리에 임명되었다. 이후 1년간 재임하다 1995년 12월에 물러났다.

퇴임 후 신한국당 전국구 국회의원이 되었고, 신한국당 대표를 맡기도 했다. 하지만 1996년 12월에 노동법 날치기 통과를 강행했다가 여론의 역풍을 맞아 물러났고, 1997년 대선 정국에서는 신한국당 9룡의한 사람이 되기도 했으나 정치적 야망이 별로 없다는 평을 얻었다. 김대중 정부 출범 후에는 주미대사로 임명되었다.

29대 국무총리 이수성은 1939년 함경남도 함흥에서 태어났다. 서울대학교 법대를 졸업하고 서울대학교 교수를 지냈으며, 1995년에는서울대학교 총장이 되었다. 그해 12월에 국무총리로 기용되어 1997년 3월까지 재임하며 문민정부 최장수 국무총리가 되었다.

퇴임 후 1997년에는 신한국당 대통령 후보 경선에 출마했고, 김윤환, 이기택 등과 연합해 민주국민당을 창당했다. 이어 16대 총선에 출마했으나 낙선했고, 김대중 정부 시절에 민주평화통일자문회의 수석부의장을 지냈다. 2007년에도 대통령 선거에 출마했으나 여권의 후보단일화를 위해 후보직을 사퇴했다. 2012년에는 문재인 후보를 지지하기도 했다.

30대 국무총리 고건은 1938년 서울 종로구 청진동에서 태어났으며, 본적지는 전라북도 옥구군이다. 서울대학교 정치학과에 진학해 총학생회장을 지냈으며, 졸업 후에는 행정고시에 합격해 공무원 생활을 했다. 전라남도지사, 정무수석비서관 등을 역임했다. 제5공화국 출범 후에는 교통부장관과 농수산부장관을 거쳐 1985년에 민정당 국회의원으로 정계에 입문했다. 이후 민정당 전라북도 지부장 등을 역임하다 1988년 서울시 관선시장에 임명되어 2년간 재임했다. 이후 명지대학교 총장, 환경운동연합 공동대표 등을 거쳐 문민정부 마지막 국무총리에 임명되었다. 1997년 3월에 취임해 1998년 3월에 물러났다.

퇴임 후인 1998년, 국민회의 공천으로 서울시장에 당선되었으며, 2003년에는 노무현 정부 초대 국무총리가 되었다. 총리직 수행 도중 노무현 대통령의 탄핵소추안이 결의되어 대통령 권한대행을 맡았다. 2007년에는 유력한 대통령 후보로 거론되어 대통합민주신당(통합신당)에 영입될 것이라는 소문이 있었으나 불출마 선언을 했다. 2009년에는 이명박 정부 아래에서 사회통합위원장으로 활동했다.

8장

●

김대중 대통령실록

김대중金大中
(1924 – 2009)

재임 기간:
1998년 2월 – 2003년 2월
(5년)

"저는 국민에 의한 정치, 국민이 주인 되는 정치를
국민과 함께 반드시 이루어내겠습니다.
소외된 사람들의 눈물을 닦아주고 한숨짓는 사람에게
용기를 북돋워주는 그런 국민의 대통령이 되겠습니다."

—제15대 대통령 취임사 中 (1998)

1 한 많은 섬에서 서자로 태어나 웅지를 펼친 김대중

출생에서 결혼까지

김대중은 1924년 1월 6일 전라남도 신안군 하의면 후광리 하의도에서 김해 김씨 운식과 인동 장씨 수금(다른 이름은 노도) 사이에서 태어났다. 김운식의 첫 부인은 김순례이고, 장수금은 둘째 부인이다. 김운식은 첫 부인 김순례에게서 아들 대본, 딸 매월과 용례를 얻었고, 둘째 부인 장수금에게서 아들 대중, 대의, 대현, 딸 진찬을 얻었다. 김대중은 4남 4녀 가운데 차남이다.

김대중의 증조부는 조선 헌종 때 한성부 좌윤을 지낸 김태현이며, 조부는 오위장을 지낸 김제호다. 아버지 김운식은 별다른 벼슬은 하지 않았으며, 물려받은 재산으로 어렵지 않게 살면서 마을 이장을 맡기도 했다.

김대중의 어머니 장수금은 원래 제갈성조에게 시집갔으나 사별하고, 다시 윤창언의 첩이 되었으나 역시 사별했다. 이후 주점을 하다가 김운식의 첩이 되었는데, 1960년에 김운식이 본처 김순례와 이혼하고 그녀를 본처로 삼았다. 이에 따라 김대중은 김운식의 서자로 호적에 올랐다가 적자의 차남으로 변경되었다.

김대중이 태어난 하의면은 9개의 유인도와 47개의 무인도로 이루어진 하의도라는 섬으로, 당시 인구는 약 1만 명 정도였으며, 목포에서 배로 몇 시간을 가야 닿는 곳이었다. 하의도는 '연꽃잎으로 만든 옷'이라는 뜻을 가진 아름다운 섬이다. 비록 섬이지만 마을이 대부분 산기슭에 자리 잡고 있고, 논밭이 많아 대부분의 주민들이 농사를 지었다.

하지만 하의도 농민들의 삶은 순탄치 않은 역사를 안고 있다. 고려 말 왜구가 창궐했을 땐 소개령이 내려져 주민들이 모두 뭍으로 떠나는 바람에 무인도가 되다시피 했다. 그러다 임진왜란 후에 뭍을 등진 사람들이 섬으로 들어가 땅을 개간하고 농사짓고 살았다. 1623년에 조선 인조가 하의도를 비롯해 상태도와 하태도를 선조의 딸 정명공주에게 결혼지참금으로 하사하면서 이후 4대까지 소작료를 받도록 했는데 그 바람에 주민들은 소작농 신세가 되고 말았다. 주민들은 국가와 정명공주의 시집인 풍산 홍씨 집안 양쪽에 세금을 내야 하는 이중고를 겪었다. 주민들은 이런 상황에서 벗어나기 위해 지속적으로 민원을 내면서 농지에 대한 소유권을 주장했고, 250년 만인 1870년에 소유권을 인정받았다.

그러나 하의도 주민들의 고통은 거기서 끝나지 않았다. 1899년에 섬의 소유권이 다시 국가로 넘어가더니 1908년에는 정명공주의 8대손 소유가 되고 말았다. 이에 하의도 주민들이 소송을 제기해 일제강점기인 1912년에 승소했지만, 소유권은 일본인에게 넘어가 있었다. 이후 해방될 때까지 하의도 주민들은 소작농 생활을 면치 못했다.

김대중은 9살에 서당에 들어가 처음으로 글을 깨쳤다. 그를 가르친 훈장은 초암(草菴) 김연이었다. 김연은 꼿꼿한 선비였고 인근에 명망이 높은 인물이었다. 그는 김대중의 관상을 보고 크게 될 인물이라고 말했다고 한다.

김대중은 공부를 잘했다. 서당에 들어간 지 얼마 안 되어 장원을 했고, 이듬해 하의도에 생긴 보통학교에 입학한 후에도 줄곧 우등생이 되었다. 어머니 장수금은 그런 아들을 기특하게 여기며, 어떤 어려움이 있어도 그를 공부시키겠다고 다짐했다. 하의도에는 중학교가 없었기 때문에 그의 가족은 목포로 이사했다. 김대중은 13살에 목포제일보통학교 4학년에 편입했다.

장수금은 항구 근처에 있는 영신여관이라는 간판을 단 작은 여관을 인수했다. 영신여관은 언덕 꼭대기에 자리하고 있어 계단을 한참이나 걸어 올라가야 했다. 김대중은 그 여관의 맨 꼭대기 다락방에서 생활했다. 다락방 창문으론 목포 앞바다가 내려다보였다.

1936년 9월 목포제일보통학교로 전학한 김대중은 처음에 섬놈이라는 놀림을 받았지만 얼마 뒤 개최된 글짓기대회에서 입상한 덕분에 놀림감에서 벗어났다고 한다. 5학년 때부터 학업에서도 두각을 드러내 수석으로 졸업했다.

보통학교를 졸업한 후 김대중은 목포상업고등학교의 전신인 목포공립상업학교에 수석으로 입학했다. 목포공립상업학교는 조선 학생과 일본 학생을 반반씩 뽑았다. 학교에서 김대중은 취업반 반장을 맡고, 20살이 되던 1943년에 졸업해 해운회사에 취직했다. 대학에 진학하려 했으나 사정이 여의치 않았다.

이듬해 김대중은 회사 앞 거리에서 운명의 여인을 만났다. 하얀 원피스를 입고 양산을 쓴 여인이 지나가는 것을 보고 첫눈에 반해버렸다. 김대중은 그날부터 백방으로 수소문한 끝에 동급생의 여동생이라는 사실을 알아냈다. 이름은 차용애였고, 일본에서 유학하다 전쟁이

나자 아버지의 부름을 받고 집에 돌아와 지내고 있었다. 김대중은 차용애를 보기 위해 동급생 집을 드나들었고, 결국 차용애의 마음을 사로잡는 데 성공했다.

하지만 차용애의 아버지 차보륜은 두 사람의 결혼을 강하게 반대했다. 전쟁 중이라 김대중이 언제 징집되어 끌려갈지 몰랐기 때문이다. 그런 상대에게 시집보냈다가 혹 딸이 생과부가 될까 염려했던 것이다. 하지만 차용애는 김대중과 결혼하지 못할 바에야 죽어버리겠다고 하며 아버지를 설득했고, 마침내 두 사람은 1945년 4월에 결혼식을 올리고 부부가 되었다.

정치판에 뛰어들어 아내와 딸과 여동생을 잃다

김대중이 결혼한 그해, 해방이 찾아왔다. 김대중은 정치에 관심을 가져 여운형이 이끌던 건준에 참여했고, 김두봉이 중심이 된 조선신민당에 입당했다. 조선신민당은 좌우합작을 내세웠지만 대다수의 당원은 공산주의를 추종했다. 하지만 김대중은 공산주의를 선호하지 않았기 때문에 조선신민당을 탈당하고 한민당 목포지부시당 부위원장이던 장인 차보륜의 권유에 따라 한민당 목포지부시당 상무위원으로 활동했다.

1947년 김대중은 화물선 1척을 구입해 동양해운이라는 회사를 차렸다. 이후 사업에 열중해 목포의 청년사업가라는 소리를 들으며 목포의 유지로 성장했다. 6·25남북전쟁 중에 인민군에게 붙잡혀 죽음의 고비를 겪기도 했지만, 다행히 살아남아 사업가로 재기했다. 30살도 안 된 젊은 나이에 여러 척의 선박을 소유했고,《목포일보》를 인수해 경영하기도 했다. 그러나 김대중은 사업가로 만족하지 않았다. 이승만이 발췌개헌을 통해 재집권하는 것을 보고 분개해 정치판에 뛰어들기로 결심했다. 이후 그의 삶은 고난의 연속이었다.

1954년 김대중은 목포에서 3대 민의원 선거에 무소속으로 출마했으나 낙선했다. 무소속의 한계를 느낀 김대중은 민주당에 입당한 뒤, 1958년에 강원도 인제에서 국회의원 선거에 나섰다. 다시 목포에서 출마하고 싶었지만 현역인 정중섭의 벽이 높았다. 그래서 지역을 물색하던 중에 강원도 인제에서 출사표를 던지게 되었는데, 자유당의 방해로 후보 등록도 하지 못하고 좌절을 맛봐야 했다. 선거가 끝난 뒤 김대중은 자유당 당선자를 고소해 승소했고, 이듬해 다시 보궐선거에 나섰다. 그러나 자유당은 그가 유세조차 마음대로 할 수 없게 끈질기게 방해 공작을 벌였고, 결국 그는 낙선했다.

이렇듯 세 차례나 선거를 치르면서 김대중은 무일푼 신세가 되고 말았다. 해운회사는 물론이고, 서울에서 운영하던 웅변학원과 잡지《태양》, 아내가 생계를 위해 운영하던 미용실도 사라졌다. 심지어 집에 쌀도 떨어지고, 딸아이는 병원도 가지 못한 채 싸늘한 시신이 되어야 했으며, 아내마저 병원을 가보지 못하고 목숨을 잃었다. 아내는 그가 세상에서 가장 사랑하는 여자였고, 죽은 딸 소희는 그들 사이에서 태어난 큰딸이었다. 아내는 쌀이 떨어져도 원망하지 않았고, 미용실 일을 하며 묵묵히 뒷바라지하면서 항상 그에게 격려를 아끼지 않았다. 정치는 그가 가장 소중하게 여기던 두 사람을 앗아갔던 것이다. 설상가상으로 이화여자대학교에 다니던 여동생마저 심장병으로 세상을 떴다. 세 사람의 죽음 모두 그가 정치판에 뛰어들지만 않았다면 일어나지 않았을 일이었다.

캄캄한 어둠 속에서 평생 동지를 만나다

그렇듯 하늘이 캄캄해졌을 때, 4·19시민혁명이 일어났다. 김대중은 그해 7월에 실시된 5대 국회의원 선거에서 다시 강원도 인제에서 출마했으나 또 낙선하고 말았다. 김대중은 낙선했지만 민주당은 압승을 거두었다. 장면 내각이 들어서면서 김대중은 대변인으로 발탁되었다. 김대중의 뛰어난 언변과 식견을 높이 평가한 선택이었다.

이듬해 김대중은 다시 한번 국회에 진출할 기회를 얻었다. 당선자였던 자유당의 전형산이 공민권 제한 대상자가 되어 의원 자격을 박탈당했던 것이다. 김대중은 1961년 5월 14일에 실시된 인제 보궐선거에 출마해 마침내 당선되었다.

그러나 당선의 기쁨도 잠시, 불과 이틀 뒤에 박정희가 5·16쿠데타를 일으켜 장면 정부를 무너뜨렸다. 이로 인해 김대중은 4전 5기 만에 국회의원에 당선되었지만, 단 하루도 의정 활동을 하지 못하고 정치 활동마저 금지당하는 신세가 되고 말았다.

그렇듯 절망에 빠져 있을 때, 김대중은 평생의 동지를 만나게 된다. 바로 두 번째 부인 이희호였다. 김대중이 이희호를 처음 만난 것은 1951년이었다. 당시 김대중은 동양해운 사장이었고, 이희호는 대한여자청년단 외교국장이었다. 하지만 이희호가 미국으로 유학을 떠나는 바람에 두 사람은 오랫동안 만날 수 없었다. 1959년에 종로2가에서 우연히 재회했을 때 김대중은 국회의원 선거에서 떨어지고, 아내와 딸도 잃은 상태였다. 비록 우연한 만남이었지만, 두 사람은 많은 대화를 나누었고, 이후 이희호는 김대중의 정치 활동을 돕게 되었다. 1962년 5월에 이희호는 두 아들을 둔 홀아비 김대중과 결혼했다. 당시 김대중은 39세, 이희호는 41세였다.

박정희의 견제를 이겨내고 정치 입지를 강화하다

1963년 2월, 일부 정치인들의 활동 금지가 해제되었다. 김대중도 활동 규제 대상에서 풀려났다. 1963년 벽두에 박정희 세력이 그를 불러 공화당 창당 작업에 참여할 것을 종용했지만 그는 단호히 거부했었다. 김대중은 정치 규제가 풀리자마자 민주당 재건 활동을 시작했다. 그해 7월에 창당대회가 열렸고, 여걸로 불리던 박순천이 당수로 선출되었다. 김대중은 대변인을 맡았다. 그해 10월에는 5대 대통령 선거가 실시되었고, 민주당에서는 윤보선이 출마했으나 박정희에게 패배했다. 이어서 11월에 6대 국회의원 선거가 실시되었다. 김대중은 이번에는 목포에서 출사표를 던졌고, 그동안 쌓은 명성에 힘입어 50%가 넘는 득표율로 당선되었다.

그 무렵 박정희는 일본과 국교정상화를 추진하고 있었다. 일본과의 국교정상화는 미국이 강력하게 원하던 일이었고, 박정희도 경제 운영 자금을 마련하기 위해 일본의 돈이 절실히 필요했다. 야당은 일본과의 국교정상화를 매국 행위로 단정짓고 반대했는데, 김대중은 이에 동의하지 않고 조건부 찬성론을 폈다. 이 때문에 여당의 첩자니, 여당에게 매수된 왕사쿠라니 하는 소리를 들어야 했다. 심지어 아버지까지 편지를 보내 손가락질받는 행동을 하지 말라는 꾸지람을 했다. 이 일로 김대중은 몹시 고통스러운 나날을 보내야 했다.

그런 가운데 한일회담 반대 시위가 격화되어 이른바 '6·3사태'가 전개되었고, 박정희는 비상계엄령을 선포한 뒤 한일회담을 성사시켰다. 하지만 굴욕외교라는 비난이 거셌다. 김대중의 예측대로 회담이 졸속으로 진행된 탓에 여러모로 불리한 결과를 낳은 것이다.

총선에 앞서 그해 5월 3일에 치러진 6대 대통령 선거에서 윤보선은 야권의 통합 후보로 출마해 박정희와 다시 한번 겨뤘으나 패배했다.

이때 야당은 단합하지 않으면 공화당에게 패할 것이라는 공감대를 형성하고 통합운동을 전개한 끝에 통합 야당인 신민당을 탄생시켰지만 역부족이었다.

대선이 끝난 후 1달 만에 실시된 총선에서 김대중은 목포에서 다시 출마했다. 이때 공화당은 김대중의 당선을 막기 위해 진도 출신으로 체신부장관을 지낸 김병삼을 전략적으로 공천했다. 또한 박정희가 직접 목포를 방문하고 그곳에서 국무회의를 열기까지 하며 김대중의 당선을 저지하려 했다. 불과 인구 17만 명의 도시에 대통령을 비롯한 국무위원들이 총출동해 선심성 공약을 남발하며 김대중을 낙선시키는 데 주력했음에도 결과는 김대중의 승리였다. 비록 6·8총선에서 공화당은 개헌선을 넘는 의석을 확보했지만 김대중의 의회 진출을 막는 데는 실패했다. 이로써 김대중은 박정희의 새로운 라이벌로 부상하게 된다.

야당 대통령 후보가 되다

김대중은 박정희가 총선에서 대승을 거두면 3선 개헌을 시도할 것이라고 주장했는데, 이는 곧 현실이 되었다. 총선에서 압승을 거둔 박정희는 3선 개헌을 추진해 날치기로 통과시켰다. 이후 신민당에서는 김영삼의 40대 기수론에 힘입어 40대 대통령 후보들이 등장했고, 김대중도 대통령 후보 대열에 합류했다. 신민당 대통령 후보 경선에 출마를 선언한 인물은 김대중, 김영삼, 이철승이었다. 하지만 이철승이 계파 내부 문제로 출마를 포기하면서 김대중과 김영삼의 싸움이 되었다. 1970년 9월 29일에 열린 신민당 대통령 후보 경선 1차 투표에서 김영삼이 1위를 했지만 과반수를 획득하지 못해 2차 투표가 실시되었고, 결과는 김대중의 역전승이었다. 김영삼과 계파 내부 갈등을 겪고 출마를 포기했던 이철승 세력의 표가 김대중에게 몰린 덕이었다.

이로써 김대중은 47세의 젊은 나이에 야당 대통령 후보에 선출되어 박정희와 격돌하게 되었다.

대통령 선거는 1971년 4월 27일에 예정되어 있었다. 대통령 후보가 된 후 김대중은 6개월여 동안 전국을 돌며 야당 돌풍을 일으켰다. 그는 박정희의 실정을 비판하는 동시에 새롭고 참신한 정책들을 제시했다. 특히 향토예비군의 폐지, 대통령 3선 조항의 환원 개헌 등의 공약은 유권자들의 표심을 움직이는 데 큰 역할을 했다. 김대중은 이외에도 중앙정보부 개편이나 의료보험제 실시, 노사공동위원회 설치, 정치 보복 금지, 지방자치제 실시 등 민감한 정책들을 쏟아내며 정책선거 양상으로 끌고 갔다. 이 과정에서 공화당과 신민당 사이에 치열한 공방이 벌어졌고, 박정희는 김대중의 과거 전력을 문제 삼아 공산주의자로 몰며 용공 시비를 일으키기도 했다. 거기에다 공화당은 '신라 대통령론'을 내세우며 조직적으로 지역감정을 부추겼다.

선거전이 과열되면서 김대중의 자택에서 폭발물이 터지고 신민당 선거대책본부장을 맡은 정일형의 집에 원인 모를 화재가 발생했으며, 지방을 누비며 유세를 다니던 김대중의 승용차가 트럭과 충돌하는 의문의 교통사고가 일어나기도 했다. 이 사고로 김대중은 한쪽 다리를 제대로 쓸 수 없는 처지가 되고 말았다. 또한 관권과 금권이 동원되어 유권자를 협박하고 금품을 살포하는 부정선거가 전개되었다.

하지만 시간이 지날수록 선거전은 박빙으로 치달았다. 특히 서울에서는 김대중의 인기가 압도적으로 높았다. 하지만 결과는 김대중의 패배였다. 정치 1번지 서울에서는 득표율이 박정희보다 19%나 높았음에도, 경상도의 몰표 현상과 농촌 지역에서의 열세로 95만여 표 차이로 지고 말았다. 비록 패배했지만 관권과 금권, 부정과 불법이 횡행한 선거임을 감안하면 아주 선전한 결과였다.

덕분에 그해 5월에 실시된 8대 국회의원 선거에서는 총 204석 중에 신민당이 89석을 차지함으로써 개헌 저지선을 훨씬 넘는 의석을 확보할 수 있었다.

유신독재에 항거하다 납치되다

김대중은 대통령 후보 경선에 출마했을 때 박정희가 만약 3선에 성공하게 되면 영원히 선거가 없는 총통시대가 올 것이라고 주장했다. 그의 예언은 적중했다. 박정희는 3선에 성공한 이듬해인 1972년 10월 17일에 비상계엄을 선포하고 국회를 해산한 후, 야당 정치인들을 모두 체포해 감금하고 독재나 다름없는 유신시대를 열었다.

박정희가 유신을 선언할 당시 김대중은 일본 게이오대학교병원에 입원해 다리를 치료받고 있었고, 김영삼은 하버드대학교 동아시아연구소의 초청으로 미국에 머무르고 있었다. 박정희는 야당의 유력한 두 지도자가 나라를 비운 사이에 기습적으로 유신을 선포하고 독재정권을 수립했던 것이다.

이 소식을 듣고 김영삼은 한국으로 돌아왔지만 가택연금되는 신세가 되었고, 김대중은 일본에서 망명 기자회견을 갖고 박정희 독재정권과 싸울 것을 선언했다. 이후 망명지를 미국으로 옮기고 미국 정치인들을 설득하는 한편, 인터뷰와 연설, 기고, 성명 등을 통해서 박정희 정권을 직설적으로 비판하고 한국의 민주화를 위한 대안들을 내놓았다. 하지만 미국이라고 해서 안전지대는 아니었다. 한국에서 온 중앙정보부 요원들이 집요하게 김대중을 따라다니며 사사건건 방해 공작을 폈다.

그런 가운데 김대중은 1973년 7월에 한민통 발기인 대회를 열어 미국에 반독재투쟁의 거점을 마련했다. 이어 한민통 일본 지부를 만들기 위해 일본으로 날아갔다. 하지만 일본에는 그를 죽이려는 음모가 기다리고 있었다. 일본에 머문 지 1달쯤 되던 8월 8일, 김대중은 한국에서 파견된 중앙정보부 요원들에게 납치되었다. 김대중을 납치한 요원들은 그를 대한해협에 빠뜨려 죽이려 했으나 미국의 적극적인 구명으로 가까스로 목숨을 부지한 채 서울로 끌려왔다.

사형선고를 받고 저승의 문턱까지 다녀오다

서울로 끌려온 뒤, 김대중은 동교동 자택에 연금되었고 정치활동이 일절 금지되었다. 집 주변에는 항상 수백 명의 경찰이 에워싸고 있었다. 하지만 그는 집 안에서도 정치 활동을 하고 있었다. 매일같이 양복을 입고 넥타이까지 맨 채 서재로 출근해 해 질 녘에야 침실로 퇴근했다. 국가 기념일에는 가족과 비서들을 모아놓고 기념행사를 가졌다. 그렇게 6개월이 흘렀을 때, 고향 하의도에서 아버지의 부음이 전해졌지만 장례식에도 참석할 수 없었다.

연금 생활은 그 후에도 지속되었지만, 김대중은 그저 갇혀 지내지만은 않았다. 1974년 8월의 신민당 전당대회에서 김영삼을 지원해 당총재가 되는 데 일조했고, 반유신투쟁의 결집체인 '민주회복국민회의'에도 참여했다. 1976년 3월 1일에는 윤보선, 함석헌, 정일형, 문익환 등의 재야 지도자들과 함께 3·1민주구국선언을 주도했다. 김대중은 긴급조치 9호 위반죄로 구속되었고, 1977년 3월에 대법원에서 징역 5년형을 선고받고 2년 9개월 동안 수감되었다가 1978년 12월에 집행정지로 석방되었다. 석방된 후에 그는 다시 가택연금되었지만 반독재투쟁을 지속해 세 차례나 연행되었다.

그런 가운데 박정희가 김재규의 총탄에 암살되는 10·26사태가 발생했다. 10·26사태 이후 긴급조치 9호가 해제되면서, 그해 12월 8일에 김대중은 가택연금에서 풀려났다. 하지만 불과 나흘 만에 전두환의 신군부 세력이 12·12군사반란을 일으켜 군권을 장악하고, 이듬해 5월 17일에는 비상계엄령을 전국으로 확대해 내란으로 정권을 장악했다. 이때 전두환 세력은 김대중과 재야 지도자 20여 명을 사회 혼란 및 학생과 노조를 배후에서 조종한 혐의로 연행했다. 이에 광주에서 대대적인 시민봉기가 일어나 신군부에 저항하자, 전두환 세력은 군대를 투입해 숱한 시민들을 학살하고, 김대중을 내란음모의 주범으로 몰아 군사재판에서 사형선고를 내렸다.

미국 국무부는 김대중의 사형선고에 심히 유감스럽다는 성명을 발표했고, 백악관은 국방부장관을 한국에 파견해 김대중의 사형을 재고할 것을 주문했다. 서독에서도 김대중 구명운동을 벌였는데, 외무부장관의 제안을 통해 유럽공동체의 모든 국가가 한국 정부에 항의해야 한다고 했다. 일본도 차관 제공을 보류하며 김대중의 사형에 반대 의사를 표명했다. 오스트리아에서는 김대중을 '브루노 크라이스키 인권상' 수상자로 선정해 김대중의 사형에 반대한다는 의사를 피력했고, 교황 요한 바오로 2세는 청와대에 사형 집행을 보류해달라는 편지를 세 차례나 보냈다. 새롭게 미국의 대통령이 된 레이건 또한 김대중의 사형을 집행하면 백악관에 올 수 없다는 메시지를 보내 전두환을 압박했다.

이런 압박을 이기지 못한 전두환은 결국 1981년 1월에 김대중의 형량을 무기징역으로 감형했다. 이후 청주교도소에 갇혀 지내던 김대중은 1982년 12월에 미국으로 떠나는 조건으로 풀려나 두 번째 미국 망명길에 올랐다.

망명지에서 돌아와 직선제 개헌을 이끌다

김대중의 망명 생활은 1985년 2월까지 지속되었다. 망명 생활 중 국제고문희생자구원위원회 고문, 하버드대학교 국제문제연구소 객원연구원으로 활동하면서 한국인권문제연구소를 창설하기도 했다. 1984년 5월 18일에는 민추협의 고문을 맡았다. 민추협을 기반으로 1985년 1월에 신민당이 창당될 때 주도적 역할을 했는데, 2월 12일로 예정된 총선에서 직접적인 영향력을 행사하기 위해 2월 8일에 귀국할 계획을 세웠다.

미국의 정치인들과 주변 사람들은 그의 귀국을 만류했다. 혹 필리핀의 베니그노 아키노처럼 암살당할 것을 염려해서였다. 하지만 김대중은 귀국을 감행했다. 전두환은 그가 귀국하면 재수감하겠다고 협박했지만, 김대중의 결심은 변하지 않았다. 김대중의 암살을 막기 위해 2명의 미국 하원의원과 저명인사들이 함께 비행기에 올랐다. 그 덕분에 김대중은 무사히 동교동 자택으로 돌아올 수 있었다.

이때 김대중은 김포공항 입국장에서 체포되어 강제 연행되었고 가택연금을 당했다. 하지만 김대중의 정치 활동을 막을 순 없었다. 이미 신민당 창당의 배후였던 그가 귀국한 사실만으로도 총선에 막대한 영향을 끼쳤다. 2월 12월에 실시된 총선에서 신민당은 67석을 확보하며 관제 야당들을 제치고 단숨에 제1야당이 되었다. 이후 신민당은 민한당과 국민당에서 당선자들을 영입해 103석을 확보했다.

이후 신민당은 직선제 개헌을 주장했고, 1986년 2월부터 직선제 개헌을 위한 1000만 명 서명운동을 펼쳤다. 직선제 개헌에 대해 민정당이 전혀 반응을 보이지 않자, 신민당은 거리로 나가 개헌을 위한 군중대회를 펼쳤다. 개헌운동에 대한 국민의 지지 열기는 빠르게 달아올랐고, 전두환에게 개헌할 용의가 있다는 답변을 받아내기에 이르렀다.

하지만 이듬해 4월 13일, 전두환은 이른바 '4·13호헌조치'를 통해 개헌할 뜻이 없음을 천명했다. 이때 민심은 박종철 고문치사 사건으로 인해 분노에 차 있었다. 여기에 전두환의 호헌조치가 발표되자 민심이 들끓기 시작했고, 정의구현사제단이 박종철 고문치사 사건이 조작되었다고 폭로하면서 민주 세력은 더욱 결집했다. 그 결과 야당과 종교 단체, 노동계와 대학, 재야 민주 세력 등을 총망라하는 '민주헌법쟁취 국민운동본부'가 꾸려졌다. 김대중은 김영삼, 문익환, 김수환, 함석헌 등과 함께 국민운동본부의 고문으로 활동했다. 이어 6월 항쟁이 시작되었고, 전두환 세력은 결국 민정당 대통령 후보 노태우의 6·29선언을 통해 대통령 직선제를 수용했다.

세 차례에 걸친 대선 실패를 딛고 대통령에 오르다

대선 정국이 다가오자 김영삼과 김대중의 후보단일화가 쟁점이 되었다. 국민은 두 사람이 후보단일화를 이루기만 하면 민정당의 노태우를 이길 수 있다고 확신했다. 하지만 두 사람이 서로 대통령 후보가 되겠다는 주장을 굽히지 않으면서 단일화는 실패하고 말았다. 이후 김대중은 김영삼이 총재로 있던 통일민주당(민주당)을 탈당해 평민당을 창당하고 출마했다. 하지만 투표 결과는 노태우, 김영삼에 이어 3위였다.

대선에서 패배한 김대중은 이듬해 치러진 총선에서 김영삼의 민주당을 제치고 제1야당이 되어 기사회생하는 상황을 연출했다. 여소야대 정국이 형성되면서 민정당의 영향력도 크게 약화되었다. 그러나 1990년에 노태우, 김영삼, 김종필의 3당 합당으로 거대 여당인 민자당이 출범하자, 김대중은 3당 합당에 반대한 민주당의 잔류 세력과 연합해 통합민주당(민주당)을 만들었다. 그리고 1992년 대선 정국이 되자 민주당 대선 후보가 되어 민자당의 김영삼과 대결했으나 패배하고 말았다. 14대 대선에서 패배한 김대중은 선거 결과에 승복해 정계 은퇴 성명을 발표하고 영국 케임브리지대학교 객원교수가 되어 떠났다.

그러나 1993년에 한국의 정치 상황이 혼란을 거듭하자 그해 7월에 귀국했고, 1994년 12월에는 아시아태평양평화재단을 설립해 정치 재개의 기회를 엿보았다. 1995년 6월 지방선거에서 민주당이 수도권을 장악하며 대승을 거두자, 김대중은 7월에 정계 복귀를 선언하고 국민회의를 창당했다.

1996년 15대 국회의원 총선에서 김대중은 비례대표 14번으로 출마했으나 13번까지만 당선되어 낙선했고, 국민회의도 79석밖에 얻지 못하는 참패를 당했다. 이에 김대중은 김영삼과 갈등과 겪다 민자당을 탈당하고 자민련을 창당한 김종필과의 연합을 모색했다. 그리고 1997년 대선 정국에서 이른바 'DJP연합'을 성사시켜 신한국당의 이회창 후보와 격돌했다.

대선 정국에서 신한국당은 김대중 비자금 문제를 터뜨렸다. 신한국당은 김대중이 670억 원의 비자금을 조성한 의혹이 있다며 그를 조세포탈 및 뇌물 수수 혐의로 검찰에 고발했다. 이로 인해 검찰이 김대중의 비자금을 수사하겠다고 선언하는 상황으로 치달았다. 하지만 대선 정국에서 유력한 후보가 검찰 수사를 받을 경우 야당 후보에 대한 탄압으로 비칠 것을 염려한 김영삼 대통령이 비자금 수사를 대선 이후로 미루도록 조치함으로써 김대중은 가까스로 위기를 모면했다.

김대중은 위기 상황을 극복하기 위해 내각제 개헌을 연결 고리로 김종필, 박태준 등과 후보단일화를 성사시켰다. 이에 이회창도 민주당과 합당해 당명을 한나라당으로 바꾸고, 3김 청산을 기치로 민주당의 조순 후보와 단일화를 이끌어냈다. 하지만 이인제가 신한국당의 경선에 불복해 국민신당 후보로 출마한 상황이라 김대중과 이회창은 팽팽한 접전을 치러야만 했다.

이런 상황에서 김영삼 정부가 IMF에 구제금융을 신청하는 사태가 벌어졌고, 덕분에 김대중은 경제 파탄에 대해 이회창과 김영삼의 공동 책임론을 부각시켜 대선 국면을 유리하게 이끌어갔다. 12월 18일에 실시된 15대 대통령 선거에서 김대중은 39만 표 차이로 이회창을 가까스로 누르고 당선되었다. 1971년, 1987년, 1992년 세 차례에 걸친 실패를 딛고 마침내 대통령에 당선되어 1998년 2월 25일 대통령에 취임했다. 김대중의 당선 요인은 DJP연합과 이인제의 출마, 이회창과 김영삼의 갈등, IMF 구제금융 사태 등으로 요약된다. 이 중 하나의 요소라도 빠졌다면 김대중의 당선은 요원한 일이 아닐 수 없었다. 그야말로 선거의 기적이라 할 수 있었다.

2 김대중의 경제위기 극복과 햇볕정책 그리고 게이트 공화국

● 제15대 대통령, 재임 기간: 1998년 2월 – 2003년 2월(5년)

험난한 정치 환경에서 실시된 햇볕정책

IMF 구제금융 상황에서 시작된 김대중 정부의 첫 번째 과제는 외채 상환이었다. 당시 한국의 총 외채는 1500억 달러 규모였다. 이는 GNP의 37%에·달하는 액수였다. 국민은 김대중 정부가 출범하기 이전에 외채를 갚기 위해 금 모으기 운동을 펼쳤다. 이는 대한제국 시절인 1907년에 전개된 국채보상운동을 연상시켰다. 서민들은 장롱 속에 들어 있던 아이의 돌반지와 행운의 열쇠, 금거북 등의 금붙이를 내놓았고, 시민단체와 종교단체도 앞다퉈 금 모으기 운동에 참여했다. 1998년 1월 12일에 전국 106개 단체가 '외채상환 금 모으기 범국민운동' 발대식을 가졌다. 이후 20일 만에 243만여 명의 국민이 참여해 20

억 달러 규모의 금을 모았다. 김대중 정부로서는 출범도 하기 전에 큰 원군을 만난 셈이었다.

김대중은 대통령이 되자 정부 명칭을 '국민의 정부'로 명명하고, 3가지 주요 국정 과제를 발표했다. 첫째는 국난 극복과 국민 화합, 둘째는 북한에 대한 햇볕정책, 셋째는 제2의 건국이었다. 이 중 제2의 건국은 현실성 없는 정치적 수사로 치부할 수 있는 것이었고, 나머지 2가지가 핵심이었다. 말하자면 경제 회복과 지역감정 해소 그리고 통일 문제에 대한 전향적 접근을 목표로 내세웠던 것이다.

그러나 국민의 정부는 출범부터 순탄치 않았다. 국민의 정부는 자민련과 연합한 공동정부였고, 자민련은 한나라당 못지않은 보수 세력이었기에 모든 정책 입안 과정에서 자민련과 불협화음이 생길 것은 불을 보듯 뻔한 일이었다. 여기에다 거대 야당인 한나라당의 공세가 기다리고 있었다.

경제 회복의 1차 과제는 IMF 구제금융 체제에서 벗어나는 것이었다. 이를 위해 김대중은 정보기술(IT) 관련 벤처기업 육성책을 앞세우며 중소기업 활성화 정책을 구사했다. 대기업이 자본 악화와 연쇄 부도에 시달리며 구조조정을 강화하는 바람에 실업자가 넘쳐났는데, 김대중은 벤처기업 수를 늘려 고용을 증대함으로써 실업률을 낮추려 했던 것이다. 벤처기업 활성화 정책으로 2000여 개에 불과했던 IT기업의 수는 1년여 만에 4000개로 증가했고, 덕분에 IT산업 분야의 성장이 가속화되었다. 그러나 벤처기업의 육성만으로 나락으로 떨어진 경제를 회복하기는 어려웠다. 거리에는 노숙자가 넘쳐났고, 부도로 파산하는 회사가 부지기수였으며, 경제 상황으로 인해 이혼율이 크게 증가해 파탄에 이르는 가정이 속출했다. 그 여파로 매일 25명씩 자살하는 상황이 초래되었고, 전국 각지에서 생존형 범죄가 기승을 부렸다.

거기에다 김대중의 첫 번째 과제 중 하나인 국민 화합은 국난 극복
보다 훨씬 더 어려운 일이었다. 1998년 4월 2일에 보궐선거가 실시되
자 한나라당은 노골적으로 지역감정을 부추겼다. 김대중 정부의 호남
싹쓸이 인사로 다른 지역 사람들이 홀대받고 있다는 말로 표를 호소했
던 것이다.

이어 6월 4일에 실시된 지방선거에서도 한나라당은 지역감정에 호
소해 표를 얻는 전략을 지속했다. 이 때문에 영남 지역에서는 반DJ 정
서가 강화되어 표가 한나라당으로 쏠리는 현상이 일어났다. 수도권에
서는 오히려 여권인 국민회의와 자민련이 압승을 거두는 결과를 낳았
다. 심지어 서울에서는 25개 구의 구청장 중에 19개 구를 국민회의가
차지했다.

이렇듯 표심에서 여당을 지지하는 경향이 뚜렷하게 나타났지만, 지
역감정을 부추기는 현상은 쉽게 사라지지 않았다. 1998년 내내 영남
지역에서는 '호남 호황설'이 떠돌았고, 이 때문에 영남 주민들의 김대
중에 대한 거부감은 한층 격화되었다. 그러나 호남에서는 오히려 '호
남 역차별론'이 나올 정도로 여전히 정부의 투자는 호남보다 영남의
비중이 훨씬 높은 상황이었다. 그럼에도 호남 호황설이 떠돈 것은 지
역감정을 부추기면 표를 얻을 수 있다는 한나라당의 선거 전략과 보수
언론의 왜곡된 보도 때문이었다.

한나라당의 이런 선거 전략은 실제 표를 얻는 데 일정 부분 이바지했
다. 2000년 4월 13일에 실시된 16대 총선에서 한나라당은 총 273석
중 133석을 얻어 제1당이 되었다. 1998년 지방선거의 저조한 성적에
비하면 약진했다고 할 수 있다. 국민회의를 확대 개편한 새천년민주당
(민주당)은 115석을 얻었는데, 15대 총선에서 총 299석 중에 국민회의
의석 수가 79석에 불과했던 것에 비하면 나쁜 성적은 아니었다. 하지

만 민주당과 공동정부를 형성한 자민련은 50석에서 17석으로 크게 추락해 원내 교섭단체도 꾸리지 못하는 지경에 처했다.

이런 상황에서 김대중은 두 번째 국정 과제인 햇볕정책을 가속화했다. 현대그룹과 손잡고 금강산 관광을 성사시켰고, 베를린선언을 통해 전 세계에 북한에 대한 포용정책을 공식화했으며, 북한과 특사를 교환하며 남북 정상회담을 성사시키고 6·15남북공동선언을 이끌어냈다. 이후에 대북 경제 조치가 완화되었다. 7월에는 장관급회담이 열렸고, 8월에는 언론사 사장단의 북한 방문과 이산가족 상봉이 이루어졌다. 9월에는 비전향 장기수 63명이 북한으로 돌아갔으며, 이어 북한의 특사 김용순이 서울을 방문했다. 그리고 일주일 뒤에 경의선 연결 기공식을 가졌고, 남북 국방부장관회담이 열렸다. 북한의 인민무력부장 김일철이 김대중을 예방하기도 했다. 10월에는 북한의 국방위원회 조명록 차수가 군복을 입은 채 백악관을 방문해 클린턴 대통령을 만난 뒤, 매들린 올브라이트 국무부장관과 회담을 갖고 북미공동성명을 발표했다. 이렇듯 6·15남북공동선언 이후 남북의 화해 분위기는 숨가쁘게 진행되었다. 그로부터 며칠 뒤 김대중은 노벨 평화상 수상자가 되었고, 올브라이트는 평양을 방문했다.

하지만 북한과의 화해 분위기를 반대하는 보수 세력의 반발이 만만치 않았다. 보수 언론은 연일 6·15남북공동선언문의 내용을 비판했고, 김대중의 노벨 평화상 수상에 대해서도 비난을 서슴지 않았다. 그리고 연합정권을 형성했던 자민련마저 김대중의 햇볕정책을 공격했다. 거기에다 2000년 미국 대선을 통해 새롭게 집권한 공화당의 조지 W. 부시 정부는 김대중의 햇볕정책을 노골적으로 방해했다. 김대중의 햇볕에 먹구름이 잔뜩 긴 셈이었다. 하지만 김대중은 햇볕정책을 포기하지 않았다.

부시와의 갈등으로 위기에 봉착한 햇볕정책

2001년에 접어들면서 김대중은 정치적으로 수세에 몰렸다. 그를 수세로 몰아넣은 인물은 부시 미국 대통령이었다. 그해 3월 김대중은 미국을 방문해 부시를 만났고, 햇볕정책에 대해 자세히 설명했다. 하지만 부시는 김대중과 회담을 가진 직후 북한의 김정일에 대해 의구심을 가지고 있다는 발언을 했다. 그리고 대북정책을 근본적으로 재검토하겠다는 의지를 천명했다. 이 자리에서 옆에 서 있던 김대중을 "디스 맨(This man)"이라고 가리키며 하대하기도 했다.

이후 부시 정부는 클린턴 정부의 대북정책을 모두 뒤집어엎었다. 미국과 북한 사이에 흐르던 화해 기류는 완전히 사라지고 두 나라는 다시 대치 상황으로 치달았다. 김대중은 어떻게든 미국을 설득해 햇볕정책을 공조하려 했으나 미국의 반응은 냉담했다.

이렇듯 부시에 의해 햇볕정책이 안갯속에 갇히자, 한나라당은 의기양양해 김대중을 공략했다. 급기야 2001년 9월에 남북 정상회담을 성사시킨 핵심 인물인 임동원 통일부장관에 대한 국회 해임안이 가결되었다. 이 해임안은 한나라당과 자민련의 동맹에 의해 이루어졌다. 이는 곧 3년간 지속되던 DJP연합의 붕괴를 의미했다. 김대중과 김종필은 내각제를 연결 고리로 공동정부를 구성했으나 내각제 개헌이 이루어지지 않자 김종필은 김대중과 결별하고 한나라당과 손을 잡았다. 이로써 국회는 한나라당의 영향력 아래 놓이게 되었다.

그 무렵 미국에서는 세상을 발칵 뒤집어놓은 9·11테러가 발생했다. 미국 자본주의의 상징인 세계무역센터가 무너지고, 미국 무력의 상징인 국방부 청사 펜타곤도 공격을 받아 화재가 났다.

부시는 분노에 찬 목소리로 보복전쟁을 다짐했다. 테러와의 전쟁을 선포한 것이다. 그 불똥은 한반도에도 날아들었다. 2002년 연두교서에서 부시는 북한, 이라크, 이란을 '악의 축'으로 규정하고 선제공격으로 정권을 교체시켜야 할 대상이라고 했다. 북한은 즉각 반발했고, 미국과 북한은 무력 충돌까지 운운하며 극단으로 치달았다. 한반도의 전쟁 가능성을 언급한 셈이었다. 이 때문에 한국에서는 반미감정이 크게 일었고, 이를 부담스러워한 부시는 2002년 1월에 한국을 방문했다. 김대중은 방한한 부시를 설득해 북한을 침공하거나 공격할 의사가 없다는 말을 이끌어냈다. 하지만 그 후에도 부시는 곧잘 자신의 말을 뒤집으며 북한을 자극했다.

이런 부시에 대해 김대중은 자신의 일기에서 이렇게 썼다.

"철학이 없고 자질이 부족한 극우 보수주의자인 부시 대통령 때문에 미국까지 포함한 세계가 얼마나 피해를 입었는가? 나는 2000년부터 2003년 퇴임할 때까지 남북관계의 개선과 발전을 위한 천금 같은 시기를 갈등과 정체 속에서 보낸 것이 지금 생각해도 원망스럽고 애석한 심정을 금할 수 없다."

국민 참여와 사회복지의 확대

김대중 정부는 스스로 '국민의 정부'라고 칭한 것에 걸맞은 모습을 갖추기 위해 주민들의 직접적인 참여제도를 도입했다. 일정한 수 이상의 주민이 뜻을 모으면 지방조례를 만들거나 폐지하는 것을 청원할 수 있는 조례청구권을 도입한 것이 대표적인 사례다. 말하자면 시민입법이 가능해지도록 한 것이다. 또 주민투표를 통해 주민들의 삶과 밀접한 지역 문제를 스스로 투표를 통해 결정할 수 있게 했으며, 시장·도지사나 주무부 장관에게 감사를 청구할 수 있는 주민감사청구제를 도입했다. 지방 행정에 대한 주민들의 통제 가능성을 연 것이었다. 그러나 주민발안제나 주민소환제와 같이 주민의 힘이 더 강화될 수 있는 제도를 도입하지 못하고 다소 어정쩡하고 기형적인 형태를 택했다는 비판을 받기도 했다.

김대중 정부는 출범 초부터 과거의 권위주의를 청산하기 위해 관청의 문턱을 낮추고 공무원의 행정 서비스를 개선하려 했다. 이를 위해 대통령 자신부터 '각하'와 같은 권위주의적인 호칭을 거부했으며, 읍·면·동사무소를 주민자치센터로 바꾸고, 이곳에서 주민들을 위한 다양한 프로그램을 운영했다. 이런 정책은 비록 단기간에 무리하게 추진해 전국적으로 획일화된 형태를 보였지만, 국민의 삶의 질을 높이기 위해 정부가 적극적으로 국민에게 다가가고 있다는 인식을 심어주었다.

하지만 이 정도 정책만으로는 국민의 삶의 질을 개선하는 데 역부족이었다. 무엇보다도 늘어난 빈곤층을 구제하는 사회안전망을 구축하지 않고는 삶의 질을 개선하는 것은 요원한 일이었다. 그 해결책의 일환으로 김대중 정부는 노동시장에서 밀려난 실업자와 빈곤층을 위해 공공근로와 실업자대부사업을 시행했다. 또한 2000년부터 기초생활보장제도를 도입하고 고용보험과 산업재해보험, 국민연금을 확대 시행했다. 덕분에 150만 명이 생계급여의 혜택을 누렸고, 고용보험 혜택자도 50% 이상 늘었다. 그럼에도 여전히 혜택을 받지 못하는 사회안전망의 사각지대가 존재하는 한계를 드러내기도 했다.

IMF 조기 졸업과 소득 양극화

2001년 8월 23일, 한국은 IMF에서 빌린 차입금 195억 달러를 모두 갚고 이른바 '경제 신탁통치'에서 벗어났다. 원래 상환하기로 약속한 기간은 2004년까지였다. 말하자면 3년 조기 졸업한 셈이었다. 그동안 30대 재벌 중에 16개가 주인이 바뀌거나 사라졌고, 정리해고제가 도입되는 등 노동환경도 크게 변했다.

그동안의 경제 상황을 정리해보면, 김대중 정부 출범 첫해인 1998년에는 외환위기 영향으로 경제성장률이 −5.7%였으나 무역수지는 390억 달러 흑자를 기록했다. 비록 마이너스 성장을 했지만 1998년 말부터 조금씩 회복을 시도하던 한국 경제는 1999년에는 10.7%의 성장률을 보였고, 무역수지도 239억 달러 흑자를 기록했다. 3년 차인 2000년에는 8.8% 성장에 무역수지 117억 달러 흑자를 보였다.

소비자물가 측면에서도 1998년 7.5%에서 1999년 1% 이하로 떨어졌고, 2000년에는 3%대의 안정세를 이루었다. 외환보유고는 1997년 말에 39억 달러였던 것이 2000년에는 760억 달러에 이르렀다. 신용등급은 투자 부적격 단계로 추락했다가 투자 적격 단계로 상향 조정되었으며, 달러당 환율도 2000원을 넘어섰다가 1100원 대로 안정되었다. 종합주가지수는 1998년 280포인트까지 떨어졌다가 2000년에 이르러 950포인트에서 1000포인트를 오르내렸다. 부도업체는 1997년 말에 하루 평균 128개에서 1999년 10월에 평균 20개로 줄어들었다.

이렇듯 경제지표는 좋아졌지만 실업자는 쉽게 줄어들지 않았다. 실업자는 178만 명까지 치솟았다가 이후 점차 줄어들었으나 100만 명 선을 계속 유지했다.

이런 상황에서 김대중은 2000년 12월 4일에 한국이 IMF 체제에서 벗어났다고 공식 발표했다. IMF 체제 극복 이후 2년 동안 더 지속된 김대중 정부의 경제 성적표를 종합하면 이렇다. 경상수지 흑자는 906억 달러로, 연평균 181억 1400만 달러 증가했으며, GDP 증가율은 연평균 4.5%였다. 김영삼 정부 때 연평균 7.1%였던 것에 비해 많이 떨어졌지만, 경제위기가 가장 정점에 달했던 1998년 성장률을 제외하면 평균 7.3%의 고성장을 이룬 셈이었다.

그러나 이런 수치들이 구제금융의 상처를 완전히 치유하지는 못했다. 수많은 기업이 도산했고, 살아남은 기업도 구조조정과 빅딜을 추진하는 바람에 엄청난 수의 실업자가 발생했으며, 수백만 명의 비정규직 노동자가 양산되었다. 이에 따라 평생직장 개념이 사라져 많은 중산층이 무너지고 소득이 양극화되는 현상이 일어났다. 또한 내수 진작을 위해 신용카드를 남발했는데, 이는 과소비를 불렀고, 훗날 카드대란의 원인으로 작용하게 된다. 거기에다 분양가 전면 자율화, 분양권 전매 허용, 양도세 한시적 면제, 민영아파트 재당첨 제한 기간 폐지, 임대주택 사업자 요건 완화 등 내수 활성화를 위해 부동산 규제를 한꺼번에 푸는 바람에 부동산이 투기 대상으로 전락해 소득 양극화를 심화시켰다. 부자 20%와 가난한 사람 80%가 극단으로 나뉜, 이른바 '20대 80의 사회'가 도래한 것이다.

인터넷의 확장과 휴대전화 열풍

김대중 시대에 우리 사회에 가장 큰 변화를 가져다준 것은 누가 뭐래도 초고속 인터넷 서비스의 시작이라 할 것이다.

초기 단계의 인터넷은 1960년대 미국 국방부 산하 고등연구국의 연구용 네트워크에서 시작되었고, 현재와 같은 인터넷망의 시초는 1969년 10월 29일 미국 캘리포니아대학교 로스앤젤레스캠퍼스와 스탠퍼드연구소 사이에 연결된 고등연구국망(ARPANET)이다. 1986년에 미국 과학재단은 5곳의 슈퍼컴퓨터를 연결해서 미국과학재단망(NSFNET)을 만들게 되는데, 몇 년 뒤에는 이것이 세계 모든 곳을 연결하는 국제통신망으로 발전하게 된다. 그리고 1993년에 이르러 인터넷의 상업적 이용이 허용되고, 그해 한국에서도 인터넷 서비스가 실시되었다.

김대중 정부는 출범 초부터 과감하게 초고속 인터넷망에 투자해 순식간에 미국과 일본보다 훨씬 질 높은 인터넷망을 갖추었다. 초고속 인터넷 서비스는 1998년 6월에 시작되어 불과 5년 만에 가입자 2000만 명을 넘어서면서 한국은 인터넷 강국으로 떠올랐다. 한국의 다운로드 속도는 날로 빨라져 세계 1위로 올라섰고, 전 국민은 인터넷망으로 하나가 되었다. 이에 따라 대다수의 사회 이슈가 인터넷에서 만들어지고 인터넷에서 사라졌다. 이들 인터넷 사용자를 지칭하는 네티즌(netizen)은 가장 일상적인 용어 중 하나로 자리 잡았다. 네티즌은 통신망을 뜻하는 'net'와 시민을 뜻하는 'citizen'이 결합한 용어로, 마이클 하우번이 처음 사용했다. 하우번에 따르면 네티즌은 단순히 인터넷을 사용하는 사람이라기보다는 인터넷 내에서 문화를 만들고 가꾸는 사람으로 정의된다. 따라서 네티즌이 사회에서 일어나는 모든 일에 영향력을 행사하는 것은 당연한 일이다. 2002년 16대 대선에서는 노무현이 대통령에 당선되는 데 지대한 공헌을 할 정도였으니, 네티즌은 새로운 권력이라고 해도 과언이 아니다.

인터넷의 발달은 PC방이라는 새로운 오락실도 창출해냈다. 1993년 영국과 인도에서 유행한 인터넷 카페가 PC방이라는 이름으로 변모해 한국 사회에 나타난 것은 1995년이었다. 초고속 인터넷이 깔린 1998년에는 전국에 900여 개의 PC방이 생겼고, 2002년에는 그 수가 폭발적으로 늘어 무려 2만 2500개가 넘었다.

PC방의 수를 크게 늘린 공로자는 '스타크래프트'였다. 미국의 게임 회사 블리자드가 1998년 3월에 출시한 이 게임은 한국인을 열광시켰고, 덩달아 PC방도 신종 사업으로 대단한 인기를 누렸다. PC방은 열기만 하면 이익을 안겨다 주었고, 초창기인 1998년에 PC방을 개업한 사람들은 큰돈을 벌기도 했다. 카카오 창업자인 김범수도 1998년에는 PC방 주인이었다. 그는 1년간 PC방을 운영하다가 프로그램 개발에 뛰어들어 온라인게임을 전문으로 서비스하는 한게임을 설립했다. 이후 초고속으로 성장해 네이버와 합병함으로써 NHN의 공동대표가 되었으며, 카카오톡을 기반으로 현재의 카카오를 만들었다. PC방이라는 인프라가 없었다면 결코 이룰 수 없는 일이다.

PC방의 초고속 성장은 한국 특유의 방 문화와 깊은 관계가 있다. 한국 문화에서 노는 곳을 일컬어 '사랑방'이라 했고, 이것이 1960~70년대에는 만화방이라는 이름으로 시작되어 노래방, 비디오방 등으로 발전해 게임방, PC방에 이르렀던 것이다.

인터넷의 발달은 비단 PC방의 성장에만 머무르지 않았다. 인터넷 광고시장을 만들어내고, 인터넷 영화관, 인터넷 방송, 인터넷 신문, 숱한 인터넷 카페와 동호회를 만들어냈다. 이와 함께 음란물시장도 양산했는데, 그중에는 개인의 사생활을 담은 영상물이 섞여 있기도 했다. 그것은 'O양 비디오' 사건 같은 사회적 논란을 일으키기도 했다. 이는 사이버수사대와 관련 법을 만드는 계기가 되었다. 그야말로 인터넷은 사회뿐 아니라 국가와 기업, 개인과 가정 그리고 인간의 내면까지 귀속시켜버린 거대한 괴물로 성장했다.

인터넷 서비스가 본격적으로 시작된 지 불과 10년도 안 되어 한국 사회를 송두리째 집어삼키고 있는 사이, 개인의 삶을 완전히 장악해버린 또 하나의 괴물이 등장했다. 휴대전화, 핸드폰 등으로 불리는 이동통신 서비스였다.

휴대전화는 초고속 인터넷과 함께 한국 문화를 대변하는 신종 괴물이었다. 1999년 1년 동안 한국에서 판매된 휴대전화는 무려 1600만 대로, 판매량으로 치면 세계 3위였다. 1999년 말 이동통신 가입자가 2000만 명임을 감안하면 1999년 한 해만 가입자 80%가 새로운 휴대전화를 구입했다는 의미다. 2000년 3월에는 가입자가 무려 2500만 명으로 증가했다. 반대로 '삐삐'로 불리던 무선 호출기 가입자는 1500만 명에서 480만 명으로 줄었다. 그리고 채 2년도 안 되어 무선 호출기는 거의 종적을 감추게 된다. 1983년에 처음 도입되어 초등학생도 하나씩 차고 다니던 무선 호출기는 그렇게 휴대전화에 밀려 서랍 속으로 사라지고 말았다.

세계 최초의 휴대전화는 1973년 모토로라에서 근무하던 마틴 쿠퍼 박사와 그의 연구팀이 개발했다. 당시 휴대전화는 850그램이 넘는 초대형이었다. 1983년에 모토로라가 이것을 상용 휴대전화로 만들어 판매하기 시작했다.

휴대전화가 처음 개통된 곳은 1983년 미국 시카고였다. 한국은 1984년에 휴대전화 서비스를 개시하고 1988년부터 상용화했다. 하지만 개통 초기에는 전화기 값이 너무 고가인 데다 사용료도 비싸 대중화되지 못했다. 대신 무선으로 호출할 수 있는 '삐삐'가 인기였다.

1993년에 이르러 2세대(2G) 이동통신인 디지털 방식이 도입되면서 상황은 달라졌다. 1세대(1G) 이동통신이 음성통화만 가능한 데다 아날로그 방식이라는 한계가 있었다면 2세대 이동통신은 디지털 방식이었다. 가격도 낮추고 기능도 다양화할 수 있는 길이 열린 셈이었다. 게다가 삼성, 엘지, 현대 등 재벌 그룹들이 휴대전화 사업에 본격적으로 뛰어들면서 생산량이 크게 늘어났다. 그러자 통신사들은 통신비에 휴대전화 값을 끼워 팔며 '공짜 휴대전화'라 홍보했고, 휴대전화는 초등학생이 가장 받고 싶은 생일선물 1위가 될 정도로 대중의 일상 속에 자리 잡았다.

이후 휴대전화는 단순한 전화기 이상의 의미를 갖게 되었다. 지인과 문자도 주고받고, 영상통화도 가능해졌다. 또한 가족이나 연인끼리 상대의 위치를 파악할 수 있는 길도 열렸다. 사업자나 영업자는 어디서든 업무를 지시하거나 판매 대상자와 흥정할 수 있게 되었다. 그런 까닭에 휴대전화는 친구나 연인과의 소통 도구이자 업무의 필수품으로 자리 잡았다. 하지만 부정적인 효과도 있었다. 어디서나 일을 할 수 있다는 것은 어디서든 일을 지시받아야 한다는 의미이기에 움직이는 족쇄가 되기도 했다. 또한 자신의 위치를 추적당할 수도 있고, 받기 싫은 전화도 받아야 하며, 사생활이 노출될 위험성을 안게 되었다.

한류의 시작 그리고 붉은 물결 속의 월드컵 4강

1998년 10월 20일, 문화관광부는 일본 대중문화를 개방하겠다는 발표를 했다. 당시 일본 대중문화는 한국보다 8배나 덩치가 큰 거인이었기에 일본 대중문화가 들어오면 한국 대중문화를 잠식할 것이라는 우려가 터져 나왔다. 한편에서는 한국 대중문화는 이미 토대가 튼튼하기 때문에 일본 대중문화에 대한 경쟁력이 있다는 주장이 대두되었다.

일본 대중문화 개방과 더불어 그해 말에는 한미투자협정에서 스크린쿼터제를 축소하기로 했다. 스크린쿼터제는 영화관에서 일정 기준 일수 이상 한국 영화를 의무적으로 상영하도록 한 제도로, 미국의 대자본으로부터 한국 영화를 보호하기 위해 마련되었다.

일본 대중문화 개방과 스크린쿼터제 축소라는 두 사건은 영화계와 대중문화계에 큰 충격을 주었다. 이 때문에 영화인들은 상복을 입고 거리로 나서기도 했다. 한국노총, 민주노총 등의 노조단체와 경제정의실천시민연합, 참여연대 등의 시민단체까지 나서서 스크린쿼터제 사수 운동을 벌였다. 그런 노력 덕분에 스크린쿼터제는 당분간 유지될 수 있었다.

이는 한국 영화의 대약진으로 나타났다. 1999년 한국 영화의 시장

점유율은 36%에 이르렀고, 이를 두고 미국의 연예잡지는 한국이 동양의 할리우드로 떠오르고 있다고 보도했다. 〈쉬리〉, 〈주유소 습격사건〉, 〈텔 미 썸딩〉, 〈인정사정 볼 것 없다〉 등이 흥행에 성공한 덕분이었다.

이렇게 한국 영화가 스크린쿼터제에 힘입어 성장하는 동안 중국에서는 '한류(韓流)'라는 신조어가 등장했다. 1997년 한국 드라마 〈사랑이 뭐길래〉가 선풍적인 인기를 끈 이래 〈목욕탕집 남자들〉이 인기를 이어갔고, 남성 5인조 그룹 H.O.T의 앨범이 중국에서 크게 성공했다. 타이완에서는 2인조 그룹 클론이 큰 인기를 누렸고, 장동건이 주연으로 출연한 드라마 〈의가형제〉는 베트남에서 히트를 쳤다. 또한 한국에서 관객 244만 명을 끌어모았던 한석규 주연의 영화 〈쉬리〉는 홍콩에서 크게 흥행했고, 많은 한국 영화들이 타이완에서 큰 호응을 얻었다. 이후 〈친구〉, 〈엽기적인 그녀〉, 〈집으로〉, 〈가문의 영광〉 등이 흥행을 이어가며 한국 영화는 관객 점유율 30% 이상을 유지하면서 아시아로 시장을 확대해나갔다.

이것이 이른바 '한류'의 시작이다. 이후 2002년에 제작된 TV 드라마 〈겨울연가〉는 일본에서 선풍적인 인기를 끌며 한류 돌풍을 일으켰다. 이 드라마의 주인공을 맡은 배용준은 일본에서 '욘사마'라 불리며 최고의 스타로 떠올랐고, 여주인공 최지우도 '지우히메'로 불리며 국제적인 스타 반열에 올랐다. 〈겨울연가〉의 영향으로 일본인 관광객 수가 폭발적으로 늘어났고, 촬영지인 경기도 가평의 남이섬은 일본인으로 북적였는데, 덕분에 남이섬은 최대의 호황을 누리며 관광 명소가 되었다.

한류와 함께 김대중 시대를 장식한 또 하나의 사건은 단연 2002년 한일월드컵이다. 이 스포츠 축제에서 한국은 4강에 오르는 기염을 토했다. 한국이 4강에 오르는 과정은 한 편의 극적인 드라마였다. 예선전에서 첫 상대 폴란드를 2 대 0으로 제압하고, 두 번째 상대 미국과 싸워 1 대 1로 비겼다. 예선 마지막 상대 포르투갈을 1 대 0으로 이기고 16강에 진출했다. 포르투갈전에서 결승골을 넣은 박지성은 국민 영웅이 되었고, 전국의 모든 광장은 축제의 장으로 변모했다. 지역과 계층, 빈부를 넘어 남녀노소 할 것 없이 국민 모두 환희와 눈물과 함성을 한꺼번에 쏟아내며 쾌재를 불렀다. 방송에서는 박지성이 골을 넣는 장면을 수백 번이나 내보냈다. 한국을 대표하는 축구 응원단 '붉은 악마'를 필두로 사람들은 붉은 옷을 입고 경기장과 광장을 가득 메웠고, 서로 어깨를 걸고 흥에 겨워 노래를 불렀으며, 외국 방송사들은 이 광경을 전 세계로 내보내며 한국인의 정열과 축구에 대한 애정에 감탄사를 연발했다.

6월 18일 한국은 16강에서 강호 이탈리아를 만났다. 이 경기에서 연장전까지 가는 투혼 끝에 안정환의 결승골로 2 대 1의 승리를 낚았나. 이 일을 두고 영국의 BBC는 '월드컵 72년 사상 최대 충격'이러고 호들갑을 떨었다.

기적은 거기서 끝나지 않았다. 6월 22일 광주에서 열린 8강전에서 한국은 스페인을 맞아 승부차기까지 가는 치열한 접전을 벌인 끝에 승리했다. 월드컵에서 16강은 고사하고 단 한 차례도 이긴 적이 없는 한국이 4강에 오르는 기염을 토하자 온 나라가 붉은 물결에 휩싸였다. 광장과 거리, 전국 각 지역의 공설운동장과 축구장, 선술집과 안방에서 동시에 만세 소리가 울려 퍼졌다. 국가대표 선수들은 대형 태극기를 몸에 두른 채 운동장을 돌았고, 관중들은 경기장을 떠나지 못했다. 전국 곳곳의 술집 사장들은 공짜 술을 돌렸고, 집마다 축하주로 건배를 했으며, 방송국은 홍명보의 승부차기 장면을 수십 번이나 내보냈다. 국민은 그 장면을 보고 또 보고, 또 보면서도 전혀 지겨워하지 않왔고, 볼 때마다 감탄사를 뱉어내며 감격에 젖었다.

한국의 월드컵 4강 진출은 국가대표팀을 맡은 거스 히딩크 감독을 영웅으로 만들었다. 그야말로 히딩크 신드롬이라고 할 정도로 히딩크의 훈련술과 전술, 전략은 한국 사회 모든 분야의 모범 답안처럼 거론되었다. 그리고 해방 이후 좌익을 상징하며 죄수의 색깔로 여겨지던 붉은색은 영웅의 색깔, 정열의 색깔, 승리의 색깔로 바뀌었다. 동시에 '빨갱이'라는 말도 희석되었다. 해방 이후 한국인이 그토록 강하게 단결하고, 그토록 많이 웃고, 그토록 감격을 만끽한 사건은 없었다. 2002년의 월드컵 4강은 단순히 축구 경기에서 승리한 것이 아니라 한국인에게 감동과 희망을 현실로 만들어준 신화였다.

베스트셀러, 위기의식을 딛고 자기점검을 거쳐 일상으로 회귀하다

영화와 드라마, 대중가요에서 한류라는 새로운 조류가 형성되고, 월드컵에 대한 기대와 6월의 붉은 감동이 넘쳐날 때, 출판시장은 좀 더 냉정하게 한국인의 내면을 세밀하게 드러냈다.

1998년에는 법정의 『산에는 꽃이 피네』와 『무소유』, 잭 캔필드의 『마음을 열어주는 101가지 이야기』, 류시화의 『외눈박이 물고기의 사랑』과 『그대가 곁에 있어도 나는 그대가 그립다』, 미치 앨봄의 『모리와 함께한 화요일』, 이외수의 『그대에게 던지는 사랑의 그물』 등 마음을 다스리거나 정서를 순화하는 책들이 인기를 끌었다. 이는 IMF 구제금융의 충격에 대한 자기위로 현상으로 분석할 수 있을 것이다.

1999년에 이르면 독자들의 선호도는 크게 3가지로 나타난다. 오토다케 히로타다의 『오체불만족』, 서진규의 『나는 희망의 증거가 되고 싶다』처럼 어려움을 극복하고 건강한 정신으로 살아가는 이야기가 큰 호응을 얻는가 하면, 한편에서는 이케하라 마모루의 『맞아죽을 각오를 하고 쓴 한국, 한국인 비판』이나 김경일의 『공자가 죽어야 나라가 산다』와 같이 한국인과 한국 사회의 문제점을 신랄하게 비판한 책들이 호응을 얻었다. 빌 게이츠의 『생각의 속도』, 앤서니 기든스의 『제3의 길』 등 사회 발전의 방향을 가늠할 수 있는 책들도 인기를 끌었다.

2000년도 출판계는 IMF 구제금융의 충격에서 벗어나, 조창인의 『가시고기』, 로버트 기요사키의 『부자 아빠, 가난한 아빠』 등 가장으로 명명되는 아버지를 조명하는 책들에 주목했다. 또한 『느리게 산다는 것의 의미』와 같이 물질이나 문명보다 사람을 먼저 생각하는 사회를 추구하는 책이나 김용옥의 『노자와 21세기』 같은 인문학 지향의 책들도 베스트셀러에 이름을 올렸다. 실용서 부문에서 정찬용의 『영어공부 절대로 하지 마라』는 영어가 출세의 최고 수단이란 점을 환기시켰고, 외국 소설 부문에서는 조앤 K. 롤링의 『해리 포터』 시리즈, 무라카미 하루키의 『상실의 시대』가 독자층을 크게 형성히며 대형 작가의 출현을 예고했다. 이 밖에 장 코르미에의 『체 게바라 평전』이 베스트셀러에 오르는 이변이 연출되기도 했다.

2001년에는 2000년의 베스트셀러 목록이 거의 그대로 반복되는 현상을 나타냈다. 『이윤기의 그리스 로마 신화』, 박완서의 『아주 오래된 농담』 등이 새롭게 베스트셀러에 진입한 정도였다.

2002년은 〈느낌표〉의 시대라고 해도 과언이 아니었다. MBC 예능 프로그램 〈느낌표〉의 한 코너인 '책, 책, 책, 책을 읽읍시다'에서 선정된 책들이 베스트셀러를 석권했다. 『괭이부리말 아이들』, 『봉순이 언니』, 『그 많던 싱아는 누가 다 먹었을까』 등이 밀리언셀러 반열에 오른 것이다. KBS의 〈TV, 책을 말하다〉, MBC의 〈행복한 책 읽기〉 등에 소개된 『연탄길』이나 『오페라의 유령』 등도 인기를 끌었다. 이렇게 방송을 탄 뒤 베스트셀러가 된 책 외에도 틱낫한의 『화』, 베르나르 베르베르의 『뇌』, 스펜서 존슨의 『누가 내 치즈를 옮겼을까』 등도 독자들의 사랑을 받았다.

그러나 안타깝게도 교보문고와 더불어 한국 서점의 양대 산맥으로 인식되던 종로서적이 도산하면서 서점업계의 일대 변혁을 예고했다.

베스트셀러들이 보여주듯 김대중 시대 한국 사회는 IMF 구제금융이라는 위기의식에서 비롯된 자기점검, 자기비판, 자기반성으로부터 자기위안과 새로운 대안을 통한 통찰과 성숙 과정을 거쳐 다시 일상의 즐거움과 개인적인 탐닉으로 되돌아오는 모습을 보였다. 또한 종로서적의 몰락이 보여주듯 오프라인 서점이 본격적으로 퇴조하는 상황에 직면했다. 이는 디지털시대에 걸맞은 새로운 환경에 적응하지 못하면 더는 생존할 수 없다는 냉정한 현실을 시사하는 것이었다.

끊이지 않는 게이트, 김대중의 쓸쓸한 퇴장

2002년은 한국인들에게 감동과 신화를 만들어준 해였지만, 김대중에게는 가장 고통스러운 시절이었다. 2001년 말부터 김대중의 측근이 하나둘씩 비리에 연루되어 검찰 수사를 받기 시작했다. 신용보증기금 대출 보증 외압 사건, 동방금고 불법 대출 사건, 진승현 게이트, 한빛은행 불법 대출 사건, 이용호 게이트, 윤태식 게이트, 최규선 게이트 등 권력형 비리가 끊임없이 이어졌다. 설상가상으로 김홍일, 김홍업, 김홍걸 세 아들 모두 비리에 연루되어 법의 심판을 받아야 했고, 김대중은 몇 번이나 사과 성명을 발표해야 했다.

특히 3대 게이트로 불리는 진승현·이용호·최규선 사건은 김대중 정부의 도덕성에 치명타를 안겼다. 진승현 게이트는 MCI코리아의 부회장 진승현이 자신이 대주주로 있던 열린금고와 한스종합금융, 리젠

트종합금융 등에서 2300여억 원을 불법으로 대출받고 리젠트증권의 주가조작을 통해 비자금을 조성한 사건이다. 이 사건과 관련해 정관계 로비설이 불거졌고, 수사 과정에서 김대중의 좌장 권노갑이 배후 인물로 지목되었으나 무죄를 선고받았다. 또한 국정원 2차장 김은성이 알선수재 혐의로 구속 기소되었다.

이용호 게이트는 G&G그룹 회장 이용호가 자신이 인수한 KEP전자 등 계열사 자금 800여억 원을 횡령한 혐의로 기소되자, 이와 관련해 정관계에 로비 의혹이 일었던 사건이다. 이용호의 로비와 관련해 금융감독원, 검찰청, 여당 정치인 등의 연루설이 광범위하게 퍼졌다.

최규선 게이트는 김대중의 도덕성에 치명타를 입힌 사건이었다. 이 사건과 관련해 김대중의 셋째 아들 김홍걸이 검찰 수사를 받고 구속되었기 때문이다. 2002년 6월에는 김대중의 둘째 아들 김홍업이 알선수재와 변호사법 위반 혐의로 구속되었다.

이른바 '게이트 공화국'이라고 불릴 정도로 김대중 정부 막바지에 연일 비리사건이 터졌고, 두 아들마저 비리에 연루된 채 구속되어 김대중의 정치적 입지는 점점 좁아졌으며, 민주당에 대한 지지도는 바닥으로 곤두박질쳤다. 이는 6·13지방선거에서 한나라당이 압승을 거두는 결과로 이어졌다.

16대 대선전이 치열하게 전개되던 상황에서, 도덕성에 상처를 입은 김대중의 존재는 당과 정권 재창출에 아무런 도움이 되지 않았다. 결국 김대중은 총재직에서 물러나고, 민주당에서도 탈당했다. 김영삼과 노태우가 겪었던 일을 고스란히 답습하는 상황이 된 것이다.

그나마 다행인 일은 대통령 선거에서 노무현이 승리한 것이었다. 이회창, 노무현, 정몽준이 3파전을 벌이다가 노무현이 정몽준과의 단일화에 성공해 민주당이 정권 재창출에 성공한 것이다.

그러나 임기를 1달여 앞두고 북한이 NPT를 탈퇴하면서 김대중의 햇볕정책의 앞날은 더욱 어두워졌으며, 대북송금 사건마저 불거지면서 언론의 뭇매를 맞아야 했다. 이렇듯 대북송금 사건의 파장이 커져가는 상황에서 김대중은 2003년 2월 25일 쓸쓸한 모습으로 퇴임식을 치러야 했다.

퇴임 후 김대중은 동교동의 사저로 돌아갔으며, 사저 옆에 김대중 도서관을 개관하기도 했다. 2004년에는 김대중 내란음모 사건 재심 판결에서 무죄선고를 받아냈고, 노무현 대통령이 탄핵당하자 '심각한' 사태라는 표현을 쓰며 정치 상황에 대해 우려를 나타냈다. 또한 열린우리당의 창당으로 민주당의 분당사태가 일어나자 열린우리당을 지지했고, 후에 통합신당이 출범하자, 역시 통합신당을 지지했다.

그리고 2009년 7월에 폐렴 증상으로 서울 세브란스병원에 입원해 투병 생활을 하다가 8월 18일에 생을 마감했다. 2009년 9월에 미국 시사주간지 《뉴스위크》는 김대중을 조국의 정치적·경제적·사회적 변혁을 이끈 11인의 지도자 '트랜스포머'에 선정했다.

김대중은 첫 부인 차용애에게서 2남 1녀를 얻었고, 둘째 부인 이희호에게서 1남을 얻었다. 차용애가 낳은 장녀 소희는 일찍 죽었으며, 장남 홍일과 차남 홍업은 아버지로 인해 여러 차례 가택연금을 당하고, 아버지와 함께 망명 생활을 하기도 했다. 특히 김홍일은 보안사에 끌려가 고문을 당했고, 고문 후유증으로 장애를 얻었다. 15대 국회의원 선거에 출마해 당선되었고, 17대 총선에서 비례대표로 당선되었다. 차남 김홍업도 정치인으로 활동했으며, 2007년 전라남도 무안·신안 재보궐선거에서 당선되었다. 이희호에게서 태어난 3남 김홍걸은 미국 포모나대학교 태평양연구소 객원연구원을 지내는 등 정치와 거리를 두며 살았으나, 2002년 최규선 게이트에 연루되어 구속되었다.

절망과 희망 그리고 감격을 함께 나눈 김대중 시대

김대중 시대는 경제위기의 절망 속에서 시작되어 남북 정상회담을 통한 평화의 햇살을 안은 채 월드컵 4강의 감격으로 막을 내렸다.

정치에서는 보수와 진보의 연합정권이 수립되어 균형 잡힌 정책을 실시하는 한편, 국민의 참여를 유도하고 복지정책을 강화해 사회안전망을 확보하는 노력이 돋보였다. 하지만 연합정권의 한계가 노출되고, 지역감정의 병폐가 되살아났으며, 숱한 비리사건이 일어나 과거 정권의 전철을 밟기도 했다.

외교 면에서는 일본과 한일어업협정을 체결하고 월드컵을 공동으로 개최하는 등 비교적 유연한 관계를 유지했다. 또 미국 클린턴 정부와는 호의적인 관계를 이루었으나 부시 정부와는 대북관계에 대한 입장 차이로 갈등이 지속되었다. 이에 따라 남북 정상회담 이후 진전된 대북관계는 한계를 드러낼 수밖에 없었다.

경제에서는 IMF 체제에서 벗어나고 외환보유고가 늘어 안정을 되찾았으나 실업자와 비정규직이 늘어나 소득 양극화 현상을 빚었다.

사회·문화 측면에서는 민주주의가 정착되고 개인의 자유와 권리가 강화되었으며, 사회 갈등 과정에서 발생하는 시위문화도 유연해져 촛불문화제 같은 비폭력적인 모습으로 변했다. 또한 인터넷과 휴대전화의 보급으로 디지털 세계의 영향력이 급속도로 강화되었으며, 영화와 드라마, 대중가요를 중심으로 한류가 형성되면서 과거의 보호주의에서 벗어나 한국 문화를 세계에 알리는 데 좀 더 적극적인 자세를 가지게 되었다.

3 김대중 시대의 주요 사건

정주영의 소몰이 방북과 금강산 관광

1998년 11월 18일, 금강호가 동해항을 첫 출항해 금강산으로 향했다. 분단 이래 처음으로 남한의 관광객이 북한 지역에 들어가는 역사적인 순간이었다. 현대그룹 창업주 정주영이 1989년에 북한을 방문해 「금강산 남북공동개발 의정서」를 체결한 후 9년 만에 일궈낸 쾌거였다.

정주영은 1915년에 현재 북한 지역인 강원도 통천에서 태어났다. 쌀가게 배달원으로 일하기 시작해 쌀가게 주인이 된 후 자동차 수리공장, 광산업 등을 거쳐 현대자동차공업사를 설립하고, 현대건설·현대중공업·현대시멘트·현대전자 등을 기반으로 당시 한국 최대 기업 그룹인 현대그룹을 일군 입지전적인 인물이었다. 1989년에는 북한을 방문해 김일성과 금강산 개발 문제를 협의하고 「금강산 남북공동개발 의정서」를 체결했다. 1992년에는 국민당을 창당해 대표최고위원이 되었으며, 그해 12월에 14대 대통령에 출마해 바람을 일으켰으나 3위에 그쳤다.

이후 정계에서 은퇴한 후 김대중 정부가 출범하자, 김대중의 햇볕정책에 힘입어 대북사업의 선봉에 서게 되었다. 정주영은 1998년 6월 16일 소 500마리를 트럭에 싣고 판문점을 지나 군사분계선을 넘어 북한 지역으로 들어갔다. 정주영은 이 소를 '통일소'라고 불렀다.

그는 이 역사적인 행보에 앞서 판문점 공동경비구역 남측 지역에 있는 '평화의 집'에서 이런 말을 했다.

"강원도 통천에서 가난한 농부의 아들로 태어나 청운의 꿈을 안고 세 번째 가출을 할 때 아버님이 소를 판 돈 70원을 갖고 집을 나섰습니다. 이제 그 1마리의 소가 1000마리가 되어 그 빚을 갚으러 그리던 고향 산천을 찾아가는 것입니다."

정주영은 그해 10월 27일, 자신의 약속을 지키기 위해 소 501마리를 이끌고 다시 북한 땅을 밟았다. 자신이 훔친 아버지의 소 1마리와 1000마리를 합쳐 총 1001마리의 소를 트럭에 싣고 북한에 가져간 것이다. 두 번째 통일소를 이끌고 방북한 정주영은 북한의 김정일을 설득해 금강산 관광 사업을 성사시켰다.

1999년 2월에는 대북사업체인 현대아산을 설립해 본격적으로 금강산 개발에 착수했다. 정주영은 2001년 1월 폐렴으로 사망할 때까지 통일사업에 대한 의지를 꺾지 않았다. 이런 그의 노력을 인정해 2001년 5월에 제5회 만해상 평화상이 추서되었고, 2006년 11월에는 《타임》이 선정하는 아시아의 영웅에 선정되었으며, 2008년에는 DMZ 평화상 대상이 특별 추서되었다.

1998년 11월에 금강산 관광이 처음 시작된 후, 2002년 11월 23일에는 금강산관광지구라는 특별행정구역으로 명명되었으며, 2003년 2월 14일부터는 군사분계선을 통과하는 버스 육로 관광이 개시되었다. 덕분에 2005년 6월에는 금강산 관광객이 100만 명을 돌파했으며, 2008년 3월부터는 금강산 승용차 관광이 허용되었다.

금강산 관광은 금강산 주변 지역에 대한 개발 계획으로 이어졌고, 2006년 2월에 현대아산과 북한 당국 간에 금강산종합개발계획이 합의되었다. 이 계획의 골자는 해금강에서 원산까지 약 109킬로미터에 이르는 19억 8348만 제곱미터(약 6억 평) 규모의 관광특구를 조성한다는 것이다. 이 계획에 들어갈 총투자금은 22억 6000만 달러였다.

하지만 2008년 7월 11일에 금강산 관광객이 산책을 하다 북한 군인의 총격을 받고 사망하는 사고가 일어나 이튿날부터 금강산 관광은 잠정 중단되었다. 이후 현대아산은 정부로부터 대대적인 조사를 받아야 했고, 금강산 관광은 잠정 중단되었다.

옷로비사건과 특별검사제 도입

1999년 5월 24일, 김대중 정부는 개각을 단행해 2기 내각을 출범시켰다. 그러나 다음 날 언론에 보도된 기사 하나 때문에 개각의 의미는 크게 훼손되고 말았다. 1998년 말에 장관과 검찰총장의 부인들이 고급 옷을 구입한 뒤에 옷값을 재벌 회장 부인들에게 대신 내게 했다는 것이다. 여기서 거론된 검찰총장은 신임 법무부장관 김태정이었고, 재벌 부인은 신동아그룹 회장 최순영의 부인 이형자였다.

최순영은 당시 외화 밀반출 혐의로 구속 중이었는데, 이형자는 남편을 구명하기 위해 고위 공직자의 부인들에게 고급 옷을 선물하는 방법으로 로비를 했다는 것이 언론에 보도된 내용이었다. 고위 공직자의 부인들 중에는 영부인 이희호의 이름도 거론되었고, 청와대는 이에 대해 전혀 사실이 아니라며 해명했다.

언론에 옷로비에 관한 정보를 전한 인물은 다름 아닌 이형자였다. 이 때문에 김태정의 부인 연정희는 이형자를 고발했고, 검찰은 이 사건을 서울지방검찰청 특수2부 김인호 부장에게 배당해 발 빠르게 수사를 진행했다. 그 후 김인호 부장은 수사 결과를 이렇게 발표했다.

"이형자 씨가 남편 구명을 위해 강인덕 전 통일부장관 부인 배정숙 씨에게 접근했고, 배씨는 당시 김태정 검찰총장 부인 연정희 씨를 통해 선처를 부탁하려 했으나 실제로 하지는 못했으며, 이와 관련해 연씨에게 옷을 사준 일도 없는 것으로 밝혀졌다."

검찰의 발표에 김대중은 옷로비사건을 "마녀사냥식으로 몰지 말라"

라는 말로 일축했다. 하지만 김태정은 그로부터 일주일 뒤인 6월 8일에 경질되었다. 당시 검찰청 공안부장으로 있던 진형구가 술에 취해 조폐공사의 파업을 유도했다는 말을 했는데, 그에 대한 책임을 묻는다는 이유였다.

김태정이 법무부장관 자리에서 물러난 뒤에도 옷로비사건에 대한 의혹은 계속되었고, 야당과 언론은 연일 진실을 밝혀야 한다며 여당과 청와대를 몰아세웠다. 결국 그해 8월 23일부터 25일까지 3일 동안 국회청문회가 열렸다. 청문회 증인으로는 연정희, 이형자, 배정숙 그리고 문제의 호피무늬 반코트 옷집 사장 정일순, 디자이너 앙드레 김 등이 채택되었다. 하지만 청문회는 앙드레 김의 본명이 김봉남이라는 사실만 전 국민에게 알렸을 뿐 아무것도 밝혀내지 못했다. 시민단체는 이 국회청문회가 완전히 실패작이라며 특별검사제를 도입할 것을 주장했고, 정부는 결국 이 주장을 받아들여 건국 이래 최초로 특별검사제가 도입되었다.

특별검사로 임명된 사람은 변호사 최병모였다. 특검팀은 그해 12월 20일에 조사 결과를 발표했는데, 검찰 수사 결과와 다소 다른 내용이었다. 검찰 수사에서는 이형자의 실패한 로비라고 규정했으나 특검은 실패한 것이 아니라 포기한 로비라고 밝혔다. 특검에 따르면 이형자에게 옷값 대납을 요구한 사람은 정일순과 배정숙이었고, 이형자가 로비를 시도하려 했던 대상은 연정희와 이희호였다는 것이다. 하지만 이희호는 접근이 불가능했고, 연정희에게선 최순영의 구속 방침이 확정되었다는 소리만 들었다. 이에 이형자는 남편 구명 로비를 포기하고 김태정을 낙마시키기로 마음을 바꿔 옷로비에 관한 내용을 언론에 알리게 되었다는 것이다.

그렇게 세상을 떠들썩하게 하며 정가를 뒤흔들어놓은 옷로비사건은 검찰 수사와 국회청문회 그리고 특별검사까지 동원되어 조사했음에도 실체도 없이 허망한 결론과 의혹만 남겨놓고 끝나버렸다.

햇볕정책과 6·15남북공동선언

햇볕정책이란 북한에 대한 김대중의 포용정책을 상징하는 용어로서 정식 명칭은 대북화해협력정책이다. 이 정책의 단초는 서독의 동방정책에서 비롯되었으며, '햇볕'이라는 이름은 바람이 벗기지 못한 외투를 태양의 따스함으로 벗긴다는 이솝 우화에서 나온 것이다.

김대중이 대통령이 되었을 때, 미국의 클린턴 정부는 1994년의 제네바합의 이후 줄곧 북한에 대해 유화책을 구사하고 있었다. 김대중도 선평화 후통일 정책을 기반으로 북한에 대해 유화적이고 포용적인 태도를 가져야 한다고 생각했다. 이는 대통령이 되기 전부터 가지고 있던 일관된 시각이었다. 그래서 대통령 취임식에서 햇볕정책을 천명하고 금강산 관광 등을 실행하고, 국가보안법을 개정하려 했다. 그런데 1999년 6월 15일에 서해교전이 벌어졌고, 이 사건 발발 이후 보수 신문은 햇볕정책에 대해 대대적인 공격을 퍼부었다. 또한 국가보안법 문제를 들고 나와 집요하게 김대중 정부를 공격해 결국 국가보안법 개정을 저지시켰다.

하지만 김대중의 포용정책 기조는 지속되었고, 2000년 3월 9일에 베를린선언을 발표하면서 좀 더 구체화되었다. 당시 유럽을 순방하고 있던 김대중은 베를린자유대학교에서 '독일 통일의 교훈과 한반도 문제'라는 제목의 연설을 하면서 한반도 평화 정착과 남북 통일을 위한 제안이라는 내용으로 '베를린선언'을 내놓았다.

베를린선언의 내용은 연설을 하기 전에 북한에 통보한 상황이었고, 그 핵심은 4가지였다. 첫째, 북한이 경제적 어려움을 극복할 수 있도록 돕는다. 둘째, 현재의 목표는 통일이 아니라 한반도 평화 정착이다. 셋째, 이산가족 문제에 대해 북한이 적극적으로 호응해줄 것. 넷째, 남북 당국 간의 직접적인 대화와 협력의 필요성에 따라 특사를 교환할 것. 물론 이 4가지는 김대중 정부 출범 초부터 일관되게 표명해온 바였지만, 베를린선언의 경우 북한이 호응했다는 데 의미가 있었다.

이후 남과 북은 특사를 교환하며 협의한 끝에 정상회담 개최를 약속했고, 4월 10일에 이 내용을 전격 발표했다. 그리고 마침내 역사적인 남북 정상회담이 이루어졌다. 6월 13일 김대중은 평양 순안공항에 도착해 김정일의 환대를 받았고, 6월 15일에 평양 백화원 영빈관에서 김정일 국방위원장과 정상회담을 개최하고 6·15남북공동선언을 발표했다. 이 자리에서 남북의 두 정상이 합의한 5개 기본 조항은 다음과 같다.

① 남과 북은 나라의 통일 문제를 그 주인인 우리 민족끼리 서로 힘을 합쳐 자주적으로 해결해나가기로 하였다.

② 남과 북은 나라의 통일을 위한 남측의 연합제 안과 북측의 낮은 단계의 연방제 안이 서로 공통성이 있다고 인정하고, 앞으로 이 방향에서 통일을 지향시켜나가기로 하였다.

③ 남과 북은 올해 8·15에 즈음하여 흩어진 가족, 친척 방문단을 교환하며 비전향 장기수 문제를 해결하는 등 인도적 문제를 조속히 풀어나가기로 하였다.

④ 남과 북은 경제 협력을 통하여 민족경제를 균형적으로 발전시키고 사회·문화·체육·보건·환경 등 제반 분야의 협력과 교류를 활성화하여 서로의 신뢰를 다져나가기로 하였다.

⑤ 남과 북은 이상과 같은 합의 사항을 조속히 실천에 옮기기 위하여 이른 시일 안에 당국 사이의 대화를 개최하기로 하였다.

김대중 대통령은 김정일 국방위원장이 서울을 방문하도록 정중히 초청하였으며, 김정일 국방위원장은 앞으로 적절한 시기에 서울을 방문하기로 하였다.

5개 기본 조항의 4항에 의거해서 개성공단 설립에 대한 합의도 이끌어냈다. 또한 언론사 사장단이 북한을 방문했으며, 북한에 쌀을 지원하고, 비전향 장기수들을 북한으로 돌려보냈다. 하지만 보수 언론들은 이 일련의 사건들에 대해 연일 맹공을 퍼부었고, 일부에서는 북한과 통일 문제를 합의한 것은 대통령에 의한 국헌(國憲) 문란이라고 주장했다. 또한 김영삼은 김정일을 규탄하고 그의 서울 답방에 반대하는 서명운동을 벌였다. 김영삼은 김정일을 민족 반역자로 규정하고 그런 김정일과 김대중이 민족 통일의 방향에 대해 합의한 것은 위험한 사기극이라고 주장했다.

보수 세력의 반발이 거센 가운데 김대중은 그해 10월 13일에 노벨 평화상 수상자로 발표되었다. 이에 대해서도 보수 언론은 비난 일색이었다.

이렇듯 6 · 15남북공동선언은 그 역사적인 의의에도 불구하고 한국 사회의 갈등 요소가 되었다. 더구나 2000년 12월 미국 대선에서 공화당의 부시가 승리하면서 남북 정상에 의한 공동선언의 실천 과정에는 짙은 먹구름이 드리워졌다.

두 차례에 걸친 남북 해상 충돌

햇볕정책과 남북 정상회담으로 남북 간에 온화한 기운이 지속된 김대중 시대지만 서해 해상에서 남과 북의 군대가 두 차례나 무력 충돌했다. 제1연평해전과 제2연평해전으로 불리는 두 차례에 걸친 전투는 남과 북에 심대한 인적 · 물적 피해를 주었다.

1999년 6월 15일에 일어난 1차 교전은 연평도 서쪽 북방한계선(NLL)을 북한 경비정이 침범하면서 시작되었다. 당시 북한 경비정은

6월 6일부터 지속적으로 NLL을 침범해 우리 군대의 반응을 살피고 돌아가곤 했다.

NLL은 1953년에 UN군이 남북 간의 군사 충돌을 억제할 목적으로 설정한 해상분계선이다. 당시 UN군과 북한은 육상에 대한 군사분계선에만 합의했을 뿐 해상 합의를 하지 않았기 때문에 북한은 NLL을 인정하지 않고 있었다. 하지만 휴전협정 후 20년 동안 북한은 NLL에 대해 특별한 이의 제기를 하지 않았기에 NLL은 사실상 해상분계선의 기능을 해왔다. 그런데 1973년 이후 북한은 UN군이 NLL 설정을 중국이나 자신들에게 통보한 적이 없다며 지속적으로 이에 대한 시정을 요구해오다 1999년 6월 15일에 제1연평해전을 일으킨 것이다.

교전 당일 북측은 4척의 경비정이 어선 20여 척을 이끌고 NLL 남쪽 2킬로미터 해역까지 내려왔고, 남측 해군은 참수리급 고속정과 초계함 10여 척을 동원해 해군 교전 수칙에 따라 경고 방송을 했다. 그러자 북측 경비정 7척이 우리 해군 고속정에 접근해 충돌하는 방식으로 공격했다. 이에 해군은 두 차례에 걸쳐 밀어내기 경고를 실행했다. 이때 북측 경비정 684호가 25밀리미터 기관포로 공격을 해왔고, 어뢰정 3척도 가담했다. 하지만 남측 해군의 참수리급 고속정과 포항급 초계함의 반격으로 반파되어 퇴각했다.

이날 교전으로 참수리급 고속정 325호의 정장 안지영 대위를 비롯해 장병 7명이 부상을 당해 국군수도병원으로 후송되었다. 한편 북측은 어뢰정 1척이 침몰하고, 경비정 1척이 반파되고, 3척은 파손되었으며, 수십 명이 죽거나 다쳤다. 말하자면 남측의 승리였던 셈이다.

2차 교전은 한일월드컵이 막바지에 이른 2002년 6월 29일에 일어났다. 이날 북측의 등산곶 684호가 한국 해군 참수리급 고속정 357호를 기습적으로 함포 공격해 교전이 시작되었다.

교전 결과 양쪽 군대 모두 인적·물적으로 큰 피해를 입었다. 선제공격을 받은 참수리급 고속정 357호의 정장 윤영하 소령, 한상국 등 장병 6명이 전사하고, 19명이 부상을 당했다. 전투가 끝난 후 복귀하던 357호 고속정은 결국 침몰했다. 한편 북측은 30여 명의 사상자를 내고, 초계정 684호가 반파된 채 퇴각했다.

이렇듯 두 차례에 걸쳐 무력 충돌이 일어났지만, 김대중은 북한에 대한 포용정책의 기조를 결코 포기하지 않았다.

4   김대중 시대의 국무총리들

김대중 시절에는 31대부터 34대까지 4명의 국무총리가 재임했다. 김대중 정부의 국무총리는 공동정부의 약속에 따라 자민련의 몫이었다. 31대 국무총리 김종필에 이어 자민련 총재를 맡고 있던 박태준이 임명되었고, 박태준에 이어 국무총리가 된 인물도 자민련 총재를 맡았던 이한동이다. 자민련 출신의 이한동 총리를 마지막으로 김대중과 자민련의 공동정부가 붕괴하면서 김대중 정부의 네 번째 국무총리는 중앙선거관리위원장 출신인 김석수가 맡았다.

31대 국무총리 김종필은 1926년 충청남도 부여에서 태어났으며, 서울대학교 사범대와 육군사관학교를 거쳐 장교 생활을 했다. 그러던 중 5·16쿠데타에 가담해 중앙정보부를 세우고 초대 중앙정보부장을 역임했으며, 공화당 부총재, 8대 국회의원을 지낸 뒤 국무총리가 되었다. 1979년 박정희가 사망한 후 공화당 총재를 맡았으나 전두환 세력의 압력으로 정계를 은퇴해 미국으로 갔다. 1987년 정계에 복귀해 공화당을 창당하고 그해 대통령 선거에 출마했으나 낙선했다. 1990년에는 노태우, 김영삼과 3당 합당을 해 민자당 창당에 참여한 뒤 대표최고위원으로 활동했다. 그러나 김영삼이 대통령에 오른 후 그와 갈등을 겪다가 1995년에 민자당을 탈당해 자민련을 창당하고 총재가 되었다. 그해에 김대중과 연합해 국민의 정부 출범에 이바지했으며, 공동정부 수립 후 국무총리에 임명되었다.

김대중으로부터 국무총리에 지명되었으나 야당인 한나라당이 임명에 동의하지 않아 6개월 동안 서리로 있다가 1998년 8월에 국무총리에 임명되었다. 이후 각료에 대한 인사권을 행사하며 실세 총리로 재임하다 2000년 1월 12일에 물러났다. 총리에서 물러난 뒤 실시된 총선에서 자민련은 17석밖에 확보하지 못했고, 2001년 9월에는 임동원 통일부장관 해임안에 찬성하면서 김대중 정부와 결별했다. 2002년 대통령 선거 출마를 선언했으나 지지율이 낮아 실행에 옮기지 못했고, 2004년 노무현 대통령 탄핵에 동의했으나 그 역풍으로 17대 국회의원 선거에서 낙선했다. 이후에는 정치적 영향력이 약화되고 건강도 악화되어 정치 활동을 거의 중단했다.

32대 국무총리 박태준은 1927년 경상남도 양산에서 태어났다. 와세다대학교, 육군사관학교 등을 거쳐 장교로 복무했고, 1963년에 소장으로 예편했다. 이후 대한중석광업(지금의 대구텍) 사장에 임명되어 기업가로 활동했고, 1968년에는 포항종합제철(지금의 포스코) 초대 사장이 되어 1992년까지 이끌며 세계 굴지의 기업으로 키웠다. 1980년에 전두환 정권이 들어서자 정계에 입문해 1981년 민정당 소속으로 11대 국회의원이 되었고, 1988년에는 민정당 대표를 맡았다. 1990년 3당 합당 후에는 민자당 최고위원이 되었으며, 1992년에는 김영삼과 대립하다 국회의원직을 사퇴했다. 1997년 포항 북구 보궐선거에 출마해 재기했고, 그해에 자민련에 입당해 총재가 되었다. 국민의 정부 출범 후에 자민련 몫의 국무총리에 올랐으나 부동산 명의 신탁 의혹을 받고 4개월 만에 퇴임했다. 이후 포스코 명예회장, 포스코청암재단 이사장 등을 지내다 2011년에 85세를 일기로 세상을 떠났다.

박태준이 국무총리에서 급하게 물러나는 바람에 5일 동안 공백상태가 되자, 이헌재 부총리가 국무총리 권한대행을 맡았다.

33대 국무총리 이한동은 1934년 경기도 포천에서 태어났으며, 서울대학교 법대 재학 중 군복무를 하면서 사법고시에 합격했다. 이후 판사와 검사를 거쳐 1981년에 민정당 소속으로 국회의원에 출마해 당선되면서 정계에 입문했다. 민정당 사무총장과 원내총무를 지냈고, 내무부장관을 역임했다. 민자당과 신한국당 시절에는 김영삼과 원만한 관계를 유지하며 국회부의장을 맡았고, 1997년에는 대통령 후보 경선에 출마했으나 낙선했다. 그 뒤 한나라당 부총재와 총재 권한대행을 지냈으나, 1999년에 한나라당을 탈당하고 자민련에 입당해 자민련 총재가 되었다. 2000년 5월에 국무총리 서리, 6월에 국무총리에 임명되어 2002년 7월까지 2년 1개월간 재임해 국민의 정부 최장수 총리가 되었다. 총리 퇴임 후 자민련을 탈당하고 하나로국민연합을 창당해 16대 대통령 선거에 출마했으나 낙선했고, 이후 변호사로 활동하다 2007년 한나라당에 재입당해 이명박을 지지했다.

이한동이 총리에서 물러난 뒤 김대중은 헌정 사상 최초로 여성을 국무총리에 지명했다. 하지만 대학 총장 출신 장상은 아들의 미국 국적 취득 문제와 부동산 투기 및 위장 전입 문제, 학력 허위 기재 문제 등으로 국회에서 인준동의안이 부결되었다.

장상 다음으로 국무총리에 지명된 사람은 《매일경제》 사장을 지낸 장대환이었다. 하지만 장대환도 세금 탈루 등의 의혹으로 국회 인준을 받지 못했다.

장대환에 이어 국무총리에 지명된 사람은 법조인 출신 김석수였다. 34대 국무총리 김석수는 1932년 경상남도 하동에서 태어났으며, 연세대학교 법학과를 졸업하고 사법고시에 합격해 법관 생활을 했다. 이후 대법관 등을 거쳐 중앙선거관리위원장을 맡았고, 2002년 10월에 국무총리에 임명되어 2003년 2월까지 4개월간 선거 정국을 관리하다 퇴임했다. 퇴임 후에는 연세대학교 이사장을 지냈다.

9장

•

노무현 대통령실록

노무현盧武鉉
(1946 – 2009)

재임 기간:
2003년 2월 – 2008년 2월
(5년)

"국민 통합은 이 시대의 가장 중요한 숙제입니다.
원칙을 바로 세워 신뢰 사회를 만듭시다.
평화와 번영과 도약의 시대로 정정당당하게
노력하는 사람이 성공하는 사회로 나아갑시다."

―제16대 대통령 취임사 中 (2003)

1   시대의 아픔 꺼안고
새로운 세상을 열망한 노무현

빈농의 아들, 상고를 졸업하고 사법시험에 합격하다

노무현은 1946년 9월 1일 경상남도 김해군 진영읍에서 광주 노씨 판석과 이순례의 3남 2녀 중 3남으로 태어났다. 노판석은 1900년에 노학용과 안퇴래 사이에서 태어났으며, 가난한 농부였다. 첫 번째 부인 조영희에게서 딸 1명을 얻고 이혼한 뒤 두 번째 결혼한 아내가 노무현의 어머니 이순례였다.

노무현은 이순례가 43살에 낳은 늦둥이였다. 노무현이 태어났을 때, 이복 누나 명자는 19살이었고, 그 아래로 큰형 영현과 둘째 누나 영옥, 둘째 형 건평이 있었다.

노무현은 8살에 대창초등학교에 입학했고, 학업 성적이 우수했다. 초등학교 6학년 때 전교회장을 맡은 것을 보면 내성적인 성격은 아니었던 모양이다. 진영중학교 1학년이던 1959년 말에 선거를 앞두고 이승만의 생일을 기념하는 교내 글짓기대회가 열렸는데, 이를 못마땅하게 여기고 친구들과 백지동맹을 일으켜 정학을 당했다.

이듬해 집안 형편이 나빠져 1년간 휴학하고, 이후 정수장학회의 전신인 부일장학회의 장학금을 받으며 학업을 계속했다. 1963년에 진영중학교를 졸업하고, 부산의 실업계 명문인 부산상업고등학교에 진학해 부산에서 학교를 다녔고, 1966년 졸업한 후에는 농협에 응시했으나 떨어졌다. 당시 부산상업고등학교 졸업생들이 은행이나 농협, 대기업의 경리부 등에 무난히 취직한 것을 감안하면 고등학교 성적이 그다지 우수하지는 못했던 모양이다. 이후 어망을 만드는 회사에 취직했으나, 근무 환경이 열악해 오래지 않아 퇴사했다.

퇴사 후 노무현은 막노동을 하며 사법시험을 준비했으나 합격하지 못하고 1968년 군대에 입대해 1971년 만기 제대했다. 제대 후 다시 사법시험을 준비했고, 1973년에 초등학교 동창인 권양숙과 결혼해 아들 건호와 딸 정연을 얻었다. 노정연이 태어난 1975년, 17회 사법시험에 합격해 2년의 연수 과정을 거쳐 판사로 임용되었다.

노무현의 첫 근무지는 대전지방법원이었다. 하지만 가난에서 벗어나기 위해 임용된 지 7개월 만에 퇴직해 부산에서 변호사로 개업했다. 변호사 시절 노무현은 고등학교 전공을 살려 세무와 회계 분야에서 제법 명성을 얻었고, 수입도 좋은 편이었다. 덕분에 한때 요트를 즐기며 부를 누리는 삶을 살기도 했다.

부림사건을 계기로 재야운동가의 길을 가다

노무현의 평온한 삶은 1981년에 부림사건의 변호인이 되면서 막을 내렸다. 부림사건이란 '부산의 학림사건'이라는 의미로 붙여진 명칭이다. '학림'은 서울 동숭동 대학로에 있던 학림다방을 가리킨다. 12·12군사반란을 일으켜 권력을 장악한 전두환 신군부 세력은 학생단체를 모두 반국가단체로 몰았는데, 당시 학생단체였던 전국민주학생연맹(전민학련)이 학림다방에서 첫 모임을 가지다가 체포되었다. 경찰은 민병두 등 대학생과 이태복 등 노동운동가 24명을 연행해 물고문과 전기고문을 가했다. 이후 그들은 국가보안법 위반 혐의로 최소 징역 1년에서 무기징역까지 선고받았다. 부산에서도 이와 유사한 사건이 발생했는데, 이를 부림사건이라고 불렀다.

부림사건은 1981년 9월에 발생했다. 이 사건으로 학생과 시민 22명이 구타와 고문을 당했고, 반국가단체 활동을 한 혐의로 징역 3년에서 징역 10년을 선고받았다(2009년에 열린 재심에서 이 사건은 무죄를 선고받았다).

노무현은 김광일, 문재인 등과 함께 부림사건의 변론을 맡았고, 이후 인권변호사의 길을 걷게 되었다. 부림사건 이후 시국사건과 관련해 노무현이 참여한 사건은 부산 미국문화원 방화 사건이었다. 이돈명, 유현석, 황인철, 홍성우 등 서울에서도 명성이 자자한 인권변호사들이 이 사건의 변호를 함께 맡았다.

이 두 사건에서 노무현은 피고인들에 대한 불법 구금과 고문 행위를 폭로하며 검사를 몰아붙였지만 모든 공안사건이 그렇듯 변론의 힘은 크게 작용하지 못하고 부산 미국문화원 방화 사건을 주도한 문부식에게 중형이 선고되었다. 이후 부산의 운동권 세력이 초토화되어 한동안 시국사건은 일어나지 않았다.

노무현이 다시 시국사건을 맡은 것은 1983년 말에 부림사건으로 구속된 사람들이 집행정지로 풀려나면서부터였다. 노무현과 함께 변호사 사무실을 운영했던 문재인의 말에 따르면 그들은 처음부터 인권변호사의 길을 걸으려 한 것은 아니었다. 다만 자신들을 찾아오는 사건을 피하지 않았고, 그들의 말에 공감하면서 열심히 변론하다 보니 인권변호사가 되어 있었다고 한다.

노무현은 동료 변호사 문재인과 함께 활동 반경을 넓혔다. 부산에서 활동하는 인권변호사는 몇 명 되지 않았기 때문에 창원이나 마산, 울산, 거제 지역에서 노동사건 의뢰가 잦았고, 자연스럽게 부산·경상남도 지역 전체를 활동 무대로 삼게 된 것이다. 이후 노무현의 사무소는 부산, 울산, 경상남도 지역의 노동자 인권 센터처럼 되었다.

당시 부산의 재야인사들은 거의 대부분 공해문제연구소에 속해 있었다. 공해문제연구소는 신군부의 탄압이 워낙 거셌던 시절이라 민주화운동의 이름을 걸고 활동할 수 없기 때문에 이름은 환경단체처럼 만들고 실제로는 반독재투쟁을 하는 단체였다. 노무현은 1984년에 발기인으로 참석했고, 문재인과 함께 이사직을 맡았다. 이듬해인 1985년에 전두환 정권의 힘이 약화된 틈을 타 부산민주시민협의회가 만들어졌고, 노무현은 이 조직의 발기인으로 참여해 상임위원장과 노동분과위원장이 되었다. 이어 노무현은 자신의 사무실에 노동법률 상담소를 열기까지 했다. 문재인은 이때부터 본격적으로 재야운동에 발을 들여놓게 되었다고 회고했다.

6 · 10항쟁의 선봉에 서다

1985년부터 전두환 정권에 대한 시민들의 저항이 점점 거세졌다. 대학에서도 총학생회가 부활해 대학가는 연일 시위를 벌였고, 대학교 캠퍼스는 항상 최루탄 가스의 매캐한 냄새에 휩싸여 있었다. 거리와 광장에서도 시위가 끊이지 않았다. 부산 지역에서 시위가 예상되면 경찰은 핵심 재야인사들이 시위 현장에 가지 못하도록 막았고, 노무현도 그 대상이었다. 중요한 집회가 예정되어 있으면 사무실 바깥으로 나가지 못하게 하는 이른바 '사무실연금'을 당해야 했다. 궁리 끝에 시위 현장에 참석하더라도 정보과 형사들이 항상 뒤를 밟았다. 노무현뿐 아니라 모든 재야인사에겐 정보과 형사가 따라붙었다.

1986년에 이르러 노무현은 아예 평범한 사건은 수임하지 않고 시국사건만 맡았다. 그런 가운데 1987년 1월에 박종철 고문치사 사건이 터졌다. "수사관이 탁 치니 억 하고 쓰러졌다"라는 경찰청장의 말이 불씨를 당겼다. 박종철은 부산 출신이었기에 특히 부산 시민들의 분노는 하늘을 찔렀다. '박종철 군 국민추도회 준비위원회'가 꾸려졌고, 노무현은 문재인과 함께 준비위원으로 참여했다. 추도회 장소는 부산의 사찰인 대각사였는데, 경찰의 진입 방해로 추도회는 제대로 열리지 못했다. 결국 추도회는 남포동의 부산극장 앞에서 이뤄졌고, 그곳은 곧 시국 집회장이 되었다. 뒤늦게 집회 장소에 출동한 경찰이 최루탄을 쏘며 달려왔고, 노무현은 연행되었다. 이후 노무현에게 몇 차례나 영장이 청구되었지만, 결국 기각되면서 노무현은 전국적인 유명 인사가 되었다.

1987년 전두환이 '4·13호헌조치'를 발표하자 이에 반발한 야당과 재야인사, 시민들은 대통령 직선제를 외치며 6·10항쟁에 나섰고, 마침내 군사정권의 항복 선언으로 불리는 노태우의 '6·29선언'을 이끌어냈다. 6·10항쟁 중에 노무현은 부산국민본부 상임집행위원장을 맡아 항쟁을 진두지휘했다.

노동자를 위해 국회에 입성해 청문회 스타가 되다

1987년 8월 대우조선 노동자 이석규가 노동조건 개선을 요구하는 시위에 참여했다가 경찰이 쏜 최루탄에 맞아 사망했다. 노무현은 이상수 변호사와 함께 이 사건의 변호를 맡았다. 하지만 노무현과 이상수는 이 일과 관련해 3자 개입과 장례식 방해 혐의로 구속되었다. 이에 동료 변호사 문재인이 변론을 맡고, 99명의 변호인단이 꾸려졌다. 변호인단은 법원에 구속적부심사를 신청했고, 수십 명의 변호사가 변호 인석과 방청석을 가득 메웠다. 덕분에 노무현은 구속된 지 23일 만에 풀려났다. 하지만 검찰은 그해 11월에 노무현을 불구속 기소했고, 동 시에 업무정지 명령이 떨어졌다. 그리고 1988년 2월에 법원에서 벌금 100만 원을 선고받았다. 노무현은 이를 부당하게 여겨 항소했으나, 정 치 활동에 바빠 스스로 취하했다.

그 무렵 노무현은 정계에 발을 들여놓았다. 통일민주당(민주당) 총재 김영삼의 권유로 1988년 4월 26일에 실시된 13대 총선에 출마한 것 이다. 당시 노무현이 살던 곳은 부산 남구였지만, 동구를 택했다. 민주 당에서는 노무현이 남구에 출마할 것으로 생각하고 지역구를 비워놓 고 있었다. 하지만 노무현은 동구에 출마한 5공의 핵심 인사 허삼수와 맞대결을 벌이고 싶어 했다. 주변 사람들이 만류했지만 노무현은 고집 을 꺾지 않고 끝내 허삼수와 대결했다. 이때 노무현의 선거 구호는 '사 람 사는 세상'이었다. 그리고 허삼수와 접전을 벌인 끝에 승리했다. 득 표율은 50.6%였다.

13대 국회에 입성한 노무현은 노동위원회에서 활동했다. 노동자를 위해 국회에 들어간 만큼 당연한 귀결이었다. 이석규사건 때 함께 구 속되었던 이상수도 국회의원이 되어 노동위원회에서 활동했다. 노무 현, 이상수 그리고 학생운동가 출신 이해찬은 노동위원회의 삼총사로 불리기도 했다.

그해 11월에 5공특위 청문회가 개최되었고, 노무현은 이 청문회에 서 뛰어난 언변과 논리정연한 질문 그리고 폐부를 찌르는 질타로 주목 받았다. 무엇보다도 청문회에 나와 무죄를 주장하던 전두환이 퇴장하 자 증언대를 향해 명패를 집어던지는 행동을 해서 국민의 주목을 받았 다. 하지만 이날 그가 명패를 던진 것은 전두환 때문이 아니라 야당 편을 들어주지 않은 민주당 지도부에 분통이 나서 한 행동이라고 스스로 해명한 바 있다. 어쨌든 노무현은 이 청문회로 일약 스타 정치인이 되었다.

양김의 벽에 부딪히다

5공 청문회 이후 정치 지형에 엄청난 지각변동이 일어났다. 1990년 1월, 민주당 총재 김영삼은 민정당과 공화당을 합쳐 민자당을 출범시켰다. 하지만 노무현은 김영삼의 견해에 동의하지 않았다. 노무현은 김영삼의 3당 합당 참여를 민주화 운동에 대한 명백한 배신 행위라고 판단하고 김영삼과 잡았던 손을 놓았다.

노무현은 민주당에 잔류했고, 함께 남은 김정길, 이기택, 무소속 의원 홍사덕, 이철 등과 함께 민주당을 창당했다. 이른바 '꼬마민주당'이다. 이후 노무현의 정치 인생은 고난의 연속이었다. 1992년 총선에서 부산 동구에 출마했지만 낙선했고, 1995년에는 꼬마민주당과 김대중의 신민당이 합당한 민주당 후보로 부산시장에 출마했지만 역시 낙선했다.

이 무렵 1992년 대선 패배 후 정계에서 물러났던 김대중이 복귀했다. 동시에 국민회의가 만들어졌고, 민주당 국회의원 대다수가 국민회의로 가버렸다. 하지만 노무현은 이번에도 민주당에 잔류했다. 그리고 민주당과 개혁신당이 통합해 통합민주당(민주당)이 출범했는데, 노무현도 함께했다.

이듬해인 1996년 4월 11일, 15대 총선이 실시되었고, 노무현은 서울 종로구에서 출마해 신한국당 이명박, 국민회의 이종찬 등과 겨루었으나 3위로 낙선했다. 노무현이 선거에서 질 때마다 문재인은 정계에서 물러나 다시 인권변호사로 활동할 것을 권유했다. 하지만 노무현은 듣지 않았다. 김영삼과 결별한 후 연달아 선거에서 패배했음에도 이번에는 국민통합추진회의(통추)를 결성해 지역감정의 벽을 깨고자 했다. 통추에 참여한 인물은 노무현, 김원기, 원혜영, 이철, 제정구, 박계동, 이부영, 김정길 등 비교적 깨끗하고 참신한 정치인들이었다. 하지만 이들은 양김의 벽을 쉽게 넘지 못했다.

지역감정의 벽에 도전해 '바보'라는 애칭을 얻다

통추는 양김의 벽을 넘기 위해 결성되었지만, 1997년에 15대 대선을 앞두고서 신한국당과 국민회의로 양분되었다. 민주당의 대통령 후보였던 조순이 신한국당과 합쳐 한나라당을 만들면서 통추는 국민회의파와 한나라당파로 나뉘었다. 결국 노무현, 김정길, 김원기는 신한국당의 뿌리가 군사정권이니 그들을 심판해 정권 교체를 이루어야 한다는 명분으로 국민회의를 택했다. 한편 이부영, 이철 등은 3김 정치를 청산한다는 명분으로 신한국당을 택했다.

1997년 대선에서 김대중이 승리하자 노무현은 여당에 몸담게 되었고, 1998년 7월에 실시된 국회의원 보궐선거에서 종로구에 출마해 당선되었다.

하지만 2000년 4월에 실시된 16대 총선에서 노무현은 종로구를 택하지 않고 다시 부산 북강서을에 출마했다. 이때 그는 국민회의가 확대 개편해 창당한 새천년민주당(민주당)의 후보였다. 따라서 민주당은 김대중의 당 또는 호남당으로 인식되었다. 이 때문에 민주당 소속으로 출마해 부산에서 당선될 가능성은 극히 희박했다. 그럼에도 노무현은 지역감정의 벽을 허물겠다는 의지를 천명하며 부산에서 출마했던 것이다.

노무현은 이 선거에서 지면 정치를 그만두겠다고 문재인에게 말했다. 그리고 낙선하고 말았는데, 기현상이 일어났다. 당선 가능성이 큰 종로구를 버리고 부산을 택해 떨어지자 그에게 '바보 노무현'이라는 애칭을 붙이며 그를 열렬히 응원하는 사람들이 생겨나기 시작한 것이다. 그들은 자발적으로 '노무현을 사랑하는 사람들의 모임(노사모)'을 조직해 노무현의 탄탄한 지지 기반이 되었다.

노사모를 발판 삼아 대통령에 당선되다

부산에서 출마해 낙선한 뒤에 김대중은 노무현을 해양수산부 장관에 임명했다. 노무현은 2000년 8월부터 2001년 3월까지 장관직을 수행했다. 이 무렵 네티즌을 중심으로 노사모 회원 수는 점점 늘어나고 있었다. 노사모의 핵심 세력은 386세대를 중심으로 한 청장년층이었다. 386세대란 1960년대 태생, 1980년대 학번, 1990년대에 30대였던 사람들을 지칭하는 말이다.

인터넷을 중심으로 형성된 노사모의 위력은 2001년에 이르러 본격적으로 나타났다. 2001년 9월 6일 노무현은 부산에서 대통령에 출마하겠다고 공식 선언했고, 민주당의 대통령 후보 경선에 나섰다. 경선 방식은 16개 시도를 돌며 당원과 국민이 반반씩 직접 투표하는 '국민참여경선제'였다.

경선에 출마한 사람은 이인제, 김근태, 김중권, 유종근, 정동영, 한화갑, 노무현 7명이었다. 이들 중 가장 유력한 후보는 이인제였다. 이인제는 15대 대선에서 국민신당 후보로 출마해 19.2%의 득표율을 기록해 김대중 당선의 일등공신이라는 소리를 듣고 있었다. 그는 민주당에 가담해 차기 대선을 노리고 있던 터였다.

하지만 막상 경선이 시작되자 이인제의 독주가 예상되던 분위기는 조금씩 달라졌다. 첫 번째 경선지인 제주도에서는 의외로 한화갑 후보가 1위를 차지하고, 노무현은 이인제에 이어 3위였다. 두 번째 경선지 울산에서는 노무현이 1위를 했다. 그 무렵 언론에서 실시한 여론조사에서 노무현이 이회창과 양자 대결을 할 경우 근소한 차이로 이길 수 있다는 결과가 발표되었다.

세 번째 경선지인 광주에서 노무현은 예상을 깨고 1위를 차지했다. 김대중의 정치 텃밭인 광주에서 노무현이 승리했다는 것은 호남 민심이 노무현으로 기울었다는 뜻이었다. 말하자면 경선 최대의 승부처를 거머쥔 셈이었다. 이후 이른바 '노풍(盧風)'이 불기 시작했다. 비록 이어진 대전·충청권 경선에서는 이인제에게 1위를 내주었지만, 노무현은 계속 1위를 고수하다 4월 26일에 실시된 서울 경선에서 민주당의 16대 대통령 후보로 확정되었다.

경선에 승리한 후 노무현의 지지도는 무려 60%를 넘었다. 그러나 시간이 흐를수록 그의 지지율은 점점 깎였다. 김대중 아들들의 비리 문제가 터지면서 민주딩에 대한 지지도는 바닥으로 떨어졌고, 그 여파로 6월에 실시된 지방선거에서 참패했다. 그러자 당내에서 반노무현(반노) 세력과 비노무현(비노) 세력이 후보 교체론을 들고 나왔다. 거기에다 6월에 열린 월드컵에서 한국이 4강을 달성한 것에 힘입어 대선에 뛰어든 대한축구협회장 정몽준에 대한 지지도가 가파르게 상승했다. 반면 노무현의 지지율은 10%대로 추락했다.

이렇게 되자 당내에서 노무현 카드를 버리고 정몽준 카드를 쓰자는 말이 나오기 시작했고, 이를 지지하던 세력은 탈당해 후보단일화협의회를 결성함으로써 노골적으로 노무현을 압박했다.

이런 상황에서 노무현은 정면 돌파를 택했다. 지방선거 참패 후에는 후보 재신임을 묻는 방식으로 당무회의의 지지를 이끌어냈고, 정몽준과는 단일화 제의를 수용했다. 단일화 협상 과정에서도 정몽준의 요구

사항을 대부분 수용하는 대담한 자세를 취했다. 심지어 노무현에게 가장 불리한 여론조사 방식에 의한 단일화를 수용했다. 이를 두고 노무현 측에서는 "이기고 지는 것을 초월한 결단"이라고 표현했다.

마침내 2002년 11월 24일, 본격적인 여론조사가 실시되었고, 노무현은 이 조사에서 정몽준을 4.6% 차이로 이기고 단일 후보가 되는 데 성공했다. 노무현이 정몽준과의 단일화에서 승리하자 여론은 다시 노무현에게로 기울었다. 하지만 악재는 남아 있었다. 경선에 출마했던 이인제가 탈당해 이회창 지지를 선언하고, 단일화에 나섰던 정몽준도 투표 하루 전날인 12월 18일 밤에 기습적으로 노무현 지지를 철회했다.

이렇게 악재가 겹친 가운데 실시된 투표였지만, 국민은 노무현을 선택했다. 지지도는 48.9%였고, 2위 이회창과의 격차는 57만 980표였다. 노무현이 승리한 요인은 무엇보다도 흔들리지 않는 신념과 정도를 위해서라면 모든 것을 버릴 수 있다는 대담한 태도였다(미군 장갑차에 의한 여중생 사망 사건에 따른 국민의 반미감정의 분출도 노무현의 당선에 어느 정도 영향을 미쳤다는 분석도 있다. 두 여중생이 미군 장갑차에 압사당한 뒤 '한미주둔군지위협정' 개정을 외치는 촛불 시위가 격화되었고, 미국에 대한 감정도 악화되었다. 이때 노무현은 "사진 찍으러 미국에 가지 않겠다"라는 발언 등으로 한국인의 자주성과 자존심을 지키려는 태도를 보였고, 이것이 여론에 긍정적인 영향을 미쳤다는 것이다).

우여곡절 끝에 대통령 선거에서 승리한 노무현은 2003년 2월 25일 대한민국 16대 대통령에 취임했다.

2 평화와 화합을 위한
노무현의 과감한 정치 실험

● 제16대 대통령, 재임 기간: 2003년 2월 – 2008년 2월(5년)

탄핵당한 노무현, 승리한 열린우리당

노무현은 자신이 집권한 정부를 '참여정부'로 명명하고 국민과 함께하는 민주주의, 더불어 사는 균형 발전 사회, 평화와 번영의 동북아시아 시대 등을 국정 목표로 삼았다. 그 어느 정부보다 국민의 참여를 우선시하겠다는 의도였다. 이를 강조하기 위해 대통령직인수위원회는 '국민참여제안센터'를 설치했다. 국민에게 인사 추천을 받기 위함이었다. 민주주의의 권력이 국민에게 나왔으므로 국가의 권위주의적 태도를 버리고 국민을 주인으로 섬기겠다는 자세였다. 이를 실현하기 위해 정치 분야 국정 과제에 '참여와 통합의 정치개혁'이라는 항목도 넣었다.

하지만 노무현은 출범 초부터 대형 사건의 난관에 부딪히며 권위주의가 아닌 권위를 상실할 위기에 내몰렸다. 김대중 정부 말기에 제기되었던 대북송금 사건에 대해 국회에서 통과된 특검법을 수용하면서 김대중과 등을 졌고, 이는 비노와 반노 세력의 거센 반발을 불러왔다. 거기에다 미국의 이라크 공습으로 파병 문제가 보수와 진보의 대결 양상으로 비화되었다. 노무현은 이라크 파병을 국익 차원으로만 접근해 진보 세력의 반발을 불러일으켰고, 미국 방문 중에 6·25남북전쟁 때 미국이 도와준 것에 대해 지나치게 찬사를 늘어놓은 것은 굴욕외교라는 소리를 들었다. 심지어 한국대학총학생회연합(한총련) 학생들이 5·18민주화운동 행사에 참여하기 위해 광주를 방문한 노무현을 가로막고 시위를 벌이는 상황이 벌어졌다. 대선 과정에서 노무현을 적극적으로 지지했던 도올 김용옥도 "당신의 양심이 썩어가고 있다"라고 비난했다. 결국 대북송금 특검 수용과 이라크 파병 결정은 노무현 지지 세력의 상당수에게 등을 돌리게 하는 결과를 유발했다.

노무현은 언론과도 기싸움을 벌였다. 《조선일보》, 《중앙일보》, 《동아일보》 등 거대 신문을 하나로 묶어 적대하는 경향을 보였고, 문화관광부의 기자실 개방과 브리핑제도 도입도 언론사들의 비난을 샀다. 문화관광부의 브리핑제도에 대해 언론사들은 취재 제한의 의미로 받아들였고, 이 때문에 노무현이 이창동 문화관광부장관을 앞세워 언론사와 전쟁을 하려 한다는 비난을 들었다. 과거 권력에겐 머리를 조아리던 언론들은 '조·중·동'으로 대표되는 보수 신문을 중심으로 지지 기반이 약한 노무현을 지나치게 몰아대는 면도 있었다.

그런 가운데 대선 자금 문제가 불거졌다. 노무현의 대선 자금을 관리했던 최도술과 안희정이 사법 처리되었고, 이에 대해 노무현은 불법 대선 자금 규모가 한나라당의 10분의 1을 넘으면 정계를 은퇴하겠다는 발언까지 했다. 설상가상으로 친형 노건평의 땅 투기 의혹까지 더해졌다.

보수 언론은 연일 노무현의 말과 행동을 비판하고, 측근들의 비리 의혹을 제기했다. 그런 지적이 근거 없는 비난만은 아니었다. 특히 노무현의 언행에 그의 지지자들조차 눈살을 찌푸렸다. 일본 순방 중에 김구를 실패한 정치인이라고 말하는가 하면 독도를 다케시마라고 표현하기도 했다. 언론과 정계의 공격이 계속되자 대통령직을 못 해먹겠다고 말해 논란을 빚기도 했다. 국민 여론도 노무현 정부의 국정 운영에서 가장 큰 문제는 대통령의 언행이라고 지적할 정도였다.

한편 민주당 내부에서는 신당 논란이 거세게 일어났다. 대선 과정에서부터 친노와 반노 사이의 갈등이 고조되었는데, 참여정부 출범 후

두 세력은 더는 함께할 수 없는 상황으로 치달았다. 친노 세력은 지역 감정 극복을 주장하며 개혁 신당을 창당해야 한다고 주장했고, 반노 측에서는 신당 창당은 배신 행위라고 비난했다. 심지어 당무회의에서 폭력사태가 일어나기도 했다. 그야말로 민주당은 식물 정당이 되고 말았다.

민주당의 내분은 날이 갈수록 심해졌고, 결국 친노 세력은 신당 창당을 선언했다. 신당에는 한나라당 개혁파 일부도 합류했다. 그중 한 사람인 이부영은 "신당은 호남당과 부패 정당까지 승계할 수 없다"라는 말로 민주당을 비하했고, 민주당은 이 말에 발끈하며 신당 창당 세력을 배신자 또는 기회주의자라고 비판했다.

그렇게 민주당은 둘로 갈라져 싸웠고, 친노 세력은 2003년 11월에 열린우리당을 창당해 분가했다. 노무현은 공식적인 자리에서 열린우리당을 지지하는 발언을 했다가 중앙선거관리위원회의 경고를 받기에 이르렀고, 이를 빌미로 민주당과 한나라당, 자민련이 연합해 2004년 3월에 대통령 탄핵소추안을 발의해 관철시켰다.

이로써 노무현은 취임 1년 만에 대통령 직무를 정지당했지만 여론은 오히려 노무현에게 우호적으로 변했다. 국민이 뽑은 대통령을 국회가 마음대로 쫓아내서는 안 된다는 여론이 들끓었고, 이는 그해 4월에 실시된 총선에서 열린우리당의 승리로 귀결되었다.

노무현을 웃고 울린 헌법재판소

열린우리당의 승리를 국민의 뜻으로 받아들인 헌법재판소가 5월 14일에 국회의 탄핵소추가결안을 기각함으로써 노무현은 대통령 직무를 다시 수행할 수 있게 되었다.

취임 1년 만에 탄핵까지 당하며 숨 가쁜 시간을 보낸 노무현은 탄핵 역풍으로 기사회생해 대통령직에 복귀했고, 청와대 영빈관에서는 열린우리당 국회의원들이 부르는 〈임을 위한 행진곡〉이 울려 퍼졌다. 노무현은 이 자리에서 "100년 가는 정당을 만들자"라고 다짐하며 열린우리당의 승리를 축하했다.

하지만 노무현의 지지율은 다시 떨어지고 있었다. 탄핵 역풍으로 60%대에 이르던 지지율은 노무현이 청와대로 돌아온 2004년 5월에 40%대로 떨어졌고, 6월 5일에 실시된 재보궐선거에서 열린우리당이 참패했다. 지역감정을 극복하자는 취지로 형성된 열린우리당은 영남지역은 물론이고 충청과 수도권에서도 참패했다. 심지어 호남에서도 민주당에게 밀렸다. 다음 총선에서는 열린우리당이 발 디딜 곳이 없을 것이라는 예고였다.

2004년 8월에는 자이툰 부대가 이라크로 파병되었다. 정부는 파병 반대 여론을 의식해 장병 환송식도 공개하지 못했다. 자이툰 부대가 파병되자 파병반대국민행동, 민주노동당, 한총련 등은 청와대 근처에서 기자회견을 열고 명분 없는 파병에 반대한다며 추가 파병을 즉각 중단하라고 촉구했다. 심지어 파병 강행을 고집하는 노무현은 퇴진하라는 구호까지 등장했다.

며칠 뒤 광복절 경축사에서 노무현은 반민족 친일 행위 및 과거 권력의 인권 침해와 불법 행위에 대한 포괄적인 진상 규명을 제의했고, 이에 대해 한나라당 박근혜 대표는 과거사 청산 문제와 관련해서 친북 활동과 용공 활동도 조사 대상에 포함해야 한다고 주장했다.

이 문제로 여야 사이에 치열한 공방전이 오가는 가운데 《신동아》 9월호에 열린우리당 의장 신기남의 부친이 일본군 헌병으로 복무했다는 기사가 실려 신기남이 의장직에서 사퇴하는 일이 발생했다.

그로부터 일주일 뒤인 8월 26일, 헌법재판소는 국가인권위원회가 폐지를 권고한 국가보안법은 합헌이라는 결정을 내렸고, 이에 반발한 열린우리당은 민주노동당과 연합해 9월 1일 정기국회에 국가보안법, 사립학교법, 과거사진상규명법, 언론관계법 등 4개 법안을 개혁 대상으로 지목했다.

하지만 바로 다음 날인 9월 2일에는 대법원이 이례적으로 국가보안법 폐지 논의를 반박하는 판결문을 내놓았고, 3일 뒤에는 노무현이 생방송에 출연해 국가보안법을 박물관으로 보내는 것이 좋을 것이라고 말해 헌법재판소, 대법원 등 사법기관과 대치하는 모양새가 되었다. 10월 4일에는 300여 개 보수단체와 기독교단체 회원 10만여 명이 국가보안법 폐지 반대 집회를 열었다. 이들은 사립학교법 개정을 종교 탄압으로 규정하기도 했다.

이렇듯 4대 개혁입법 문제를 둘러싸고 보수와 진보 사이에 치열한 논쟁이 전개되는 가운데 10월 21일 헌법재판소는 또 다른 중요한 결정을 내렸다. 신행정수도건설특별법이 위헌이라는 판결을 내린 것이다. 신행정수도 건설은 노무현의 대선 공약이었기에 노무현이 당선된 뒤에 곧바로 추진하던 일이었다. 2003년 12월에 여야 합의로 신행정수도건설특별법이 통과되었고, 이 법은 2004년 1월에 공포되어 4월 17일에 시행되었다. 또한 2004년 6월에 충청 4개 지역이 신행정수도 최종 예정지로 선정되었는데, 이에 대한 반발이 만만치 않았다. 결국 이석연 변호사 등이 7월 12일에 이 법의 위헌 여부를 묻는 헌법소원을 헌법재판소에 청구했고, 헌법재판소는 3개월 동안 심리한 끝에 위헌 판결을 내놓았던 것이다. 9명의 재판관 중에 8명이 위헌 결정에 동의했다. 신행정수도건설특별법이 한국의 수도는 서울이라는 불문의 관습헌법을 위반했다는 것이 결정문의 핵심이었다. 국민의 60%가 헌법재판소의 결정을 환영했다.

노무현은 헌법재판소의 결정에 대해 국회의 헌법상 권능이 헌법재판소에 의해 손상되었다고 지적했지만, 한편에서는 국회에서 탄핵된 대통령을 헌법재판소가 구했는데, 대통령이 헌법재판소의 결정을 존중하지 않는 것은 모순이라고 꼬집기도 했다.

날개를 단 한나라당, 추락하는 열린우리당

국가보안법 논쟁과 사립학교법 개정 문제, 신행정수도 건설 문제 등으로 보수와 진보 사이에 첨예한 갈등이 지속되는 가운데, 보수 세력의 새로운 움직임이 일었다. 이른바 신보수주의를 의미하는 '뉴라이트운동'이었다. 뉴라이트운동의 핵심은 대학 운동권 출신 중 우파로 행로를 바꾼 사람들이 중심이 된 '자유주의연대'였다. 2004년 11월에 출범한 자유주의연대는 수구좌파와 수구우파의 수구정치는 종말을 고해야 한다고 주장하며 21세기 시대정신에 맞는 자유주의를 선언했다. 이에 호응해 한나라당 내부에서도 뉴라이트 모임을 발족했다. 또한 신행정수도건설특별법의 헌법소원을 주도했던 이석연을 중심으로 '헌법포럼'이 출범했고, 서경석 목사를 중심으로 기독교 보수 세력이 결집해 '기독교사회책임'이 조직되었다.

보수 세력이 결집한 후 인터넷에서는 보수와 진보 사이에 치열한 사상 논쟁이 전개되었다. 뉴라이트운동 이전까지만 해도 인터넷에서는 진보 세력의 영향력이 한층 앞섰지만, 자본과 조직을 앞세운 뉴라이트운동 세력의 등장으로 양쪽이 팽팽하게 힘 싸움을 전개하는 양상이 되었다. 이른바 진보와 보수 사이에 사이버전쟁이 시작되었고, 이는 사이버공간에 약한 한나라당에 큰 힘을 보탰다.

그 무렵인 12월 6일, 열린우리당은 국가보안법 폐지안을 국회 법제사법위원회에 단독 상정했다. 물론 상정 과정에서 물리적 충돌이 일어났다. 하지만 한나라당의 반발과 내부 조율에 실패해 본회의 상정은 연기되었다.

그렇게 노무현의 집권 2년 차가 흘러갔다. 2005년 벽두에 노무현은 6개 부처의 장관을 교체했다. 국민 정서를 달래기 위한 것이라는 개각 취지가 덧붙여졌다. 이 과정에서 민주당의 김효석 의원을 교육부총리에 임명하려다 무산되기도 했다. 이 일을 두고 민주당은 민주당 파괴 공작이라며 노무현을 거칠게 몰아세웠다.

민주당의 공세는 여론에도 영향을 미쳤다. 열린우리당은 2005년 4월 30일 재보궐선거에 대비해 한나라당을 비롯한 다른 당 출신들을 영입했는데, 결과는 한나라당의 압승이었다. 열린우리당은 영남과 충청에서 한나라당에 패배하고, 호남에서는 민주당에 패배했다. 열린우리당은 23곳 가운데 단 1곳도 건지지 못했으며, 152석으로 과반수를 넘었던 의석은 146석으로 줄어들었다. 여소야대 정국이 형성된 것이다.

상황이 이쯤 되자 열린우리당 의장 문희상은 공개적으로 민주당과 통합할 시기가 되었다고 주장했고, 원내대표 정세균도 형제나 마찬가지인 민주당과 합당해야 한다고 역설했다. 이에 대해 민주당은 사라질 정당과 왜 통합하느냐며 힐난했다.

이런 상황에서 노무현은 나름대로 승부수를 던졌다. 한나라당에 대연정을 제안한 것이다. 노무현은 지역 구도를 극복하기 위해서는 한나라당에 정권을 넘겨줄 수도 있다는 취지의 발언을 곁들였다. 선거구제 개편을 통해 지역 구도를 극복할 수 있다면 한나라당에 정권을 넘겨줄 수도 있다는 것이 대연정 제안의 핵심이었다. 한나라당 박근혜 대표는 노무현의 제안을 한마디로 거절했다. 열린우리당 내부에서도 반대 의견이 빗발쳤다. 하지만 노무현의 연정 제안은 계속되었고, 그에 따라 지지율은 20%로 내려앉았다.

10월 26일에 실시된 재보궐선거에서도 한나라당이 압승했다. 호남인이 40%나 분포해 있다는 부천 원미구 갑에서마저 영남 출신의 한나라당 임해규가 당선되었다. 열린우리당의 의석은 144석으로 줄어들었고, 한나라당은 17대 총선 결과보다 6석이나 많은 127석을 확보했다. 열린우리당은 비록 의석 수로는 제1당이었지만 지지율은 한나라당의 절반에도 미치지 못하는 16%였다. 이렇게 되자 열린우리당은 민주당과의 합당에 더욱더 매달릴 수밖에 없었다.

설상가상으로 2006년 벽두에 노무현이 열린우리당 탈당을 시사하는 발언을 하면서 열린우리당은 한층 더 나락으로 떨어졌다. 거기에다 새롭게 보건복지부장관이 된 유시민의 자격 시비가 불붙고, 삼일절에 이해찬 국무총리가 골프를 친 일로 언론의 공격을 받으면서 참여정부의 인기는 점점 떨어졌다. 그러더니 5·31지방선거에서 완전히 참패하고 말았다.

이 선거에서 열린우리당은 전체 16개 광역단체장 중 단 1곳에서만 승리했고, 한나라당은 12곳을 차지했다. 또한 전국 230개 기초단체장 중 열린우리당은 겨우 19곳만 얻었고, 한나라당은 155곳을 얻었다. 광역의회의원은 한나라당이 557명인 데 비해 열린우리당은 52명이었다. 민주당보다 못한 성적이었다. 정당 득표율에서도 한나라당이 53.8%인 것에 비해 열린우리당은 절반에도 못 미치는 21.6%였다. 동시에 노무현의 지지율은 10%대로 추락했다.

몇 달 뒤인 10월 초, 김대중은 언론과의 회견에서 열린우리당 창당을 비판하는 말을 했고, 며칠 뒤에는 당의장을 지낸 정동영이 언론과의 인터뷰에서 열린우리당은 실패했다며 책임을 통감한다고 말했다. 2주 뒤에는 열린우리당의 핵심 인사들인 김근태, 천정배, 정대철 등이 통합신당을 추진해야 한다고 주장했다. 11월 7일에는 김한길 원내대표가 국회 연설에서 열린우리당의 정치 실험을 마감해야 한다고 선언했다.

그즈음 실시된 언론의 여론조사에서 열린우리당의 지지율은 8.3%, 노무현의 지지율은 9.9%였다. 그야말로 열린우리당의 몰락이라고 해도 과언이 아니었다. 열린우리당의 정치 실험은 한여름 밤의 꿈으로 끝나고 있었던 것이다. 이를 대변하듯 2006년 12월 28일 열린우리당 김근태 의장과 정동영 전 의장은 신당 창당에 합의했다. 물론 노무현은 배제되었다. 그렇게 노무현의 정치 실험은 실패로 막을 내리고 있었다.

노무현 특유의 대북 유화론, 대미 실용론

노무현 정부의 국방·외교관은 동북아 균형자론과 자주국방이었다. 이는 미국에 종속된 외교 행태에서 벗어나 한국과 미국의 수평적 외교관계를 수립하고, 동시에 중국과 일본의 역학관계를 조절하는 균형추 역할을 하겠다는 의미였다. 또한 북한과의 관계에서는 독자적인 노선을 구축해 긴장을 완화하고 평화 정착을 일궈내겠다는 의지의 표현이었다.

노무현은 대통령으로 취임하기 전에는 대개 반미주의자로 인식되었으나 취임 이후에는 반미주의적 색채를 거의 드러내지 않았다. 미국의 요청에 따라 이라크 파병에 동의하고, 한미 자유무역협정(FTA)을 받아들였으며, 주한미군의 용산 기지 이전에도 협조했다. 말하자면 미국은 반미주의자로 인식되던 노무현에게서 얻어낼 것은 다 얻어낸 셈이었다.

노무현이 미국에 대해 이렇듯 협조하는 자세를 보인 것은 북한 문제를 좀 더 유연하게 풀기 위해서였다. 노무현의 대북정책은 김대중의 햇볕정책 기조를 유지하는 것이었는데, 당시 미국은 '네오콘'으로 불리는 신보수 세력이 장악하고 있었다. 이들은 북한에 대해 압박 일변도의 강경한 자세로 일관했고, 김대중의 햇볕정책도 반대했다. 이 때문에 부시 정권 출범 후 햇볕정책은 교착상태에 빠졌고, 북한은 미국의 강공책에 반발해 미사일을 발사하고 핵실험을 강행했다. 노무현은 이런 상황을 해결하기 위해서는 자신을 좌파 반미주의자로 인식하고 있는 부시 정부의 불신을 해소하는 것이 급선무라고 판단하고, 미국 정부의 요청을 받아들여 이라크에 군대를 파병하고, 한미 FTA를 추진했다.

하지만 노무현이 일방적으로 미국에 끌려간 것은 아니었다. 그는 미국이 주도하는 미사일 방어 체계에는 동조하지 않았고, 한미연합사령부가 쥐고 있는 전시작전통제권의 반환을 요구하기도 했다. 특히 북한 문제에서는 미국의 네오콘과 대립하며 금강산 관광 사업을 지속하고 개성공단 개발에 착수하는 등 유화책을 고수했다.

비록 북한 문제에 대해서는 미국의 강압책에 동조하지 않았지만, 이라크 파병 등에서 협조하는 자세를 보였기 때문에 미국 정부는 북한 문제까지 자신들의 의도대로 끌고 갈 수 없었다. 오히려 한국은 북한과 미국의 관계를 중재해 남북의 긴장 완화에 이용하기도 했다. 말하자면 줄 건 주고, 챙길 건 챙기고, 지킬 건 지키는 실용주의 노선이 통했던 셈이다.

노무현은 북한과 미국의 관계를 중재하는 동시에 완충제 역할을 하면서 2차 남북 정상회담을 성사시켰고, 10·4남북정상선언을 이끌어내는 성과도 거두었다. 10·4남북정상선언이 있기까지 6자 회담과 9·19 공동성명, 2·13합의 등의 과정이 있었다.

중국이 의장국이 된 6자 회담의 틀 속에서 북한은 2005년 9월 19일에 핵무기 파기와 NPT복귀, IAEA 복귀 등을 약속하고, 미국은 한반도 평화협정, 북한의 단계적 비핵화, 북한에 대한 미국의 핵무기 불공격, 북미 간의 신뢰 구축 등을 약속했다. 이어 2007년 2·13합의에서 북한은 핵시설 폐쇄와 불능화, 사찰 수용을 약속했고, 미국은 중유(重油) 100만 톤 상당의 경제 및 에너지 지원을 약속했다.

이처럼 화해 분위기가 형성된 가운데 2007년 10월 2일 오전 9시 5분, 노무현은 군사분계선을 도보로 통과한 뒤 북한의 김정일을 만나 10·4 남북정상선언에 합의했다. 10·4남북정상선언의 공식 명칭은 '남북관계 발전과 평화 번영을 위한 선언'이며, 8개의 기본 조항을 담고 있다. 주요 내용은 6·15남북공동선언을 고수하고, 상호 존중과 신뢰 관계를 다지며, 군사적 적대관계를 종식해 긴장 완화와 평화 보장에 협력한다는 것이다. 이를 위해 역사·문화 전반의 교류를 확대하고, 경제 협력 사업을 활성화하기로 했다.

하지만 10·4남북정상선언은 노무현의 입지가 약할 대로 약해진 임기 말에 이루어진 까닭에 실현 가능성이 희박했다. 대통령 선거전에서 이미 한나라당의 이명박 후보가 압도적인 지지를 받고 있는 마당이었다. 또한 한나라당은 미국의 네오콘과 마찬가지로 북한에 대해 강경책을 주문하고 있었고, 햇볕정책에도 반대했다. 따라서 10·4남북정상선언은 그야말로 선언에만 그칠 공산이 컸다. 취임 2년 차 또는 3년 차에 10·4남북정상선언을 이끌어냈다면 상황은 크게 달라졌을 것이라고 전문가들은 분석한다.

한편 노무현 정부 시절 한중관계는 중국의 동북공정 문제로 다소 껄끄러운 상황이었다. 중국의 동북공정은 고구려의 역사와 문화를 중국으로 편입하는 내용인데, 이에 대해 한국은 고구려사연구재단을 발족해 외교적으로 항의했다. 뒤이어 중국 정부가 고구려사 문제를 정치 쟁점화하지 않고, 학술 연구에 국한해 연구하며, 역사 교과서에 한국

정부의 관심을 고려한다는 내용을 구두로 약속함으로써 일단 갈등을 봉합했다. 비록 동북공정 문제로 한중관계에 마찰이 빚어지긴 했으나 중국이 6자 회담의 의장국인 데다 최대 교역국인 까닭에 한국으로선 되도록 마찰을 피해야 하는 입장이었기 때문이다.

노무현 정부 시절 한일관계도 순탄하지 않았다. 일본은 지속적으로 독도 영유권 문제를 국제 문제로 쟁점화하려는 경향을 보였고, 역사 교과서의 과거사 왜곡도 계속되었다. 이에 대해 외교부는 주한일본대사를 불러들여 강력하게 항의하기도 했다. 독도 문제와 관련해서 노무현은 일본 선박이 독도에 오면 발포하거나 부수라는 지시를 내릴 정도로 강경한 태도를 보였다. 하지만 실수도 없지 않았다. 동해 표기 문제와 관련해서는 동해를 '평화의 바다'로 바꿔 부를 것을 제안해 논란을 일으켰고, 일본 기자에게 독도에 대해 질문을 받는 자리에서 '다케시마'라고 표현하는 실수를 저지르기도 했다.

이렇듯 노무현 정부의 외교정책은 미국에 대해서는 실용론, 북한에 대해서는 유화론, 중국에 대해서는 현실론, 일본에 대해서는 강경론으로 대처했다.

한편 노무현 정부의 외교부장관 반기문이 UN 사무총장에 선출되어 한국 외교사에 새 장을 열기도 했다.

진보와 보수 모두가 비판하는 노무현의 경제

노무현 정부는 출범 초부터 카드 대란이라는 암초에 부딪혔다. 김대중 정부가 경기 부양을 위해 신용카드 발급 조건을 완화했는데, 이 때문에 신용이 낮은 사람들에게도 카드 발급이 남발되었다. 그 결과 신용카드 이용액은 1997년에 72조 원에 불과했으나 2002년에는 623조 원으로 늘어났고, 민간 소비지출 대비 신용카드 사용 비중도 14.8%에서 45.7%로 늘어났다. 이로 인해 신용불량자가 속출했고, 2003년에는 급기야 카드 대란 사태로 비화되었다. 신용카드 빚을 갚지 못한 사람들이 파산해 신용불량자로 전락했고, 이들에게 돈을 회수하지 못한 카드회사들도 도산을 면치 못했던 것이다. 카드 대란으로 신용불량자가 된 사람은 무려 126만 명이었고, 이는 외환위기 때의 신용불량자 수 236만 명의 절반을 넘는 수치였다. 결국 정부는 규제를 강화했고, 동시에 카드업계의 구조조정이 진행되었다. 이 과정에서 독자 카드회사 상당수가 은행에 흡수·합병됨으로써 점차적으로 해결의 실마리를 마련하게 되었다.

카드 대란의 여파는 2년 정도 지속되었다. 이 무렵 '한국병'이라고 불러도 과언이 아닌 부동산 투기가 극성을 부렸다. 부동산 투기 문제는 노태우 정부 시절부터 골칫거리였다. 김영삼 정부와 김대중 정부에서도 여러 차례 억제책을 내놓았지만 '강남불패'라는 말이 대변하듯 강남의 부동산 투기는 그칠 줄 몰랐다. 노무현 정부도 출범 초기부터 부동산 투기를 막기 위해 여러 가지 시도를 했지만 늘 무위에 그쳤다. 그래서 2005년에는 강력한 부동산 투기 억제책을 내놓았는데, '8·31 부동산대책'이 그것이다.

이 정책을 내놓으며 노무현은 하늘이 두 쪽 나더라도 부동산 투기를 잡겠다는 말까지 했다. 한덕수 부총리는 "시간이 흐르면 부동산정책이 바뀔 것이라는 생각은 오늘이 마지막"이라고 말했다. 말하자면 부동산 투기와의 전쟁을 선포한 셈인데, 그 선전포고가 무색하게도 강남 지역의 아파트 값은 계속 폭등했다. 압구정동의 아파트는 평당 3000만 원을 호가했다. 결국 8·31부동산대책은 실효성을 거두지 못하고 막을 내려야 했다. 강남의 아파트 값 폭등은 단순히 부동산정책으로만 풀수 있는 문제는 아니라는 것을 새삼 깨닫게 한 일이었다. 부동산 투기 문제 이면에는 강남 8학군의 교육 문제가 도사리고 있었고, IMF 구제금융 사태 이후 심화된 양극화 현상도 버티고 있었다.

김대중 정부 이후에 급격하게 진행된 양극화 현상은 노무현 정부에 엄청난 부담을 주었다. 노무현 정부 이후 중산층이 사라지고 서민만 늘어났다는 여론이 팽배했다. 비정규직의 양산으로 이른바 '88만 원 세대'라는 말까지 유행했다. 20대 근로자 95%가 월평균 88만 원을 받는 비정규직이라는 분석을 내놓은 우석훈, 박권일의 『88만 원 세대』라는 책에서 나온 말이다. 하지만 정부는 이를 해결할 마땅한 대책이 없었다. 비정규직을 정규직으로 전환하고, 복지정책을 강화해 기초생계비와 교육비·영유아 양육비 등을 지원하고, 소득세 기준을 강화해 부유세를 징수함으로써 서민의 부담을 덜어주는 것이 적절한 대책이었지만, 이 또한 조세 저항과 야당 그리고 기업의 반발에 부딪혀 실현 가능성이 희박했다.

이런 가운데 실업 문제도 사회적 난제로 떠올랐다. 특히 '이태백(20대 태반이 백수)'으로 대변되는 청년 실업 문제는 해결의 실마리가 전혀 보이지 않았다. 대학생들은 졸업하는 해에 취직하지 못하면 취직할 기회를 잃는다며 4학년 때 휴학하는 일이 예사였고, 이 때문에 '대학 5학년'이라는 말이 유행했다. 그래서 대기업에 취직이라도 하면 '가문의 영광'이라고 표현할 정도였다.

청년 실업 못지않게 기성세대의 실업난도 심각했다. 기업에서 정년을 채우는 비율이 0.4%밖에 되지 않아 '사오정(45세 정년)'이라는 말이 생겨났고, 56세 정년까지 일하면 도둑이라는 뜻의 '오륙도'라는 말도 유행했다. 또 교사 등의 직업 정년인 62세까지 일하면 오적이라는 뜻의 '육이오'라는 표현도 등장했다. 그만큼 조기 퇴직 현상이 심각했다.

이런 가운데 노무현 정부는 적극적으로 FTA를 추진했다. FTA는 신자유주의 경제를 대표하는 정책으로 진보 세력의 강한 비판을 받았으나 노무현 정부는 이를 계속 추진했다. 2003년에는 한국과 칠레 사이에 FTA가 체결되어 2004년 4월 1일부터 발효되었고, 태국을 제외한 아세안 9개국과도 2004년부터 FTA를 추진해 2006년 5월에 협상이 타결되었으며, 2007년 6월 1일에 발효되었다. 이어 미국과도 2006년 6월에 협상을 시작해 2007년 4월 2일에 타결했다. 또한 2007년 5월부터 유럽연합과도 협상을 시작했다.

이렇듯 여러 국가와 동시 다발적으로 FTA가 진행되고 타결되자, 농민들이 거세게 반발했다. 협정의 대다수 내용이 농축산물을 수입하고 자동차나 전자제품을 수출하는 형태였기 때문이다.

노무현 정부는 경제 교류 강화책으로 경제자유구역청을 신설하고 인천경제자유구역을 지정했다. 이를 위해 인천공항과 송도신도시를 잇는 연륙교를 건설하고, 수도권 남부 지역과 영종도를 잇는 인천대교와 제3경인고속도로 건설에 착수하기도 했다.

이러한 노무현 정부의 경제정책에 대해 보수와 진보 양측에서 모두 불만을 가졌다. 진보 측에서는 신자유주의 정책이라고 공격하며, 친기업적이고 반노동자적 정책이라고 비난했다. 또한 보수 측에서는 반시장주의, 반기업주의로 비난하며 투자를 위축시키고 경기 침체를 불러왔다고 악평했다.

양 진영의 비판에도 불구하고 노무현 정부의 경제는 거시적으로는 긍정적인 결과를 낳았다. 주식시장에서 종합주가지수와 코스닥지수는 모두 폭등했고, 무역수지가 5년 연속 흑자를 지속해 경상수지는 연평균 132억 7000달러 흑자를 기록했다. 수출 실적도 역대 정부 중 최고치에 달했고, 1인당 국민소득도 역사상 최초로 2만 달러를 넘어섰다.

그러나 경제성장률은 기대에 못 미쳤다. 노무현은 7% 성장을 공약했지만, 5년 평균 4.3%에 그쳤다. 이는 같은 기간 세계 평균 성장률 4.8%에도 미치지 못하는 수치다. 당시 홍콩과 싱가포르는 6%대 성장을 기록했고, 대만은 4.5% 성장했다. 하지만 한국의 경제 규모를 감안하면 결코 부진한 성적은 아니었다. 그럼에도 비판을 받은 것은 박정희 정부 이래 경제성장률이 5% 이하로 떨어진 적이 없기 때문이다. 노무현 정부는 5% 성장을 '마의 벽'으로 표현했다. 한국 경제의 규모가 일본처럼 저성장 국면 초입에 접어들었음을 의미하는 것이었다.

조작과 총기에 놀란 한국 사회

노무현 시대를 풍미한 사건 중에는 한국은 물론 세계를 놀라게 한 일들도 있었다. 2005년에 발생한 황우석사건이 대표적이다. 황우석은 서울대학교 수의학과 교수로서 2004년과 2005년에 인간의 체세포를 복제한 배아줄기세포 배양에 성공했다는 내용의 논문을 과학잡지 《사이언스》에 발표해 세계적인 주목을 받았다. 그런데 2005년 11월에 MBC 시사 프로그램 〈PD수첩〉은 실험에 사용된 난자의 출처에 대해 의문을 제기했다. 실험에 사용된 난자가 돈을 주고 불법적으로 매매한 것이라는 내용이었는데, 이는 사실로 밝혀졌다. 방송이 나가자 많은 네티즌들이 〈PD수첩〉을 비난했고, 이 때문에 〈PD수첩〉은 광고 없이 방송을 내보내야 하는 상황에 이르렀다. 하지만 이후 〈PD수첩〉은 황우석 교수의 논문조작 가능성을 제기했고, 이는 엄청난 사회적 논란을 유발했다. 심지어 노무현 대통령까지 논란에 가세해 파장이 확대되었다. 결국 서울대학교가 조사위원회를 꾸려 논문이 고의로 조작되었다는 조사 결과를 발표하고, 줄기세포가 없음을 천명했다. 《사이언스》도 황우석 교수의 논문을 공식 철회했다. 또한 검찰은 황우석 교수가 줄기세포 시료조작을 시인했다고 발표했으며, 이어 서울대학교는 징계위원회를 열어 황우석 교수를 파면했다. 하지만 황우석 교수는 2008년에 중국의 사자견을 복제하는 등 여전히 이 분야에서 활동하고 있다.

황우석사건과 함께 또 하나의 조작사건이 불거져 세상을 떠들썩하게 했다. 이른바 '신정아사건'을 시작으로 학력위조 사건이 줄을 이었다. 신정아는 성곡미술관 큐레이터와 동국대학교 조교수를 지낸 미술가로 2008년에는 광주 비엔날레 심사위원을 맡기도 했다. 그런데 그가 외국에서 받았다고 한 학위들이 문제가 되었다. 신정아는 2005년에 예일대학교에서 미술사로 박사학위를 받았다고 주장했지만 재판과정에서 학위 취득 사실이 확인되지 않았다. 이 사건 이후 사회 지도층과 연예계에도 학위와 학력에 대한 의혹이 제기되었으며, 이들 의혹 대상자들의 상당수가 학위를 위조 또는 조작한 것으로 밝혀져 사회적 파문을 일으켰다. 심지어 국방부에서도 학력을 위조한 사람이 무더기로 적발되었고, 이 때문에 대학에 학력위조 여부를 확인해달라는 문의가 쇄도해 학력에 대한 불신감이 확산되었다.

이 두 사건과 함께 우리 사회를 충격으로 몰아넣은 또 다른 사건은 버지니아공과대학교 총기 난사 사건이었다. 이 사건은 2007년 4월 16일 오전 7시 15분에 미국 버지니아공과대학교 캠퍼스에서 발생했다. 범인은 재미 한국인 조승희였다. 조승희는 가족을 따라 8살 때 미국으로 이민을 갔으며, 당시 버지니아공과대학교 영어과 4학년에 재학 중이었다. 이 사건이 처음 발생했을 때는 치정에 의한 살인사건으로 보도되었으나, 우울증과 성격장애로 인한 사회에 대한 적개심의 발로로 저질러진 일로 밝혀졌다. 조승희의 총격으로 사망한 사람은 모두 32명이며, 부상자는 29명이었다. 범인 조승희는 스스로 자기 얼굴에 총을 쏘아 자살했다. 노무현은 이 사건을 접하고 깊은 애도와 유감을 표명하며 희생자들의 명복을 빈다는 말을 전했다.

총기 난사 사건은 비단 미국에서만 벌어진 것은 아니었다. 2005년 6월 19일에 경기도 연천군 중면 삼곶리의 중부 전선 비무장지대에서도 총기 난사 사건이 일어났다. 국군 28사단 소속 부대에서 김모 일병이 수류탄 1발을 던지고 기관단총 44발을 난사해 8명이 사망하고 2명이 부상을 입었다. 이 사건에 대해 유가족 대책위원회는 김모 일병의 범행에 의한 것이 아니라 북한군의 공격을 받아 병사들이 살해된 것이라고 주장하기도 했다. 하지만 국방부는 여러 차례 검증을 통해 김모 일병의 단독 범행이라고 밝혔다.

이 사건들 외에도 김용철 변호사의 삼성 비자금 폭로 사건이나 태안 앞바다 기름 유출 사고 등도 엄청난 사회적 파장을 일으켰으며, 낙산사 화재와 숭례문 화재도 충격적인 사건으로 기록되었다.

아시아 영화의 메카로 떠오른 한국, 사극의 수출길 연 〈대장금〉

노무현 시대에 가장 두드러진 문화 현상은 영화산업의 성장과 드라마의 세계화라고 할 수 있다. 2003년 12월에 개봉한 영화 〈실미도〉는 한국 영화 최초로 관객 1000만 명을 동원하는 대기록을 세우면서 한국 영화사에 한 획을 그었다. 〈실미도〉가 상영되기 전에 최고 흥행 기록을 세운 영화는 2001년에 관객 818만 명을 동원한 곽경택 감독의 〈친구〉였다. 그 밖에 〈쉬리〉, 〈공동경비구역 JSA〉, 〈살인의 추억〉, 〈조폭 마누라〉 등이 500만 이상의 관객을 동원한 바 있었다.

〈실미도〉는 백동호의 소설을 강우석이 영화로 만든 것이다. 설경구, 안성기, 허준호, 정재영 등 연기파 배우들이 〈실미도〉에 출연했으며, 영화가 흥행에 성공하면서 실미도사건은 새롭게 조명받았고 실미도도 관광지로 떠올랐다.

1107만 8000명의 관객을 영화관으로 불러들인 〈실미도〉에 이어 2004년 2월에 개봉한 〈태극기 휘날리며〉가 다시 기록을 갱신했다. 〈쉬리〉를 만든 강제규 감독이 메가폰을 잡은 이 영화는 6·25남북전쟁을 소재로 한 것으로, 1174만 명의 관객을 몰고 왔다. 장동건, 원빈이 주연을 맡았고, 미국에서는 〈Brotherhood〉라는 제목으로 개봉했다.

2005년 12월에 개봉한 이준익 감독의 〈왕의 남자〉는 〈태극기 휘날리며〉의 기록을 다시 갈아치웠고, 2006년 봉준호 감독의 영화 〈괴물〉은 1237만 명의 관객을 동원하면서 〈왕의 남자〉의 기록을 깨뜨렸다.

이렇듯 한국 영화는 2003년 이후에 꾸준히 1000만 관객을 동원하는 영화들을 내놓으면서 세계 영화계의 새로운 시장으로 떠올랐다. 덕분에 1996년부터 시작된 부산국제영화제는 아시아를 대표하는 영화제로 성장했고, 미국 영화시장에서도 한국 배우들을 눈여겨보았으며, 한국이 아시아 영화의 메카로 인식되기 시작했다.

한편 드라마에서는 이병훈 감독이 연출한 〈대장금〉이 한국 사극의 위상을 한 단계 끌어올렸다. MBC에서 2003년 9월부터 2004년 3월까지 방영된 〈대장금〉은 조선 중종 시대에 실존했던 의녀 장금을 소재로 만든 대하드라마로서 평균 시청률 41.6%를 기록했다. 이후 중국, 홍콩, 타이완, 일본, 미국 등으로 수출되었고, 이란 등의 이슬람 국가들에까지 퍼져나가면서 주연 이영애는 한류 스타로 떠올랐다. 이전의 사극들이 정치나 치정에 국한된 소재를 다룬 데 반해 〈대장금〉은 요리와 의학 등 전문적인 생활 소재를 흥미진진하게 다룬 점을 높게 평가받았고, 이런 요소가 사극의 한계를 극복하는 계기로 작용했다.

이렇듯 영화와 드라마가 한국 문화사에서 새 지평을 여는 동안 2003년 출판시장에서는 『개미』의 작가 베르나르 베르베르의 『나무』, 황대권의 『야생초 편지』, 틱낫한의 『화』, 켄 블랜차드의 『칭찬은 고래도 춤추게 한다』 등이 인기를 끌었다. 2004년에는 파울로 코엘료의 『연금술사』, 댄 브라운의 『다빈치 코드』, 사이쇼 히로시의 『아침형 인간』 등 외국 작가의 작품들이 호응을 얻는 가운데 김훈의 『칼의 노래』, 김혜자의 『꽃으로도 때리지 말라』 등 한국 저자들의 책도 베스트셀러에 이름을 올렸다. 하지만 이 중 밀리언셀러는 『다빈치 코드』 하나뿐이었다. 2005년에는 탄줘잉의 『살아 있는 동안 꼭 해야 할 49가지』가 밀리언셀러 반열에 올랐고, 댄 브라운, 미하엘 엔데, 파울로 코엘료, 오쿠다 히데오, 무라카미 하루키 등 외국 작가들의 책이 베스트셀러가 되었다. 한국 저자의 책으로는 한비야의 『지도 밖으로 행군하라』, 류시화의 『사랑하라 한 번도 상처받지 않은 것처럼』 등 몇 편만 주목을 받았다. 특히 소설류는 한국 작품은 거의 베스트셀러에 들지 못했고, 김별아의 『미실』만 20위 안에 들었을 뿐이다.

2006년에는 주로 행복이라는 주제를 다룬 책이 많이 팔렸는데, 호아킴 데 포사다의 『마시멜로 이야기』, 공지영의 『우리들의 행복한 시간』 등이 나란히 베스트셀러 1, 2위를 차지했다. 그 외에도 법정의 『살아 있는 것은 다 행복하라』 등도 행복론에 관한 이야기였다. 그 외에도 이민규의 『끌리는 사람은 1%가 다르다』, 엘리자베스 퀴블러 로스의 『인생수업』, 한상복의 『배려』 등도 인기를 끌었다. 2007년에는 단연 론다 번의 『시크릿』이 대세였다. 이 책은 '자신을 무조건 믿으라'는 메시지를 담아 성공 중심의 사회에서 정서적으로 치여 사는 개인들에게 자신감을 심어준 것이 인기를 끈 원동력이라 할 수 있다. 한편에서는 정철진의 『대한민국 20대, 재테크에 미쳐라』와 같은 책이 현실적인 젊은이들의 관심을 유발했다. 또 반기문 UN 사무총장의 메시지를 다룬 『바보처럼 공부하고 천재처럼 꿈꿔라』 등도 좋은 반응을 얻었다.

물러가는 노무현, 사라진 열린우리당, 빛바랜 10·4남북정상선언

열린우리당이 몰락하는 가운데, 노무현은 2007년 1월 9일에 전격적으로 대통령 4년 연임제 개헌안을 제안했다. 노무현의 마지막 정치적 승부수였다. 하지만 한나라당은 냉담했고, 신당파와 당 사수파로 나뉘어 싸우고 있던 열린우리당은 혼란스러워했다. 한나라당은 노무현의 제의를 정치적 꼼수라고 평가했고, 박근혜 한나라당 대표는 노무현에 대해 "참 나쁜 대통령이다"라고 비난하며 개헌에 대해 함구령을 내렸다. 이에 노무현은 개헌을 밀어붙일 기세로 한나라당을 강하게 비난하며 행정력을 총동원했다. 그러나 이미 노무현은 치명적인 레임덕을 겪고 있었고, 여론은 대통령 선거에 눈을 돌린 상황이었다. 여론은 노무현보다는 한나라당의 유력 대선 주자인 이명박과 박근혜에 관심이 집중되어 있었다.

이후 열린우리당에서는 핵심 인물들의 탈당 행렬이 이어졌다. 탈당한 인사들은 노무현에 대한 노골적인 불만을 토로하고 비난과 비판을 쏟아냈다. 심지어 대통령이 잘못해서 개혁과 민주주의 자산을 다 팔아먹었다는 말까지 나왔다. 결국 노무현은 2월 28일에 열린우리당을 탈당했다.

이후에도 노무현은 계속 개헌에 집착했다. 3월 8일에 대통령 중임제 시안을 발표하고, 헌법개헌추진단을 발족시켜 공청회를 열기도 했다. 그러나 개헌 반대 여론이 이미 60%가 넘는 상황이었다. 열린우리당 사수파를 제외한 정당은 모두 개헌을 반대했다. 이에 노무현은 다음 18대 국회에서 대통령 4년 중임제 사안 하나만 개헌하는 '원 포인트 개헌'을 각 정당이 당론으로 채택하지 않을 경우 개헌안을 발의하겠다는 강력한 입장을 천명했다. 결국 한나라당을 포함한 각 당은 18대 국회에서 원 포인트 개헌을 다루기로 합의했고, 그것으로 노무현의 개헌 정국은 막을 내렸다.

그러자 정동영과 김근태가 동시에 열린우리당 해체를 요구하며 통합신당에 참여할 뜻을 밝혔고, 5월 7일에 통합신당이 공식 출범했다. 이로써 노무현과 정동영의 대립이 격화되었고, 8월 5일에는 통합신당 창당대회가 열렸다. 통합신당에는 열린우리당에서 탈당한 의원 80명과 민주당 탈당 의원 5명이 참여했다. 닷새 뒤인 8월 10일에는 통합신당과 열린우리당이 합당했다. 143명의 국회의원이 소속된 거대 신당이었다. 하지만 한나라당은 "도로 열린우리당"이라고 비난했다. 민주당 출신 5명을 뺀 138명이 열린우리당 출신이었으니 틀린 말도 아니었다. 그로부터 8일 뒤, 열린우리당 간판은 역사 속으로 완전히 사라졌다.

그러나 여론은 통합신당의 창당이나 열린우리당의 소멸보다는 한나라당의 내부 갈등에 관심이 쏠렸다. 한나라당의 대통령 후보로 나선 이명박과 박근혜의 경쟁과 갈등이 점입가경이었기 때문이다. 국민은 이미 그중 대통령 후보가 되는 사람이 대통령이 될 것으로 믿고 있었다. 통합신당의 후보가 누가 되든 별 관심이 없었던 것이다. 결국 한나라당의 경선은 이명박의 승리로 끝났고, 대선전은 해보나 마나 이명박이 승리할 것으로 믿는 상황이 되었다.

한편 통합신당에서는 손학규와 정동영, 이해찬이 대통령 후보 자리를 두고 다투었다. 결과는 정동영의 승리였다. 하지만 이명박과 정동영의 싸움은 이미 결판이 난 것 같은 분위기였다.

이런 상황에서 노무현은 남북 정상회담을 성사시켜 10·4남북정상선언을 이끌어냈지만, 너무 늦은 선언이었다. 심각한 레임덕 현상에다 국민의 신뢰마저 잃은 상태에서 일군 성과였기에 실현되긴 힘들었다.

선거 막바지에 BBK사건이 터져 이명박에게 불리한 여건이 형성되었지만, 선거판을 뒤집지는 못했다. 2007년 12월 19일에 치러진 17대 대통령 선거에서 이명박은 48.7%의 지지를 받아 당선되었고, 정동영은 26.1%의 득표에 그쳤다. 3위는 BBK사건을 핑계로 무소속으로 출마한 이회창이었다. 이로써 노무현의 시대는 막을 내리고 있었다. 대통령 당선자 이명박은 청와대에서 노무현을 만나 지난 5년이 길었느냐, 짧았느냐를 물었는데, 노무현은 길었다고 답했다. 그만큼 힘들고 고통스러운 5년이었던 것이다.

이듬해 2월 25일 노무현은 임기를 마치고 청와대에서 물러나 자신의 고향인 경상남도 김해 진영의 봉하마을로 돌아갔다.

퇴임 후 노무현은 봉하마을로 돌아가 친환경·친농촌 생태사업에 관심을 가지고 오리농법과 화포천 정화 작업, 생태숲 조성 등에 관여했다. 2008년 7월에는 대통령 기록물을 봉하마을 사저로 옮긴 것과 관련해 전 비서관과 행정관들이 고발당하기도 했다. 또한 이 일로 보수단체에 소송을 당했다. 2008년 12월 친형 노건평이 세종증권 매각비리와 관련해 구속되었을 때 노무현은 이에 대해 대국민 사과를 거부했지만, 2009년 4월에는 부인 권양숙이 박연차에게 돈을 받아 사용했다는 의혹에 대해 사과문을 냈다. 이후 박연차사건과 관련해 조카사위 연철호가 체포되었으며, 부인 권양숙과 아들 노건호가 검찰에 소환되어 조사를 받았다. 이어 4월 30일에 노무현은 검찰에 출석해 뇌물 수수 혐의로 조사를 받았고, 부인 권양숙은 5월 16일에 재소환 통보를 받았다. 이런 상황에서 노무현은 5월 23일 사저 뒷산 부엉이바위에서 뛰어내려 스스로 목숨을 끊음으로써 국민에게 엄청난 충격과 안타까움을 남겼다.

노무현은 부인 권양숙 사이에서 아들 건호와 딸 정연을 두었다. 노건호는 배정민과 결혼해 1녀를 두었으며, 노정연은 곽상언과 결혼했다.

평화와 화합을 위해 과감한 실험을 감행한 노무현 시대

노무현 시대는 개인의 자유를 확대하고 한반도의 평화와 국민의 화합을 실현하기 위한 총체적 실험 무대라고 해야 할 것이다.

정치적으로는 지역감정을 극복하고 권위주의를 없애려는 모험적인 시도를 했으나 주도 세력의 한계와 기득권 세력의 반발에 부딪혀 갈등이 심화되고 진보 세력의 신뢰를 떨어뜨리는 결과를 낳았고, 외교와 국방에서는 미국의 영향력을 축소하고 자주성을 확대해 한반도 평화 시대를 열고자 했으나 미국이라는 거대한 벽과 북한 정권의 한계성에 가로막혀 실질적인 결실을 얻는 데는 미흡했다.

경제적으로는 자유무역 구조가 강화되는 국제 환경의 높은 파고를 이겨내고 실리 중심의 정책을 구사했으나 5% 이하의 저성장 구조에 빠진 한국 경제의 현실을 실감해야 했으며, 사회적·문화적으로는 국가주의와 권위주의가 약화되고 참여 민주주의가 확대되는 가운데 개인의 행복과 영달이 가장 중요한 사회적 화두로 떠올랐다.

3 노무현 시대의 주요 사건

대북송금 특검과 햇볕정책의 퇴조

대북송금 사건은 김대중 정부 시기인 2002년 9월 25일에 한나라당 엄호성 의원이 국정감사에서 정부가 현대상선을 통해 북한에 4000억 원대의 돈을 보낸 의혹이 있다는 주장을 하면서 시작되었다. 이에 대해 이근영 금융감독위원장은 산업은행에서 대출해간 4000억 원은 현대상선의 운영 자금으로 쓰인 것으로 안다고 주장했고, 정몽헌 현대그룹 회장은 대북송금은 있을 수 없는 일이라며 부인했다.

하지만 엄낙용 전 산업은행 총재가 현대에 대한 대출 건은 청와대 한광옥 비서실장의 지시라고 말하면서 의혹은 더욱 증폭되었다. 2003년 1월에 한나라당은 대북송금 사건에 대해 특검 및 국정조사를 요구했다. 며칠 뒤 정몽헌은 현대상선이 산업은행에서 자금을 빌려 쓴 것을 시인하면서 현대상선의 유동성 문제로 빌렸으며 대출금은 모두 갚았다고 말했다.

이런 상황에서 노무현 대통령 당선자는 대북송금설에 대해 검찰의 소신 있는 수사를 주문했고, 검찰은 정몽헌에 대해 출국 금지 조치를 내렸다. 그리고 한나라당은 대북송금 특검법안을 국회에 제출했다. 이렇듯 대북송금 문제가 계속 커지자 김대중은 대북송금과 관련해 담화문을 발표했다. 김대중은 담화문에서 평화와 국가 이익에 도움이 된다고 판단해 실정법상 문제가 있음에도 현대의 대북송금을 수용했다고 밝히고, 모든 책임은 대통령인 자신이 져야 한다고 했다.

하지만 노무현 정부가 출범한 다음 날인 2월 26일, 대북송금 특검법안이 국회를 통과했고, 노무현 대통령이 이를 수용했다. 김대중 측은 특검법안에 대해 대통령이 거부권을 행사해줄 것을 요구했으나 노무현은 이를 받아들이지 않았다.

특검법이 공포되자 여당과 야당 사이에 대북송금을 둘러싸고 뜨거운 논란이 일어났다. 여당인 민주당은 북한에 송금한 4억 5000만 달러는 남북 화해와 평화를 위한 불가피한 선택으로 대통령의 통치 행위에 속하기 때문에 사법 처리 대상이 되지 않는다고 주장했다. 반면 한나라당은 반국가단체인 북한에 돈을 준 것은 불법 행위라는 논리로 대응했다.

여야의 팽팽한 신경전 속에 송두환 특검팀은 대북송금 관련자들을 줄줄이 소환해 조사했고, 대통령 비서실장이었던 박지원을 비롯해 김대중 정부의 경제수석 이기호와 금융감독위원장 이근영이 구속되었다. 사건의 핵심 인물로 여러 차례에 걸쳐 검찰 조사를 받아오던 정몽헌 현대그룹 및 현대아산 이사회장은 현대그룹 계동 사옥에서 투신해 스스로 목숨을 끊었다.

이렇게 되자 햇볕정책은 급격히 퇴조하는 양상을 보였고, 남북관계도 악화일로에 놓였다. 노무현과 김대중의 관계가 악화되면서 친노 세력과 동교동계의 관계도 악화되었다. 이에 따라 노무현은 친노 세력을 중심으로 독자 노선을 구축하고 신당 창당 계획을 수립하게 된다.

이라크전쟁과 자이툰 부대 파병

2011년 알카에다에 의한 9·11테러 이후 미국의 부시 대통령은 테러에 대한 보복전쟁을 시작했고, 그 첫 번째 대상으로 아프가니스탄을 지목했다. 미국 정부는 알카에다 지도자 오사마 빈라덴이 아프가니스탄에 머물고 있다며 아프가니스탄의 탈레반 정권에 빈라덴의 인도를 요구했다. 탈레반 정권이 이를 거부하고 미국의 공격에 대비하자, 미국은 아라비아해에 항공모함을 파견해 2001년 10월 7일부터 아프가니스탄 전역을 공습해 약 2개월 동안 전쟁을 지속한 끝에 탈레반 정권을 붕괴시켰다. 하지만 빈라덴을 체포하는 데는 실패했고, 아프가니스탄은 혼란과 내전에 휩싸이고 말았다.

이후 미국은 사담 후세인 이라크 대통령이 9·11테러와 밀접한 관련이 있다는 억측을 부리며 이라크를 침공했다. 미국 정부와 폭스 뉴스 등은 여론조작을 통해 후세인이 9·11테러의 배후라고 믿게 만들었고, 이를 빌미로 명분 없는 이라크전쟁을 일으켰던 것이다.

2003년 3월 20일에 시작된 이 전쟁에는 한국군도 참전했다. 미국은

2002년 11월에 한국군의 이라크 파병을 요청했고, 이듬해 3월 13일 공격을 일주일 앞두고 2차 요청을 했다. 이에 따라 한국 정부는 건설 공병과 의료지원단을 파병하기로 결정했고, 국회는 파병동의안을 통과시켰다. 이 과정에서 심각한 국론 분열 양상이 전개되었다. 명분 없는 전쟁에 참전하는 것은 옳지 않다는 논리와 미국과의 동맹을 강화하는 계기가 될 수 있다는 논리가 부딪쳤다. 논란 끝에 국회는 한미관계를 우선적으로 고려해 파병동의안을 통과시키고, 2003년 4월에 공병 부대인 서희부대와 의료지원단 제마부대를 이라크에 파병했다. 이때 노무현은 국익을 위해 파병해야 한다며, 이라크 파병은 전략적 선택이라고 주장했다.

하지만 미국 정부의 파병 요구는 여기서 그치지 않았다. 2003년 9월에 미국은 추가 파병을 요청했고, 노무현 정부는 이를 수용했다. 논란 끝에 2004년 2월에 파병동의안이 통과되어 이라크 평화·재건 사단 자이툰 부대가 파병되었다. 자이툰은 올리브를 뜻하는 아랍어로 평화를 상징한다. 자이툰 부대는 8000명가량의 사단급 부대이며 이라크 다국적군의 일원으로 파병되었다. 그해 12월에 노무현은 자이툰 부대를 방문하기도 했다. 이후 자이툰 부대는 이라크 아르빌 지역에 주둔하며 2008년 12월 20일에 완전히 철수할 때까지 이라크의 평화·재건 활동 업무를 수행했다.

자이툰 부대 파병 이후 한국에 대한 감정이 악화된 이라크 무장단체 알 타우히드 왈 지하드에 의해 한국 군납업체인 가나무역의 직원 김선일이 납치되어 살해되는 일이 벌어지기도 했다. 김선일사건은 한국인이 이라크 무장 세력에 의해 피살된 첫 번째 사례였다. 이 때문에 한국에서는 추가 파병을 반대하는 시위가 계속되었다.

김선일사건 이후에도 샘물교회 봉사단이 아프가니스탄에서 피랍되는 사태가 벌어졌다. 2007년 7월 19일 아프가니스탄 카불에서 탈레반 세력이 샘물교회 봉사단 23명을 납치해 심성민과 배형규 목사를 살해했다. 이후 한국 정부와 탈레반이 42일 동안 협상을 벌인 끝에 21명의 인질이 무사히 돌아올 수 있었다.

열린우리당 창당과 노무현 대통령 탄핵소추안 가결

대북송금 사건에 대한 특검 수용으로 김대중과 갈등을 겪던 노무현은 취임 6개월 만인 2003년 9월에 새천년민주당(민주당)을 탈당했다. 노무현 정부는 출범 초부터 대북송금, 검찰개혁, 이라크 파병, 친인척 비리 의혹 등 사회적 갈등 요소들이 한꺼번에 터지는 바람에 곤욕을 치렀다. 이 과정에서 노무현은 "이러다가 대통령직 못 해먹겠다는 생각이, 위기감이 생긴다"라는 발언을 해 논란을 일으켰고, 결국 민주당을 탈당하기에 이르렀다. 노무현의 민주당 탈당은 김대중과의 결별을 의미했고, 노무현당의 창당으로 이어졌다. 이른바 친노 세력으로 불리던 개혁 세력은 정당개혁과 정치개혁, 지역감정 해소를 기치로 내걸고 이에 동조하는 세력을 결집했다.

이에 민주당 내의 친노 세력, 민주당 외부의 친노 세력인 개혁국민정당, 한나라당의 일부 개혁 세력이 모여 2003년 11월 11일 열린우리당을 창당했다. 열린우리당의 창당에 가담한 국회의원은 민주당 36명, 한나라당 6명, 개혁국민정당 2명 등 총 44명이었다. 2004년 1월에 열린우리당은 임시 전당대회를 열어 정동영을 당의장에, 김근태를 원내대표로 선출했다. 이후 열린우리당의 지지율은 민주당과 한나라당을 제치고 1위로 올라섰다.

그러자 노무현은 4월 15일로 예정된 17대 총선에서 열린우리당이 많은 지지를 받았으면 한다는 발언을 했고, 이를 빌미로 민주당은 노무현 대통령이 선거 중립 의무를 위반했다며 중앙선거관리위원회에 고발했다. 중앙선거관리위원회는 노무현의 발언이 선거 중립 의무 위반에 해당한다고 판단하고, 노무현에게 선거 중립 의무를 준수할 것을 요청했다. 민주당은 이를 근거로 노무현에 대해 선거법 위반에 대한 사과를 요구했고, 만약 사과하지 않으면 탄핵을 발의하겠다고 경고했다. 노무현이 사과하지 않자 민주당과 한나라당, 자민련이 연합해 3월 12일에 노무현 대통령 탄핵소추안을 가결시켰다. 이에 따라 노무현의 대통령 직무는 정지되었고, 고건 국무총리가 직무 권한대행이 되었다.

그러나 노무현의 탄핵소추를 반대하는 여론이 들끓기 시작했다. 전국 각지에서 촛불 집회가 열렸고, 탄핵 무효를 외치는 여론이 점점 거세졌다. 거기에다 '탄핵무효, 부패정치 척결을 위한 범국민행동'이 결성되고, 탄핵의 역풍으로 열린우리당의 지지도가 급상승했다. 4월 15일에 실시된 총선에서 열린우리당은 과반석이 넘는 152석을 차지하며 제1당이 되었고, 한나라당은 121석을 얻어 간신히 참패를 면했다. 민주당은 9석을 차지하는 데 그쳤고, 자민련은 겨우 4석을 얻었다. 이에 비해 민주노동당은 10석을 확보해 원내에 진입하는 쾌거를 이뤘다.

총선이 끝난 뒤 헌법재판소는 노무현 대통령에 대한 탄핵소추가결안을 기각했다. 민심이 탄핵을 바라지 않는다고 판단했던 것이다. 탄핵소추가결안이 기각됨에 따라 노무현은 다시 대통령 직무를 수행했고, 열린우리당에 수석당원으로 입당했다.

이후 열린우리당은 국가보안법 폐지, 과거사진상규명법, 사립학교법, 언론개혁법 등 4대 개혁입법을 추진했으나 한나라당과 보수 세력의 강한 반발에 부딪혀 뜻을 이루지 못했다.

4   노무현 시대의
       국무총리들

노무현 정부의 국무총리는 35대부터 38대까지 4명이 재임했다. 35대 국무총리 고건은 30대에 이어 두 번째로 총리직을 역임했고, 이어 이해찬, 한명숙, 한덕수로 이어졌다. 고건은 노무현 정부 출범과 동시에 국무총리에 임명되어 1년 3개월 재임했으며, 이해찬은 2004년 6월에 임명되어 1년 9개월 재임했다. 37대 국무총리 한명숙은 2006년 4월부터 2007년 3월까지 11개월 재임했으며, 38대 국무총리 한덕수는 2007년 4월에 임명되어 노무현 정부 임기 말까지 11개월 동안 재임했다.

35대 고건 국무총리에 대해서는 「7장 김영삼 대통령실록」에서 자세히 언급했으므로 생략한다.

36대 국무총리 이해찬은 1952년 충청남도 청양에서 태어났으며, 용산고를 졸업하고 서울대학교 섬유공학과와 사회학과에서 공부했다. 유신시대 말기부터 학생운동에 투신했고, 1974년 민청학련사건에 연루되어 투옥되었다. 1978년에 광장서적을 설립해 운영했으며, 1979년에는 돌베개 출판사를 설립하고 대표를 지냈다. 1980년에는 서울대학교 복학생협의회 대표를 맡았으며, 그해 5월에 김대중 내란음모 사건에 연루되어 투옥되었다.

이후 이해찬은 민주화운동청년연합, 민통련 등에서 활동했으며, 1987년에 평민당에 입당해 정치를 시작했다. 1988년 13대 국회의원 총선 때 서울 관악구에서 출마해 당선되었고, 이후 5회 연속 국회의원에 당선되었다. 1988년 제5공화국 청문회 때에는 노무현과 더불어 청문회 스타로 떠올랐다. 1995년 조순이 서울시장에 당선되자 정무부시장에 발탁되었으며, 그해 국민회의에 입당해 정책위원회 의장을 지냈다.

1998년에 김대중 정부가 출범하자, 교육부장관에 임명되어 고등학교 평준화, 연합고사 폐지, 보충수업 폐지 등을 추진해 성사시켰다. 또 야간자율학습과 월말고사, 학력고사, 모의고사 등을 폐지했다. 하지만 수학능력시험에서 재학생들이 재수생들보다 낮은 성적을 내자, 단군 이래 최저 학력이라는 비난을 받으며 이른바 '이해찬 세대'라는 말이 유행했다.

교육부장관에서 물러난 후에는 민주당 정책위원회 의장으로 활동했고, 2002년 대통령 선거에서는 노무현 진영에서 활동해 노무현이 당선되는 데 이바지했다. 2003년에 열린우리당 창당에 참여해 창당기획준비단장이 되었고, 노무현 정부 출범 후인 2004년 6월 30일에 국무총리에 임명되어 2006년 3월 15일까지 재임했다. 국무총리 시절인 2005년 4월 5일에 강원도 양양군에 큰 산불이 발생했는데, 이때 국무조정실 직원들과 골프를 치는 바람에 언론의 집중적인 비난을 받았고, 2006년 삼일절에도 골프를 친 일 때문에 결국 국무총리에서 물러났다. 재직 시 실질적으로 국무총리 권한을 행사한 몇 안 되는 사람 중의 하나라는 평가를 얻었다. 대통령과 의견이 다를 땐 언쟁을 불사했으며, 주관과 소신이 강해 여당과 야당을 막론하고 자주 갈등을 빚었다.

퇴임 후에는 대통령 정부특별보좌관으로 활동했으며, 열린우리당 상임고문을 지내기도 했다. 2007년 대통령 선거전에서는 통합신당 경선에 출마했으나 정동영과 손학규에 밀려 3위에 머물렀다. 2008년 18대 총선 때에는 통합신당을 탈당하고 출마하지 않았으며, 2012년 19대 총선에서는 세종특별자치시 선거구에 출마해 당선되었다. 그해 6월에 민주통합당 당대표가 되었으나 대선 과정에서 대표직을 사임했다. 이후 국회에 남아 정치 활동을 계속하다가, 2020년 21대 총선에서 더불어민주당의 승리를 이끈 다음 정계 은퇴를 선언했다.

37대 국무총리 한명숙은 1944년 평안남도 평양에서 출생했으며, 정신여자고등학교와 이화여자대학교, 이화여자대학교 대학원, 한국신학대학교 대학원 등에서 불문학과 여성학을 공부했다. 이화여자대학교 재학 중인 1967년에 박성준과 결혼했으나 박성준이 통일혁명당사건으로 투옥되자, 13년간 옥바라지를 하기도 했다. 크리스찬아카데미운동에 가담해 1979년에 체제 비판적인 이념 서적을 유포한 혐의로 구속되기도 했다.

　　감옥에서 나온 뒤에는 이화여자대학교, 성심여자대학교 등에서 여성학 강사로 일했으며, 1990년부터 4년 동안 여성민우회장으로 활동했다. 이후 일본, 미국 등에서 유학을 했으며, 1999년에 민주당 창당 작업에 참여하면서 정치에 입문했다. 2000년에 민주당 비례대표로 16대 국회의원이 되었고, 이듬해 여성부장관에 올랐다. 2003년 노무현 정부에서 환경부장관에 임명되었으며, 당시 《중앙일보》의 장관 리더십 평가에서 1위에 오르기도 했다. 2004년 열린우리당에 입당해 17대 국회의원이 되었고, 신행정수도건설특별위원장을 역임했다.

　　2006년 3월에 국무총리에 지명되었으나 한나라당이 인사청문회를 거부하는 바람에 4월 19일에야 국무총리 임명동의안이 가결되어 대한민국 최초의 여성 국무총리가 되었다. 2006년 4월 20일부터 2007년 3월 7일까지 11개월간 국무총리직을 수행했다.

　　퇴임 후 한명숙은 대통령 후보 경선에 참여했으나 이해찬, 유시민 등과 후보단일화를 추진해 이해찬에게 힘을 실어주었다. 2007년 대선 패배 후 2008년에는 18대 국회의원 선거에 출마했으나 낙마했으며, 2009년 5월에는 노무현 전 대통령의 국민장 공동장의위원장을 맡았다.

　　2009년 12월에는 국무총리 재직 당시의 인사 청탁 사건과 관련해 검찰 수사를 받았으나 무죄로 풀려났는데, 2010년 6월 지방선거 직전에 또 다른 정치자금 수수 혐의로 기소되었다. 수사가 진행되는 와중에 민주당 서울시장 후보로 출마했으나 한나라당 오세훈 후보에게 패배했다. 이후 민주통합당 당대표를 역임했고, 2012년 4월에 대표직에서 물러났다. 그리고 2015년 8월 대법원이 정치자금 수수 혐의를 유죄로 인정하면서 한명숙에게 징역 2년에 추징금 8억 8300만 원을 선고했다. 한명숙은 형을 살다가 2017년 8월 출소했다.

38대 국무총리 한덕수는 1949년 전라북도 전주에서 태어났으며, 경기고등학교와 서울대학교, 하버드대학교 등에서 경제학을 공부했다. 1970년 행정고시에 합격해 경제기획원에 들어갔으며, 이후 중소기업국장, 통상산업부차관, 대통령 경제수석, 산업연구원장 등을 거쳐 노무현 정부 시절인 2004년에 국무조정실장이 되었다. 2005년 3월에 8대 부총리 겸 재정경제부장관에 올랐고, 한미FTA체결지원위원장을 역임한 뒤, 2007년 4월에 노무현 정부 마지막 국무총리에 임명되었다. 그가 국무총리로 임명될 당시에는 노무현 정부의 막바지였으므로 선거 관리 내각을 지휘한 셈이었다. 국무총리 시절 FTA국내대책위원장을 겸임했다. 퇴임 후에는 이명박 정부에서 주미대사와 무역협회장을 지냈다.

10장

•

이명박 대통령실록

이명박李明博
(1941 -)

재임 기간:
2008년 2월 - 2013년 2월
(5년)

"우리는 '이념의 시대'를 넘어 '실용의 시대'로 나아가야 합니다.
변화를 소홀히 하면 낙오합니다.
변화를 거스르면 휩쓸리고 맙니다.
어렵고 고통스럽더라도 더 빨리 변해야 합니다.
우리의 시대적 과제,
대한민국 선진화를 향한 대전진이 시작되었습니다."

—제17대 대통령 취임사 中 (2008)

1 보름달을 품은 노점상 소년, 신화를 쏘다

노점상을 하며 대학에 진학하다

이명박은 1941년 12월 19일 일본 오사카부 나카카와치군 가미무라의 조선인 부락에서 아버지 이충우와 어머니 채태원 사이에서 4남 3녀의 3남으로 태어났다. 아버지 이충우는 포항시 흥해읍 덕성리 출신으로 직업은 목장의 인부였고, 어머니 채태원은 대구 반야월 출신이었다. 둘은 고향 사람의 중매로 만났으며, 결혼 직후인 1935년에 일본으로 건너가 목장 일을 했다. 당시 이충우가 쓰던 성씨는 쓰키야마(月山)였다.

1941년에 이명박이 태어났을 때 상은, 상득 2명의 형과 귀선, 귀애 2명의 누나가 있었다. 이충우 부부는 명박 아래로 귀분과 상필을 더 낳았다. 호적 기록에 따르면 이충우의 원래 이름은 덕쇠였으며, 이명박의 원래 이름은 상정이었다. 이렇듯 형제들은 모두 '상(相)' 자 돌림인데, 이명박의 이름만 특이했다. 이에 대해 이명박은 "어머니가 보름달이 치마폭에 들어오는 태몽을 꾸시고는 '밝을 명(明)' 자와 '넓을 박

(博)' 자를 넣어 지었다"라고 스스로 설명한 바 있다. 훗날 정치인이 된 뒤에 출생지가 일본이고 한자가 '아키히로(明博)'라는 일본 이름과 같아 '형들과 어머니가 다르다'는 소문이 돌자, 이명박은 사실을 입증하기 위해 DNA 검사까지 받게 된다.

1945년에 해방이 되자, 이충우는 가족들을 데리고 고향인 포항으로 돌아온 후 동지상업고등학교 이사장의 목장에서 인부로 일했다. 1950년에 6·25남북전쟁이 발발했고, 전쟁 중에 이명박의 바로 위 누나 귀애와 남동생 상필을 잃었다.

난리통에 자식 둘을 잃고 단칸방에서 어렵게 살았기에 어머니 채태원은 풀빵 장사를 하며 가계를 도왔다. 이명박 또한 가계에 보탬이 되기 위해 초등학교 때부터 성냥, 김밥, 밀가루떡을 가지고 다니며 팔았다. 중학교에 입학한 뒤에는 어머니의 풀빵 장사를 도왔다.

그렇게 가까스로 중학교를 마친 이명박은 고등학교에 갈 형편이 아니었다. 포항의 수재로 불리며 서울대학교 상대에 진학한 둘째 형 이상득의 학비를 대기 위해 집안일을 도와야만 했다. 하지만 고등학교 진학을 포기할 수 없었던 이명박은 학교만 보내주면 3년 내내 장학금을 받겠다고 약속해 동지상업고등학교 야간부에 입학했다.

동지상업고등학교에 다니는 동안 이명박은 이른 새벽부터 수업이 시작되기 전까지 수레에 야채를 싣고 포항의 골목골목을 돌아다니며 야채를 팔았다. 그러면서 틈이 날 때마다 공부에 열중해 약속대로 3년 내내 장학금을 받았다.

이명박이 고등학교를 졸업할 무렵 그의 가족은 서울로 이사했다. 서울대학교에 다니던 둘째 형 상득을 뒷바라지하기 위함이었다. 이명박도 기말고사만 치르고 가족들과 함께 상경했다. 그리고 청계천 헌책방에서 책을 사서 공부한 끝에 1961년 고려대학교 경영학과에 입학했고, 이태원시장에서 매일 새벽에 쓰레기를 치우는 일로 학비를 마련해 대학을 다녔다.

6·3사태를 주동해 처음으로 신문에 이름을 올리다

어렵게 대학을 다니면서도 이명박은 평범한 학생으로 남지는 않았다. 그가 대학에 입학하던 해에 박정희의 5·16쿠데타가 일어났고, 이듬해 그는 생활이 너무 힘들어 군대에 입대하려 했으나 훈련소 신체검사에서 기관지확장증 판정을 받았다. 그는 당시 가끔 목이 아파 감기인 줄 알고 감기약을 먹었는데, 신체검사를 받기 전까진 그렇게 심각한 병에 걸린 줄 몰랐다고 한다.

어쨌든 병역을 면제받은 그는 3학년 때인 1963년에 상과대학 학생회장이 되었고, 1964년에는 고려대학교 총학생회장 직무대행이 되어 한일회담을 반대하는 시위를 이끌었다. 이른바 6·3사태의 주역이었던 셈인데, 이 때문에 수배령이 떨어져 도망다니는 신세가 되었다. 이에 계엄사령부는 검거되지 않은 주동급 학생 37명의 명단을 각 일간지 6월 20일 자에 공개했는데, 이때 이명박의 이름은 잘못 표기되어 '고려대생 이명백'으로 실렸다.

이명박은 신문에 수배된 것을 보고 경찰에 자진 출두해 계엄사령부에서 조사받은 후 서울교도소에 수감되었다. 그가 감옥에 갇혀 있을 때, 그를 면회 온 어머니는 눈물을 훔치기는커녕 이런 말을 했다고 한다.

"나는 네가 별 볼 일 없는 놈인 줄 알았는데 알고 보니 너야말로 대단한 놈이다. 소신대로 행동하거라."

이명박은 징역 3년, 집행유예 5년을 선고받았다. 또한 재판을 받기까지 3개월여 동안 서울교도소에 수감되었다가 그해 10월 2일에 보석으로 풀려났다.

이렇듯 6·3사태의 주역이었던 이명박은 훗날 정치인으로 입문한 뒤 6·3동지회장을 지내게 된다. 감옥에서 풀려난 지 1달여 후, 그렇듯 담대했던 그의 어머니는 세상을 떠나고 말았다.

현대건설에 입사해 월급쟁이 신화를 남기다

대학을 졸업한 후 이명박은 여러 회사에 입사 지원서를 냈지만 전과 기록 때문에 취직하기가 쉽지 않았다. 그래서 박정희 대통령에게 비통한 심정을 편지로 써서 정부의 부당한 취직 방해를 규탄하기도 했다. 그 뒤 1965년에 현대건설에 취직했다. 그때만 해도 현대건설은 직원 100명이 채 안 되는 회사였다. 당시 현대건설 사장 정주영은 명문대 출신이 보잘것없는 중소 건설회사에 지원한 것을 매우 반겼다. 이명박은 면접시험에서 "건축이 무엇이냐"라는 물음에 "창조입니다"라고 답했다고 한다.

이명박은 현대건설에 입사한 지 2년 만에 대리로 승진했고, 30살이 되던 1970년에 이사가 되었다. 그야말로 고속 승진이었다. 그의 고속 승진과 함께 현대건설의 규모도 무섭게 성장했다. 그가 일개 평사원에서 입사 5년 만에 이사로 승진할 수 있었던 것은 무엇보다 일에 대한 저돌적인 집념 덕분이었다. 중기사업소 관리과장으로 재직할 때 남긴 일화는 그의 업무 스타일을 단적으로 보여준다.

당시 서빙고의 중장비 수리공장 옆에 골재회사가 있었는데, 방진 설비를 갖추지 않은 채 골재를 실어 나르고 있었다. 이명박은 이 회사에 방진 설비를 갖출 것을 몇 차례나 요구했으나 청와대가 골재 주문을 재촉하고 있어 그럴 시간이 없다며 들은 척도 하지 않았다. 이명박은 참다못해 한밤중에 불도저를 끌고 가서 골재회사의 진입로를 파버렸다. 청와대와 경찰이 원상복구를 하라며 압력을 가했지만 이명박은 방진 설비 설치를 약속하면 원상복구하겠다고 버텨 결국 주장을 관철시켰다. 이 사건으로 이명박은 '불도저'라는 별명을 얻었고, 사장 정주영은 이명박을 더욱 신임하게 되었다. 이후 정주영은 현장에서 무슨 일이 일어나면 "이명박이한테 전화 걸어"라고 했다고 전한다.

현대건설 이사가 되던 해인 1970년, 이명박은 아내 김윤옥을 만나 결혼했다. 김윤옥은 이화여자대학교 사범대를 졸업했는데, 두 사람을 이어준 사람은 이명박의 동지상업고등학교 은사였다. 이명박의 은사와 김윤옥의 큰오빠는 경북고등학교 동창으로, 한 사람은 제자 자랑을 하고 한 사람은 동생 자랑을 하다 둘을 맺어주게 되었다.

당시 김윤옥의 부모는 따로 생각해둔 신랑감이 있다며 이명박을 반대했지만, 김윤옥의 큰오빠는 이명박이 평사원으로 들어가 젊은 나이에 현대건설 이사까지 오른 인재라며 적극적으로 부모를 설득해 혼인을 성사시켰다. 결혼식은 토요일이었는데, 이명박은 이날에도 오전 근무를 마치고 결혼식장에 갈 정도로 업무에 몰두해 있었다.

정주영의 신임을 받은 이명박은 1977년에 37살의 젊은 나이로 현대건설 사장이 되었다. 이후 현대건설은 말레이시아 피낭대교를 건설하고, 이라크 화력발전소, 사우디아라비아 주베일항만 공사를 맡으면서 굴지의 기업으로 성장했다. 이명박은 48살이 되던 1988년 마침내 현대건설 회장이 되었다.

이명박은 회장이 된 뒤 고향 친구와 저녁을 먹는 자리에서 눈물을 흘렸다고 한다. 그는 자신이 고속 승진을 한 비결에 대해 이런 말을 했다고 한다.

"공휴일도 없이 하루에 18시간 넘게 일했으니 남들보다 2배는 일한 셈이다. 그렇게 보면 나는 24년 만에 사장이 된 것이고 남들보다 빠르다고 할 수도 없다. 나는 기업주의 목표보다 훨씬 높은 목표를 제시하고 그것의 실현을 위해 최선을 다했다. 내가 정주영 회장 앞에서 내놓은 사업의 목표는 늘 정회장의 기대치를 한두 걸음 앞섰다."

이명박은 현대건설 회장 외에도 현대그룹 산하의 10개사 사장과 회장을 겸했다. 이렇게 그는 월급쟁이 신화를 이루었고, 그의 성공담은 1989년에 〈야망의 세월〉이라는 TV 드라마로 만들어져 인기리에 방영되었다. 덕분에 그는 대중적인 인기를 얻었고, 이를 계기로 정치인의 길을 걷게 되었다.

순탄치 않은 정치 초년생 시절

1992년, 현대그룹 총수 정주영이 정치에 뛰어들었다. 그는 통일국민당을 창당하고 14대 국회의원 선거에서 전국구 의원으로 당선되었다. 이때 정주영은 이명박에게도 손을 내밀었다. 하지만 이명박은 정주영의 손을 뿌리치고 김영삼의 제의를 받아들여 민자당 전국구 국회의원이 되었다. 1965년 이래 27년 동안 몸담았던 현대그룹과의 공식적인 결별이자, 정치인 이명박의 첫걸음이었다.

이명박은 세간의 인기를 바탕으로 1995년 지방자치단체장 선거에서 민자당 서울시장 후보 경선에 나섰으나 국무총리를 지낸 정원식에게 패했다. 그리고 정원식은 민주당의 조순에게 패했다.

이후 이명박의 정치 여정은 순탄치 않았다. 1996년 15대 총선에서 종로구에 출마해 이종찬, 노무현 등과 겨뤄 승리했으나 선거 비용을 누락해 신고하는 바람에 고발 조치되었고, 재판까지 받아야 했다. 재판 중이던 1998년 그는 서울시장 출마를 선언하고 국회의원직을 사퇴했다. 그러나 선거법 위반과 범인 도피 혐의로 700만 원의 벌금이 확정되자, 서울시장 후보 경선을 포기하고 미국으로 떠났다.

선거법 위반으로 당분간 정치를 할 수 없는 처지가 된 이명박은 사업에 손을 댔다. 2000년 한국으로 돌아온 이명박은 BBK 대표이사였던 김경준과 함께 LK이뱅크를 설립했다. 하지만 이 일은 훗날 그에게 막대한 정치적 타격을 주게 된다.

청계천의 물꼬를 타고 청와대로 날아오르다

2000년 광복절 특사로 복권된 이명박은 정치를 재개했다. 2002년 서울시장 선거에 출마해 민주당의 김민석 후보를 누르고 민선 3기 서울시장에 당선되었다.

서울시장으로 재임하면서 이명박은 청계천 복원에 착수해 2003년 7월에 청계고가도로를 철거하고 2년 3개월 동안 복원 공사를 추진한 끝에 2005년 10월 1일에 5.84킬로미터 길이의 청계천 물길을 여는 데 성공했다. 대중교통 체계 개편 사업을 진행해 교통카드 제도를 도입하고 버스 중앙차로제를 확립했으며, 버스 번호와 색깔을 체계적으로 정비했다. 그 덕분에 버스 운행 속도가 빨라졌고, 대중교통 이용객도 증가했다.

이렇듯 이명박이 서울시장으로 재임하는 동안 탁월한 행정 능력을 보이자, 그에 대한 대중의 지지도가 크게 상승했으며 급기야 대통령 후보로 거론되기 시작했다.

2006년 6월 30일, 서울시장에서 물러난 이명박은 본격적인 대선 행보를 시작했다. 당시 그의 가장 강력한 라이벌은 한나라당 대표를 지낸 박근혜였다. 박근혜는 이른바 '선거의 여왕'으로 불리며 한나라당 내부에서 가장 강력한 대통령 후보로 자리매김하고 있었다. 그러나 이명박은 청계천 복원에 성공해 얻은 인기를 기반으로 박근혜의 지지율을 따라잡기 시작했고, 2007년 8월 20일 전당대회에서 박근혜, 원희룡, 홍준표 후보를 제치고 한나라당 대통령 후보로 확정되었다. 박근혜는 2위였고, 표차는 2452표였다. 일반당원과 대의원, 국민선거인단 경선에서 모두 박근혜에게 패배했지만 전화 1표를 5표로 계산하는 여론조사에서 박근혜를 앞질러 가까스로 승리한 것이다.

하지만 선거 과정에서 여러 가지 의혹이 제기되는 바람에 이명박은 곤욕을 치러야 했다. 특히 한때 이명박과 동업자였던 김경준이 대표로 있던 BBK의 주가조작 사건에 연루되었다는 의혹은 그를 궁지로 몰았다. 이명박은 이와 관련해 주가조작에 연루된 것이 사실이라면 후보직을 사퇴하겠다며 맞섰다. 이런 상황에서 한나라당 대통령 후보에 두 차례나 올랐고 한나라당 총재까지 지낸 이회창이 한나라당을 탈당해 대선 출마를 선언하기도 했다. 대선 출마 선언 직후 이회창의 지지도는 단숨에 20%를 넘었고, 이는 이명박의 지지율에 큰 타격을 주었다. 거기에다 BBK 대표 김경준이 입국해 검찰 조사를 받는 바람에 이명박은 한층 더 타격을 받았다.

하지만 검찰은 이명박의 주가조작 의혹에 대해 무혐의 처분을 내렸고, 이명박의 지지율도 점차 회복되었다. 그리고 12월 19일에 치러진 17대 대통령 선거에서 48.7%의 득표율로 당선되었다. 2위는 민주당의 정동영 후보로 지지율은 26.1%였고, 3위는 무소속의 이회창으로 지지율은 15.1%였다.

이렇듯 우여곡절 끝에 대통령에 당선된 이명박은 2008년 2월 25일에 취임식을 마치고 청와대에 입성했다.

2 경제 지상주의에 빠진 이명박의 불도저식 국가 경영

● 제17대 대통령, 재임 기간: 2008년 2월 – 2013년 2월(5년)

성장 중심 가치관과 가진 자 위주의 정책

이명박은 대통령에 오르면서 자신의 정부를 실용정부로 규정했지만, 실용이라는 표현이 밋밋하고 의미도 모호하다는 이유로 '이명박 정부'라는 실명을 공식적인 정권 이름으로 사용했다. 이명박 정부는 국정 목표를 '신발전 체제 구축'으로 정하고, 구체적인 방향으로 국가와 사회 간 협력을 통한 발전, 질적 성장 추구, 법치의 확립과 헌법 존중, 다원주의 가치와 개성 및 창의 존중, 인재 양성, 글로벌 스탠더드와 내셔널 스탠더드의 조화, 고신뢰 사회 등을 제시했다. 이는 성장 중심의 정치를 하겠다는 의미로, 성장만 지나치게 강조한 나머지 민주주의와 인권·복지·서민·민의 등에 대한 개념은 취약할 수밖에 없었다.

이런 한계는 미국과의 쇠고기 수입 협상 결과에 고스란히 반영되었다. 국민의 건강과 직결되는 쇠고기 수입 문제를 무역수지 차원으로만 접근한 탓에 이명박은 취임 2달 만에 거대한 국민적 저항에 부딪혔다. 쇠고기 협상 결과에 분노한 국민은 촛불을 들고 거리로 쏟아져 나와 연일 시위를 벌였고, 이에 따라 지지율도 순식간에 20%대로 떨어졌다.

하지만 이명박의 국정 운영 태도는 쉽게 변하지 않았다. 2009년 벽두에 철거민에 대한 경찰의 강경 진압으로 용산 참사가 일어남으로써 다시 한번 서민정책의 한계를 드러냈다. 그는 말로만 친서민정책을 부르짖을 뿐 법치와 성장만 강조한 나머지 서민의 아픔과 민의를 진정으로 헤아리지 못한다는 비판을 받아야 했다.

거기에다 그해 5월에 일어난 전직 대통령 노무현의 죽음에 직면해서는 정치력의 한계를 여실히 드러냈다. 정치로 해결할 수 있는 문제를 법에만 의존해 지나치게 몰아붙이다가 '정치적 타살'을 유발했다는 소리를 듣게 된 것이다. 이명박은 이런 자신의 이미지를 개선하기 위해 2009년 11월에 5가지 국정 과제를 다시 제시하면서 '섬기는 정부'가 되겠다고 공언했다. 이에 대한 실천 방안으로 영세 상인들에 대한 배려를 강조하는 등 변화된 모습을 보이려고 노력했다.

하지만 정책 기조는 변하지 않았다. 노사 문제에서는 여전히 노동자보다는 경영자 위주의 성향을 드러냈고, 세금에 대해서도 서민보다는 부자의 입장을 먼저 고려하는 경향을 보였다. 또한 교육에 대해서도 지나치게 효율성만 강조한 나머지 학교의 서열화나 서민의 교육비 부담 등에는 등을 돌렸다. 고교 다양화 프로젝트를 통해 자율형 사립고등학교를 늘리고 고등학교 평준화 정책을 약화시킨 것이 대표적인 사례로 꼽힌다. 또한 영어 몰입교육을 강조해 사교육을 부추긴다는 비판을 받았다.

대북정책에서도 성장 중심의 사고방식을 고스란히 드러냈다. 이명박 정부의 대북정책은 이른바 '비핵 개방 3000'으로 요약할 수 있는데, 북한이 핵을 포기하고 개방하면 대북투자를 통해 북한의 1인당 국민소득을 3000달러로 끌어올린다는 내용이다. 하지만 이는 전혀 현실성이 없는 방안일 뿐 아니라 북한의 자존심만 긁는 결과를 낳았다. 북한은 이명박의 대북정책에 강력하게 반발하며 심지어 《노동신문》을 통해 이명박을 '역도(逆徒)'라고 표현했다. 또한 북한은 미사일을 발사하는가 하면 개성공단에서 남한 당국자를 추방하기도 했다.

북한과의 관계는 점점 악화일로로 치달았다. 2008년 7월에 일어난 금강산 관광객 피격 사건 이후 냉기류를 타고 있던 남북관계는 2010년

3월에 천안함 침몰 사건이 발생하면서 극도의 긴장관계로 치달았고, 급기야 북한의 포격으로 민간인이 사망하는 연평도 포격 사건마저 일어났다. 이후 이명박 정부는 천안함 침몰 사건과 연평도 포격 사건에 대한 사과를 요구하며 식량 지원을 중단하고 대화를 거부했다.

대미정책에서는 한미동맹 강화를 강조하고 전시작전통제권 환수 계획을 연기해줄 것을 간청하는 등 저자세 일변도의 성향을 드러냈다. 이러한 대미외교 기조는 2010년 12월 5일에 타결된 한미 FTA 재협상에도 악영향을 끼쳤다. 한미동맹에 지나치게 집착한 나머지 경제적인 불이익을 자초했던 것이다. 미국의 언론조차 '오바마의 승리'라고 할 정도로 재협상 결과는 미국의 요구를 너무 쉽게 수용했다는 비판을 받아야 했다. 이로 인해 여론은 크게 악화되었고, 통상교섭본부장을 맡았던 김종훈은 국회에 출석해 죄송하다며 사과해야 했다.

하지만 300여 개 시민단체가 '한미FTA저지범국민운동본부'를 결성하고 국회 비준 반대 시위를 전개하는 등 반발이 만만치 않았다. 이런 여론은 결국 국회의 비준 과정에서도 야당의 격렬한 반대로 이어졌고, 비준안 처리에 반대한 민주노동당의 김선동 의원은 국회 본회의장에 최루탄을 터뜨리기도 했다. 하지만 비공개로 진행된 비준안 처리는 야당이 불참한 가운데 151명의 찬성으로 가까스로 통과되었다.

복지 부분에서도 약자에 대한 배려가 크게 후퇴했다. 장애아동 무상 보육 지원금, 보육 시설 확충 비용, 장애인 차량 지원금, 기초수급생활자 의료비 지원금 등이 대폭 삭감되었고, 영유아 예방접종 예산, 방학 중 결식아동 예산, 노인 요양 시설 확충 비용 등도 전액 또는 일부 삭감되었다. 이 같은 복지 축소는 이미 심각한 양극화 현상과 저출산, 고령화 사회의 문제점들을 더욱 심화시키는 결과를 낳았다.

언론정책에서도 장악 일변도의 구태를 보였다. 임기가 남은 방송사

사장을 해임하는가 하면 자신의 측근을 사장으로 임명하기도 했다. 또한 정부에 비판적인 프로그램은 방송이 취소되거나 연기되는 일이 잦았으며, 심지어 담당 프로듀서가 교체되기도 했다. 이런 현상은 국영방송인 KBS는 물론이고, MBC와 YTN 그리고 방송통신위원회 등에서 광범위하게 일어났다. 또한 신문사와 방송사를 동시에 경영할 수 있는 종합편성채널을 추진해 보수 언론의 영향력을 크게 확대시켰다. 그 바람에 국제 인권단체 프리덤하우스는 한국을 언론자유국에서 부분적 언론자유국으로 강등하기도 했다.

이러한 일련의 정책들에 대한 여론의 시선은 따가웠고, 그 여파는 2010년 6·2지방선거에서 한나라당의 참패로 귀결되었다. 투표율이 역대 지방선거 투표율 중 가장 높은 54.5%를 기록한 가운데 한나라당은 전체 16곳의 광역자치단체장 중 불과 6곳만 차지했다. 심지어 한나라당의 아성인 경상남도와 강원도에서 도지사 자리를 내주었고, 충청권 3곳에서도 모두 패배했다. 기초자치단체장도 228개 지역에서 82곳만 차지했다. 특히 서울 구청장 선거에서는 25개 지역에서 겨우 4곳만 획득하는 미미한 성적을 보였다. 그에 비해 제1야당인 민주당은 7곳의 광역자치단체장을 확보했고, 경상남도에서도 민주당 성향의 김두관이 무소속으로 출마해 당선되었다. 또한 교육감 선거에서도 교육의 중심이라고 할 수 있는 서울과 경기에서 민주당 성향의 곽노현과 김상곤이 당선되었다. 한편 한나라당은 서울시 의회 선거에서도, 2006년 지방선거에서 전체 106석 중에 96석을 싹쓸이했던 것에 비해 겨우 27석만 확보하는 초라한 결과를 낳았다. 경기도 의회에서도 42 대 82로 야권에 완패했다.

4대강에만 집중한 MB노믹스의 초라한 성적표

이명박은 경제 대통령을 자임했으며, 정책에서 가장 역점을 둔 것도 경제 살리기였다.

이명박의 경제정책은 이른바 'MB노믹스'라 불렸으며, 주요 공약은 '747성장'이었다. 대통령 선거 당시 그가 내세운 슬로건은 '줄푸세 타고 747로'였는데, 세금은 줄이고 간섭과 규제는 풀어서 연 7% 성장, 1인당 국민소득 4만 달러, 세계 7위의 경제 규모 등 3가지를 이루겠다는 뜻이었다. 하지만 '줄푸세'는 이루었으나 '747'은 공허한 메아리로 남고 말았다.

이명박은 재임 첫해부터 미국의 서브프라임 모기지 사태라는 복병을 만나 747성장은 고사하고 현상 유지도 어려운 상황에 직면했다. 재임 첫해의 경제성장률은 2.3%에 머물렀고, 2000포인트에 육박하던 종합주가지수는 900포인트선까지 떨어졌으며, 국민소득은 2만 달러 아래로 후퇴했다.

설상가상으로 미국발 금융위기는 순식간에 유럽과 전 세계로 확산되었고, 이는 2009년 한국의 경제성장률을 0.3%로 만들어버렸다. 또한 국가 부채가 1600조 원을 넘어서며 노무현 정부 말기인 2007년에 비해 20% 이상 급상승했다. 하지만 이명박은 종합부동산세를 완화하는 등 감세정책을 지속했고, 이에 따라 세수가 감소하여 국가 재정이 악화되면서 국가 부채는 점점 늘어났다. 거기에다 금융과 산업의 분리 정책을 밀어붙이는 바람에 자칫 은행이 대기업의 사금고로 전락할 수 있는 가능성을 열어놓았다.

이명박은 금융위기로 악화된 경제 상황을 극복하기 위해 4대강 정비사업에 매달렸다. 4대강 정비사업은 그가 대선 공약으로 내세웠던 한반도 대운하가 여론의 반대에 밀려 실행할 수 없게 되자, 그 대안으로 마련한 것이었다. 이명박은 건설 분야에서 잔뼈가 굵었기 때문에 적어도 건설 분야에 대한 자신감이 대단했고, 이를 기반으로 한국 경제를 다시 일으켜보겠다는 것이 한반도 대운하였다. 그는 이를 통해 이른바 '신뉴딜정책'을 성취할 수 있다고 보았으나 여론의 반대에 부딪히자 유사한 정책인 4대강 정비사업으로 전환했던 것이다.

4대강 정비사업은 한강, 금강, 낙동강, 영산강 등 한국 영토의 젖줄이 되는 4개의 강을 정비해 홍수를 방지하는 한편 물 부족을 해결하고 동시에 모래 채취를 통해 건설 자원을 확보한다는 계획 아래 이루어졌다. 하지만 이는 표면적인 목표였고, 실제 의도는 4대강 정비사업에 여러 건설업체를 투입함으로써 무너지는 건설 경기를 일으키고 동시에 일자리를 창출해 추락하는 경제의 성장 동력으로 삼으려는 것이었다.

이에 대해 환경단체들은 수질이 나빠지고 생태계가 파괴될 것이라며 반대 입장을 천명했고, 4대강 주변에서 농사를 짓던 농민들도 강의 수위가 올라가 농토에 물이 차서 농사를 지을 수 없다며 강력하게 반발했다. 야당 또한 4대강 정비사업이 한반도 대운하의 일환이라고 주장하며 자칫 4대강 정비사업이 훗날 거대한 국가적 재난을 유발할 수도 있다고 반대의 목소리를 높였다.

하지만 이명박은 '불도저'라는 별명답게 이 일을 강력하게 밀어붙였다. 청계천 복원사업으로 큰 성공을 거둔 적이 있는 그로서는 쉽게 물러설 수 없었다. 이명박은 4대강 정비사업에 22조 원이라는 막대한 자금을 쏟아부었다.

4대강 정비사업이 한창 진행되는 가운데 2010년에는 모처럼 경제 성적이 좋았다. 무역수지가 사상 최대인 417억 달러 흑자를 기록했고, 경제성장률도 6%대로 치솟았으며, 종합주가지수도 2000포인트를 넘어섰다. 또한 1인당 국민소득도 2만 달러를 회복했다. 글로벌 금융위기 이후 세계에서 가장 빠른 회복세라 할 수 있었다.

그러나 그것이 정점이었다. 2011년에 접어들자 경제지표들이 악화되기 시작했다. 물가는 치솟았고, 이에 따라 실질임금은 마이너스를 기록했으며, 무역수지 흑자 폭도 줄어들기 시작했다. 무엇보다도 실업률이 좀체 줄지 않았다. 특히 청년 실업률은 심각한 사회 문제로 대두되었다. 2011년 2월에 대졸 실업자 수가 35만 명에 육박함으로써 사상 최대치를 기록했다. 그나마 세계 아홉 번째로 무역 총량 1조 달러를 달성했다는 것이 위안거리였다. 그 결과 2011년 경제성장률은 3.6%였고, 2012년 경제성장률은 2%에 그쳤으며, 재임 5년간 평균 경제성장률은 2.9%였다. 또한 2012년 1인당 국민소득은 2만 3600달러 수준이었다.

미국발 글로벌 금융위기로 전 세계가 경제적 시련을 겪던 상태임을 감안한다면 이명박 정부의 경제 성적이 그리 나쁘다고는 할 수 없으나 '747성장' 공약과는 멀어도 한참 먼 결과였다.

노인 인구와 1인 가구의 증가 그리고 빈곤의 그림자

이명박 시대 우리 사회의 가장 두드러진 현상은 노인 인구의 급속한 증가와 1인 가구의 증가라고 할 수 있다.

한국 사회는 2000년에 고령화 사회에 접어든 이래 급속히 고령 사회로 진행되고 있다. 65세 이상의 고령 인구가 차지하는 비율이 2010년에 11%를 넘어서며 530만 명에 육박했는데, 이는 1990년의 5.1%에 비하면 2배 이상 증가한 수치고, 2000년의 7.2%에 비해서도 크게 증가한 수치다. 설상가상으로 2001년 합계 출산율이 1.3명으로 떨어지면서 한국은 초저출산 국가가 되었다. 이는 유아와 청년층의 비율이 줄고, 중·장년층의 비율이 늘어남으로써 사회 주도층의 변화를 가져

왔다. 산업 전반에 걸쳐 노년층을 대상으로 한 건강사업, 노후금융 등
실버산업이 크게 확대되었다. 이뿐 아니라 정치에서도 노년의 영향력
이 크게 확대되어 선거 공약에 노년을 위한 복지정책이 강조되었고,
이념적으로는 보수화 성향이 짙어졌다.

저출산·고령 사회로의 진입은 사회 전반에 걸쳐 여러 가지 문제점
을 양산했다. 우선 생산 인구가 줄어들고 동시에 젊은 층이 부담해야
할 복지 비용이 늘어나게 되었다. 또한 한국 노인의 80%가 빈곤층이
다 보니 노인 빈곤 문제가 사회 문제로 대두했고, 치매나 파킨슨병 등
노인병에 대한 대책 마련이 시급한 현안으로 떠올랐다. 더불어 노인의
의료비 상승과 복지기금의 증가로 국가와 지방정부의 재정 부담이 크
게 증가했다.

노인 인구가 많아지면서 황혼이혼이 늘어나기도 했다. 2012년에
한국은 OECD 회원국 중에서 이혼율 1위를 차지했는데, 이혼자 중
26.4%가 결혼 20년 이상의 황혼이혼이었다. 이는 결혼 4년 미만인 신
혼이혼자의 비율 24.6%보다 높은 수치다. 더욱이 황혼이혼을 한 커플
의 20%가 60세 이상의 고령이었다.

노인 인구의 증가와 함께 1인 가구의 증가도 중요한 사회 현상으로
떠올랐다. 2012년 전국의 1인 가구는 450만 명을 훌쩍 넘어섰다. 1인
가구가 늘어난 배경은 다양했다. 우선 청년 실업률의 증가로 혼자 사
는 젊은 층이 늘어났고, 이혼 후 혼자 사는 가구도 많아졌기 때문이다.
또한 '골드미스'로 불리는 능력 있는 여성들이 결혼을 기피하는 풍조
도 1인 가구 증가의 원인으로 작용했고, 80세 이상 노령 인구의 증가
로 배우자와 사별하고 혼자 사는 노인이 많아진 것도 원인이었다.

1인 가구의 증가는 기업의 마케팅 전략에도 변화를 초래했다. 통계
에 따르면 1인 가구는 2인 이상 가구보다 1인당 소비지출액이 20%

정도 높았다. 이 때문에 많은 기업이 1인 가구를 공략하기 위한 상품 개발에 뛰어들었다. 자동차, 가구, 가전제품 등에서 소형화 경쟁을 벌이는 것도 바로 1인 가구의 구매력 때문이다. 부동산 시장에서는 소형 오피스텔 가격이 급등하고, 공급 물량도 대폭 늘었다.

그러나 1인 가구의 이면에는 빈곤이 도사리고 있다. 2010년 통계청 조사에 따르면 1인 가구의 월세 비중이 40%가 넘고, 빈곤 인구의 23.6%가 1인 가구였다. 특히 1인 가구의 32%가 60세 이상의 노령층이며, 이들 노령층의 대부분은 빈곤층이었다. 또한 1인 가구의 76.6%가 빈곤층으로 조사되었다. 말하자면 1인 가구 중 20%를 제외하고 나머지는 경제적 이유로 혼자 살고 있는 것이었다.

한국 사회, 스마트폰에 중독되고 오디션에 빠져들다

이명박 시대에 우리 사회의 문화를 가장 크게 바꿔놓은 것은 스마트폰의 등장일 것이다. 스마트폰이란 휴대전화에 컴퓨터 기능을 추가한 지능형 휴대전화를 가리킨다. 말하자면 컴퓨터와 휴대전화를 합친 기계다.

스마트폰의 시대는 2010년 애플의 아이폰과 삼성의 갤럭시S 등이 출시되면서 시작되었다. 스마트폰의 등장으로 종전에 컴퓨터에서만 할 수 있었던 인터넷상의 모든 활동이 휴대전화에서 가능하게 되었다. 전자상거래는 물론이고, 금융 거래와 문서 작성, 게임에 이르기까지 노트북이나 데스크톱에서 해오던 모든 업무와 놀이를 스마트폰 하나로 해결할 수 있게 된 것이다.

스마트폰은 소통의 문화도 바꿔놓았다. 트위터라는 새로운 소통 방식이 도입되었고, 카카오톡, 카카오스토리와 같은 프로그램이 등장해 새로운 소통문화를 열었다.

트위터란 개인용 컴퓨터나 휴대전화를 통해 수신자 그룹에 짧은 메시지를 실시간으로 배포하는 데 이용되는 온라인 서비스를 지칭한다. 이 서비스가 스마트폰과 결합되면서 트위터 메시지가 재생산되어 다른 사람들에게 배포되는 '리트윗(재전송)' 현상을 불러일으켰다. 또한 이름 있는 트위터의 메시지는 추종자들이라고 할 수 있는 '팔로어'들에 의해 순식간에 리트윗되면서 엄청난 파급 효과를 내기도 했다. 유명한 사람의 트위터는 팔로어가 몇십만 명씩 되기도 한다. 이 때문에 명망 있는 사람이 트위터에 올린 말 한마디가 곧 여론이 되는 기현상이 일어나기도 했다.

카카오톡이란 주식회사 카카오가 2010년 3월 18일에 서비스를 시작한 글로벌 모바일 메신저다. 전 지구적인 실시간 대화 프로그램이라 할 수 있는데, 카카오는 이 프로그램을 스마트폰 사용자에게 무료로 배포했다. 줄여서 '카톡'이라고 부르는 이것은 단순한 대화 기능을 넘어 사진이나 동영상, 음성 등을 상대방에게 전달할 수 있고, 여러 명이 동시에 대화하고 토론할 수 있는 기능까지 겸비하고 있다. 카카오톡 가입자는 2012년 4월에 4000만 명을 돌파할 정도로 엄청난 반향을 불러일으켰다.

카카오스토리도 카카오톡과 연동해 사용할 수 있는 프로그램이다. 카카오톡에서는 프로필 사진을 1장만 올릴 수 있지만 카카오스토리에서는 미니 프로필에 여러 장의 사진을 올려놓고 글과 함께 공유할 수 있다. 하지만 만인을 상대로 친구관계를 맺을 수 있는 카카오톡과 달리 친구를 최대 500명으로 제한한 것도 또 다른 특징이다. 말하자면 지인 중심의 관계망 형성 프로그램이다.

카카오톡과 카카오스토리의 등장은 인터넷상의 문화에도 큰 변화를 가져왔다. 인터넷 카페나 블로그를 통해 형성되던 사회관계망이 카카오톡이나 카카오스토리로 대폭 이동한 것이다. 이는 곧 인터넷 카페나 블로그의 사용량을 크게 줄이는 결과를 낳았다. 또한 장문 위주의 문화를 단문 위주의 문화로 바꿔놓았고, 카카오톡을 카톡이라고 부르는 것처럼 줄임말을 일반화했다. 인터넷상에서 통용되던 은어들이 더욱 남용되는 현상도 불러일으켰다.

카카오톡과 함께 페이스북도 사회관계망 형성에 새로운 문화로 자리매김했다. 2021년 1월 전 세계 사용자가 27억 4000만 명에 이른 페이스북은 자신의 프로필을 만들어 다른 사용자들과 친구를 맺고 메시지를 교환할 수 있는 프로그램이다. 하버드대학교 학생이었던 마크 저커버그가 2003년에 만든 이 프로그램은 2012년 2월 1일에 기업공개를 신청해 나스닥에 상장되었으며 50억 달러의 가치를 인정받았다. 또한 페이스북은 스마트폰과 결합하면서 더욱 파급 효과를 내고 있다.

그러나 스마트폰의 폐해도 만만치 않았다. 우선 통신기기 비용과 통신비를 크게 올려놓았고, 사람과의 직접적인 대화보다는 기계를 통한 간접적인 대화에만 몰입하는 경향을 낳았다. 거기에다 스마트폰 중독에 빠진 사람도 속출했다. 스마트폰을 계속 확인하지 않으면 불안하거나, 스마트폰이 생긴 후로 공부나 일에 집중할 수 없는 현상에 시달리는 사람들이 늘어난 것이다. 심지어 스마트폰 때문에 우울증과 수면장애까지 생기는 경우도 발생했다. 이른바 '스마트폰 폐인'이 양산되었다. 심지어는 화장실에서도 스마트폰을 손에서 놓지 않아 스마트폰 때문에 변비에 걸리는 사례도 속출했다. 특히 어린이와 청소년의 스마트폰 중독은 사회적인 문제로 대두되었다.

스마트폰과 함께 이 시기를 대표하는 또 하나의 문화 현상은 오디션의 범람이었다. 2009년 케이블 방송 Mnet이 대국민 공개 오디션 프로그램을 자처하며 〈슈퍼스타 K〉라는 가요 프로그램을 선보였다. 이후

〈슈퍼스타 K〉는 국민적 호응을 얻으며 케이블 방송의 한계를 뚫고 경이로운 시청률을 기록했다. 공개 오디션에 참여한 사람만 100만 명을 훌쩍 넘겼고, 오디션을 통과한 새내기 가수들은 하루아침에 스타로 부상했다.

Mnet의 성공에 자극받은 다른 방송사들도 MBC를 필두로 오디션 프로그램 제작에 나섰다. MBC는 2010년부터 오디션 가요 프로그램 〈위대한 탄생〉을 시작했고, 공개 오디션을 통해 아나운서를 뽑는 〈아나운서 공개채용 신입사원〉을 제작했다. 이어 케이블 방송 tvN은 탤런트 오디션 프로그램인 〈갓 탤런트〉를 외국에서 수입해 〈코리아 갓 탤런트〉를 제작했으며, KBS도 밴드 경연 프로그램인 〈TOP 밴드〉와 인간의 기초 능력을 경쟁하는 〈휴먼 서바이벌 도전자〉를 마련했다. 이에 질세라 SBS도 〈기적의 오디션〉과 〈K-POP STAR〉 등을 제작해 대응했고, 올리브TV 등 여러 케이블 방송에서 요리사, 디자이너, 모델 등을 오디션이나 경쟁을 통해 선발하는 프로그램을 선보였다.

이후 〈슈퍼스타 K〉는 최고의 오디션 프로그램으로 자리 잡았고, 기획과 진행 방식이 중국으로 수출되어 〈슈퍼스타 차이나〉가 만들어지게 되었다. 또 MBC의 〈위대한 탄생〉도 해마다 새로운 신인가수를 배출했으며, Mnet은 음악 전문 채널 KM과 함께 보컬 오디션 프로그램을 수입해 〈보이스 코리아〉를 제작·방영해 높은 시청률을 기록했다. 또한 〈나는 가수다〉를 비롯해 〈댄싱 위드 더 스타〉, 〈불후의 명곡〉 등 연예인들이 출연해 경연을 펼치는 프로그램도 큰 인기를 끌었다.

이렇게 오디션을 통해 가수를 발굴하는 프로그램이 늘어나자, 전통적으로 가수를 발굴하던 〈대학가요제〉 같은 프로그램이 사라지는 현상도 일어났다. 또한 모든 분야에서 경쟁 중심의 일등주의가 당연시되는 풍조가 확산되는 문제점도 발생했다.

존재감 잃은 이명박, 떠오르는 박근혜, 정치판을 뒤흔든 안철수

이명박 정부 4년 차인 2011년에 이르러서도 이명박 정부에 대한 여론은 여전히 좋지 않았다. 2011년의 4·27재보궐선거에서 여당의 참패는 악화된 여론이 잘 반영된 결과였다. 여당의 텃밭으로 여겨지던 경기도 성남시 분당구에서 민주당의 손학규가 한나라당의 강재섭을 따돌리고 당선되었으며, 강원도지사 선거에서도 민주당의 최문순이 한나라당의 엄기영에게 승리했다. 이에 따라 정국의 흐름은 야당에 넘어갔다. 한나라당은 패배를 인정하고 당 지도부가 총사퇴했으며, 2010년 지방선거에 패배한 이후 또다시 비상대책위원회를 꾸려야 했다. 한나라당 내에서는 친이명박계의 입지가 크게 약화되고, 친박근혜계가 목소리를 높이기 시작했다. 이명박의 레임덕이 가속화되고 있었던 것이다. 이런 위기감 속에 청와대에서는 임태희 대통령 비서실장이 청와대 쇄신을 요구하며 사퇴했다. 또한 한나라당의 요구에 따라 정부는 개각을 단행해 기획재정부장관, 고용노동부장관, 농림수산식품부장관, 환경부장관, 국토해양부장관 등을 교체했다.

하지만 10·26재보궐선거에서도 한나라당은 뼈아픈 일격을 당했다. 한나라당 소속 오세훈 서울시장이 무상급식 주민투표 패배에 대한 책임을 지고 사퇴하는 바람에 서울시장 보궐선거를 치르게 되었는데, 한나라당 후보 나경원이 민주당과 연합한 무소속 박원순 후보에게 패배했던 것이다. 더구나 이 과정에서 박원순에게 후보 자리를 양보한 안철수가 단숨에 한나라당의 유력 대선 주자인 박근혜를 위협하는 지지도를 얻는 바람에 대선의 앞날마저 어두워지는 양상이 전개되었다.

이쯤 되자 미래의 권력으로 불리던 박근혜가 전면에 등장했다. 2011년 12월, 홍준표 한나라당 대표가 물러나자 한나라당은 박근혜를 비상대책위원장으로 선출했고, 박근혜는 비상대책위원장이 된 후 곧 당명 변경을 선언했다. 당을 새롭게 정비하고 4월 총선에서 승리해 대통령 후보로 나서기 위한 포석이었다.

한나라당은 공모를 통해 2012년 2월 13일에 새누리당으로 당명을 변경하고 18대 총선 체제에 돌입했다. 이어 박근혜는 중앙선거대책위원장에 추대되었다. 이후 이명박의 입지는 점점 약화되었다.

선거의 여왕이라는 별명에 걸맞게 박근혜는 4월 11일 실시된 19대 총선에서 새누리당을 승리로 이끌었다. 새누리당이 과반수 획득에 실패할 것이라는 예상을 깨고 총 300석 중 152석을 차지해 과반수 획득에 성공했다. 민주통합당은 전국적으로는 더 많은 표를 얻었음에도 불구하고 수도권에서 석패한 곳이 많아 127석에 머물러야 했다.

총선이 끝나자 정국은 대선 체제로 접어들었다. 새누리당의 대통령 후보는 경쟁해볼 것도 없이 박근혜의 독주였다. 김문수, 김태호, 임태희, 안상수 등이 후보에 출마했으나 존재감이 미미했다. 더구나 이명박계로 분류되던 정몽준, 이재오 등은 경선 자체에 불만을 품고 출마조차 하지 않았다.

이렇듯 새누리당은 박근혜를 전폭적으로 지지하는 상황이 연출되었으나 안철수라는 복병의 출현으로 선거판은 안갯속이었다. 지지율에서는 안철수가 박근혜를 앞서는 상황이었다. 하지만 안철수는 여전히 대선 출마를 선언하지 않는 가운데 민주통합당의 후보 경선이 시작되었다.

안철수와 함께 새로운 복병으로 등장한 인물은 노무현의 비서실장이자 친구로 불리는 문재인이었다. 문재인과 함께 경쟁할 후보로 손학규, 김두관, 정세균이 나섰다. 뒤의 3명 중에서는 손학규의 지지도가 가장 높았다. 하지만 문재인은 전국 모든 지역에서 1위를 하며 과반수 이상의 표를 얻어 민주통합당의 대통령 후보로 확정되었다.

이후 대선은 문재인과 박근혜 그리고 아직 출마 선언조차 하지 않은 안철수의 삼파전이었다. 9월 19일, 안철수가 마침내 새 정치를 표방하며 대선 출마를 공식 선언했다. 이후 야권 통합 여론이 높아졌고, 통합을 수락한 안철수는 11월 23일에 문재인 후보 지지 선언을 하며 후보직을 사퇴했다. 또한 진보정의당(정의당) 심상정 후보도 문재인 후보 지지 선언을 한 후 후보직을 사퇴하고, 통합진보당(통진당)의 이정희 후보도 문재인 후보 지지 선언과 함께 사퇴했다.

　결국 새누리당의 박근혜와 민주통합당의 문재인이 팽팽한 일대일 대결전을 전개했다. 두 사람은 박빙의 선거전을 펼친 끝에, 박근혜 후보가 득표율 51.6%를 획득해 48%를 얻은 문재인을 누르고 18대 대통령에 당선되었다.

　그런데 선거 과정에서 국정원이 여론을 조작했다는 의혹이 제기되었고 이 문제에 대해 경찰의 축소수사 논란이 일었다. 또한 네티즌들을 중심으로 개표 부정 의혹이 제기되기도 했다. 국정원의 선거 개입 논란은 결국 박근혜 정부 출범 때까지 지속되었고, 그 여파는 박근혜의 무거운 짐으로 남겨졌다.

　한편 이명박은 대선전이 가열되던 2012년 8월에 대한민국 대통령으로서는 처음으로 독도를 방문해 논란에 휩싸이기도 했다.

　이명박은 퇴임할 때까지 새누리당을 탈당하지 않음으로써, 노태우 대통령 이후 지속되던 차기 대통령 선거 상황에서 현직 대통령이 탈당하는 전철을 밟지 않았다. 하지만 친형이자 6선 국회의원이며, 이명박 정부 당시 '형님대군'으로 불리며 '만사형통'이라는 유행어까지 돌게 했던 이상득이 구속되고, 사돈 등 친인척이 비리에 연루되는 등 이전 대통령들이 겪었던 일을 그도 겪어야 했다.

　이명박은 2013년 2월 25일 대통령직에서 물러나 서울 강남구 논현동 사저로 돌아갔다. 그러나 2018년 3월 22일, 뇌물 수수 및 횡령 등의 혐의로 구속되었으며, 징역 17년, 벌금 130억 원, 추징금 57억 8000만 원이 확정되었다.

이명박은 부인 김윤옥과의 사이에 주연, 승연, 수연 세 딸과 아들 시형을 두었다. 이주연은 이상주와 결혼했고, 이승연은 최의근과 결혼했으며, 이수연은 조현범과 결혼했다.

경제 지상주의에 빠져 4대강에서 허우적거린 이명박 시대

이명박 시대는 한마디로 경제만 강조하다 사람의 길을 잃고 4대강에 빠져 허우적거리다 끝난 시대라고 해야 할 것이다. 정치적으로는 김영삼, 김대중, 노무현 정부가 일궈놓은 민주주의의 성과를 탕진하기에 여념 없었으며, 외교와 국방에서는 평화도 잃고 실리도 잃는 어리석은 선택이 반복되었다. 경제적으로는 구호만 있고 발전은 없는 쭉정이 같은 상태에 놓였고, 사회적으로는 빈부와 노소의 갈등과 대결이 지속되었다. 또한 문화적으로는 디지털 문명의 화려한 발전 속에 사람 냄새는 사라지고 경쟁 중심의 일등주의 풍조가 만연했다.

3   이명박 시대의 주요 사건

미국산 쇠고기 수입 파동과 거리로 쏟아져 나온 촛불

2008년 4월 18일, '한미 쇠고기 협상'이 타결되었다. 그런데 MBC의 시사 고발 프로그램인 〈PD수첩〉이 미국산 쇠고기가 광우병에서 안전하지 않다는 의혹을 담은 내용을 방영하자, 국민이 촛불을 들고 대규모 시위에 나섰다.

미국산 쇠고기 수입은 2003년 미국에서 광우병이 발생한 후 중단되었다. 그리고 노무현 정부 시절인 2006년에 '30개월 미만, 뼈를 제거한 고기'에 한정해 수입이 재개되었다. 그런데 이명박 정부 들어 미국의 쇠고기 수입 압력이 강화되자, 30개월 이상의 소는 뼈와 내장을 포함, 30개월 미만의 소는 특정 위험 부위까지 포함하는 완화된 조건으로 협상이 체결되었다.

이에 대해 상당수 국민이 분노하며 정부가 국민의 건강을 전혀 고려하지 않고 미국과 협상을 체결했다고 비판했다. 심지어 인터넷상에서 이명박 대통령의 탄핵을 요구하는 서명운동이 벌어져 단기간에 서명자가 100만 명을 돌파하는 기현상까지 일어났다. 언론의 여론조사에서도 국민 대다수가 쇠고기 협상에 반대하며 재협상을 요구하는 것으로 나타났다.

하지만 정부와 한나라당은 이런 여론을 반정부 세력의 선동에 의한 것이라고 일축했고, 일부 보수 신문은 쇠고기 수입을 반대하는 세력을 위선자로 몰아세우며, 촛불 시위는 반미단체의 선동 탓이라고 주장했다.

이에 따라 정부는 5월 14일에 '미국 쇠고기 수입 고시'를 연기하기로 했다면서 여론을 수용하는 모양새를 취했다. 이에 대해 미국 상무부가 쇠고기 재협상은 필요 없다고 대응하자, 쇠고기 수입 반대 목소리는 더욱 강해졌다. 이런 가운데 쇠고기 수입 고시가 강행되자, 민주사회를 위한 변호사모임은 쇠고기 수입 고시에 대해 청구인단 10만 명의 이름으로 헌법소원심판을 청구했다. 촛불 집회에서도 서울에서만 10만 명이 운집해 재협상을 요구했지만 이명박 대통령은 거부했다. 결국 6·10촛불집회에는 서울에서만 50만 명이 운집했고, 지방에서도 50만 명 이상이 운집해 전국적으로 약 100만 명의 인파가 쇠고기 수입 반대 시위에 나섰다. 경찰은 시위대의 진로를 막기 위해 컨테이너를 쌓아놓고 대치했다. 이를 두고 시민들은 '명박산성'이라 비꼬기도 했다.

이후 '광우병 위험 미국산 쇠고기 전면 수입을 반대하는 국민대책회의(광우병 국민대책회의)'는 이명박 대통령이 쇠고기 수입 재협상에 나서지 않으면 정권 퇴진 운동도 불사하겠다고 선언했고, 결국 이명박 대통령은 특별 기자회견을 열어 대국민 사과문을 발표했다. 사과문의 골자는 30개월 이상 된 미국 쇠고기는 절대 수입하는 일이 없도록 하겠다는 것이었다.

이후 한미 쇠고기 추가 협의가 진행되었고, 김종훈 통상교섭본부장은 협의 결과를 다음과 같이 발표했다.

① 30개월 이상 쇠고기에 품질 시스템 평가를 적용하여 한국의 소비자들의 신뢰가 개선될 때까지 수입을 금지한다.
② (수입업자의 요청이 없는 한) 30개월 미만 쇠고기 중 뇌, 눈, 척수, 머리뼈 수입을 금지하고, 반입된 경우 전량 반송한다.
③ 의심 작업장을 특정하여 조사 가능하며, 조사 결과 중대한 위험이 발견될 경우 미국에 해당 작업장의 수출 작업 중단을 요청할 수 있으며, 미국은 요청받는 즉시 조치를 취한다.

이런 내용의 협의문이 발표된 후 촛불 시위 참가자는 점차 줄어들었으나, 대다수 국민은 의혹의 눈초리를 거두지 않았다. 또한 미국과의 영문 합의문이 공개되지 않은 점도 비판을 받았으며, 미국산 쇠고기에 대한 불신감은 여전히 사라지지 않았다.

미국발 금융위기, 서브프라임 모기지 사태

이명박 정부 출범 7개월 만에 서브프라임 모기지 사태가 발생했다. 이는 미국의 거대 모기지론 대부업체들이 파산하면서 시작되었는데, 그 여파는 미국에 국한되지 않고 세계적인 금융위기를 불러왔다.

모기지론이란 주택 담보 대출을 뜻하는데, 미국의 주택 담보 대출은 주택을 구매하려는 사람들의 신용 등급에 따라 3가지로 나뉜다. 신용 등급이 높으면 프라임, 중간이면 알트-A, 낮으면 서브프라임이라 한다. 따라서 서브프라임 모기지론은 비우량 주택 담보 대출로 번역되며, 3가지 주택 담보 대출 중에서 신용 등급이 가장 낮은 만큼 대출이자 부담이 가장 높다.

서브프라임 모기지 사태는 2000년대 초에 이미 예견된 일이었다. 당시 미국에서는 IT 거품이 꺼지고, 9·11 테러 이후 아프가니스탄전쟁과 이라크전쟁을 수행하면서 경제가 크게 침체되고 경기가 악화되었다. 당시 부시 정부는 이런 상황을 극복하기 위해 저금리정책을 펼치며 경기 부양에 부심했다. 그러자 주택 융자 금리가 떨어지면서 주택 가격이 상승하고 주택 거래가 활기를 띠었다. 그 결과 자연스럽게 서브프라임 모기지론을 이용하는 사람이 늘어났다. 하지만 2004년에 이르러 저금리정책이 종료되면서 주택 경기는 침체되었고, 대출이자가 뛰었다. 그러자 서브프라임 모기지론을 이용하던 사람들은 원금과 이자를 제대로 갚지 못했고, 그 여파로 금융기관들은 대출금을 회수하지 못하게 되었다.

결국 2007년 4월, 미국 2위의 서브프라임 모기지 대출회사인 뉴센추리파이낸셜이 파산 신청을 했다. 몇 달 뒤인 8월에는 10위권인 아메리카퍼스트모기지인베스트먼트가 법원에 파산보호를 신청했다. 이 회사는 알트-A 등급 모기지 전문 업체였다. 이로 인한 여파는 은행과 증권회사 등 금융계 전체로 확대되었다.

세계 3위 은행이었던 HSBC는 107억 달러라는 거액을 회수하지 못하게 되었고, 프랑스 최대 은행인 BNP파리바은행은 서브프라임 모기지 부실로 인한 신용경색을 이유로 자사의 3개 자산유동화 증권에 대한 자산 가치 평가 및 환매를 일시적으로 중단했다. 그 규모는 약 27억 5000만 유로에 달했다.

이렇듯 서브프라임 모기지 사태가 전 세계로 확산되는 가운데, 2008년 9월 15일 리먼브라더스가 6000억 달러에 이르는 부채를 감당하지 못하고 파산 신청을 했다. 리먼브라더스는 1850년에 설립된 국제 금융회사로, 투자은행 및 증권과 채권 판매, 자산 관리 등에 관여하는 종합 금융회사였다. 본사는 뉴욕에 있으며, 런던과 도쿄에 지역 본사를 두었고, 한국에도 지사를 두고 있었다.

미국 연방준비제도이사회(연준)와 재무부는 리먼브라더스의 구제금융에 대해 불가 입장이었다. 시민의 세금으로 개별 기업의 경영 부실에 따른 손실을 막아주면 도덕적 해이를 확산시킬 우려가 있다는 이유였다.

당시 연준 의장 벤 버냉키는 서브프라임 모기지 사태에 따른 금융 손실이 최대 1000억 달러로 추산된다고 발표했다. 그러면서 미국 경제 전반에 끼치는 영향은 제한적일 것이라고 예상했다. 하지만 그의 예상보다 여파는 훨씬 심각했다.

리먼브라더스가 파산 신청을 한 다음 날, 연준은 아메리칸인터내셔널그룹(AIG)에 대해서는 850억 달러의 구제금융을 제공했다. 리먼브라더스 사태 때와는 다른 입장을 취한 것이다. 세계 4대 기업 중 하나인 AIG는 세계 최대 보험·금융 서비스 회사다. 130여 개국에 지사를 두고 있으며, 뉴욕은 물론이고, 런던, 파리, 도쿄, 스위스 등의 증권거래소에 상장된 기업이다. 이 때문에 AIG의 몰락은 미국은 물론이고 여타의 선진국에도 치명적인 금융위기를 가져다줄 공산이 컸다. 이를 막기 위해 미국 정부는 어쩔 수 없이 구제금융을 제공해야 했다.

이후 미국발 금융위기는 전 세계로 확산되었고, 금융위기는 다시 실물경제에 악영향을 주어 대부분의 나라가 마이너스 성장을 하는 원인이 되었다. 한국도 이 영향으로 2009년에 경제성장률이 0.3%에 그쳤다.

무분별한 도시재개발이 부른 한겨울의 비명, 용산 참사

2009년 1월 20일, 서울 용산에 위치한 남일당 건물에서 29명이 사망 또는 부상당하는 사고가 일어났다. 이른바 '용산 참사'다. 사망자 6명 중 5명은 상가 철거를 반대하는 용산의 주민이었고, 1명은 경찰특공대원이었다.

사건의 발단이 된 것은 2007년 10월 31일에 체결된 한 계약서였다. 당시 용산4구역 재개발조합은 용역업체와 철거 계약을 맺었다. 계약에 따르면 용역업체는 2008년 6월 30일까지 철거를 완료해야 했다. 이 기한 안에 철거를 완료하지 못하면 용역업체는 조합에 하루당 510만 원을 배상해야 했다.

하지만 철거를 반대하는 상가 및 주택 세입자들의 저항에 부딪혀 철거 기간은 계속 지체되었고, 이에 따른 배상액만 해도 10억 원이 넘었다. 철거를 반대하는 상가 세입자들은 이전 보상비가 너무 적다며 보상비를 올려줄 것을 요구했고, 재개발조합 측은 휴업 보상비 3개월분과 주거 이전비 4개월분만 지급한다는 입장을 고수했다. 그러나 세입자들은 조합에서 받는 보상비로는 생계와 주거를 이어갈 수 없다고 주장했다. 조합 측이 지급하겠다는 보상비로는 같은 규모의 생계 유지나 전셋집을 구하는 것은 사실상 불가능했다. 이 때문에 세입자들은 현실적인 보상비를 요구하며 시위를 벌여왔던 것이다.

용산4구역 전체 세입자 890명 중 763명은 보상금을 받고 이주한 상태였고, 철거도 약 80%가량 진행되었다. 하지만 나머지 100여 명은 비현실적인 보상비에 반발해 시위를 지속해온 터였다. 그런 가운데 강제 철거는 계속 진행되었고, 급기야 철거민대책위원회 회원 50여 명은 1월 19일 새벽에 남일당 건물의 옥상을 점거하고 망루를 만든 뒤 농성을 지속했다.

이후 경찰특공대와 기동대 등 300여 명이 농성자 진압에 나섰고, 시위대는 화염병과 골프공 새총, 시너 등으로 저항하며 강제 철거 중단을 요구했다. 농성자들의 격렬한 저항이 계속되는 가운데, 경찰은 1월 20일 아침 7시에 컨테이너에 경찰특공대를 태워 옥상으로 올려보냈으며, 이때 망루 내부에 불이 났다. 이 불로 농성하던 철거민 5명과 경찰특공대원 1명이 사망하고, 23명이 부상당하는 참사가 일어났다.

경찰은 화재 원인에 대해 농성자 중 1명이 망루 계단에 인화성 물질을 뿌렸다고 주장했고, 이 사건을 맡은 재판부는 농성자들이 망루로 진입한 경찰특공대원에게 던진 화염병의 불이 인화 물질의 유증기에 옮겨붙어 화재가 발생한 것으로 판단했다. 하지만 화재 원인을 따지기에 앞서 서울시의 무분별한 재개발사업, 비현실적인 보상비와 겨울에 강제 철거를 강행한 것, 경찰의 과잉 진압 등이 참사를 부른 주된 요인으로 지적되었다.

이 사건과 관련해 민주당, 민주노동당, 진보신당, 창조한국당 등 야당과 시민단체 2만여 명이 2009년 2월 1일에 청계광장에 모여 촛불시위를 벌이며 명동으로 진출했다. 시위 중에 "폭력정권 물러가라", "명박 퇴진", "독재 타도" 등의 구호가 등장하기도 했다.

한편 용산 참사와 관련해 사퇴 압력을 받아왔던 김석기 서울지방경

찰청장은 경찰청장에 내정되었으나 비판적인 여론에 밀려 서울지방
경찰청장직과 경찰청장 내정자를 자진 사퇴했으며, 용산 참사 희생자
5명의 장례는 사망한 지 거의 1년이 지난 2010년 1월 9일 용산 참사
범국민대책위원회가 주도하는 가운데 범국민장으로 치러졌다. 장례는
1월 5일부터 9일까지 5일장으로 진행되었으며, 장지는 경기도 남양주
시 모란공원이었다.

노무현의 죽음 그리고 추모 열기

2009년 5월 23일 새벽, 16대 대통령을 지낸 노무현이 자신의
집 뒷산 봉화산 부엉이바위에서 투신해 스스로 목숨을 끊었다. 포괄적
뇌물죄의 피의자 혐의로 검찰에 소환되어 조사를 받은 지 23일이 지
난 시점에 일어난 일이었다.

당시 노무현과 그의 가족 및 친지들은 뇌물 수수와 관련해 검찰에서
강도 높은 수사를 받고 있었다. 2009년 4월 7일, 검찰은 노무현 정부
의 대통령 비서관을 지낸 정상문을 체포했고, 노무현은 자신의 홈페이
지에 부인 권양숙이 태광실업 회장 박연차에게 돈을 받아 사용했다는
내용의 사과문을 게재했다. 이에 대해 검찰은 4월 10일에 노무현에 대
해 '포괄적 뇌물죄의 공범' 혐의가 있다고 주장했고, 박연차의 돈을 받
은 혐의로 노무현의 조카사위 연철호를 긴급 체포했다.

4월 11일과 12일 이틀에 걸쳐 부인 권양숙과 아들 노건호가 뇌물
수수와 관련해 검찰 조사를 받았다. 권양숙은 정상문 비서관을 통해
박연차에게 3억 원을 빌려 썼다고 진술했지만, 검찰은 권양숙이 받은
돈이 3억 원에 그치지 않는 것으로 판단했다. 또한 검찰은 박연차에게
돈을 빌린 사람은 권양숙이 아니라 노무현이라고 판단하고, 노무현에
게 박연차의 정관계 로비 의혹 수사와 관련한 서면 질의서를 발송했

다. 노무현은 4월 25일에 답변서를 제출했고, 검찰은 답변서를 검토한 뒤, 그달 30일에 노무현을 직접 피의자 혐의로 출석시켜 조사했다.

검찰의 조사 과정에서 노무현 측이 박연차에게 받은 돈은 100만 달러인 것으로 알려졌다. 또한 2006년 9월에 당시 대통령이었던 노무현이 박연차에게 1억 원 상당의 피아제 시계 2개를 회갑선물로 받은 것으로 밝혀졌다. 하지만 박연차에게 받은 돈의 규모에 대한 논쟁은 거기서 끝나지 않았다. 노무현의 딸 노정연이 미국에서 40만 달러를 들여 아파트를 계약했는데, 이 돈의 출처를 놓고 검찰은 노무현 측이 추가로 받은 돈이라고 주장했고, 노무현 측은 기존에 받은 100만 달러 가운데 일부라고 주장했다. 이와 관련해 일부 언론은 노무현 측이 받은 돈은 600만 달러에 이른다고 했고, 검찰은 다시 권양숙을 소환했다.

이렇듯 검찰이 노무현과 그의 가족들에 대한 조사를 진행하자, 언론은 무자비할 정도로 집요하고 노골적인 표현을 사용하며 노무현을 몰아세우기 시작했다. 진보 성향의 언론도 비판적 시각을 드러내긴 매한가지였고, 국민의 여론 또한 냉랭했으며, 노무현을 지지하던 사람들조차 실망감을 드러냈다. 또한 민주당은 노무현과 거리를 두기 위해 애를 썼다.

노무현은 이런 상황을 견디지 못하고 결국 스스로 죽음을 택했다. 죽음에 앞서 그는 자신의 컴퓨터에 간단한 유서를 남겼다. 그의 죽음 소식이 전해지자 전국에서 애도의 행렬이 이어졌다. 또한 그가 죽음을 선택한 것에 대해 정부와 검찰, 보수 언론을 비판하는 글이 넘쳐났다. 그중 일부는 정부와 보수 언론에 의한 정치적 타살이라거나 미필적 고의에 의한 살인이라는 주장도 있었다. 덕수궁 앞에 마련된 분향소 옆에서는 이명박 대통령의 탄핵을 요구하는 서명운동까지 벌어졌다.

노무현을 지지한 대다수의 국민은 '서민 대통령'의 안타까운 죽음을 슬퍼하며 애도 행렬에 참여했다. 노제가 열린 서울시청 앞 광장에는 무려 50만 명의 추모객이 운집했고, 분향소를 찾은 국민은 장례 기간 7일 동안 전국적으로 500만 명을 넘어섰다. 민주당은 노무현의 죽음에 대한 책임론을 제기하며 이명박 대통령의 사죄와 법무부장관, 검찰총장, 대검 중앙수사부장의 파면을 요구했다. 또한 노무현 정신을 이어가겠다고 선언했다. 진보 성향의 언론들은 장례 기간 7일을 '위대한 7일'로 추어올리고, 그가 다시 어둠을 밝히는 촛불이 되어 의로운 이들의 두 손에서 타오를 것이라고 했다. 하지만 지지자들이나 민주당, 언론 모두 자기반성은 없었다.

일부이긴 하지만 노무현 지지자 중에서도 그가 죽음을 선택한 것이 옳은 일이 아니라는 의견을 내놓는 사람도 있었다. 적어도 대통령까지 지낸 나라의 원로이자 지도자가 자살을 선택하는 것은 온당한 처사가 아니라는 지적이었다. 하지만 이런 냉정한 시각은 추모 열기에 묻혀 널리 퍼지지는 못했다.

한편 보수 언론은 죽음이 위법 행위를 덮을 수 없다며 노무현과 그의 가족에 대한 뇌물 수수 사건을 계속 파헤쳐야 한다고 주장했다. 하지만 검찰은 '공소권 없음' 처분을 하고 수사를 종결했다.

천안함 침몰 사건과 연평도 포격 사건

2010년 3월 26일 백령도 근처에서 해군 초계함 천안함이 침몰했다. 당시 천안함에는 승조원 104명이 타고 있었는데, 이 중 58명이 구조되고, 40명이 사망했으며, 6명이 실종되었다. 또한 수색 과정에서 해군 준위 한주호가 작업 중 실신해 후송되었으나 순직했다. 또한 저인망 어선 금양 98호가 천안함 실종자 수색을 마치고 복귀하던 중에 침몰해 탑승 선원 9명 중 2명이 사망하고 7명이 실종되었다. 이

렸듯 천안함 침몰 사건과 관련해 총 56명이 사망 또는 실종되었다.

천안함 침몰 사고 원인에 대해서는 다양한 설이 제기되었다. 어뢰설, 기뢰설, 내부 폭발설, 피로파괴설, 좌초설 등이 제기되었으나 한국·미국·호주·스웨덴·영국 등 5개국의 전문가 24명으로 구성된 합동조사단은 북한의 버블제트 어뢰 공격을 받고 침몰한 것으로 결론지었다.

이에 대해 북한은 모략극으로 규정하고 천안함은 좌초했다고 주장했다. UN에서는 의장 성명을 채택해 천안함 공격을 규탄했지만, 북한의 소행으로 명시하지는 않았다. 북한의 소행임을 명시하지 않은 이유는 중국과 러시아가 반대했기 때문이다.

국내에서도 천안함이 침몰한 원인을 둘러싸고 의견이 분분했다. 정부에서는 북한의 어뢰 공격에 따른 것이라고 명시했지만, 일부 언론과 전문가들은 여러 가지 의문점을 제시했고, 이로 인해 갈등이 일어나기도 했다. 이들이 제기한 의문의 핵심은 북한의 기술력과 전투력이 천안함을 순식간에 폭침시킬 능력이 되지 않는다는 점과 어뢰 파편에서 화약 성분이 검출되지 않은 점, 어뢰에 잉크로 쓴 1번이라는 글씨가 새겨져 있었다는 점 등이다. 어쨌든 이 사건은 공식적으로는 북한의 소행으로 결론지어졌고, 이 때문에 남북관계는 급속도로 냉각되었다.

2010년 11월 23일에 일어난 연평도 포격 사건은 남북관계를 더욱 악화시켰다. 이날 오후 2시 30분경 북한은 연평면 대연평도를 향해 포격을 가했다. 이 포격으로 해병대원 2명이 사망하고, 16명이 부상을 당했으며, 민간인 2명이 사망하고 3명이 부상당했다. 또한 가옥 19채가 파손되었으며, 차량 3대와 다수의 컨테이너 박스가 파괴되었다. 이는 휴전 이후 북한이 남한 영토를 타격해 민간인 사망자를 낸 최초의 사건이었다.

당시 북한은 국군과 주한미군의 육해공 연합 호국훈련에 대해 매우 민감한 반응을 보였는데, 혹 이 훈련이 자신들을 선제공격하기 위함이 아니냐며 훈련 중단을 요청하는 통지문을 보내왔다. 훈련 중에 포탄이 북한의 영해에 넘어오면 좌시하지 않겠다는 내용도 있었다. 하지만 국방부는 훈련 중단 요청을 무시하고 예정대로 훈련을 진행했다.

당시 연평도의 해병대가 쏜 포탄 중에 일부가 NLL을 넘어가기도 했다고 한다. 훈련을 종료한 지 10분 정도 지났을 때, 북한의 개머리 해안의 해안포기지에서 포격이 시작되었다. 북한이 포격하자 남한 군대가 대응 사격을 했지만, 북한의 피해 규모는 확인되지 않았다. 다만 일부 언론은 북한 소식통을 통해 북한군 1명이 숨지고, 2명이 중상을 입었다고 보도했다.

이후 연평도 주민 1700여 명 중 20여 명을 제외한 대부분이 인천으로 피란했으며, 주민들은 한동안 북한이 다시 포격할지 몰라 공포에 떨며 지내야 했다.

후쿠시마 원전 사고와 그 여파

2011년 3월 11일 일본 도호쿠 지방 앞바다에서 리히터 규모 9.0의 대지진이 발생해 파고 15미터의 쓰나미가 후쿠시마현을 휩쓸었다. 그 여파로 수십 개의 바닷가 마을이 파도에 휩쓸려 사라졌고, 설상가상으로 후쿠시마 제1 원자력발전소(제1 원전)마저 정지시켰다. 쓰나미는 후쿠시마 제1 원전 6기를 모두 덮쳤으며, 그중 4호기의 냉각 시스템이 고장나는 사고가 일어났다. 이로 인해 방사능이 공중으로 누출되었고, 방사능 오염수가 바다로 흘러들었다. 후쿠시마 원전은 국제 원자력 사고 등급의 최고 단계인 7등급으로 구소련의 체르노빌 원전 사고에 뒤지지 않는 수준이다.

후쿠시마 원전의 사고 경위를 보면, 먼저 15미터의 쓰나미를 견디지 못한 1~4호기가 정지된 후, 비상발전기마저 고장을 일으켰고, 이로 인해 전력 공급이 중단되자 노심 냉각 장치가 작동 불능 상태가 되었다. 그리고 냉각 장치가 작동하지 않자 노심 온도가 1200도까지 상승하면서 방사능 물질이 공기 중으로 확산되었다. 높아진 온도 탓에 물이 증발해 손상된 핵연료가 공기 중에 누출되었던 것이다.

하지만 사태는 여기서 그치지 않았다. 방사능을 머금은 오염수가 매일 태평양으로 방출되었다. 방출량은 세슘 137과 스트론튬 90이 600억 베크렐씩 매일 바다로 흘러들어, 사고 후 1달 동안만 해도 100조 베크렐 이상 배출되었다. 바다로 배출된 오염수는 조류를 타고 태평양 전역으로 퍼졌고, 이 때문에 일본 주변의 바다와 그곳에 사는 어류들이 방사능에 노출되었다.

하지만 일본 정부는 이런 사실을 은폐하고 사고 초기에는 원전 주변 반경 20킬로미터까지 경계 구역으로 삼아 주민의 출입을 금지했다. 그러나 사태가 점점 심각해지자 경계 구역이 확대되었고, 피난민은 점점 늘어났다.

이 무렵 노르웨이 대기연구소는 방사능 비가 한반도에도 내릴 가능성이 있다고 진단했다. 한국원자력안전기술원은 이에 대해 인체에 무해한 수준이라고 발표했지만, 국민의 우려는 불식되지 않았다. 그 시각 후쿠시마 원전에서 250킬로미터 떨어진 도쿄의 방사능 수치는 평소보다 23배나 높았고, 외국인들은 도쿄를 탈출하기 시작했다.

한편 후쿠시마 원전의 피해는 수산물 기피 현상으로 이어졌다. 일본 수산물뿐 아니라 한국 수산물도 믿지 못하겠다는 풍조가 만연했고, 이는 전체 수산물 기피 현상으로 이어져 수산업계에 엄청난 타격을 주었다. 이에 대한 대응으로 한국 정부는 후쿠시마 원전 주변 8개 현의 농수산물을 수입 금지 조치하는 결정을 내렸다. 또한 다른 현에 대해서도 방사능 검사를 강화했다. 그럼에도 수산물에 대한 공포는 쉽게 사라지지 않았다.

4 이명박 시대의 국무총리들

이명박 시대에는 39대부터 41대까지 3명의 국무총리가 재임했다.

39대 국무총리 한승수는 1936년 강원도 춘천에서 태어났으며, 춘천고등학교를 졸업하고, 연세대학교 정치외교학과와 서울대학교 행정대학원을 거쳐 영국 요크대학교에서 경제학 박사학위를 받았다. 요크대학교에서 박사 과정을 밟으면서 경제학과 교수를 지냈으며, 이후 케임브리지대학교에서 응용경제학과 연구교수, 서울대학교 교수 등을 지냈다.

1980년에 신군부가 들어설 때 신군부 입법위원으로 활동했으며, 하버드대학교에 교환교수로 다녀온 뒤 1987년에 상공부 무역위원장을 맡았다. 1988년에 강원도 춘천에서 민정당 국회의원으로 출마해 당선되었고, 그해에 상공부장관에 임명되었다. 1993년 문민정부 출범 후에는 주미대사, 대통령 비서실장, 부총리 겸 재정경제원장관을 지냈다. 또 국민의 정부 시절에는 외교통상부장관을 지냈고, 참여정부에서는 평창동계올림픽 유치위원장을 맡았다. 그리고 이명박 정부에 이르러 국무총리로 임명되었다. 2008년 2월 29일부터 2009년 9월 28일까지 1년 7개월 동안 재임했다. 재임 기간 중 국무총리로서 노무현 전 대통령 국민장 공동장의위원장을 맡았고, 김대중 전 대통령 국장장의위원장을 맡았다.

한승수에 이어 40대 국무총리에 오른 인물은 서울대학교 총장 출신인 정운찬이다. 정운찬은 1946년 충청남도 공주에서 태어나 경기고등학교를 졸업하고 서울대학교 경제학과에서 공부했다. 대학 졸업 후 한국은행에 취직했으나 곧 미국 마이애미대학교에서 유학해 석사학위를 받고, 프린스턴대학교에서 경제학 박사학위를 취득했다. 이후 귀국해 1978년에 서울대학교 경제학과 교수가 되었고, 2002년에는 서울대학교 총장이 되었다.

2009년 9월 29일에 국무총리에 임명되어 2010년 8월 11일까지 약 11개월간 재임했다. 국무총리에 임명되기 전 그는 이명박 정부의 경제정책에 대해 부정적이었다. 특히 4대강 정비사업에 대해선 가시적 성과에만 집착한다는 비판을 했다. 하지만 총리에 임명된 후 4대강 정비사업이 필요한 사업이라고 말을 바꾸었다. 그는 재임 중에 세종시 수정안을 언급했다가 주민들에게 달걀 세례를 받기도 했다.

41대 국무총리 김황식은 이명박 정부에서 가장 오랫동안 국무총리직을 수행한 인물이다. 1948년 전라남도 장성군에서 태어나, 광주제일고등학교를 졸업하고 서울대학교 법대를 다녔다. 이후 사법시험에 합격해 판사로 재직했으며, 서울고등법원 부장판사, 법원행정처 차장 등을 거쳐 대법관에 재직 중일 때 이명박 대통령에 의해 발탁되어 21대 감사원장이 되었다. 2010년 10월 1일에 국무총리에 임명되어 2013년 2월 26일까지 재임했다. 그가 국무총리에 임명될 때 임명동의안이 여당의 날치기로 가결되는 등 파란이 있었다.

11장

•

박근혜 대통령실록

박근혜 朴槿惠
(1952 -)

재임 기간:
2013년 2월 - 2017년 3월
(4년 1개월)

"나라의 국정 책임은 대통령이 지고,
나라의 운명은 국민이 결정하는 것입니다.
우리 모두가 꿈꾸는 국민 행복의 새 시대를
반드시 만들겠습니다."

—제18대 대통령 취임사 中 (2013)

1 대통령의 딸로 살다
대통령이 된 박근혜

부모를 모두 총탄에 잃다

박근혜는 1952년 2월 2일 대구광역시 중구 삼덕동에서 아버지 박정희와 어머니 육영수 사이에서 1남 2녀 중 장녀로 태어났다. 박정희는 경상북도 선산군 구미면 상모리 출신으로 일제강점기에 교사와 군인 생활을 했으며, 해방 이후에는 군인으로 지내다가 1961년에 5·16 쿠데타를 일으켜 군사정권을 성립시킨 뒤, 5대부터 9대까지 대통령을 역임했다.

박근혜가 태어났을 때는 6·25남북전쟁이 한창인 상황이었다. 당시 박정희는 육군 대령으로 대구 주재 육군본부 작전 차장이었다. 박정희는 육군 대령이 되기까지 여러 가지 우여곡절을 겪었다. 일제강점기에는 만주국 육군군관학교를 졸업하고 일본 육군사관학교에 편입해 일제관동군 포병 장교로 복무했다. 해방 후에는 베이징에서 활동하던 한국광복군에 편입되어 잠시 장교로 활동하다가 귀국한 뒤, 국군 장교로 있으면서 남로당에 가입했다. 그러던 중 1948년에 여순사건에 연루되어 사형선고를 받게 된다. 이때 정보국에 남로당 조직과 조직원들에 대한 증언을 한 뒤, 당시 육군본부 정보국장이었던 백선엽의 도움으로 풀려났지만, 군인 신분은 유지할 수 없었고 정보국 문관으로 지내야 했다. 그런 상황에서 6·25남북전쟁이 발발해 육군 소령으로 복귀했고, 이후 3개월 만에 중령으로 진급했다가, 다시 대령으로 진급했던 것이다.

그 무렵 박정희는 첫 번째 부인 김호남과 이혼하고 두 번째 부인 육영수와 재혼했다. 재혼 당시 박정희와 김호남 사이에는 딸 박재옥이 있는 상태였는데, 박정희와 육영수는 신혼 때부터 그녀를 데려와 함께 살았다. 그리고 결혼한 지 14개월 만에 둘 사이에 첫 번째 아이가 태어났으니, 바로 박근혜였다.

박정희는 육영수와 결혼한 뒤부터 모든 일이 순조롭게 풀렸다. 6·25 남북전쟁 종결 직후인 1953년 11월에는 꿈에도 그리던 별을 달고 장군이 되었다. 30살에 간신히 육군 소위가 된 뒤로 7년 만의 일이었다. 이후 1957년에 소장으로 진급했고, 1960년 1월에는 부산 군수기지사령관이 되었다. 그리고 이듬해인 1961년 5월 16일에 쿠데타를 감행해 권력을 장악한 뒤, 1963년 12월에 5대 대선에 출마해 당선되었다.

이렇듯 박정희가 파란만장한 삶을 사는 동안 박근혜는 순탄한 유년 시절을 보냈다. 1964년 2월에 서울 장충초등학교를 졸업한 뒤, 가톨릭 계통의 성심여자중학교와 성심여자고등학교를 졸업하고 1970년에는 서강대학교 전자공학과에 진학했다.

그동안 박근혜는 줄곧 대통령의 딸로서 청와대에서 생활했다. 그리고 1974년에 대학을 졸업하고 프랑스로 유학을 떠나 그르노블대학교의 어학연수 과정에 입학했다. 어학연수가 끝나면 그곳 대학원에 진학해 전자공학 학위를 받아 교수가 되겠다는 계획이었다.

하지만 박근혜의 계획은 한순간에 물거품이 되었다. 1974년 8월 15일에 육영수가 광복절 기념행사에서 총탄에 맞고 사망하는 사태가 벌어졌던 것이다. 어머니의 사망 소식을 듣고 급히 귀국한 박근혜는 다시 프랑스로 돌아가지 못했다. 육영수를 대신해 퍼스트레이디 역할을 해야 했기 때문이다. 그녀는 대통령 배우자 권한대행으로 활동해야 했고, 그래서 박정희의 공식 행사는 물론 해외 순방까지 수행해야 하는 상황이 되었다.

그렇게 5년 동안 퍼스트레이디 역할을 하던 그녀는 또다시 비보를 접했다. 1979년 10월 26일, 아버지도 어머니처럼 총탄에 맞고 세상을 뜬 것이다.

부모의 유산에 기대어 살다

부모를 모두 총탄에 잃은 박근혜는 아버지의 장례식을 치르고 청와대를 나왔다. 그리고 박근령과 박지만, 두 동생을 데리고 어릴 때 살던 서울 신당동 사저로 돌아와 생활했다.

이후 박근혜는 아버지의 유산들을 관리하며 삶을 이어간다. 1980년에 30살도 되지 않은 젊은 나이로 한국문화재단이라는 단체의 이사장이 되었다. 이름만 들으면 국가에서 운영하는 기관처럼 보이는 이 재단은 당시 라면회사로 유명했던 삼양식품 창업자 전중윤이 세운 것이었다. 1979년 3월에 설립되었는데, 원래 명칭은 '명덕문화재단'이었다. 그런데 1980년 7월에 전중윤을 비롯한 설립 관계자 전원이 사퇴하고 박근혜가 이사장이 되면서 명칭을 한국문화재단으로 바꿨다. 이후 박근혜는 오랫동안 이 단체의 이사장으로 재직하게 된다(대한민국 문화체육관광부 소관의 재단법인 중에 1969년 12월 5일 설립된 한국문화재단이라는 동명의 조직이 있는데, 이는 박근혜가 이사장으로 있던 한국문화재단과는 상관없는 조직이다).

박근혜는 한국문화재단 이사장을 지내면서 1982년에는 육영재단 이사장에도 취임했다. 육영재단은 육영수가 1969년에 어린이 복지 사업을 위해 설립한 재단이었다. 육영재단은 어린이회관을 설립하고, 어린이 잡지《어깨동무》를 인수해 발간했으며, 월간 그림책《꿈나라》, 월간 만화책《보물섬》등의 어린이 잡지를 새롭게 발간했다.

그런데 육영재단 이사장 자리를 두고 박근혜와 박근령 사이에 경영권 다툼이 벌어졌다. 몇 년 동안 지속된 경영권 다툼 끝에 박근혜는 1990년에 물러나고, 박근령이 이사장이 되었다.

육영재단 경영권 다툼이 진행되던 와중에 박근혜는 영남대학교 이사장에도 취임했다. 영남대학교는 대구대학과 청구대학을 합병해 1967년에 설립되었는데, 당시 설립자는 대통령이었던 박정희였다. 박근혜는 설립자의 딸 자격으로 1980년에 이사장이 되었지만, 취임한 지 7개월 만에 자리에서 물러나고 이사 직함만 유지하게 되었다.

영남대학교 이사로 있던 박근혜는 1995년에는 정수장학회 이사장에 취임했다. 정수장학회의 명칭이 박정희와 육영수의 이름을 한 자씩 따서 만든 것이라는 사실에서 알 수 있듯이 박정희와 밀접하게 관련된 곳이었다. 정수장학회의 전신은 부일장학회였는데, 설립자는 부산 출신의 기업인 김지태였다.

김지태는 부산의 최고 갑부였고, 삼화고무, 진양고무, 조선견직 등의 기업과 부산일보사를 소유하고 있었으며, 2~3대 국회의원을 지낸 정치인이기도 했다. 그가 부일장학회를 세운 것은 1958년이었는데, 박정희 군사정권이 들어선 직후인 1962년에 강압적으로 빼앗겼다. 그러면서 부일장학회는 5·16장학회로 명칭이 바뀌었고, 이병철 삼성 회장이나 박흥식 화신산업 사장 그리고 여러 국내 기업인과 기부자의 기부로 자산을 크게 늘렸다. 이후 5·16장학회는 20년 동안 그 명칭을 유지하다가 1982년에 정수장학회로 다시 개명한다.

박근혜가 정수장학회 이사장이 되기 전에 이 단체를 이끈 인물들은 모두 박정희의 친인척이나 측근이었다. 5·16장학회의 초대 이사장인 이관구는 재건국민운동본부장을 했던 인물이고, 2대 회장인 엄민영은 국가재건최고회의 의장 고문을 했던 인물이다. 또 1968년부터 1979년까지 11년 동안이나 이사장으로 있었던 김현철은 공화당 창당 발기인으로 참여했고, 국무총리를 지냈으며, 그를 이어 이사장이 된 최석채는 박정희의 친구였다. 그리고 정수장학회로 개명된 이후 이사장이 된 조태호는 박근혜의 이모부였고, 그다음 이사장인 김창환은 육영재단 어린이회관 관장 출신이었으며, 박근혜 직전에 이사장으로 있던 김귀곤은 정수장학회의 장학금 수혜자 모임인 상청회 고문 출신이었다. 이렇듯 박정희의 측근들이나 친척들이 맡고 있던 정수장학회 이사장 자리를 1995년에 박근혜가 맡게 된 것이다.

박근혜가 정수장학회 이사장을 맡을 당시에 이 단체의 주요 자산으로는, 문화방송(MBC) 지분 30%(6만 주), 부산일보사 지분 100%(20만 주) 등의 언론사 주식을 비롯해 서울 중구 정동의 경향신문사 부지 등의 부동산 그리고 은행예금 등의 현금 자산이 있었다.

박근혜는 1995년부터 2005년까지 10년 동안 정수장학회 이사장으로 재임한다. 박근혜가 물러난 뒤에는 박정희의 공보비서관 출신인 최필립이 자리를 이어가게 된다.

이렇듯 박근혜는 박정희 사망 이후에는 줄곧 부모의 유산을 챙기며 살았을 뿐, 정치에는 큰 관심을 보이지 않았다.

선거의 여왕으로 우뚝 서다

박근혜가 정계에 입문한 것은 15대 대선 정국이었던 1997년 12월이었다. 이때 그녀는 사촌오빠 박재홍의 소개로 이회창을 만나는데, 이를 계기로 정계에 발을 들였다. 당시 이회창은 한나라당의 대통령 후보였다. 자유한국당의 전신인 한나라당은 1997년 11월에 신한국당과 민주당이 합당해 만든 당이었다. 당시 신한국당의 대통령 후보는 이회창이었고, 민주당의 대통령 후보는 조순이었는데, 두 사람이 단일화에 합의하면서 두 정당도 합당한 것이었다.

박근혜는 이회창 지지를 선언하면서 동시에 한나라당에 입당했고, 이것이 곧 정계 입문의 계기가 되었다. 그런데 박근혜가 한나라당에 입당할 때, 그녀의 동생들인 박근령과 박지만은 당시 야당이었던 새정치국민회의 대통령 후보로 출마한 김대중 지지를 선언했다. 남매들 간에 다른 정치적 선택을 한 셈이었다.

이런 가운데 15대 대선은 김대중의 승리로 끝났다. 이후 1998년 4월에 박근혜는 이회창의 권유로 대구 달성군 국회의원 보궐선거에 출마함으로써 본격적인 정치 행보에 나섰다. 그리고 당선되어 마침내 여의도에 입성했다.

박근혜는 2000년 총선에서도 당선되며 정치적 입지를 다져나갔다. 2000년에는 한나라당 부총재로 선출되었고, 2002년에는 한나라당 총재 이회창과 대립각을 세우며 비판을 이어가다가 탈당해 한국미래연합을 창당하기도 했다. 또 그해 5월에는 북한을 방문해 김정일 국방위원장과 회담하며 국민적 관심을 받기도 했다.

하지만 박근혜의 입지는 쉽게 강화되지 않았다. 2002년 지방선거에서 한국미래연합은 광역의회의원 2명만 겨우 배출할 정도로 인기가 시들해졌다. 그런 상황에서도 박근혜는 한국미래연합을 포기하지 않았고, 2002년 12월로 예정된 대선에 독자 출마를 모색했다. 하지만 세력이 너무 빈약해 사실상 무리였다. 그런 상황에서 다시 한나라당의 대통령 후보가 된 이회창이 합당을 제의하자, 결국 이에 응해 복당했다.

한국미래연합과 한나라당의 합당은 대선을 1달 정도 앞둔 11월 19일에 성사되었다. 말이 합당이지 사실상 한나라당에 흡수, 통합된 것이었다. 창당한 지 불과 6개월 만에 백기 투항한 꼴이었다. 이후 박근혜는 한나라당의 선거대책위원장을 맡아 활동했지만, 선거는 민주당 노무현의 승리로 끝났다.

두 차례에 걸쳐 대선에 도전했다가 실패한 이회창은 결국 정계 은퇴를 선언했다. 덕분에 한나라당 내부에서 박근혜의 입지는 한층 강화되었다. 거기에 호재까지 겹쳤다. 정계에 대대적인 정치개혁 바람이 불었고, 그 바람에 정당이 재편되고 있었던 것이다.

2003년 7월 7일에 야당인 한나라당에서 김부겸, 김영춘, 이부영 등의 개혁파 의원 5명이 탈당했고, 2달여 뒤인 9월 20일에는 민주당에서 김근태, 원혜영, 이해찬 등의 개혁파 의원 35명이 탈당했다. 이들 개혁 세력에 소수 정당인 개혁국민정당의 김원웅, 유시민 의원이 합세해 11월 11일에 신당인 열린우리당을 창당했다. 그리고 노무현 대통령이 참여함으로써 열린우리당은 40명 남짓한 국회의원을 보유한 소수 여당이 되었다.

이런 상황에서 2004년 3월 9일에 국회에서 노무현 대통령 탄핵소추안이 제출되었다. 노무현 대통령이 정치적 중립 의무를 위반했다는 이유였다. 그 근거는 2004년 2월 24일에 방송기자클럽 대통령기자회견에서 "열린우리당을 압도적으로 지지해줄 것을 기대한다"라는 노무현 대통령의 발언이었다.

국회에 제출된 탄핵소추안은 한나라당과 민주당, 자민련 소속 국회 의원들의 주도 아래 무난하게 통과되었지만, 그해 4월 15일에 실시된 17대 총선에서 역풍이 불었다. 그 결과 열린우리당은 152석을 확보해 과반을 차지했고, 탄핵을 주도했던 민주당은 9석의 소수 정당으로 전락했다. 하지만 탄핵 과정에서 또 하나의 중심축이었던 한나라당은 121석을 차지하며 예상 밖으로 선전했다.

한나라당의 선전 배경에는 박근혜가 있었다. 탄핵 역풍으로 한나라당은 전례 없는 위기 상황을 맞이했는데, 설상가상으로 불법 정치자금 수수설까지 불거졌다. 이회창과 노무현이 맞붙은 16대 대선 당시 한나라당이 SK에서 '차떼기'로 불법 정치자금을 받았다는 내용이었다. 이로써 한나라당의 지지율은 곤두박질쳤고, 그 여파로 당대표였던 최병렬이 사퇴하는 상황까지 내몰렸다.

하지만 이런 상황은 박근혜에게 정치적 입지를 강화할 수 있는 절호의 기회가 되었다. 구원투수로 나선 박근혜는 임시 당대표로서 총선을 지휘했고, 그 과정에서 천막으로 당사를 옮기고 여러 차례에 걸쳐 국민에게 사죄하며 다시 한번 기회를 달라고 호소한 끝에 121석을 얻어내는 성과를 거뒀다.

결과적으로 박근혜가 한나라당을 구한 꼴이 되었고, 덕분에 그녀의 당내 입지와 정치적 영향력은 가파르게 상승했다. 실제로 박근혜는 총선 이후 실시된 전당대회에 당대표로 출마해 당선되었다. 그리고 2005년 실시된 두 차례의 재보궐선거에서 모두 승리하며 '선거의 여왕'이라는 별칭을 얻었다.

총선 이후 승승장구하던 박근혜는 2005년 12월에 열린우리당 주도로 사립학교법이 통과되자, 새로운 면모를 보여주었다. 보수 정당에서는 거의 시도하지 않았던 장외투쟁을 선언하고 무려 3개월 동안이나 등원하지 않았다. 그리고 기어코 열린우리당에서 사립학교법 재개정 논의에 대한 합의를 이끌어냈다.

선거의 여왕이라는 별칭답게 박근혜는 2006년 지방선거도 승리로 이끌었다. 광역단체장 15석 가운데 12석을 휩쓸었다. 지방선거 유세 중에 지충호가 휘두른 문구용 칼에 피습당해 안면에 깊은 자상을 입기도 했는데, 이 사건으로 뒤지고 있던 대전시장 선거의 판도가 뒤집혔고, 박근혜의 인기는 한층 더 높아졌다.

대통령이 되어 추억이 깃든 청와대로 돌아가다

2004년의 총선을 시작으로 정치적 입지를 강화한 박근혜는 마침내 대통령을 꿈꾸기에 이른다. 2007년 17대 대선에 출마하기로 결심한 것이다. 이를 위해 그녀는 2006년 6월에 당대표직을 사퇴한다. 당권과 대권의 분리 방침에 따라 대선을 1년 6개월 앞둔 시점에 당대표직을 던진 것이다.

하지만 경쟁 상대는 만만치 않은 인물이었으니, 서울시장을 지내며 청계천 복원, 버스 노선 개편 등을 이끌어 인기가 한껏 올라 있던 이명박이었다.

박근혜와 이명박의 대통령 후보 경선은 대선보다 더 치열하게 전개되었다. 당시 노무현의 인기는 바닥으로 떨어진 상태였고, 여당인 열린우리당의 지지율 또한 형편없었다. 따라서 한나라당의 대통령 후보가 되는 것은 곧 청와대 입성을 의미했다. 그런 까닭에 박근혜와 이명박의 경쟁은 당 차원을 넘은 전쟁 그 자체였다.

박근혜는 당내 입지가 강했고, 당원들의 지지율도 훨씬 높았다. 하지만 대중의 인기는 이명박에게 미치지 못했다. 그 때문에 이명박의 인기를 무너뜨리고자 네거티브 공세에 화력을 집중했다. 특히 도곡동 땅 문제나 BBK 같은 관련 기업에 집중적인 의혹을 제기함으로써, 이명박의 재산 형성 과정을 집요하게 물고 늘어졌다.

하지만 박근혜는 결국 대통령 후보 경선에서 패배하고 말았다. 일반 당원이나 대의원, 국민선거인단 경선에서 모두 승리했지만, 여론조사에서 패배함으로써 고배를 마셔야 했다. 여론조사의 1표를 5표로 환산하기로 했는데, 결국 그 규정이 패배의 원인이 되고 말았다.

한나라당의 대통령 후보가 된 이명박은 열린우리당의 대통령 후보 정동영을 상대로 크게 이겼고, 17대 대통령이 되었다. 하지만 한나라당은 이후에도 치열한 파벌 싸움을 치렀다. 박근혜를 지지하는 친박 세력과 이명박을 지지하는 친이 세력의 갈등이 연일 계속되었던 것이다.

이 갈등은 2008년의 총선에서 노골적으로 표출되었다. 한나라당의 주요 직책을 맡은 친이계는 친박계를 홀대하기 시작했고, 공천 과정에서 노골적으로 배제했다. 이 때문에 총선 과정에서 친박계와 친이계의 다툼이 더욱 심화했다. 심지어 공천에서 배제된 친박계는 '친박연대'라는 정당까지 창당해 총선에 나섰다. 한국 역사상 개인의 이름을 정당 명칭에 사용한 사례는 친박연대가 유일하다.

하지만 박근혜는 탈당하지도 친박연대에 가담하지도 않았다. 박근혜는 총선에서 당선되었고, 오히려 친이계를 주도하고 있던 이재오와 이방호 같은 인사들은 낙선했다. 친박연대 또한 지역구 6석, 전국구 8석을 얻는 예상외의 성과를 거뒀다. 그만큼 박근혜의 입지가 탄탄했다는 뜻이다.

하지만 친이계와의 갈등은 박근혜의 입지에도 상처를 입혔다. 그 때문에 2010년의 지방선거에서 박근혜가 적극적으로 지원했던 대구 달성군수 후보가 패배하기도 했다. 선거의 여왕이라는 말이 무색해진 것이다. 그 무렵에는 대통령 후보로서의 지지율도 약해져 25% 정도로 떨어졌다.

그런 상황에서 2011년에 12월에 한나라당 당대표를 맡고 있던 홍준표가 대표직에서 물러나는 사태가 벌어졌다. 이른바 '디도스 파문'을 못 이기고 물러난 것이었다. 이에 한나라당은 박근혜를 비상대책위원장으로 선출했다.

박근혜는 비상대책위원장이 되자, 곧 당명을 새누리당으로 바꿨다. 당을 쇄신해 총선에서 승리하겠다는 의지의 표현이었다. 실제로 박근혜는 선거의 여왕이라는 별칭답게 2012년 4월 11일에 실시된 19대 총선에서 과반인 152석을 획득했다. 그리고 그해 8월에 치러진 대통령 후보 경선에서 전체 유효 득표수의 83.97%를 득표해 압도적인 승리를 거뒀다.

새누리당의 대통령 후보가 된 박근혜는 민주통합당의 대통령 후보인 문재인과 맞붙었다. 문재인은 당시 야당의 유력한 대통령 후보 중 하나였던 안철수와 단일화에 성공했고, 이어 통진당의 이정희와 정의당의 심상정도 문재인 후보를 지지하며 대통령 후보를 사퇴함으로써 야당의 유일한 대통령 후보가 되었다. 이로써 박근혜와 문재인은 박빙의 대결이 불가피해졌다. 하지만 박근혜는 대선에서 51.6%를 얻어 과반 득표에 성공하고 당선되었다.

18대 대통령이 된 박근혜는 2013년 2월 25일에 취임식을 치르고 마침내 청와대에 입성했다. 1979년 10·26사태로 아버지를 잃고 청와대를 떠난 지 34년 만에 대통령의 딸이 아닌 대통령이 되어 청와대로 돌아간 것이다.

2 박근혜의 꼭두각시 정치와 사상 초유의 대통령 탄핵

◉ 제18대 대통령 , 재임 기간: 2013년 2월 – 2017년 3월(4년 1개월)

모호한 국정 목표, 반복되는 인사 실패

박근혜 정부는 '국민 행복, 희망의 새 시대'라는 국정 비전을 제시하며, 일자리 중심의 창조경제 · 맞춤형 고용 및 복지 · 창의교육과 문화가 있는 삶 · 안전과 통합의 사회 · 행복한 통일시대의 기반 구축 등 5가지 국정 목표를 설정했다. 하지만 이러한 국정 목표는 다소 모호하거나 상투적인 경향이 있었다. 창조경제나 창의교육 등이 구체적으로 무엇인지 모호했고, 행복한 통일시대나 안전과 통합의 사회 등은 상투적이었다. 말하자면 특징 없는 밋밋한 구호의 나열에 불과하다는 인상을 주었다. 이 때문에 박근혜 정부는 정부 출범 직후에 국무회의를 통해 4대 국정 기조와 14대 추진 전략을 새로 제시하고, 140개의 국정 과제를 확정했다. 이 과정에서 대통령직인수위원회에서 제외한 '경제민주화'를 다시 삽입했다.

이때 확정된 4대 국정 기조는 '경제부흥, 국민행복, 문화융성, 평화통일의 기반 구축' 등이었다. 이전의 5대 국정 목표에 비해 용어가 간결하게 다듬어졌고, 통일에 대한 문구도 현실적으로 바뀌었다. 그러나 4대 국정 기조도 상투적인 문구의 나열에 불과한 것은 여전했다.

4대 국정 기조 중에 박근혜 정부가 가장 강조한 것은 경제부흥이었다. 경제부흥 정책은 '창조경제, 경제민주화, 민생경제' 등 3대 전략 아래 42개 과제로 세분화되었는데, 그중에 가장 핵심은 창조경제 분야였다.

42개 과제 중 20개가 창조경제 분야에 관한 것이었다. 특히 해당 분야 중에서도 '신산업 신시장 개척' 항목에 가장 많은 8개 과제가 놓였다. 그러면서 정작 창조경제의 핵심인 창의인재 항목에는 하나의 과제만, 창조경제 생태계 항목에는 3개의 과제만 할당되었다. 말만 창조경제지, 실제로는 새로운 산업과 시장 개척에 주안점을 두는 성장정책 기조였다.

또한 대통령직인수위원회에서 없앴다가 국무회의 후 되살린 경제민주화 분야에는 '원칙이 바로 서는 경제'라는 명목으로 6개의 과제를 설정하는 데 그쳤다. 말만 경제민주화지, 알맹이가 거의 없다는 사실을 자인한 꼴이었다.

세 번째 분야인 민생경제에는 16개 과제가 놓였다. 서민 생활 안정과 안정적 경제 운영 항목에 각각 8개씩 과제가 설정되었는데, 내용상 새로울 것이 전혀 없었다.

이렇듯 박근혜 정부의 국정 과제는 전문성이 부족하고, 어딘가 어설프며, 구체성이 부족하다고 평가받았는데, 이는 정책 입안에 참여한 인사들의 능력 부족, 즉 인사 실패에서 비롯된 것으로 보인다.

인사 실패를 증명이라도 하듯 박근혜 정부는 출범 직후 첫 번째 외교 무대라고 할 수 있는 미국 방문 중에 국제적인 망신을 당하고 만다. 박근혜는 취임 40일 만인 2013년 5월 5일에 미국 방문길에 올랐는데, 그 과정에서 어처구니없는 일이 발생했다. 동행한 청와대 대변인 윤창중이 성추행 논란에 휩싸여 국제적인 망신을 당한 것이다. 윤창중이 방미 일정 중에 여성 인턴의 엉덩이를 만지고 숙소에서 알몸으로 인턴을 맞이했다는 소문이 퍼졌다. 이에 대해 윤창중은 "여자 가이드의 허리를 한 차례 툭 치면서 앞으로 잘해서 성공하라는 말을 한 것이 전부이며, 미국의 문화를 잘 알지 못했다"라고 해명했다. 또 숙소에서 알몸이 아니라 속옷 차림으로 인턴을 맞이했다고 주장했다. 하지만 청와대는 부적절한 행동으로 불미스러운 일에 연루되어 고위 공직자로서 국가의 품위를 손상했다며 이미 그를 경질한 뒤였다.

사실 윤창중은 청와대 대변인으로 지목될 당시부터 논란이 된 인사였다. 그의 편향적인 시각에 대한 비판적인 여론이 형성되어 있었던 터라 야당이 강력하게 반대했지만, 박근혜는 이를 무시하고 그의 청와대 대변인 임명을 강행했다.

윤창중 사례에서 보듯 박근혜 정부의 가장 큰 문제는 인사였는데, 이는 정부 출범 직전부터 시작된 일이었다. 실패한 인사의 첫 사례는 박근혜가 당선인 시절에 지명한 국무총리 후보자였다. 당시 박근혜는 김용준을 국무총리 후보자로 지명했는데, 그는 아들의 병역 문제와 부동산 투기 의혹 탓에 새 정부의 국무총리 후보자로는 헌정사상 최초로 자진해서 사퇴하고 말았다.

김용준 외에도 미래창조과학부장관 후보자로 지명된 김종훈이 국적 및 CIA 이력 논란으로 청문회 전에 자진해서 사퇴했고, 중소기업청장 후보자로 지명된 황철주도 보유 주식의 백지 신탁 문제가 불거져 청문회 전에 자진해서 사퇴했으며, 국방부장관 후보자로 지명된 김병관은 무기 중개 업체 고문 경력과 부동산 투기 의혹으로 자진 사퇴했다. 그 외에도 공정거래위원장 후보자였던 한만수는 역외 탈세 논란으로 자진 사퇴했고, 해양수산부장관 후보자였던 윤진숙은 자질 논란에도 불구하고 임명되었다가 나중에 국무총리의 해임 건의를 통해 해임되었다.

박근혜 정부의 인사 실패는 새 정부 출범 초기뿐 아니라 이후에도 계속된다. 국무총리 후보자였으나 고액 수임료 논란으로 자진 사퇴한 안대희, 국무총리 후보자로 부적절한 발언이 포함된 교회 강연이 논란을 일으켜 자진 사퇴한 문창극, 논문 표절 의혹으로 교육부장관 후보자 지명이 철회된 김명수, 부동산 투기와 위증 논란으로 사퇴한 문화체육부장관 후보자 정성근 등 논란이 된 인사가 한둘이 아니었다.

훗날 박근혜 정부 말기에 밝혀진 일이지만, 이런 인사 실패가 반복된 것은 문고리 3인방이나 최순실(최서원으로 개명)로 대표되는 비선실세들에게 지나치게 의지했기 때문으로 분석된다.

국가 조직의 선거 개입 사건과 박근혜 정부의 물타기 공세

박근혜는 취임 직후부터 정치적으로 민감한 문제에 봉착한다. 2013년 6월에 검찰이 이명박 정부 시절의 국정원장 원세훈 등을 기소했는데, 그들의 혐의는 대통령 박근혜의 입지를 크게 흔들 만한 내용이었다. 검찰은 2012년 대선 당시 국정원이 심리정보국 소속 요원들을 동원해 인터넷에 댓글을 다는 형식으로 선거에 개입했다고 보고, 원세훈 등을 정치관여금지조항 위반 및 공직선거법 위반 혐의로 기소했던 것이다.

사실 국정원의 대선 개입 문제는 선거전이 한창이던 2012년 12월에 민주통합당이 먼저 제기한 것이었다. 이후 국정원이 조직적으로 대선에 개입한 내용이 확인되었고, 수서경찰서는 2013년 4월 18일에 기소 의견으로 이 사건을 검찰에 송치했다. 그리고 2달 뒤에 검찰이 당시 국정원장이었던 원세훈을 비롯한 관련 인물들을 기소했다.

검찰의 기소 이후 여야는 2달간에 걸쳐 극심한 대립 양상을 보였고, 급기야 두 차례 걸쳐 국정조사 청문회를 개최해 원세훈을 증인으로 소환했다. 이와 관련해 박근혜는 청와대 수석비서관 회의에서 자신은 대선을 치르며 국정원에서 어떠한 도움도 받지 않았다고 주장했다.

또 이 사건과 관련해 당시 서울경찰청장 김용판도 기소되었는데, 대선 직전 수사에 외압을 가했다는 혐의였다. 하지만 재판 결과 김용판은 2015년에 무죄가 확정되었고, 원세훈은 징역 4년에 자격정지 4년이 선고되었다.

국가기관의 대선 개입 논란은 국정원에 이어 국군 사이버작전사령부로 이어졌다. 국정원 대선 개입 논란에 대한 국정조사 직후인 2013년 10월 14일에 통합민주당 김광진 의원이 사이버작전사령부의 18대 대선 개입 의혹을 질의하자, 국방부가 자체 수사에 착수했다. 그 결과 사이버작전사령부에서 댓글 작업을 진행했다는 것이 확인되었다. 심지어 평일 근무시간에 댓글 작업이 이뤄졌다는 사실이 드러났다. 이에 대해 국방부는 4명의 소수 인원이 벌인 개인적 일탈이라고 해명했다. 이후 국방부 보통군사법원의 판결 결과 관련자들은 집행유예 등을 선고받았다.

이렇듯 국가기관의 대선 개입 사실이 확인되자, 18대 대선이 부정선거라는 여론이 확산했고, 일부에서는 선거 무효 소송을 제출했다.

한편, 이 무렵 국정원이 탈북 화교이자, 서울시 계약직 공무원이었던 유우성이 북한에 탈북자 정보를 제공해온 간첩이라고 발표했고, 검찰은 그를 간첩 혐의로 기소했다. 하지만 재판 결과 유우성은 무죄로 밝혀졌고, 그의 간첩 혐의는 조작된 것으로 드러났다. 이는 곧 국정원이 고의로 유우성을 간첩으로 몰아갔다는 의미였다. 국정원이 왜 이런 무리한 일을 벌였는지를 두고 논란이 분분했는데, 일각에선 국정원이 대선 개입 사건을 희석하기 위한 물타기 공작을 하다가 실패한 것이라는 해석을 내놓았다.

대선 개입 사건에 대한 논란이 확산하는 상황에서 국정원은 2007년의 노무현과 김정일의 남북 정상회담 회의록 전문을 전격적으로 공개했다. 이는 18대 대선 과정에서 불거진 'NLL 포기 발언'에 대한 대응 차원에서 국정원장 남재준의 지시로 이뤄진 일이었다. 당시 남북정상회담 회의록은 2급 비밀로 지정되어 공개할 수 없는 문건이었으나, 국정원이 비밀 등급을 공개 가능한 수준으로 낮춘 결과였다.

해당 발언은 남북 정상회담 당시 노무현 대통령이 김정일 국방위원장에게 NLL을 포기할 수 있다고 말했다는 것이 핵심 내용인데, 이는 18대 대선 기간에 여야 간 첨예한 대립을 낳은 사안이었다. 그런데 국정원에서 남북 정상회담 회의록 전문을 공개하자, 민주당은 대통령 지정 기록물을 열람해서 NLL 관련 발언을 확인하자고 제안했다. 새누리당이 이를 수용해 대통령 지정 기록물을 확인했으나 국가기록원에 보관된 대통령 지정 기록물에는 남북 정상회담 회의록 자체가 없었다. 이로써 여야 간에 다시 남북 정상회담 대화록 논란이 이어졌다.

2007년 남북 정상회담 이후 노무현 정부는 대화록 초본을 폐기하고 수정본을 보관하도록 했는데, 이에 대해 여당과 박근혜 정부는 '사초 실종 사건'이라고 부르며 국기 문란 사건으로 규정했다. 또한 노무현 정부의 대통령 비서관이었던 백종천, 조명균 등을 대통령기록물관리법 위반 등의 혐의로 고발했고, 검찰은 이들을 기소했다. 하지만 2015년 2월에 법원은 이들에게 무죄를 선고했다. 재판부는 대화록 초본을 대통령 지정 기록물로 판단하지 않았던 것이다. 또한 수정한 완성본이 있는 만큼 혼돈을 피하기 위해 초본은 폐기하는 것이 타당하다고 판시했다. 결과적으로 NLL 포기 발언 논란과 사초 실종 사건은 국정원 대선 개입 사건을 무마하기 위한 정치 공세였던 셈이다.

거기에다 국정원은 또 하나의 국면 전환용 카드를 꺼내 들었다. 국정원은 대선 개입 논란으로 국정조사가 진행되던 와중에 '이석기 내란음모·선동사건'을 터뜨렸다. 이 사건은 결국 통진당 해산으로 이어졌고, 덕분에 국정원 대선 개입 사건은 국회에서 더는 쟁점이 되지 못했다.

이렇듯 서울시 간첩조작 사건과 NLL 포기 발언 논란 그리고 통진당 해산 문제 등이 연이어 터지면서 국정원과 사이버작전사령부의 대선 개입 사건은 자연스럽게 희석되었고, 덕분에 2013년 9월에 박근혜의 국정 지지율은 65%까지 치솟았다. 취임 초에 형성되었던 50% 초반의 국정 지지율보다 10% 이상 상승했던 것이다. 특히 보수층의 지지율은 고공 행진을 이어가고 있었다.

말만 있고 알맹이는 없는 '통일대박론'

이렇듯 높은 국정 지지율에 고무된 박근혜는 이듬해인 2014년 1월 연두 기자회견에서 느닷없이 "통일은 대박입니다"라는 말과 함께 '통일대박론'을 들고나와 국민을 놀라게 했다. 북한의 인구와 자원을 흡수해서 생기는 경제 효과를 언급하며 통일이 침체한 한국 경제의 활로가 될 수 있다고 역설한 것이다.

하지만 왜 갑자기 통일을 언급하는지 그 이유는 전혀 밝히지 않았다. 또한 통일이 금세라도 실현될 것처럼 호들갑을 떨며 내놓은 제안은 그야말로 구태의연한 내용뿐이었다. 기껏해야 한반도의 평화를 조성하는 것, 인도적 대북지원을 강화하고 남북 주민 간의 동질성 회복을 위해 노력하는 것, 통일 공감대 확산을 위해 국제 협력을 강화하는 것 등 3가지였다. 이 3가지는 종래에도 늘 해오던 것들이었고, 현실적으로 제대로 실현된 것도 거의 없었다.

그런데도 박근혜는 마치 당장이라도 통일이 될 것처럼 그 준비에 열을 올렸다. 그로부터 2달 뒤인 3월에는 독일 드레스덴에서 한반도 평화통일을 위한 구상을 주제로 연설도 했다. 그 내용도 연두 기자회견에서 밝힌 3가지 준비 사안에 국한된 것이었다. 그러자 북한은 차가운 반응을 내놓았다. 북한은 박근혜의 드레스덴선언이 남한에 의한 흡수통일을 제안한 것이라고 맹렬하게 비난했다.

그런데도 박근혜는 그해 7월 14일에 학계, 시민단체, 여야 의원 등 50여 명으로 구성된 대통령 직속 통일준비위원회를 설치했다. 이에 대해 야권은 박근혜 정부의 통일정책은 말만 있고 구체적인 내용은 전혀 없다고 비판했다.

실제 당시 북한과의 교류는 북한에 매우 적대적이던 이명박 정부 시기보다도 악화되어 있었다. 박근혜가 구상했던 평화공원 등 협력사업도 연구만 할 뿐 현실적인 성과가 거의 없었다. 설상가상으로 북한과의 관계는 더욱 악화하고 있었다. 박근혜 정부 출범 초기인 2013년 4월 3일에 남북 합작으로 만든 개성공단에서 북측 노동자들이 철수하는 사태가 벌어졌고, 뒤이어 4월 26일에는 남측 관리자와 노동자들이 전원 철수했다. 이후 북한의 핵실험과 미사일 도발이 이어졌고, 급기야 2016년 2월 10일에는 개성공단이 폐쇄되고 개성공단 내의 자산이 동결되었다. 그러면서 남북관계는 급속도로 경색되었다.

박근혜는 통일대박론을 역설하며 평화통일과 교류 확대, 민족 동질성 회복 등을 강조했지만, 이것은 말뿐이었다. 실제론 북한을 압박해 흡수통일을 강행하겠다는 속내만 들키는 결과를 낳았다.

온 국민을 울린 세월호 참사

2014년 4월 16일, 인천에서 출발한 세월호가 목적지인 제주도로 가는 도중 전라남도 진도군 조도면 맹골도와 거차도 사이에서 침몰해 수많은 인명이 희생되는 대형 참사가 일어났다. 특히 희생된 인명의 상당수가 수학여행을 떠났던 어린 학생들이었기에 온 국민이 슬픔을 함께했다.

세월호가 인천에서 제주도를 향해 출발한 시간은 4월 15일 오후 9시였다. 원래 예정된 시간은 오후 6시 30분이었으나, 안개가 끼는 악천

후로 2시간 30분 동안 출발이 지연된 끝에 겨우 항해를 시작한 것이었다. 당시 세월호에는 승무원 29명을 비롯해 수학여행을 떠나는 단원고등학교 2학년 학생 325명, 교사 14명, 인솔자 1명, 일반 탑승객 74명, 화물차 기사 33명 등 총 476명이 타고 있었다.

인천항을 떠난 세월호는 4월 16일 오전 8시 49분에 전라남도 진도군 앞바다에서 거센 조류를 만나 침몰할 처지가 되었다. 그러자 긴급 구조 연락을 받고 해양경찰과 119구조대가 출동했고, 그들은 세월호 침몰 직전까지 172명을 구조했지만 나머지 304명은 구조하지 못했다. 이 304명 중 5명은 시신이나 유골조차 수습하지 못해 지금까지 실종 상태로 남아 있다.

세월호는 총배수량 6835톤에 전장 145미터, 선폭 22미터이고, 시속 39킬로미터의 속도로 425킬로미터를 운항할 수 있는 대형 여객선이었다. 여객 정원은 921명이고, 차량은 220대를 실을 수 있으며, 적재 한도는 3794톤이었다.

이렇듯 거대한 규모의 여객선이었던 세월호의 침몰 과정에 대해 의견이 분분했다. 검찰과 경찰은 침몰 원인을 5가지 정도로 분석해 발표했다.

첫째는 세월호의 총톤수 증가와 좌우 불균형 문제였다. 세월호는 원래 일본에서 1994년에 건조되어 운행되다가 18년이 지난 2012년에 청해진해운이 수입한 선박인데, 수입 직후 수리와 증축 과정을 거치면서 총톤수 239톤이 증가했고, 또 좌우 불균형 상태가 되어 사고 가능성이 커졌다는 것이다.

둘째는 화물 과적 문제였다. 세월호는 최대 화물 적재량이 1077톤이었는데, 참사 당일 세월호에는 2142톤의 화물이 적재된 상태였다. 이러한 과적 문제는 선박의 균형을 무너뜨리는 결정적 원인으로 작용했을 공산이 크다.

셋째는 선체 복원에 필요한 평형수를 제대로 채우지 않은 문제였다. 평형수는 화물이 적재된 상태에 맞춰 선박이 균형을 잡기 위해 선내의 탱크에 주입하는 물인데, 당시 세월호에 적재된 평형수는 무려 1308톤이나 부족한 상태였다. 이 때문에 세월호가 급류에 휩쓸려 기울어졌을 때, 선체를 복원하지 못했던 것이다.

넷째는 선박에 실린 차량과 컨테이너를 부실하게 고박한 문제였다. 선박에 실린 화물을 법령에 따라 제대로 고박하지 않은 까닭에 선체가 기울어졌을 때 제대로 복원할 수 없었던 것이다.

다섯째는 협수로 통과 과정에서 발생한 선장과 항해사, 조타수 등의 과실 문제였다. 당시 선장은 선실을 이탈한 상태였고, 항해사와 조타수는 과도하게 항로를 바꾸어 사고를 유발했다.

하지만 이 5가지 내용이 모두 과학적으로 증명된 것이라고는 볼 수 없어 더욱더 철저하고 과학적인 원인 규명 작업이 숙제로 남아 있다. 당시에는 이러한 침몰 원인에 더해 구조 당국이 한 사람도 구해내지 못한 일까지 진상을 규명해야 한다는 목소리가 컸다. 그래서 2014년 11월에 '4·16세월호참사 진상규명 및 안전사회 건설 등을 위한 특별법'이 제정되고, 이에 근거해 '4·16세월호참사 특별조사위원회'가 꾸려졌다. 특별조사위원회의 활동 기간은 18개월로 확정되었고, 그 위원은 상임위원 5명을 포함한 17명이었다.

그런데 특별조사위원회의 활동 종료 시점을 놓고 특별조사위원회와 정부 사이에 갈등이 빚어졌다. 정부는 특별법 시행일인 2015년 1월 1일부터 2016년 6월 30일까지라고 주장한 반면, 특별조사위원회는 실질적으로 활동할 수 있도록 예산이 배정된 2015년 8월 4일부터 2017년 2월 4일까지라고 주장했다. 하지만 정부의 주장대로 활동 기간이 제한되었고, 2016년 6월 30일 이후 3개월의 조사 보고서 작성 기간마저 끝남에 따라 2016년 9월 30일에 특별조사위원회의 활동은 강제 종료 되었다. 하지만 특별조사위원회 위원들과 조사관들은 이에 굴복하지 않고 별도의 사무실을 마련해 진상 규명 활동을 이어갔다.

그런 상황에서 세월호 인양 작업이 시작되었다. 인양 작업은 침몰 선박 인양 경험이 풍부한 중국의 국영기업인 상하이샐비지가 맡았다. 상하이샐비지는 2016년 3월에 작업에 본격적으로 착수해 2017년 4월에 완료했다. 덕분에 세월호 내부 수색이 진행될 수 있었다.

내부 수색은 6월 20일까지 진행되었는데, 그 과정에서 선실과 침몰 해역에서 4명의 유골이 추가로 수습되어 신원이 확인되었다. 하지만 마지막 5명의 유골은 끝내 수습하지 못했고, 유품으로만 합동추모식 을 거행했다.

세월호 참사는 이렇게 매듭지어졌지만, 그 과정에서 여러 가지 문제 점이 지적되고 의혹이 일었다. 일부 언론은 상황을 정확하게 확인하지 않고 전원이 구조되었다는 오보를 냈고, 해양경찰청은 신속한 구조 작업에 실패했으며, 청와대는 컨트롤 타워로서 제대로 대응하지 못했다는 비판에 직면했다.

이는 결과적으로 대통령 박근혜의 통솔력과 위기 대처 능력이 한계를 드러냈다는 비판으로 이어졌다. 심지어 참사 당일 박근혜의 행적이 묘연하다는 의혹까지 제기되었고, 이는 이른바 '사라진 7시간' 의혹을 낳기도 했다.

박근혜는 세월호 참사가 일어났던 2014년 4월 16일 당시 약 7시간 동안 행적이 묘연했는데, 《조선일보》는 칼럼을 통해 이를 해명하라고 요구했다. 또한 일본의 《산케이신문》 한국 지국장 가토 다쓰야는 박근혜가 정윤회를 만나고 있었다고 주장했다. 청와대는 가토를 명예훼손으로 고발했는데, 이후 도리어 소문이 더욱 확산하는 양상이 전개되었다. 그 때문에 박근혜의 정치적 입지는 중대한 타격을 입었다.

한편 세월호 참사와 관련해 문화·예술계에서 진상 규명을 요구하며 시국 선언을 하자, 박근혜 정부가 여기에 참여한 인사들에게 불이익을 주거나, 심지어 검열하기 위해 블랙리스트를 작성했다가 들통 나는 사태가 벌어지기도 했다. 박근혜 정부에서 블랙리스트에 이름을 올린 인사는 해당 시국 선언에 참여한 문화·예술인뿐 아니라, 야당 정치인인 문재인이나 박원순을 지지한 인사들도 포함되었다. 당시 블랙리스트에 오른 문화·예술계 인사의 수는 무려 9473명이나 되었다.

오락가락 대중 외교

박근혜는 취임 직후부터 중국과의 관계에 정성을 쏟았는데, 이는 중국이 한국의 최대 교역국이라는 경제 현실을 감안한 태도였다. 말하자면 박근혜는 실리적 차원에서 중국에 각별한 공을 들인 셈이다. 특히 중국 전승절 참관은 파격적인 행보로 평가되었다. 물론 2014년 7월 3일에 이뤄진 시진핑 주석의 방한에 대한 답방이라는 명분은 있었다.

전승절 참관 당시 박근혜는 메르스(MERS, 중동 호흡기 증후군) 유행 사태로 리더십에 상처를 입고 있었다. 2015년 5월 20일 한국에서 첫 환자가 발생한 이래 2달 만에 36명이 메르스로 사망하면서 박근혜 정부의 위기 대처 능력을 향한 의구심이 커지고 있었다(메르스 유행 사태가 종료된 2015년 12월 23일까지 메르스로 인한 누적 사망자 수는 38명이었다). 이런 상황에서 박근혜의 전승절 참관은 상처 입은 리더십을 회복할 호재로 여겨졌다. 사실 이전까지 박근혜는 외교 행보를 보일 때마다 지지율이 오르고 국내에 돌아오면 지지율이 떨어지곤 했는데, 이 때문에 대다수의 언론은 중국 방문이 지지율 상승을 견인할 것으로 예측했다.

그래서인지 박근혜는 전승절 참관에 적극적이었다. 그런데 거기에는 꺼림칙하게 여길 만한 부분도 있었다. 전승절 행사에 중국 공산당 군대의 열병식이 포함되어 있었기 때문이다. 중국 공산당 군대는 6·25 남북전쟁 때 북한군을 도와 남한을 공격한 적군이었다. 그런 까닭에 여러 논란이 있었지만, 박근혜는 과감하게 열병식을 관람했다.

그날이 2015년 9월 3일이었다. 중국은 2014년부터 9월 3일을 전승절로 삼아 기념하고 2015년부터는 법정 휴일로 지정했다. 1945년 9월 3일에 중국 국민혁명군의 허잉친 참모총장이 일본 지나파견군의 오카무라 야스지로 사령관에게 항복 문서를 받았기 때문이다. 특히 2015년은 중국이 '중국 인민 항일 전쟁 승리 및 세계 반파시즘 전쟁 승리 70주년'으로 지정한 해였다. 중국은 그해 전승절에 열병식을 포함한 여러 행사를 진행했는데, 박근혜가 이 자리에 참석한 것이다. 이를 두고 보수 일각에서는 6·25남북전쟁 당시 적국이었던 중국의 전승절에 한국의 대통령이 참가하는 것이 타당하냐며 강하게 반발하기도 했다.

이날 전승절을 참관한 국가들의 면면을 살펴보면, 이러한 반발은 당연한 일이었다. 시진핑 주석은 미국, 일본 등 50여 개국 정상에게 초청장을 보냈지만, 유럽 및 아시아에서는 과거 소련의 영향력 아래 있던 국가들 일부의 정상들만 참석했다. 아프리카에서는 중국의 영향력이 강한 남아프리카공화국, 수단, 에티오피아, 이집트, 콩고민주공화국 등의 정상이 참석했고, 남미에서는 베네수엘라의 정상만 참석했다. 미국을 비롯한 나머지 국가에서는 대부분 대사나 장관급 인사가 참석했고, 일본은 아예 아무도 보내지 않았다. 심지어 북한에서도 김정은 국방위원장 대신 노동당 비서 최룡해가 참석했다. 상황이 이렇다 보니, 6·25 남북전쟁 당시에 적대관계에 있었던 한국의 정상 박근혜의 참석은 파격적인 행보임이 분명했다. 실제로 미국의 동맹국 중에 국가 정상이 참석한 나라는 한국이 유일했다.

박근혜는 전승절에 참석하면서도 열병식 관람 여부를 놓고 고심했다. 단순히 전승절에 참석하는 것과 열병식을 관람하는 것은 의미가 달랐기 때문이다. 하지만 박근혜는 열병식도 관람했는데, 이에 대해 일부 언론은 미국이 반대하고 있다고 보도했다. 하지만 미국은 공식적으로 이를 부인하고 한국의 주권적 결정 사항이라고 밝혔다.

열병식에는 병력 1만 2000여 명, 40여 종의 군사 장비 500여 대, 20여 종의 항공기 200여 대가 동원되었다. 무기의 대부분은 중국산이었는데, 사거리가 1만 5000킬로미터에 달해 미국 전역을 타격할 수 있는 둥펑-5B 등 첨단 무기도 다수 등장했다. 그야말로 중국의 군사 굴기를 천명하는 동시에, 시진핑의 권력이 건재함을 드러내는 자리였다.

전승절은 경제와 군사 분야에서 중국과 가장 치열한 경쟁관계에 있던 미국으로서는 썩 기분 좋은 행사가 아니었다. 박근혜 또한 그 점을 모르지 않았다. 그런데도 박근혜가 이처럼 파격적인 행보를 보인 것은 실리 외교의 측면에서 중국과의 경제 문제를 무시할 수 없고, 여기에 통일대박론이 맞물려 있었기 때문으로 보인다. 현실적으로 경제적 의존도가 가장 높은 중국의 초청을 거절하는 일이 쉽지 않았을 것이고, 한편으로는 북한에 가장 큰 영향력을 행사할 수 있는 중국을 통해 북한을 압박함으로써 통일 행보를 가속화하겠다는 의도였을 것이다.

이렇듯 박근혜의 대중 외교는 처음에는 경제와 통일 문제에 바탕을 둔 실리주의적 경향을 보였다. 이 때문에 새누리당과 보수 언론은 물론이고, 민주당과 진보 언론까지 박근혜의 대중 외교를 지지했다.

하지만 박근혜 정부는 스스로 중국에 대한 실리외교를 저버리고 오락가락하는 행보를 보이는데, 그 요체는 한일군사정보보호협정인 지소미아(GSOMIA) 체결과 고고도 미사일 방어 체계인 사드(THAAD) 포대 설치였다. 박근혜 정부는 2016년 7월 8일에 사드 포대를 주한미군에 설치하기로 미국과 합의하고, 그해 11월 23일에는 전격적으로 지소미아에 합의했다.

이 두 사안은 중국을 크게 자극했다. 지소미아는 한·중·일 군사동맹 체제의 터 닦기 차원에서 이뤄진 일이었고, 사드는 한국이 미국의 미사일 방어 체계에 편입된다는 의미였다. 한·미·일 군사동맹의 목적은 물론 중국의 팽창을 막기 위함이었고, 사드 배치의 목적은 중국과 러시아의 탄도미사일을 감시하기 위함이었다. 그런 까닭에 중국과 러시아는 군사 대응까지 거론하며 강력하게 반발했다. 특히 중국은 한반도에 설치된 사드가 자신들의 대륙간탄도미사일(ICBM)을 감시하는 데 목적이 있다며 군사적·경제적 압박을 예고했다.

이로써 중국과 한국의 외교관계는 급격히 냉각되었다. 박근혜는 미국의 눈총을 받으면서 중국의 전승절과 그 열병식까지 관람하며 다져 놓은 대중 실리외교의 기반을 단번에, 그것도 스스로 무너뜨리는 실수를 하고 말았던 것이다. 그리고 이 실수는 대중 외교는 물론이고 향후 한국 경제에도 막대한 부담을 안기게 된다.

허울뿐인 창조경제와 역행하는 경제민주화

박근혜 정부는 외교에서만 갈팡질팡한 것이 아니라 경제에서도 비슷한 행보를 보였다. 박근혜 정부 경제정책의 핵심은 창조경제였다. '창조경제(creative economy)'라는 개념은 영국의 경영 전략가 존 호킨스가 주창한 것인데, 주로 지식과 정보를 이용하는 창조적인 경제활동을 지칭한다. 박근혜 정부는 이 개념을 빌려와, IT기술을 중심으로 첨단 과학기술을 산업 전반에 적용해 새로운 일자리를 창출함으로써 국가 경제를 발전시킨다는 경제 전략을 세웠다. 창조경제에 대해 박근혜는 대통령 취임사에 이렇게 말했다.

"창조경제는 과학기술과 산업이 융합하고, 문화와 산업이 융합하고, 산업 간의 벽을 허문 경계선에 창조의 꽃을 피우는 것입니다. 기존의 시장을 단순히 확대하는 방식에서 벗어나 융합의 터전 위에 새로운 시장, 새로운 일자리를 만드는 것입니다. 창조경제의 중심에는 제가 핵심적인 가치를 두고 있는 과학기술과 IT산업이 있습니다."

하지만 박근혜의 이러한 구상은 매우 모호한 구석이 있었다. 구체성이 부족한 데다가, 과학기술과 IT산업 두 분야만 강조한 까닭에 전체적인 경제 비전이 그려지지 않았던 것이다. 게다가 박근혜는 어디를 가든 창조경제란 말을 수시로 언급했다. 그러면서도 정책 목표나 구체적인 실행 계획은 제시하지 못했다.

박근혜는 창조경제를 실현하겠다는 의지로 미래창조과학부를 신설했다. 미래창조과학부는 곧 과학기술과 IT기술을 모든 산업에 적용해 새로운 경지의 경제성장을 도모하겠다는 박근혜 정부의 원대한 포부를 상징했다. 하지만 국가과학기술위원회를 개편해 만든 이 부서는 명칭과 다르게 미래를 창조하는 과학기술 발전에 큰 도움을 주지 못했다. 이름만 거창할 뿐, 별다른 성과를 내지 못했던 것이다.

창조경제와 함께 박근혜 정부가 강조한 또 하나의 개념은 경제민주화였다. 경제민주화는 현재 대한민국 헌법 제119조 2항에 들어 있는 개념이다. 경제민주화란 용어를 헌법에 넣는 데 주도적인 역할을 한 인물은 독일 유학파 출신으로 노태우 정부의 경제정책을 주도했던 김종인이었다.

경제민주화의 궁극적인 목표는 노동자의 완전한 고용과 완전한 사회보장제도가 마련된 복지사회다. 즉 경제민주화의 핵심은 고용 안정과 복지 확충이다. 실제로 박근혜는 대통령 후보 시절부터 고용 안정과 복지 확충을 강조하는 공약을 많이 내걸었지만, 취임 직후 공약을 실행하는 과정에서 공약의 내용이 크게 후퇴했다. 이로써 '먹튀 공약'이라는 말을 듣기까지 했다.

시간이 흐를수록 박근혜 정부의 경제정책은 경제민주화라는 말을 무색하게 했다. 금산 분리 및 신규 순환출자 금지 등의 정책을 통해 재벌 규제를 강화하겠다던 약속은 사라졌고, 친재벌 위주의 경제정책은 그대로 유지되었다. 거기에다 경제민주화의 중심이어야 할 노동자는 늘 찬밥 신세였고, 이로써 1인당 노동시간이 OECD 회원국 중 최상위를 기록했다. 설상가상으로 실업률도 악화하고 있었다. 특히 청년 실업률은 계속해서 최고치를 갈아치웠다.

박근혜 정부의 경제민주화 정책이 본격적으로 후퇴하기 시작한 것은 '초이노믹스' 이후였다. 초이노믹스는 현오석에 이어 박근혜 정부의 두 번째 경제부총리가 된 최경환의 경제정책을 가리킨다. 초이노믹스는 2014년 7월 17일에 공식 출범했는데, 당시 불황에 빠져 있던 시장 상황을 해결하고자 내수 활성화, 민생 안정, 경제 혁신 등을 주요 정책 방향으로 정했다. 이때 민생 안정과 경제 혁신은 내수 활성화 없이는 불가능했으므로, 자연스레 내수 활성화에 초점이 맞춰질 수밖에 없었다.

최경환이 내건 내수 활성화의 핵심은 부동산과 증시였다. 이를 위해 시장에 돈을 풀어야 한다는 것이 초이노믹스의 핵심이었다. 즉 부동산을 담보로 쉽게 돈을 빌릴 수 있게 하고, 금리를 내려 시장에 돈이 돌게 하겠다는 것이었다. 돈이 돌면 자연스럽게 소비가 진작되고, 소비가 진작되면 불황을 벗어날 수 있다는 계산이었다. 이를 위해 부동산 대출을 쉽게 받을 수 있도록 규제를 대폭 완화했다. 그리고 증시에 대한 투자를 활성화하기 위해 기업에 당근과 채찍을 동시에 제시했다. 기업의 배당 확대를 유도해 주식 투자를 촉진한 것이 당근이라면, 기업이 가진 돈, 즉 사내 유보금에 대한 세금을 강화한 것은 채찍이었다. 기업이 사내 유보금으로 인한 세금 부담을 줄이기 위해 증시 투자를 강화하면, 증시가 자연스럽게 부양될 것이라는 논리였다. 이러한 기대를 바탕으로 박근혜 정부는 코스피 지수 3000포인트 달성을 공언했다.

하지만 초이노믹스의 부동산정책과 증시 부양책은 모두 실패했다. 주택시장은 오히려 냉각되었고, 코스피 지수는 3000포인트는커녕 2000포인트선도 무너졌다. 두 차례에 걸쳐 강력하게 추진한 부동산정책이나 증시 부양책이 아무런 효과가 없었다는 것이 증명된 셈이었다.

박근혜 정부는 초이노믹스에 따라 한국전력, 한국가스공사 등 에너지 공기업을 민영화하겠다고 발표했다. 이 또한 경제민주화와 정면으로 배치되는 정책이었다. 에너지 공기업이 민영화되면 당연히 에너지 가격이 오르게 될 테고, 이는 결과적으로 국민의 부담을 높일 것이기 때문이다.

박근혜 정부의 경제정책이 경제민주화에서 선회한 것은 무엇보다도 '474'로 대표되는 목표에 집착했기 때문이다. 474란 경제성장률 4%, 고용률 70%, 1인당 국민소득 4만 달러를 의미한다. 하지만 경제성장률은 3%에 머물렀고, 1인당 국민소득은 3만 달러도 넘지 못했다. 그나마 고용률은 60%를 방어한 덕에 최악은 면했다는 평가를 받았다.

사라진 선거의 여왕, 돌아선 국민

대통령이 되기 전까지 박근혜는 선거에 나서기만 하면 승리를 일궈내는 '선거의 여왕'으로 불렸다. 그러나 정작 박근혜가 대통령이 된 뒤에 여당인 새누리당은 선거에서 그 후광을 누리지 못했다.

박근혜 정부가 처음 치른 선거는 2014년 6월 4일에 실시된 6회 지방선거였다. 세월호 참사가 발생한 지 불과 2달도 되지 않은 시점에 실시된 이 선거에서 가장 중요한 쟁점은 역시 안전이었다. 국민은 이 문제에 민감하게 반응했고, 투표 참여율도 역대 두 번째로 높은 56.8%를 기록했다. 지역별로는 제1야당인 새정치민주연합의 영향력이 가장 큰 전라남도가 65.6%로 가장 높았고, 새누리당의 영향력이 가장 큰 대구는 52.3%로 가장 낮았다.

선거 결과, 지방선거의 바로미터로 여겨지는 광역단체장의 경우 새누리당은 부산, 울산, 경상남도, 대구, 경상북도 등 영남 지역의 5개 의석과 제주도, 경기도, 인천 등의 8개 의석을 차지했고, 새정치민주연합은 광주, 전라남도, 전라북도 등 호남 지역의 3개 의석과 서울, 강원도, 대전, 세종, 충청남도, 충청북도 등의 9개 의석을 차지했다. 새정치민주연합이 새누리당을 9 대 8로 이긴 것이다. 기초단체장의 경우 전체 226개 의석 가운데 새누리당이 117개 의석, 새정치민주연합이 80개 의석, 무소속이 29개 의석을 차지해 새누리당이 승리했다.

하지만 새누리당은 정치의 중심지인 서울의 기초단체장 25개 의석 중에 5개 의석만 겨우 차지하고 나머지 20개 의석은 전부 야당에게 내주는 참패를 당했다. 또한 지방선거와 동시에 치러진 교육감 선거에서 보수 성향 교육감은 4곳에서만 당선된 반면에, 진보 성향 교육감은 13곳에서 당선되면서 새누리당은 뼈아픈 패배를 맛봐야 했다. 물론 새정치민주연합도 뼈아픈 부분이 있기는 매한가지였다. 민주당 시절부터 강력한 지지 기반이었던 호남에서 기초단체장 의석의 상당수를 보수 성향의 무소속 출마자에게 내줬기 때문이다.

이렇듯 2014년 6월의 지방선거는 여야가 비겼다고 평가받지만, 선거의 여왕으로 불리던 박근혜에게는 패배나 다름없는 결과였다. 그런데

이는 끝이 아니었다. 새누리당이 2016년 4월 13일에 실시된 20대 총선에서 참패해 야당인 더불어민주당에 제1당을 내주었던 것이다. 총의석수 300석 중에 여당인 새누리당은 과반에 한참 못 미치는 122석에 그쳤고, 더불어민주당은 123석, 국민의당은 38석, 정의당은 6석, 무소속 11석으로 여소야대 정국이 형성되었다. 더구나 총선 이전에 제1야당이었던 새정치민주연합은 더불어민주당과 국민의당으로 쪼개진 상황이었다. 그런데도 새누리당은 제1당의 자리를 내주는 참패를 당했던 것이다.

총선 이전 여론조사 때만 해도 야당의 분열로 새누리당이 적어도 130석에서 150석을 확보해 제1당을 확보할 것으로 예상되었다. 심지어 몇몇 여론조사는 과반은 당연하고 180석까지 예상했다. 청와대도 무난히 140석은 확보할 것으로 내다봤다. 하지만 불과 122석밖에 얻지 못하는 참패를 당하자, 새누리당과 청와대는 당혹감을 감추지 못했다.

새누리당의 참패 원인은 2가지였다. 하나는 박근혜의 리더십 부족과 불통 이미지였고, 다음으로는 새누리당 내부의 권력 다툼이었다. 김무성 새누리당 대표와 박근혜 친위대로 불린 친박계의 공천 싸움이 도를 넘었던 것이다.

최순실 게이트와 탄핵당하는 박근혜

국민의 심판은 선거로만 끝나지 않았다. 박근혜 정부 초부터 소문만 무성했던 국정 농단 세력의 실체가 드러나면서 박근혜는 사상 초유의 대통령 탄핵 사태의 주인공이 되었다.

대통령 탄핵의 시발점은 그동안 보수정권의 보루로 여겨졌던 보수 언론이었다. 그것도 보수 언론의 대명사로 불린 《조선일보》가 선두에 섰다. 대통령이 된 뒤 박근혜는 언론의 비판이나 객관적인 쓴소리를 멀리한 탓에 불통 이미지가 강했는데, 진보와 보수를 가리지 않고 언론은 이를 강하게 비판했다. 그러자 박근혜는 진보 언론은 물론이고 보수 언론에 대해서도 매우 고압적인 태도를 보였다. 심지어 보수 언론의 사설에 청와대가 다소 신경질적인 반응을 보이며 상호 간에 갈등 양상까지 불거졌는데, 이것이 화근이 된 셈이었다.

대통령 탄핵을 향한 첫발을 뗀 곳은 2016년 7월 26일에 미르재단과 K스포츠재단 문제를 보도한 TV조선이었다. 그 핵심 내용은 이들 재단의 설립 자금을 모금하는 과정에 청와대가 깊숙이 관여했다는 것이었다. TV조선은 일주일 뒤인 8월 2일에 다시 한번 이 문제를 집중적으로 보도했다. 하지만 이후 TV조선은 후속 보도를 자제했다.

그런데 9월 23일에 SBS가 이 문제를 또다시 꼬집었다. SBS는 미르재단의 설립을 위해 삼성, 현대, SK, LG, 포스코 등 5대 기업과 기타 30개 기업이 486억 원의 기부금을 냈다고 보도했다.

미르재단은 한국의 전통문화를 발전시키고 문화·예술계 인재를 육성하기 위한 목적으로 설립된 문화 전문 재단이었다. 그런데 이 재단의 설립에 청와대가 깊숙이 개입한 정황이 드러난 것이다. 그리고 미르재단과 함께 논란이 되었던 K스포츠재단도 삼성과 박근혜 정부가 유착한 결과물이라는 의혹이 일었다.

미르재단 및 K스포츠재단을 둘러싼 논란과 함께 또 다른 문제가 불거졌다. 이화여자대학교가 2016년 3월에 '대학 인문역량 강화사업과 산업연계교육 활성화 선도대학 사업 대상 학교'로 선정되고, 같은 해 7월에는 '평생교육 단과대학 지원사업 대상 학교'로 선정되었는데, 이를 두고 대학교 경영진과 학생들 사이에 갈등이 벌어졌다. 해당 사업에 선정됨에 따라 이화여자대학교는 직장인을 대상으로 한 단과대학인 미래라이프대학을 설립해야 했는데, 이 소식을 접한 학생들은 미래라이프대학이 교육의 질을 떨어뜨릴 뿐 아니라 '학위 장사'에 불과하다며 강력하게 반대했다.

이화여자대학교 학생들은 7월 28일부터 해당 사업의 백지화를 요구하며 점거 농성을 시작했다. 그리고 8월 3일, 최경희 이화여자대학교 총장은 사업 철회 방침을 밝혔다. 학생들은 이를 환영하는 한편, 최경희 총장의 퇴진을 요구했다. 여기에는 학생들뿐 아니라 동문회와 일부 교수도 동참했다.

하지만 최경희가 퇴진하지 않자, 9월에 학생들은 국회와 정부에 1939건에 달하는 방대한 양의 민원을 제기하며 재정감사를 요구했다. 이에 따라 국정감사가 이뤄졌는데, 그 과정에서 이화여자대학교 학생인 정유라에 대한 입학 비리 의혹이 불거졌다. 이화여자대학교에 대한 각종 지원사업이 정유라의 입학과 연관되어 있다는 의혹이 제기된 것이다.

정유라는 정윤회와 최순실의 딸이다. 또한 최순실은 한때 박근혜의 후견인으로 알려진 최태민의 딸이다. 최태민은 1975년경부터 박근혜와 두터운 친분을 형성하고 있었는데, 이 무렵에는 이미 사망하고 없었다. 대신 그의 딸 최순실이 박근혜의 최측근이 되어 있었다. (최순실의 초명은 최필녀이고, 1979년에 최순실로 개명했다가 2014년 2월 13일에 최서원으로 개명했다. 사건 당시 이름은 최서원이었으나, 최순실로 더 유명했다.)

이렇듯 정유라의 입학 비리 의혹이 제기되는 가운데, 9월 20일에 《한겨레신문》이 미르재단과 K스포츠재단의 핵심 인물로 최순실을 지목했다. 최순실이 두 재단에 관여해왔다고 보도한 것이다. 10월에는 《경향신문》이 최순실이 독일과 한국에 비밀 회사를 소유하고 있다고 보도했다. 독일에 세운 비밀 회사의 이름은 비덱스포츠, 한국에 세운 비밀 회사의 이름은 더블루K라며 구체적인 사명까지 거론했다.

최순실에 대한 의혹은 여기에서 끝나지 않았다. 《경향신문》이 비밀 회사의 존재를 보도한 바로 그날, JTBC가 최순실의 측근으로 알려진 고영태라는 인물을 취재해 최순실이 평소 대통령의 연설문을 손보기도 했음을 확인했다고 보도했다. 이 보도가 있기 전만 해도 언론이 제기한 의혹은 최순실이 박근혜와의 관계를 이용해 사적인 이득을 취하고 딸을 이화여자대학교에 부정 입학시켰다는 정도였다. 그런데 JTBC의 보도를 기점으로 최순실이 국정에 깊이 관여했다는 것이 수면 위로 드러나면서 여론은 급격히 들끓기 시작했다.

이렇게 되자 청와대는 이원종 비서실장을 통해 최순실의 대통령 연설문 수정 의혹은 사실이 아니라고 강하게 부인했다. 하지만 JTBC는 후속 보도에서 최순실이 버린 태블릿을 입수해 분석한 결과 44개의 대통령 연설문이 공식적으로 공개되기 전에 최순실에게 전달되었다고 밝혔다. 이 보도 후 최순실의 대통령 연설문 수정 의혹을 강하게 부인했던 이원종 비서실장과 수석비서관 전원이 사직하는 사태가 벌어졌다.

이렇듯 대통령 연설문의 대리 수정 문제가 일파만파로 확대되자, 최순실은 JTBC가 공개한 태블릿이 본인 소유가 아니라고 주장했지만, 이미 여론은 분노로 들끓고 있었다. 심지어 대통령 탄핵과 하야까지 거론되기 시작했다.

2016년 10월 29일부터 전국 각지에서 퇴진 시위가 본격화되었고, 11월 12일에는 '박근혜정권퇴진 비상국민행동' 주최로 서울광장에서 집회가 열려 100만 명 이상의 시민이 운집했다. 이후에도 곳곳에서 민중총궐기 집회가 열렸다. 박근혜의 탄핵과 하야 여론은 계속해서 높아졌고, 박근혜에 대한 지지율은 5%대로 곤두박질쳤다.

여론이 악화하는 가운데 최순실은 검찰에 출두해 조사받았고, 결국 검찰은 최순실을 기소했다. 이때 검찰은 기소장에 최순실과 함께 박근혜도 공범으로 명시했다. 이렇게 되자 대통령 탄핵이 공론화되었다. 공소장에 최순실과 공범으로 거론된 만큼 대통령 탄핵 사유가 된다는 것이 헌법학자들의 중론이었다. 이에 따라 2016년 12월 3일에 171명의 의원이 국회에 대통령 탄핵소추안을 제출했고, 표결 끝에 가결되었다. 재적 의원 300명 중 299명이 참여해 찬성 234표, 반대 56표, 무효 7표, 기권 2표를 던졌다. 야당 의원뿐 아니라 여당 의원 상당수도 박근혜 탄핵에 가담했던 것이다.

이후 대통령 탄핵에 대한 최종 판단은 헌법재판소에 맡겨졌고, 박근혜의 대통령 직무는 정지되었다. 헌법재판소의 심판 결과가 나올 때까지 대통령 직무는 황교안 국무총리가 대신했다.

2017년 3월 10일에 헌법재판소는 대통령 탄핵을 인용했다. 헌법재판관 9명 중에 심판 중 임기가 종료된 박한철 전 헌법재판소장을 제외한 8명 전원이 탄핵 인용 의견을 낸 결과였다. 이로써 박근혜는 헌정사상 최초로 탄핵된 대통령이라는 오명을 안게 되었다. 아무런 자격도 없는 사적인 인물을 국정에 끌어들여 국민을 농단한 책임을 진 것이다.

헌법재판소는 탄핵 결정문을 통해 박근혜 대통령의 탄핵 사유를 다음과 같이 적시했다. 대통령 파면 선고의 핵심은 자격 없는 사인(私人)에 의한 국정 농단과 대통령의 동조임이 밝혀져 있다.

대통령은 헌법과 법률에 따라 권한을 행사해야 함은 물론, 공무 수행은 투명하게 공개해 국민에게 평가받아야 한다. 그런데 피청구인은 최서원(최순실)의 국정 개입 사실을 철저히 숨겼고, 그에 관한 의혹이 제기될 때마다 이를 부인하며 오히려 의혹 제기를 비난했다.

이로 인해 국회 등 헌법기관에 의한 견제나 언론에 의한 감시 장치가 제대로 작동될 수 없었다. 또한 피청구인은 미르와 K스포츠 설립, 플레이그라운드와 더블루K 및 KD코퍼레이션 지원 등과 같은 최서원의 사익 추구에 관여하고 지원했다.

피청구인의 헌법과 법률 위배 행위는 재임 기간 전반에 걸쳐 지속적으로 이뤄졌고, 국회와 언론의 지적에도 불구, 오히려 사실을 은폐하고 관련자들을 단속해왔다. 그 결과 피청구인의 지시에 따른 안종범, 김종, 정호성 등이 부패 범죄 혐의로 구속·기소되는 중대한 사태에 이르렀다.

이러한 피청구인의 위헌·위법 행위는 대의민주제 원리와 법치주의 정신을 훼손한 것이다. 한편, 피청구인은 대국민담화에서 진상 규명에 최대한 협조하겠다고 했으나 정작 검찰과 특검의 조사에 응하지 않았고 청와대에 대한 압수수색도 거부했다. 이 사건의 소추와 관련한 피청구인의 일련의 언행을 보면 법 위배 행위가 반복되지 않도록 해야 할 헌법 수호 의지가 드러나지 않는다. 결국 피청구인의 위헌·위법 행위는 국민의 신임을 배반한 것으로, 헌법 수호의 관점에서 용납될 수 없는 중대한 법 위배 행위라고 봐야 한다.

피청구인의 법 위배 행위가 헌법 질서에 미치는 부정적 영향과 파급 효과가 중대하므로 피청구인을 파면함으로써 얻는 헌법 수호의 이익이 압도적으로 크다고 할 것이다.

재판관 전원 일치의 의견으로 주문 선고한다. 피청구인 대통령 박근혜를 파면한다.

사실, 자격 없는 사인에 의한 국정 농단 의혹은 앞서 2014년 말에 불거진 '정윤회 문건 유출 사건' 때부터 제기되었다. 정윤회는 정유라의 아버지이자 최순실의 전남편으로, 2014년 4월 세월호 참사 당시에 대통령의 '사라진 7시간' 의혹과 관련해 거론된 인물이었다. 공식 지위가 전혀 없는 그가 이른바 '비선 실세'로서 박근혜 정부의 국정에 개입하고 있다는 의혹이 담긴 청와대 문건을 《세계일보》가 입수하게 되었

·다. 그러자 검찰은 문건 유출을 이유로 박관천 전 청와대 공직기강비서관실 행정관을 구속·기소하고, 조응천 청와대 공직기강비서관을 불구속·기소했다.

해당 문건은 박관천이 만들었는데, 이후 유출되어 《세계일보》가 보도했다. 《세계일보》는 2014년 11월 28일에 정윤회가 이재만, 정호성, 안봉근 등 속칭 문고리 3인방으로 불린 대통령의 측근들을 비롯해 청와대 내외의 인사 10명과 청와대 및 정부 동향을 논의했다며, 정윤회가 국정에 개입한 것은 사실이라고 보도했다.

이 보도의 여파로 조응천과 박관천은 2015년 1월에 기소되었고, 《세계일보》 사장은 교체되었다. 그리고 이후 1년 6개월 뒤에 최순실 게이트가 불거졌고, 비선 실세인 최순실이 국정에 깊숙이 개입한 사실이 드러나면서 현직 대통령이 탄핵되는 사상 초유의 사태가 벌어졌던 것이다.

꼭두각시놀음으로 허망하게 끝나버린 박근혜 시대

박근혜 시대는 그야말로 화려한 수사만 난무하고 특별한 성과는 거두지 못한 허망한 시기라고 할 수 있다. '국민의 행복과 희망의 새 시대'를 슬로건으로 내걸고 거창하게 출범했으나, 국민은 세월호의 침몰과 함께 행복과 희망은커녕 불안의 바닷속에서 몸을 떨어야 했고, 새 시대는 고사하고 구태와 꼭두각시놀음에 시달리며 분노의 시간을 보내야 했다.

정치는 대통령의 권력을 등에 업은 측근들과 자격 없는 사인들의 호가호위에 휘둘려 국정 농단과 온갖 게이트로 얼룩지고 말았고, 경제는 이름만 화려한 창조경제란 미명하에 뚜렷한 성과 하나 제대로 내지 못했으며, 외교는 주요 상대국인 북한, 미국, 일본, 중국 4국을 향해 모두 오락가락하는 행보만 일삼다가 실리는 고사하고 경제와 정치에 부담만 잔뜩 안겨놓았다. 거기에다 사회적·문화적으로는 세월호 참사, 메르스 유행 사태, 블랙리스트 작성 등으로 불안과 분노, 불신만 가중하다가 기어코 초유의 대통령 탄핵 사태를 일으킴으로써 온 국민이 허망함과 배신감에 치를 떨어야 했다.

3 박근혜 시대의 주요 사건

이석기사건과 통진당 해산

2014년 12월 19일, 헌법재판소는 통진당 해산을 결정하는 선고를 내렸다. 이는 2013년 11월 5일 대한민국 정부가 헌법재판소에 통진당에 대한 정당해산심판을 청구한 데 따른 결과였다.

헌법재판소가 이런 결정을 내린 것은 통진당이 이른바 주사파로 불리는 자주파에 장악된 탓에 당의 강령과 '진보적 민주주의' 등의 주장이 북한의 주장을 추종하고 있다는 데 근거했다. 또한 통진당의 활동과 목적이 대한민국의 민주적 기본 질서를 위배했을 뿐 아니라, 자유민주주의 체제를 전복하고 최종적으로 북한식 사회주의를 실현하려 했다고 판시했다.

헌법재판소는 통진당 소속 국회의원들의 자격 상실도 결정했다. 그것이 정당 해산 선고의 자동적 효력이라고 보았기 때문이다. 당시 통진당에 소속된 국회의원은 이석기, 김재연, 김미희, 이상규, 오병윤 등 5명이었다. 이들 5명 중 이석기는 내란음모죄로 구속되어 2심에서 징역 9년을 선고받은 상태였다.

통진당 해산 선고는 '이석기 내란음모·선동사건'과 불가분의 관계에 있었다. 이 사건은 통진당 국회의원이었던 이석기가 경기도당 모임에서 "한반도 전쟁에 대비해 국가 기반 시설을 파괴하기 위한 준비를 하자"라고 발언했다는 국정원의 발표를 통해 알려졌다. 국정원은 이석기가 이른바 RO로 불리는 혁명 조직을 이끌고 있고, 이 조직을 통해 대한민국 체제 전복을 도모했다고 발표하며, 이를 근거로 내란음모와 선동 및 국가보안법 위반 등의 혐의로 검찰에 송치했다.

국정원은 2010년부터 이미 이석기와 그 주변 인물들에 대해 내사를 벌여왔다. 내사의 주된 목적은 그들의 내란 예비 음모, 국가보안법상 찬양이나 고무 혐의를 확인하기 위해서였다. 그리고 2013년 8월 28일에 전격적으로 이석기의 국회의원 사무실을 비롯한 18곳을 압수수색했고, 홍순석 통진당 경기도당 부위원장, 이상호 경기진보연대 고문, 한동근 통진당 수원시 위원장 등 3명을 체포했다. 이후 수원지방법원이 구속영장을 발부함에 따라 이들 세 사람은 구속되었다.

이에 대해 통진당은 강력하게 반발했다. 통진당은 2013년 8월 31일에 국정원 내곡동 청사 앞에서 '국정원 내란음모 조작·공안탄압 규탄대회'라는 이름으로 항의 집회를 열었다. 집회에는 이정희 통진당 대표를 비롯해 당사자인 이석기 의원 등 2000여 명이 참석해 이 사건을 '날조된 모략극'이라고 규탄했다.

하지만 수원지방검찰청은 국회에 이석기 의원 체포동의 요구서를 전달했고, 9월 4일에 체포동의안이 국회를 통과함에 따라 이석기 또한 구속되었다. 이후 검찰은 이들을 기소했고, 이후에도 조양원 사회동향연구소 대표, 김홍열 통진당 경기도당 위원장, 김근래 통진당 경기도당 부위원장 등 3명을 추가 구속·기소했다.

이렇게 되자 일부 언론은 이들이 밀입북하거나 북한 공작원과 해외에서 접촉, 또는 통화하거나 이메일을 주고받았다는 등의 내용을 보도했다. 하지만 정작 공소장에는 이런 내용이 전혀 없었다. 검찰 또한 해당 내용을 부정했다. 하지만 일부 언론은 연일 북한과의 연계설을 보도하며 이들을 궁지로 몰았다.

그런 가운데 이들 7명에 대한 재판은 급속도로 진행되었다. 2014년 1월 24일에 첫 재판이 열렸고, 세 차례에 걸친 피고인 신문이 진행된 끝에 2월 3일 검찰은 이석기에게 징역 20년, 자격정지 10년을 구형하고, 나머지 피고인들에게는 징역 10년에서 15년에 이르는 중형을 구형했다.

이후 1심 재판부는 이석기에게 징역 12년, 자격정지 10년을 선고했고, 나머지 피고인 6명에게도 징역 4년에서 7년을 선고했다. 이에 이석기 등은 모두 항소했다. 이에 따라 8월 11일에 2심 재판부는 내란음모 혐의는 무죄로 판단하고 내란 선동과 국가보안법 위반 혐의만 유죄로 인정해 이석기에게는 징역 9년과 자격정지 7년을 선고하고 나머지 피고인들에게는 징역 2년에서 5년을 선고했다. 또한 대법원은 2015년 1월 22일에 고등법원의 2심 판결을 확정했다.

통진당의 해산 결정은 이 재판과 무관하지 않았다. 헌법재판소는 이석기 등의 2심 재판 결과가 나온 2014년 8월에서 4개월 뒤인 12월 19일에 통진당 해산을 결정했다. 통진당 측은 오류 등을 이유로 재심 신청을 냈지만, 2016년 5월 26일에 각하되었다.

한편 국제사면위원회는 이 사건과 관련된 수감자들을 모두 양심수로 규정함으로써 이석기사건과 통진당 해산 결정에 문제가 있음을 시사했다. 특히 통진당 해산의 경우 정계와 사회의 반응도 양분되었다.

박근혜 대통령은 윤두현 청와대 홍보수석을 통해 "헌법재판소의 통진당 해산 결정은 자유민주주의 체제를 지킨 역사적 결정"이라고 평가했고, 집권당인 새누리당의 김무성 대표는 "폭력으로 대한민국을 전복하려는 망상에서 벗어나야 하며, 이렇게 나쁜 정당은 다시 있어서는 안 된다"라고 했다.

그러나 야당인 새정치민주연합은 헌법재판소의 결정은 무겁게 받아들이지만, 정당 활동의 자유가 훼손된 것을 우려한다는 입장을 밝혔다. 정의당을 비롯한 진보 세력은 '민주주의의 다양성을 인정하지 못한 판결'이라며 강하게 비판했다.

사실 국민을 가장 놀라게 한 것은 이석기가 이끌고 있다는 지하 혁명 조직인 RO가 통진당을 장악하고 이를 기반으로 국가 전복을 획책하고 있다는 내용이었다. 심지어 일부 보수 언론은 RO 조직원들의 가입 선서를 기사로 내보내기도 했고, 이석기의 경호팀이 전쟁 상황을 가정해 8시간 혹한기 훈련을 했다고 보도하기도 했다. 심지어 RO 조직원 60여 명이 백두산의 김일성 유적지를 방문했다는 보도도 나왔다. 하지만 이에 대한 증거는 하나도 제출되지 못했다. 그야말로 대부분 허위, 또는 과장된 말뿐이었던 것이다.

검찰의 공소장 내용의 절반을 차지한 것도 RO였고, 직접적으로 RO를 명시하지는 않았지만 헌법재판소 또한 통진당 해산 결정문에 암암리에 RO를 연상시키는 문구들을 넣어 통진당 해산의 정당성을 역설했다. 심지어 헌법재판소는 이석기사건에 대한 대법원의 선고가 나기도 전에 해산 결정문을 내놓았다. 그만큼 RO는 이석기사건이나 통진당 해산 결정의 핵심 사항이었다. 하지만 정작 이석기 등 7인에게 유죄선고를 내린 법원의 판단은 달랐다. 대법원은 최종적으로 RO의 존재를 인정하지 않았다. 검찰이 나름대로 여러 증거를 제출했지만, 대법원은 검찰이 제출한 증거는 모두 정황증거일 뿐 RO의 존재를 입증할 직접증거로 사용할 수 없다고 보았다.

이런 사실에 비춰볼 때, 이른바 '이석기 내란음모·선동사건'은 국정원과 검찰, 언론 등이 과장하고 왜곡한 것을 국민이 곧이곧대로 받아들인 측면이 다분했다. 또한 헌법재판소의 통진당 해산 판결은 밀접하게 관련된 이석기사건에 대한 대법원의 선고가 나기도 전에 내린 성급한 결정이었는데, 이는 당시의 왜곡된 여론에 편승했다는 비판을 자초한 일이었다.

굴욕적인 위안부 합의

2015년 12월 28일, 박근혜 정부는 일본과 이른바 '일본군 위안부 피해자 문제 관련 합의'를 타결했다. 이날 한국의 윤병세 외교부 장관과 일본의 기시다 후미오 외무상은 공동 기자회견을 열어 위안부 피해자 문제의 '최종적·불가역적 해결'을 선언했다.

합의 내용의 핵심은 일본 정부의 책임 인정과 아베 신조 총리의 사죄, 한국 정부 주관으로 위안부 피해자 재단 설립 및 일본 정부의 예산 투입, 주한일본대사관 앞에 설치된 '평화의 소녀상'의 적절한 해결 등 3가지 사안이었다. 기자회견 전문은 다음과 같다.

1. 일본 측 표명 사항

   일한 간 위안부 문제에 대해서는 지금까지 양국 국장급 협의 등을 통해 집중적으로 협의해왔음. 그 결과에 기초하여 일본 정부로서 이하를 표명함.

   ① 위안부 문제는 당시 군의 관여하에 다수의 여성의 명예와 존엄에 깊은 상처를 입힌 문제로서, 이러한 관점에서 일본 정부는 책임 통감함. 아베 내각 총리대신은 일본국 내각 총리대신으로서 다시 한번 위안부로서 많은 고통을 겪고 심신에 걸쳐 치유하기 어려운 상처를 입은 모든 분들에 대해 마음으로부터 사죄와 반성의 마음을 표명함.

② 일본 정부는 지금까지도 본 문제에 진지하게 임해왔으며, 그러한 경험에 기초하여 이번에 일본 정부의 예산에 의해 모든 전(前) 위안부분들의 마음의 상처를 치유하는 조치를 강구함. 구체적으로는, 한국 정부가 전(前) 위안부분들의 지원을 목적으로 하는 재단을 설립하고, 이에 일본 정부 예산으로 자금을 일괄 거출하고, 일한 양국 정부가 협력하여 모든 전(前) 위안부분들의 명예와 존엄의 회복 및 마음의 상처 치유를 위한 사업을 행하기로 함.

③ 일본 정부는 상기를 표명함과 함께, 상기 ②의 조치를 착실히 실시한다는 것을 전제로, 이번 발표를 통해 동 문제가 최종적 및 불가역적으로 해결될 것임을 확인함. 또한, 일본 정부는 한국 정부와 함께 향후 UN 등 국제사회에서 동 문제에 대해 상호 비난·비판하는 것을 자제함.

2. 한국 측 표명 사항

한일 간 일본군 위안부 피해자 문제에 대해서는 지금까지 양국 국장급 협의 등을 통해 집중적으로 협의를 해왔음. 그 결과에 기초하여 한국 정부로서 이하를 표명함.

① 한국 정부는 일본 정부의 표명과 이번 발표에 이르기까지의 조치를 평가하고, 일본 정부가 상기 1의 ②에서 표명한 조치를 착실히 실시한다는 것을 전제로 이번 발표를 통해 일본 정부와 함께 이 문제가 최종적 및 불가역적으로 해결될 것임을 확인함. 한국 정부는 일본 정부가 실시하는 조치에 협력함.

② 한국 정부는 일본 정부가 주한일본대사관 앞의 소녀상에 대해 공관의 안녕·위엄의 유지라는 관점에서 우려하고 있는 점을 인지하고, 한국 정부로서도 가능한 대응 방향에 대해 관련 단체와의 협의 등을 통해 적절히 해결되도록 노력함.

③ 한국 정부는 이번에 일본 정부가 표명한 조치가 착실히 실시된다는 것을 전제로 일본 정부와 함께 향후 UN 등 국제사회에서 동 문제에 대해 상호 비난·비판을 자제함.

이렇듯 한일 양국의 외교 수장이 나서서 내놓은 협상 결과였지만, 영국 일간지《가디언》은 2015년 12월 29일 자 기사에서 "일본과 미국의 승리"라고 표현했다.《가디언》은 또 "미국 버락 오바마 정부의 지속적이고, 때로는 직설적인 압력의 결과"라고 덧붙였다.《가디언》의 이런 기사는 일본군 위안부 문제에 미국이 깊숙이 개입해 한국을 압박한 끝에 일본에 유리한 결과를 유도했다는 뜻이었다.

미국은 오래전부터 한·미·일 군사동맹 체제 구축을 계획해왔는데, 독도 문제 등 한일 간의 역사적 갈등 때문에 이를 실행하지 못하는 것을 안타까워하고 있었다. 그런 상황에서 일본군 위안부 문제가 불거지자, 이 또한 한·미·일 군사동맹 체제 구축에 걸림돌이 된다는 인식 아래 어떻게 해서든 빨리 결론지어야 한다는 입장이었다. 그래서 박근혜 정부를 강하게 압박해 기어코 최종 종결을 이끌어냈던 것이다.

이렇듯 미국의 압박 아래 이뤄진 협상 결과를 놓고 국내에서는 '졸속으로, 굴욕적으로 성사되었다'는 여론이 비등했다. 비판 여론은 크게 4가지 사안에 초점을 맞췄다. 첫째는 위안부 운영이 일본 정부와 군에 의해 조직적으로 자행된 범죄라는 점이 명시되지 않았다는 것, 둘째는 그저 '책임'이 아닌 '법적 책임'을 명기하지 않았다는 것, 셋째는 위안부 동원의 강제성 문제가 전혀 언급되지 않았다는 것, 넷째는 구체적인 피해 상황을 전혀 적시하지 않았다는 것 등이었다.

이에 더해 아베의 태도도 도마 위에 올랐다. 아베는 공개적인 직접 사죄와 반성을 거부했다. 일본 야당이 직접 사죄와 반성을 요구했지만, 아베는 박근혜 대통령과의 전화 통화에서 그 점을 밝혔다며 끝내 직접 사죄와 반성은 하지 않았다.

일본 정부가 위안부 피해자 재단에 내겠다는 돈도 비판의 대상이 되었다. 일본 정부는 재단을 위한 예산으로 10억 엔을 내겠다고 했는데,

기시다는 이 자금의 성격을 배상금이 아닌 지원금이라고 단언했다. 그동안 위안부 피해자들은 일본에 손해배상을 촉구해왔는데, 이를 받아들이지 않고 그저 지원금을 내겠다는 뜻이었다. 이에 대해 위안부 피해자 이용수는 "일본이 위안부를 만든 책임을 공식 사죄하고 법적 배상해야 한다고 주장해왔다"라며 "이 합의 내용을 전부 무시하겠다"라고 선언했다.

합의문에는 주한일본대사관 앞에 세워진 평화의 소녀상을 이전하는 내용도 담겼는데, 이는 국민적 공분을 샀다. 합의문에는 한국 정부가 나서서 소녀상을 철거하거나 다른 곳으로 이동시킬 가능성을 시사하는 내용이 있었고, 실제로 일본 정부와 언론은 합의문을 근거로 우리 정부에 소녀상 이전을 압박했다. 이 때문에 '소녀상 지키기' 노숙농성이 벌어지는 사태가 이어졌다.

이렇듯 허점투성이의 내용을 관철한 일본은 합의문에 '최종적·불가역적 해결'이라는 문구를 넣은 것에 대단히 만족하며 최대의 성과라고 자찬했다. 해당 표현을 넣어야 한다고 강하게 주장한 인물이 다름 아닌 아베였다는 후일담까지 돌았다. 그야말로 위안부 합의는 아베의 승리라는 말이었다. 이는 역으로 한국이 졸속으로 굴욕적인 합의를 맺었다는 의미이기도 했다.

식물 정부 시절에 졸속으로 맺은 지소미아

2016년 11월 23일 오후 4시, 한일 양국은 이른바 지소미아로 불리는 한일군사정보보호협정을 체결했다. 이때는 박근혜에 대한 국회의 탄핵 소추 의결을 불과 12일 앞둔 시점이었다. 그야말로 박근혜 정부가 식물 정부가 된 상황에서 미국이 지소미아를 강력하게 밀어붙인 결과였다.

지소미아는 원래부터 미국의 주도 아래 추진되고 있었다. 미국의 계획대로라면 지소미아는 이명박 정부 말기인 2012년 6월 29일 오후 4시에 체결되었어야 했다. 당시 이명박 정부는 이 협정을 국무회의에서 비공개로 의결했는데, 이 사실이 알려지자 일본과의 군사 협정은 안 된다는 반발 여론이 거세게 일어나 예정된 협정 체결 시간을 불과 1시간 30분 앞두고 무산되었다. 그러자 미국은 레임덕이 극에 달한 박근혜 정부를 압박해 기어코 지소미아를 성사시켰다.

묘하게도 지소미아 체결 시도는 이명박 정부의 레임덕 기간과 박근혜 정부의 레임덕 기간에 이뤄졌다. 정권 말기, 그것도 한국 대통령의 힘이 거의 사라지고 약점은 한층 노출된 시점에 미국은 협정 체결을 추진했다. 그렇게 미국은 약할 대로 약해진 정권을 상대로 강한 압박 전략을 구사해 한국 국민이 제대로 인식하지 못하는 사이에 신속하게 지소미아 체결을 성사시켰다. 이는 곧 지소미아가 미국이 한국 집권 세력의 약점을 노려 거의 강압적으로 체결한 협정이라는 뜻이다.

그렇다면 미국은 왜 지소미아에 이렇게까지 집착했을까. 이는 미국의 숙원 사업과 밀접한 관련이 있다. 해방 이래 미국은 줄곧 한·미·일 군사동맹을 숙원 사업으로 삼아왔다. 한·미·일 군사동맹 체제의 대척점에는 북·중·러 군사동맹 체제가 있다. 즉 한·미·일 군사동맹 체제는 북·중·러 군사동맹 체제와의 대립관계를 기본 전제로 깔고 있고, 이는 다시 한반도 분단 체제에 기초하고 있다. 따라서 한·미·일 군사동맹 체제 구축은 곧 한반도 분단 체제의 유지를 의미하며, 이는 해방 이후 줄곧 그랬듯이 미국이 앞으로도 계속 한국을 아시아 태평양 지역의 패권 확보를 위한 전략기지로 삼겠다는 의미였다.

한국을 미국의 전략기지로 묶어두기 위해서는 한·미·일 군사동맹 체제 구축이 필수적이지만 그간 한일관계가 원만하지 못해 잘 성사되지 못했다. 초기에는 한일 국교정상화 문제가 걸림돌이었고, 이후에도 독도 문제와 한일 간의 민족감정 문제 때문에 한일 간에 군사동맹은 요원한 일이었다. 거기에다 일본군 위안부 문제까지 더해졌다. 특히 이 문제는 한일 간의 가장 민감한 현안이었다. 따라서 미국은 선제적으로 이 문제부터 해결하려 했고, 결국 박근혜 정부를 압박해 2015년 연말에 위안부 합의를 이끌어냈다.

이후 미국은 서둘러서 한일 군사동맹 체제 구축에 나섰고, 그 결과가 바로 지소미아였다. 그것도 대통령 탄핵을 불과 며칠 앞둔 박근혜 정부를 강압해 맺은 협정이었다. 이 협정의 성사로 한·미·일 군사동맹 체제 구축의 터 닦기 작업은 성공적으로 끝난 셈이었다. 이는 한국이나 일본보다는 미국에 더 의미 있는 사건이었다. 미국이 지소미아를 한·미·일 군사동맹 체제 구축의 시발점으로 보기 때문이다.

사실 지소미아는 한국에는 실익이 크지 않은 협정이었다. 그렇다고 일본에 엄청난 실익이 있는 것도 아니었다. 이 협정은 명목상으로 한국과 일본이 북한에 대한 군사정보를 주고받는 데 목적을 두고 있었다. 하지만 그것은 겉포장이었을 뿐이다. 협정 이전에 한국이 취득한 정보는 미국에 자동적으로 넘어가게 되어 있었고, 미국이 취득한 정보는 일본에 자동적으로 넘어가게 되어 있었다. 그것도 거의 실시간으로 이뤄졌다. 이 때문에 한국과 일본은 직접 정보를 주고받지 않아도 양국 모두 아쉬울 것이 없었다. 특히 한국 입장에서는 일본에서 받는 군사정보가 별 영양가가 없었다. 북한에 관한 한 일본보다는 한국의 정보가 훨씬 신속하고 정확했기 때문이다. 일본도 굳이 한국을 통해 북한에 관한 군사정보를 받을 이유가 없었다. 미국을 통해 쉽게 취득할 수 있는 구조였기 때문이다. 그래도 굳이 실익을 따진다면 한국보다는 일본의 이익이 컸다. 일본으로서는 한국과 미국에서 동시에 북한의 군사정보를 받는 것이 아무래도 안보에는 유리하기 때문이다.

하지만 일본이 지소미아를 원했던 것은 이런 표면적인 이유 때문이 아니었다. 지소미아에 대한 일본의 진짜 속내는 미국이 지소미아에 집착하는 이유와도 밀접하게 연결되어 있었다. 미국이 지소미아 체결에 집착한 진짜 이유는 한국의 이익과는 전혀 무관했다. 지소미아는 한국과 일본을 하나의 군사동맹 체제로 묶기 위한 기초 단계의 조치였고, 이에 대해 가장 민감한 반응을 보인 쪽은 중국이었다. 즉 지소미아의 진짜 목적은 한국과 중국의 관계를 악화하는 데 있었다.

중국이 한국의 가장 큰 무역시장이 된 지는 이미 오래되었다. 대미, 대일 무역량을 합쳐도 대중 무역량에 한참 못 미쳤다. 이는 곧 한국에 대한 중국의 영향력이 점점 커지고 있다는 뜻이고, 반대로 한국에 대한 미국과 일본의 영향력은 줄어들고 있다는 뜻이었다. 이는 다가올 미래에 한국이 미국과 일본보다는 중국에 더 의존할 수밖에 없다는 우려를 낳았다.

만약 한국이 미국과 일본보다는 중국과 훨씬 친밀해지면 한반도는 어느 순간 중국의 영향력 아래 놓일 수밖에 없고, 그것은 곧 아시아 태평양 지역에서 중국의 패권이 미국을 능가하게 됨을 의미했다. 그만큼 한국의 영향력은 커졌고, 한반도의 전략적 무게도 무거워졌다. 세계 10위권의 경제력에, 국방력 면에서는 미국, 중국, 러시아 다음으로, 영국, 프랑스와 맞먹는 강력한 힘을 가진 국가였다. 거기에다 남북이 결합한다면 그 힘은 세계 4위 수준으로 확대될 수도 있었다. 핵무기를 제외한다면 그 어느 국가도 넘보기 쉽지 않은 국력을 갖게 되는 셈이었다. 이는 현재 아시아 태평양 지역에서의 패권이 누가 한반도와 결합하느냐에 달려 있다는 것을 말해주었다. 따라서 무역량 증가에 따른 한국에 대한 중국의 영향력 확대는 아시아 태평양 지역의 패권이 미국에서 중국으로 넘어가고 있다는 방증이기도 했다.

아시아 태평양 지역에서 중국의 패권이 미국을 앞서게 되면 미국의 품 안에 있는 일본은 엄청난 위협을 받을 수밖에 없었다. 이미 일본은 중국 경제에 휘둘리는 상황이었고, 영토 문제 때문에 대립각을 세우고 있었으며, 군사적으로도 상당히 위협받고 있는 처지였다. 그나마 미국의 핵우산 덕분에 중국이 발톱을 감추고 있을 뿐이었다. 따라서 미국과 일본은 어떻게 해서든 중국과 한국의 관계를 악화시키지 않으면 안 될 처지에 있었다. 이런 이유로 일본은 지소미아에 매달릴 수밖에 없었다. 중국과 한국의 관계가 돈독해지는 것이 결과적으로 미국보다는 일본에 더 큰 위협이 될 수 있다는 현실이 지소미아에 대한 일본의 집착으로 이어졌던 것이다.

이처럼 지소미아는 겉으로는 안보 문제처럼 보이지만 본질은 경제 문제였고, 겉으로는 한일 간 군사정보 교류 문제인 것처럼 보이지만 본질은 한중 간 경제 교류 문제였다. 훗날 문재인 정부 시절에 한국 대법원이 내린 일제의 강제징용에 대한 배상 판결을 빌미로 일본이 무역 보복을 감행하자 한국 정부가 지소미아 종료로 맞대응한 것도, 이것이 근본적으로 경제 문제였기 때문이다.

하지만 박근혜 정부는 이런 현실을 알면서도 지소미아를 체결했다. 이는 박근혜 정부가 한·미·일 군사동맹 체제를 구축해 북·중·러 군사동맹 체제와 대립하겠다는 의지를 표출한 것이라고 볼 수 있다.

대선 중에 이뤄진 미국의 기습적인 사드 배치

2017년 4월 26일 새벽 4시부터 6시까지 미군은 경상북도 성주군의 한 골프장에 사드 포대를 그야말로 기습적으로 전격 배치했다. 당시 한국 상황은 박근혜가 탄핵당한 후 차기 대통령을 뽑기 위한 선거전이 진행되고 있는 시점이었다. 앞서 2016년 7월 8일에 한국과 미국이 사드 1개 포대를 주한미군에 배치하기로 합의한 결과이기는 하지만, 왜 하필 이 시기에 강행했는지는 생각해볼 필요가 있다. 추측건대 미국은 대선 승리가 확실해진 문재인 정부가 들어선 뒤에는 사드 배치가 어려워질 수 있다고 판단했던 것으로 보인다. 즉 한국 정부의 기능이 제대로 작동하지 못하는 상황에서 미국이 거의 일방적으로 행한 조치였던 셈이다. 지소미아에 이어 미국이 다시 한번 한반도에서 전략적 쾌거를 거두었던 것이다.

미국의 미사일 방어 체계 중 하나인 사드는 우리말로 '고고도 미사일 방어 체계'라고 한다. 이는 적이 단·중거리 탄도미사일을 발사하면 레이더와 인공위성 등에서 수신한 정보를 바탕으로 요격미사일을 발사해 40~150킬로미터의 높은 고도에서 직접 충돌시켜 파괴함으로써 가급적 지상에 피해가 발생하지 않도록 하는 미사일 방어 체계다.

사드는 기본적으로 미국의 미사일 방어 체계에 속했다. 따라서 한국에 사드가 배치되었다는 것은 한국이 미국의 미사일 방어 체계에 편입되었다는 의미다. 물론 미국은 사드 배치의 목적이 북한의 탄도미사일에 대한 방어 체계 구축에 있다고 주장했다. 하지만 지리적으로 볼 때 성주군에 위치한 사드는 사실상 서울조차 방어하기 어렵다는 점에서, 사드가 북한의 탄도미사일 대응 전략이라는 미국의 주장은 설득력이 없었다.

사드 1개 포대는 사격통제소, 레이더 1대, 발사대 6기, 요격미사일

48발(발사대 1기당 미사일 8발)로 구성되었다. 요격미사일의 최대 사거리(발사 지점에서 표적까지의 거리)는 200킬로미터로, 성주군에 설치된 사드는 기껏해야 충청도 일대까지만 방어가 가능하다는 뜻이었다. 따라서 사드 설치와 서울 방어는 전혀 무관하며, 결과적으로 북한의 탄도미사일을 방어하기 위해 설치된 것이 아님을 방증했다.

미국이 사드를 성주군에 설치한 이유는 따로 있었다. 사드의 핵심은 요격미사일이 아니라 X밴드 레이더로, 이 레이더는 크게 2가지 모드로 구분되었다. 탐지 거리가 600~800킬로미터인 종말 모드(TBR, 사격통제용)와 1800~2000킬로미터인 전진 배치 모드(FRB, 사전 탐지 및 조기경보용)였다. 미국은 성주군에 배치된 사드의 경우 레이더가 종말 모드로 설정되어 있다는 점을 들어 북한의 탄도미사일에 대한 방어 수단임을 강조했다. 그러나 중국과 러시아는 X밴드 레이더의 종말 모드는 8시간 만에 전진 배치 모드로 바꿀 수 있음을 주장하며 북한보다 훨씬 강력하게 사드 설치에 반발했다. 중국과 러시아는 미국이 성주군에 배치한 사드가 근본적으로 자국을 겨냥하고 있다고 판단했던 것이다.

사드는 한반도 지형에 적합한 무기 체계가 아닐뿐더러 북한의 탄도미사일에 대한 방어 수단으로 보기에도 어려웠다. 북한이 남한을 공격하기 위해 굳이 원거리 공격에 쓰이는 탄도미사일을 앞세울 이유가 없었기 때문이다. 만일 북한의 공격을 받는다 해도 성주군에 위치한 사드로는 서울을 방어할 수 없었다. 오히려 중국과 러시아의 주장대로, 성주군의 사드는 북한이 아닌 중국과 러시아에 대응하기 위한 무기 체계라고 보는 것이 타당했다.

실제로 성주군에 위치한 사드는 중국의 대륙간탄도미사일을 방어하는 문제와 관련이 깊은데, X밴드 레이더를 통해 중국 동부에 배치된 대륙간탄도미사일을 감시할 수 있었기 때문이다. 이와 관련해 중국 국방부는 "중국은 국가 전략 안전과 지역 전략 균형을 유지하기 위해 필요한 조치를 취하는 방안을 고려 중"이라며 군사 행동의 가능성을 언급했다. 러시아 또한 한국 내 사드 포대를 공격할 수 있는 미사일 부대를 극동 지역에 배치할 것임을 경고했다. 그만큼 사드는 중국과 러시아에 위협적인 무기였고, 이로써 한국은 중국과 러시아의 군사적 위협에 시달리게 되었던 것이다.

결국 중국은 사드 배치에 대한 보복으로 한국에 대한 경제 제재를 단행했다. 중국 관광객의 방한 금지 방침을 세우는 한편, 중국 내 한국 기업을 상대로 보복성 세무조사와 소방·위생·안전 점검 등을 단행했다. 중국에서 반한감정이 높아지면서 한국 상품에 대한 불매운동까지 일어났다. 이로 인해 롯데가 3조 원을 들여 추진해온 중국 선양의 롯데월드 공사가 중단되고, 현대기아차의 중국 판매량이 급감하는 등 한국은 크나큰 경제적 손실을 감내해야만 했다.

4   박근혜 시대의 국무총리들

박근혜 정부의 국무총리는 42대에서 44대까지 정홍원, 이완구, 황교안 세 사람이 재임했다. 42대 정홍원은 박근혜 정부 초대 국무총리로서 2013년 2월부터 2015년 2월까지 2년 동안 재임했고, 43대 이완구는 2015년 2월부터 2015년 4월까지 2달가량 재임했으며, 44대 황교안은 2015년 6월부터 2017년 5월까지 1년 11개월 동안 재임했다.

42대 국무총리 정홍원은 1944년 경상남도 하동군 금남면에서 태어났다. 진주사범학교를 졸업하고 서울 서대문구 홍제동의 인왕초등학교에서 교사를 지냈다. 이때 성균관대학교 법과 야간 과정을 다녔으며, 29세 때인 1972년에 사법시험에 합격해 검사가 되었다. 이후 줄곧 검사 생활을 하며 대검찰청 감찰부장, 법무연수원장 등을 역임하다가 2004년에 퇴임했다. 검사 시절에 이철희·장영자 어음 사기 사건, 대도 조세형 탈주 사건, 워커힐 카지노 외화 밀반출 사건 등을 맡아 '특별 수사통'이라는 별명을 얻기도 했다.

퇴임 이후에는 변호사로 활동하다가 이명박 정부 시절인 2012년 총선에서 새누리당 공직자후보추천관리위원장을 맡으며 정치권에 발을 들였다. 하지만 이후 정치 활동을 하지 않다가, 2013년 2월에 박근혜 정부가 출범하면서 초대 국무총리에 임명되었다. 박근혜는 원래 초대 국무총리로 헌법재판소장을 지낸 김용준을 지명했으나, 그가 아들 문제와 몇 가지 의혹 때문에 사퇴하자, 다음으로 정홍원을 지명했다.

국무총리 시절 정홍원은 몇 가지 난관을 겪었다. 2013년에는 일본의 교과서 왜곡 문제에 대한 즉답을 회피해 야당의 집단 퇴장 사태가 벌어지기도 했고, 2014년 4월에는 세월호 참사로 대국민 사과를 하고 사퇴 의사를 밝히기도 했다. 하지만 그는 새롭게 지명된 안대희, 문창극 등의 국무총리 후보들이 잇따라 낙마하는 바람에 유임되어 2015년 2월까지 국무총리직을 수행했다. 사퇴를 선언한 지 무려 296일이나 자리에 머물다가 퇴임했던 셈이다.

퇴임 이후에는 노숙자 봉사 활동을 하거나 강연을 하는 등 비교적 조용한 행보를 보였고, 정치 행보라고 할 수 있는 것은 2021년 8월에 국민의힘의 대통령 후보 경선을 관리하는 선거관리위원장을 맡은 것이 전부였다.

43대 국무총리 이완구는 1950년에 충청남도 청양군 태어났다. 25세 때인 1974년 행정고시에 합격해 홍성군청 사무관이 되어 공직 생활을 시작했다. 이후 경제기획원으로 자리를 옮겨 사무관 생활을 하다가 특이하게도 경찰로 자리로 옮겼다. 1977년에 치안본부 경정이 되어 전두환 군부 시절에 국보위에 파견되기도 했고, 치안본부 수사1과 국제형사담당을 맡기도 했다. 그리고 1981년 11월에는 총경에 올라 대전지방경찰청 홍성경찰서장이 되었다. 이후 1982년부터 1985년까지 치안본부 경무부, 정보부, 외사부 등에서 근무하다가 충남지방경찰청장을 끝으로 경찰 생활을 마감했다.

이후 정계에 발을 들여 1995년 3월에 민주자유당의 충청남도 청양 및 홍성지구당 위원장이 되었고, 이듬해에는 15대 국회의원에 당선되었다. 이후로 김영삼 정부 시절에 신한국당 이홍구 대표 비서실장, 원내부총무 등을 역임했다. 그리고 1998년에는 자민련으로 당을 바꿔 사무총장 대행, 대변인, 원내총무 등을 역임했다.

이렇듯 활발하게 정치 활동을 하던 이완구는 2004년에는 잠시 휴식기를 가지며 미국 캘리포니아대학교 로스앤젤레스캠퍼스 교환교수로 가서 2년을 보냈다. 그리고 2006년에 한나라당에 소속되어 충청남도 도지사 선거에 나서 당선되었고, 2013년에는 보궐선거에 출마해 국회의원에 당선되었으며, 이듬해에는 새누리당 원내대표로 선출되었다. 그리고 2015년 2월에 박근혜 정부의 두 번째 국무총리로 임명되었다.

하지만 이완구는 총리에 임명된 지 불과 2달 만에 물러나야 했다. 4월 9일에 경남기업 회장 출신의 19대 국회의원이었던 성완종이 자살했는데, 그의 시신에서 '이완구 총리가 금품을 수수받았다'는 메모가 발견되었다. 또한 공개된 녹취록에서 '성완종이 이완구에게 3000만 원을 직접 건넸다'는 내용까지 나왔다. 이 일로 야당인 새정치민주연합은 그의 해임을 요구했고, 이완구는 "돈 받은 증거가 나오면 목숨을 내놓겠다"라며 배수진을 쳤다.

그러나 야당은 물론 여당에서도 사퇴 압박이 이어지자, 이완구는 4월 20일에 사의를 표명했다. 이후 대통령이 4월 27일에 사표를 수리하면서 사퇴가 확정되었다. 총리에 임명된 지 불과 70일 만에 물러났던 것이다. 사퇴 이후 성완종 뇌물사건으로 재판받았지만, 결국 무죄로 결론 나면서 명예를 회복했다. 하지만 그는 정계로 돌아오지 않았고, 2021년 10월에 혈액암으로 투병하다가 사망했다.

이완구에 이어 박근혜 정부의 세 번째 총리에 오른 인물은 법무부장관 출신의 황교안이었다. 황교안은 1957년에 서울 용산구 서계동에서 태어났다. 경기고등학교와 성균관대학교 법대를 졸업하고 1981년에 사법시험에 합격해 검사로 임용되었다. 이후 그는 대검찰청 공안1과장, 서울중앙지방검찰청 제2차장, 창원지방검찰청 검사장, 부산고등검찰청 검사장 등을 역임한 후 2011년 8월에 퇴직해 변호사로 활동했다. 그리고 2013년 3월에 박근혜 정부 초대 법무부장관에 임명되었다.

법무부장관 시절 황교안은 통진당 해산 과정을 주도했는데, 덕분에 보수층에서 인기가 높았다. 그리고 장관 재직 중에 국무총리로 지명되어 2015년 6월에 44대 국무총리가 되었다. 그의 국무총리 지명을 여당인 새누리당이 반대했다는 후문이 있었다. 새누리당은 야당에서 '공안 총리'라고 비판받을 것을 염려해 대통령에게 재고할 것을 주문했다. 이 때문에 2015년 5월 21일 오전 10시로 예정되었던 국무총리 내정자 발표가 연기되는 등 해프닝이 있었다. 하지만 박근혜는 새누리당의 반대 의견에도 불구하고 결국 황교안을 국무총리로 지명했다.

황교안은 역대 국무총리 중에 드물게도 대통령 권한대행이 되었는데, 2016년 12월 9일에 대통령의 탄핵 소추안이 국회에서 가결되었기 때문이다. 이후 헌법재판소가 탄핵 소추를 인용하자, 문재인 정부가 출범한 2017년 5월 10일까지 대통령 권한대행을 지속했다.

황교안은 국무총리직에서 퇴임한 후 한동안 조용히 지내다가 정계에 진출했다. 2019년 1월에 자유한국당에 입당했고, 그해 2월에 실시된 자유한국당 전당대회에서 당대표에 당선되었다. 당대표 시절, 그는 조국 법무부장관의 사퇴를 요구하며 삭발하기도 했다. 또한 2020년 4월 치러진 21대 총선에서 미래통합당 후보로 종로구에 출마했지만, 민주당의 이낙연 후보에게 패배했다. 총선에서 민주당이 180석을 확보하는 등 압승하자, 패전의 책임을 지고 모든 당직에서 물러났다. 이후 변호사로 일하며 정치 활동을 이어가다가 20대 대통령 선거에 출마했으나 별다른 성과를 얻지 못했다.

12장

●

문재인 대통령실록

문재인 文在寅
(1953 –)

재임 기간:
2017년 5월 – 2022년 5월
(5년)

"힘들었던 지난 세월, 국민들은 이게 나라냐고 물었습니다.
대통령 문재인은 바로 그 질문에서 새로 시작하겠습니다.
오늘부터 나라를 나라답게 만드는 대통령이 되겠습니다."

—제19대 대통령 취임사 中 (2017)

1 노무현과 동행하다
운명적으로 대통령이 된 문재인

가난한 피란민의 아들, 운동권 학생이 되다

문재인은 1953년 1월 24일 경상남도 거제군 거제면 명진리에서 문용형과 강한옥의 2남 3녀 중 장남으로 태어났다. 아버지 문용형의 고향은 함경남도 흥남시 운성리 송내 마을이었다. 이곳에 집성촌을 이루고 있던 문씨들의 본관은 남평이었다.

문용형은 일제강점기 시절 총독부 치하에서 흥남시 관원이 되었고, 이 무렵에 진주 강씨 한옥과 결혼했다. 그리고 몇 년 지나지 않아 해방을 맞았고, 문용형은 북한 노동당 치하에서 흥남시청 농업과 계장으로 일했다. 이후 6·25남북전쟁이 발발했고, 1950년 11월에 중공군이 개입하면서 12월에 흥남 철수 작전이 진행되었다. 그 상황에서 수많은 피란민이 미군의 배를 타고 남쪽으로 내려왔는데, 문용형도 아내와 딸을 데리고 그 대열에 합류했다.

급작스럽게 내려온지라 문용형 부부는 거의 맨몸으로 거제도에 정착했다. 그 때문에 지독한 가난에 시달려야 했지만, 자식들의 교육만

큼은 포기하지 않았다. 그 덕분에 문재인은 부산의 명문인 경남중학교
와 경남고등학교를 거쳐 대학에 진학할 수 있었다.

문재인은 고등학교 성적이 좋았지만, 대학 입시 성적은 좋지 못했
다. 그래서 재수 끝에 당시 후기 대학이었던 경희대학교 법대에 진학
했다. 그는 내심 역사를 전공하고 싶었으나, 부모님의 바람은 상대나
법대에 진학하는 것이었고, 그 뜻을 따랐다.

문재인이 대학을 진학했던 1972년은 시대적으로 매우 암울한 때였
다. 5·16쿠데타로 정권을 잡은 박정희는 1969년에 단행한 3선 개헌으
로도 모자라 영구 집권을 도모했고, 결국 이를 실현하기 위해 헌법을
바꿨다. 이른바 '유신헌법'을 공포한 것이다.

1972년 10월에 발표한 유신헌법은 박정희의 독재와 장기 집권의
발판이 되었다. 유신헌법이 발표되기 하루 전에 대학가는 모두 탱크
들이 점령했고, 학교에는 휴교령이 떨어졌다. 대학생들과 민주 세력은
연일 유신헌법 반대 시위에 나섰고, 이는 박정희 정권 내내 이어졌다.
그러자 박정희는 긴급조치를 발동해 유신헌법에 반기를 든 사람들을
가혹하게 탄압했다. 그 과정에서 여러 간첩사건을 일으켜 민주 인사와
반정부투쟁에 나선 대학생들을 간첩으로 몰아 사형시키기도 했다.

문재인은 이미 고등학교 시절에 박정희의 3선 개헌 반대 시위에 나
선 경험이 있었다. 이 때문에 유신헌법 공포에 대해 적대감이 대단했
다. 그래서 어떻게 해서든 유신헌법 반대 시위를 전개하고자 했다. 하
지만 당시 경희대학교는 시위에 가담하는 일이 별로 없었다. 그 점을
안타까워하던 문재인은 1974년에 학교 재단의 비리가 발각되어 학내
에서 재단 퇴진 농성이 벌어지자, 이를 기회로 삼아 뜻 맞는 친구들과
함께 유신헌법 반대 시위를 계획했다. 이때 문재인이 선언문을 작성했
다. 또한 선언문 낭독을 맡았던 친구가 학교 측의 방해로 참석하지 못

하자 직접 선언문을 읽으며 시위를 주도했다. 시위에 참여한 학생 수는 무려 전교생의 4분의 1인 2000명을 헤아렸다. 이 사건 후 문재인은 경희대학교 학생운동의 핵심 인물로 부상했다.

이듬해인 1975년, 문재인은 대학 졸업반인 4학년이 되었다. 이 무렵에는 어디라고 할 것 없이 대부분의 대학이 박정희 정권에 저항했다. 대학뿐 아니라 재야의 민주 인사들과 종교단체, 언론인들까지 가세해 대대적인 저항운동에 돌입한 상태였다. 그런 상황에서 서울대학교 학생 김상진이 할복하며 유신헌법 반대를 외쳤고, 이 사건이 도화선이 되어 박정희 정권 타도 열기가 한층 달아올랐다.

그 무렵 경희대학교는 직선제에 의한 총학생회장 선거를 치렀다. 문재인을 비롯한 운동권 세력은 총학생회를 장악해 유신헌법 반대 시위를 주도하기로 계획했다. 그래서 운동권 중에서 총학생회장 후보를 출마시켰고, 마침내 당선까지 시켰다. 이후로 모든 시위는 총학생회가 주관해 조직적으로 전개했다.

총학생회 주도로 시위가 전개되자, 참여 학생 수가 전교생의 절반이 넘는 5000명을 헤아렸다. 그러자 경찰이 총학생회장을 체포해 구금시켜버렸고, 결국 총무부장이던 문재인이 총학생회장 대행을 맡아 시위를 이끌었다.

문재인은 결국 시위를 주도한 혐의로 체포되어 경찰서에 구속되었고, 동시에 학교에서도 제적되었다. 이후 검찰로 송치되어 서대문 구치소에 수감되었다. 그리고 재판에서 징역 2년이 구형되었다. 하지만 판사가 집행유예 10개월을 선고한 덕분에 풀려났다. 소신 있는 판사를 만난 덕분이었다.

그러나 석방된 문재인에게는 입영영장이 기다리고 있었다. 신체검사도 받지 않은 상태에서 입영 통지서가 날아들었다. 말하자면 강제징집이었다. 그는 6주간의 훈련소 생활을 마치고 특전사 예하 1공수 특전여단 3대대에 배치되었다. 흔히 공수부대로 불리는 곳이었다. 당시 문재인과 함께 훈련소에 입소한 동기 중에 학생운동 때문에 강제징집된 사람은 5명이었다. 그들은 모두 훈련이 가장 고되고 생활이 힘든 곳에 배치되었는데, 그중에서도 문재인은 가장 고생한다는 공수부대에 배치되었다. 학생운동을 주도한 것에 대한 보복 조치였던 셈이다.

하지만 문재인은 군 생활에 아주 잘 적응했다. 스스로 신기해할 정도로 뛰어난 병사로 지냈다. 심지어 학교 다닐 때는 받아본 적이 없는 표창장을 강제로 끌려온 군대에서 여러 차례 받았으니, 정말 아이러니가 아닐 수 없었다. 공수 훈련, 1000리(400킬로미터) 행군, 수중 침투 훈련, 인명 구조 훈련, 폭동 진압 훈련 등의 가혹한 훈련들을 이겨낸 그는 1978년 2월에 마침내 31개월간의 군 복무를 마치고 무사히 제대했다.

인권변호사의 길을 가다

제대 직후 문재인은 아버지 상을 당했다. 전쟁 통에 피란민으로 월남해서 온갖 고생을 하며 어렵게 생을 버텨가던 그의 아버지 문용형은 북에 남은 부모의 생사도 모른 채 59세의 나이로 생을 마감했다. 문용형은 친척이 운영하는 회사에서 일을 마치고 목욕한 후 동료들과 반주를 곁들인 저녁을 먹다가 앉은 채로 숨을 거뒀다. 사인은 심장마비였지만 과로사였던 것으로 보인다.

그 무렵 문재인은 진로를 결정하지 못하고 방황하고 있었다. 대학을 졸업하지 못한 데다가, 그렇다고 마냥 놀 수 없는 처지라 어디라도 취직해 가계에 도움이 되겠다며 일자리를 알아보고 다녔다. 그런 상황에서 아버지가 죽자, 문재인은 아버지의 생전 기대에 부응하고자 사법고시에 뜻을 두고 절로 들어갔다.

문재인은 대학 3학년 때 사법고시 1차 시험에 합격한 경험이 있었다. 그러나 강제징집된 탓에 2차 시험을 보지 못했기에 1차 시험부터 다시 시작해야 했다. 다행히 1979년 초에 1차 시험에 다시 한번 합격했다. 이듬해 치를 2차 시험을 열심히 준비하는 중에 대대적인 반정부 시위가 전개되고 있다는 소식이 들려왔다. 급기야 그해 10월 26일, 18년 동안 독재를 이어가던 박정희가 당시 중앙정보부장 김재규에게 사살되었다는 소식이 전해졌다.

이후 정세는 급박하게 돌아갔다. 전두환이 12·12군사반란을 일으켜 정권을 장악한 후 다시 군사독재를 이어가려 했고, 시민들과 학생들은 이를 저지하기 위해 대대적인 가두 시위를 벌였다. 이른바 1980년의 '서울의 봄'이 시작되었던 것이다.

이 소식을 접한 문재인은 엉덩이가 들썩거려 공부에 집중할 수가 없었다. 그런 상황에서 그는 1980년 3월에 학교에 복학했다. 반정부 시위로 제적된 학생들을 복학시키라는 조치가 내려졌고, 그는 경희대학교 복학생 대표가 되어 학교와 교섭한 끝에 복학할 수 있었다. 복학 조건은 파격적이었다. 제적된 학기를 인정받았고 복학하는 학기의 등록금도 면제받았다. 이 덕분에 그는 등록금을 내지 않고 한 학기만 다니면 졸업할 수 있었다.

하지만 졸업은 요원한 일이었다. 신학기가 시작되자, 학생들은 족벌 재단을 상대로 '학원 민주화 투쟁'을 전개했고, 문재인도 이 대열에 합류해 연일 농성장을 찾았다. 그 와중에도 그는 그해 4월에 사법고시 2차 시험을 치렀다. 몇 달 동안 공부하지 못한 상태였지만 최선을 다한 시험이었다.

그 무렵 서울의 모든 대학이 신군부의 군사독재 연장을 반대하는 시위를 펼쳤다. 서울의 중심가는 늘 시위하는 대학생들로 넘쳐났다. 경희대학교 학생들도 매일같이 학교에서 출정식을 한 뒤, 시가지로 행진했다. 이후에는 모든 대학생이 한곳에 집결해 시위를 펼쳤다. 5월 15일에는 서울역 광장에 20만 명의 대학생이 운집했다. 그러나 시위 지도부는 자칫 군대 투입의 빌미를 줄 수 있다는 판단으로 스스로 퇴각했다. 이미 비상계엄령이 떨어진 상황이라 학생 지도부가 겁을 먹었던 것이다.

그런 상황에서 신군부는 5월 17일에 비상계엄령을 강화한다고 발표했다. 문재인은 직감적으로 이것이 민주 세력에 대한 대대적인 탄압의 신호탄이라는 것을 알았다. 그의 예감은 적중했다. 몇 명의 건장한 형사가 총을 들이대며 그에게 수갑을 채웠다. 그는 다시 경찰서 유치장에 갇혀야 했다. 문재인뿐 아니라 전국적으로 반정부 시위 경력이 있는 수많은 시민과 학생이 체포되어 감옥에 갇혔다. 신군부의 군사독재가 시작될 것이라는 신호였다.

경찰서 유치장에 갇힌 문재인은 계엄포고령 위반으로 군법회의에 넘겨질 처지였다. 그렇게 유치장에서 20일이 넘도록 갇혀 있었는데, 뜻밖의 낭보가 날아들었다. 사법고시 2차 시험에 합격했다는 것이다. 그러자 경희대학교 학생처장과 법대 동창회장 등이 유치장으로 찾아와 축하 인사를 건넸고, 이후로 경희대학교 총장을 비롯한 교수들이 그를 유치장에서 빼내기 위해 총력전을 펼쳤다. 그해 경희대학교에서 사법고시 2차 시험에 합격한 학생은 2명뿐이었는데, 1명은 합격이 취소될 상황이라 학교로서는 문재인만큼은 어떻게 해서든 구명하고자 했다.

결국 학교와 육군사관학교 출신 어느 교수의 도움으로 문재인은 석방되었다. 그리고 3차 면접시험에 합격함으로써 사법고시에 최종 합격했다. 시위 전력자들은 3차 면접시험에서 떨어뜨리는 경우가 많았지만, 그는 운이 좋았던 모양이다.

사법고시에 합격한 문재인은 2년 동안 사법연수원 생활을 했다. 사법연수원만 마치면 판사, 또는 검사로 임용되는 것이 정해진 순서였다. 더구나 그는 사법연수원 성적도 좋았다. 무려 차석이었다. 그래서 판사에 지원했지만, 시위 전력 때문에 임용되지 않았다. 결국 남은 것은 변호사가 되는 길뿐이었다. 이에 대해 문재인은 "나를 변호사로 되게 한 모든 과정이, 결국은 노무현 변호사를 만나기 위해 미리 정해진 운명적 수순처럼 느껴진다"라고 했다.

1982년 8월에 사법연수원을 수료한 문재인은 어머니가 살고 있던 부산으로 내려갔다. 여러 유명한 로펌에서 좋은 조건을 제시했지만, 그는 모든 제안을 뿌리치고 보잘것없는 허름한 사무실로 찾아갔다. 그렇게 만난 사람이 바로 노무현이었다.

문재인은 사법연수원 동기생의 소개로 노무현을 만났다. 당시 노무현은 부산 변호사 중에 가장 젊은 변호사였고, 몇 안 되는 인권변호사였으며, 대학을 나오지 않은 고졸 출신 변호사였다. 문재인은 그와 몇 시간 동안 이야기를 나눈 뒤, 동업을 결심했다. 노무현의 제의는 간단했다. 함께 깨끗한 변호사로 살아보자는 것이었고, 문재인은 이에 동의했다. 이후로 그는 노무현과 함께 '합동법률사무소' 간판을 내걸고 부산의 인권변호사로 활동하기 시작했다.

문재인이 부산으로 내려가 변호사가 된 뒤에 접한 대다수의 사건은 시국사건이었고, 이것은 결코 정치와 무관할 수 없었다. 이 때문에 그가 맡은 사건들의 상당수는 정치적으로 매우 민감한 것이었다. 그는 변호사로 나선 지 1년도 안 된 1984년에 부산의 대표적인 재야운동 단체였던 공해문제연구소의 발기인으로 이름을 올렸다. 이어서 1985년에 부산민주시민협의회가 설립되었을 때도 발기인으로 참여해 민생

분과위원장으로 활동했다. 문재인은 "그것으로 재야운동에 깊숙이 발을 내디뎠다"라고 말했다. 당시의 재야운동이라는 것이 대부분 군사독재에 대한 반정부투쟁이었으니, 정치 행보라고 말해도 과언은 아닐 것이다.

그런 가운데 한국 민주화의 분수령이 되는 사건이 발생했다. 바로 1987년에 벌어진 6월 항쟁이었다. 6월 항쟁의 촉매제가 된 것은 1987년 1월에 발생한 서울대학교 학생 박종철의 고문치사 사건이었다. 문재인은 '박종철 군 국민추도회 준비위원회' 위원으로 활동하며 노무현과 함께 부산에서 시위를 이끌다가 경찰서 유치장에 갇히기까지 했다.

그런 상황에서 4월 13일에 전두환은 호헌조치를 발표했다. 말하자면 대통령 직선제로 개헌하겠다는 약속을 뒤집고 자신이 만든 대통령 간선제를 고수하겠다는 뜻이었다.

전두환의 호헌조치가 발표되자, 전국 각지에서 시민들이 동시다발적으로 봉기해 "호헌 철폐"를 외치며 격렬한 가두 시위를 전개했다. 그 과정에서 5월에 '민주헌법쟁취 범국민운동 부산본부'가 꾸려졌다. 물론 노무현과 함께 문재인이 그 중심에 있었다. 이어 서울에서도 '민주헌법쟁취 국민운동본부'가 만들어지면서 6월 항쟁이 본격화되었다. 물론 이 투쟁은 시민들의 승리로 끝났다. 군사정권은 시민들의 힘에 굴복해 대통령 직선제를 받아들이고 새로운 헌법을 마련하기로 했다.

이후 문재인의 행보는 더욱 정치에 가까워졌다. 함께 변호사 사무실을 운영하던 노무현이 이듬해인 1988년에 치러진 총선에 출마했고, 문재인은 부산에서 인권변호사로 활동하던 김광일의 선거를 총괄했다. 물론 순수하게 선거에 보탬이 되기 위한 활동이었지만, 정치에 한발 더 다가서는 계기가 된 것은 분명했다.

결국 함께 인권변호사의 길을 걸었던 노무현과 김광일은 국회의원에 당선되어 국회로 갔고, 문재인은 홀로 변호사 사무실을 꾸려갔다. 그러면서 여전히 각종 시국사건과 노동사건, 간첩조작 사건 등을 맡아 동분서주하며 지냈다.

노무현 대통령의 비서관으로 생활하다

그런 가운데 여러 정치적 난관을 헤쳐가던 노무현이 2001년 9월 6일에 부산에서 차기 대선 출마를 선언했다. 이후 노무현은 민주당의 대통령 후보 경선에서 압도적인 표 차로 승리했고, 마침내 2002년 12월에 대통령으로 당선되었다.

문재인은 노무현의 대선 과정에 적극적으로 참여했다. 민주당의 대통령 후보 경선 때는 부산과 울산의 인맥을 총동원해 도왔다. 그리고 대선이 시작되자, 그는 부산 지역의 선거대책본부장을 맡아 활약했다. 이후 우여곡절 끝에 노무현이 극적으로 대통령에 당선되자, 문재인은 청와대 민정수석으로 발탁되었다.

당선인 시절에 노무현이 민정수석을 제의했을 때 문재인은 시간을 달라며 일주일 동안 확답을 주지 않았다. 정치에 관여하고 싶지 않았기 때문이다. 원래부터 문재인은 정치인으로 살고 싶어 하지 않았다. 하지만 함께 인권운동에 투신했던 노무현의 부탁이라 쉽게 거절할 수 없었다. 그래서 며칠 동안 고민한 끝에 비로소 민정수석 제의를 수락했다. 물론 그것이 정계에 입문하는 것이라고는 전혀 생각하지 않았다. 문재인은 그저 "민정수석은 법률 관련 업무가 근간이므로 법조 활동의 연장" 정도로 여겼다. 하지만 운명은 결코 그의 이런 순진한 생각을 용납하지 않았다. 민정수석 자리에 앉는 순간, 그는 이미 도저히 빠져나올 수 없는 거대한 정치의 블랙홀 속으로 빨려든 상태였다.

문재인의 청와대 생활은 힘들고 고달팠다. 그는 김대중 정권의 햇볕정책에 따른 대북송금 문제부터 검찰, 국정원, 국세청, 감사원 등 권력기관 개혁과 환경, 노동, 교육 등 다양한 분야의 사회적 갈등까지 광범위한 문제와 부딪쳐야 했다. 심지어 한미관계에도 간여해야 했으니, 그의 몸이 남아날 리 없었다. 그래서 그는 민정수석 생활 1년 동안 이빨을 10개나 뽑아야 할 정도로 몸이 상했다.

문재인은 청와대 근무 1년 만인 2004년 2월 중순에 민정수석에서 물러났다. 청와대를 벗어난 그는 자유인이 되어 히말라야 트레킹에 나섰다. 한국과의 연락도 끊고 휴대전화도 없는 상태였다. 그러다 네팔 카트만두의 어느 호텔에서 그는 영어 신문을 읽다가 노무현 대통령의 탄핵 소추안이 발의되었다는 소식을 접했다. 상황이 예사롭지 않음을 직감한 그는 귀국하지 않을 수 없었다.

2004년 3월 12일, 국회에 제출된 대통령 탄핵 소추안이 가결되자, 노무현은 문재인에게 대리인단을 꾸려달라고 요청했다. 이후 문재인은 다시 변호사 활동을 재개하고, 능력 있는 변호사들을 찾아다니며 대리인단을 꾸렸다.

탄핵 재판은 2개월 이상 지속되었고, 그동안 탄핵에 반대하는 시민들이 연일 거리에서 촛불 시위를 이어갔다. 그 과정에서 17대 국회의원 선거도 진행되었다. 선거 결과는 탄핵을 반대하는 민심을 확연히 반영했다. 노무현의 당이라고 불린 열린우리당이 전체 299석 중 152석을 차지해 과반을 넘겼던 것이다. 그러한 민의를 반영해 헌법재판소는 5월 14일에 탄핵 기각 결정을 내렸다.

탄핵 재판이 끝나자, 노무현은 문재인에게 청와대로 돌아올 것을 요청했다. 이번에는 시민사회수석이었다. 노무현이 청와대를 개편하면서 국민참여수석실을 개편해 만든 자리였다. 시민사회수석실은 사회의 갈등을 조정하기 위한 목적으로 설립되었는데, 역할 중에 시민사회가 정부기관에 협조해 다양한 역할을 할 수 있도록 유도하는 것이 포함되어 있었다. 하지만 활동 범위가 너무 넓어 명확한 개념을 설정하기도 힘든 자리였다. 문재인은 이 애매한 자리에 6개월 남짓 머물다가 2005년 1월에 다시 민정수석실로 돌아갔다. 그리고 1년 4개월 동안 그 자리에 머물다가 2006년 5월에 사임하고 물러났다.

하지만 그는 2007년 3월에 다시 비서실장에 임명되어 청와대로 돌아갔다. 당시 노무현의 지지율은 완전히 바닥이었다. 노무현은 2005년에 야당인 한나라당에 대연정을 제안했다가 여론의 뭇매를 맞고 지지율이 20%대로 떨어졌는데, 2006년 벽두에 열린우리당 탈당을 시사하는 발언을 했다가 다시 한번 지지율이 곤두박질쳤다. 문재인이 비서실장으로 청와대에 다시 들어갔을 때는 지지율이 10%에도 미치지 못했으니, 그야말로 '식물 대통령' 소리를 듣는 판이었다. 동시에 노무현이 속한 열린우리당의 지지율도 동반 추락했다. 이 때문에 열린우리당에서는 노무현을 탈당시키려는 움직임이 일었다.

이런 상황을 돌파하기 위해 노무현은 2007년 1월에 대통령 4년 중임제를 골자로 하는 '원 포인트 개헌'을 제안했다. 그러나 이미 차기 정권을 예약해놓은 것이나 진배없다고 여긴 한나라당이 동의해줄 리 없었다. 한나라당은 그저 18대 국회가 개원하면 개헌을 추진하겠다는 지키지 못할 약속만 내놓았다. 이후 노무현은 2000년 6월에 있었던 1차 남북 정상회담에 이어 김정일과의 2차 남북 정상회담을 성사시켰고, 10·4남북정상선언을 이끌어냈다. 10·4남북정상선언의 주요 내용은 6·15남북공동선언을 고수하고, 상호 존중과 신뢰를 다지며, 군사적 적대관계를 종식해 긴장 완화와 평화 보장에 협력한다는 것이었다. 이를 위해 역사와 문화 전반에서 교류를 확대하고 경제 협력 사업을 활성화하기로 했다.

하지만 노무현은 10·4남북정상선언을 이행할 수 있는 처지가 아니었다. 레임덕이 극에 달한 데다가 이미 한나라당에 정권이 넘어가는 것이 사실처럼 굳어진 상황이라, 10·4남북정상선언은 그야말로 선언에 그칠 공산이 컸다. 10·4남북정상선언 직후 대선 레이스가 시작되었고, 이명박이 차기 대통령에 당선됨으로써 예정된 수순처럼 남북관계는 암울한 상황으로 치달았다.

비서관이 아닌 대통령이 되어 청와대로 복귀하다

2008년 2월에 노무현이 임기를 마치고 청와대에서 물러남에 따라 문재인도 비로소 청와대 생활을 청산하고 야인으로 돌아왔다. 하지만 퇴임 후 고향에서 지내던 노무현은 검찰의 압박을 견디지 못하고, 2009년 5월에 스스로 목숨을 저버렸다. 이 일은 문재인을 정계로 돌아오게 했다. 노무현을 추모하고 기리는 의미에서 노무현재단이 설립되었고, 문재인은 상임이사직을 거쳐 이사장직을 맡았다.

노무현이 짊어졌던 운명을 함께 지기로 결심한 문재인은 자신은 결코 정치인으로 살지 않겠다는 종래의 결심을 접고 마침내 본격적인 정치 행보에 나섰다. 그는 2012년 12월에 치러질 18대 대선에 출마할 것을 결심했고, 그 첫 단추로 그해 4월 11일에 치러진 19대 총선에서 부산 사상구에 출마해 당선, 국회에 입성했다. 이후 8월 25일부터 9월 16일까지 치러진 민주통합당의 대통령 후보 경선에서 승리했다. 이후 유력한 대통령 후보 중 1명이었던 안철수의 양보와 진보 정당들의 지지에 힘입어 야당인 새누리당의 대통령 후보 박근혜와 맞붙게 되었고, 12월 19일 대선에서 패배하고 말았다. 48%라는 높은 득표율을 기록했지만, 51.6%를 얻은 박근혜에게 100만 표 차이로 졌던 것이다.

하지만 문재인은 과거 대선에서 패배한 여느 정치인들과 달리 칩거하거나 정계에서 물러나는 행동 따위는 하지 않았다. 국회의원을 그만두지도 않았으며, 오히려 더욱 적극적으로 정치 행보를 가속화했다. 사실 그는 아직 정치 초년생이었고, 스스로 이제 시작 단계라고 판단했던 모양이다. 이에 대해 비판 여론이 있었지만, 그는 개의치 않았다. 2014년 6월의 지방선거에서는 손학규와 함께 새정치민주연합의 선거대책위원장을 맡았고, 그해 12월에는 당대표에 도전하겠다고 선언했다. 그러자 단번에 차기 대통령 후보 지지율 1위에 올랐다.

문재인은 그 여세에 힘입어 2015년의 당대표 선거에서 승리했다. 이후 새정치민주연합은 국민의당과 더불어민주당으로 갈라졌고, 문재인은 더불어민주당에서 당대표를 이어갔다. 그 무렵 박근혜 정부는 2014년 4월에 발생한 세월호 참사로 지지율이 크게 추락해 있었다. 설상가상으로 2015년에는 메르스에 대한 대처를 제대로 하지 못했다며 국민의 원성이 더욱 높아졌다.

2016년 1월에 문재인은 당대표에서 물러나 세력 강화를 위한 새로운 길을 모색했는데, 그때 마침 최순실의 국정 농단 의혹이 제기되었다. 일명 '박근혜-최순실 게이트'로 불리는 이 사건은 최순실이 박근혜 정부의 국정에 개입했을 뿐 아니라, 미르재단과 K스포츠재단의 설립에 관여해 그 재단들을 사유화했으며, 최순실의 딸 정유라가 대학 입시 등에서 여러 가지 특혜를 받았다는 내용을 포함하고 있었다.

이후 언론들이 해당 게이트를 본격적으로 보도했고, 국정 개입, 미르재단과 K스포츠재단 비리, 정유라의 입시 비리 등에 관한 구체적인 내용들이 확인되면서 엄청난 파장을 불러일으켰다. 민심은 극도로 나빠져 연일 전국 각지에서 수많은 군중이 집결해 촛불 시위를 이어갔고, 결국 2016년 11월 17일부터 2017년 1월 15일까지 '박근혜 정부의 최순실 등 민간인에 의한 국정농단 의혹 사건 진상규명을 위한 국정조사'가 이뤄졌다.

국정조사 기간 중이었던 2016년 12월 3일에 더불어민주당, 국민의
당, 정의당 등 야 3당과 무소속 의원을 합친 171명이 '대통령(박근혜)
탄핵소추안'을 국회에 제출해 가결되었다. 이후 2017년 3월 10일, 헌
법재판소는 심판에 참여한 재판관 8명 전원의 인용 의견에 따라 박근
혜 정부의 종막을 선고했다. 이에 따라 60일 이내에 차기 대선을 치러
야 했다.

이 무렵 차기 대통령 후보 지지율에서 당을 가리지 않고 압도적 1위
를 차지하고 있던 문재인은 2017년 3월 24일에 대선 출마를 공식 선
언했다. 이후 더불어민주당의 대통령 후보 경선에서 전 지역 1위를 차
지하며 대통령 후보가 되었다.

한편 박근혜가 탄핵당한 후 새누리당은 자유한국당과 바른정당으
로 갈라져 있었다. 그래서 각각 홍준표와 유승민이 대통령 후보로 나
섰고, 국민의당에서는 안철수, 정의당에서는 심상정이 출마했다. 이로
써 5자 구도가 형성되었으나 문재인은 압도적인 지지율 1위를 유지했
고, 5월 9일에 실시된 대선에서 득표율 41.1%로 당선되어 19대 대통
령이 되었다. 노무현의 비서관으로 처음 발을 들였던 청와대에 이제는
대통령이 되어 복귀하게 된 셈이었다.

2 검찰개혁의 소용돌이와 팬데믹 해일 속에서 보낸 문재인 시대

◉ 제 19대 대통령, 재임 기간: 2017년 5월 – 2022년 5월(5년)

적폐 청산, 구속되는 박근혜와 이명박

대통령 탄핵이라는 역사상 초유의 사태 이후에 대통령에 당선된 문재인이 내건 슬로건은 '나라다운 나라'였다. '박근혜 탄핵'을 외치며 광장에 모였던 시민들의 "이게 나라냐?"라는 물음에 대한 대답이었다. 문재인은 '나라다운 나라'를 '국민의 나라, 정의로운 대한민국'이라고 좀 더 구체화하면서 5대 국정 목표와 20대 국정 전략 그리고 100대 과제를 설정했다.

100대 과제 중에서 문재인 정부가 가장 중점을 둔 것은 적폐 청산이었다. 적폐란 곧 오랫동안 쌓이고 쌓인 관행, 부패, 비리 등에 의한 폐단을 의미한다. 따라서 이를 청산하는 작업은 절대 간단치 않은 일이다. 적폐를 통해 이익을 누리고 있는 기득권 세력의 강한 저항이 필연적인 까닭이다. 인적 청산은 물론 행정 조직의 개편과 법 제도의 개혁까지 이뤄내야 비로소 적폐를 일소할 수 있다.

문재인 정부는 적폐 청산 작업의 첫 번째 대상을 박근혜 정부를 몰락으로 이끈 국정 농단 세력으로 보았다. 흔히 '박근혜-최순실 게이트'로 불리는 이 사건과 관련해 특검과 검찰이 기소한 인물들은 박근혜와 최순실을 비롯해 김기춘, 안종범 등의 청와대 참모들과 이재용 삼성전자 부회장, 최경희 이화여자대학교 총장, 조윤선 문화체육부장관 등 22명이었다. 이들 대다수는 직권 남용, 뇌물 수수나 공여, 업무 방해 등의 혐의로 기소되고 구속되었다.

박근혜 정부의 적폐 세력이 기소된 이후 검찰은 이명박에게로 칼끝을 돌렸다. 검찰은 2018년 3월 19일에 뇌물 수수, 횡령, 배임, 조세 포탈 등의 혐의로 이명박을 구속·수감했다. 이명박은 약 6개월 뒤인 9월 6일에 주식회사 다스의 실소유주로서 349억 원대의 비자금을 조성한 혐의 등으로 재판에 넘겨졌고, 그해 10월에 1심 재판부는 징역 15년에 벌금 130억 원을 선고했다.

이렇게 박근혜에 이어 이명박까지 구속되자, 이에 대한 국민의 반응은 엇갈렸다. 한쪽에서는 적폐 청산이라고 하고, 다른 한쪽에서는 정치 보복이라고 했다. 당시 CBS의 여론조사 결과로는 적폐 청산이라고 생각하는 쪽이 65%, 정치 보복이라고 생각하는 쪽이 26%였다. 말하자면 이명박과 박근혜의 구속이 적폐 청산이라는 데 국민 여론이 쏠렸던 셈이다. 심지어 보수 성향이 강한 대구와 경상북도 지역에서도 적폐 청산이라는 여론이 65%나 되었다. 특히 서울에서는 적폐 청산이라는 응답이 74.1%로 매우 높았다. JTBC의 여론조사에서는 적폐 청산이라는 응답이 67.4%, 정치 보복이라는 응답이 22.5%였고, 그 외 언론들의 여론조사 결과도 적폐 청산이라는 응답이 압도적으로 높았다. 또한 문재인의 국정 운영 지지율도 65% 이상이었다. 여론은 두 전직 대통령을 비롯한 적폐 청산 대상들을 구속한 것에 대해 압도적인 지지를 보낸 셈이었고, 이런 점에서 적폐 청산의 첫걸음은 성공적이었다.

지지율 고공 행진으로 지방선거에서 압승하다

문재인 정부는 2017년 5월에 출범할 때부터 국정 수행에 대한 지지율이 80%를 넘나들 만큼 대단한 국민적 지지를 얻고 있었다. 대선 당시 득표율이 41.1%였던 것에 비하면 40%나 상승한 수치였다. 문재인 정부의 국정 수행 지지도가 이렇게 높게 형성된 것은 국정 농단 세력에 대한 강력한 처벌과 새 정부에 대한 강한 기대 심리 때문이었다. 하지만 2017년 연말에 이르러 지지율은 70%대로 하강했고, 다시 2018년 3월에 이르러 65%대로 하강했다. 그러나 1달 뒤인 4월에는 다시 지지율이 83%까지 치솟았다. 원인은 두 차례에 걸친 김정은과의 남북 정상회담이었다. 거기에다 5월 26일에는 김정은과 도널드 트럼프의 북미 정상회담까지 예정되어 있었다.

이후 문재인 정부의 지지율 고공 행진은 6월까지 계속되었고, 이로써 2018년 6월 13일에 치러진 7회 지방선거에서 여당인 더불어민주당은 압승을 거뒀다. 더불어민주당은 광역단체장 17석 중에 14석을 휩쓸었고, 기초단체장 209석 중에 151석을 차지했다. 또한 광역의회의원 824석 중에 652석을 차지했고, 기초의회의원 2926석 중에 1638석을 차지했다. 이에 비해 야당인 새누리당은 광역단체장 2석, 기초단체장 53석, 광역의회의원 137석, 기초의회의원 1009석이라는 초라한 성적에 머물렀다. 그야말로 더불어민주당의 압승이었다. 이는 물론 문재인 정부의 막강한 국정 지지율에 기반한 결과였다.

검찰의 반기와 조국사태

지방선거 압승 이후 문재인 정부에 대한 지지율은 조금씩 빠지기 시작했다. 북미 정상회담의 성과가 기대에 미치지 못한 데다가, 남북 및 북미 정상회담으로 생긴 거품이 조금씩 빠진 결과였다. 문재인에 대한 지지율은 지방선거 후 2달 뒤인 8월에 이르러 50%대까지 떨어졌다. 그러다가 9월에 이르러 김정은과 평양에서 남북 정상회담을 개최한 덕분에 가까스로 60%대를 회복했다. 하지만 2019년 초가 되자 지지율은 47%까지 다시 떨어졌다. 이후 문재인 정부의 국정 수행에 대한 긍정 평가는 40%대의 늪에서 벗어나지 못했다.

그런 가운데 문재인은 두 번째 적폐 청산 작업을 시작하며 새로운 국정 동력을 얻고자 했다. 검찰과 국정원 등의 권력기관 개혁이 그것이었다. 특히 가장 강력한 권력기관인 검찰개혁이 관건이었다. 국정원, 국세청, 감사원, 금감원 등의 권력기관은 운영만 제대로 한다면 개혁이 그리 어려운 일은 아니었지만, 검찰개혁은 그들 기관을 개혁하는 것과는 차원이 다른 문제들이 얽혀 있었기 때문이다.

무엇보다 검찰이 정치권력과 밀접한 관계를 형성하고 있는 것이 가장 큰 걸림돌이었다. 다른 권력기관은 정치인을 움직일 힘이 없었지만, 검찰은 정치인의 목을 움켜쥐고 있는 기관이었다. 또한 검찰은 수사권과 강제수사권, 기소독점권이라는 무소불위의 권한을 모두 가진 기관이었기에, 정계와 경제계는 물론이고 사회 전체에 연결되지 않는 곳이 없었다. 개인 간의 이권을 다투는 사소한 민사사건부터 살인사건과 같은 형사사건 그리고 정치자금과 선거 등이 관련된 정치사건까지 모든 이권을 쥐락펴락할 수 있는 힘이 검찰에 집중되어 있었다.

특히 검찰의 전관예우 관행은 사법 질서를 교란하고 이권을 주고받는 카르텔을 형성하고 있어 검찰에 대한 신뢰를 훼손하는 주범으로 인식되고 있었다. 문재인은 어떻게 해서든 이런 검찰 권력을 분산해 검찰이 사법 정의를 실현하는 본연의 조직으로 환원되어야 한다고 생각했다.

검찰 권력을 분산하는 작업은 크게 두 방향으로 이뤄졌다. 하나는 검찰의 비리를 수사하고 기소할 수 있는 고위공직자비리수사처(공수처)를 설치하는 것이고, 다른 하나는 검찰의 권한을 축소하는 것이었다. 검찰이 가진 가장 강력한 권한은 수사권과 공소권이었다. 이 중 수사권을 검찰에서 경찰로 이양하는 것이 검찰 권한 축소의 핵심이었다.

이를 실현하기 위해 문재인은 민정수석으로 있던 조국을 법무부장관에 기용하고, 서울중앙지방검찰청장으로 있던 윤석열을 검찰총장으로 앉혔다. 개혁의 아이콘 같은 이들 두 사람을 통해 검찰개혁을 실현하려 했던 것이다.

하지만 막상 검찰총장이 된 윤석열은 문재인의 예상과 달리 검찰개혁에 반기를 들고 조국의 법무부장관 기용을 반대했다. 심지어 조국이 법무부장관 청문회를 거치는 중에 그의 부인 정경심을 소환조차 하지 않고 기소하는 상황을 연출했다. 이후로 정국은 '조국사태'의 소용돌이 속으로 빨려 들어갔다. 검찰이 조국의 가족을 상대로 이른바 '먼지떨이식 수사'를 강행하자, 여론은 반반으로 나뉘었다. 검찰의 수사가 상식을 초월한 권력 남용이라는 진보 진영과 살아 있는 권력에 대한 검찰 수사를 지지한다는 보수 진영이 거리에서 세력 대결을 하는 형국이었다.

이런 상황에서 어느덧 윤석열은 보수 진영의 새로운 기대주로 떠올랐고, 조국은 법무부장관에 임명되었지만 가족들의 기소로 1달여 만에 물러나야만 했다. 검찰개혁을 위해 마련된 쌍두마차가 산산이 부서진 셈이었다.

더불어민주당의 압승으로 끝난 21대 총선

조국이 퇴진한 이후에도 조국사태의 여진이 계속되는 가운데 21대 총선이 치러졌다. 2020년 4월 15일, 코로나19가 만연한 상황에서 실시된 이 선거를 앞두고 여야는 모두 대대적인 정계 개편을 시도했다.

제1야당인 자유한국당은 세력을 확대하고자 범보수 세력을 결집해 미래통합당으로 거듭났다. 미래통합당 속에는 자유한국당을 중심으로 새로운보수당, 전진당, 보수 성향의 시민단체와 재야인사들이 망라되어 있었다. 이때 새로운보수당은 바른미래당 내부의 옛 바른정당 계열

인사들로 구성되어 있었다. 따라서 미래통합당은 2017년 3월에 박근혜가 탄핵당한 이후로 보수 성향 정치 세력들이 총결집해 만든 것이라 할 수 있었다.

보수의 총결집과 별도로 제3지대 야당이 형성되었다. 바른미래당에 잔류한 의원들 및 호남계 인사들이 모여 만든 민주평화당과 대안신당 등이 결집해 민생당을 출범시켰다.

이런 가운데 선거제도의 변화도 있었다. 거대 양당의 독식을 막고 중소 정당을 보호한다는 명목으로 준연동형 비례대표제가 도입되었다. 하지만 미래통합당이 편법으로 비례대표 전용 정당인 미래한국당을 창당하면서 준연동형 비례대표제는 본래의 취지가 무색해졌다. 그러자 더불어민주당도 비례대표 전용 전당인 더불어시민당을 창당했다. 여기에 더불어민주당과 뜻을 같이하는 열린민주당도 꾸려졌다.

이들 정당 외에도 안철수가 이끄는 국민의당과 우리공화당, 친박신당 등의 신생 정당들이 생겨났다. 기존 정당 중에서 진보 정당인 정의당을 제외한 모든 정당이 정계 개편을 거친 상태였다. 이들 정당 외에도 한국경제당, 녹색당 등 수많은 군소 정당까지 가세해 총 37개의 정당이 21대 총선에 뛰어들었다.

대대적인 정계 개편이 이뤄진 까닭에 투표율은 비교적 높았다. 사전투표율은 2014년 시행 이래 최고치를 기록했고, 최종 투표율도 66.2%에 달해 28년 만의 최고치였다.

투표 결과는 여당의 압승이었다. 더불어민주당은 무려 180석을 차지해 민주당 역사상 가장 많은 의석을 가지게 되었다. 반면에 제1야당인 미래통합당은 103석을 얻는 데 그쳤다. 21대 총선 이전에 128석이었던 민주당은 52석이 늘어났고, 112석이었던 미래통합당은 9석이 줄어들었다. 득표율로 보면 미래통합당은 33.8%로 33.4%를 얻은 민주당보다 높았지만, 의석수에서는 무려 77석이나 뒤지며 참패를 당했다. 그나마 득표율이 높아 비례대표 의석에서 19석을 얻어서 민주당보다 2석을 더 가져왔고, 그 덕에 가까스로 100석을 넘긴 것을 위안으로 삼아야 했다. 선거를 총지휘했던 황교안 미래통합당 대표는 참패의 책임을 지고 대표직에서 물러났다.

공수처 설치와 검경 수사권 조정

총선을 앞두고 더불어민주당은 국회에 공수처 법안을 제출했고, 야당과의 치열한 대결 끝에 2020년 1월에 공수처 법안을 통과시키는 데 성공했다. 그리고 총선의 압승에 힘입어 7월에 공수처를 정식으로 출범시키며 노무현 정부부터 이어져온 숙원 사업을 이뤄냈다.

한편 공수처 법안을 통과시킨 지 1달 뒤인 2020년 2월 4일에는 검찰과 경찰의 수사권 조정을 위해 형사소송법 제195조를 신설하고, 제197조를 개정했다. 제197조 개정을 통해 검찰의 경찰에 대한 수사지휘권은 없어지고, 신설된 제195조에 따라 경찰과 검찰의 관계는 상하관계에서 협력관계로 변하게 되었다.

검찰과 경찰의 수사권 조정에 따라 경찰 조직에도 변화가 생겼다. 경찰청 산하에 국가수사본부(국수본)를 설치한 것이다. 국수본은 2021년 1월 1일에 발족해 1월 4일에 현판식을 치르고 업무를 시작했다. 국수본이 맡은 범죄는 부패, 공공 범죄, 경제 범죄 및 금융 범죄 등 주로 중대 범죄에 해당하는 사안들이었다.

하지만 검경 수사권 조정은 거기서 끝나지 않았다. 2021년 9월에 검찰이 직접 수사할 수 있는 범죄를 부패, 경제, 공직자, 선거, 방위사업, 대형 참사 등의 여섯 종류로 한정하는 시행령이 만들어졌다. 2022년 5월 3일에는 부패와 경제만 남기고 나머지 네 종류의 범죄에 대한 수

사건까지 경찰에 넘기는 법안이 통과되었다.

이로써 문재인 정부는 검찰개혁의 핵심 과제인 공수처를 설치했고, 검찰과 경찰의 수사권 조정에도 상당한 성과를 거두었다. 하지만 검찰 권력은 여전히 공고했고, 공수처 또한 제구실을 해낼 수 있을지 의문으로 남겨진 상태였다. 그리고 비대해진 경찰 조직에 대한 개혁도 또 하나의 과제로 남았다.

조급함 때문에 치밀하지 못했던 경제정책

흔히 'J노믹스'로 불리는 문재인 정부 경제정책의 핵심은 소득 주도 성장론에 있었다. 소득 주도 성장론은 소득을 늘려 소비를 촉진함으로써 경제를 성장시킨다는 논리에 기초한다. 이는 포스트케인지언(post-keynesian) 경제학자들이 주장한 임금 주도 성장론을 변형한 것이다.

임금 주도 성장론이 소득 주도 성장론으로 이름이 바뀐 배경에는 한국의 특수한 사정이 있었다. 한국은 유달리 임금을 받지 않는 자영업자의 비중이 매우 높은 국가다. 이들의 비율이 전체 노동자의 4분의 1을 차지할 정도다. 따라서 임금 주도 성장론이라고 하면 이들 자영업자를 배제하는 꼴이 되니, 단어를 바꿔 소득 주도 성장론이라 하게 되었다. 하지만 실제 정책에서는 임금 주도 성장론의 형태를 띨 수밖에 없었다.

소득 주도 성장론의 핵심은 노동자의 소득을 인위적으로 올리는 데 있다. 즉 기업의 성장에 따른 임금 상승이 아니라, 국가 개입에 따른 임금 상승이 전제되어야만 실행 가능한 정책이라는 뜻이다. 그런데 한국에서 노동자의 임금은 지금껏 대기업의 성장에 의존해왔다. 대기업의 임금 상승이 중소기업의 임금 상승을 견인하는 형태였다. 본질적으로 대기업의 성장과 '낙수 효과'에 기댄 소득 구조였던 셈이다.

낙수 효과란 고소득층의 소득이 증대되면 결과적으로 경제가 성장하고, 자연스럽게 그 혜택이 저소득층에게 돌아간다는 개념이다. 하지만 낙수 효과에만 의존한 경제성장은 필연적으로 소득의 양극화를 유발하고 중산층의 붕괴로 이어지게 마련이다. 따라서 이런 경제 구조에서는 성장의 과실이 골고루 분배될 수 없다는 것이 문재인 정부의 기본적인 시각이었다.

일군의 경제학자는 이런 경제 구조를 완화하기 위해 낙수 효과가 아닌 '분수 효과'를 일으키는 정책을 도입해야 한다고 주장한다. 분수 효과란 저소득층을 위한 경제 및 복지정책을 강화해 그들을 중산층으로 끌어올리고, 그러면서 전체적인 소비를 늘려 경제성장을 이끌어낸다는 개념이다. 따라서 분수 효과와 문재인 정부의 소득 주도 성장론은 같은 맥락이라 할 수 있다.

분수 효과를 일으킬 수 있는 방도로는 크게 2가지가 있다. 하나는 부유층에 대한 세금을 늘려 저소득층의 복지를 강화하는 것이고, 다른 하나는 법으로 최저임금을 올려 저소득층의 수입을 높이는 것이다. 그 외에 부수적으로 공공 일자리 확대, 공교육 강화, 독점자본 규제, 비정규직 노조 확대 등이 포함될 수 있다. 이런 정책은 필연적으로 부유층과 기업의 저항에 직면하게 되는데, 부유층은 늘어난 세금 부담 때문에, 기업은 최저임금의 상승으로 비용이 높아지기 때문이다. 따라서 분수 효과를 중심에 둔 경제정책의 성패는 부유층과 기업의 저항을 얼마나 지혜롭게 극복하는지에 달렸다.

문재인 정부가 분수 효과를 겨냥한 소득 주도 성장론의 일환으로 추진한 대표적인 경제정책은 최저임금 인상과 노동시간 단축이었다. 문재인은 대선 당시 공약으로 2020년까지 최저임금을 1만 원까지 올리겠다고 했다. 이를 위해 임기 첫해부터 최저임금을 대폭 인상했다.

2017년 당시 6470원이었던 시간당 최저임금은 2018년도에 16.4%인 1060원이 올라 7530원이 되었다. 한 해에 시간당 최저임금이 10% 이상 오른 것은 이때가 처음이었다. 그러자 임금에 부담을 느낀 자영업자와 소상공인들의 불만이 터져 나왔다. 하지만 2019년에도 10.9%인 820원을 인상해 시간당 최저임금은 8350원이 되었다.

두 해 연속으로 최저 임금을 10% 이상 인상하자 거센 저항이 이어졌다. 그 바람에 2020년에는 240원(2.87%)을 올리는 데 그쳐야 했고, 2021년에는 130원(1.5%)밖에 올리지 못했다. 그리고 임기 마지막 해인 2022년에는 460원(5.27%)을 올려 시간당 최저임금은 9160원이 되었다. 문재인은 임기가 끝날 때까지도 최저임금 1만 원 공약을 지키지 못했다. 첫해에 인상 폭을 너무 키운 것이 오히려 악재가 되어 목표 달성에 실패한 꼴이었다. 차라리 첫해부터 매년 8.2%씩 인상했다면 급작스러운 인상에 대한 부담도 줄이고, 임기 말까지 공약도 지킬 수 있었을 것이라고 안타까워하는 경제학자들도 있었다.

임기 초기 최저임금을 급작스럽게 올린 것에 대한 부작용도 적지 않았다. 임금에 부담을 느낀 자영업자들은 직원을 채용할 때 쪼개기 계약을 요구했고, 그 바람에 노동자들은 초단기직을 선택할 수밖에 없는 상황에 놓이면서 노동시장이 교란되었다.

최저임금 인상과 함께 실시한 노동시간 단축에 대한 여론은 비교적 호의적이었다. 하지만 부작용도 없지 않았다. 문재인 정부가 주당 노동시간을 52시간으로 단축하자, 대기업은 크게 반발하지 않는 반면, 중소기업과 소속 노동자들이 반발했다. 대기업은 이미 노동시간 단축에 대한 준비가 되어 있었지만, 중소기업과 소속 노동자들은 준비가 되어 있지 않았던 것이다.

중소기업 경영자는 노동시간을 단축하면 더 많은 인력을 확충해야 하는 고충이 따르고, 또 더 많은 인력을 고용하면 지출이 증대되어 경영이 어려워진다고 아우성쳤다. 그리고 중소기업 노동자는 야근이나 잔업을 통해 임금의 부족분을 채워왔는데, 일할 시간이 줄어듦으로써 결과적으로 임금이 줄어든다며 불만을 토로했다. 하지만 노동계는 기본적으로 노동시간 단축에 동의했다. 다만 정책 시행 과정이 치밀하지 못했다는 비판을 가했을 따름이다.

소득 주도 성장론을 바탕으로 한 문재인 정부의 경제정책은 전반적으로 조급성을 드러냈고 치밀하지 못했다. 무엇보다 최저임금의 급작스러운 상승과 노동시간 단축에 따른 문제점들을 예측하지 못한 것이 문제였다. 서민을 위한 정책이라는 말이 무색하게 자영업자와 소상공인, 노동자의 불만을 낳았고, 이는 문재인 정부의 지지율 하락에 적잖이 일조했다.

J노믹스, 여러 악재를 딛고 한국 경제의 저력을 드러내다

문재인 정부는 경제 문제에서 역대 어느 정부보다 악재가 많았다. 우선 정부 출범 초기부터 미군의 사드 설치에 대한 중국의 경제 보복에 시달려야 했다. 사드 설치에 합의한 것은 박근혜 정부였지만, 그로 인한 직격탄은 문재인 정부가 맞아야 했다.

중국의 경제 보복은 전방위적이었다. 한한령(限韓令)이라는 이름 아래 벌어진 중국의 경제 보복은 크게 4가지 형태로 이뤄졌다. 첫째, 무역 품목에 대한 통관 과정과 위생검사를 강화함으로써 비관세 장벽을 높였고, 둘째, 중국인 관광객을 통제했다. 이는 관광 상품 판매를 중단하거나 비자 발급을 지연하는 형태로 이뤄졌다. 셋째, 한국 기업의 이미지를 악화해 불매운동을 유발했고, 넷째, 중국에 진출한 한국 기업에 대한 표적 단속을 일삼았다.

특히 사드 부지를 제공한 롯데가 집중포화를 맞았다. 당시 중국에 있던 롯데마트 99개 점포 가운데 무려 55곳이 무더기로 영업정지를 당했을 정도다. 롯데 외에도 중국과 거래하던 대부분의 한국 기업은 갑작스러운 계약 해지로 엄청난 영업 손실을 입어야 했고, 그 피해액은 80억 달러를 훌쩍 넘겼다. 거기에다 암암리에 중국 정부는 한국 시장에 진출한 중국 자본을 철수시켰다. 이 때문에 증권시장이 심하게 요동쳤다.

사드 설치에 따른 중국의 경제 보복이 계속되는 가운데, 문재인 정부는 설상가상으로 일본과도 무역 분쟁을 겪어야만 했다. 무역 분쟁은 2019년 7월 1일 일본 경제산업성이 한국의 반도체와 디스플레이 장치에 사용되는 각종 소재의 수출 제한을 발표하면서 시작되었다. 일본이 노골적인 무역 분쟁을 일으킨 배경에는 2018년에 대법원이 내린 일제의 강제징용에 대한 배상 판결이 있었다. 당시 대법원은 배상 책임이 있는 일본제철(일제강점기 당시 신일철주금)의 자산을 강제로 환수하라고 선고했는데, 일본은 이에 대한 보복 조치로 반도체와 디스플레이 장치에 쓰이는 각종 소재의 수출 제한 조치를 단행했다.

일본은 1달 뒤인 8월 초에 화이트리스트에서 한국을 제외하는 방법으로 무역 분쟁을 심화했다. 화이트리스트는 일본의 외국환 및 외국무역법에 따른 신뢰 대상 목록인데, 여기에서 제외되었다는 것은 한국이 신뢰할 수 없는 국가로 전락했다는 뜻이었다.

이후 한국도 맞대응하며 일본을 수출 우대 국가에서 제외했다. 또한 한국인들은 국내에서 판매 중이던 일본 제품들에 대한 불매운동을 전개했다. 이렇게 양국이 첨예하게 대립하자, 증시가 출렁거리기 시작했다. 심지어 코스닥 지수가 6% 이상 급락해 사이드카가 발동되는 사태까지 벌어졌다.

이처럼 가장 가까운 두 나라인 중국과 일본에 경제 보복을 당하는 사이, 2020년 1월부터 코로나19가 퍼져 전 세계가 팬데믹 상황에 놓였고, 이로써 세계경제는 순식간에 위기 상황으로 치달았다. 팬데믹이라는 사상 초유의 사태 앞에서 세계 모든 국가가 마이너스 성장의 늪에 빠졌고, 한국 또한 그 늪으로 빨려 들어갔다.

하지만 문재인 정부는 이 악재들을 하나둘 헤쳐 나가며 오히려 한국의 저력을 드러내기 시작했다. 우선 중국의 경제 보복을 기점으로 베트남, 인도 등 남아시아 지역에 대한 무역 비중을 높여 대중 무역의존도를 줄이는 계기를 마련했다. 또한 반도체 및 디스플레이 장치에 대한 일본의 소재 수출 제한 조치에 대응해 수입처를 다양화하는 한편, 각종 소재와 부품, 장비의 국산화 비율을 높이는 계기로 삼았다. 이는 만성화된 대일 무역 적자를 낮추는 기회가 되기도 했는데, 무역 분쟁 이전보다 대일 무역 적자가 140억 달러나 줄어들었다.

한국은 코로나19에 대한 대응에서도 세계의 모범이 되었다. 팬데믹에 대한 한국의 대응은 이른바 'K-방역'이라는 이름으로 세계의 방역 체계를 주도했다. 덕분에 경제적 피해도 다른 선진국에 비해 적은 편이었다. 실제로 팬데믹 기간인 2020년과 2021년의 경제성장률은 다른 선진국에 비해 월등히 높았다. 해당 기간 한국의 연평균 성장률은 1.55%로 OECD 회원국 평균인 0.2%보다 7.7배 높았다. 미국(1%), 오스트레일리아(0.6%), 캐나다(-0.4%), 프랑스(-0.9%), 독일(-1.1%), 일본(-1.4%), 이탈리아(-1.6%), 영국(-1.7%) 등의 선진국들보다도 확실히 높은 성장률을 유지했다.

문재인 정부 5년 동안의 평균 경제성장률은 2.3%로, 박근혜 정부 때보다는 낮았지만 팬데믹 상황을 고려한다면 선방했다고 할 수 있다. 또한 계층 간의 소득 양극화가 다소 완화되었고, 직업의 질이 좋아졌으며, 고용률은 60.9%까지 치솟으며 역대 최고치를 기록했다.

이러한 성과에 힘입어 한국 경제의 위상이 상승해 G7 국가인 이탈리아를 제치고 확실한 선진국 대열에 진입했다. 특히 여러 경제지표 중에 경제 강국의 주요 지표로 간주되는 '30-50클럽(인구 5000만 명, 1인당 GDP 3만 달러 이상)'에 속한 것과 구매력 기준 1인당 GDP가 경제 대국 일본을 추월한 것은 매우 의미 있는 일로 평가된다.

문재인 정부는 경제성장을 기반으로 국방력 강화에도 주력했다. 덕분에 유럽의 모든 선진국을 제치고 국방력이 세계 6위에 이르게 되었다. 근소한 차이로 5위에 오른 일본과 어깨를 견주게 됨으로써 경제 강국에 이어 국방 강국의 대열에 당당히 합류했다.

유례없는 집값 폭등으로 여론의 뭇매를 맞다

팬데믹 상황에서 비교적 양호한 경제 성적표를 낸 문재인 정부였지만, 국민에게 엄청나게 비난받는 문제가 있었다. 바로 집값의 폭등이었다. 서울의 집값이 문재인 정부 5년 동안 무려 2배나 뛰었다는 항의가 빗발쳤고, 문재인은 이 일로 국민에게 머리를 숙여야 했다.

문재인 정부는 출범 초부터 '투기와의 전쟁'을 선포하고 수도권의 집값을 잡기 위해 혈안이 되어 무려 23회나 부동산대책을 내놓았지만, 전혀 효과가 없었다. 이유는 간단했다. 돈은 많이 풀렸는데, 그 돈이 갈 곳이 없었다. 팬데믹 상황이라 한국은 물론이고 세계 모든 나라가 돈을 풀기에 여념이 없었다. 그러면서 금리는 계속 떨어지고, 도시의 집값은 천정부지로 뛰었다. 물론 집값 폭등은 한국만의 문제가 아니었다. 전 세계 주요 도시의 집값이 모두 폭등했다. 경제는 나빠지고 그로 인한 심리적 불안은 가중되는 상황에서 믿을 만한 투자처는 집밖에 없다는 심리가 팽배한 탓이었다. 특히 한국은 기업이나 산업단지,

유명 대학, 인프라가 거의 수도권에 몰려 있고, 전체 인구의 절반가량이 수도권에 거주하는 탓에, 주택 수요에 비해 공급이 턱없이 부족한 상황이었다.

문재인 정부는 재건축이나 재개발을 통한 주택 공급 정책에는 소극적인 편이었다. 어쩌면 집값이 오르는 것은 필연적인 결과였는지 모른다. 게다가 0%에 가까운 초저금리 상황까지 이어지면서 너도나도 은행에서 돈을 빌려 집을 사는 형국이었다. 그러면서 '갭(gab) 투자'까지 성행했다. 갭 투자란 매매가와 전세가의 차이가 작은 집을 전세를 끼고 산 뒤 집값이 오르면 팔아 단기간에 시세 차익을 남기는 투기 형태를 의미한다. 문재인 정부는 이를 근절하기 위해 양도세와 보유세를 연이어 인상했지만, 그것이 오히려 집값을 더 올리는 결과를 낳았다. 다주택 소유자들은 정권이 바뀌면 세금정책이 바뀔 것이라 기대하며 집을 팔지 않았고, 갭 투자자들도 엄청난 세금을 내기보다는 버티면서 정권이 바뀔 때를 기다렸기 때문이다.

집값 폭등을 막을 해결책은 금리를 올리고, 세금을 완화하는 한편, 주택 공급을 늘리는 것이었다. 하지만 팬데믹 상황이라 금리를 올리는 것은 불가능했고, 명분 없이 세금 부담을 완화하기 어려웠으며, 주택 공급을 늘리기에는 시간이 오래 걸렸다. 그런 까닭에 문재인 정부는 이러지도 저러지도 못하며 엉거주춤한 태도를 취했고, 결과적으로 집값 폭등에 대한 온갖 비난과 여론의 뭇매를 맞아야 했다.

미투, 코로나19, 영끌로 들끓었던 한국 사회

문재인 정부 시대, 한국 사회를 가장 뜨겁게 달군 대표적인 단어는 '미투', '코로나19', '영끌' 3가지였다.

미투는 곧 미투운동을 의미하는데, 성폭행이나 성희롱 피해를 여론의 힘을 결집해 사회적으로 고발하는 행위다. 미투운동이 처음 시작된 나라는 미국으로, 2017년 10월에 할리우드의 영화제작자인 하비 와인스틴의 성추문이 폭로되자, 이에 연대한다는 뜻의 해시태그 '#MeToo'가 소셜미디어에서 유행하며 '미투'라는 표현이 대중화되었다. 이후 미투운동은 수치심과 불이익을 받을지도 모른다는 두려움 때문에 숨겨왔던 성범죄나 성적 모독을 폭로하고 고발하는 형태로 진행되었다.

미국에서 시작된 미투운동은 2018년 초부터 한국에서도 전개되었다. 그해 1월 29일에 현직에 있던 서지현 검사가 JTBC 〈뉴스룸〉에 출연해 자신이 검사장에게 성추행당했던 사실을 공개하며 미투운동이 본격화되었다. 이후 정계와 문화계에서 동시다발적으로 '위력에 의한 성폭력'에 대한 고발이 이어졌다. 미투운동은 교내 성폭력을 고발하는 '스쿨 미투'로 확산하기도 했다. 이렇듯 미투운동은 한국 사회 전반으로 퍼져나가며 젠더 폭력에 관한 기존의 인식과 관념에 변화를 불러왔다.

미투운동이 한창 전개되는 중에 지구촌을 공포의 도가니로 몰아넣은 존재가 등장했다. 바로 신종 코로나바이러스 감염증이었다. 줄여서 코로나19로 불린 이 바이러스가 전 세계를 휩쓸면서 수백만 명이 사망하는 사태가 벌어졌다. 최초 사망자는 중국 후베이성 우한시에서 발생했다. 2019년 12월 중순에 우한시에서 원인을 알 수 없는 폐렴으로 사망자가 속출하면서 코로나19의 존재가 드러났다. 이후 코로나19는 순식간에 전 세계로 퍼져나갔고, 세계보건기구(WHO)는 2020년 3월 11일에 팬데믹을 선언했다.

코로나19는 사람이나 동물의 호흡기를 통해 전염되는 특징이 있어 감염된 사람은 격리가 의무화되었고, 사회적으로도 개인 간의 접촉을 최소화하는 통제 조치가 시행되었다. 이른바 '사회적 거리두기'로 불린 통제 조치는 전 세계의 모든 나라에서 공통적으로 실시되었고, 이는 국가 간의 교류를 최소화하는 결과를 낳았다. 항공기와 선박의 운항이 중단되고 국가 간의 이동이 거의 전면 통제되면서 순식간에 세계 경제가 얼어붙었다.

코로나19를 극복하기 위해 미국과 영국 등의 의료 선진국에서 백신을 개발해 보급한 덕분에 점차 사망자가 줄어들고 사회적 거리두기도 축소되었다. 이후 국가 간의 이동 제한 조치가 풀리거나 완화되면서 경제도 활기를 되찾았다. 하지만 코로나19는 수많은 변종을 만들어냈고, 여전히 맹위를 떨치며 수많은 목숨을 앗아가고 있다.

WHO는 코로나19 누적 확진자는 약 6억 명, 누적 사망자는 약 646만 명으로 추산하고 있다(2022년 8월 기준). 대륙 단위로 보면 가장 많은 확진자를 낸 곳은 유럽으로 약 2억 5000만 명이 코로나19를 확진받았다. 국가 중에서는 미국이 가장 많은 확진자와 사망자를 냈는데, 누적 확진자 수는 약 9300만 명, 누적 사망자 수는 약 103만 명이었다. 같은 기간 한국의 코로나19 누적 확진자 수는 약 2315만 명, 누적 사망자 수는 약 2만 7000명이었다.

이렇듯 코로나19가 만연한 가운데 또 다른 유행이 한국 사회를 휩쓸었으니, 다름 아닌 '영끌' 투자였다. '영끌'이란 '영혼까지 끌어 모은다'는 말을 줄인 것으로, 자신이 동원할 수 있는 모든 자본을 끌어 모아 부동산이나 주식, 또는 암호화폐에 투자하는 행위를 의미한다.

영끌 투자는 2020년에 팬데믹 상황이 도래하면서 주택 가격과 주식 가격이 폭등하자 2030세대를 중심으로 확산했다. 영끌 투자에 몰두한 사람들을 '영끌족'이라고 부르는데, 이들은 저축을 통한 부의 축적이 불가능하다고 보고, 주로 대출받은 돈으로 투자하는 경향을 보였다. 이러한 영끌족의 투자 방식에서 '빚투'라는 용어가 만들어졌다. '빚을 내서 투자한다'는 뜻으로, '영끌'과 비슷한 의미로 사용되었다. 또 빚을 내서 주식을 산 개인을 '빚투 개미'라고 표현했다.

영끌이든 빚투든 이런 투기성 투자의 결과로 상당수의 청년이 빚더미에 앉았다. 2022년에 접어들면서 주가가 본격적으로 떨어지기 시작했고, 집값도 하락하기 시작했다. 거기에다 금리까지 치솟으면서 대출이자가 눈덩이처럼 불어났다. 영끌에 몰두했던 수많은 청년은 좌절을 맛보며 파산 신청의 대열에 합류해야만 했다.

대선에서 승리한 윤석열과 문재인의 화려한 퇴장

문재인은 임기 말에 40% 이상의 국정 지지율을 유지한 유일한 대통령이었다. 1987년 이후 대통령들의 임기 말 지지율을 살펴보면 13대 노태우 12%, 14대 김영삼 6%, 15대 김대중 24%, 16대 노무현 27%, 17대 이명박 23%, 18대 박근혜 5%였다. 그런데 문재인은 임기 마지막 주인 2022년 5월 첫 주의 지지율이 최저 41.4%, 최고 45%였다. 이는 19대 대선 당시 얻은 득표율인 41.1%보다도 높은 수치였다. 이렇게 지지율로만 본다면, 문재인은 역대 대통령 중에 가장 성공한 대통령으로 평가받을 만하다.

하지만 문재인은 정권 재창출에 실패했다. 그 원인도 스스로 제공했다. 바로 윤석열을 검찰총장에 임명한 일이었다. 말하자면 인사 실패가 정권 재창출 실패로 이어졌던 셈이다.

문재인은 정치 인생의 최대 과업으로 생각하던 검찰개혁을 위해 윤석열을 2년 임기가 보장된 검찰총장에 임명했다. 하지만 윤석열은 검찰총장에 오르자마자 검찰개혁에 반기를 들었다. 윤석열은 검찰개혁의 기수를 자처하던 조국의 법무부장관 임명을 반대했을 뿐 아니라, 그와 그의 가족을 순식간에 '내로남불('내가 하면 로맨스, 남이 하면 불륜'이라는 뜻으로, 남이 할 때는 비난하던 행위를 자신이 할 때는 합리화하는 태도를 이르는 말)'의 대명사로 만들어버렸다. 이후 한국 사회는 조국사태의 소용돌이 속으로 빨려 들어갔고, 그 속에서 윤석열은 어느덧 보수 세력의 강력한 대통령 후보로 부상했다.

조국이 임명된 지 1달여 만에 법무부장관에서 물러나자, 문재인은 더불어민주당 당대표를 지낸 추미애를 법무부장관으로 임명하며 윤석열을 강하게 압박했다. 이후 추미애와 윤석열은 '추윤 갈등'이라고 불릴 정도로 강하게 대립했고, 이것이 되레 윤석열의 정치적 입지를 강화했다.

추미애와 윤석열의 갈등이 절정에 이를 무렵, 윤석열은 급기야 검찰총장직에서 물러나 야당인 국민의힘의 대통령 후보가 되었다. 이후 그는 더불어민주당의 대통령 후보 이재명과 치열한 접전을 펼친 끝에 48.56%의 득표율로 20대 대통령에 당선되었다. 두 후보의 득표율 차이는 0.73%로 매우 근소했다.

윤석열이 대선에서 승리한 뒤에도 문재인의 지지율은 40% 아래로 떨어진 적이 거의 없었다. 이는 한국 정치사에서 보기 어려운 기이한 현상이었다. 그야말로 역대 대통령 중에 그 누구도 경험하지 못한 화려한 퇴장이었다. 2022년 5월 10일, 문재인은 5년 동안의 청와대 생활을 마치고 경상남도 양산의 사저로 내려갔다.

검찰과 코로나19를 상대로 이중 전쟁을 치른 문재인 시대

문재인 정부 시대는 적폐 청산의 기치 아래 기득권의 보루로 인식되는 검찰과 전쟁을 치르는 한편, 죽음의 태풍으로 몰아닥친 코로나19와도 전쟁을 치러야 했던 이중 전쟁의 시대였다.

정치적으로는 적폐 청산과 권력기관 개혁, 기득권 해체가 최대 화두로 부상한 가운데 기득권의 아성으로 남은 검찰과 법원에 대한 개혁

열망이 고조되었다. 하지만 검찰과 기득권의 강력한 저항에 밀려 되레 '검찰정권'이 탄생하는 퇴행적인 결과를 낳았다.

사회적으로는 미투운동의 확산으로 한국 사회의 고질병인 성차별과 성폭력에 대한 새로운 시각이 형성되는 한편, 코로나19의 세계적 확산으로 전염병과 사투를 벌이며 새삼 보건과 의학의 중요성을 깨닫게 되었다.

외교와 국방 분야에서는 미국의 사드 설치로 중국의 안보 심리를 자극해 경제 보복을 당했고, 과거사 문제로 일본과 충돌해 무역 분쟁이 벌어졌다. 하지만 이를 역이용해 일본과 중국에 대한 무역의존도를 개선하고, 국방력을 강화하는 결과를 얻었다. 또한 남북관계에서는 남북 및 북미 정상회담을 연이어 개최한 덕에 대치 상황에서 벗어나 평화 분위기를 되찾았다. 하지만 북미관계가 교착상태에 빠지게 되면서 남북관계도 다시 경색되는 아쉬움을 남겼다.

경제적으로는 중국의 경제 보복과 일본과의 무역 분쟁, 팬데믹 등의 악재 속에서 비교적 선전하는 모습을 보였다. 하지만 소득 주도 성장론의 한계가 드러나고, 집값 폭등을 막지 못해 주거 불안과 투기 심리를 자극함으로써 민심이 이반하고 경제정책 전반에 대한 불신이 일었다.

그럼에도 문재인 정부 5년은 전반적으로 대한민국이 진일보한 시대였다. 경제와 국방, 과학기술과 의료, 문화 등 여러 분야에서 세계적으로 위상을 높였고, 사회적 병폐와 기득권의 진상을 가감 없이 드러냄으로써 미래 설계를 위한 국민의 안목을 개선했기 때문이다.

3 문재인 시대의
   주요 사건

연이어 개최된 남북 정상회담과 북미 정상회담

문재인은 한국 대통령으로서는 처음으로 북한과 세 차례나 정상회담을 하는 신기원을 이룩했다. 게다가 남북 정상회담은 북미 정상회담으로 이어지기까지 했다.

하지만 문재인 정부 출범 초기만 해도 남북관계와 북미관계는 악화일로에 있었다. 우선 남북관계는 이명박 정부 시절의 2008년 금강산 관광객 피격 사건과 2010년 천안함 침몰 사건 그리고 이에 대응한 5·24조치 등으로 경색되었다. 거기에다 박근혜 정부 때인 2016년에 개성공단 폐쇄가 결정되면서 남북관계는 완전히 얼어붙었다. 이런 상황은 문재인 정부가 출범한 이후에도 개선되지 않았다.

문재인은 이런 상황을 타개하기 위해 2017년 7월에 G20 정상회의가 열리고 있던 독일 베를린에서 한반도 평화 구상을 담은 '베를린선언'을 발표했다. 베를린선언의 핵심 내용은 이산가족 상봉을 재개하고, 2018년 2월에 개최될 평창동계올림픽에 북한이 참가하며, 군사분계선에서 상호 적대 행위를 중단하자는 등의 3가지였다.

하지만 북한은 베를린선언이 잠꼬대 같은 궤변이라며 비난 섞인 대응을 했다. 하지만 6·15남북공동선언과 10·4남북정상선언을 존중할 의지가 있다는 내용을 덧붙이며 일말의 긍정을 내비쳤다. 이 때문에 문재인 정부는 북한에 대화 의지가 있다고 판단했지만, 얼마 뒤인 9월 3일에 북한이 핵실험을 강행하면서 분위기는 다시 냉각되었다.

그런 가운데 문재인은 트럼프 미국 대통령과의 전화 통화에서 한미 미사일지침에 따른 국군의 미사일 탄두 중량 제한을 해제하는 데 합의했다.

한미미사일지침은 1979년 10월에 만들어졌다. 당시 미국은 미사일 기술을 한국에 이전하는 대신 미사일 사거리를 180킬로미터로 제한했다. 그로부터 약 21년이 흐른 2001년 1월에 미사일 사거리를 300킬로미터로 늘리는 대신 탄두 중량을 500킬로그램으로 제한했고, 이후 2012년 10월에 미사일 사거리를 800킬로미터로 늘렸다. 그리고 문재인 정부 시절인 2017년 11월에 미사일 사거리는 그대로 유지하되 탄두 중량 제한을 없애게 된 것이다(그로부터 4년 뒤인 2021년 5월 21일에 미사일 사거리와 탄두 중량을 제한해온 한미미사일지침이 종료되어 한국은 미사일 개발을 자유롭게 할 수 있게 되었다).

이런 성과에 더해 문재인은 또 하나의 호재를 맞이했다. 2018년 1월 1일에 김정은 북한 노동당 위원장이 평창동계올림픽에 대표단을 파견할 용의가 있다고 발표했던 것이다. 청와대는 이에 대해 환영 의사를 밝히며 고위급회담을 제의했고, 북한 또한 이를 수용했다. 2017년 11월부터 계속해온 물밑 접촉이 거둔 성과였다.

2018년 1월 9일, 남북은 마침내 공동경비구역 평화의 집에서 고위급회담을 개최했다. 여기에서 북한은 평창동계올림픽에 참가하기 위한 대표단과 선수단은 물론이고 응원단과 예술단, 참관단, 기자단까지 파견하겠다는 파격적인 제안을 했다.

김정은은 평창동계올림픽에 여동생인 김여정을 특사로 파견했고, 김영남 인민회의 상임위원장을 비롯해 최휘 국가체육지도 위원장, 이선권 조국평화통일위원장까지 보냈다. 그리고 김여정과 김영남은 청와대를 방문해 문재인과 회동했다. 이후 문재인도 정의용 안보실장을 수석단장으로 삼아 서훈 국정원장, 천해성 통일부차관 등을 북한에 특사로 파견했다. 이후 남북 대화는 물론이고 북미 대화도 급물살을 탔다.

북한으로 간 특사단은 예상보다 큰 성과를 안고 돌아왔다. 북한과 4월 말에 판문점에서 정상회담을 개최하는 데 합의하고, 군사적 긴장 완화를 위해 핫라인을 설치하는 데도 합의했다. 군사적 위협이 해소되고 체제 안전에 대한 보장이 이뤄진다면 핵을 보유할 이유가 없다는 북한의 입장도 확인했다. 이와 더불어 북한은 비핵화 문제를 협의하기 위해 북미 대화에 응할 용의가 있다고도 했다. 심지어 김정은이 직접 북미 대화 의지를 밝히기까지 했다.

트럼프는 이런 김정은의 의지를 환영했고, 문재인은 곧장 방북 특사단을 미국으로 보냈다. 백악관에 간 정의용은 트럼프에게 김정은이 이른 시일 내에 만나고 싶어 한다는 말을 전했고, 트럼프는 바로 그 자리에서 김정은의 회담 제의를 수락했다. 이로써 남북 정상회담에 이어 곧바로 북미 정상회담이 이뤄지는 전례 없는 사건이 예견되었다. 정의용과 서훈은 이 내용을 각각 중국, 러시아, 일본 등의 주변국을 직접 방문해 전했다. 이후 북한과 미국은 2018년 6월 12일에 싱가포르에서 정상회담을 개최하기로 합의했다.

북미 정상회담을 45일 앞둔 2018년 4월 27일, 예정대로 남북 정상회담이 판문점 남측 지역에서 개최되었다. 회담은 오전 9시 30분부터 오후 9시 30분까지 12시간 동안 진행되었다. 양측 정상의 간단한 인사로 시작된 회담은 국군 의장대의 약식 사열, 100분 동안의 정부회담으로 오전 일정을 끝내고, 오후에는 공동식수, 30분 동안의 도보다리 단독 회담, 공동선언, 만찬 순으로 진행되었다. 특히 공동선언은 남북 정상이 공동으로 언론에 발표하는 형식을 띠었는데, 이는 남북관계에서 최초의 사건이었다.

'판문점선언'으로 명명된 이날의 공동선언은 '한반도의 항구적이며 공고한 평화 제제 구축을 위해 적극 협력해나갈 것'을 천명했다. 그러면서 휴전 중인 한국전쟁을 완전히 종식하고 연내에 종전선언과 함께 한반도 평화 체제를 구축하기로 남북이 합의했다. 그리고 2018년 가을에 문재인이 평양을 방문한다는 내용도 포함되었다.

그런데 문재인과 김정은은 판문점선언 후 1달 만인 5월 26일에 예정에 없던 정상회담을 다시 개최했다. 이번 만남은 판문점 북측 지역의 통일각에서 이뤄졌다. 김정은의 급작스러운 제안으로 성사된 이 회담의 배경에는 트럼프의 정상회담 파기 선언이 있었다. 당시 북한과 미국은 정상회담을 앞두고 심한 기싸움을 벌였고, 이를 못마땅하게 여긴 트럼프가 5월 24일에 정상회담 파기를 선언했다. 김정은은 이 문제를 해결하기 위해 문재인에게 급히 만남을 요구했던 것이다.

회담은 격식 없이 2시간 동안 간단하게 진행되었다. 김정은은 북미 정상회담을 앞두고 남북 정상이 허심탄회하게 의견을 나누길 원했고, 이에 동의한 문재인은 즉시 미국에 알린 뒤, 회남에 임했다.

문재인과 김정은은 두 번째 회담에서 판문점선언에 대한 조속한 이행을 재확인하고, 이를 위해 고위급회담을 6월 1일에 개최하는 것과 군사적 긴장 완화를 위한 군 당국자회담, 이산가족 상봉을 위한 적십자회담 개최 등을 합의했다. 이어서 문재인은 심각한 대립 양상을 보이고 있던 북미 양측을 중재했고, 덕분에 6월 12일로 예정된 싱가포르 회담이 마침내 성사되었다.

이렇듯 가까스로 성사된 역사적인 북미 정상회담에서 김정은과 트럼프는 합의문까지 발표하는 등 소기의 성과를 거뒀다. 그들의 합의문 내용은 모두 4가지였다. 첫째는 양국의 평화를 위한 새로운 관계를 수립한다는 것, 둘째는 한반도 평화 체제 구축을 위해 노력한다는 것, 셋째는 북한이 한반도에서 완전한 비핵화를 위해 노력한다는 것, 넷째는 북한이 미군 전쟁포로와 전시 행방불명자의 유해를 발굴하고 신원이 확인된 유해는 즉시 송환한다는 것이었다.

이 4가지 합의 사항 중에 당장 구체적으로 실행 가능한 것은 미군 유해 송환 하나뿐이었고, 나머지는 향후 회담을 지속하면서 구체화한다는 정도였다. 그래도 어쨌든 역사적인 만남에 합의문까지 도출했으니, 김정은과 트럼프의 만남은 나름대로 성공적인 회담이라는 평가를 받았다.

북미 정상회담 이후 남북의 평화 분위기는 더욱 무르익었다. 판문점선언의 합의를 이행하기 위한 고위급회담이 계속 이어졌고, 문재인은 2018년 9월 18일부터 20일까지 평양에서 김정은을 세 번째로 만나 정상회담을 이어갔다.

이 회담의 주요 의제는 싱가포르회담의 후속 조치를 실행하는 것과 종전선언 시점에 관한 것이었다. 그 결과 '9월 평양공동선언문'과 남북의 국방부장관이 서명한 '판문점선언 이행을 위한 군사합의서'가 발표되었다. 또한 김정은의 2018년 내 서울 답방을 추진하는 한편, 동창리 핵실험장과 미사일 발사대를 폐쇄하고, 영변 핵시설 폐쇄에 합의했다. 그 외에도 동서 철도 연결, 개성공단과 금강산 관광 재개, 이산가족 상설면회소 개소, 보건·의료 분야 협력, 2032년 하계올림픽의 공동개최 추진 등에 합의했다.

이런 과정을 거치면서 북한은 풍계리 원자력 시험기지를 해체하는 등 싱가포르회담의 합의 사항을 하나씩 이행하기 시작했다. 트럼프도 이에 상응하는 조치로 한미연합훈련을 축소하거나 중단했지만 더 이상의 조치는 없었다. 트럼프는 북한이 좀 더 확실한 비핵화 조치를 단행할 것을 촉구했고, 북한은 자신들의 가시적 조치에 따른 미국의 더욱 적극적인 상응 조치를 촉구했다. 이를테면 북한을 테러지원국 명단에서 제외하고 경제적 금수 조치의 일부를 해제해줄 것을 기대했다. 하지만 미국은 이에 미온적이었다. 미국은 북한의 조치들이 미흡하다며 국제기구의 사찰을 통해 영변 핵시설을 완전히 폐기할 것을 요구했다.

미국의 이런 태도에 대해 미국 내부에서도 비판이 제기되었다. 캘리포니아대학교의 한국학연구소 소장인 데이비드 강은 《뉴욕타임스》에 쓴 기고문에서 "트럼프 행정부가 북한 측에 핵무기를 포기할 것을 요구하려면 미국 측이 그에 상응하는 조치를 단행해야 한다"라고 주장했다. 이어서 그는 북한은 이미 비핵화를 위한 다양한 조치를 한 데 반해 미국은 기껏 주한미군의 전쟁 훈련을 취소한 것 외에 아무런 조치도 하지 않았다고 비판했다. 그는 북한이 싱가포르회담 결과를 이행하기 위해 최소한 8가지 조치를 이행했다면서 핵 및 장거리 미사일 실험 중지, 풍계리의 원자력 시험기지 및 위성 발사기지 해체, 평양 근처의 대륙간탄도미사일 조립 시설 폐쇄, 6·25남북전쟁에서 사망한 55명의 미군 병사 유해 송환, 북한 내의 반미 선전 중단, 북한에 억류된 미국 시민 3명의 조건 없는 석방 등의 조치를 열거했다.

강의 비판처럼 미국은 사실 아무런 상응 조치를 하지 않았다. 한미 연합훈련을 중단하긴 했지만, 그것은 어디까지나 훈련 비용을 줄이기 위한 조치에 지나지 않았다. 또한 일시적인 조치에 불과한 까닭에 북한의 비핵화 조치에 대한 상응 조치라고 하기에는 턱없이 미흡했다.

이 때문에 북한 내부의 불만이 고조되었고, 답답한 마음에 김정은은 2차 북미 정상회담을 트럼프에게 요청했다. 이에 트럼프는 2018년 12월 이전에 다시 한번 북미 정상회담을 열겠다고 공언했다. 하지만 이번에도 트럼프는 자기 말을 뒤집고 회담 기일을 연기했다. 그러다 가까스로 베트남 하노이에서 2019년 2월 27일부터 28일까지 양일간에 걸쳐 회담이 진행되었다. 주요 안건은 북한의 비핵화와 한반도에서의 종전선언이었지만, 회담은 아무런 성과 없이 끝나고 말았다.

이번 회담은 첫째 날의 저녁 식사와 둘째 날의 정상 간 일대일 회담으로 구성되었다. 첫째 날의 저녁 식사는 화기애애한 분위기 속에서 서로에게 덕담을 건네는 등 비교적 잘 진행되었다. 하지만 둘째 날의 회담은 정상 간의 짧은 만남 이후 합의문을 도출하지 못하고 별 소득 없이 끝나고 말았다.

트럼프는 회담 이후 기자회견에서 회담 결렬 이유에 대해 "북한이 경제 제재 조치 중단을 원했기 때문"이라고 밝혔다. 트럼프는 또 "북한이 경제 제재를 완전히 해제하길 원했으나 우리 미국은 그런 합의를 할 수가 없었다"라고 덧붙였다. 그러나 북한의 말은 달랐다. 리용호 북한 외무부장은 "미국 측에 일부 제재 해제만을 제안했다"라고 설명했다. 북한은 UN의 제재 조치 11건 중 5건만 풀어달라고 했고, 이에 대한 상응 조치로 영변의 주요 핵시설을 "영구적으로 그리고 완전하게" 해체할 것을 제안했다는 것이다. 또한 리용호는 "북한이 모든 핵 및 장거리 미사일 실험을 끝내는 것에 대해서는 미국 측에 추가적인 보상이 필요함을 제시했다"라고 덧붙였다.

이렇게 하노이회담은 합의문 없이 종결되었지만, 김정은은 트럼프를 비난하지 않았고, 트럼프도 여전히 김정은에게 호의적인 태도를 유지했다. 쌍방이 적어도 싱가포르회담의 성과는 유지하겠다는 의미였다. 덕분에 4개월 뒤인 6월 30일에 판문점에서 그들은 극적으로 3차 북미 정상회담을 개최했다. 이번에도 물론 문재인이 중재했다.

하지만 이날 회담은 분단의 상징인 판문점에서 북미 정상이 만났다는 역사적 의미 이외에 별다른 결과를 도출하지는 못했다. 기껏해야 북미 양국이 비핵화 협상을 재개한다는 내용이 전부였다.

이후로 북한과 미국은 비핵화 협상을 이어갔지만, 뚜렷한 진전은 없었다. 그러자 북미관계는 물론 남북관계도 냉랭해졌다. 김정은은 잇따른 남북 정상회담과 북미 정상회담 이후 여러 가지 가시적인 조치를 시행하며 비핵화 의지를 드러냈는데도, 미국도 남한도 이에 상응하는 조치를 전혀 취하지 않는다고 인식하게 되었다. 특히 문재인이 기대와 달리 트럼프만 쳐다보고 있는 것을 몹시 답답해하며 원망스러운 시선을 보냈다.

그러나 문재인의 처지도 답답하긴 매한가지였다. 현실적으로 미국의 제재가 풀리지 않으면 북한과 어떠한 경제적 교류도 쉽지 않은 상황이었다. 금강산 관광이나 개성공단 재개가 경제 교류의 물꼬를 트는 시발점인 것은 분명한데, 미국이 강하게 반대하고 있는 상황이라 독자적으로 추진하기가 여의찮았다.

이렇듯 악화된 북미관계의 영향으로 남북관계도 교착상태에 빠졌고, 이후 남북은 화해 분위기를 되찾지 못했다. 한국 정부에 나름대로 기대가 컸던 북한은 노골적으로 실망감을 드러냈다. 급기야 2020년에 이르러서는 김여정이 직접 나서서 문재인과 한국 정부를 노골적으로 비난하다가 개성공단의 남북공동연락사무소를 폭파하며 분노를 드러내기도 했다. 이로써 2년여 동안 지속되던 남북의 평화 분위기는 산산이 부서지고 말았다.

우여곡절 끝에 탄생한 공수처

문재인이 대통령이 된 뒤에 가장 강력하게 추진한 정책은 검찰개혁이었다. 문재인은 노무현 정부 시절에도 검찰개혁의 최전선에 섰다. 당시 검찰개혁은 국세청이나 감사원, 국정원, 금감원 같은 권력기관의 개혁과 함께 시도되었고, 일정 정도의 성과도 거뒀다. 하지만 검찰개혁은 예외였다. 검사들의 집단적인 반발에 밀려 별다른 성과를 내지 못했다.

당시 노무현은 검찰의 정치적 중립성을 확보하는 데 주력했다. 그래서 '검사들이 정치적 줄 세우기에 따르지 않도록 신분을 보장해주는 것'이 급선무라고 판단했다. 이를 위해 검찰총장의 2년 임기를 보장해주는 것은 물론이고, 평검사들의 의견을 광범위하게 수렴하는 한편, 검사들 스스로 주체가 되어 개혁을 달성하도록 할 계획이었다. 물론 목표는 검찰의 정치적 독립성과 중립을 보장하는 것이었다. 그렇게만 된다면 나머지 일은 검찰 스스로 알아서 할 것이라는 게 노무현의 판단이었다.

하지만 그것은 순진한 생각이었다. 검찰의 독립성과 중립성을 보장해준 것이 오히려 검찰의 힘만 키워주는 결과를 낳았다. 한때 정치권력의 도구였던 검찰은 어느덧 독립성을 기반으로 정치의 중심이 되어 있었다. 정치검찰 수준이 아니라 검찰의 정치가 문제가 되는 상황에 이르렀을 정도로, 괴물 같은 정치권력을 감시해야 할 검찰이 스스로 정치를 하는 괴물이 되어 있었다.

문재인 정부는 이를 해결할 방법은 하나밖에 남지 않았다고 보았다. 검찰이 가진 막대한 권력을 분산하는 것이었다. 문재인 정부가 해결책으로 내놓은 방안은 2가지였다. 하나는 공수처 설치였고, 다른 하나는 검찰에 공소권만 남기고 수사권을 모두 경찰에 넘기는 것이었다. 하지만 검찰의 저항이 만만치 않았다. 더구나 야당이 검찰을 지지하는 상황이었다. 공수처 설치도 어려운 일이었지만, 수사권을 경찰에 넘기는 일은 더욱 어려웠다. 그런 가운데 공수처 설치 작업이 진행되었다.

공수처 설치 문제를 놓고 여당과 야당의 의견은 첨예한 대립 양상을 보였다. 여당인 더불어민주당은 고위 공직자의 비리 척결을 위해 공수처가 필요하다고 역설했지만, 야당인 자유한국당은 자칫 공수처가 대통령의 하수인 노릇을 할 수 있다며 강하게 반대했다. 이에 대해 여당은 공수처장 임명을 야당의 찬성 없이는 불가능한 구조로 만들면 된다고 주장했고, 야당은 그 어떤 형태이든 공수처는 권력의 지팡이가 될 수밖에 없다고 맞섰다. 이런 상황에서 군소 야당들이 공수처 설치에 찬성하면서 공수처 법안은 가까스로 패스트트랙에 올려졌다.

하지만 공수처 설치까지는 넘어야 할 산이 여전히 많았다. 공수처 설치에 찬성한 더불어민주당과 제2야당인 바른미래당의 법안 내용이 달랐기 때문이다. 공수처법은 공수처가 수사권과 기소권을 갖고 고위 공직자의 비리를 수사하고 기소하도록 하는 것이 골자였다. 여기에서 말하는 고위 공직자란 대통령, 국무총리, 국무위원, 장관 등 행정부 공무원과 국회의원, 지방자치단체의 장, 법관과 검사 등 법원 공무원, 장관급 장교, 치안감급 이상 경찰 공무원 등과 그 가족으로, 8000여 명에 달했다. 다만 수사 대상이 검사가 아닐 때는 공수처가 기소권 없이 수사권만 가지는 형태였다. 또 필요하다면 공수처가 수사권 발동 여부를 놓고 국회에 동의를 구하는 과정도 포함될 수 있었다. 이런 내용의 공수처법이 마련될지는 여전히 미지수인 상황이었다. 자유한국당의 거센 저항과 군소 야당들의 복잡한 셈법 때문이었다.

문재인은 이런 상황에서 검찰개혁을 위한 승부수를 던졌다. 공수처 출범과 검찰개혁을 완수하기 위해 민정수석으로 있던 조국을 법무부장관에 그리고 서울중앙지방검찰청장으로 있던 윤석열을 검찰총장에 앉혔다. 개혁적인 이미지를 가진 이 두 사람을 앞세워 검찰개혁을 완수하겠다는 뜻이었다. 하지만 두 사람의 기용으로 상황은 예상과 전혀 다른 엉뚱한 방향으로 흘러갔다. 윤석열은 검찰개혁에 반기를 들며 조국의 법무부장관 기용을 결사적으로 막았다. 이 때문에 이른바 '조국 사태'가 불거졌고, 이로써 조국은 아주 잠시 법무부장관 자리에 앉았다가 스스로 물러나야만 했다.

그런 가운데 공수처법은 2019년 12월에 가까스로 국회 본회의에 상정되어 의결되었다. 그리고 2020년 1월 7일에 국무회의에서 심의, 의결해 1월 14일에 공포되었다. 이후 법률안 부칙에 따라 6개월이 지나면 공수처 출범이 가능하게 되었다. 하지만 어떠한 정치적 변수를 맞닥뜨릴지 알 수 없는 상황이었고, 그 와중에 21대 총선이 실시되었다. 총선에서 민주당은 180석을 거머쥐며 압승했고, 덕분에 공수처는 예정대로 7월 15일에 출범할 수 있었다.

공수처 설치는 민주당과 진보적인 시민 세력의 숙원 사업이었다. 그들은 권력형 부패 범죄를 막기 위해서는 공수처가 꼭 필요하다고 주장해왔다. 공수처 설치를 가장 먼저 주장한 시민단체는 참여연대였다. 참여연대는 이미 1996년에 권력형 부패 범죄를 처리하는 독립적인 특별 사정기관의 필요성을 강조하며 공수처법을 입법 청원했다. 이후 노무현 정부는 이런 취지를 받아들여 2004년 6월에 국가청렴위원회(지금의 국민권익위원회)가 기소권 없는 조직으로 공수처를 신설하는 내용의 법안을 마련해 국회에 제출했다. 하지만 야당의 반대로 실현되지 못했다.

2010년에는 참여연대가 다시 공수처 신설을 입법 청원했고, 이를 받아들인 문재인이 2012년 대선에서 공약으로 내걸었으나 당선되지 못하는 바람에 실행에 옮길 수 없었다. 그리고 2016년 7월에는 정의당의 노회찬 의원이, 8월에는 더불어민주당의 박범계 의원이, 12월에는 더불어민주당의 양승조 의원이 공수처 설치에 관한 법안을 대표 발의했다. 이후 2017년에 문재인 정부가 들어서자 공수처법이 국회에서 본격적으로 논의되기 시작했다. 그리고 마침내 2020년 7월에 이르러 공수처가 공식 출범하게 되었다.

하지만 공수처 출범 이후에도 진통은 계속되었다. 2020년 2월에 미래통합당에서 국민의힘으로 당명을 바꾼 제1야당이 공수처장 추천에 협조하지 않았던 것이다. 이에 더불어민주당은 야당 추천권을 삭제한 법률 개정을 추진해 수정안을 통과시켰고, 이후 12월 30일에 문재인이 판사 출신 변호사 김진욱을 초대 공수처장 후보로 지명했다. 2021년 1월 19일에 청문회를 거친 김진욱은 1월 21일에 정식으로 공수처장에 임명되었다.

공수처장이 임명되자, 공수처 구성원들도 차례로 임명되었다. 공수처의 정식 명칭은 '대한민국 고위공직자범죄수사처'로, 그 조직은 공수처장 1명, 산하 차장 1명, 검사 23명, 수사관 40명, 일반직 20명 등 총 85명으로 구성되었다.

공수처의 법적 지위는 독임제 행정기관인데, 이는 중앙행정기관이면서도 행정 수반인 대통령의 지휘 감독을 받지 않는 독립적인 기관이라는 뜻이다. 이에 국민의힘은 대통령의 지휘 감독을 받지 않는 중앙행정기관을 만든 것은 위헌이라며 헌법재판소에 헌법소원심판을 청구했다. 공수처가 헌법에 명시된 권력분립의 원칙에 반하는 초헌법적 국가기관이라는 이유였다. 이에 대해 헌법재판소는 공수처를 중앙행정기관이라고 판시하면서도, 행정 각부에 소속되지 않은 독립된 형태의 행정기관을 설치하는 것이 헌법상 금지된 행위라고 볼 수 없다며 합헌 결정을 내렸다. 또 공수처는 입법부, 행정부, 사법부 등의 통제를 받기 때문에 권력분립에 반하지 않는다고 덧붙였다. 이로써 공수처는 24년 동안 지속된 모든 논란을 뒤로하고 명실공히 독립적인 중앙행정기관의 위상을 확보하기에 이르렀다.

하지만 20대 대선에서 공수처 설치에 강력하게 저항했던 검찰총장 출신 윤석열이 당선되어 이른바 '검찰정권' 시대가 예고되었고, 이로써 공수처가 이름뿐인 독립기관으로 전락할 수 있다는 우려를 낳고 있다. 윤석열 정부라는 험로를 어떻게 헤쳐 나가느냐에 공수처의 생사가 달린 셈이다.

조국사태와 두 진영으로 갈라선 민심

문재인은 검찰개혁의 성공을 위해서는 검찰청에 대한 지휘권을 가진 검찰총장과 법무부장관이 모두 혁신적인 인물이어야 한다고 판단했다. 그가 적임자로 여긴 인물은 윤석열과 조국이었다. 이들 두 사람을 쌍두마차로 삼아 검찰개혁을 완성할 계획이었다.

문재인이 검찰총장 적임자로 염두에 두고 있던 윤석열은 박근혜 정부 시절에 서울중앙지방검찰청 특수1부 부장검사로 재직할 때 국정원의 대선 개입 사건 수사를 지휘하다가 미운털이 박혀 수원지방검찰청 여주지청장으로 좌천되었던 인물이다. 문재인 정부 출범 직후에는 서울중앙지방검찰청장으로 발탁된 상태였다. 또 법무부장관을 맡기기에 적임자로 생각한 조국은 서울대학교 법학전문대학원 교수 출신으로, 한때 참여연대에서 활동하며 공수처법의 입법 청원을 주도하는 한편, 검찰개혁을 강하게 주장하던 대표적인 인사였다. 그래서 문재인은 정부 출범과 함께 그를 민정수석으로 발탁해 적폐 청산과 공수처 설치를 지원하도록 했다.

문재인은 이들을 서울중앙지방검찰청장과 민정수석의 자리에서 힘을 키우게 한 뒤, 정권 출범 2년 뒤쯤에는 본격적으로 검찰개혁의 쌍두마차로 나서게 할 요량이었다. 문재인이 조국과 윤석열을 정권 출범 초기부터 법무부장관과 검찰총장에 앉히지 못한 것은 나름대로 사정이 있었다. 우선 윤석열은 검찰총장으로 임명될 서열이 아니었고, 조국 또한 법무부를 장악할 만한 기반을 다지지 못한 상태였기 때문에 시간이 필요했다. 그래서 우선 정권 초기에는 검찰개혁의 길을 터줄 만한 인물들을 택했는데, 그들이 바로 법무부장관 박상기와 검찰총장 문무일이었다.

문재인은 교수 출신인 박상기에게는 법무부의 탈검찰화 작업을 그리고 문무일에게는 경찰과의 수사권 조정 작업을 맡겼다. 하지만 두 사람 모두 문재인의 기대에 부응하지 못했다. 박상기는 재임 2년 동안 검사 출신 일색으로 채워진 법무부의 요직들에서 검사의 영향력을 줄이는 소기의 성과를 거두는 정도에 그쳤고, 문무일은 공개적으로 경찰과의 수사권 조정에 반대하고 나서는 바람에 오히려 문재인과 대치하는 결과를 낳았다. 문재인은 그들 두 사람을 통해 검찰개혁을 위한 예비 작업을 하려 했지만, 결과적으로 의도했던 결과를 얻지 못한 셈이었다.

문재인은 문무일의 임기가 끝나는 시점에 맞춰 처음부터 염두에 뒀던 조국과 윤석열을 쌍두마차로 삼아 검찰개혁을 지속하고자 했다. 그래서 2019년 7월에 문무일의 2년 임기가 끝나자, 문재인은 서울중앙지방검찰청장으로 있던 윤석열을 검찰총장으로 지명했다.

하지만 야당의 반발이 만만치 않았다. 2019년 7월 8일에 청문회가 열렸지만 야당은 그의 임명을 끝까지 반대했고, 결국 청문회 보고서 채택에 동의하지 않았다. 그렇지만 문재인은 윤석열의 검찰총장 임명을 강행했고, 윤석열은 7월 25일에 임명장을 받고 검찰총장에 취임했다. 야당의 반발이 거셌는데도 문재인은 개의치 않았다.

그러자 이어서 조국을 법무부장관에 기용할 것이라고 예측하는 기사들이 쏟아졌다. 야당은 이에 매우 민감하게 반응했다. 조국을 절대로 법무부장관에 임명해서는 안 된다는 것이 야당인 자유한국당과 바른미래당의 일치된 목소리였다. 하지만 2019년 8월 9일에 문재인은 박상기의 후임으로 민정수석에서 막 물러난 조국을 차기 법무부장관으로 지명했고, 이어서 8월 14일에 조국의 인사청문 요청안을 국회에 제출했다.

이에 자유한국당과 바른미래당 등의 야당 세력은 조국의 과거 남한사회주의노동자동맹 활동 전력을 문제 삼으며 법무부장관 지명 철회를 요구했다. 사회주의 혁명을 꿈꾸던 인물에게 공산주의자를 색출하는 일의 수장인 법무부장관을 맡길 수 없다는 논리였다. 또 16일에 인사청문 요청안이 공개되자, 야당과 언론은 조국 가족을 둘러싼 각종 의혹을 제기했다. 의혹의 핵심은 크게 3가지였다. 첫째는 조국 자녀들의 진학 논란, 둘째는 조국 부인의 사모펀드 논란, 셋째는 조국 집안이 운영하는 사립학교의 비리 논란 등이었다.

제1야당인 자유한국당은 이 3가지 논란을 모두 범죄로 단정하고 연일 공격하며 조국의 법무부장관 지명 철회를 요구했다. 또한 청문회도 거부했다. 이에 호응해 보수 시민단체들이 조국 일가를 각종 범죄 혐의로 고발했고, 검찰 또한 대대적인 압수수색을 감행하며 이른바 '먼지떨이식 수사'로 조국 일가를 궁지로 몰았다. 여기에 대다수 언론이 검찰에서 흘러나온 정보를 바탕으로 수십만 건의 의혹 기사를 쏟아내며 조국 일가에 대한 여러 논란을 범죄행위로 몰고 갔다.

그러자 진보 세력 일각에서 '조국 수호'를 외치며 검찰과 언론 그리고 자유한국당에 대한 비판 여론이 일어났다. 저들이 한패가 되어 검찰개혁을 저지하기 위해 조국을 짐승 몰 듯 몰아세우고 있다는 주장이었다.

이런 상황에서 문재인은 조국의 법무부장관 지명을 철회하지 않았고, 조국도 법무부장관 후보를 사퇴할 뜻이 없었다. 그러자 자유한국당은 조국이 청문회 없이 법무부장관에 임명될 것을 염려해 청문회 개최에 동의했고, 마침내 9월 6일 10시에 청문회가 열렸다. 문재인이 조국을 법무부장관 후보자로 지명한 지 무려 28일 만이었다.

청문회 과정에서 자유한국당은 조국의 태도를 전형적인 '내로남불'이라며, 그간 제기되었던 조국 일가를 둘러싼 각종 의혹을 집중적으로 추궁했다. 하지만 조국은 담담한 말투로 매우 차분하게 대응했다. 그렇게 청문회는 자정까지 이어졌지만, 여당 내부에서는 자유한국당이 '결정적인 한 방'을 터뜨리지 못했다고 평가했다. 또한 자유한국당 내부에서도 괜히 청문회에 참석해 조국을 법무부장관에 임명할 빌미만 줬다는 비판이 나오기도 했다.

그런데 청문회가 끝날 무렵에 예기치 않은 사태가 벌어졌다. 검찰이 조사도 거치지 않은 상황에서 전격적으로 조국의 부인 정경심을 사문서위조 혐의로 기소했던 것이다. 조국의 딸이 받은 동양대학교 총장 명의의 표창장을 정겸심이 위조했다는 혐의였다. 검찰은 하필 청문회 날에 정경심을 기소한 이유에 대해 그날 자정이 사문서위조죄의 공소시효(7년)가 만료되는 시점이었기 때문이라고 해명했다.

하지만 출석 요구나 조사도 하지 않은 상황에서 공소시효 만료를 이유로 정경심을 무리하게 기소한 것에 대한 비판 여론이 만만치 않았다. 당사자인 조국도 이에 대해 유감을 표명했고, 여권 일각에서도 조국의 법무부장관 임명을 막기 위한 행동으로 보인다며 이는 검찰이 대통령의 인사권에 도전한 것이라고 규정했다. 또 진보 측 인사 중에는 윤석열 검찰총장이 조국의 법무부장관 기용을 막기 위해 일종의 쿠데타를 일으킨 것이라고 악평하는 사람도 있었다. 거기에다 공소시효 때문에 급하게 기소한 것이 변명에 불과하다는 비판도 컸다. 사문서위조죄의 공소시효가 끝나더라도 공소시효가 충분히 남아 있는 사문서위조행사죄로 기소하면 되는데, 굳이 공소시효를 핑계로 청문회 날에 기소한 것을 납득할 수 없다는 것이었다.

　이런 이유로 진보 측에서는 윤석열이 검찰의 기득권을 지키기 위해 검찰개혁을 단행하려는 조국의 법무부장관 임명을 막으려 한다고 비판했다. 검찰이 정경심을 기소함으로써 문재인이 조국의 법무부장관 지명을 철회하거나 조국 스스로 법무부장관 후보에서 사퇴하도록 압력을 가한 것이라는 주장이었다.

　이후로 국민 여론은 조국의 법무부장관 임명을 두고 진보와 보수로 완전히 갈렸다. 청와대 국민청원 홈페이지에는 조국의 법무부장관 임명 여부를 놓고 찬성 여론과 반대 여론이 팽팽한 대결 구도를 형성했다.

　문재인은 이런 상황에서 9월 9일에 조국을 법무부장관에 임명했다. 그러자 야당에서는 '민주주의가 사망했다'며 삭발투쟁을 감행했다. 삭발투쟁은 무소속 이언주 의원을 시작으로 자유한국당 지도부로 이어졌다. 이후 자유한국당은 거리 집회를 통해 조국의 법무부장관 임명 철회를 주장했고, 기독교 우파를 중심으로 형성된 보수단체들은 문재인 정권 퇴진 운동을 전개했다.

　그러나 조국의 법무부장관 임명을 찬성하는 여론도 못지않았다. 진보 세력은 '조국 수호'와 '검찰개혁'을 외치며 대검찰청 앞에서 촛불 집회를 이어갔고, 진보 측 개인 언론들은 검찰과 언론, 자유한국당이 합세해 검찰개혁을 막기 위해 고의적으로 '조국 죽이기'를 벌이고 있다고 맹렬히 비난했다. 진보 일각에서는 검찰개혁을 막기 위해 검찰이 조국을 대상으로 '가족 인질극'을 벌인다고 표현하기까지 했다.

　이렇듯 조국의 법무부장관 임명을 둘러싸고 진보와 보수 간에 팽팽한 세력 대결을 벌이고 있는 가운데, 검찰은 조국 일가의 비리 의혹 수사를 더욱 강도 높게 진행했다. 심지어 9월 23일에는 조국의 자택을

11시간 동안 압수수색했다. 하지만 이 일은 검찰에 대한 엄청난 비난 여론만 일으켰고, 순식간에 진보 세력의 결집을 유발했다.

더불어민주당에서는 이 사건을 두고 "개인의 집을 11시간씩 압수수색하는 경우는 들어보지 못했다"라고 하면서 "이렇게 하면 세상에 성할 사람이 누가 있겠는가?"라며 검찰을 강하게 비판했다. 하지만 자유한국당에서는 "수천 명이 대검찰청에 떼로 몰려가서 검찰 수사를 압박하는 사법 테러를 벌인다"라며 대검찰청 앞에서 시위를 벌이고 있는 진보 세력을 향해 비난을 퍼부었다.

그런 와중인 9월 28일에 대검찰청 앞에서 7차 촛불 집회가 개최되었다. 이날 주최 측은 검찰의 11시간 압수수색 때문에 참석자가 많이 늘어날 것이라며 5만 명 정도의 시민이 모일 것이라고 예상했다. 하지만 참석자는 예상을 훨씬 뛰어넘어 수십만 명이 되었고, 이들은 '검찰 개혁'과 '조국 수호'를 외치며 검찰을 압박했다.

이후로 보수와 진보는 광장에서 본격적인 세력 대결을 벌이기 시작했다. 7차 촛불 집회의 주최 측이 모인 군중의 수가 200만 명을 헤아린다고 하자, 보수 측에서는 10만 명도 되지 않는다며 더 많은 군중을 모아 대응하겠다는 의지를 천명했다. 호언했던 대로 10월 3일에 개신교 보수단체 및 자유한국당이 연합해 광화문 광장에서 집회를 열었는데, 참석자 수가 실제로 7차 촛불 집회의 참석자 수를 웃돌았고, 주최 측은 300만 명이 넘는다고 밝혔다. 이에 대항해 8차 촛불 집회가 개최되어 7차 촛불 집회 때보다 더 많은 군중이 참석했다. 이후 서초동과 광화문에서 '검찰개혁'과 '조국 구속' 구호가 서로 맞섰다.

이렇듯 보수와 진보가 광장에서 세 대결을 이어가고 있는 가운데, 조국은 법무부 차원에서 할 수 있는 검찰개혁 조치를 빠르게 진행하고 있었다. 하지만 법무부장관이 할 수 있는 조치는 그다지 많지 않았다.

기껏해야 검찰에 대한 법무부의 지휘·감독권을 강화하는 수준에 그칠 뿐이었다. 물론 그것도 검찰청의 협조 없이는 쉬운 일이 아니었다. 그런데도 조국은 자신이 법무부장관으로서 할 수 있는 몇 가지 조치를 단행했다. 우선 정계에 막대한 영향력을 행사할 수 있는 특수부를 줄이고, 행정부 곳곳에 파견된 검사들을 복귀시켰으며, 검사장의 전용차 사용도 폐지했다. 또한 인권 침해 소지가 큰 공개 소환, 포토라인 설치, 피의 사실 공표, 심야 조사 등의 관행을 철폐했다. 하지만 거기까지였다. 거기에다 검찰은 여전히 조국 일가를 강력히 수사하고 있었고, 정경심에 대한 구속영장 청구도 예정되어 있었다. 조국은 자신이 할 일은 검찰개혁에 대한 '불쏘시개 역할' 정도라며, 그 역할은 끝났다고 선언하고 10월 14일에 사퇴했다.

조국의 법무부장관 사퇴를 기점으로 광장에서 펼쳐진 보수와 진보의 세 대결도 잦아들었다. 하지만 조국과 그의 가족에 대한 검찰 수사는 발 빠르게 진행되고 있었다. 정경심과 조국의 동생 그리고 오촌 조카가 구속되었고, 조국 자녀에 대한 조사가 이어졌다. 이후로 검찰의 칼끝은 조국을 정조준했다. 검찰의 특성상 빼든 칼을 도로 집어넣는 일은 없었고, 검찰은 기어코 조국을 기소했다. 이후로 재판은 진행형으로 남아 있게 되었다.

이로써 문재인이 몰고 가던 검찰개혁의 쌍두마차는 산산이 부서지고 말았다. 동시에 검찰개혁은 구호만 남고 실체는 안갯속에 갇혀버렸다.

4 문재인 시대의
    국무총리들

문재인 시대의 국무총리는 45대부터 47대까지 이낙연, 정세균, 김부겸 등 3명이 재임했다. 45대 국무총리 이낙연은 1952년에 전라남도 영광군 법성면 용덕리에서 태어났다. 광주제일고등학교를 졸업하고 서울대학교 법학과에 진학했다. 대학 졸업 후, 그는 잠시 한국토지신탁에서 근무하다가 1979년에《동아일보》기자가 되었다. 그곳에서 2000년 2월까지 21년 동안 기자 생활을 계속했는데, 정치부와 기획부, 국제부 등에서 활동했으며, 논설위원과 국제부 부장을 지냈다.

《동아일보》기자를 그만둔 후에 이낙연은 정계에 입문해 국회의원이 되었다. 그를 정계로 끌어들인 인물은 2000년 당시 민주당 총재였던 김대중이었다. 이낙연은 정치부 기자 시절에 민주당을 출입했는데, 1987년에 김대중이 복권되어 정치를 재개하면서 그와 가까워졌다. 김대중은 1989년부터 줄곧 이낙연에게 총선에 나설 것을 권유했지만, 이낙연은 계속 거절했다. 그러다 2000년의 16대 총선에서 김대중의 권유를 받아들여 민주당에 입당했고, 고향인 전라남도 함평·영광 지역구에 출마해 당선됨으로써 정계에 입문했다.

이낙연은 초선 국회의원 시절에 민주당 대변인으로 발탁되어 두각을 나타내기 시작했으며, 이후로도 무려 다섯 차례나 민주당 대변인을 맡았다. 그리고 4선 국회의원이 된 후 2014년에는 6회 지방선거에서 전라남도 도지사로 출마해 78%의 득표율로 당선되었다.

이낙연은 전라남도 도지사 시절에 독특한 정책들을 여러 개 실시해 도민들의 호응을 얻었다. 대표적인 정책으로 '100원 택시', '개천에서 용 나게 하는 사업', '주거환경 취약계층을 위한 행복둥지 사업', '서민 빚 100억 탕감 프로젝트' 등이 있었다. 이낙연은 95%의 공약 이행률을 보였고, 고용노동부 주관 전국 자치단체 일자리 대상 시상식에서 종합대상을 받기도 했으며, 전국 시도지사 직무 수행 평가에서 2위를 차지하기도 했다. 문재인은 이런 직무 능력을 높이 평가해 그를 45대 국무총리로 낙점했고, 이낙연은 2017년 5월 31일에 문재인 정부 초대 국무총리로 취임했다.

문재인은 매주 국무총리와 주례회동을 하는 방식으로 이낙연에게 힘을 실어주었고, 이낙연은 대통령의 지지 아래 뛰어난 행정력을 발휘했다. 이낙연은 업무 처리에 있어 늘 '디테일'을 강조했고, 항상 바지에 업무 수첩을 넣고 다니며 꼼꼼하게 기록했다. 이 때문에 그에게는 '이테일'이라는 별명이 붙었다.

이낙연은 2020년 1월 14일에 국무총리직에서 물러났는데, 1987년 이후 역대 국무총리 중 재임 기간이 가장 길었다. 20개월 동안의 국무총리직 수행은 비교적 성공적이라고 평가받았다.

국무총리직에서 물러난 이낙연은 3개월 뒤에 실시된 21대 총선에서 서울 종로구에 출마해 박근혜 정부의 마지막 총리이자 대통령 권한대행을 지내고 미래통합당 대표로 있던 황교안과 맞붙어 당선되었다. 그리고 4개월 뒤인 8월에 이해찬의 후임으로 더불어민주당 대표로 선출되었다.

이렇듯 이낙연은 정계 진출 이후 국회의원 4선, 도지사, 국무총리, 당대표 등 그야말로 탄탄대로를 걸었다. 그리고 정치권력의 정점인 대통령에 도전했다. 이를 위해 그는 2021년 3월에 더불어민주당 대표직에서 물러나는 한편, 9월에는 국회의원직을 사퇴했다. 20대 대선에서 더불어민주당의 대통령 후보가 되기 위해 배수진을 쳤던 것이다. 하지만 경선에 나선 그는 경기도 도지사 출신이었던 이재명에게 패배해 대권 도전이 좌절됨으로써 정계 진출 후 처음으로 고배를 마셔야 했다.

이낙연에 이어 문재인 정부의 두 번째 국무총리가 된 인물은 '스마일 맨'으로 불리는 정세균이었다. 정세균은 1950년에 전라북도 진안군에서 태어났다. 전주신흥고등학교를 졸업하고 고려대학교 법대에 진학해 대학신문 기자로 활동하며 총학생회장을 지냈다. 그러면서 유신헌법 반대 시위를 주도하기도 했다.

정세균은 대학 졸업 후 정치인이 아닌 회사원이 되었다. 1978년에 쌍용에 입사했고, 1995년까지 근무하며 상무이사까지 지냈다. 그러다 1995년에 새정치국민회의 총재 김대중의 제안으로 정계에 입문해 김대중의 특별보좌관이 되었다. 그리고 이듬해인 1996년의 15대 총선에서 국회의원에 당선되었고, 이후 4선 국회의원 시절이었던 2006년에 노무현 정부의 산업자원부장관으로 발탁되었다.

장관에서 물러난 뒤에는 열린우리당 의장으로 활동했으며, 이후 2008년에는 통합신당 대표로 선출되었다. 하지만 2009년 7월에 당시 여당이던 한나라당의 미디어법 강행 처리에 반발해 국회의원직을 사퇴하는 강수를 두었고, 이어 보궐선거에 나가 다시 국회에 복귀했다. 그리고 2012년의 19대 총선에서 과감하게 지역구를 정치 1번지로 불리는 종로구로 옮겨 친박 계열의 유력 정치인인 새누리당 홍사덕에게 승리했다. 이에 고무된 그는 2012년 6월에 대선 출마를 선언하고 민주통합당의 대통령 후보 경선에 나섰으나 4위에 그치고 말았다.

19대 대선에서 그는 문재인 후보 대선 캠프에서 선거대책위원회 상임고문으로 활동했고, 2016년 총선에서는 새누리당 오세훈 전 서울시장과 종로에서 맞붙어 과반 득표로 6선 국회의원이 되었다. 그리고 2016년 6월에 국회의장으로 선출되어 2018년 5월까지 20대 국회 전반기를 이끌었다.

국회의장직에서 물러난 정세균은 2020년 1월에 이낙연에 이어 46대 국무총리에 취임했다. 당시 전 세계는 코로나19의 확산으로 공포에 질려 있었고, 정세균은 국무총리로서 코로나 방역을 총지휘했다. 그리고 2021년 4월까지 국무총리직을 수행하다가 물러났다. 국무총리로서의 그의 업무 능력은 비교적 무난했다는 평가를 받았다.

이후 정세균은 더불어민주당의 대통령 후보 경선에 뛰어들었다. 그는 예비 경선은 통과했지만, 본 경선에서는 득표율이 미진해 중도에 사퇴했다.

정세균에 이어 문재인 정부의 세 번째 총리가 된 인물은 김부겸이었다. 김부겸은 1958년에 경상북도 상주에서 태어났다. 경북고등학교를 졸업하고 서울대학교 정치학과에 진학했는데, 1977년에 유신헌법 반대 시위에 가담했다가 대통령 긴급조치 제9호 위반으로 1년 동안 감옥 생활을 하기도 했다. 이후 민주화투쟁을 계속하며 정치 활동을 했고, 1988년에는 한겨레민주당 소속으로 13대 총선에 출마했다가 5위로 낙선했다. 5년 뒤인 1993년 2월에 국가보안법 위반으로 징역 1년에 집행유예 2년을 선고받았다. 1995년에 특별 복권되어 1996년에 15대 총선에 통합민주당 소속으로 나섰으나 3위로 낙선했다.

이렇듯 국회의원 선거에서 고배를 계속 마시던 김부겸은 2000년에는 한나라당 소속으로 16대 총선에 출마해 경기도 군포에서 당선되었다. 하지만 그는 2003년에는 한나라당을 탈당해 열린우리당으로 당적을 옮겼다. 당시 한나라당 개혁파였던 그는 개혁파의 일원이었던 이우재, 안영근, 김영춘 등과 함께 여당이 분열되며 새로 생긴 열린우리당에 합류했던 것이다. 이후 그는 2004년의 17대 총선에서 열린우리당 소속으로 경기도 군포에 출마해 당선되었다. 그는 열린우리당에서 원내수석부대표, 상임비상대책위원 등의 당직을 맡았으며, 2007년 대선에서는 정동영 통합신당 후보의 경기도 선거대책위원장을 맡았다. 그리고 2008년 총선에서 다시 당선되어 3선 국회의원이 되었다. 하지만 19대 총선에서는 민주통합당 소속으로 대구 수성구 갑에 출마했다가 2위로 낙선했고, 2014년 지방선거에서는 새정치민주연합 소속으로 대구시장에 출마했다가 역시 낙선했다.

하지만 김부겸은 2016년 20대 총선에서 더불어민주당 소속으로 대구 수성구 갑에 출마해 당선되었다. 그리고 2017년 5월에 문재인 정부가 출범하자, 행정안전부장관에 임명되어 2019년 4월까지 일했다. 이후 김부겸은 2020년 실시된 21대 총선에서 더불어민주당 소속으로 대구 수성갑에 출마했으나 낙선했다. 이에 문재인은 2021년 5월에 그를 47대 국무총리로 삼아 내각을 총괄하게 했고, 2022년 5월까지 1년 동안 총리직을 수행하다가 물러났다.

사전

두산백과사전
브리태니커백과사전
위키백과사전
한국민족문화대백과사전

신문 · 방송 · 잡지

경향닷컴
《경향신문》
《국민일보》
동아닷컴
《동아일보》
《말》
문화방송(MBC) 〈이제는 말할 수 있다〉
문화방송(MBC) 〈제3공화국〉
문화방송(MBC) 〈제4공화국〉
문화방송(MBC) 〈제5공화국〉
《문화일보》
서울방송(SBS) 〈3김 시대〉
서울방송(SBS) 〈그것이 알고 싶다〉
《서울신문》

《세계일보》

《신동아》

《씨네21》

《연합뉴스》

《오마이뉴스》

《월간중앙》

《일요신문》

조선닷컴

《조선일보》

《중앙일보》

《프레시안》

《한겨레21》

《한겨레신문》

《한국경제신문》

한국방송(KBS) 〈인물 현대사〉

《한국일보》

단행본

5·18광주민중항쟁유족회, 『광주민중항쟁비망록』, 남풍, 1989.

강준만, 『김대중 죽이기』, 개마고원, 1995.

강준만, 『한국 현대사 산책-1940년대편 1~2』, 인물과사상사, 2004.

강준만, 『한국 현대사 산책-1950년대편 1~3』, 인물과사상사, 2004.

강준만, 『한국 현대사 산책-1960년대편 1~3』, 인물과사상사, 2004.

강준만, 『한국 현대사 산책-1970년대편 1~3』, 인물과사상사, 2002.

강준만, 『한국 현대사 산책-1980년대편 1~4』, 인물과사상사, 2003.

강준만, 『한국 현대사 산책-1990년대편 1~3』, 인물과사상사, 2006.

강준만, 『한국 현대사 산책-2000년대편 1~5』, 인물과사상사, 2011.

경향신문·참여연대, 『김대중 정부 5년 평가와 노무현 정부 개혁 과제』, 한울, 2003.

권영민, 『자네 출세했네』, 현문미디어, 2008.

권태억 외, 『근현대 한국 탐사』, 역사비평사, 1994.

김삼웅, 『김대중 평전 1~2』, 시대의창, 2010.

김삼웅, 『노무현 평전』, 책으로 보는 세상, 2012.

김성진, 『박정희시대』, 조선일보사, 1994.

김영규, 『이명박 정책 비판』, 박종철출판사, 2008.

김영삼, 『김영삼 대통령 회고록 상~하』, 조선일보사, 2001.

김정렴, 『아, 박정희』, 중앙M&B, 1997.

김철민, 『제5공화국 1~3』, 시아출판사, 2005.

김충남, 『대통령과 국가 경영』, 서울대학교출판부, 2006.

김충식, 『남산의 부장들 1~2』, 동아일보사, 1993.

김택근, 『새벽 김대중 평전』, 사계절, 2012.

김형아, 『박정희의 양날의 선택』, 일조각, 2005.

김형욱 외 1인, 『김형욱 회고록 1~3』, 아침, 1985.

김희곤, 『대한민국임시정부 연구』, 지식산업사, 2004.

노무현, 『성공과 좌절』, 학고재, 2009.

매일경제 정치부, 『이명박 시대 파워엘리트』, 매일경제신문사, 2008.

문재인, 『문재인의 운명』, 가교출판, 2011.

박봉현, 『박정희 19년을 해부한다』, 고려출판사, 1991.

박상하, 『그때 그 사람들-전두환의 제5공화국』, 학영사, 2005.

박철언, 『바른 역사를 위한 증언 1, 2』, 랜덤하우스코리아, 2005.

박현채 외, 『해방전후사의 인식 1, 2, 3』, 한길사, 1987.

백승렬, 『청와대-우리 시대의 궁궐』, 디오네, 2006.

변양균, 『노무현의 따뜻한 경제학』, 바다출판사, 2012.

브루스 커밍스, 『브루스 커밍스의 한국현대사』, 창비, 2001.

서중석, 『사진과 그림으로 보는 한국현대사』, 웅진지식하우스, 2013.

양동안, 『대한민국 건국사』, 현음사, 2001.

월간조선 편집부, 『이승만, 박정희를 추억한다』, 월간조선사, 2004.

이동형, 『영원한 라이벌 김대중 VS 김영삼』, 왕의서재, 2011.

이명박, 『신화는 없다』, 김영사, 1995.

이명박, 『온몸으로 부딪쳐라』, 랜덤하우스코리아, 2007.

이명박, 『청계천은 미래로 흐른다』, 랜덤하우스코리아, 2007.

이영훈, 『파벌로 보는 한국야당사』, 에디터, 2000.

이원순, 『인간 이승만』, 신태양사, 1995.

이종구, 『건국 대통령 이승만』, 글벗사, 2005.

이한우, 『우남 이승만, 대한민국을 세우다』, 해냄, 2008.

이홍환, 『구술 한국 현대사』, 미완, 1986.

임영태, 『대한민국 50년사 1~2』, 들녘, 1998.

임영태, 『북한 50년사 1~2』, 들녘, 1999.

전재호, 『반동적 근대주의자 박정희』, 책세상, 2000.

정윤재 외 2인, 한국정신문화연구원 편, 『장면 · 윤보선 · 박정희』, 백산서당, 2001.

조갑제, 『내 무덤에 침을 뱉어라 1~8』, 조선일보사, 1998.

조희연, 『박정희와 개발독재시대』, 역사비평사, 2007.

진중권, 『네 무덤에 침을 뱉으마 1~2』, 개마고원, 2000.

함성득, 『김영삼 정부의 성공과 실패』, 나남, 2001.

한 권으로 읽는
대한민국 대통령실록(개정증보판)

초판   1쇄 발행 2014년 1월 2일
개정증보판 1쇄 발행 2022년 10월 11일

지은이 박영규

발행인 이재진 **단행본사업본부장** 신동해 **편집장** 김경림
책임편집 송현주 **교정교열** 김광연 **디자인** 김덕오 **법률자문** 법무법인 원
마케팅 최혜진 신예은 **홍보** 최새롬 반여진 정지연
제작 정석훈 **국제업무** 김은정 김지민

브랜드 웅진지식하우스
주소 경기도 파주시 회동길 20
문의전화 031-956-7066(편집) 031-956-7087(마케팅)
홈페이지 www.wjbooks.co.kr
페이스북 facebook.com/wjbook
포스트 post.naver.com/wj_booking

발행처 ㈜웅진씽크빅
출판신고 1980년 3월 29일 제406-2007-000046호

ⓒ박영규, 2014, 2022
ISBN 978-89-01-26473-8 03900